学科课程与教学研究三十年

丛书主编 杨启亮 徐文彬 何善亮

- 南京师范大学课程与教学论国家重点（培育）学科建设成果
- 高等学校国家"211"三期建设项目"教育现代化进程中基础教育课程与教学变革研究"建设成果

中学卷

语文课程与教学研究
（1979-2009）

黄 伟 主编
吴良奎 连亚飞 副主编

编 委
（按姓氏笔画为序）

田雨普　孙庆祝　刘炳昇　刘学惠　刘树凤
李广洲　张中原　吴永军　邹玉玲　李如密
陈荣华　何善亮　陈　娴　周志华　杨启亮
单　墫　姚锦祥　徐文彬　涂荣豹　顾渊彦
喻　平　程传银　谢树平　解凯彬　管建华

南京师范大学出版社

图书在版编目(CIP)数据

语文课程与教学研究. 中学卷：1979—2009. / 黄伟主编. —南京：南京师范大学出版社，2016.6
（学科课程与教学研究三十年）
ISBN 978-7-5651-2701-4

Ⅰ. ①语… Ⅱ. ①黄… Ⅲ. ①中学语文课—教学研究—文集 Ⅳ. ①G633.302-53

中国版本图书馆 CIP 数据核字(2016)第 107944 号

书　　名	语文课程与教学研究·中学卷(1979—2009)
主　　编	黄　伟
责任编辑	于丽丽
出版发行	南京师范大学出版社
地　　址	江苏省南京市宁海路 122 号(邮编:210097)
电　　话	(025)83598919(总编办)　83598412(营销部)　83598297(邮购部)
网　　址	http://www.njnup.com
电子信箱	nspzbb@163.com
照　　排	南京理工大学印刷照排中心
印　　刷	南京大众新科技印刷有限公司
开　　本	787 毫米×1092 毫米　1/16
印　　张	35.5
字　　数	870 千
版　　次	2016 年 6 月第 1 版　2016 年 6 月第 1 次印刷
书　　号	ISBN 978-7-5651-2701-4
定　　价	78.00 元
出 版 人	彭志斌

南京师大版图书若有印装问题请与销售商调换
版权所有　侵犯必究

总 序

杨启亮　徐文彬　何善亮

　　自改革开放以来，中国教育已经走过三十余年的风雨历程。对于拥有数千年文明史的中华民族来说，三十年只是短暂一瞬，但若将其置于辛亥革命以来追求国家富强和民族复兴的百年历史中，这三十年又显得那么非同寻常和耐人寻味。一代人在刚刚见到黎明之时就带着壮志未酬的遗憾飘然而逝，一代人在从"革命"话语到"建设"话语的痛苦转变中承担起了现代化建设的重任，一代人在眼花缭乱的时代剧变中从襁褓走进学校和社会。改革开放前的教育事业发展相对缓慢，改革开放后的教育事业则稳步发展。高考制度的恢复、义务教育的普及、教育条件的优化、教师待遇的提高、教师素质的提升等教育的发展和变化，是建设有中国特色社会主义现代化国家的具体见证，也是教育改革和开放的生动体现。

　　教育是国家发展的基石，是衡量一个国家发展水平和潜力的重要指标。相对于宏观教育改革与发展，课程与教学改革，特别是具体学科的课程与教学改革则更为内在、更为基础，也更为重要，它发生在日常的教育教学场景中，并与教育培养的人直接相遇。因此，在回顾和总结教育改革开放所取得的成就与经验时，我们就不能不深入到课程与教学改革这一教育改革的内核上来，不能不深入到具体学科课程与教学改革上来，不能不关注具体学科课程与教学究竟存在着哪些需要研究的问题，它们又是如何得到解决的；具体学科课程与教学研究取得了怎样的成果，产生了什么本土经验，它们对未来具体学科课程与教学理论的研究与实践改善又有着怎样的启示；等等。正是基于这一认识，我们有了编辑《学科课程与教学研究三十年》[①]丛书的初步设想，组织了由多方参与的丛书项目建设的论证，并获得了参与论证的学科教育专家的充分肯定。于是，也才有了如今读者看到的《学科课程与教学研究三十年》丛书。

　　为了使读者对丛书有更深入的认识，在此还需对"学科"的概念及"学科课程与教学研究"相关问题作一点说明。

　　一般地说，学科有两种含义，一是指一定科学领域的总称或一门科学的分支，二是指学校课程的组成部分，即学校中的教学科目。中国古代的"六艺"即礼、乐、射、御、书、数，欧洲古代的"七艺"即语法、修辞、逻辑或辩证法、算术、几何、音乐、天文学，都是当时学校设置的学科。近代学校的教学内容日益丰富，设置的学科随之增多，例如语文、英语、数学、历史、生

---

① 本丛书的"三十年"是个大致说法，系指1979—2009年期间，但也不排除此前此后的个别年份。

物等,于是,围绕具体学科的课程与教学研究也深入地开展起来。"学科课程与教学研究"与下述三个概念有关:一是"学科教学法",又称"分科教学法",它是学校各门学科教学法的总称。学科教学法是在教学论的一般原理指导下,分别研究各科教学中的任务、内容、原则和方法等具体问题和规律。尽管关于学科教学法的研究在古代即已开始,但学科教学法作为一门独立学科还是在近代出现的。二是"学科教学论",即"分科教学论"。它的出现是在学科教学法研究的基础上,由学科教学研究范围扩大所致。其研究的范围扩展为包括某学科教学的目的、内容、方法、评价及其自身研究的对象、方法等。三是"学科教育学"。学科教学论的研究范围进一步扩展就形成了"学科教育学"。学科教育学在主要研究学科教学论的同时也体现了"教学为教育"的主要内容,每一门学科,不仅有着自己的学科体系,即按照学习心理学原理和教学要求,兼顾科学知识的内在联系组成的各门教学科目的系统,而且要体现德、智、体等诸方面的全面发展。因此,学科教育学研究学科教育的性质、特点及其与其他社会现象之间的关系,学科教育的目的、任务和内容,学科教育的原则、方法、手段和组织形式,学科教育中教师与学生的关系等。本丛书所选文献定位于中小学具体学科的课程与教学研究,涉及的主题与"学科教育学"研究内容相当,并更凸显研究的问题性,因而使研究者能思考得更为深入,研究成果也更有价值。

丛书计划编写12卷(暂定)①,基本涵盖目前基础教育阶段的各个学科,包括语文、数学、外语(英语)、政治、历史、地理、物理、化学、生物、体育、音乐、美术等。就每一学科单卷而言,主要内容由三部分组成。第一部分是该学科课程与教学研究三十余年的文献综述,旨在对三十余年来该学科课程与教学研究取得的成绩和存在的问题进行全面梳理和分析,并就未来该学科课程与教学研究发展趋势进行展望。第二部分集中呈现了改革开放的三十余年中该学科课程与教学研究的成果,重点讨论了学科课程与教学如何更好地促进每一位学生的发展;如何科学地设置课程内容以满足学生学习的需要和社会发展的需要;如何在加强基础知识、基本技能教学的同时更加注重学生学会学习、学会做人的教育;如何尊重学生的个性差异,凸显以学生为本的教育理念,充分调动学生的积极性、主动性,促进学生的全面发展;如何改变过于强调选拔性而忽视发展性的评价方式以发挥评价促进学生学习的功能;如何借鉴国际经验来改善我们的学科课程与教学;如何加强课程与教学研究来提升教师的教育教学实践智慧等非常具体的学科课程与教学问题。第三部分是改革开放三十余年中该学科课程与教学研究的主要文献索引以及部分学科的相关法规,供读者进一步研究参考。

《学科课程与教学研究三十年》丛书相关资料的选取采用"德尔菲法",即征询专家意见法,以保证所选资料的客观性和权威性。一般先由丛书各卷主编在该学科教育研究杂志(为主)或专著(为辅)中初选出一定数量力图包含该学科这段时期最重要研究成果的学术文献,征询相关学科课程与教学研究人员、学科专家、教研员、中小学特级教师等专家意见,在综合专家意见的基础上筛选出备选文章并形成目录,再征询相关学科课程与教学研究人员、学科

---

① 本丛书目前总计15卷。

专家、教研员、中小学特级教师等专家的意见,如此反复数次,最后确定收集论文篇目。资料选择的时间范围原则上为1979年至2009年。资料来源一般包括相关政策文件、报纸、期刊[主要是核心期刊、CSSCI(中文社会科学引文索引)期刊、中国人民大学《复印报刊资料》、中国教育学会具体学科教学专业委员会会刊等国家级刊物和在该学科教学方面有影响的刊物]、著作(节选)、会议论文等。一般不收录未发表的文章。

丛书编者主要是南京师范大学从事相关学科课程与教学论教学与研究的专业人员,他们在各自的学科方向潜心研究,取得了丰硕的研究成果,也产生了广泛的学术影响,因而可以保证本丛书的学术质量。特别是丛书编者中的部分老师联合本丛书的编辑,专门为课程与教学论专业研究生和教育硕士专业学位研究生开设了"课程与教学研究论文选读"课程,并取得了良好的教学效果,受到了研究生的普遍欢迎,使本丛书的学术质量和实践价值得到了初步的确证。

丛书读者定位于高等学校从事相关学科课程与教学研究的教师、课程与教学论专业研究生、教育硕士专业学位研究生、高年级师范本科生、教研员、中小学教师。随着课程与教学改革的不断深入,对中小学教师教学能力和研究能力的要求越来越高,做研究型学科教师已逐渐成为许多教师专业发展的自觉追求。对于他们而言,这是一套难得的参考书。此外,丛书具有工具书的性质,因而它也可以作为各高等学校、各中小学图书馆收藏的重要资料。

最后,衷心感谢丛书中所收录文章的作者,是你们的智慧丰富了中国学科课程与教学研究的理论宝库;感谢丛书的编者,是你们的辛苦让我们看到了改革开放以来中国学科课程与教学研究的画卷;也感谢丛书的读者,是你们的热情为中国学科课程与教学研究带来了希望和明天。

丛书编选任务繁重,书中难免会有这样或那样的瑕疵与不足,收录的文章也不一定能让所有作者或读者满意,欢迎大家提出宝贵意见,以便我们日后更正。

杨启亮　徐文彬　何善亮
2010年岁末于南京随园

目 录

总　序/杨启亮　徐文彬　何善亮 ………………………………………………（1）
语文课程与教学三十年的研究轨迹与进展/黄　伟 ………………………（1）

第一章　语文教育基本理论

试论语文的性质与教学目的/成永录 ………………………………………（19）
关于语文教育研究/顾黄初 …………………………………………………（25）
对话理论引入语文教学的适切性探讨/周　燕 ……………………………（32）
生本教育下的大语文教学思想初探/张　华 ………………………………（40）
评我国近百年来对语文教材问题的思考路向/王荣生 ……………………（48）
现代性：语文教育的百年价值诉求/刘正伟 ………………………………（54）
语文知识观的反思与重构/王云峰　汪海龙 ………………………………（61）
"语文知识"：不能再回避的理论问题——兼评《中学语文"无效教学"批判》/
　李海林 ……………………………………………………………………（66）
谈"语文素养"/刘贞福 ……………………………………………………（74）
语文素养的心理学观点/王小明 ……………………………………………（77）
本章附录 ……………………………………………………………………（80）

第二章　课标和教材研究

从大纲和教材入手改革中学语文教学的设想/王金华 ……………………（83）
《中学语文教学大纲》的理论和实践意义/张寿康 …………………………（90）
管窥语文能力培养意识的发展——以语文课程标准、教学大纲、课程纲要为分析
　对象/叶丽新 ………………………………………………………………（97）
语文教育距离课标有多远/王鹏伟 …………………………………………（103）
学生学习指导标准在高中语文教学中的缺位/耿红卫　李　娜 …………（110）
试谈中学语文教学改革的几个问题/刘国正 ………………………………（114）
试论中学语文教材的功能与结构/张鹏举 …………………………………（120）
叶圣陶语文教材理论探析/王松泉 …………………………………………（125）
语文单元教学的反思/郑国民　孙宁宁 ……………………………………（130）
关于语文教材"课后练习"的思考/欧阳凯 ………………………………（134）
论汉语文教材编制的民族化/温立三 ………………………………………（139）
本章附录 ……………………………………………………………………（144）

第三章　阅读教学研究

提高中学生语文阅读能力的心理学问题/吴增芥 …………………………………… (147)
对语文阅读教学过程理论的探讨/王显槐 …………………………………………… (152)
阅读学与中学阅读教学/甘其勋 ……………………………………………………… (156)
阅读教学规律试析/钟和诚 …………………………………………………………… (160)
论中学语文阅读教学的症结与对策/施　平　黄麟生 ……………………………… (167)
体验感悟：阅读教学新的增长点/施茂枝 …………………………………………… (173)
语文教师的智慧阅读——谈谈语文教师的文本解读/黄厚江 ……………………… (180)
个性化阅读要科学化，不要自由化/曾祥芹 ………………………………………… (185)
涵泳体察：让个性化阅读教学返魅/袁爱国 ………………………………………… (190)
本章附录 ……………………………………………………………………………… (194)

第四章　写作教学研究

关于中学作文教学/朱德熙 …………………………………………………………… (197)
求诚求真　切近实用/曹隆圣 ………………………………………………………… (202)
中学生写作规律探讨和指导/肖以敏 ………………………………………………… (205)
个性化作文教学初探/叶培祥 ………………………………………………………… (208)
关于中学写作教学的几点思考/章　熊 ……………………………………………… (215)
呼唤写作教学有新的突破/程　翔 …………………………………………………… (221)
切莫将写作训练与创作训练隔离/张秋达 …………………………………………… (225)
开放性写作教学浅探/徐善慧 ………………………………………………………… (229)
谈如何走出初中写作教学的困境/徐　洁 …………………………………………… (234)
本章附录 ……………………………………………………………………………… (238)

第五章　语文综合性学习与研究性学习

语文综合性学习的理论基础与基本特征/郑国民　冯伟光　沈帼威 …………… (241)
试论语文综合性学习的有效教学策略/郭根福 ……………………………………… (244)
语文综合性学习的教材设计特征及问题——以人教版初中语文课程标准实验教
　科书为例/陈尚达 …………………………………………………………………… (250)
关于语文综合性学习边界问题的思考/黄　伟 ……………………………………… (255)
语文学科开展研究性学习的方法与策略/王　波 …………………………………… (260)
研究性学习与中学语文教学/方　红 ………………………………………………… (266)
用新理念指导语文"研究性学习"/刘建琼　肖　杨 ………………………………… (270)
语文实践活动是语文课程的生命线/戴汝潜 ………………………………………… (277)
解读"语文实践"/王荣生 ……………………………………………………………… (280)
本章附录 ……………………………………………………………………………… (288)

第六章 语文教学艺术与技术研究

构成语文教学风格流派的教师素质和修养/滕英超 …………………………（291）
语文教学艺术风格探析/钱加清 …………………………………………………（296）
转益多师是汝师——语文教学艺术风格学习的有效途径/李建军 ……………（300）
关于建立语文教学技巧学的思考/万恒德 ………………………………………（304）
语文教学中的教育智慧探析/洪维忠 ……………………………………………（311）
语文课堂有效教学何以实现——从语文名师教学机智的角度分析/曾　毅 …（314）
从悟性走向智慧的策略研究——以语文教学为例/邵统亮 ……………………（317）
信息技术与语文教学的整合/顾德希 ……………………………………………（321）
语文与网络语文教学关系的重新认识与思考/侯　器 …………………………（326）
浅谈多媒体技术在中学语文教学中的作用/刘东波　张东平 …………………（331）
本章附录 ……………………………………………………………………………（334）

第七章 语文教学学理研究

语文教学改革的哲学思考/童庆炳 ………………………………………………（337）
语文教育立足点的哲学审视——兼与余应源"语文教学的立足点在言语形式"
　　商榷/朱　丹 ……………………………………………………………………（342）
图式理论与语文阅读教学/马笑霞 ………………………………………………（347）
语文学习结果的分类及其教学含义/姚夏倩　皮连生 …………………………（353）
内隐学习研究对我国语文教学的启示/杨金鑫 …………………………………（361）
建立实际应用语言的知识系统——张志公先生对语文教学科学化的一个重要
　　设想/顾德希 ……………………………………………………………………（367）
程序化：知识定向与认知引导——语文课堂教学科学化试探/陈　军 ………（373）
需要"合作对话"，也需要"诵读感悟"——语文阅读教学方式的文化社会学审视/刘忠华
　　……………………………………………………………………………………（377）
语文教育与文化精神的建构/曹明海　史　岩 …………………………………（383）
关于阅读教学的文化学思考/潘冠海 ……………………………………………（390）
触摸语文教学中的文化温度/曹忠华 ……………………………………………（393）
形象思维与语文教学/温寒江　董素艳 …………………………………………（397）
叶圣陶的语文思维教育观/卫灿金 ………………………………………………（404）
批判性阅读教学与批判性思维能力培养/潘家明 ………………………………（409）
本章附录 ……………………………………………………………………………（414）

第八章 中国大陆、台湾、香港的语文教学与国际比较研究

中国大陆、台湾、香港语文教育目标比较/陈菊先 ……………………………（417）
我国大陆与台湾高中语文"文化类"选修课程的比较/陈黎明　王明建 ………（423）
国学教育传统的理性固守——以台湾地区为中心/吴丽仙 ……………………（428）
西方国家语文教育发展的三种模式/倪文锦 ……………………………………（433）

中英初中语文教材综合性言语实践活动评介/李大圣 ……………………………（441）
新课程背景下中美阅读教学比较/周立群 …………………………………………（449）
本章附录 ……………………………………………………………………………（454）

第九章　语文教育专题研究

关于语文教学中科学性与艺术性问题的探讨/张志公 ……………………………（457）
提倡五个结合/刘国正 ………………………………………………………………（462）
提高语文教学效率的途径/宁鸿彬 …………………………………………………（466）
简论语文点拨教学法的要义与操作/蔡澄清 ………………………………………（472）
从"基本式教学法"到"语文导读法"/钱梦龙 ………………………………………（477）
民族的科学的大众的语文教育观——叶圣陶语文教育观探析/任苏民 …………（482）
谈素质教育背景下的语文课堂教学改革/于　漪 …………………………………（489）
循故求新　激浊扬清——再论"新语文教育"/韩　军 ……………………………（496）
中学语文教学几个问题的探讨/王世堪　章　熊 …………………………………（500）
阅读经典：提高学生语文素养的必由之路/倪文锦 ………………………………（506）
语法教学与语感培养/蔡　伟　张先亮 ……………………………………………（512）
提高文体素养：语文教学的当务之急/黄　伟 ……………………………………（520）
本章附录 ……………………………………………………………………………（524）

第十章　语文教学相关理论研究

语文与科学技术/黎汉鸿 ……………………………………………………………（527）
还学生以语文学习的沃土/吴代德 …………………………………………………（531）
关于语文与艺术关系的读书笔记/范廷宇 …………………………………………（534）
语文课程与其他课程的整合——语文活动、形体训练综合课《一棵树》教学设计及
　评点/石晓云　孙慧敏　江　平 …………………………………………………（545）
反思语文课程与其他课程的沟通和整合/禹旭红 …………………………………（551）
关于"将流行歌曲引入中学语文课程"的思考/毛芳都 ……………………………（554）
民俗文化在语文教材中的教育价值/薛晓蓉 ………………………………………（557）

后　记 ………………………………………………………………………………（560）

语文课程与教学三十年的研究轨迹与进展

黄 伟

本书通过对我国自1979年到2009年这三十年间公开发表在学术期刊上的研究中学语文教育的论文的整理和归纳,提炼出了"语文教育基本理论""语文课标(大纲)与教材""阅读教学""写作教学""语文综合性学习与研究性学习""语文教学艺术与技术""语文教学学理研究""中国大陆、台湾、香港的语文教学与国际比较研究""语文教育专题研究""语文教学相关理论研究"十个专题。了解这些成果,既有利于我们准确把握语文课程与教学研究的现状,也有助于科学预测语文教育的发展动向。下面我们对这几个专题分别进行提要和述评。

一、语文教育基本理论

语文性质与任务、语文教学理论、语文教育历史、语文知识与素养是语文教育研究的基本问题,历来是语文教育工作者关注的重点。研究者针对这些课题进行了可贵的探索,并取得了一系列可资借鉴的成果。这些成果不仅丰富和发展了语文教育的理论宝库,还促进了语文教育观念的变革和语文教育实践的深化。

(一)语文的性质与任务:工具性学科抑或思维性学科

"语文是什么"和"语文究竟应该做什么",对这两个问题的回答,内在地制约着语文教育的目标和任务。这一议题历来是学者们研究的热点,一些学者从更高的视角对这一问题进行了审思,从语文与相关学科和领域的联系和区别中来界定语文的性质与任务。语文学科和思维的关系非常密切,有研究者就从这两者的关系这一角度来探讨语文学科的性质和任务,认为语文从性质上讲是一门"研究语言和思维的关系、结构、功能、意义及其规律性的科学"[①]。有研究者是从语文学科和提高全民族素质的关系这一角度来看待和关照语文的,明确提出"语文教育是提高全民族素质的一项奠基工程"[②]。这是由于语文教育不仅为人们接受教育提供了一种重要的工具和媒介,还为人们认识世界、了解人生提供了一个色彩斑斓的空间,更为人们提高认识、丰富情感、激活思维提供了一个有血有肉的凭借。

(二)语文教学理论:从"教师的教"到"学生的学"

在1979年到2009年这三十年间,语文教学理论研究实现了从注重"教"到关注"学"的转变,开始了致力于从学生视角来反思和重构语文教学的理论研究。为完成通过语言的丰

---

① 成永录.试论语文的性质与教学目的[J].延安大学学报(社会科学版),1987(04).
② 顾黄初.关于语文教育研究[J].扬州师院学报(社会科学版),1996(03).

富和思维的发展来提升学生生命质量的语文教育任务,有研究者提出应以生本教育理念来重构语文教学,这就需要我们不仅要树立"大语文教学的三个基本观念:大资源观、大教学观、大评价观"①,还应处理好生本与师本、课内与课外、学科内与学科外等五组关系。有研究者尝试把对话理论运用到语文教学理论的研究上来,探讨了语文教学(对象)与对话理论(方法)之间的适切性问题和可能性问题,研究认为"尽管对话理论引入语文教学研究是可能的,也是必要的,但由于语文教学的特殊性,对话理论在引入过程中还需要作一个理论调整,理清它在何种情况下可能、在何种程度上必要,即确定它在语文教学研究中运用的限度"②。

(三)语文教育历史:预示学科发展的可能趋势和方向

一些研究者从有关语文教育的史实出发,对二十世纪的语文教育现代性的演变进行了研究,试图科学界定语文教育现代性的内涵:"语文教育现代性可以从两个层面加以认识:在教育层面,启蒙的现代性和学生的主体性构成了现代性的核心价值;在学科层面,审美的现代性和科学价值则是主导一个多世纪语文教育变革与发展的最主要力量。"③有研究者不是从语文教育整体,而是抓住教材中的"选文"这一关键要素进行分析以求得出语文教育发展的内在规律,即"在语文课程层面,将对'选文'的处置由'暗'向'明'的转移,是中国现代意义的语文课程的标志,是历史的进步"④。

(四)语文知识与素养:反思与建构

语文知识与素养或是语文学习的重要凭借,或是学习结果的重要呈现,引起了诸多学者研究的兴趣。有研究者在反思传统知识观念的基础上建构了新的语文知识观,即"语文知识是人的言语经验,是人在言语活动(听、说、读、写)过程中对自身和他人的言语行为和言语对象的反映的产物,是言语对象和言语活动的特征及其联系的主观表征"⑤。有些研究者从"知识类型"的角度对语文知识进行了关照,明确提出"语文课是以现象知识为教学内容主体的课程,我们在语文课中学这么多课文,目的就在于掌握'语文现象知识'"⑥。用知识类型的概念来解释语文知识,较之其他解释,更有助于我们科学认知语文需要什么知识、知识作用的途径与方式、知识开发的立场在哪里、我们怎样来教知识等问题。

语文素养与原来我们常说的语文能力相比内涵明显扩大,涵盖了现时代我们非常重视的情感态度、学习方法与习惯等要素。有学者对语文素养的基本构成及其相互关系进行了研究,认为三者具有互为基础、互为目标、互为手段和途径的紧密关系,即"知识和能力关系到语文素养的基础论,过程和方法关系到语文素养的过程论,情感态度和价值观关系到语文素养的思想论"⑦。另有学者运用加涅的学习结果分类理论对语文素养的核心内涵进行了界定,把语文素养分解为"言语信息"、"语文智慧技能"、"语文认知策略"、"语文动作技能"和

---

① 张华.生本教育下的大语文教学思想初探[J].现代教育论丛,2007(06).
② 周燕.对话理论引入语文教学的适切性探讨[J].贵州师范大学学报(社会科学版),2007(03).
③ 刘正伟.现代性:语文教育的百年价值诉求[J].教育研究,2008(01).
④ 王荣生.评我国近百年来对语文教材问题的思考路向[J].教育研究,2002(03).
⑤ 王云峰,汪海龙.语文知识观的反思与重构[J].语文建设,2002(08).
⑥ 李海林."语文知识":不能再回避的理论问题[J].人民教育,2006(05).
⑦ 刘贞福.谈"语文素养"[J].语文建设,2003(04).

"语文情感与态度"[①]等五类学习结果。

二、课标和教材研究

研究者对我国语文课程和教材建设的必要性和发展趋势,在宏观和微观相结合的前提下做了卓有成效的研究和阐述。

(一)语文课标与大纲:从宏观到微观

语文课标(大纲)是教师教和学生学的纲领,是实施教学的指导性文件。有研究者在坚持"以纲为纲"思想的同时,对当时的大纲进行了深度的批判和反思,即"总体来看是太笼统,不具体,模糊性大"[②]。有研究者是从建设的角度进行研究的,认为1986年《大纲》具有很强的实用性,即"《新大纲》在学以致用方面前进了一步,在一定程度上,改变了过去不重实用的倾向"[③]。

语文课标(教材)的研究近年来明显呈现出由宏观走向微观的特征。有学者以语文能力培养意识为抓手,通过对有代表性的教学大纲的梳理和研究,明确指出"从'语文能力'到'语文素养'不是简单地增加一个新概念,而是蕴含着对语文能力培养目标的深层次追求——语文能力能够综合运用,语文能力能够整合各种智力与非智力因素"[④]。有学者以扎实的调研材料为基础,科学回答了"新课程实验之后,课程标准对语文教育产生了哪些显著影响?语文教育距离课程标准的要求还有多远?"[⑤]等迫切需要回答的问题。

(二)语文教材:从编制到使用

语文教材的编制和使用是实现语文教育任务的关键环节之一,有研究者对语文教材的编制理论、结构与功能等进行了有益的探索。面对新时期的实际情况,有学者对语文教材应向何方去这一方向性问题进行了思考,《论汉语文教材编制的异族化》一文中从文化学、思维学和语言学等角度立论,明确指出"汉语文教材编制民族性的完整理解应该是:不仅要反映中华民族已经过去的文化历史,而且要关注中华民族当下的文化状况,能让人从中看出中华民族当前文化发展的走向"[⑥]。有研究者在广泛的调查研究基础之上,指出我们编制语文教材应坚持"初高分段、读写分书、合理编排、科学训练"[⑦]等策略和原则。

语文教材的科学使用,事关学生语文素质的提高和语文人格的养成。有研究者从教学实践角度对"单元教学"进行了反思,认为"脱离单篇基础,单纯搞架空分析的'单元教学'必将是本末倒置,只抓住了皮毛,而忽略了实质。学习每一个语文教学单元,学生只有在单元

---

① 王小明.语文素养的心理学观点[J].语文建设,2004(03).
② 王金华.从大纲和教材入手改革中学语文教学的设想[J].内蒙古师大学报(汉文哲学社会科学版),1986(04).
③ 张寿康.《中学语文教学大纲》的理论和实践意义[J].北京师范学院学报(社会科学版),1989(05).
④ 叶丽新.管窥语文能力培养意识的发展[J].中国教育学刊,2004(07).
⑤ 王鹏伟.语文教育距课标有多远[J].中学语文教学,2009(07).
⑥ 温立三.论汉语文教材编制的民族化[J].中学语文教学参考,2007(11).
⑦ 刘国正.试谈中学语文教学改革的几个问题[J].课程·教材·教法,1981(03).

整体的统领下,亲身感受理解了具体生动的课文整体时,单元教学目标才能得到真正落实"①。还有研究者以一线教师的视角对人教版高中语文教材的练习系统进行了研究,明确提出要在教材中建设良好的练习系统,这就要求在教材编制中既要努力"建构明确的语文知识和能力的训练体系",更应大力"创设自主、合作、探究的平台",还需"密切联系现实,促进学生成长"。②

三、阅读教学研究

阅读教学不仅是促进学生听说读写能力提升的重要凭借,还是提升学生个体思维和智力的基本途径。有研究者为充分提升阅读教学的实效,从理论和实践两个层面对阅读教学进行了深度的探索。

(一)阅读教学理论:以心理学与阅读学为研究视角

有些研究者从心理学的角度对阅读教学的理论进行了探讨,力求把阅读教学理论建构在心理学的基础之上。有学者在对阅读动机、阅读兴趣、阅读理解力进行研究的基础上,明确提出"要着重研究如何提高阅读理解力的问题,这个问题解决了,学生的语文程度才有可能提高"③。阅读教学的成功实施有赖于阅读教学过程的成功建构,有研究者认为"语文阅读教学过程的基本结构要素可以归纳为认识现实化,形成新概念、保持及迁移"。并且"以上这三个阶段各要素的逻辑联系和辩证统一,成为组织课堂阅读教学过程的规律。这三种要素的教学论结构是稳定不变的,而课堂阅读教学过程的组织形式却可以依据其教学论结构设计成多种类型"④。

有研究者力求把阅读教学建筑在阅读学的理论基础之上,以提高阅读教学的实效为基点对阅读教学规律和方法进行了反思和建构。有学者运用阅读学理论对阅读能力进行了研究,认为"解读——赏读——研读,是中学生阅读能力的三个基本层次"⑤。随着对阅读教学研究的逐步深入,对阅读教学的规律的认识也更为深刻,有研究者就认为"学习阅读就是学习一系列从书面文字中提取信息的原则和方法,以及养成熟练的阅读操作技能和良好的阅读习惯的道理。这种阅读操作技能既是读者从读物中摄取和掌握知识的不可缺少的条件,又能反过来促进大脑的智力活动,是智能发展的重要因素"⑥。

(二)阅读教学实施:从教学模式到学生的个性化阅读

阅读教学实施事关阅读教学成效的有无和高低,成为诸多学者研究和讨论的重点。有学者针对阅读教学的弊端,旗帜鲜明地提出了新的阅读教学实施策略:"'整体—部分—整体'这一阅读理解途径要求学生在认识课文的过程中从整体入手,对具体的学习对象作具体

---

① 郑国民,孙宁宁.语文单元教学的反思[J].学科教育,2002(05).
② 欧阳凯.关于语文教材"课后练习"的思考[J].语文学习,2005(12).
③ 吴增芥.提高中学生语文阅读能力的心理学问题[J].心理学探新,1982(01).
④ 王显槐.对语文阅读教学过程理论的探讨[J].江西教育科研,1987(06).
⑤ 甘其勋.阅读学与中学阅读教学[J].中学语文,1995(05).
⑥ 钟和诚.阅读教学规律试析[J].四川师范大学学报(社会科学版),1995(02).

的分析综合以获得整体感知,再由整体到局部,由局部回到整体进行抽象的分析综合,从而达到对课文整体的理性认识。这完全符合'综合—分析—综合'的思维过程规律,反映了语文学科语言和思维辩证统一的内在本质。"① 有学者从传统与现代的关联中审视阅读教学和学生的学习方式,认为体验感悟显现了语文的特性,遵循了语文学习的规律。要想取得阅读教学的实效,就需要"阅读教学注重体验感悟,必须首先明晰其内涵,把握其特点,在此基础上采取得当的教学策略,并注意不放弃理法知识的学习,在体验感悟的过程中还要伴之以理性的思考,并结合科学的语言训练"②。

针对个性化阅读这一热点议题,一些研究者分别从文本解读、教学实施等角度进行了积极的探讨。有研究者认为老师对文本的深入、独到的解读是成功实施阅读教学的关键和基础,提出了智慧阅读这一理念,即"在阅读中不能简单地接受他人的解读结论,不停留于自己以前的解读,不依循通常的解读途径,而能够从新的角度、新的途径,个性化地解读文本"③。针对实施中存在的问题,有学者从学生和读者视角对之进行了反思,认为个性化阅读要取得实效,就需要在阅读中遵循"'解文'—解开文本的篇章意义;'知人'—追寻作者的写作意图;'论世'—挖掘文本的历史现实意义;'察己'—省察文本的自我修养意义"④的阅读路径。

四、写作教学研究

写作教学是语文教学的基本内容,写作水平是衡量语文教学质量的重要尺度,现在逐渐成为学界研究的热点。有研究者对之进行了不懈的探索,对学生应写什么样的作文,如何实施写作教学提出了有益的观点。

(一)写作教学目标:切近实用

写作是对生活的表达,写作教学应以提高学生写作能力为目标。有研究者以此为基点,从学生应写什么样的作文这一角度提出了自己的看法,即"(1)作文教学要针对当前中学生的实际水平和实际需要,不要脱离实际,好高骛远。(2)要引导学生学真本领,不要引导他们去学那些既不中用,也不见得中看的花拳绣腿"⑤。并被后来的学者具体表述为"中学生首先应该学会写'求诚求真,切近实用'的文章。说'首先应该学会',是因为学会了写这样的文章,不仅中学写作教学的目标达到了,而且也为今后的学习或工作打下了基础,再去学写其他类型的文章,就不是很困难的事"⑥。有教师从个性化作文的角度探讨了写作教学的目标,提出在作文中必须要恢复学生的尊严和展现其个性,这就需要在写作目的上正本清源,"使学生懂得了写作是他们自身的一种需要,也是一种神圣的权利"⑦。

---

① 施平,黄麟生.论中学语文阅读教学的症结与对策[J].课程·教材·教法,1998(09).
② 施茂枝.体验感悟:阅读教学新的增长点[J].课程·教材·教法,2006(02).
③ 黄厚江.语文教师的智慧阅读[J].语文学习,2007(10).
④ 曾祥芹.个性化阅读要科学化,不要自由化[J].中学语文教学,2007(11).
⑤ 朱德熙.关于中学作文教学[J].西北大学学报(哲学社会科学版),1979(01).
⑥ 曹隆圣.求诚求真 切近实用[J].中学语文教学,1995(04).
⑦ 叶培祥.个性化作文教学初探[J].深圳大学学报(人文社会科学版),2002(01).

（二）写作教学实施：写作知识与学生主体受到关注

针对以往写作教学理论的偏颇和不给力，有学者对写作知识的作用进行了研究，认为"在这样的学科中，知识只是一种辅助性手段，它有助于专门能力和技能技巧的培养，但学了知识并不能直接形成相应的能力。甚至可以说，系统的理论讲授并没有多大意义，课程的学习，关键在于有指导的反复实践"①。这是由于这种写作知识与一般写作知识是不完全相同的，因此不能把一般写作理论平移到写作教学中。有老师在直接考察了新课改以来写作教学实施中出现的失误和偏颇后，明确提出写作教学"在观念上要突破'写真实'和'有意义'的束缚。'写真实'和'有意义'本身并没有错，但不是写作的唯一途径。写作的天地广阔无边，不能把学生限制在'写真实'和'有意义'的圈子中。应该允许虚构，鼓励联想和想象，提倡写有趣的事情"②。

诸多教师对用什么策略来提升学生写作能力进行了艰苦思考和可贵探索，认为写作教学的顺利实施有赖于写作主体作用的充分发挥。有教师基于充分发挥学生主体性的考虑，明确提出写作教学应"坚持走写作训练和创作训练并举之路"的观点，这是由于"一个学生如果缺乏一定的文学训练，往往会导致在文章写作方面的缺陷，甚至是严重的缺陷。因为单纯的文章训练，容易走向枯燥乏味而让人兴味索然，失去写作的冲动，使写作不再是一项痛并快乐着的工作，而是成为除了痛还是痛的感觉"③。随着写作教学应坚持以学生为中心的理念在教学实践中的进一步确立，有研究者开始倡导开放性写作教学理念，这是由"开放性写作教学是以学生为中心，减少对写作的限制或控制，让写作与学生生活、与现代社会生活紧密联系的教学活动"④的特性所决定的。

五、语文综合性学习与研究性学习

语文综合性学习和研究性学习突破了传统的课堂教学形式，体现出很强的活动性和实践性。对于这一新生事物，有些学者对之进行了深度的思考，对如何科学认知语文综合性学习和研究性学习发表了诸多真知灼见。

（一）语文综合性学习：从学理探讨到关注实施

语文综合性学习的成功实施，既有赖于对其学理的正确认知，还取决于对其实施策略的科学把握，这两者实质上是有机统一的。有研究者首先从学理的角度对语文综合性学习进行了研究，明确指出其具有重整合、重过程、重应用、重体验、重全员参与等特点，因此"语文综合性学习的理念不但要自始至终贯穿于语文学习的过程中，而且要渗透语文学习的全部。阅读中要强调综合性学习，写作中要强调综合性学习，口语交际中也要强调综合性学习，同时，还要加强语文课程与其他课程以及与生活的联系，促进学生语文素养的整体推进和协调

---

① 章熊.关于中学写作教学的几点思考[J].中学语文教学，2006(10).
② 程翔.呼唤写作教学有新的突破[J].中学语文教学，2007(05).
③ 张秋达.切莫将写作训练与创作训练隔离[J].中学语文教学，2008(10).
④ 徐善慧.开放性写作教学浅探[J].语文教学与研究，2008(12).

发展"①。面对语文综合性学习实施的现状，有研究者认为其成功实施有赖于教材的合理编制和科学呈现，理想的综合性学习教材应"凸显主体性、强调整合性、注重生活性、体现灵活性"②。但现行教材却存在综合性学习的资源开发体现不出本土化、活动主题偏向宏大等不足和缺陷。

还有一些学者对综合性学习如何实施，怎样提高实效等问题进行了研究。有研究者明确提出语文综合性学习的落脚点是学生语文素养的全面提高，即"语文综合性学习是以语文学科为依托，注重语文学科与其他学科、学生生活和社会生活之间的整体联系，它以问题为中心，以活动为主要形式，以综合性的学习内容和综合性的学习方式，促进学生综合性的发展"③。有学者对语文综合性学习在实施中存在的"泛化"、"非语文化"现象进行了研究，并进行了中肯和到位的分析："语文综合性学习的泛化、非语文化现象背后藏匿着较为复杂的问题，其中最为主要的问题来自我们对'语文'及'语文教学'的模糊认识，来自对'综合性'缺乏深入研究，来自'评价'的偏失而造成的误导。"④这就需要我们确认，语文综合性学习首先是语文的，是为了语文的，这样语文综合性学习的主线只能是语言文字能力的培养和听说读写的整体训练，而不能是其他。

（二）研究性学习：作为语文学习的手段和平台

无论是作为学习方式的研究性学习，还是作为课程的研究性学习，都为语文教学提供了一个更为有效的学习平台。有研究者着眼于研究性学习功能的研究，认为研究性学习可以帮助学生和学校共同走出语文教学的困境，并具体说明了如何通过研究性学习的方式来"培养学生对信息的鉴别处理能力和提高学习的感悟能力、文化品位、发展健康个性、形成健全人格"⑤。研究性学习的成果实施有赖于变革传统的教学观念，有研究者提出"大语文"理念是沟通研究性学习课程的重要纽带，因为"'大语文'教育理念要求我们在教学中着力克服重知识轻能力、重理论轻实践的片面化倾向，重新构建知识、能力、素质辩证统一的教育体系，使教育内容与教学形式不再局限于书本，而呈现出开放的状态"⑥。有研究者对如何实施研究性学习进行了研究，明确指出教师完成由演员到导演的飞跃是前提和条件，但关键是要充分利用好信息技术和计算机，这是由于"研究性学习进程一般包括对资料的收集、整理、加工，并在此基础上得出相应结论。研究过程大体可以分为三步。第一步：在明确课题的基础上收集材料，查找和课题相关的事实论据和理论论据；第二步：处理资料，整理加工信息；第三步：展示发布自己的研究成果。这三步从信息的视角来看，即获取信息、思考整合信息、创造传递新信息。这三步都离不开现代信息技术的帮助"⑦。

---

① 郑国民,冯伟光,沈帼威.语文综合性学习的理论基础与基本特征[J].语文建设,2002(04).
② 陈尚达.语文综合性学习的教材设计特征及问题[J].教育科学研究,2005(11).
③ 郭根福.试论语文综合性学习的有效教学策略[J].课程·教材·教法,2003(03).
④ 黄伟.关于语文综合性学习边界问题的思考[J].语文教学通讯·初中刊,2006(09).
⑤ 方红.研究性学习与中学语文教学[J].现代中小学教育,2002(10).
⑥ 刘建琼.用新理念指导语文研究性学习[J].当代教育论坛,2005(04).
⑦ 王波.语文学科开展研究性学习的方法与策略[J].现代教育科学,2002(08).

(三)语文实践活动:理论的建构

语文是实践性很强的课程,应着重培养学生的语文实践能力,而培养这种能力的主要途径也应是语文实践。基于此,有学者从学理的角度对语文实践进行了研究,明确指出"在语文课程中学生的'语文实践',至少有三种不同的类型:第一,带有自然学习性质的,与语文实践能力具有同一形态的听说读写实践。第二,潜藏着特定语文教学内容(语文知识)的,对所要培养的语文实践能力有直接促进作用的实践活动。第三,语识转化为语感的语文实践"①。有学者甚至认为语文实践活动是语文课程的生命线,这是由于"语言就只有在语言实践过程中才会真正获得学习与发展。语文实践活动就是明日语言实践的预演,也就是今日语文教育的生命线。语文实践活动开展的深度广度将决定语文教育的实际成效"②。

六、语文教学艺术与技术研究

语文教学艺术与技术指的是实现教学目标的具体策略和方法,具体体现在教师的教学风格、教学技巧与智慧和现代教育技术等诸方面。这些问题事关语文教学的具体实施和教师的专业成长,持续受到有关专家和一线教师的关注。

(一)教学风格:以教学方法和教学技巧为基础

教师的教学风格是教师素质的集中体现,指的是教师在教学中体现出的比较稳定的取向和特征。有研究者对语文教学风格的具体内涵进行了探讨:"所谓语文教学艺术风格,是指教师在一定教学思想指导下,在长期的语文教学艺术实践中逐步形成的独具个性魅力的教学风貌,是教师在教学语言的运用、教学方法的选择、教学过程的安排及教学情趣、教学作风等方面所显示出来的较为成熟、稳定的教学活动特征的综合。"③有学者对教学风格的构成要素进行了分析,认为教学方法和教学技巧是一个教师教学风格形成的至关重要的因素,即"教学方法的不同,便有不同的教学流派,也因此可以得出结论,教学方法和教学技巧是一个语文教师教学风格形成的基础之一"④。怎样形成自己独特的教学风格呢?有学者结合名师成长的案例对如何形成其教学风格进行了研究,明确提出"读书可以滋养我们的人生,丰富自己的文化素养,给教学艺术风格的形成提供'肥沃的土地'。同时,我们还要有对语文教学规律的认识和把握,这是教学艺术风格形成的'树根',只有这两点的巧妙结合,教学艺术风格之'树'才能'根深'、'枝繁'、'叶茂'、'硕果累累'"⑤。

(二)教学技巧与智慧:超越技巧形成智慧

教学技巧并不仅仅是怎么做的具体方法,而是在理论指导下的对教学实践方式的概括

---

① 王荣生.解读语文实践[J].课程·教材·教法,2006(04).
② 戴汝潜.语文实践活动是语文课程的生命线[J].教育科学研究,2004(03).
③ 钱加清.语文教学艺术风格探析[J].教育探索,2000(08).
④ 滕英超.构成语文教学风格流派的教师素质和修养[J].沈阳师范学院学报(社会科学版),1995(01).
⑤ 李建军.转益多师是汝师:语文教学艺术风格学习的有效途径[J].中小学教师培训,2007(09).

和提升。有学者认为为有效提升教师的教育教学技巧,就必须建立语文教学技巧学,这就需要"着重研究并解决如下几个教学技巧的问题:教学语言技巧、教学结构技巧、教学启思技巧、教学板书技巧等"[①]。另有学者从名师教学机智与有效教学的关系出发探讨了教学技巧与智慧问题,认为"名师的教学机智不是只针对某个教学问题或教学环节,而是艺术地贯穿于整个教学过程之中的"[②]。有学者从教学智慧的视角对教学机智进行了研究,认为教学机智是教师教学智慧的具体体现,但教育智慧不仅仅是语文教学技巧,而是渗透、内化于师生教育活动的方方面面:"教学机智包含于教育智慧当中,但绝非教育智慧的全部,教育机智不能替代教育智慧,否则,我们就容易把教育智慧的实践过程简单化,甚至偏离教育智慧的本质。"[③]

(三)现代教育技术:切合学科和课堂

现代教育技术与语文学科教学的整合是众多学者研究的热点,一些研究者对现代教育技术与语文学科整合的学理、功能等进行了思考。有研究者从学理的角度对信息技术与语文课程整合进行了研究,认为"它的出发点,是根据信息时代的发展,根据信息技术的新条件、新手段所带来的可能性,重新审视语文学科,实现整体优化"[④]。还有研究者认为信息技术为我们探索语文课堂教学提供了用武之地,这是由于"应用多媒体技术有效整合于中学语文教学中,具有常规教学手段所无法比拟的优越性,不仅能培养和提高学生的创新意识,更能提高教师的综合教学水平"[⑤]。针对网络教学和语文结合这一实践热点,有研究者对之进行了冷静的思索并提出了中肯的建议:"网络语文教学是语文在网络条件下教学模式的崭新尝试,只有遵循语文的教学特性、符合学生语文学习的一般规律、处理好教学中主导和主体的辩证关系,网络语文教学才能真正走上一个健康的发展道路。"[⑥]

七、语文教学学理研究

吸收相关学科成果以丰厚语文教育理论业已成为诸多学者的共识。有学者运用哲学、心理学、语言学、文化学等相关学科理论来研究语文教育,不仅丰富和充实了语文教育理论,更为我们提供了研究和认识语文教育的新视角和方法。

(一)语文教育的哲学视野:认识论抑或存在论

语文教育要实现促进每位学生具体的进步和个性化发展的目标,而不能让其成为扼杀、伤害学生个体的自由发展和进步的工具,业已成为语文人的共识。基于此,有学者认为语文教育不仅需要认识论,更需要存在论,这是由于"在掌握世界的路径上面,与认识论只相信事实、逻辑、判断、推理、证明、分析、综合等不同,存在论更相信人的感受、体会、自觉、体验、感

---

① 万恒德.关于建立语文教学技巧学的思考[J].盐城师专学报(社会科学版),1990(03).
② 曾毅.语文有效课堂教学何以实现:从语文名师教学机智的角度分析[J].教育理论与实践,2008(20).
③ 洪维忠.语文教学中的教育智慧探析[J].安顺师范高等专科学校学报(综合版),2006(03).
④ 顾德希.信息技术与语文教学的整合[J].中国远程教育,2002(06).
⑤ 刘东波,张东平.浅谈多媒体技术在中学语文教学中的作用[J].中国教育信息化,2007(14).
⑥ 侯器.语文与网络语文教学关系的重新认识与思考[J].电化教育研究,2007(06).

兴、想象、领悟、意会等等"①。还有研究者从语言哲学出发来考察语文教育的课程性质、课程体系、课程功能和教学实践,认为"只有准确把握语文教育的特殊性,紧紧抓住'言意体'这个核心,紧紧扣住'文质相称'的语言运用这个重心,语文教育才能真正独立于其他教育,才拥有了独立于课程之林的现实价值"②。

(二)语文教育的心理学视野:重视学生的语文学习过程

心理学与语文教学有着特殊的紧密关系,毫无疑问是语文教学的重要理论基础。有研究者运用心理学中的图式理论来解释语文阅读的过程,认为阅读就是通过同化与顺应来不断修正、丰富学生语感图式的过程。在这一过程中,"须着眼于两个方面,既强调概念的理解,又重视概念的应用"③。内隐学习成为近年来心理学研究的热点,有学者就从探讨内隐学习与外显学习的关系出发,科学界定了内隐学习的价值和语文素质提升的策略:"内隐学习是语文能力提高的主干,外显的指导和阅历经验的积累是语文能力提高的两翼,三者协同作用,学生语文素质的培养才能落到实处,才能振臂高翔。"④学习分类思想是近年来的研究热点,有学者以加涅的学习结果理论来对语文学习的结果进行分类,把语文学习的结果分为"知识、技能、策略和情感四类"⑤。

(三)语文教育的科学视野:知识的科学性与可接受性的统一

语文教育的发展对语文学科知识提出了新的要求,语文课程需要什么知识,什么是实用语言知识和语文教学为什么要建立这样的知识系统等问题成为近年来学界探讨的热点。有研究者提出应建立实用的语言知识系统,这就需要"除了对现有语文知识系统应加以改造之外,还涉及基础知识(必要的基本理论知识、文化常识和大量词汇等)和实用语言知识的恰当安排,以及思想教育的全面安排等"⑥。有学者关注的是如何教这些实用的语文知识,为使语文知识能有效指导听说读写活动,就应该实现"认知程序引导,旨在提高语文学习理性化程度"⑦。

(四)语文教育的文化学视野:注重和加强文化精神的建构

一些研究者从文化学的视角对语文教育进行了研究,认为语文教育的过程就是学生文化精神建构的过程。有学者强调语文教育必须注重和加强学生文化精神的建构,这是由于"语文教育作为文化过程,传播先进的人类文化,弘扬人类的文化精神,在进行文化精神建构的同时也建构自身,这既是语文教育活动的内质,也是语文教育活动特有的使命"⑧。有学者从文化社会学的角度考察了当下的语文学习方式,认为基于现代教育理念的"合作学习"

---

① 童庆炳.语文教学改革的哲学思考[J].语文建设,2003(08).
② 朱丹.语文教育立足点的哲学审视[J].成都大学学报(教育科学版),2008(11).
③ 马笑霞.图式理论与语文阅读教学[J].教育研究,1997(05).
④ 杨金鑫.内隐学习研究对我国语文教学的启示[J].课程·教材·教法,2002(03).
⑤ 姚夏倩,皮连生.语文学习结果的分类及其教学含义[J].教育研究,2000(04).
⑥ 顾德希.建立实际应用语言的知识系统[J].课程·教材·教法,1992(12).
⑦ 陈军.程序化:知识定向与认知引导[J].语文建设,2005(04).
⑧ 曹明海,史岩.语文教育与文化精神的建构[J].山东师范大学学报(人文社会科学版),2003(06).

与"对话教学",与植根于中国传统文化的"诵读感悟"在本质上是相通的,因此,"课程改革背景下的语文阅读教学,需要学生'诵读感悟',也需要教师、学生与文本之间的'合作对话'。有效的语文阅读教学,是两者有机融合、灵活运用的结果"①。

如何通过语文教学实现文化的建构引起了一些学者的兴趣,并进行了可贵的思考和探索。有学者提出我们要以开放包容的姿态对学生的文化素养进行全方位的培养,这是因为"阅读教学并不只是单纯的技能训练,也不是死板僵化的技术,而是一种文化的实践过程"②。通过哪些途径实现文化建构呢?有学者认为应把文化建构的理念渗透于语文教育的全要素和全过程,"语文教学应该注重工具层面的文化探究,知识层面的文化传递,经典层面的文化积淀,精神层面的文化浸染和教学过程中的文化追求"③。

(五)语文教育的思维学视野:释疑与质疑的结合

语文教育和思维培养关系密切,如果弄清了语言和思维的关系,语文教育中的很多问题就能获得合理的解释并能找出相应的改进策略。有研究者对叶圣陶的语文教育思维观进行了新的阐述,这种"旧话重提"对于我们在新时代正确认知两者的关系具有重大价值,如"阅读教学:从课文受到思维训练,养成思考的习惯;作文教学:作文为思考的练习,目的在于养成良好的习惯"④。

与理论探讨相比,有学者从实践层面提出的实施策略可能更有价值,更具针对性。有教师结合其进行的语文教学实验提出不同文体的思维方式不同,因而教学过程的特点、模式也应不同。因此,记叙文(文学作品)"这类文章的教学模式应与前者有所不同,它的模式一般为'感知—理解(想象、感受—分析、概括)—巩固,练习'。其中理解过程分为想象、感受与分析、概括两步,是主要不同点"⑤。有研究者针对如何通过阅读教学培养批判性思维能力这一难点进行了研究并提出了实施的策略,其前提是尊重学生对文本的多元解读,途径是教师在教学中引导学生不断激疑、质疑、释疑,但其基础和关键则在于"首先要进行阅读批判的心理准备,而学生要具备阅读批判的心理,就要消除迷信权威的心理定式"⑥。

八、中国大陆、台湾、香港的语文教学与国际比较研究

我国语文教育虽有其特殊性,但也必然有其与其他国家和地区母语教育相通或相同的地方。有学者秉持"他山之石,可以攻玉"的思想,对我国港台地区、还有世界主要国家的母语教育进行了持续的跟踪和研究,以期用更宽阔的视野审视我国的语文教育。

(一)中国大陆、台湾、香港地区:共识与存疑

中国大陆、台湾、香港地区具有共同的中华民族意念和文化传统,这就决定了三地的语

---

① 刘忠华.需要"合作对话",也需要"诵读感悟"[J].湖南师范大学教育科学学报,2009(01).
② 潘冠海.关于阅读教学的文化学思考[J].教学与管理,2007(15).
③ 曹忠华.触摸语文教学中的文化温度[J].教学与管理,2008(23).
④ 卫灿金.叶圣陶的语文思维教育观[J].课程·教材·教法,2002(02).
⑤ 温寒江,董素艳.形象思维与语文教学[J].教育研究,1996(11).
⑥ 潘家明.批判性阅读教学与批判性思维能力培养[J].教育探索,2009(03).

文教育在总的趋势、总的基调上具有相似之处,这是专家们对母语学习、语文教育、语文课程目标业已达成了共识。有学者对这些地区的"国语文"教育目标进行了比较,认为"虽有相异之处,但所拟教学目的却都具有多元化的个性特征,即都能从语文学科性质和特点以及本地区实际出发,从文道两方面做出主次分明的多元概括,其目的列举涵盖了语文知识、技能、智能以及学生个性发展,包括心理的、社会的不同层面。其中读、写、听、说能力都被列为语文教学的四大主体内容"①。有研究者将大陆 2003 年的高中语文选修课程与我国台湾地区2004 年的高中语文"文化类"选修课程进行了比较,得出的结论值得我们关注:"两地课程目标的相同点在于:都注重传统文化与当代生活的结合。不同点在于大陆《标准》侧重对当代精神和探究学习方法的学习,台湾《纲要》侧重对传统文化的继承。"②

(二)港台研究:国学教育传统的理性坚守

一些研究者单独对港台语文教育进行的研究也很有意思。有学者认为国文兼有教导学生认识本国语文和教导学生成为一个健全国民的双重任务,但两者具有特殊的关系:"这个德教地位的附着,很多人以为是造成国文教学不令人满意的理由,而德教应否寄放在国文教学中,也成了一个大问题,笔者在原则上,是同意德教放在国文教学中的,因为要培养学生成为一个好国民,在民族精神上,最好的方法,是要学生认识往哲先贤在行为和言论的表现,而文学中所蕴含深刻的人生真理,更容易使学生潜移默化,这样一来,学生在学习语文的同时,可以一举两得。"③然后以此为基点对台湾地区的国文教材、国文师资、教学时数、学生吸收能力、联考中存在的问题进行了反思。注重传统文化的弘扬在台湾地区可谓深入人心,自上而下形成了对国学教育传统的固守观念,有研究者对这一问题进行了研究。作者从台湾地区教育文化政策、学校教育、社会教育和家庭教育等角度考察了台湾地区实施国学教育的策略和方法,认为其成功之处就在于"面对多元文化的社会环境,台湾地区在固守国学教育传统的同时,也形成了自觉的现代意识,能够在对中国传统文化认同的基础上,充分吸收西方思想文化,灵活地予以融会贯通"④。

(三)中外比较研究:理性的借鉴

一些学者对国外母语教育进行了考察和研究,这里既有资料的引介,还有原理的阐释。有研究者是从原理层面对国外母语教育进行研究的,在这里首先把西方主要国家母语教育的发展历程划分为三种模式:以英国为代表的西方古典模式,以美国为代表的西方现代模式,以日本为代表的东西方混合模式。在对其分别考察后得出"语文教学重视语文的实际运用无疑是历史发展的必然趋势"的结论,研究者接着指出:"但是教学实践也证明,那种单纯培养语言实际运用能力的语文教学同样不能适应现代社会的需要,以美国为代表的西方现

---

① 陈菊先.中国大陆台湾香港语文教育目标比较[J].华中师范大学学报(人文社会科学版),1999(03).
② 陈黎明,王明建.我国大陆与台湾高中语文"文化类"选修课程的比较[J].江西教育科研,2006(11).
③ 黄汉光.检讨当前中学国文教学[J].哲学与文化,1974(06).
④ 吴丽仙.国学教育传统的理性固守[J].教育评论,2008(06).

代模式便是例证。因此,怎样认识文学熏陶与语言实际运用之间的关系,成了各国语文教学中的一个带有普遍性的问题。"①

有学者的研究深入到国外母语教材和教学等实践层面,得出的结论对于变革我们的语文教育观念、改善语文教育实践作用也许更直接。有研究者对《牛津英语教程》中的"专题"进行了研究,认为"'专题'的本质就是综合性言语实践活动,它体现了言语实践活动的精髓,是言语实践活动的高层次表现,也是听、说、读、写、思维、想象和创造等实现有机整合的最佳方式"②。还有研究者深入到阅读教学层面,认为中美阅读教学在价值取向、教学策略、教学结构、文化传承、思维培养、社会介入、理论研究等方面都存在明显的差异,因此我们的可行策略应该是"根据我国语文教育的特点,总结美国阅读教学的经验和教训,可以使我们清楚地认识我国目前的阅读教学改革中,该学习美国阅读教学哪些东西,借鉴哪些东西,以便让我们的阅读教学朝着更为健康、科学的方向发展,真正形成具有自己特色的阅读教学"③。

九、语文教育专题研究

有关专家结合其特定的理论背景和实践经验,在这一时期针对语文教育或提出了宝贵的建议,或探索出了可资借鉴的教学经验。我们重温这些观念和做法,对于理性认知语文教育现象、科学把握语文教育理论意义重大。

(一)教育名家研究:有益探索和宝贵经验

这些成果中有以下几方面颇为引人注目。

一是针对语文走向何方的争鸣。语文教育经过长期的发展,一度过于否定传统经验的做法逐步得到扼制。有学者慢慢冷静下来,开始在"瞻前顾后"中思考语文教育的走向,力求平衡传统文化和时代的要求。有研究者是结合传统来思考语文教育的,认为"当下中国语文教育,最根本和迫切的问题,不是所谓'创新',而恰恰是应当'回归传统''守住传统''整理传统'"④。有研究者结合素质教育理念提出我们要树立教育是培养人的观念,应把语文能力的培养和学生个性的发展放在社会生活这样一个大环境当中来思考。这是由于"我们教育始终是培养人的,千万不能重术轻人。现在的状况是淡化人,人似乎是虚拟的,是概念化的,实际上培养人是要放在特定的历史条件和特定的社会环境下来认识的"⑤。同时有学者明确指出,不管语文教育怎么变化,都不能忘掉语文教育的责任,即"从养成健全的现代中国'普通公民'着眼,使全体受教育者学会'善于运用国文这一种工具来应付生活',在这过程中发展听说读写知能,'养成阅读书籍的习惯,培植欣赏文学的能力,训练写作文章的技能',同时提高相关的其他素质,就必然成为现代语文教育的目的追求和价值选择"⑥。

二是提升语文教育实效的思考。有研究者认为要想把中学语文教学搞得既生动又有

---

① 倪文锦.西方国家语文教育发展的三种模式[J].全球教育展望,2001(04).
② 李大圣.中英初中语文教材综合性言语实践活动评介[J].课程·教材·教法,2004(08).
③ 周立群.新课程背景下中美阅读教学比较[J].现代教育科学,2008(03).
④ 韩军.循故求新·激浊扬清[J].中学语文,2004(07).
⑤ 于漪.谈素质教育背景下的语文课堂教学改革[J].课程·教材·教法,2000(02).
⑥ 任苏民.民族的科学的大众的语文教育观[J].教育研究,1999(08).

效,就必须坚持启发式,具体来讲就是要做到五个结合:"(1)要把语文教学同学生的生活结合起来;(2)要把语文教学同学生的知识结合起来;(3)要把语文教学同学生的爱好和特长结合起来;(4)要把语文教学同学生在一定条件下思考问题的兴奋点结合起来;(5)为了实现上述四个结合,还要把课堂教学同课外活动结合起来。"[①]有研究者对语文教学中的科学性与艺术性问题进行了探讨,认为"艺术性和科学性是不可分的,是相互为用的,特别是在语文教学中,这一点非常重要"[②]。

三是关于语文教学名师经验的介绍。诸多一线教师结合其丰富的教学实践对语文教育提出了具体的策略和方法,这类研究与经验总结和上述理论探讨相比更接"地气",对教学实践的影响也更为直接。有老师从提高语文教学效率的角度着眼,认为提高课堂教学效率就必须坚持精讲精练的策略,这就需要做到"三精两适":"一是内容精要。即是抓住教材的精华和要点,作具有针对性的讲和练。练习还应具有典型性。二是方法精巧。即是讲重在力求化繁为简、变难为易,练重在力求一举多得,以少胜多。三是语言精炼。即是讲解的语言和练习的表述,都要做到要言不繁,一字千钧。四是适度适量。即讲和练,难易要适度,多少要适量。"[③]有老师把自己的教学实践精辟的总结为"三主四式"教学法,认为"三主"是"四式"的理论导向,"四式"则是"三主"理论在操作层面上的体现。然后作者结合具体案例阐释了"三主"思想:"按'学生为主体,教师为主导'的思想组织教学过程,师生的双向活动必然带有训练的性质,而且这种带有训练性质的师生活动必然贯穿于教学全过程,成为'主线'。于是就有了'三主'——'学生为主体,教师为主导,训练为主线'的命题。"[④]有老师把自己的教学经验总结上升到理论层面,精辟地指出"我提出的'点拨教学法'具有较宽泛的含义,它既是一种教学方法,也是一个教学过程,又是一种教学方法论,更是一种教学思想"[⑤]。

(二)重要问题研究:学理的审视

针对语文教育实践中暴露出的课堂教学随意性大、课堂教学效率低、语文教学脱离文本等现象,有研究者对之进行了深入反思。这些反思或针对语文教育实践之弊而进行分析,或引入相关学科理论成果以重构和丰富语文教育相关理论。

有研究者从国内外正反两方面的经验立论,对经典的教育价值问题进行了研究,旗帜鲜明地指出"语文课程要全面提高学生的语文素养,其内容在与时俱进,加强时代性,满足社会实际需要(实用)的同时,必须加强其经典性,提高课程的文化含量"[⑥]。

对"淡化文体"这一问题如何进行认知是语文教育的一个关键和核心问题,也是语文教育研究无法回避的一个基本问题。有研究者对这一问题产生的历史根源和现实原因进行了分析,明确指出"缺失文体素养培育,是语文教学的结构性缺损,由此必将导致学生语文素养的结构性缺损"[⑦]。这样在教学中要切实加强文体教学就成为必然。

---

① 刘国正.提倡五个结合[J].课程·教材·教法,1986(01).
② 张志公.关于语文教学中科学性与艺术性问题的探讨[J].天津师院学报,1979(02).
③ 宁鸿彬.提高语文教学效率的途径[J].课程·教材·教法,1996(07).
④ 钱梦龙.从"基本式教学法"到"语文导读法"[J].南京师范大学文学院学报,1999(01).
⑤ 蔡澄清.简论语文点拨教学法的要义和操作[J].课程·教材·教法,1997(12).
⑥ 倪文锦.阅读经典:提高学生语文素养的必由之路[J].课程·教材·教法,2004(12).
⑦ 黄伟.提高文体素养:语文教学的当务之急[J].语文建设,2009(01).

语法与语感的关系到底如何也是一个不易说清的问题。有学者对之进行了研究,认为两者的关系是以语法为基、以语感为用的。但"遗憾的是,为数不少的人没有认识到语法为基、语感为用这种相辅相成的关系,把语法与语感割裂甚至对立起来"[1]。现在我们的正确做法应是通过语法教学提高口语表达的严谨性、增强语言的敏感性、促进语言表达的流畅性,最终促进学生语感的养成。

十、语文教学相关理论研究

语文作为一门工具性学科,是一切科学文化的基础,是从事各项工作的最基本的工具,与科学、技术、艺术有密切的关系。理清这些关系,有助于我们打开视野,从更为宽广的视野来审视和看待语文学科教育。

有研究者对语文与相关学科的关系进行了研究。有的学者认为语文学科可以培养和提升学生的逻辑思维能力,因而对科学技术的进步可以产生重大作用,这是由于"论说文有严密的逻辑性,能直接培养学生的逻辑思维能力。就是在语文课的字、词、句、文章结构的教学中也体现了鲜明的逻辑性"[2]。还有的学者认为语文学科与艺术、文学的关系更为密切,即"语文与其他各门艺术之间的联系最为广泛,各种艺术都包含着语文的因素,而且文学作品是多种艺术的基础,如舞剧、戏剧、电影都要以文学剧本为基础"[3]。

有研究者对语文课程与社会生活的关系进行了研究,认为"生活是学生学习语文的沃土。因为语文源于生活,而且用于生活,服务于生活。如果离开生活来谈语文学习,其语文学习就失去了它生长、发育的沃土。"[4]也有研究者探讨了语文课程与其他学科和领域的沟通与整合问题,因为二者的关系如何处理,事关语文课程观、教材观的确立,是语文教育研究和实践必须要处理好的问题。还有研究者从语文与其他学科和领域的关系角度进行了研究,认为二者的关系是相互为用的:"在语文课程与其他课程的沟通中,语文课程不仅能够为其他课程的学习提供便利和帮助,而且语文课程自身也应该能够从沟通和整合中获益"[5]。

这就说明语文课程的天地非常广阔,以致流行歌曲可以也应该引入语文教学,这是由于"充分开发和利用流行歌曲这个课程资源,有利于教学模式的革新,可以变单一的封闭的课堂接受式教学模式为互动的开放的学生自主的教学模式,让学生在丰富的语文实践活动中学习语文[6]。"民俗文化因其对学生的语文学习大有助益,因此也是语文课程资源开发和利用必须要重视的因素。"通过对语文教学中民俗文化内容的学习,既可以让学生接受到已经与生活融为一体的民俗文化的教育和熏陶作用,引导他们对生活的深切关注和思考,养成审视历史和现实的睿智及洞察力,培养他们在生活中传承民族文化的意识;也可以使教师的讲解深入化、有趣化、开放化,真正实现教育与生活的融合目标[7]。"

搜集并阅读完这三十年间关于中学语文教育研究的论文是个漫长的过程,在这一过程

---

[1] 蔡伟,张先亮.语法教学与语感培养[J].语言文字应用,2005(03).
[2] 黎汉鸿.语文与科学技术[J].广西民族学院学报,1979(01).
[3] 范廷宇.关于语文与艺术关系的读书笔记[J].解放军艺术学院学报,1999(04).
[4] 吴代德.还学生以语文学习的沃土[J].郴州师专学报(综合版),1997(02).
[5] 禹旭红.反思语文课程与其他课程的沟通和整合[J].教学与管理,2008(15).
[6] 毛芳都.关于"将流行歌曲引入中学语文课程"的思考[J].大众文艺(理论),2009(15).
[7] 薛晓蓉.民俗文化在语文教材中的教育价值[J].教育理论与实践,2009(21).

中我们相对全面地学习了语文教育理论的相关成果。这些堪称洋洋大观的语文教育理论研究文章，既有专家学者们严谨高深的理论探讨，也不乏一线教师敏锐犀利的感悟发现。掩卷静思，内心可谓是五味杂陈。喜的是，在这三十年间，语文教育研究伴随着社会的深刻转型和教育思潮的不断变革，在课程、教材、教学诸层面的研究不断推陈出新，取得了诸多实绩。忧的是，相对于语文教育实践对理论的要求，我们呈现出的成果还稍显单薄。辩证的看，这未尝不是一件好事。现在的研究者可以在前人开辟的道路上继续奋进，争取更大的突破，因为我们现在已经站在"巨人的肩膀上"。

第一章 语文教育基本理论

- 试论语文的性质与教学目的（成永录）
- 关于语文教育研究（顾黄初）
- 对话理论引入语文教学的适切性探讨（周燕）
- 生本教育下的大语文教学思想初探（张华）
- 评我国近百年来对语文教材问题的思考路向（王荣生）
- 现代性：语文教育的百年价值诉求（刘正伟）
- 语文知识观的反思与重构（王云峰 汪海龙）
- 『语文知识』：不能再回避的理论问题——兼评《中学语文『无效教学』批判》（李海林）
- 谈『语文素养』（刘贞福）
- 语文素养的心理学观点（王小明）
- 本章附录

试论语文的性质与教学目的[1]

成永录

语文教学改革已进行了多年,也取得了一些成绩。但从宏观来看,恐怕还未实现根本性的突破。何以见得?语文教师多有感慨:"语文,越教越不会教了。"学生多有反映:"不爱学语文。"社会多有议论:"语文有个啥样子?"可见语文教学的现状多么不能令人满意。于是,语文教学的科学化便成为热门话题。我以为,庖丁解牛得心应手,是因为他掌握了牛体生理的结构。语文教学要实现科学化,也必须遵循语文的规律,把握语文的学科特点才行。

语文有哪些特点?换句话说,语文的性质是什么?这是实现语文教学科学化的首要问题。

新中国成立三十多年来,对语文的性质问题曾经讨论过好多次。50年代初,曾沿袭章太炎"小学"之义,认为语文就是语言文字之学。以后觉得不合适,受苏联影响改成了汉语和文学,分科教学。后来发现,这样做也不恰当,又理解为语言文章之学。60年代"文革"动乱,极"左"横行,干脆把语文改成了"转变学生思想"的政治课。"文革"之后,旧题新说,语文的性质又提出来了。再经讨论,觉得语言文章之说,虽然概括了口头和书面的表达形式,但细究其含义,也未免失之偏颇。因此,便出现了以它的部分功能作为其本质的判断:语文是学习各门学科的工具。

这种功能定义必然不是性质定义,自然也难以明确语文的性质。至于还有一些别的说法,大家都感到难尽其意。于是,在几经争论之后有人说,语文就是语文,不去追究它的意义,不是照样教吗?结果,就连新订的《中学语文教学大纲》(草案)(1978年全日制十年制学校《中学语文教学大纲》,人民教育出版社)也似乎绕过了这一首要问题,只提出了目的和要求。

目的是由性质决定的。性质问题弄不清楚,目的如何能够明确?譬如开锁,钥匙的功能显而易见,使用钥匙的目的尽人皆知,但如令某人拿上一串不知其码数型号的钥匙,去开一座高大建筑里的锁子,即使心力并用,左右折腾,乱捅一阵以后,也能开得几把,但其效果不佳却是可以预料的。

至于要求,更应当服从于目的。倘若目的不明,方向不清,要求就会脱离实际。就像射箭,它的目的固然是射中红心,然而如果连靶子都看不清楚,却强要张弓劲射,即使万弩齐发,或许也能碰上几支,但其准确率不高却是可以想见的。

现在的问题是,语文的学科性质不清,教学目的何以明确?教学目的不明,教学要求怎能切合实际?如果要求脱离实际,要想达到解决问题的理想效果,可能性有多大?因此,继续深入探讨语文的性质,乃是实现语文教学科学化的必要前提。

为了弄清语文的性质,就需对语文学科有个全面的了解。

---

[1] 本文选自《延安大学学报(社会科学版)》1987年第4期,第84—89页。

作为一门学科,语文有其产生和衍化的过程。1964年,当代著名教育家叶圣陶先生在一封信中说:"'语文'一名,始用于一九四九年华北人民政府教科书编审委员会选用中小学课本之时。此前,中学称'国文',小学称'国语',至是乃统而一之。彼时同仁之意,以为口头为'语',书面为'文',文本于语,不可偏指,故全言之。亦见此学科'听'、'说'、'读'、'写'宜并重。诵习课文,练习作文固为读写之事,而苟忽于听说,不注意训练,则读写之成效亦将减损……其后有人释为'语言'、'文字',有人释为'语言'、'文学',皆非立此名之原意。"(《语文教育书简》二〇,见叶圣陶《叶圣陶语文教育论集》)

这就是语文名称的来历。可以看出,它的本来含义正在于将口头的"语"和书面的"文""统而一之",以示"不可偏指"。语文教学的内容应该是"诵习课文,练习作文",进行"听说读写"训练,从而达到"发展个人生活上必要的智能,使个人终身受用不尽,同时使社会蒙受有益的影响"的目的(叶圣陶《认识国文教学》——《国文杂志》发刊词)。

严格说来,"语文"这一提法,并不是精确的科学术语,而是一个模糊概念。模糊概念的产生是由于所描述的系统庞大而复杂,涉及的变量及参数众多所造成的,是相对于精确的科学概念而言的。科学概念的特征是二值逻辑思维,即是非分明或真假分明,而模糊概念的特征则是多值逻辑思维,它反映事物的系统性、多因性和动态性。我们通常说科学是精密的、确定的,这只是对研究对象的不确定性的某种程度的简化和抽象处理,而实际过程则往往是复杂、不确定的,因而是模糊的。

语文所描述的对象既有自然的,也有社会的、思想的;既有具体的,也有抽象的;既有局部的,也有整体的;既有静态的,也有动态的。语文所运用的思考方法,既是逻辑思维,更是形象思维。因此,把语文作为一个模糊概念来对待,就可以减少很多不必要的纷争和纠缠。

那么,是不是说语文的本质就无法规定了呢?不是的。实际上,上面所说的各种理由,恰好为我们认识语文的本质属性提供了明确的线索。即为了研究语文的学科属性,在方法上,我们可以把语文从广义的人文科学系统中抽离出来,暂时切断它们的系统联系,从而对构成语文学科的各种因素加以分析。

什么是语文?"文本于语",语本于思。语文是研究语言和思维的关系、结构、功能、意义及其规律性的科学。

语文,不管是口头的"语",还是书面的"文",都是思维的直接表现,思维才是语言的心理动因。反之,思维的形成和发展,则是在语言信息系统的基础上建立和健全的,两者相互制约,相互依存,互为表里,密不可分。

一定的语言结构形态,体现着一定的思维组织形式。语言形态上排列、组合、转换、变式、渗透等关系的变化,呈现着思维发展中的无限层次、万千交错的运动。

从语文的功能来看,其适性真可说是万能的。凡人类的一切认识活动,莫不依仗语文这个思维工具来进行。因而,人们说它是学习各门学科的工具,是各门学科的基础,不是没有道理的。

作为概念,"语文"一词出现较晚,但它的意义早就被前人揭示了。"言为心声","文以载道",正是从它的内容方面来说的。语言是思想内容的外壳,思想内容是思维活动的内核。自然,学习语文,要体会每篇课文遣词造句、谋篇布局的妙处,就必须结合课文的内容联系作者的思想,才能体会到。何况要提高学生认识事物、分析事物的能力,也离不开作品的思想意义。

关于语文的规律性,固然已有过不少见解,但至今仍在争论之列。现在,我们不妨先作个假定:假定我们对语文的规律性还不清楚,那就把实践中产生的问题作为向导,分析一下教师、学生、社会对语文教学的意见,就不难找到解决理论问题的门径了。

语文学科要求语文教师要有字词句篇、语修逻文、天文地理、政史经哲、三教九流、艺术科学等方面的广博知识,也要有读字听讲、琴棋书画等方面的多种技能,还要有必要的社会生活经验,更要有为人师表的思想修养。不难想象,语文教师肩头的负荷究竟有多重?难怪语文教师要望洋兴叹了。

可以看出,语文是一个庞大的知识系统。它的内层结构是字、词、句、篇、语、修、逻、文;中层结构是史、地、哲、政、经;外层结构是科学、艺术、社会、思想、实践等,若用图表将这个知识系统和人脑、思维、语言联系起来,则呈现出波散状,其覆盖面真可谓"无所不包,无所不容",这说明语文有高度的综合性。

语文知识结构简图

[图示：语文知识结构简图]

语文教学,收之可以提纲挈领,画龙点睛;纵可以条分缕析,海阔天空。同一教材,不同教师讲来,仁者见仁,智者见智;不同环境下讲解,又会得出不同的结论;不同时期讲解,又有不同的感受。语文学习,是一个循序渐进、交错关联的过程,费时多,见效慢。语文考试,缺乏稳定性,带有随意性,提高成绩,实非易事,难怪学生要望而却步了。

可见,语文是一门可简可繁、能伸能缩、有定论又无定说、有规则又无定法的辩证色彩很浓的学科。它在教学双方及其所处环境的作用下,呈现出闪烁不定、不断运动的状态。这说明语文具有异常的多变性。

语文作为一种工具,被人们普遍应用着。每个人生下来就进入一个语言社会,并在他的一生中使用语言。从这个意义上说,每个人都是"语言学家"。不管是受过教育的,还是没有受过教育的,不是在自觉地应用着它,便是在自发地应用着它。司空见惯,不足为奇。当前,在语文教学还未实现科学化的情况下,一般人看来,语文只不过是"雕虫小技"而已,没有什么学问。

不言而喻,语文所研究的主要是规范化的书面语言。因为人类的文化遗产主要是用书面文字保留下来的,掌握了书面语言,才可以打破时空的限制,接受和传递人类的知识经验。

书面语言是在自然语言材料基础上加工的产物,确实是学习的典范。但因其在内容和形式上的定型格局,又必须不断地从生活中吸收活的语言材料加以补充,才能适应新的认识和表达的需要。而且,运用语言的能力也只有在社会实践中才能逐步形成。这说明语文具有广泛的社会性。

上述语文的综合性、多变性、社会性等特点,正与模糊性概念的系统性、动态性、多因性等特征十分接近。所以,我们把"语文"看作一个模糊性概念的时候,就更便于运用辩证的方法来研究。

以往,大多是将语文当作一门学科来对待,这无疑削弱了它的科学意义,降低了它的学术价值。现在看来,它不但有学科的规定性,而且有系统的规律性。因此应该说:语文是一门科学。

那么,语文这门科学是怎样建立起来的呢?这还要从构成它的内在逻辑语言、思维及其物质基础——人脑说起。

辩证唯物主义认为:从哲学上讲,思维和意识是同一类的、同一意义的概念,都是人脑对客观现实的反映;从生理学上讲,人的思维是以具有第二信号系统(语言)为特征的,它是高级神经系统高度发展的表现,是在劳动基础上同语言一起产生的。根据列宁的意识(这里可看作"思维")学说(在这里的确客观上是三项:(1)自然界;(2)人的认识=人脑(就是那同一自然界的最高产物);(3)自然界在人的认识中的反映形式,这种形式就是概念、规律、范畴等等。)(《列宁全集》第38卷第194页)看来,语文科学体系的建构(连续不断地建立新结构)过程是:在实践活动中,外界事物刺激人脑——人脑产生思维活动——思维支配语言功能,构成"自然界在人的认识中的反映形式"。这种形式随着人类历史的发展,逐步丰富复杂,日趋精确细密,而后形成了各种范畴。其中有一门始终和本体(大脑)保持着最直接、最广泛、最密切的联系,而且是沟通和协调各个范畴与本体关系的纽带,这就是语文。

问题并未结束,我们要问:思维建构中有三种(三项)不同的力,它们在思维活动中的作用是否均等呢?显然不是。按照列宁的结论,大脑是个中心环节。因此,要研究思维和语言这一范畴,就必须特别注意大脑的机能。

1978年诺贝尔奖获得者斯佩里博士的裂脑研究证明:人脑两半球的思维功能有着明显的不同分工,左半球主要进行逻辑思维,右半球主要进行形象思维。如果能激活两半球同时工作,每秒钟至少能完成六亿多次信息传递。发现心理学家皮亚杰用实验证明:认识既不是在主体结构中预先决定了的,也不是在客体的预先存在着的特性中决定了的,而是依赖于主体的不断运动。在大脑皮层动力定型论中,他和欧美主要心理学派之一格式塔的结论基本相同:他们都反对简单的"刺激—反应"公式,都指出,在刺激与反应中间,还存在着心理组织作用,即大脑的机能。因而客观事物与反映之间就不可能是简单的因果关系,而是一种能动的反映。皮亚杰认为,智力的本质是适应,而适应依赖于主体对客体的能动作用。知识是主客体相互作用的产物。美国心理学家威廉·詹姆斯也认为,在人的两种生活积累(实践积累、内心体验)经验和情感中,有些是经过语言分解和确定的,有些则是未经语言分解和确定的"极其模糊的一团"。

所以说,语文学所要解决的主要问题应该是:通过对语言和思维的系统研究,开掘人脑机能——思维的能动作用,激活人体的各种潜能,发挥语言的特殊功能,使那些难以言喻的经验和情感,获得清楚的表达和正确的应用。

性质问题弄清楚之后,目的问题就明朗了。既然语文研究的对象是语言和思维及其社会效能,语文教学是一项以开发智能为中心的教育工程,那么它的目的自然应该是"发展个人生活上的必要的智能"(注见前),即传授知识、拓展智力、培养能力。乍一看,这些提法似乎没有多少新鲜之处,然而,我要说的是:

第一,必须依据语文的学科性质来规定语文的教学目的。

语文教学的主要目的应该是开发智能,就是要使学生聪明,有智慧、有创见,思维能力强,善于适应世界新潮流,从而提高国民的素质。离开这个主要目的,片面强调别的目的的规定或提法,那就很有可议之处了。

第二,必须遵循语文的科学规律来安排语文教学目的的顺序。

要想聪明,必先启蒙;要想发明,必先继承。没有丰富的基础知识,拓展智力和培养能力就是一句空话。传授知识是基础。所以,首先要提"传授知识"。

知识的积累不会自发地转化为能力,正如煤炭放进炉里不能自动变成火焰一样,中间要经过一个点燃的过程。在知识向能力的转化过程中,智力起着分析综合、思考判断、触类旁通、得心应手的中介作用。所以,应把"拓展智力"放在其次。

学习的目的全在于应用。检验学生语文知识的多少,衡量学生智力水平的高低,都集中表现在其分析问题、解决问题的实践能力上。所以,应把"培养能力"排在后面。

第三,必须按照语文的教学目的来指导语文的教学改革。

如前所说,语文教改中存在着许多亟待解决的实际问题。这些问题无不与我们对语文的性质、目的认识不足有关。在讨论了性质、目的之后,就须将它作为指导,加速解决一些实际问题。

语文教师"难"。难在两点:(1)任务太重,力不从心。主要表现在两方面:一方面语文的知识结构太庞杂,难于把握;另一方面语文作业太多,难于应付。(2)均衡文道,难上加难。语文的思想性似乎没有人否认。因此,有的人就片面地夸大语文的思想教育、品德教育、阶级教育、世界观教育等,一会强调"文以载道",一会突出"思想政治",一会又说"文道并重"……真把语文教师搞得晕头转向、无所适从,许多人还因此栽了跟头、吃了苦头。

怎样解决?首先应从语文知识的高度综合性入手。没有中心,就没有效率;没有重点,也就没有工作。围绕教学目的,提出切实的要求:小学应以低层的下部结构为主;中学应以低层的上部和中层结构为主;大学文科应以高层结构为主,批改作业应注重"多练重评,巧妙点化",绝不要篇篇详改、面面俱到。至于文道关系,只要承认语文是一门科学,不是什么政治课,只要明白不讲清思想内容就讲不清语文知识,即传授知识本身就包含了思想教育,那又何必另起炉灶?语文有陶冶思想感情的功用,但不等于就是"转变学生思想的政治课"。如果真有那么大的"转变"威力,那我们还敢出国学外语吗?所谓"文道并重",那是要语文教师走钢丝,太难为了。看来,语文还是"寓道于文"好。

学生不爱语文。原因有二:(1)变幻莫测,难以掌握。在学生看来,语文没有深浅,不着边际,说来简单,学却不易,常常因此失了信心。(2)事倍功半,畏难厌倦。因为传统的语文教学缺乏科学性,致使学生在学习语文上出了大力却得不到应有的收获。试问,不求事功的徒劳谁爱干呢?

教学的问题主要是教师的问题。问题反映在学生上,根子却在教师上。以往,我们的教学大多是沿着传授知识这根主线进行的。由于过去对语文的综合性缺乏分析,对它的多变性估计不足,再加上教学目的也不甚明确,所以难免做一些出力不讨好的事情。

要解决教与学的尖锐矛盾,就要注意激发学生学习语文的兴趣。兴趣从哪里来?来自对一个理想目的的执着追求。应该使学生明白语文教学的主要目的是"拓展智力",使人聪明起来。英国大哲学家弗兰西斯·培根说:学文能使人灵秀。这是很有见地的。

教知识所得有限,教方法受益无穷。古人说:"授人以鱼,只供一饭之需;教人以渔,则终身受益无穷。"在科学技术飞速发展、知识更新换代随时都在发生的今天,语文教师尤其应当注意经常分析语文的常态因素和变态因素,运用求同思维和求异思维交织发展的思考方法,把"点石成金的手指"交给学生,引导他们知变守常、探索创造,他们就会从自己不断增长的聪明才智中看到成绩,引以自豪。

社会对语文的不理解,反映了当前的语文教学改革没有充分注意语文的社会性。因而,也影响了语文教学目的的全面实现。

总之,在我看来,语文是一门科学。它有自己的系统性和规律性,它是在逻辑思维和形象思维有机结合的基础上建立起来的,它充分发挥了人脑两半球的全部智能(在这一点上它比其他学科更为突出)。因而,它是一门拓展智能、教人聪明的科学。

或许在语文教学实现科学化的时候,或许在行将来临的社会高度信息化浪潮中,人们也许要广泛传播这句话:"认真学语文,能做聪明人。"

关于语文教育研究

顾黄初

1995年10月间,收到人民教育出版社给我寄来的我的一部论文自选集《语文教育论稿》(以下简称《论稿》),共48万字,印刷和装帧都颇为讲究,敝帚自珍,追忆往昔,不禁感慨系之。自1986年以来的10年间,国内的一些语文教育报刊,或以"封面人物",或以"名师探访",或以"影响当今语文教坛的风云人物"等方式载文对我作了一些肯定的评价;有些《语文教育辞典》,也在"语文教育家"一栏中专设条目介绍了我的简历。同行专家对我的厚爱和鼓励,我十分感激,同时也感到诸多溢美之辞,实在受之有愧。特别是重新翻读这部《论稿》,觉得真正具有真知灼见的篇章并不很多,很需要把我在语文教育研究中所形成的基本观点、走过的道路以及对我国语文教育发展趋势的预测等好好回顾一下,看能不能留下一点稍稍有价值的东西。这件事,当然也可以让别的同行专家来做,但我自己做也许有"冷暖自知"的有利条件。

有了这样的想法,且试着做做,便有了这篇题为《关于语文教育研究》的文字。

一

自1977年以来的近20年间,教材、论著出版了10多部,论文、序跋发表了200多篇,用过滤器过滤一下,其中关于语文教育研究的稍稍有价值的观点无非是三个,即:

语文教育是提高全民族素质的一项奠基工程;

语文教育改革的根本指导思想是"贴近生活";

语文是一门民族性很强的学科,它应当走民族化和科学化相结合的道路。

第一个观点,说的是语文教育举足轻重的地位。

提高全民族的素质,特别是提高全民族新一代的素质,是一个国家经济发展、社会进步、民族振兴的关键所在。人的素质,固然与他"与生俱来"的一些先天条件有某种关系(如先天性的生理、心理缺陷会影响到一个人的生理、心理素质等),但从整体上来说,是后天形成的,是靠后天的教育逐步形成、逐步发展的。换句话说,接受正常的、良好的教育,是提高自身素质的前提,对于个人,对于一个民族,都是如此。这一点,在《中华人民共和国宪法》和《中华人民共和国教育法》中明明白白地写着,可以说是人们耳熟能详的常识。

为什么独独要把语文教育看作是提高全民族素质的一项奠基工程?

1. 为人们接受教育提供一种重要的工具和媒介

如前所说,人的素质是指通过学校教育和社会实践形成逐步发展的、适应现代生活需求的各种品质和能力的总和。说到受教育(社会实践,其实也是一种教育),特别是在学校接受系统的教育,得有一种最基本的交际工具、知识载体和传播媒介。这个工具、载体和媒介,不

[①] 本文选自《扬州师院学报(社会科学版)》1996年第3期,第13—19、24页。

是别的,那就是本民族的语言和文字。学会听话说话,学会识字写字,进而学会读书作文,训练并形成用祖国的语言文字来准确地理解和准确地表达的能力,这是一个人接受教育最基本的条件(生理上有特殊缺陷的盲童和聋哑儿童等除外)。这个条件,需要在学前教育和义务教育阶段就打好基础。

2. 为人们认识世界、了解人生提供一个色彩斑斓的空间

学校按照课程论的原理把学生该认识、该了解的知识分成各有特点、自成系统的若干门课程,形成分阶段、分学科和有计划、有系统地进行教育和教学的格局,其目的,说到底就是要让学生比较全面、比较充分地认识世界、了解人生。在这众多的课程中间,有一门课程内容比较特殊,那就是"语文"。例如,学生物,就得以系统阐述有关生物知识的文字材料或图像材料作为教材;学历史,就得以系统叙述人类社会发展演变过程的文字材料或图像材料作为教材。语文学科当然也有自己的知识系统,如文字学、语音学、文法学、文章学、修辞学等,但它主要不是以这些系统知识作为教材,而是主要通过研读、诵读各体各类典范的语言作品让学生逐步理解和掌握语言文字运用的规则、方法和技巧。从初中到高中,选文约有300至400篇,这些语言作品,内容十分广泛,而且带有综合性、形象性,它们涉及中外古今的社会生活、春夏秋冬的自然景色,上至天文,下至地理;大到历史巨变,小到鸟兽昆虫;既有人生哲理的探讨,又有自然奥秘的窥察。凡所应有,几乎尽有。有人不无夸张地说,语文教材几乎是一部小百科全书,它们为学生认识世界、了解人生提供了一个丰富多彩、五光十色的空间。

3. 为人们提高认识、丰富情感、激活思维提供一个有血有肉的凭借

语文学科指导学生阅读的那些典范的语言作品,往往是作者对自然、对社会、对人生的卓越见解、独特感受的集中体现,学生研读这些作品,不但从"写什么"方面开拓了自己的知识领域,而且从"怎么写"方面获得智德的启迪,逐步提高自己的认识水平、丰富自己的情感内涵、激活自己的创造性思维等。语文教师指导学生说话、作文,也总是把如何识别真善美和假恶丑,如何爱所当爱、憎所当憎,如何进行创造性的思维活动等作为训练的出发点和归宿。"学语文就是学做人",在语文学科,教书和育人之间有着一种天然的联系。

要细说,还可以列出许多,都足以说明语文教育是提高民族素质的一项奠基工程。认识到这一点,很重要。教育教学行为总是要受教育思想的影响和支配的。只有在教育思想上确信语文教育是提高民族素质的一项奠基工程,在行动上才能时时、处处目中有"人",不至于误把手段当目的,把培养人、提高人的素质这个最终目标置诸脑后,而把自己的全部精力用来"指导"那些"尖子"学生在考试中去"争高分"、"夺冠军"。

第二个观点,主要是说处理语文教材教法的根本指导思想。

语文教育,顾名思义,就是以学语文、用语文为基本内容的教育活动。如何学、如何用,这里面大有学问。不过,依我看来,就语文教育而言,最重要的一条就是要"贴近生活"而不要"脱离生活"。要说"学问",这四个字就是一门"大学问"。

1988年初,我曾发表过一篇论文,用"贴近生活"四个字来概括我的语文教学方法论的根本点。围绕着这个根本点,我在论文中提出了三点看法:一是要根据实际生活中运用语文工具的规律来探求语文教学的规律。说得浅显明白些,就是要懂得怎样"教语文",该先懂得人们在实际生活中怎样"用语文"。"教"的规律潜藏在"用"的规律之中。二是要根据实际生活中运用语文工具的众多场合来开拓语文教学的空间领域。这个看法旨在改变传统语文教

育的"封闭"状态,形成开放式、辐射型的大语文教育格局。语文工具在实际生活中的运用频率最高、运用场合最广。我们的努力目标,就在于引导学生懂得"到处都可以学语文"、"语文应用的外延与生活的外延相等"的道理。如果学生个个都能在语文课堂之外的广阔天地里学习语文,训练自己对语言现象的敏锐感受力,那么,我们的语文教育工作已经成功了一大半。三是要根据现代生活的发展前景来规划语文教学的未来。生活本身是在不断发展、不断更新的,生活中运用语文工具的状况也必然要随之发展、随之更新,比如新的词汇、新的语言表达方式的不断涌现,就是一例。我们的语文教育必然要随着社会生活的发展而发展,不能永远停留在一个水平上。

最后说一说第三个观点。这个观点说的是语文教育的特点以及与此相关的改革方向。

语文教育与其他学科的教育一样,有一个如何实现教育内容、方法、手段的现代化问题。不过,对于语文教育的现代化,有两个问题必须充分重视:一是汉语文的特点,二是汉语文教育的传统。汉语文的特点,内容很复杂。直到目前为止,谁都承认汉语文有自己鲜明的特点,并可以列出一二三四条来,可谁也不能肯定说自己已经把汉语文的特点研究透了。汉语文教育传统,其糟粕部分和精华部分也都应该有人去研究,但到目前为止,谁也不能说已经把这个问题说清楚了。这就是现实状况。没有研究透也好,没有说清楚也好,这都意味着我们所面对的是一个具有无限魅力的领域,需要我们继续去探索。

作为一种改革的目标和方向,我提出了"民族化和科学化相结合"这样一个着眼于宏观的命题。中国的语文教育是以汉语汉文为基本内容的教育活动,所以必须充分重视汉语汉文的特点和教育传统,体现出"民族化"的精神和气派。一个真正的、尊重科学的改革者,他决不可能对民族历史、民族传统抱虚无主义态度。恰恰相反,改革者往往同时也是历史的优秀传统的批判继承者,在文化领域和教育领域,尤其如此。

当然,在坚持民族化的同时,从提高效率的目标出发,又必须坚持科学化,其中包括重视教学内容的序列化、教学过程的最优化和教学手段的现代化等,使民族化和科学化很好地结合起来。

卑之无甚高论,我对于语文教育研究,得出的结论无非是这么三点。

二

从事语文教育研究需要有一定的条件。比如,直接参与过语文教学的实践,在实践中培养起一种热爱学生、热爱教学工作的感情,并且积累了某些经验和教训。我于 1953 年南京大学中文系毕业后,在苏北农学院(现扬州大学农学院前身)附属工农速成中学教了 9 年语文,对语文教学究竟是怎么回事算是有了一点感性的认识。特别是这 9 年间,我国的中学语文教材经历了由综合型到分科型(汉语与文学分科)再到综合型的重大变化,因而对语文教材的编制方法及其利弊多少有点感受。这算是一个有利条件。

光有从事语文教学的实际经验似乎还不够,除此而外还得有"研究"的兴趣和"研究"的条件。在这一点上,我应当说是非常幸运的。1962 年,工农速中停办,我被分配到扬州地区教师进修学院,从事中学语文教师的培训工作,一年后又调入扬州师院高师函授部,继续从事在职教师的培训,这就为我的"研究"提供了十分有利的条件。一方面,我因为担任了"现代文选"和"写作"两门课的教学,于是对文学、文章学和语言学等进行了比较系统的学习和研究;另一方面,适应在职教师进修提高的需要,每次集中面授总要安排一些有关中学语文教学问题的专题讲座,于是逼着我学一点教育学、心理学方面的理论,并用我自己9年来积累的经验和教训,以及到中学听课所获得的第一手材料(当时强调必须到学员所在学校听课)加以印证。当时尽管感到压力很大,但现在看来,工夫没有白费,对于"语文"本身的研究和"语文教学"的研究,为我此后的进一步发展奠定了基础。

1978年,扬州师院高师函授部因故暂停。当时,中文系原有的语文教材教法课因"文革"冲击已停开了多年,需要恢复,而原来的任课教师有的已调外系,有的已改教别的课程,一时无人接手,系领导来征求了我的意见。在高师任教的同志都知道,教材教法这门课在人们心目中是"有专长的不屑教,无专长的教不好",是"食之无味,弃之可惜"的一块"鸡肋"。而我呢?若干年的在职教师培训工作倒培养起了我对中学语文教学的深厚感情,既然领导征求我的意见,我就干脆去啃一啃这块"鸡肋",也许在"无味"中可以啃出点"味道"来。从那一年起,我就成了一名语文教材教法的专任教师。

我的语文教育研究之路和别人有点不同,是由"史"切入、由"史"展开的。80年代初的两个会议,对我的由"史"切入有直接影响。

1980年我去开封参加全国语文教学法研究会成立大会暨首届年会,与会者中不少是从事这门课程教学多年的专家,我是个新入伍的小兵,坐在后排听专家们的宏论,看专家们的雄文,觉得这片天地还真有几分迷人之处。但同时也感到有点不满足,觉得会上一般的议论,横向展开的多,纵向开掘的少,研究似乎缺少一点历史的纵深感,而我国的语文教育有深厚的历史传统,语文教学法的研究也决非现在才起步。参加这次会议,我不但吮吸到了我所需要的营养,结识了许多堪为吾师的专家,而且也找到了我的研究方向。会后,我到院图书馆特藏室找资料,居然发现了我国自20年代至40年代已有若干种语文教学法教材先后出版,证实了我的推断。1982年,在乐山召开的研究会第二届年会上,我提交了一篇题为《且看前辈留下的脚印》的论文,对我国20年代、30年代、40年代出版的三部中学语文教学法代表作进行了综合的比较研究,为与会者提供了一点研究学科教育史的线索。

另一个会议,是1981年在杭州举行的西湖笔会。笔会的发起者和主持人是当时杭州大学《语文战线》的主编张春林,他与我素昧平生,怎么会破例地降格以求来邀请我参加他组织的西湖笔会?原来他是在1979年的《语文学习》上读到我写的一篇千字文《万花筒的启示》,觉得这个姓顾的作者对我们汉语汉文的特点和表现力颇有点体会,这体会正好同他的感受相通,于是经过打听,知道了我的下落,慨然给我发了封请柬。笔会参加者只有10多人,除我而外都是从事中学语文教学实践研究的专家。笔会开得无拘无束,痛快欢畅。谈论的中心是语文教学与学生的智能发展;议论最多的是如何用叶圣陶的语文教育思想来改进当前的语文教学工作。我过去教"现代文选",读过教过叶圣陶的一些文学作品,自问对他的创作思想和艺术追求有些了解,但对他在语文教育方面的独到见解则知之甚少。自从担任"语文教学法"课程的教学,再读《叶圣陶文集》,惊喜地发现了一片新的天地。当时的感受,正如后来吕叔湘先生在为《叶圣陶语文教育论集》所作的序中所说:"有许多现在还常常有争论的问题,事实上圣陶先生多年前已经遇到,并且提出了他的看法",人们应当"借阅读这本集子的机会来对照检查我们自己的工作"。正是在这种感受的驱动之下,我在1980年写了一篇文章,题为《试论叶圣陶语文教学思想》。后来,该文发表在郑州《教学通讯》上。西湖笔会的参加者,对我这篇浅陋之作颇多褒奖,认为学习和宣传叶圣陶语文教育思想正是救治中小学语文教学积弊的良方。于是我便成了1982年在苏州召开的全国叶圣陶语文教育思想讨论会的积极参与者和主要发言人之一,并在会后应山西《语文教学通讯》之约,为该刊纂写了有关叶圣陶语文教育思想研究的连载文章,就是后来由开明出版社出版的《叶圣陶语文教育思想讲话》。

由《且看前辈留下的脚印》开始了我对现代语文教育史上"专书"的研究;由《试论叶圣陶语文教学思想》开始了我对现代语文教育史上"专家"的研究。作为两者的结合,1985年与陈必祥、李杏保等合作完成了国内第一部学科教育史论著《中国现代语文教育发展史》的写作。1986年春,东北师大朱绍禹教授主办语文教学法青年教师研究班,邀我去讲"现代语文教育史"专题课。为准备讲课,我又继续广泛地搜集史料,进行系统整理,写成了20多万字的讲义,就是后来由南京出版社出版的《现代语文教育史札记》。

我研究语文教育史,恪守一条原则:为现实需要服务。一是为学科体系的建设服务。因为我是从教"现代文选"中途转而教"语文教学法"的,教"现代文选",十分重视宏观历史文化背景的探讨,一旦转到"语文教学法"学科,就明显地看到了这门学科以往研究的一个"空白"——"史的空白"。而对于一个比较成熟的学科来说,在它的领域里是不可能没有"史"的考察和审视的。于是,我就自找麻烦,自加压力,在教学之余去进行学科教育史的研究。现在回过头来看,这条路是走对了,在继之而起的一些新版的语文教育学教材中,或分散或集中都有了关于本学科研究历史的内容,这在学科体系建设上显然是一个进步。二是为语文教材建设服务。在研究语文教育史的过程中,我发现近百年来我国的中小学语文教科书,从纵向上看,有一条明显的发展演变的脉络;从横向上看,全国并无统一的用书规定,大小书店都可以按照政府颁布的课程标准编制、出版教科书。从这样一些史实中,我看到了新中国成立以来语文教材建设方面的一个弊端:统一性限制了多样性。1980年底,我便发表了《改革中学语文教材之我见》,提出了试行分编本教材,在全国统一要求的前提下实现教材的多样化。后来的实践证明我当时提出的设想是正确的、必要的。1986年,国家教委为推行教材的多样化,改以往的编审合一制为编审分开制,专门成立了一个全国中小学教材审定委员会,我被聘为首届学科审查委员。最近,我与人民教育出版社顾振彪合作,完成了《语文教材的编制与使用》一书,由江苏教育出版社出版,算是对自己10多年来研究语文教材建设的一个小结。三是为中学语文的教法改革服务。一个研究语文教学法的教师,他的研究工作归根结底都要为中学语文教材教法的改革服务。因此,他的一只眼睛固然要注视国内外理论研究的动态,另一只眼睛则必须始终注视中学语文教学的实际;一只耳朵固然要听理论界的议论,另一只耳朵则必须要听广大第一线教师的呼声。在这一方面,我大致做了三件事:一是关于改革作文教学的,一是关于改革阅读课的课堂教学结构的,一是关于语文训练与思维训练相结合以提高语文教学效率的。这些问题的论述,我力求做到有"史"的深度,使当今的语文教师能从历史的深处听见先辈探步的足音。

有人说我是现代语文教育史的研究专家,我既不敢当,同时也不符合我的实际。原因是我研究历史才起步,并未自成一家;并且我并非为研究"史"而研究"史",我的目标是鉴古而铸今,推陈而出新,旨在为改革语文教育的现状服务。

三

在世纪之交的时刻,人们不能不反思过去、审视现在,并在这种反思和审视的基础上思考和规划未来。

语文教育是国家整个教育事业的基础工程之一,它的发展在宏观上必须也必然要服从和服务于国家整个教育事业的总体规划;而教育事业的发展又必须也必然要服从和服务于国家经济建设和社会进步的总体目标。这三者之间的关系是一种客观存在的自然联系,任何人不能凭主观愿望加以人为的割裂。

党中央和国务院所制定的《中国教育改革和发展纲要》,已经勾画出了我国整个教育事业当前和未来发展的蓝图。党的十四届五中全会又把"实施科教兴国,促进科技、教育与经济紧密结合"确定为我国今后15年经济和社会发展必须贯彻的第三条方针,并提出教育"必须面向现代化,面向世界,面向未来,致力于提高国民素质,在各个领域培养一批跨世纪的优秀人才",工作的重点是"普及义务教育,积极发展职业教育和成人教育,适度发展高等教育,优化教育结构"。

根据党中央所提出的构想,我们可以大致勾勒出我国未来教育的基本格局和基本要求。

一是我国未来的教育将是既符合社会需求,又符合受教育者身心发展规律的两者和谐统一的教育。这种教育既有别于实用主义的社会中心论,也有别于儿童中心主义的儿童中心论,它一方面强调要按照现代社会对青少年的知识需求、能力需求、道德需求来育人育才,另一方面还强调这种培育的方法和途径又必须符合青少年个性心理发展的规律。在高层的学校和一般职业技术学校,其课程设置必须充分考虑国家与地方发展经济和社会事业的客观需求,又必须用最基本的知识和技能为学生今后的发展打好基础。

二是我国未来的教育将是以我国优秀的传统文化和民族精神为基石、以先进的科学文化知识为支柱构筑而成的一座育人大厦。它的根本宗旨就在于全面提高国民素质,在各个领域为未来培养足够数量的优秀人才。无论在何种教育层次上,都体现出这个根本宗旨。我国的经济和社会发展,需要不同层次的人才。这些人才,知识程度和技术水平可以不同,但其思想道德素质都应当符合中华人民共和国合格公民的基本要求。在这里,用我国优秀的民族传统和民族精神,用爱国主义、集体主义、社会主义的思想教育青少年,具有特别重要的意义。

三是我国未来的教育将是多种层次、多种模式的学校教育和多种渠道、多种方式的社会教育彼此配合的教育,也就是说教育将是大教育、开放教育和全民教育,对受教育者个人来说,也是终身教育。我国人口众多,经济实力相对较弱,可是要办的却是世界上规模最大的教育;我国国土辽阔,经济发展的不平衡性极大,因而所办的必然是层次各不相同、要求各有参差的教育。这种状况,必然要求学科教育的课程、教材、教法有极大的灵活性和多样性。

四是我国未来的教育将对教师素质提出更高的要求。教师素质主要体现在三个方面:首先是思想道德素质,教师的言行要足以"为人师表",既为"经师",更为"人师";其次是科学文化素质,要精通本专业的知识和技能,并不断开拓自己的知识领域,随时吸纳最新的科学研究成果,在学科领域内堪称专家学者;此外,还必须熟谙教育科学,能够按照教育教学规律科学地、高效地组织教育教学活动。教师要成为令人羡慕的职业,这"羡慕"决不仅仅是指生活待遇和社会地位,主要应当是指风范和学识。

以上的四个方面,概括必有疏漏,但总的发展方向大致如此。而且,说的是"未来",其实当前的教育也已经朝着这个方面逐步推进。从现实通向未来,只是一个由量变到质变、由局部到整体的发展过程而已。

我国的语文教育只有置于整个教育事业发展的宏观背景之下才能摆正自己的位置、找准自己的方向,明确当前所应当深入研究的课题。

在我看来,未来的语文教育决不可能出现"全新的格局",它只是当前的语文教育在改革中的发展和延伸。其特点为:一是未来的语文教育将以语言学、文章学和文学为三大理论支柱。当然,语文首先是姓"语",但由于三者侧重点不同,语文教育将形成多种模式、多种流派和多种风格的格局。这些模式、流派和风格都将在新世纪的教学实践中接受检验。二是未来的语文教育将把传播我国优秀的传统文化和民族精神,提高受教育者的文化修养和道德情操作为自己的神圣职责,通过语文教育与现实生活相沟通、与其他学科的学习相结合,全面提高受教育者的语文素质。三是未来的语文教育将更加体现出科学的有序性。文字、文章、文学、文化,都应该是语文教育题中应有之义,但随着学段的递增,四者的侧重点可以有所不同。相对而言,在小学、初中,或许是以文字、文章为主,在高中或许应该以文学、文化为主。四是未来的语文教育随着电脑和多媒体的普遍使用,随着人机对话成为现实,读写听说训练的内容和方法将会出现新的变化。诸如文字和语音的标准化、印刷文字的阅读能力和屏幕文字的阅读能力并重,文字检索能力和电脑检索能力、汉字书写能力和汉字编码输入能力并重,用最经济的文字传达准确而丰富信息的能力将被人们高度重视,文字教材和激光软盘教材并存而使课堂教学方式出现新的变化,为练而写和为需而写并存而对写作教学提出新的要求,如此等等。这种变化如同20世纪之初的白话文、国语标准音、简化字和新式标点符号的出现一样,是新世纪孕育出来的新生儿。五是未来的语文教育要求语文教师的知识结构、能力结构以及道德素养能与时代的发展相适应。为此,师范院校中文专业将进行课程结构改革,以利于培养以文为主、文理兼擅的复合型人才;在职教师将定期或不定期地重返学校进修提高,以不断更新和改善自己原有的知识和能力的结构。

面对21世纪,我们的语文教育研究工作者将肩负起新的更光荣的任务。一是要进一步学习和宣传现代教育思想,学习和宣传我国传统语文教育中符合教育科学规律的东西。在我们的队伍里,应有一批研究现代的、传统的教育思想、教育流派的专家。二是要深入研究汉字、汉语、汉文的特点及其学习规律,并通过学习和研究的成果,设计出一种或多种适应不同学段特点、可以操作和检测的教育教学方案。我们的队伍里,应有研究汉字、汉语、汉文的专家。三是要进一步总结以往各种语文教科书的优劣得失,从理论上探讨21世纪语文教科书的编制体例。我们的语文教科书已从"文革"以前的"第一代"发展到"文革"以后的"第二代",现在则需要"第三代"新型教科书的出现。我们的队伍里应有研究新一代语文教科书的专家。四是要用相当心力去从事电脑使用、软盘制作、多媒体操纵等现代信息载体的新的语文实践活动,研究在电脑时代语文教育方式方法的新变化。我们的队伍里应有研究现代化教学手段的专家。五是要进一步研究在现代化建设突飞猛进、社会对人才的需求发生巨大变化的背景下语文教育的课程结构。我们的队伍里应有研究现代语文教育课程结构的专家。

对未来的预测,尽管不可能具体,也很可能带有某种主观性,但未来的萌芽毕竟已在当前的语文教育实践中露出端倪。我们要敏锐地发现这些萌芽,并催发其成长,以推进我国的语文教育不断向前发展。

对话理论引入语文教学的适切性探讨

周 燕

随着语文学科教学的发展和它对自身理论成熟度的日益关注,大量的哲学、社会学、历史学、普通教育学、课程论等方面的各种理论和观点被引入语文教育领域。这些理论观点及其思维路径、研究方式都对语文教育教学产生了一定的影响。

值得注意的是,在运用这些理论观点研究语文教育教学的过程中存在着一个误区,即当我们把这些理论引入语文教育的时候,往往潜意识地默认了这样一个前提:这些理论必然是可以引入语文教育教学的,关键只在于如何恰当地运用。但事实真的是如此吗?这些理论"必然"可以引入语文教育教学吗?这种所谓的必然性是谁赋予的?有何依据?疑问使我们不得不思考一个更为重要的前提:这些理论是否应该引入语文教育教学?合理性如何?适切性如何?这是我们在运用外来的理论观点研究语文教育教学时必须首先考虑的一个问题,因为这个前提的缺失很可能会造成理论的滥用和误用。

对话理论是当前语文教育教学研究关注的一大热点,它以其特有的多层次性和丰富性,使得基于对话的语文教育教学得到越来越多的关注、研究和探索。但是,我们在研究对话理论对语文教学的作用时,同样忽视了对两者的适切性进行质疑。细观目前的语文教学对话研究,看似繁华热闹,实则举步维艰,种种问题与困惑使得研究难以深入。除却研究过程本身无可避免的艰辛,我们也许应该回过头去重新审视对话理论与语文教学的关系:语文教学对话研究难以深入的原因是否在于对话理论本身就不适用于语文教学领域?质疑对话理论引入语文教学的适切性是一个无法省略的工作步骤。本文拟从可能性、必要性和有限性三个方面来探讨对话理论引入语文教学的适切性问题。所谓可能性是从对话理论出发,考察它对语文教学的适用性;所谓必要性是从语文教学出发,考察它对对话理论的需要度;所谓有限性是从语文教学的特殊性出发,明确对话理论运用的可能限度。

一、对话理论引入语文教学的可能性

语文教学与对话理论的关系其实是一个方法论的问题。叶澜先生在《教育研究方法论初探》一书中,将"方法论"定义为研究"人类认识活动中不同层次的对象与方法的关系"[1]的知识体系,而教育研究方法论则是该知识体系诸多成员中的一个。探讨语文教学(对象)与对话理论(方法)之间的适切性问题无疑是属于教育研究方法论领域的课题。因此我们可以借鉴教育研究方法论中关于对象与方法的研究视角来审视语文教学与对话理论的关系。叶澜先生曾经在《教育研究方法论初探》第四章中谈道,可以从三方面来考察某种哲学在教育研究中的方法论价值:一是某种哲学本身的质量,即自身的包容度和真理性;二是某种哲学研究的中心问题与教育研究对象之间关系的密切度;三是某种

---

① 本文选自《贵州师范大学学报(社会科学版)》2007年第3期,第118—123页。

哲学与教育学科在发展水平上存在的差距。正如前文所说,可能性研究是从对话理论出发,考察它对语文教学的适用性,也就是对话理论对语文教学的方法论价值。因此,"考察某种哲学在教育研究中的方法论价值"的三个因素,对于探讨"对话理论引入语文教学的可能性"具有重要的参考价值。

(一)对话理论的多种来源

事实上,对话理论不是一个单纯的理论流派,而是一个复合理论群的概念。就其理论来源看,有哲学方向、文学与语言学方向、心理学方向、社会学方向以及教育学方向等。传统的语文教学尽管也不乏"对话"的思想,但并没有孕育出自身的对话理论,当前在语文教学领域运用的对话理论和观点都是"舶来"的。不同的研究者在运用对话理论研究语文教学时,都有各自不同的理论背景。因此,细细梳理语文教学中的对话理论群,确定其各自的理论来源和学科背景,是一个不可或缺的研究步骤。

根据各种对话理论与语文教学关系的密切度及其在语文教学中的实际介入深度,我们主要选取哲学、文学理论和教育学三个方面的对话理论来进行考察。

从哲学的角度讲,"对话"是由海德格尔奠基并由伽达默尔创建的哲学解释学的一个重要范畴。在哲学家那里,"对话"被赋予了"存在论"的意义,人与人、人与自然之间的对话关系构成人的本质[2]。但就对话思想的产生,则可以追溯到犹太哲学家马丁·布伯的关系哲学。马丁·布伯的关系哲学是针对自笛卡尔以来的主体论思想提出来的,是在人的主体性最终陷入唯我论困境之后对人与人之间关系的重新思考。马丁·布伯把人与人之间的关系分成"我与你"和"我与它"两种类型。"我与它"意味着他者都是"我"经验、占有、利用的对象,是满足"我"的生存需要的工具;"我与你"则意味着把他者当作一个世界、一个生命,"我"以本真的面目来接近"你"。人之所以为人,就在于他在"我与它"之关系外还具有"我与你"之关系。"人为了生存不得不留存在'它'之世界,但人对'你'的炽烈渴仰又使人不断地反抗它,超越它,正是这种反抗造就了人的精神、道德与艺术,正是它使人成其为人。"[3]这种"我与你"的关系就是人与人之间平等的对话与交流。

在文学理论上,最早比较完整地提出对话理论的是俄国的巴赫金。他通过对陀思妥耶夫斯基作品的个案研究,提出了复调小说理论。"复调小说"以"对话理论"为基础,对话精神成为复调小说理论和巴赫金美学思想的根基。巴赫金提出只有通过作者、作品、读者与世界的相互交流和共同参与,才能发现文学的真谛、人生的真谛。文本只有在作者和读者的双向创造中才有生命力,才能不断生成意义和价值。他认为语言和艺术的本质是对话,思维的本质是对话,生活的本质也是对话,对话成为探讨人的本质和生活方式的内在依据。对话关系既可以出现在人与自我内心的"微型对话"之中,也可以存在于人与人的意识之间。通过交流与沟通,人得以避免自我视角的局限,从而获得较为完整的世界图景。巴赫金的对话理论归根到底是关于人的理论,它以人为对象,关心人的主体建构,关心人的存在和命运,关心人的平等和自由。

教育学对话理论的代表人物是巴西教育家保罗·弗莱雷。弗莱雷针对传统的灌输式教育(他称之为"银行储蓄式"教育),提出了对话式教育。"对话是人与人之间的接触,以世界为中介,旨在命名世界。"[4]对话式教育反对传统教育中老师代替学生思考,或将自己的思考强加于学生,而要在教学中真正实现学生的主体地位,肯定学生的主体权利。每个人都拥有命名世界的权利,这种命名不是单向进行的,而是在人与人交流接触对话的过程中被创造出来的。因此,在教学活动中,教师应该把学生看成是与自己一起进行积极反思与批判的合作者,师生需要不断地进行交流,通过交流产生真正意义上的思考。作为对话双方的师生应是共同追求真理,而不是把一方的真理强加于另一方。"对话是一种创新性行动,不应成为一个人控制另一个人的手段。对话的隐含控制是对话双方对世界的控制,为人类的解放而征服世界。"只有以平等交流、爱、谦逊、信任、希望和批判为前提条件,对话才能存在,对话式教育才得以展开。

(二) 对话理论的基本内涵和主要观点

上文所阐述的哲学、文学理论和教育学三个方面的对话理论,尽管具有不同的理论来源和学科背景,却呈现出相似的精神内涵和理论观点。

1. 对话是一种民主、平等的关系

对话双方不是施与受、主动与被动的关系,而是两个相互尊重、平等交流的个体。对话是双方在平等、民主的基础上向对方敞开精神领域、彼此接纳的过程。在这一过程中不存在权威和控制,对话不是一方支配另一方的狡猾手段,双方都拥有独立的个性和表达各自观念与意见的自由和权利。

2. 对话是一个互动、合作的过程

对话双方作为一个独特的整体存在,共同探究问题。因此,双方都必须带着自己的个性化和创造性的理解积极参与进来,相互交流和沟通,最终达成理解和默契。这是一个丰富复杂、充满生机的双向创造的过程,它排斥灌输与替代,要求个性的彰显和自我价值的实现。

3. 对话的方式是心灵的交流

正如巴赫金所言,只要说者与听者、作者与读者之间具有"同情和反对的关系、肯定和补充的关系、问和答的关系",处于"相互作用"的状态之中,都应看成是对话[5]。因此,对话并不局限于人与人之间,人与各种精神产品比如文本之间的交流也称为对话;对话也并不局限于言语的交流和沟通,它更多地指向精神的默会和心灵的交流。

4. 对话的实质是意义的生成

语言的对白交谈或非语言的沟通交流都不过是一种途径,对话的实质在于意义的生成。当对话双方带着各自的前理解进入对话状态时,其目标就是"意义建构",重新建构知识体系和双方的精神世界,促成新的意义的创造。这个过程也就是双方通过互动与交流,达到视界融合,最终共同进入新的境界。

5. 对话以人的精神成长为最终目的

对话的目的不是对话本身,它指向人的精神世界的丰富和发展。与自我对话,检视和反省内心世界,以获得灵性的提升;与他者对话,通过视野的互补,以获得丰富的世界图景。对话以人的发展为最终目的,包括知、情、意、行的全面发展,是对话双方共同完善的过程。

各种来源的对话理论的核心都在于对"什么是对话"的回答。以上所概括的有关对话的基本内涵和主要观点呈现了一种普世的对话精神。这些基本内涵和主要观点具有强大的解释力、包容度和深刻的真理性,对语文教育教学的影响是深远的,无论是在课堂交往层面、文本解读层面,还是在人的精神成长层面,都富有深刻的启示意义。

(三）对话理论的中心议题

"对话"在《现代汉语词典》中解释为"两个或更多的人之间的谈话"或"两方或几方之间的接触或谈判"。对话离不开言说和倾听的主体。对话理论归根到底是关于主体间性的理论。它所关注的中心议题无非是主体与主体之间的关系。因此，马丁·布伯的对话思想也被称为关系哲学。无论是对话的氛围、过程、方式，还是对话的实质、目的，无不是对话双方关系的诠释、延展、深化和具体化。

可见，根据上文所借鉴的"考察某种哲学在教育研究中的方法论价值"的三个因素来看，对话理论引入语文教学完全是可能的。第一，通过对对话理论基本内涵和主要观点的考察，可以看到对话理论具有强大的包容度和深刻的真理性，对许多不同领域、不同层面的研究对象（包括语文教学）都具有一定的解释力。第二，对话理论的中心议题就是主体间的关系问题，而语文教学中的师生关系、教学目的、教学内容和听说读写等各项活动过程无一不具有主体间性。因此两者所关注的核心问题具有高度的一致性。第三，当前的语文教学大多停留在研究教学方法和技能技巧的水平，更多关注的是它对社会的服务功能，缺乏理论建构和形上思考。根据上文对对话理论的分析，我们可以看到对话理论的发展水平和理论成熟度远远高于语文教学，它的介入能够提升语文教学的理论水平。

二、对话理论引入语文教学的必要性

对话理论引入语文教学的必要性涉及语文教学对对话理论的可接受度和需求程度。我们拟从语文教学的对话性质和当前语文教学研究的现状两个方面来阐述这个问题。

（一）语文教学的对话性质

克林伯格曾经说过："教学本来就是形形色色的对话，具有对话的性质。"对话是理想教学的一种本质性标志。语文教学的目的、内容和活动过程无一不具有对话性。

1. 语文教学目的的对话性

语文教育属于人文学科，它不但关注学生语文能力的发展，而且关注学生精神的成长和心灵世界的丰富。语文教学的最终目的不是单纯的知识积累和能力发展，而是教师和学生通过相互交流、密切合作，重构原有的知识体系，不断拓宽各自的精神空间，最终实现自我认同、自我提升和自我解放。显然，精神的成长、自我的实现都是离不开对话的。语文教学只有通过师生双方围绕文本展开对话，才能向彼此敞开心灵世界，相互言谈倾听，进行双向沟通，从而达到视界融合并一起进入新的精神境界。这一过程同时还伴随着师生双方各自进行的自我对话。自我对话是和与他者的对话交织在一起的，是同一过程的两个方面。自我对话由于其深度反思的特性，使得教学直指人的内心世界与内部需要，促使师生尤其是学生自我认同、自我发展等。

2. 语文教学内容的对话性

语文教学的内容主要是教材中的文本（事实上文本只能算是教学材料，教学内容是要教师从中挖掘的），其中文学文本占了绝大多数。阅读教学是教师、学生、文本等之间的多重对话，文学作品作为对话方之一，本身就蕴含着引发对话的基本条件。人物形象是文学作品的灵魂，他不仅仅是作者思考、研究的物理对象，而且是浸透了作者思想情感的典型形象，是作者心灵的外化。作者的灵魂时时透过人物形象向我们发出召唤。左拉说得好:"在读者面前的不是一束印着黑字的白纸,而是一个人。一个读者可以听到他的头脑和心灵在字里行间跳跃着的人。"[6]作者把他自己的性格、思想、情感、理想、经历、命运等投射在人物身上,可以说,人物就是作者自己的影子。因而作者对人物的不满就是对自我的不满,对人物的拷问就是对自我的拷问,对人物的鞭挞就是对自我的鞭挞。面对一个不断怀疑自我、审视自我、反省自我的人,有感受力的读者怎会无动于衷,而不体味他的喜、怒、哀、乐,从而怀疑、审视、反省自己以及自己的生存状况?

3. 语文教学活动的对话性

语文新课标指出,阅读教学是教师、学生、文本等之间的多重对话,是思想碰撞和心灵交流的动态过程。其实,不止阅读,听、说、写等其他各项语文教学活动都是对话活动。听和说就不用多说了,它们是最明显的对话活动,但需要注意的是,并非所有的交谈都是对话,语文教学要避免没有思想碰撞和心灵交流的无实质的对白。写作也是一种对话,写作的过程就是与自我对话的过程。写作主体将自己的思想、感情、理想、愿望、意志等投射到所说、所写的客体上去,使客体在一定意义上成为主体自我的化身。在这一过程中,主体以自己全部的经验、思想、情感、意志与客体对话,客体成为写作主体对象化的实现、写作主体的生命表现。同时,写作主体也在不断地与自我灵魂对话,这是一种在潜意识状态下的自我对话,强调的是自我的思考、反思与内心的交流。

语文教学的对话性说明它对对话理论具有天然的可接受性,并且由于对话理论强大的解释力和包容度、深刻的真理性以及理论的高度成熟性,使得语文教学十分需要将它引入自己的研究领域。

(二) 当前语文教学研究的现状

无论是当前语文教育教学的实践还是语文教育教学的理论研究,就总体状况而言,恐怕都无法令人满意。而实践的无序紊乱在一定程度上也源于理论的软弱无力。这并不是说我们的语文教育教学没有理论,也不是说我们缺乏对语文教育教学的研究,但语文教育教学理论研究的严重滞后却是一个不争的事实。这种滞后性既相对于实践而言,也相对于其他领域的理论研究而言。它主要表现在两个方面:第一,理论研究的经验性和随意性。我们现有的语文教学研究大多局限于个人的经验和随感,缺乏严密的逻辑论证和系统的理论构建。语文教学研究长期以来存在"三多三少"的现象,"即意气用事的多,充分说理的少;自以为是的多,逻辑论证的少;消极批判的多,有效建构的少,缺乏科研的含金量"[7]。语文教学研究中充斥着太多的带有随意性的"我主张""我认为",却很少对之进行理论奠基,这样的"我主张""我认为"无疑是空中楼阁,不堪一击。经验性和随感式的研究结果是零散和琐碎的,难以促进理论成熟度的提高。第二,语文教学研究关注的焦点大多集中在教学方法和技能技巧上,缺乏哲学层面的研究。教学方法和技能技巧的研究固然是需要的,但它们都属于应用技术层面,必须首先建立在基础理论和应用理论研究的基础上。理论研究若缺乏形上层面和抽象层面,技术层面的研究也是难以深入的。语文教育教学研究哲学层面的缺失导致了理论研究总体水平的低下。事实证明,我们原有的"理论"和"研究"是不可能从根本上改革语文教学的。

尽管语文教学研究领域存在着种种问题,但是我们也应该看到它正在发生变化。一些理论研究者已不再仅仅停留于学科教学方法、技能技巧水平的研究,随着语文学科的发展,他们日益关注自身的理论水平和学科成熟度,在师生关系、教学活动、学科性质等方面的研究也越来越有深度,对哲学层面的需求更是日益强烈。当前的语文教学研究迫切地需要引入像对话理论这样具有高成熟度和包容性的相关理论,来指导和提升本领域的研究。

三、对话理论引入语文教学的有限性

当 A 领域的理论运用于 B 领域时,必须考虑到 B 领域的特殊性,根据它的性质特点对外来理论作适当的选择、剪裁,使之适用于新领域的研究。因此,尽管对话理论引入语文教学研究是可能的,也是必要的,但由于语文教学的特殊性,对话理论在引入过程中还需要作一个理论调整,理清它在何种情况下可能、在何种程度上必要,即确定它在语文教学研究中运用的限度。对话理论引入语文教学的有限性,主要体现在以下几对关系中:

(一)预设和生成

来源于哲学和文艺学的对话理论特别强调对话的生成性,认为对话是两个独立个体带着各自不同的前理解进行相互交流与沟通,这种交流与沟通是没有任何预设的,是偶然性的"相遇",双方依循对话进程互动着前行,谁也不知道会走到哪里,对话的结果会如何。也就是说,对话是一场不知道结局的冒险。但是,教学却与之不同,它是有计划有组织的活动,有明确的目的性。事实上,语文教学引入对话理论,主要是针对传统教学中的僵化做法,反对按照预设的模式和既定的步骤去操作,承认教学进程具有不可预测和动态生成的特征。它并不是要取消教学的目的,使教学成为任意生成、旁逸斜出的活动。作为语文教学形态而存在的对话,是不可能没有一定的目标和预设的。可以说,语文教学中的对话是一种有预设的对话,是预设与生成的统一。

目前在一些课堂教学中,教师过多地强调了教学过程的非预设性,认为对话应随课堂而生成,教师跟着学生,走到哪儿算哪儿,教学目标被大大地淡化了,而这样的生成对学生的精神成长和能力培养也很难有多大的作用和意义。其实,预设与生成并不是截然对立的概念。合理的预设往往能够提升生成的质量,只不过这种预设不是传统意义上的预设,它不再是单维的、严密的、封闭的、主观的线性教学设计,而是一种多维的、灵活的、开放的、动态的板块式设计,是以学生为本的预设、人性化的预设,同时又是一种富有弹性的预设。进行这种预设时,教师需要更多地考虑课堂上可能会出现的不确定因素,设想学生在文本解读过程中可能会产生的问题和疑惑,并把这些问题和疑惑作为新的教学资源,以促进课堂教学的动态生成。有了精彩的生成,我们则可以更快地达到预期的教学效果,更好地实现教学目标。所以说,在语文教学中,预设与生成是可以相辅相成的。

(二)平等对话与合理引导

对话理论认为对话是在民主、自由、平等的氛围中实现的,对话双方以平等的身份交往,自由地表达不同的思想和观点,彼此欣赏、热情接纳和真诚沟通,不存在一方向另一方"灌输"思想的现象。这样的对话观同样适用于语文教学领域,教师和学生应是独立而自由的个体,双方以尊重、信任、包容、共享的关系相处,相互交流、相互理解、相互支持。值得注意的是,教师和学生的关系与一般对话双方的关系有所不同:师生在精神和人格上是平等的,但

就知识、阅历而言,双方是不平等的,一般来说,教师的知识积累、人生阅历、思想深度总是大大地超过学生,这种差异和不平等也正是教师这一角色得以存在的依据。因此,教师应该在与学生平等对话的基础上对学生起到学业、生活上的指导作用。也就是说,语文教学中的对话应该是合理引导下的平等对话。

威廉姆·E·多尔用"平等者中的首席"来界定教师的作用,这意味着教师不但是学习者团体中一个平等的成员,而且承担着引导、组织、促进学生学习的责任。作为平等者中的一员,教师与学生互相尊重、平等交流,双方都有自由发表观点与意见的权利,对教师来说,尤其要尊重学生学习的主体性和需求的多样化。作为"平等者中的首席",教师要对学生的学习进行合理的启发引导,不仅在其获取知识的过程中启发引导,而且在发展人的能力和丰富人的主体性方面进行指导。"作为平等者中的首席,教师的作用没有被抛弃,而是得以重新构建,从外在于学生情境转化为与情境共存。"[8]语文对话教学并没有取消或淡化教师的作用,只是改变了教师作用的具体形式。学生仍是学习的主体,教师仍是教学的主导,师生就是在这样一种存在着差异的状态中追求理想的平等状态。

(三) 文本原义与多元解读

对话理论引入语文阅读教学之后,教参丧失了对文本意义的垄断,于是,文本的价值取向与学生多元解读之间的矛盾就日益凸显出来。关于文本与读者的关系,对话理论中不同理论流派的观点是有一定差异的,比较典型的有三种:结构主义、哲学解释学和解构主义。结构主义建构了一个以文本为中心的文学理论体系,认为文本是既独立于作者、也独立于读者的"自足的存在"。虽然读者可以对文本作多元的解读,但这种解读必须从文本本身的存在方式出发,受其整体语境和结构特征的制约。因此,结构主义虽然把文本从作者的把持中解放出来,还原了文本的多义性本质,却将"文本的结构"摆在了阅读的中心位置。解构主义是对结构主义的反叛,它在将作者驱逐出阅读的中心地位之后,并没有将文本当作新的上帝,而是把读者奉为新君。"它不是一般地重视读者,而是把读者凌驾于文本之上,读者与文本不再是平等的对话关系,读者高于文本,读者获得了对文本生杀予夺的大权。"[9]解构主义否定了文本意义的客观性与确定性,是一种"离心阅读"、"无界阅读"。介于结构主义和解构主义之间的是哲学解释学,它既重视文本的作用,也重视读者的作用。它认为,阅读不是对文本意义的忠实再现,也不是以读者自我建构为旨归的任意行为,而是文本与读者共同构建一个新的意义的过程。哲学解释学"在承认文本结构的客观规定性的前提下,强调了读者的积极性,强调文本与读者之间的平等对话"[9]。

阅读教学是师生与文本之间的交流与对话,既不能简单地强调文本一方,也不能简单地突出读者一方。因此,语文阅读教学最适合的理论基础应是哲学解释学的对话理论,它同时承认文本和读者的主体地位,发展出既要重视学生的主体性又要考虑文本的主体性的阅读观。哲学解释学对话理论关于文本解读的观点就是语文阅读教学的"边界",就是文本解读的"限度"。

注释:

[1] 叶澜.教育研究方法论初探[M].上海:上海教育出版社,1999:14.

[2] 何寒晖.在"对话"视域下的语文教学[J].职业教育研究,2005(3).

[3] 马丁·布伯.我与你[M].北京:生活·读书·新知三联书店,2002:8.
[4] 保罗·弗莱雷.被压迫者教育学[M].上海:华东师范大学出版社,2001:38.
[5] 谷珍丽.对话理论及其在语文阅读教学中的实现[J].内蒙古师范大学学报(教育科学版),2005(1).
[6] 左拉.谈艺术的个性表现[G]//段宝林.西方古典作家谈文艺创作[M].沈阳:春风文艺出版社,1983:592.
[7] 王荣生.语文科课程论基础[M].上海:上海教育出版社,2003.
[8] 威廉姆·L·多尔.后现代课程观[M].王红宇译.北京:教育科学出版社,2000:238.
[9] 李海林."无中生有式创造性阅读"批判[J].中学语文教学,2005(1).

生本教育下的大语文教学思想初探①

张 华

自提倡素质教育以来,我国教育界出现了蓬勃发展的局面。围绕素质教育,基础教育领域进行了各种形式、各项内容、各个层面的改革与探索。时至今日,人们已逐步认识到了学生在教学过程中的主体地位和作用等问题,并在实践上做出了与之相呼应的行动。生本教育就是在这样的时代背景和教育环境下产生和发展的一种凸显素质教育生命发展意义的教育理念。初步的实践与研究表明,生本教育体现了教育的根本立场和教育的根本规律,具有前瞻性、彻底性、总括性、核心性和可操作性,它从根本上改变了师本教育的旧局面,带来了一种教学上的新气象,带来了解决问题的新思路、新资源、新方法。

具体到语文教育上来,我们可以看到,近几年来,关注中学语文教育的社会各界人士纷纷提出了批评和质问。虽然有些言辞过于偏激,但总体上还是反映了当前语文教学上的许多问题,如功课繁多,但学生的知识贫乏;生活丰富,但学生的思想贫乏;学习渠道宽广,但学生的语言贫乏;学习条件优越,但学生读写贫乏;教学条件日益改善,但语文课堂趣味贫乏等。用生本教育理念的眼光来审视当前的语文教育,我们似乎可以找到一条穿越这些障碍的有效途径。基于语文学科特点的认识,要让素质教育走进语文课堂,就必须尊重和发挥学生的主体地位和作用,牢固树立"以学生为本,以学生的发展为本"的生本理念;就必须突破单一封闭的语文课堂,走大语文教学之路,让语文教育回归生命,走向生活。"生本教育下的大语文教学"就是在这样的认识背景和综合考虑下提出并开始研究和探索的。

一、一个目标的把握

语文教育即母语教育是关于中华民族共同语的教育,是我国具有悠久历史传统的中心课程。作为基础教育中最重要最基础的语文学科,它必须承担起一项异同寻常的光荣使命,必须扮演好在社会进步和民族发展中的一个重要角色,所有关于语文教学的调整、变动和改革,都不能背离这一点,生本教育下的大语文教学改革也应作如是改。那"这一点"是什么呢?我们知道,语文教育质量是与民族素质的提高和国家的发展密切相关的,向来是社会各界普遍关心、广大语文教育工作者普遍关注的重大问题。因此,站在历史和未来的高度下审视当前的语文教学,可以说,语文教育的根本目标就是要全面提高学生的语文素养。全面提高学生的语文素养,就是要在实质上促进学生的发展,提升学生的生命质量。

语文是工具,是理解的工具,是表达的工具,人们凭借它思考,运用它交际,依靠它传播文化,利用它创造文学。全面提高学生的语文素养,必须充分认识到"工具性是语文课程所固有的本质属性",这是我们认识语文教学、理解语文教学、开展语文教学、研究语文教学的基点。语文学科的教学要致力于语文基础知识的掌握和语文基本能力的发展,使学生具备

---

① 本文选自《现代教育论丛》2007年第6期,第78—83页。

字词句篇的相关积累,具有适应实际需要的识字写字能力、阅读能力和口语交际能力。掌握基本知识和基本技能,是语文素养全面提高的重要组成部分。

俄罗斯教育科学的奠基人乌申斯基说过,"在民族语言明亮而透彻的深处,不但反映着祖国的自然,而且反映着民族精神生活的全部历史。人们一代跟着一代传下去,但是每一代生活的成果都保留在语言里,成为传给后一代的遗产。一代跟着一代,把各种深刻而热烈的运动的结果、历史事件的结果,信仰、见解、生活中的忧患和欢乐的痕迹,全部积累在本族语的宝库里。总之,一个民族把自己全部精神生活的痕迹都珍藏在民族的语言里"。语文课程应重视提高学生的品德修养和审美情趣,使他们逐步形成良好的个性和健全的人格,促进德、智、体、美的和谐发展,因此,全面提高学生的语文素养,必须充分认识到语文学科的人文性这一特点。

生本教育下的大语文教学把全面提高学生的语文素养作为根本目标,符合国家新课程标准的要求,顺应了时代进步和经济发展对人才的要求。生本教育凸显了素质教育的生命发展意义,唱响了学生本体和生命本体这一教育时代的主旋律。根据生本教育理论,实施"大语文"教学,要真正落实全面提高学生语文素养,必须矢志不渝地集中在以下两个方面。

(一)丰富语言的积累

丰富学生的语言积累,是语文教育义不容辞的责任,是语文教学的中心任务之一。语言的积累是语文作为工具性学科的最直接最本质的体现,因为"只要发展了语言,就可以给儿童以继续学习和现时学习各科知识的基本工具和基本保证"。

作为一种符号系统的语言,它是人类区别于其他动物的重要标志,是我们最重要的交际工具。语言文字是人与人之间进行交流与沟通的信息载体,具体到语文教学中,语言就成了阅读和写作最重要的基础,语言的丧失必将导致阅读能力和写作能力的丧失。由此可以说,语言的发展水平,是学生语文整体水平的最主要表征。此外,作为具有悠久历史的汉语言文字,其本身就是一个宏大丰美的世界,它承载着我们国家灿烂的民族传统文化,是我们炎黄子孙的最具凝聚力的精神家园。语言的价值已大大超出了它的工具性意义。语文教学应当致力于丰富学生的语言积累,这是全面提高学生语文素养的至关重要的一环。

(二)促进思维的发展

促进学生的思维发展,是现代教育的共同使命,是语文教学的另一个中心任务。

语文教育,从根本上来说,乃是在于促进学生的思维发展。素质教育的核心是创新教育,就是要培养学生的创新意识、创新能力和创新精神。促进学生创造性思维的发展,可以说是素质教育的具体要求和根本体现。思维的发展水平,是个体生命质量的主要表征。每一个人的潜能都是巨大的,教育的神圣使命就在于开发和拓展人的潜能。从学生自身发展的需要出发,也应当促进思维潜能的开发。只有思维水平得到极大提高,才能从根本上提升学生的学习水平和学习能力。

丰富语言的积累和促进思维的发展,是语文教学的双翼,只有两方面都得到平衡发展,语文教学才能飞得快、飞得高、飞得远。当然,语言积累和思维发展并不是毫无关联的。事实上,这两者之间具有非常密切的联系。语言是思维的物质外壳,语言离不开思维,而思维的过程和表达又有赖于语言的运用。如果说语言积累解决了语文教学的技术层面问题,那么,思维发展则是解决了语文教学的思想层面问题。

二、两个理论的结合

生本教育下的大语文教学,跟一般的"大语文教学"不一样,它既有宏观的理论(生本教育)指导,又有微观的理论(语文教育)要素;既有普遍的整体教学思想(生本观念),又有特殊的具体教学思想(语文教学)。因此,进行生本教育下的大语文教学,要把生本教育和语文教育这两个理论结合在一起,使得宏观与微观相统一、普遍与特殊相协调。生本教育抓住了素质教育的本体本质和生命本质,站在时代的高度,审视当前的教育现状,提出了一些鲜明的具有时代特色的教育观点,从教育观念课程体系和教材结构教学过程与教学方法到德育、教学评价和教学管理,触及了整个教育体系,具有彻底性、前瞻性和总括性。在实践的基础上,生本教育已基本形成了自己的一整套理论体系,包括生本教育的价值观、伦理观、行为观、哲学观、课程观、方法论以及评价与管理。概括来说,生本教育理论可归结为三个方面:教育资源论、学习潜能论和教育本体论。

教育资源论,强调教育资源不能仅仅理解为教材、教师、实验器材、图书馆、社会、网络等等死性资源,而更应该着眼于学生,因为学生才是我们教育的最大资源,也是最重要的活性资源。

学习潜能论,强调学生的学习天性和潜能无限,主张应以全新的眼光看待学生的一切。

教育本体论,强调教育教学过程的终端是学生的发展,而不是老师的自我展示,学生是教育的本体,一切的教育教学活动应为这个本体服务。

开展生本教育下的大语文教学,既要考虑到教育学科的一般性特点,寻求用先进的理念作为指导,又要考虑到语文学科的学科特点,借鉴一些优秀的教学思想,因此,要用结合的生本教育下的大语文教学理论去指导我们的教学实践。

三、三个观念的运用

生本教育下的大语文教学的三个基本观念是:大资源观、大教学观、大评价观。

(一) 大资源观

这是在教学内容上提出的大语文教学观念"语文的外延等于生活的外延",作为母语教育的语文,在我们的生活中,无处不在,无时不有,因此,开展大语文教学,必须树立大资源观念,具体有以下几方面:

1. 大课堂

班级课堂教学的时间投入最多,秩序最正常,教学系统最严密,这是我们实施大语文教学的主阵地,应当高度重视和充分利用好这一课堂。但是又不能完全局限于此,这是语文的特点所决定的。大课堂就是超越课室,开拓生活空间,构建其他课堂,让学生在不同的课堂里感知语文、认识语文、理解语文、学习语文、运用语文。

2. 大教材

语文课本是进行语文教学最基本的教材,是系统学习语文知识,全面提高语文能力的最直接凭借,是学生感知语文世界的最低保证,因此,大语文教学应高度重视这一教材。大教材观充分认识到了这一点,但又不拘泥于此。从范围上来说,语文是广谱的,生活处处皆语文,生活就是最丰富最庞杂的语文教材;从类型上来说,"教材无非是例子",各类事物都可以看成是语文例子,而且最重要的是学生自己就是教材,是丰富的活性资源。

3. 大课程

分科教学,容易造成不利的影响,那就是人为地规定语文课只管语文,数学课只管数学,历史课只管历史,这就要求教师和学生打破思维框框和传统习惯,树立一种大课程观念,具体到语文,我们可以看到,在其他各种课程里,都可以看见语文的影子。语文甚至可以与其他课程相结合,进行整合,以方便学生更好地掌握知识。

4. 大方向

开发语文教学的资源,要着眼于一种大方向,要有从更深、更广的角度审视周围环境的资源意识。

(二) 大教学观

这是在教学过程中提出的大语文教学观念。"教是为了不教","教"是手段,"不教"是目的,作为手段的"教"不应仅仅局限于课堂上的传授与指导,大教学观主张要以更高的起点看待教学,要从更宽泛的意义上去从事教学,探求真知。

1. 大教育

语文教学的目的不能过于短视,要为学生的终身发展服务,这就要求在教学中要始终具有大教育的观念,要把语文教育放在学生的整个成长过程中去考虑其意义与价值。从这个意义上来说,语文教育是学生终身教育的奠基性工程。

2. 大能力

以往语文教学中着重培养的是学生的应试能力或与应试相关联的其他能力。开展大语文教学,应树立大能力观,注重从不同层面,按照不同要求,根据不同个性去培养学生多方面的能力。

3. 大学习

学习的意义应是广泛的,不应局限于课堂上的上课或课后完成某项作业。只要是适合学生实际需要的行为,都应看作是一种学习活动,教师应拓展学生的学习内容,鼓励其参与不同方面的学习。开展大语文教学,除了转变学生的学习观念外,还要采用各种各样行之有效的学习方式,让学习成为学生的趣事而非任务。

4. 大文化

文化本身的意义已非常宽泛,指的是人类在社会历史的发展过程中所创造的物质财富和精神财富的总和,但是在语文教学中往往限制了文化的涵义,缩小了文化应有的指向,从而最终导致了教学内容的狭窄化。大文化主张以宏大的视野观照整个世界,用人类一切优秀的文明成果熏陶和感染学生,使他们成为拥有最丰富资源和最广阔精神世界的人。

(三) 大评价观

这是在教学评价上提出的大语文教学观念。由于受传统习惯和应试教育的重大影响,语文教学评价的烦琐化、标准化一度愈演愈烈,极大地制约了语文教学的发展。针对这一情况而提出形成的大评价观,将改动考试内容,改变考试方式,改革考试制度,指望用一种最适合语文学科特点和最有利于学生发挥的措施来实施教学评价。

1. 大考试

教学离不开评价,评价的重要方式之一就是考试。大考试观突破单一的单项型的卷面考试,强调结合语文学科的特点采取多种多样的双向型的其他考试方式。作为与生活紧密联系的语文学科,生活就是一个大考场,生活处处皆可考试,应当用一种大考试的态度去连接生活和语文,去沟通世界和大脑。

2. 大题目

生活中的许多知识即是课堂上的语文知识,语文的考试题目应当是广泛的、丰富的和充满着生活情趣的。大题目观就是要打破各种知识条文一考天下的长期局面,树立"生活即语文,处处皆考题"的大评价观,强调把课内知识和课外生活联系起来,用生活实际去考查语文知识。

3. 大作业

长期以来,语文作业的定义太狭窄了,格局太僵化了。大作业观将充分体现语文的实践性和综合性强的显著特点,突出作业的生活化、个性化、活动化、研究化、合作化、多样化。大作业应当成为一个学生自我展示的舞台、自我发挥的空间和自我完善的机会。

4. 大答案

因为语文的表述模糊性和理解多元化的学科特点,语文考题的答案应该是丰富多彩的,大答案观就是要彰显这一点而纠正过分追求标准化考试所带来的失误。尊重学生的个性,保护学生的个体体验,遵循语文学科的特点,培养学生的创新意识、创新能力和创新精神,就必然要求树立教学评价中的大答案观。

三个观念分别涉及教学内容、教学过程和教学评价,涵盖了语文教学的各个层面,为生本教育下的大语文教学提供了应有的操作意识。

四、四个课堂的构建

生本教育下的大语文教学将突破单一狭窄的教材教学课堂,加强联系,拓展渠道,积极构建四个课堂,即:

第一课堂:班级语文教学活动
第二课堂:校园语文学习活动
第三课堂:社区语文学习活动
第四课堂:网络语文学习活动

通过以上四个课堂,各取所长,互为补充,联系生活,超越教材,增大学生的语文学习空间,让学生通过多种形式感受语文,从而激发学生的语文学习兴趣和参与热情。四个课堂共同铺就了一条全面提高语文素养的实践之道。第一课堂,主要以语文课本为媒介,通过发挥教师的主导作用和学生的主体作用,共同完成教学活动。这一课堂的特点是师生集中,教学互动,目标明确,系统严密。

第一课堂是语文教学的主课堂,是投入时间最多、花费精力最大、教学程序最清晰的语文学习阵地。一直以来,我们的语文教学研究、改革、完善主要集中在这里,因而积累了宝贵的经验,形成了各种有效的教学路子。第一课堂在系统掌握知识、科学训练学生、逐步提高能力、方便教学管理等方面发挥了积极的作用。

第二课堂,将课室的语文学习延伸到整个校园,充分利用校园的一切资源为语文学习服务,是班级教学非常有效而重要的补充。这一课堂的特点是师生合作,形式多样,自由发挥,综合性强。校园是学生的主要活动场所,是学生的第二个"家",学生投入的时间比较长,他们的主人翁意识也比较强。因此,利用这一课堂,开展文学社、广播站、记者站、各种兴趣小组、写作比赛、演讲比赛、朗诵比赛、故事会等各种各样的活动,可以促进学生各方面能力的发展,提高自身的综合素质。

第三课堂,将语文学习引向社会,直接与生活沟通,把丰富多彩的身边事物纳入语文学习的领域,这是生本教育下的大语文教学的一个重要课堂,是将知识生命和个体生命相结合的一个重要体现。社区语文学习这一课堂的特点是丰富性、实践性、应用性和探究性。利用整个社会背景,挖掘全部生活资源,能在一定程度上大大丰富语文的学习生活,比如可以进行生活采访、社会调查、专题研究、项目考查、参观访问、集中学习等与语文有联系的有益的活动。随着研究性学习的兴起和全面铺开,可以预料,社区语文学习将带来一种新的气象并发挥其积极的作用。

第四课堂,紧密结合当前科技迅速发展和信息化社会的特点,将语文学习和网络这一重要的生活方式结合起来,这是一条全新的语文学习之路,是时代发展和社会进步所带来的崭新的同时又是充满挑战的语文学习课堂。这一课堂的特点是领域宽广、时代性强、快捷方便和灵活自由。随着时代的发展,网络与人们的生活越来越紧密,不会利用网络进行沟通和学习将难以适应社会的发展。把语文学习和网络相结合,将突破传统教学的许多局限,而创造一些新优势,如解决资源的贫乏和困难、享受信息的快速和丰富、便于教学的沟通、超越时空的限制、增大学习的发挥空间等,网络语文学习必将带来一场新的变革,开创一条新的学习之路。

五、五个关系的处理

(一)生本与师本

生本和师本是教学上的两种不同理念,正确处理生本和师本的关系,是成功开展大语文教学的一个重要前提。

生本是从师本的对立面提出的一种教育思想,生本教育体系把过去的教育基本上看成是师本的,在对比的基调上揭示生本教育的存在和意义,由此可见,是先有师本再有生本的,它们之间既是矛盾的对立体,又有着很大的联系。

生本教育强调整个教学的目的和教学过程的终端,是学生的主动发展,它所探讨的是落实学生的主体地位的整个体系的问题,初步的实践已经证明,生本教育是一种先进的、符合教育规律的教育思想,是一种具有强势的素质教育发展理念。而师本追求的则是一种为"教师好教"的教学过程,忽视了学生这一生命实体和学生作为教育过程中的重要资源。

在处理生本和师本的关系时,我们要防止极端化的思想和做法,师本教育有一个漫长的历史发展时期,在培养人才和推进教育发展等方面发挥过很大的作用,这说明师本中也存在一些合理的因素,对此,我们必须要有一个客观的认识。开展生本教育下的大语文教学,固然要充分、大胆、全面地以生本理念为指导,但也要借鉴一些师本的被实践证明的有效的做法和理论,以便更好地完善生本教育体系和发挥生本教育的优势。

（二）课内与课外

在教学内容和教学方式上，生本教育下的大语文教学主张课内外相衔接，把课内和课外统一起来，把书本和生活连接起来。

课内即班级语文教学活动，是大语文教学的根基，有其突出的意义和价值。关于这一点，可参看前面第一课堂的论述。课内不是封闭的，而是开放的，根据语文学科的特点，单靠课内是难于全面提高语文素养的，还必须开拓课外空间。

课外是语文的广阔空间，生本教育下的大语文教学为此而构建了三个课外课堂，即校园语文学习活动、社区语文学习活动和网络语文学习活动。课外不仅是课内的补充，更是语文世界的拓展。

大语文教学要重视课内和课外这两者的关系，只有课内课外有机结合，书本生活紧密联系，才能全面提高学生的语文素养。

（三）学科内与学科外

在学科课程的整合方面，生本教育下的大语文教学还必须正确处理好学科内与学科外的关系。

长期以来，由于分科教学的逐步细化，学科之间的横向联系变得越来越少，导致了教学的狭窄化，进而限制了学科教学的良好发展。生本教育下的大语文教学主张学科间应相融合，打破学科本位的思想，树立一种大课程观。

语文学科的基本任务是使学生掌握语文知识，培养学生的语文基本能力，最终全面提高学生的语文素养。但是，因为语文是一门工具性的学科，是学习其他学科的基础性学科，所以与其他学科具有很大的联系。加强学科间的联系，就是要让学生学会把语文知识运用到各学科当中，突出语文在其他学科中的实践性和应用性；同时，也要让学生学会从其他学科中学习和领会语文知识，把其他学科当作是语文学习的一个机会，突出语文的广泛性和丰富性。

（四）教与不教

在教学方法上，教和不教是既对立又统一的两个方面，生本教育下的大语文教学也必须处理好这两者的关系。

老师教和学生学是学校课堂赖于存在的关系基础，这已成了共识，但是，长期以来教法的研究并无很大的突破，乃是因为我们常常局限于"如何教"而没有认识好或者说没有体现好"教"的本质所在。师本的特点即是重视教，重视"为教师好教"的教学设计。生本教育以哲学的眼光审视"教的行为"，在把握人的认识规律的前提下提出了"先做后学"、"先会后学"、"先学后教"、"不教而教"等具有鲜明生本色彩的方法论，是对师本教育的一种突破，同时也是对教学方法的极大丰富。

从教学的目的和意义上来说，语文教育家叶圣陶提出了"教是为了不教"这一著名观点；从教学的方法和策略上来说，生本教育提出"不教而教"的观点。"不教"是形式，是措施，是手段；"教"是内容，是结果，是目的。最大程度的"不教"是为了更大程度的"教"，亦即是老子所说的"无为而为"。

但是，生本教育下的大语文教学并不是把"教"和"不教"完全对立起来，而是主张"教"与"不教"相配合。语文是一门实践性很强的工具性学科，在教学过程中，应当思考哪些知识是"教"容易解决的，哪些知识是"不教"大于"教"的，"教"应该怎样教，"不教"又通过何种形式体现等问题。总之，教师在教的过程中应该贯彻的一个原则是：只要有可能让学生自己学，我们就不教。

（五）结果与过程

结果与过程是教学评价的两个方面，既重视对结果的评价，又重视对过程的评价，既关注评价的结果，又关注评价过程本身的意义和价值，结果与过程相结合，是生本教育下的大语文教学的评价观。

结果评价是一种以目标取向为价值的评价范式。这种评价范式关注评价的最终结果，在过去长期的语文教学以及其他学科的教学中处于支配地位，它采用一种量化研究的方法，追求评价的客观性和科学化，简便易行，好操作。但是这种评价重视结果，漠视过程；关注学生的终结性表现，而忽略了学生学习过程的创造性，因精于分析而忽视了事物的混沌状态。

过程评价受"实践理性"的支配，是一种以过程取向为价值的评价范式。这种评价范式尊重人的行为的主体性、创造性和不可预测性，尊重人的高级心理的丰富性和模糊性，强调实践和得出结论的过程本身，其功能在于摆脱甄别选拔的樊笼，而侧重于对学习者的激励和促进学习者的发展。当然这种评价因其过于开放，而显得难于操作，容易使学生进行一种盲目的实践而缺乏追求目标的态度，从而容易导致一种随意性和浮泛化。

评价不是完成某种任务，而是一种持续过程，生本教育强调评价应该有利于学生的主动发展。语文教学融知识性、思想性、艺术性、实践性、逻辑性于一体，这就要求语文教学要把结果评价和过程评价相结合，既尊重学生的情境体验，又注重学生的实践效果。

注释：

[1] 郭思乐.教育走向生本[M].北京：人民教育出版社，2001.
[2] 朱绍禹.中学语文教学法则[M].北京：高等教育出版社，1988.
[3] 阎立钦.语文教育学引论[M].北京：高等教育出版社，1996.
[4] 张楚廷.教学论纲[M].北京：高等教育出版社，1997.
[5] 江明.问题与对策——也谈中国语文教育[M].北京：教育科学出版社，2000.
[6] 中华人民共和国教育部.全日制义务教育语文课程标准（实验稿）[M].北京：北京师范大学出版社，2001.
[7] 语文课程标准研制组.《全日制义务教育语文课程标准（实验稿）》解读.武汉：湖北教育出版社，2002.
[8] 杨再隋.《全日制义务教育语文课程标准》学习与辅导[M].北京：语文出版社，2001.
[9] 朱学清."大语文"教育研究[M].上海：上海教育出版社，2001.
[10] 钟启泉.为了中华民族的复兴　为了每位学生的发展——《基础教育课程改革纲要（试行）》解读[M].上海：华东师范大学出版社，2001.

评我国近百年来对语文教材问题的思考路向①

王荣生

一

语文"课程内容"与语文"教材内容"是有区别的两个概念,我们既要看到两者的相互联系与制约,也要看到它们的相对独立与分隔。语文"课程内容",回答的是语文课程"教什么"这一问题,它是课程层面的概念,指为了达到语文科特定的课程目标而选择的事实、概念、原理、技能、策略、态度、价值观等要素,包括在课程标准里明文指定要教学的篇目(作为"定篇"的选文,目的是以此构成学生的文学和文化素养,它与我们原来语文教学大纲里从"适合于教学"角度考虑的"基本篇目"不是一回事)。从学生学的角度而言,它是学习的对象,因而"课程内容"也是对"学什么"的规定。语文"教材内容",回答的则是"用什么去教(课程内容)"这一问题,它是教材层面的概念,指为了有效地反映、传递课程内容诸要素而组织的文字与非文字的材料。"用什么去教",从学生学的角度而言,也就是通过什么去学。而可能的选择之一,便是用"选文"去教,通过"选文"去学。在这里,"选文"本身不是课程的内容,也不构成学习的对象,它只是一种教授语文课程内容的手段,一种学习语文课程内容的媒介或途径。

一本特定的语文教材里的"选文",可能会具有两种不同的性质,一种是作为语文课程的学习对象,教与学的目的就在于领会这一篇"选文";一种是充当学习语文课程内容的媒介、途径、手段,目的是借此"选文"让学生掌握外在于这一特定选文的事实、概念、原理、技能、策略、态度。

初看起来,上述的区分似清楚又含糊:一方面,作为学习对象的"选文",本身包含着学习时可以从中抽绎出来的外在于这一"选文"的概念、原理等,按照夏丏尊略带夸张的说法,所有的"语文知识"其实都可以在一篇选文中学到。比如《荷塘月色》,在领会这篇脍炙人口的美文的同时,如果注意到的话,还可以从中学到字法、词法、句法、章法、文章读法和作法等。即使没有特意去注意上述种种之法,学生也可能在读解诵吟的过程中,在与别一些相似或相异的文篇的自然比照中,感悟到类似于字法、词法等方面的知识。那么,课程内容与教材内容,目的物的"选文"与途径、手段的"选文"的分别是什么呢?

夏丏尊认为,传统的语文教学(包括语文教材)与现代的语文教学(主要体现在语文教材)的大分别,主要体现在两个方面。

第一是"暗中摸索"与"明里探讨"。这个大分别,既是就语文教学层面说的,也是就语文教材层面说的。针对传统语文教学偏重于个人的吟诵感悟,夏丏尊提出,现代的语文教学更

---

① 本文选自《教育研究》2002年第3期,第54—77页。

注重理性的方法;针对传统语文课程(主要体现在语文教材方面)以综合地领会诗文为主的课程内容,他还提出,语文课程的内容("语文学习的着眼点")应该是"形式",而且应该是一个个的词句以及整篇的文字所体现的词法、句法、章法等"共同的法则"和"共通的样式"。在夏丏尊看来,语文教学(课程)就是明里探讨那些"共同的法则"和"共通的样式",而"选文"则主要是说明"共同的法则"和"共通的样式"的"例子"(例文)[1]。叶圣陶主张,语文教学(课程)的内容应该是怎样阅读、怎样写作的"方法",而"选文"主要是"历练方法"的"凭借"。在叶圣陶那里,"例子"侧重指从"相类似文章"中抽取的"样本",或叫典型的"样品"。在叶圣陶看来,语文教学便是"凭借"这些"样本"去明里探讨读文、作文的"方法",由方法的历练养成"习惯",而最终养成适用于"人生日用"的语文能力[2]。

第二是"杂乱"与"系统"。传统语文教学(教材)的大毛病是"杂乱",而现代语文教学(主要指语文教材)则应该讲究"系统性"。夏丏尊、叶圣陶认为,将一篇选文放置在一个有充足理据的处所,那些原本各自为政的选文便形成了"系统"。比如《国文百八课》里的选文,按"彻头彻尾采取'文章学'的系统"组织,从编撰教材的角度,便可以看成是选文本身的"有序",按照现在流行的说法,是构建出了一种"教材体系"[3]。

应该说,按上述两项指标来认定语文教材中的两种不同性质的选文,大方向是对路的。中国现代以来的语文教材建设,也一直遵循着夏丏尊,特别是叶圣陶所指引的方向。但是,现在有重议的必要,对已经或可能造成的分歧理解,更有必要放回到当时的"语境"中加以细致地辨析。

二

先从单篇选文的角度说。用"暗中摸索"来概括传统的语文教学,进而以此来概括以"选文"为"课程内容"的语文教材,可能并不准确。传统的语文教学有注重涵泳感悟的一面,但也不乏明里探讨的追求。后者表现在语文教材上,便是唐宋尤其是明清语文教材注疏系统的发达和评点的广泛运用。当然,由于知识状况的时代局限,传统语文教材几无修辞法和文法这些"现代新成立的学问",对读法与作法的探求,也与现代的做学问的方式有较大的时空差距。另一方面,明与暗,其实都不存在无视场合、不顾条件的好与坏、正与误、先进与落后之类的抽象标准,它们只是具体形态的可能选择之一,各有其利,也各有其弊。

尤为重要的是,暗中摸索或明里探讨,实际上可发生在语文课程、语文教材、语文教学三个层面,而不同的层面可能需要区别对待。在课程层面,以选文为内容,确实具有引向"暗中摸索"的天性,选文包含着种种甚至不能言明的要素,任何人任何时候学习一篇特定的选文则只能关注其中某些特定的方面、特定的特点,而具体到哪些方面、哪些特点、在什么水平上去关注,选文本身是不会给出指示的,要由教它或者学它的人摸索着取舍、摸索着定夺。在这种意义上的"暗中摸索",实质上是放任课程内容的"人治",也就是平常说的:同一篇选文,不同的教师或同一个教师在不同的时候可以教不同的东西,不同的学生或同一个学生在不同的时候可以学不同的东西。而以选文为学习特定的"课程内容"——比如某个章法、某种读法或作法——的途径、手段,确实使这一中选的诗文处在明里探讨的氛围。但是,两种性质的选文在课程层面的这种明暗差别,并不必然地要与教材形态、教学形态严格地对应,也就是说,作为"课程内容"的选文,可以简单地搬进教材而成为"纯粹的文选型教材",使之安于暗处而听任"人治";也可以在选文之中或之外做某些附属的加工,从而对摸索加以某些指引,对"人治"加以某些制约,往暗中射进几束光芒;也可以对选文做某些明朗化的处理,比如对选文进行详尽的解说,而使之完全处于明里探讨的境地。如果加进"用什么去教"的教材内容这一纬度,那么,教与学这篇选文的途径、手段,在教材编撰的策略和技术上有广阔的选择余地,比如可以用音像来教学,可以用表演来教学等。这种情形,也适合于教学的层面,对作为课程内容的选文,教与学当然可以依赖于个人感悟的吟诵默读,但也可以是细致的讲解、问答、讨论。也就是说,暗与明,作为区别两种性质的选文的指标,仅在课程的层面上才有效。

在过去,我们认为"明"是现代、进步,"暗"是传统、落后,没有仔细分析所谓进步与落后的"明"与"暗",到底是就哪个层面、在哪种意义上说?应该讲,在语文课程层面,将对"选文"的处置由"暗"向"明"的转移,是中国现代意义的语文课程的标志,是历史的进步。把作为课程内容的"选文"放置在"暗"处,确实是我国传统语文教育的主流,从课程内容的确定、从教学的效率角度,确实有它的落后性(在目前的知识状况下,对语文课程来说,提供一些"选文"让学生去"暗中摸索"仍然有合理性,它仍然是提高学生听说读写能力的现实途径之一)。但是,我国自现代以来的语文课程在抛弃传统语文教育"玄虚笼统"的同时,将作为课程内容的"选文"也一同抛掉了,而没有将如何使作为课程内容的"选文"(定篇)由"暗"向"明"作为思考和研究的主题。换句话说,只片面地将由"暗"向"明"的转向理解为由"定篇"向"例文"(叶圣陶的"样本"说,据笔者的研究,并没有被我国的语文课程真正接纳)的变化。尽管像《国文百八课》这种纯粹以"例文"处置的创举没有发扬光大,但语文课程里的"选文"就只等于(而不认为只是其中的一种类型)"例文"的这种观念,却被不无曲解地保留了下来,一直延续至今。

曲解主要表现在两个方面:其一,把"例文"的中心词由"例"变换成"文"。作为课程与教材的中心,是将"文"推移到"例"的位置,也就是用"文"去"例"课程的内容。但此后,人们却将中心偏转到了"文",而忘记了它要去"例"什么。尤其是新中国成立后,语文课程和教材的讨论,主要是关于"文"的讨论,即关于选取哪些文章的讨论,而且主要是从哪些文章中的内容(即文章说了什么)的角度来讨论的,却几乎忘了被处置为"例文"的"选文",其实应该从"例"的观点去认识。这样,一直被作为"例文"来处置的"选文",在我们的语文教材中往往不太明确它要"例"什么,一篇课文的字词句篇、语修逻辑,几乎面面俱到,即使有一些本来明确想要"例"的东西,往往也被淹没掉了,事实上是将课程内容又弄成了"暗"。

其二,由于"例文"是教材内容层面的含义,几乎是集体无意识,我们一致地将由"暗中摸索"转到"明里探讨"的历史进步,错误地固执在语文教材的层面,并进而无节制地延伸到了语文教学的层面。尽管在事实上不太知道到底要"例"的是什么,也难得考察要"例"的东西是否合适,尽管很少去验证那要"例"的是否一定要通过"选文"来"例",也难得追查它是否合适地被"例"着,但我们似乎一致认为,"例"就是要明说——"讲知识"、"讲分析"、"讲结论"。新中国成立后的绝大多数语文教材,实际上是供教师"讲"的教材,语文教材编撰者所考虑的主要问题,是如何去供"讲"的问题,也就是教材的"体例"问题。"教材内容"(用什么去教)的问题演化成了在既定课程内容("知识")、既定教材内容("例文")的前提下,如何安排的问题。"讲"以外的其他可能途径,事实上被堵塞了。于是,教"选文"就变得只能是"讲"文章,只能"讲"这样的"分析",而且只能"讲"这样的"结论"

("标准答案")。于是,教"知识"就变得只能"讲"这些"知识",而且只能用"文"去"讲",只能这样地用"文"去"讲"[4]。

三

再从篇与篇联系的角度说。同样,以"杂乱"来概括传统的语文教学,进而以此来概括以"选文"为语文课程内容的语文教材,也不那么准确。传统的"文选型"语文教材,实际上也是讲究"体系"的,比如按年代、按作者、按主题、按师承编排选文,《古文笔法百篇》[5]等还是依"作法"的纲目来编排选文的。从某种意义上说,以"选文"为课程内容、为学习"中心"的现当代语文教材,到目前为止,与我国古代相比,还没有重大突破。当然,这并不是说,传统的语文教材已经具备了"系统性"。

"系统性",实际上是从课程层面提出的要求,它包含两个方面,即课程内容的确定和内容联系的有序,也就是叶圣陶后来概括的"项目"与"次第"。显然,在"项目"与"次第"之间,"项目"处于主导地位。"项目"决定"次第",不同的"项目"认定,便可能变化出不同的"次第",这与课程论中"课程要素"与"课程组织"的关系是一样的。从大处着眼,作为语文课程内容的要素,无非是两类,一类是选文,一类是相对外在于特定选文的关于诗文和听说读写的事实、概念、原理、技能、策略、态度。对语文课程内容的不同抉择,导致两种截然有别的"次第":如果把"项目"定位于前者,那么"次第"问题也就可能退化为"选文"的编排次序问题。一篇篇的"范文"包含着许多方面,而这些方面既不能从"范文"中剥离也不能使之独立,因而往往也就没有客观而确定的连接点能将两篇"范文"内在地贯穿起来。也就是说,作为课程内容的选文,从本质上讲,是圆满自足而各自为政的,将它们贯穿起来的"线",多数是人为的外在标准,甚至主要是编排者的创意或对某种编辑效果的追求。这当然并不是说,特定的几个单篇选文绝无产生确定而可寻的内在联系的可能性,但这种有内在联系的诗文,范围毕竟是有限的,而且目前我们的语文教材编撰者也还并没有真正有意识地去开掘这种联系[6]。

作为学习课程内容途径、手段的"选文",严格地讲,在语文教材中不具有自足性。并不是因为它是一篇好文章就把它放进教材,放进教材也并不意味着人人都要去学它。之所以出现在教材中,之所以出现在教材的这一部分,是因为要在这一部分就事先已确定的某一方面某一点派它用场,而且往往还只派这一用场。一篇诗文的入选,它在教材中的位置,是由外在于它的别的东西主宰的,这篇选文在前,那篇选文在后,也并不意味着选文之间发生了关系。关系实在是发生在主宰它们的那些别的东西之间,也就是说,在"教材内容"含义上的选文,其本身实际上不存在什么"系统性"的问题。将一篇选文放置在一个有充足理据的处所,便以为将这些原本各自为政的选文纳入了"系统",而且,从教材编撰的角度,认为将本来是选文之外所决定的"系统性"——比如"彻头彻尾采取'文章学'的系统",进一步引申性地看成是选文本身的"系统性",这种推论方式缺乏逻辑上的严密性。

其实,在《关于〈国文百八课〉》一文中,夏丏尊、叶圣陶很明白地介绍过该教材的"系统性"来历:"本书在编辑上自信是极度认真的,仅仅每篇课文话题的写定,就费去了不少的时间。本书预定分一百零八课,每课各说述文章上的一个项目。哪些项目需要,哪些项目可略,颇费推敲。至于前后的排列,也大费过心思","文章的话题决定以后,次之是选文了。文章是多方面的东西,一篇文章可从种种视角来看,也可应用在种种目标上。

例如朱自清的《背影》可以作'随笔'的例,可以作'抒情'的例,也可以作'第一人称的立脚点'的例,此外如果和别篇比较对照起来,还可定出各种各样的目标来处置这篇文章。我们预定的文话有一百零八个,就代表着文章知识的一百零八个方面,选文每课两篇,共计二百十六篇,要把每一篇选文用各种各样的视角去看,使排列成一个系统,既要适合又要变化,这是一件难得讨好的事。我们在这点上颇费着不少苦心。"[7]上述介绍清楚地表明,首先是"项目"的择定,其次是斟酌"项目"的"次第",然后才是考虑"选文"的匹配,在这期间对于同样能匹配某一个"项目"的"选文",则从教学法的角度("兴味的变化")加以调剂。不难发现,"选文"本身在这里并没有发生直接的关联。"选文"的"系统性",实际是个"秩序感"的虚像:"系统性"存在于事先预定的"话题"(即"项目")里,选文是匹配相应"话题"的"例",它与"话题"发生关系;而相邻的课文,似乎紧挨在前后而有秩序地排列着,但这种排列其实几无内在的必然。

之所以将课程层面的"系统性"误认为是教材层面中"选文"的"系统性",这与当时的"语境"有极大的关系。其一,中国的语文教材,向来是由一篇篇的选文构成,教材的主体是"选文",教材即"选文",是根深蒂固的观念。在这种观念的支配下,人们对语文教材问题的关注便囿限于"选文"这一焦点;"科学化"的追求,便会囿限于"文选型"这一圈圈框框——《国文百八课》实际上也是"文选型"的语文教材,尽管是完全不同于以"选文"为课程内容的另一类型的"文选型"。其二,当时对传统语文教育与现代语文教育的对比法,使人们的注意点自然地集中在选文的问题上,因为文与白的对举、杂乱与系统的对举、暗中摸索与明里探讨的对举,当时大多是围绕着"选文"编排来说的。对"选文"、"系统性"的问题,叶圣陶先生多次强调,光就教材的选文来讨论教材,"恐怕没有什么道道","咱们一向在选编(选文)的方面讨论的多,在训练的项目和步骤方面研究的少,这种情形需要改变"[8]。叶先生指出:"切实研究,得到训练学生读作能力之纲目与次第,据以编撰教材,此恐是切要之事。"[9]可惜,由于历史的惯性、语文教育理论研究的疏忽,叶圣陶先生在语文课程层面提出的呼吁,在实践中都被教材编写者当作语文教材层面的东西处置了。

在语文教材层面,在"文选型"的框框内,在漠视作为课程内容的"选文"与课程途径、手段之"选文"的大分别情境中,人们苦苦地追寻所谓的语文教科书的"科学体系"(包括所谓"科学的序列"),即主要是关于"选文"的"体系"[10]。长期以来,我们一直在必有选文、只能选"文",甚至只有这些"选文"的前提下,在必讲"知识"、只能"讲"知识,甚至只有"讲"这些"知识"的条件里,来探求语文教科书的"科学体系"。不但如此,我们还希望在文言与白话、听说与读写、知识与能力、内容与形式、人文与工具,总之在所有现在乃至将来可能提出的种种方面,谋求融会兼顾,这似乎给自己提出了过于艰难的课题。

近二十年来,我们在语文教材体例、体系方面奋力搏击,而一直大果无获。这样的现实提醒着我们,对我国自现代以来的语文教材问题应该重新思考。

注释:

[1] 夏丏尊,叶圣陶.阅读与写作[M].北京:开明书店,1948:46.

[2] 董菊初.叶圣陶语文教材思想概论[M].北京:开明书店,1998.

[3] 叶至善等.叶圣陶集(第十六卷)[M].南京:江苏教育出版社,1992:173.

[4] 黄光硕.语文教材论[M].北京:人民教育出版社,1996:54、99-101、143-149.

［5］李扶九.古文笔法百篇［M］.湖南:岳麓书院,1983.

［6］这涉及到文学批评中所讲的"互文性",参见王先霈,王又平.文学批评术语手册［M］.上海:上海文艺出版社,1999:378.

［7］夏丏尊,叶圣陶.叶圣陶语文教育论集(上)［M］.北京:教育科学出版社,1982:171-172.

［8］叶至善等.叶圣陶集(第十三卷)［M］.南京:江苏教育出版社,1992:244,248.

［9］夏丏尊,叶圣陶.叶圣陶语文教育论集(下).北京:教育科学出版社,1982:744.

［10］庄文中.试解语文教学的斯芬克斯之谜［A］∥江明.问题与对策——也谈中国语文教育［C］.北京:教育科学出版社,2000:126-129.

现代性：语文教育的百年价值诉求[①]

刘正伟

语文教育的现代性是在教育现代性乃至整个社会现代性背景下产生的。概言之，西方资本主义势力侵入中国后，中国教育文化的发展被卷入了世界现代性的潮流中。在这样的形势下，人们的思想观念、文化知识及价值取向发生了巨大变化：一方面，西方新的学科及知识，特别是科学知识进入了中国社会，它不仅改变了中国文化知识的构成状态，而且，也成为促进近代中国文化教育分类及引领学科发展的重要标志和核心因素；另一方面，现代性不可能在封建教育母体内生长，从语文教育现代性的产生看，科举制度的废除使它从根本上摆脱了封建制度的束缚，获得了自身解放的力量。当然，语文教育现代性的生成还与语文现代性密切相关，从晚清以来的白话文运动、汉字改革，到"五四"文学革命，语文现代性不仅为语文教育现代性提供了充分的思想资源和素材，而且，两者相伴相生，互相推动，交织在一起，从而加快了现代性的步伐。总之，语文教育现代性是在近代整个社会转型的形势下发生的；同时，它又是文化知识及学科分化的结果。

一

作为学校教育的重要内容，语文教育现代性可以从两个层面加以认识：在教育层面，启蒙的现代性和学生的主体性构成了现代性的核心价值；在学科层面，审美的现代性和科学价值则是主导一个多世纪语文教育变革与发展的最主要力量。把语文教育现代性分为两个层面阐述，是出于叙述的方便，实质上，在教育过程中两者之间不可分割。

所谓启蒙的现代性，用韦伯的话说，是一个"祛魅"的过程。和西方社会通过对神圣的宗教世界的否定与批判，从而达到对世俗社会的合法化及人性的肯定与回归不同，在近代的中国社会，现代性表现为"对封建主义的彻底解决"，在教育中崇尚民主、独立、平等、自由的价值。在中国漫长的封建教育中，语文教育并不是独立的，而是作为经学教育的一部分而存在，社会教化是它负载的最重要功能。所谓"文以载道"、"代圣贤立言"，语文教育承担着沉重的封建伦理道德教化之责。在近代教育变革中，语文教育的现代性首先表现在从经学教育中分化出来，并在学校课程中获得了一席之地，随后，开始在学科内部对封建主义进行批判与反思，确立了人格独立、平等，个性自由发展的人才培养目标。从清末新式教育的兴起，到民初取消读经科，确立资产阶级教育方针，再到"五四"新文化运动，语文教育逐渐摆脱了封建伦理道德的束缚，从注重封建经典教育转向了对现实生活的关怀上，在培养目标上指向了具有独立人格及个性自由发展的人。这一根本性变化，标志着语文教育进入一个"人的发现，个性的发现"时期[1]。

从课程内容上看，在近代启蒙与救亡的时代变革主题下，特别是在进化论思潮的推动

[①] 本文选自《教育研究》2008年第1期，第64—69页。

下,封建经典教育逐步被消解,那些历史上具有进步意义或民主、平等价值取向的儒家经典被重新阐述,或被赋予特殊价值。与此同时,一大批反映普通民众现实生活、关注儿童成长及发展的白话作品,特别是"五四"新文学代表作家的作品进入语文教科书,并逐渐构成了语文教育内容的主体。民主自由、劳工神圣、男女平等、婚姻自主、个性解放等思想不仅解构了封建语文教育道德教化的主题,以丰富多样的主题揭示了启蒙的现代性的多重思想意蕴,使青年学生摆脱了思想上的束缚,寻找到了自身解放的力量,而且,打破了一直以来语文教育以"过去为取向"的封闭结构,取而代之的是一个关注个体的现实生活,不断朝向未来的开放的体系。近代语文教育的这种转向使语文教育获得了强烈的批判色彩和理性精神,并使语文教育中启蒙的现代性不断获得新的蕴含及批判的视角。虽然,在不同的历史时期,启蒙的现代性所蕴含的内容有很大的不同,但是,其批判的理性精神却一以贯之。

  孟宪承在批判封建语文教育时曾经指出:"向来国文课只有教师的活动,没有学生的活动;只有教师的讲授,没有学生的学习,这实在是国文教学失败的总原因。"他又强调说:"现代教学的精神,根本上的要生徒活动,生徒自学。"[2]这可以看做是对语文教育中学生主体性的历史呼唤及最简要的诠释。然而,在近代中国,封建主义教育的目的在相当长时期内主宰着新式教育的变革与发展,因此,在清末的教育改革中,学生的主体性始终没有得到确认与阐述。就语文教育而言,撇开教育目的不说,教学活动仍然以教师讲授为主,教师是知识的传授者和权威。所谓"以为听讲能领悟、读书能自解之助,并当使之以俗语叙事,及日用简短书信,以开他日自己作文之先路,供谋生应世之要需"[3]。实际上,徒有具文,学生在学习中根本没有主体性可言。当时除了课堂上充斥着大量的经学课程外,中小学堂讲经特别强调"尤不可务新好奇,创为异说,致启驳杂支离之弊"[4],课堂教授方法主要以讲授为主,虽然也提出要合乎学生的学习兴趣与心理,考虑学生的接受水平等要求,但并不否认惩罚的作用及价值。

  在课程政策及课程制度层面对学生主体性给予阐述的是在民初。当时的教育部颁布了《中学校令施行规则》,首先从教育目的上提出从培养社会的人转向培养个体的人。这是对教学过程中学生的地位与作用的一次重新定位。然而,真正在语文教育中确立学生主体地位的却是新文化运动之后,特别是杜威的教育哲学在中国的广泛传播及影响之后。以杜威的教育哲学为理解基础的新学制不仅在哲学上确立了教育过程中学生的主体地位,而且,从实践上比较深入地阐述了实现的路径。首先,它强调儿童是学习活动的主体,教育过程要"使学生有自由发表思想的能力"。其次,强调学生学习是积极主动地探求知识的过程,这个过程不是由教师单方面完成的,而是在教师的合作、指导及帮助下,学生充分发挥主动性并运用多种多样的学习方式实现的。最后,强调通过活动的方式学习语文。比如,写作教学中通过"野外写生"的方式就是一种非常有特点的活动学习方式[5]。

  在封建语文教育中,儒家经典教育除了具有传承封建主流文化及价值的功能外,还以深刻的传统关怀、古典的审美趣味、精致的艺术表现形式而获得超越时代的价值。在语文教育中,美学的现代性价值在语体、叙述形式、时间概念及审美视角等诸多方面都产生了重要的变化。在语体上,文言文被白话文取代。白话文"不仅成为文学的正宗",而且成为学生思想、情感自由表达及交流的工具。在叙述形式上,过去那种陈腐过时的、注重雕琢的、仅在少数人中流传的文体被丰富多彩的体现平民情怀的白话小说、童话、神话、谜语、日记、调查报告、新闻报道等多种实用文体所取代。在叙述方式上,确立了新的时间概念,现代派作品、意识流小说进入学生的视野,并在语文教育中占据了一席之位。如果说在建构现代语文教育美学观念时,传统的那种超越时代的永恒、崇高、绝对的审美标准已经退守语文教育审美世界的半壁江山,那么,另一半则让位于现代性的美学价值及审美标准了[6]。自此以后,审美的现代性价值不仅进入了语文,构成了语文教育重要的审美标准,而且,拓展了语文教育现代性的内涵。

西方有学者指出,科学在社会各领域的广泛运用是现代性的重要内容,而且始终与革新及进步相联系[7]。在中国近代教育的变迁中,科学进入语文学科,不仅表征着封建语文教育的深刻危机,而且意味着它在改造和重建语文教育中的价值与意义。语文学科与经学的分离,并不表示它已经获得了与传统课程不同的内涵,只有当它建立了属于学科自身的新的自足的价值与体系时,才谈得上被赋予意义与价值。科学进入语文学科,一方面改变了语文,另一方面又构成了语文。

第一,不断建构逻辑化、系统化的语文课程知识、结构及体系。科学知识及科学认识方式不仅是现代语文课程知识及体系的分类标准,而且,也构成了语文知识的一个重要部分。一方面,语文课程知识不断逻辑化、系统化,即使一个子系统也按照一定的标准被细分为一个严密的体系,如语文知识就被划分为语法、逻辑、修辞和文学知识等;另一方面,不仅科学知识构成语文学习的重要内容,而且,语文知识系统中最重要的知识被冠以"基本的科学知识"之名。所谓"基本的科学知识"是指那些带有理论性、规律性的汉语知识及文学理论知识。换句话说,经过科学洗礼的知识被视为语文知识中的合法性知识。第二,语文教育中科学方法的运用。语文教育中科学方法的运用主要表现在两个方面:一是用实验的方法研究语文教育问题;二是通过可以控制的、程序化的范式设计教学。一方面,通过科学方法研究语文教育问题,对处于转型时期的语文教育而言具有重要意义。因为采用实验的方法,使语文教育中出现的许多重要问题获得了较好的解决。另一方面,传统模糊的人文主义思维方式被精确、严密的科学思维方式所代替,依据这一思维方式进行的程序化教学设计,使语文教育现代性,特别是科学性的内涵获得了进一步扩展。第三,语文学习中科学态度和科学理性精神的倡导。在语文学习中,提倡批判、质疑的精神以及讨论、探究的学习方式可以说古已有之。然而,现代意义上的科学态度和科学理性精神却是在近代西方科学主义及教育理论思潮的双重影响下诞生的。它强调不盲从权威,要有积极探究的态度以及强烈的批判精神。胡适在《中学国文的教授》一文中就指出,质疑、问难及讨论等研究方式是当代语文教育的新潮流。此后,包含探究、质疑及讨论等环节的语文教育研究方法及科学理性的精神被写进语文课程标准中。从这个意义上说,科学对于语文教育的价值在于,不仅帮助人们获得重要知识,"它更多的是培养了人们的理性"[8]。

二

大约自 18 世纪中叶起,西方国家先后掀起了语文教育现代性的浪潮,其重要标志是,语文教育从过去的以希腊语和拉丁语为中心的经典教育转向了本民族语教育。由于文化传统及语言习惯的不同,各国在语文教育现代性的建构中又表现出各自的风貌。雅斯贝斯曾这样描述西方语文教育现代性历史画面:"它在颠覆封建经典教育之后,以普通民众的生活为指向,在精神生活上以具体的实用及当下的需求为目标;在课程编制上,选择绝大多数学生都能普遍接受的知识及通俗简明的形式。过去课堂上那些需要精心研读的可以享用终生的经典著作被一些不断更新的多样化的经典课文所取代。"[9]与西方国家相比,中国语文教育现代性变革不仅起点、阶段及轨迹不同,而且,在内容、价值诉求诸方面都表现出大异其趣的地方。

第一,在一个多世纪语文教育现代性的建构中,现代性的核心价值并非均衡地参与,在某一历史时段,往往其中一些价值以强势姿态介入,成为中心话语,另一些价值则处于边缘甚至缺失状态,这种现象导致语文教育现代性的生成及发展呈现出不平衡性和单一性等特点。本来,现代性历史图景的生成是现代价值的复杂的多重建构过程。它们之间既各具特性,又彼此影响,其中"没有哪一个具有解释的优先权",然而,在中国教育现代化进程中,它们并不是同时被认同并参与现代性的建构,而且表现为一些价值在某一历史时期成为现代性的中心话语,甚至被强化到不恰当的地步;而另一些价值则处于尚未被认同或者排斥的地步。除了启蒙的现代性在20世纪语文教育现代性建构中获得比较持续性的认同外,其他几种价值地位始终摇摆不定,很少看到几种现代性的核心价值均衡地参与语文教育现代性的建构。新学制课程被认为是蕴含多种现代价值理念及追求的一次变革,然而,事实上,在废除封建主义,确立学生主体性价值的耀眼光芒照射下,科学价值却黯然失色。实际上,20世纪前期对语文教育现代性的核心价值的理解也大致形成了两派:一派强调语文教育的美学价值。他们大多是"五四"新文学干将,在创作中不断探索反映普通民众生活及审美趣味的主题及内容,致力于在语言学、修辞学及文学视野内建构语文教育现代性,如叶圣陶、夏丏尊、朱自清、刘大白等。另一派更为推崇科学价值。这是一批从海外留学归来的学者,先后接受过西方科学理性精神的熏陶,其中虽不乏新文学领袖,但他们对语文教育现代性的理解是主张通过科学实验及实证的方法研究语文问题,以提高语文教育质量与效率,如胡适、艾伟、刘半农等。

第二,在20世纪中国教育现代化曲折与复杂的轨迹中,现代性价值的确立与建构呈现出反复性和多变性等特点。一方面,一些现代性的重要价值在语文教育现代性发展的不同阶段被反复地确认、叙述;另一方面,其内涵又被不断重写,甚至多次被引入"系统再生产的根基"。由于不同历史时期,推动中国教育现代化的理论基础及思想资源不同,语文教育现代性价值也因此被赋予不同的内涵。即使是同一价值,其内涵也有较大差异,在不同时期,它们既各有侧重,又不断被扩展、丰富。在中国的语境中,这一现象表明语文教育现代性的建构"不可能随便跨越、被舍弃,它还会在不同的历史时期去完成未竟的事业"[10]。当然,当它在现代性建构中被重新唤起的时候,必然打上时代的精神烙印。20世纪20年代,科学价值的极度上升则是杜威教育哲学传播与推动的结果。它以实验精神与科学理性的态度为其核心,而以批判社会封建思想的民主价值及学生的主体性为前提。60年代初期,语文教育倡导以基本知识、基本技能为主的"双基"教学,虽然没有冠以"科学"之名,但实际上是在努力探索既有外国先进教育理论基础,更有中国汉语教育传统的科学的训练体系及方法。70年代末,吕叔湘先生曾大力呼吁研究"如何提高语文教学的效率,用较少的时间取得较好的成绩"。他抨击中小学语文教学少、慢、差、费,从而掀起了语文教育科学化的浪潮[11]。之后,语文教育科学化主要从布卢姆的教育评价理论及目标教学中寻找理论支撑,然而,由于对科学化的过度强调及追求,结果又陷入了技术主义的末路。

第三,语文教育现代性内部始终存在着矛盾、张力及暧昧性。如前所述,真正意义上的语文教育现代性的建构是在新式教育制度建立以后,然而,即使在现代教育体制框架内,它与语文教育传统也无法一刀两断。在语文教育现代性建构中,传统一直在场。语文教育现代性的价值诉求,或宣称"新"的东西,在语文教育传统中有很丰富的资源,只不过长期被遮蔽,没有被发掘罢了。在语文教育的现代价值中,启蒙的现代性是 20 世纪中国语文教育现代性的中心话语,它在一个世纪语文教育变革与发展的几个重要阶段都有很重要的意义和价值,它注重个性的自由发展及人格的养成,在写作中表现为积极抒写和表达个体的真情实感及心灵。这是对封建语文教育"文以载道"、"代圣贤立言"的主流价值取向的批判与否定,然而,在我国语文教育传统中,也一直有"在心为志,发言为诗"的"诗言志"及"诗教"传统,实际上,语文教育现代性的价值诉求从某种意义上又是这一优秀传统的发掘与现代阐述。而且,传统又迫使现代性进行改造、重构。一方面,传统被改造得貌似现代性的东西;另一方面,现代性又不断被传统拉回,打上很浓厚的传统色彩[12]。近代以来,语文教育现代性的几次重要变革大多以批判与反思传统或推陈出新的面目出现,较少研究既有的经验与成果,然而,最终却又无一能脱离传统的掌心,或在深层延续传统,或对传统进行再诠释。

此外,现代性价值之间还存在着一种既矛盾又暧昧的关系。比如,一些所谓激进的思想启蒙的文本,往往缺失审美价值。同时,两者之间又表现为一种调和、妥协及互文性等复杂的暧昧关系。语文教育现代性内部的这种既冲突、矛盾又暧昧的关系表明,在现代化进程中,语文教育现代性并没有在各个向度得到充分的展开,也没有获得足够的生长,结果造成了语文教育现代性变革在共时性上失去了多元共进、均衡发展的格局;在历时性上则表现为对前一阶段价值诉求的不断地否定,又不断地反复、补充与重构的倾向。

三

20 世纪 90 年代中期,社会上曾就语文教育问题开展过一场广泛而深入的讨论。这场讨论表面上是对语文教育内容落后于时代状况的批判与反思,以及对当时语文教育科学化追求的不满,实际上是对百年来语文教育现代性的一次整体上的检讨与反思。语文教育问题之所以在当时爆发,是社会转型时期语文教育仍然恪守旧的条条框框,没有根据时代的发展进行现代性的建构而造成的。当时,文化思想界正热衷于工业文明与后工业文明的评介及探讨,现代主义和后现代主义思潮竞相传播。社会上人们的生活开始走向碎片化,消费主义观念盛行,休闲、时尚成为生活的重要话题。媒体文化、网络文化等大众文化兴起,特别是电视文化在学生的学习生活中越来越占据重要位置。语文教育还固守改革开放初期的框架及价值追求,其遭到批判与抨击就不足为怪了。这场讨论的重要意义和价值在于:它把人们带进语文教育现代性的批判与反思之中,用吉登斯的话说,"引入系统的再生产的每一个基础之内,让语文教育变革与发展重新进入到它所分析的情境中"[13],即返回语文教育现代性根源上进行审视与反思。当时,语文教育所暴露出的问题涉及众多方面,有思想价值方面、美学观念方面,还有科学化问题等,几乎都与现代性有关。实际上,这些问题又可以归结为两个大的问题,一个是如何看待语文教育与经典教育及生活的关系,另一个是如何看待语文教育科学化问题。这两个问题既是时代精神状况下进行语文教育现代性建构的关键,也是实施新课程,重建语文教育无法回避的重要问题。

如何理解语文教育与经典教育及生活的关系?第一,经典教育是人文教育的重要价值之所在,也是语文教育的永恒魅力之所在。面对大众文化的兴起,人们往往在强调语文课程回归生活时肆意消解经典教育。这是对人文教育本质的漠视,实际上走向了学校文化的反面。教育的一切价值都在促进学生的发展,但学校文化在促进学生的生长时有其特殊的功能。它是向所有人传递一种深思熟虑的共同文化,这些文化内容只有学校有责任传递,虽然它在日常生活中并非必需。第二,经典不是一成不变的、封闭的,而是一个开放的文本。一方面,经典随着时代的发展、意识形态及审美趣味的变化不断地进行重构。另一方面,一些传统经典又在新的视域被置于批判与反省的席位上,并在不同层面及维度被阅读与重写,经典内容正是在这样的重构中被不断丰富和扩展。第三,经典之所以被称为经典,是因为它有独特的人文意蕴蕴含其中。总之,语文课程在重构时既要区分学校文化与生活文化的不同,又要保持对生活的开放性和拓展性。

作为语文教育现代性的重要体现,语文教育的科学化探索不仅是构筑现代语文学科的一个重要基础,而且是语文价值的一个必要构成。语文教育的百年发展,科学价值的追求在语文教育现代性建构中,其意义非同一般。如果没有科学性的启蒙,无论是在语文教育目的的变革、学生主体性的发现上,抑或是在语文现代化的推进上,均不可想象。当人们以怀旧的心态追溯传统语文教育所散发出来的种种旧式古典人文主义之美时,首先应该承认科学给语文教育所带来的根本性变化:它揭开了被传统人文主义所遮蔽的价值与意义。仅仅从技术层面看,科学进入语文教育以后至少使我们摆脱了经验主义和自然主义的传统教育方式,从自在自发中走向自由自觉。

科学化追求是语文教育的重要价值,更是语文教育所借助的最重要手段和工具,而决不是目的。就语文教育现代性而言,科学固然是一种价值,但更主要的是作为一种手段和工具,而不是超越手段和工具的目的,甚至凌驾于目的之上成为一种统治力量;否则,科学性就走向了语文教育现代性的反面。在语文教育现代性建构中,科学自有其特定的界限和范围,一旦超越其界限和范围,甚至让其覆盖整个语文领域,就可能危及其他价值,从而导致语文教育误入歧途。在语文教育科学化的追求中,不同的民族借助科学的手段和工具是不一样的,不能用西方语言学逻辑分析的方法解决中国语文教育的一切问题。汉语与西方的语言是两种不同的语言文化。"西方文字是音符文字,中国文字是义符文字,这两个规律是不同的。"[14]曾几何时,作为表意性文字,汉字的现代化一直以西方分析性及逻辑结构强的表音的拼音文字的现代性为中心取向,从白话文运动、国语运动、汉语拼音运动到汉字改革,语文现代化沿着不断降低汉字认知难度,提高语文学习效率的轨道前进,在这个过程中,也出现了许多背离汉字及汉语特性及规律的东西,比如,在语言表达上,较多地采用了欧化的句式,注重语句表达的严密性、逻辑性等,无形之中,它又消解了汉语独特的审美价值及人文蕴涵。如何正确地理解或者在哪些层面上理解科学化确实是语文教育现代性建构所面临的重要课题。在这个问题上,别无选择,只有回到汉语及汉语教育的轨道上来,在分析与解决语文教育问题时从汉字及汉语本身的特点及规律出发,通过汉语特有的学习方式来发掘文本的美学蕴涵及人文价值。在学习和运用语文的过程中,从语文整体性出发,通过各种不同的方式挖掘与揣摩文本,不断丰富其内涵,非逻辑性、不一致甚至含糊、看似杂乱的解释等只要能给语文教育以审美性和现代性,就不能以非科学化的名义加以排斥。

注释:

[1] 钱理群.五四新文化运动与中小学国文教育改革[A]//金生鈜.教育:思想与对话[C].北京:教育科学出版社,2005:40.

[2] 孟宪承.初中国文之教学[J].新教育(第9卷),1924(1、2).

[3] 课程教材研究所.20世纪中国中小学课程标准教学大纲汇编——语文卷[C].北京:人民教育出版社,2001:6.

[4] 课程教材研究所.20世纪中国中小学课程标准教学大纲汇编——语文卷[C].北京:人民教育出版社,2001:5.

[5] 课程教材研究所.20世纪中国中小学课程标准教学大纲汇编——语文卷[C].北京:人民教育出版社,2001:285.

[6] 波德莱尔.现代生活的画家[A]//周宪.文化现代性[C].北京:中国人民大学出版社,2006:10.

[7] 詹姆逊.现代性、后现代性和全球化[M].北京:中国人民大学出版社,2004:6.

[8] 雅斯贝尔斯.什么是教育[M].北京:生活·读书·新知三联书店,1991:112.

[9] 卡尔·雅斯贝斯.时代的精神状况[M].上海:译文出版社,1997:108.

[10] 陈晓明.现代性:后现代的残羹还是补药?(下)[J].社会科学,2004(2).

[11] 吕叔湘.当前语文教学中两个迫切问题[N].人民日报,1978-3-16.

[12] 张光芒.混沌的现代性——对中国现代文学思潮总体特征的一种解读[J].南京大学学报,2004(3).

[13] 安东尼·吉登斯.现代性的后果[M].南京:译林出版社,2000:35.

[14] 王元化.要下决心抓好教育改革[A]//王丽.中国语文教育忧思录[C].北京:教育科学出版社,1998:56.

语文知识观的反思与重构[①]

王云峰　汪海龙

一

新课程的改革动摇了语文教育的许多既有观念,知识观便是其中之一。

几十年甚至近百年来,语文教育工作者们一直在强烈的使命感的驱动下,努力地探索着语文教学科学化的道路,并执着地将语文教学科学化的基础建立在语文知识系统化和科学化之上。然而,与其他的学科课程相比,语文科从它独立的那天起,就没有办法成为一门真正意义上的"学科课程"——因为它没有像数学、物理、化学一样可以作为基础的科学学科"母体"。

为了摆脱没有"母体"的痛苦,建立语文知识的科学体系,我们也曾经进行了各种各样的尝试,付出了大量的艰苦努力。

1956年,依托语言学和文学的知识体系,编写汉语、文学分科教材。虽然试验由于外在原因没有坚持下来,但已有的结果证明:文学课本过分强调纯文学教学,忽视了一般读写能力的培养,而且教学要求偏高。汉语课本由于过分追求知识的系统性,内容烦琐、分量偏重,而且叙述呆板、枯燥,缺乏趣味,因此,教学困难,影响了培养学生实际读写能力的效果[1]。显然,这一尝试并没有真正实现有效培养读写能力的基本目标。反思这一经验,我们应该发现,我们所依托的既有的语言学和文学的知识体系,并不能成为语文能力形成的全部基础和充足条件。

1963年以后,我们又提出了包括字、词、句、篇、语、修、逻、文的语文知识框架,并在以后的几十年里,不断地对这一框架进行修订。但直到20世纪末,我们也没能建立起有效培养语文能力的科学的知识体系。

21世纪,当专家们以现代认知心理学的广义知识观为指导,重新审视语文课程的知识基础时又发现,我们现有的语文知识大多为陈述性知识,而缺少必要的程序性知识和策略性知识。于是,专家又提出重新构建语文知识的体系,"尽量廓清它们的范围、层次,让师生心目中都有一份语文基础知识的清单"[2]。

我们认为,总结历史经验,面对语文课程的现状,首先需要反思与重构的不是语文知识体系本身,而是历经百年而形成的语文知识观。

语文知识观包括语文知识的本体观与价值观。知识的本体观是对什么是知识以及如何获得和使用知识的认识,这涉及知识的本质、来源、可靠性及获得与存储形式。知识的价值观是对知识是否有意义而做出的判断,这涉及知识与人和社会的关系。

[①] 本文选自《语文建设》2002年第8期,第4—7页。

长期以来,我们对知识本体观与价值观的把握存在着明显的局限。我们在对知识的本体进行探讨的过程中,往往极少对知识的本质和来源进行哲学意义的思考,而把注意力集中在知识的构成上。一谈到语文基础知识,人们总是习惯地回答它应该包括哪些要素,却并不回答我们为什么认定是这些要素而不是另外一些要素构成语文知识系统。在我们讨论所谓语文基础知识的时候,也很少说明我们将这些知识视为"基础"的依据是什么。如果我们认真反思一下,几十年来,语文教育界内外关于语文基础知识的各种各样的争论为什么常常无果而终,我们就会发现,其实根本原因是大家并没有对语文知识观本身进行认真的讨论,而是以各自的知识观为依据在自说自话。正因如此,我们以为,要讨论如何重新构建语文知识体系,首先要解决我们应该持什么样的知识观。

二

站在辩证唯物主义认识论的立场上,我们既有的知识观对"知识"在哲学意义上的界定似乎并没有多少分歧。我们承认知识是人类反映的产物,是"人类认识的成果",知识从本质上讲是经验的,而非先验的。在知识的获得方式上,我们强调了认识活动有两个不可或缺的因素:一是主体——人,二是实践——主体获得经验的方式。根据知识存在的方式,我们将知识分为"内贮"和"外贮"两类:贮存在个体头脑内的,是个体的知识;通过书籍或其他媒介贮存的,是人类的知识。依据认识的深刻程度和系统程度,我们又对知识的可靠性进行了划分,按照这种可靠性,从感性到理性、从低到高,知识可分为生活常识、经验的科学知识、理论的科学知识三个基本层次[3]。生活常识是对某些事实的判断和描述,它是局部经验,包含着感性认识,缺乏高度的普遍性、同一性和系统性,所以被视为低层次的知识。经验的科学知识虽然是理性的产物,也建立了科学概念的系统,并通过一定的科学概念体系来理解、说明事物,但由于它遵从知性逻辑的思维规律与形式,所以也不能从整体上揭示事物内在的、普遍的联系性。只有遵从理性逻辑的形式获得理论的科学知识,才能从事物的整体上分析其内部矛盾,考察各个部分、方面及其相互间的联系,从而获得关于该事物多样性统一的具体知识,即真理。因此,科学的理论知识才是人类知识的结晶,是知识的最高层次。

正是因为我们继承了这种以德国古典哲学传统为基础的知识观,我们才为自己构建起了一座"知识的金字塔",把生活常识置于知识金字塔的最底层和最外圈,把科学的理论知识置于知识金字塔的核心和顶点。主体的个体经验、感性的经验被排除在知识体系之外,理性、客观性和普遍性成了判定知识可靠性的尺度。

正是基于这种以客观的、理性的知识为中心的知识观,我们在设计课程的知识体系时,面对人类积累下来的庞大的经验体系,自然而然地接受了永恒主义和要素主义的课程观对知识价值的基本判断,把传承"人类文化中永恒不变的共同要素"和"发展人的理性"作为课程的核心目标,把基于科学学科体系的概念、原理作为学校课程体系建立的中心,把教学内容的"科学性"作为判断的前提条件,从而建立起超越主体经验的、客观的、系统的、以理性为中心的"学校知识"体系。

基于永恒主义和要素主义的价值判断而建立起来的"学校知识"体系,又反作用于我们的知识观,使得教育学意义上的"知识"概念比哲学意义上的"知识"概念更为狭窄。"人类认识的成果"变成了人类理性活动的结果;知识的"外贮"方式成了知识的基本存在方式和主要来源;由感性到理性的认识路线离开了实践这一基本方式,蜕变成了原则性的存在;学生在发现和接受这两种知识的获得方式中,更多的只能选择接受。也正是在这样的知识观的支撑下,以课堂、书本知识、教师讲授为中心的教学模式长久地统治着我们的学校教学。几十年来,学科课程和教学虽不断地改革,但总跳不出"三中心"的怪圈。

分析至此,我们可以发现,我们在构建"学校知识"体系的过程中,已经逐渐背离了辩证唯物主义的认识论基础,把主体——实践着的人,排除在知识的存在之外,使知识成为独立于认识主体之外的不变的客体,使知识与人的关系变成主客对立的二元论关系。这种知识与人的对立关系,使得学校的学习与学习者的现实生活割裂开来,使得学生的既有经验与知识学习割裂开来。具体到语文课程,这种知识观指导构建起来的语文知识系统,对学生而言,仅仅是"学校所学习的语文知识",是属于"他人的",是"书本上的",它们与自己的言语实践经验是并不相干的两回事。学生学得的语文知识仅仅用于完成课程和教师所规定的作业,或应付各种各样的语文考试。杜威在批评"传统教育"时曾经说过:传统教育"最大的浪费是由于儿童在学校中不能完全、自由地运用他在校外所获得的经验;同时,另一方面,他又不能把学校所学的东西应用于日常生活"[4]。由此我们想到,在讨论语文教学的"少、慢、差、费"时,是不是应该首先从我们既有的语文知识观上去找一找原因。

三

要重构语文知识观,必然要回答语文知识的本质、来源、存在形式和辨别标准等问题。

我们认为,从本质上讲,语文知识是人的言语经验,是人在言语活动(听、说、读、写)过程中对自身和他人的言语行为和言语对象的反映的产物,是言语对象和言语活动的特征及其联系的主观表征。因此,我们说,语文知识不是所谓"纯客观"的,而是主观见之于客观的产物,是主客观的统一。

就其存在形式而言,作为言语知识的言语经验首先是个体的、具体的经验。它既包括自发经验,也包括自觉经验。我们必须指出,无论是自发经验还是自觉经验,首先都是个体言语活动的产物。不同的是,自发的言语经验是个体在言语活动中伴随着言语活动自发产生的,是感性、自觉的经验,它们以感知觉或表象等主观表征形式存在于人的头脑之中。而自觉经验则有两种来源:一种是在自发经验的基础上,通过主体自身的反思行为获得的;另一种是个体在与他人或群体的言语交往活动中,通过传递、接受和主体内化的过程而获得的共同经验。这里需要说明的是,作为人类共同言语经验的知识,一旦被主体所内化则转变为个体的言语经验,而不再是外在于人类的"客观的知识"。作为自觉经验的语文知识,可以以概念、命题或图式等主观表征形式存在于人的头脑之中。它们又都不是孤立存在的,而是通过多种神经联系构成复杂的语义网络系统。

虽然我们强调作为言语知识的言语经验首先是个体的、具体的经验,但我们并不否定言语经验作为人类共同经验、特别是民族共同经验的存在。但这种共同经验的存在首先来源于每一个个体的经验,是个体经验外化的产物,是外化了的个体经验的集合和系统化。它们可以通过书面语言和其他的"外贮"形式,脱离具体的主体而存在;但如果它们不能被主体所内化,不能成为个体言语活动的自接的定向工具,那么,这种"外贮"经验也就失去了实际价值。也就是说,不能转化为具体的、个体的语文知识的所谓"共性知识"和"普遍规律"是没有实际意义的。

我们认为,强调"知识是人们活动的定向工具"这一知识的基本特征[5],不仅因为它是将知识与其他经验区分开来的基本标志,还因为它是我们判断某一知识是否可以被视为"基础知识"的基本标尺。

在我们前面批评的以理性为中心的知识观的引导下,人们判断"基础知识"的标尺不是人的活动,不是某一知识在调节人的活动中所体现出来的有效性,而是它在所谓"科学学科"系统中的位置。人们总以为,处于某一科学学科体系中最重要、最基础位置上的知识,就是这个学科的"基础知识"。我们认为,以这样的观念来判断语文知识的基础性及其价值是根本错误的。

在一开始我们就指出,语文科从独立设科之日起,就不是一门真正意义上的"学科课程"。这不仅仅是因为它没有赖以寄生的科学母体,更是因为它独立设科的基本目标和功能与学科课程存在着本质的不同。

对语文科的基本目标,无论是表述为"其要义在使通四民常用之文理,解四民常用之词句,以备应世达意之用"(1903年)[6],还是表述为"使儿童学习普通语言文字,养成自由发表思想之能力,兼以启发智德"(1912年)[7],抑或是表述为"使学生获得基本的语文素养","培育学生热爱祖国语文的思想感情,指导学生正确地理解和运用祖国语文,丰富语言的积累,培养语感,发展思维,使他们具有实际需要的识字写字能力、阅读能力、写作能力、口语交际能力"(2001年)[8],从本质上说,其核心是发展学生个体的言语经验,形成有效地进行言语交际活动的能力。在其课程中,语文知识既是言语经验的组成部分,也是言语活动的定向工具。语文知识学习的最终目的是保证个体言语活动的顺利进行。

正是基于这样的认识,我们以为,判断语文基础知识的标准只能是知识在调节学生言语活动中所体现出的功能,而不能是其他。

要重构语文知识观,当然也必然要对语文知识的分类与构成问题做必要的说明。

我们认为,由于旧有语文知识观自身的缺陷,原有语文知识体系在结构上的残缺是十分明显的。确如前面我们提到的有的专家所分析的那样,现有的语文基础知识大多为陈述性知识,而缺少必要的程序性知识和策略性知识。但我们认为,原有语文知识体系的问题还不止于此。

就语文知识结构的建构而言,我们首先应该反思的是我们对"知识体系"本身的认识。因为在我们既有的知识体系观念中,"体系"本身应该是一个自足的系统,这个系统本身应该具有完整的构成要素、清晰的层次结构、明确的内在联系和清晰完整的系统边界。因此,当新的课程标准提出"不宜刻意追求语文知识的系统和完整"时,许多人就觉得难以接受。

我们以为,上述的知识系统观,仍然是一种外在于主体,并排斥主体经验的静态的结构观。如果以这样的标准去构建结构,那么,所形成的结构必然是一个静态的、固化的、封闭的系统。从知识的生成过程看,学校课程所提供的知识结构,应该是与学习者已有经验相联系的、具有动态生成性的、有利于个体主体经验建构的基本框架。这一框架本身是有弹性的、开放的,其内部关系是网络化的。它应有利于学习者从不同的角度出发,有选择地建立与自己的个体经验结构的联系,并由此出发,去主动地发展构建自己的言语经验系统。正因如此,我们以为,对语文知识体系的建构,不宜做刚性的规定。在目前已经形成的语文课程标准基本规定的基础上,应该进一步提倡国定课程的校本化。特别是对我们这样一个幅员辽阔、教育发展极不平衡、区域差异十分明显的发展中国家,课程内容的建构,更要保持必要的弹性。

注释：

[1] 顾黄初,顾振彪.语文课程与语文教材[M].北京:社会科学文献出版社,2001:62-63.

[2] 韩雪屏.审视语文课程的知识基础[J].语文建设,2002(5).

[3] 中国大百科全书编辑部.中国大百科全书·哲学Ⅱ[M].北京:中国大百科全书出版社,1987:1169.

[4] 赵祥麟,王承绪.杜威教育论著选[M].上海:华东师范大学出版社,1981:25.

[5] 冯忠良.结构化与定向化教学心理学原理[M].北京:北京师范大学出版社,1998,213.

[6] 舒新城.中国近代教育史资料[M].北京:人民教育出版社,1981:430.

[7] 舒新城.中国近代教育史资料[M].北京:人民教育出版社,1981:452.

[8] 中华人民共和国教育部.全日制义务教育语文课程标准(实验稿)[M].北京:北京师范大学出版社,2001.

"语文知识":不能再回避的理论问题[①]
——兼评《中学语文"无效教学"批判》

李海林

徐江同志的《中学语文"无效教学"批判》(见《人民教育》2005年第9期)以十分激烈的方式提出了"语文教学其实存在两个基本问题——该教的教得不太好,不该教的教得又太多"。这里所谓的"该教的""不该教的",其实说的都是"语文知识"。徐江同志的这篇文章,就是从"教学效果"的角度对"中学语文知识教学"提出的深刻反思和尝试性的建构。它的价值,并不仅仅在几篇课文的教学设计上,而是通过具体的课文教学的讨论提出并初步回答了中学语文教学的一个关键问题,即语文教学要不要教知识、教什么知识的问题。谨慎地说,徐江同志的这篇文章,也许可以作为现代语文教育史上关于"知识问题"的一次重新觉醒的标志或预示。其中所蕴含的一系列理论问题,值得我们深入探讨下去。

一、语文需要什么知识

我们有两个问题:一是知识到底在语文教学中占据一个什么位置,起到什么作用;二是我们需要什么样的知识,什么样的知识才能在语文教学中发挥我们期望它发挥的作用。

这两个问题是纠缠在一起的。不同类型的知识在语文教学中所起的作用是不同的,不同性质的知识对语文教学的意义是有差别的。过去我们关于语文知识的许多讨论,都是在没有区别不同类型、不同性质知识的前提下展开的,许多讨论没能切中要害,甚至不得要领,原因就在于,它们不是针对特定的知识类型而言的,它们的立论都可以找到"例外"甚至反证,因而缺乏立论必须具备的周延性,其科学性和说服力都大打折扣。

语文教学的"知识问题"迫切地需要引入"知识类型"概念。

关于语文知识,过去有一个所谓"八字宪法"的表述,即"字""词""句""篇""语""修""逻""文"。这是一种描述性而非类型化的表达,是老师们对教学实践中所教知识的一种经验性的总结。一方面,没有关于"为什么要有"及语文需要什么知识及其对语文教学有什么意义、起什么作用的论证。另一方面,这八个方面的知识相互之间是什么关系,它们如何组合在一起,"八字宪法"没有讨论,从它们的内涵中也看不到有这种关系的可能。显然,"八字宪法"并不是关于"语文知识"系统的表达,而且没有为解决语文教学的"知识问题"提供什么线索。

大概是在20世纪80年代,人们开始有意识地系统归纳"语文知识",其成果是所谓的"三大学科":语言学知识系统、文学知识系统和文章学知识系统。这种归纳的影响很大,在一些研究者的论著中,开始把语言学、文学和文章学作为语文教学的三大基础学科来讨论。但是,这种理论仍然没有解决"为什么要有"的论证,仍然没有解决"它们是如何组合在一起"

[①] 本文选自《人民教育》2006年第5期,第24—29页。

共同构成"语文知识"的问题。在语文教学中,它们是三条线,是分离的。它们如何成为语文教学不可或缺的"知识构成",也没有人讨论过。而且还产生了一个新的问题,即:并不是所有语言学知识、文学知识、文章学知识对语文教学都有用,都要进入语文教学。

最近几年,语文知识问题重新进入人们的视野。从目前发表的一些文章来看,可以说初步形成了一次新的讨论。这一次关于语文知识的讨论是在继承了前几次关于语文知识问题的讨论成果基础上的深化与延伸,其最突出的成果,就是接受了"知识类型"的概念,突破了过去单一的知识类型认识,从而获得了一个更为广阔的知识视野。

1. 陈述性知识、程序性知识、策略性知识[1]

陈述性知识是关于事物"是什么"的知识,它是人们对事物的状态、内容、性质等的反映。例如,关于什么是比喻的知识、什么是举例论证的知识、什么是疑问句的知识等。陈述性知识对语文教学的意义是有限的。第一,它是把事物当作客观对象来认识,而语言并不是一个纯粹的客观事物;第二,语文教学的目标是培养学生的语文能力,这种能力主要是一种实践能力,是一种"做事"的能力。语文教学的目标不是认识语言,而是运用语言,不是培养"谈论语言"的人,而是"运用语言"的人。陈述性知识告诉学生"比喻是什么",但掌握了"比喻是什么"这一知识并不能直接转化为"打比方"这一实践能力。

程序性知识是关于"做什么"、"怎么做"的知识,它是人们关于活动的过程和步骤的认识。例如,我们在什么情况下要运用打比方的修辞手法,我们在提问的时候要注意什么要领,我们在议论文中通过举例可以做什么以及怎么做。这些知识,就是程序性知识。程序性知识对语文教学的意义是巨大的,它直接作用于语文教学目标的实现。然而,这种类型的知识也是我们现在最缺乏的,甚至几乎没有。

策略性知识是关于学习策略的知识,即如何确定"做什么"、"如何做"的知识。它的特点是"反思性"和"元认知"。对策略性知识的掌握,其标志是:明确认识自己面临的学习任务;知道自己目前学习所达到的程度;能调用恰当的学习方法;对自己的学习过程能进行监控、反省和调节。

在中学语文教学中,当然不是绝对不需要一点陈述性知识,但可以肯定地说,不应该以陈述性知识为主体。过去,我们理解的知识就是陈述性知识,除陈述性知识之外我们不知道还有什么其他知识,所以,要么从语文课程的实践性目标出发,彻底否定语文知识的教学;要么从学校教育和课程内容的特点出发,将陈述性知识教学提高到一个不恰当的位置。实际上,一方面,否定陈述性知识的主体地位,并不否定知识的重要性;另一方面,我们所需要的知识,也主要不是陈述性知识。程序性知识应该成为语文知识教学的主体,而策略性知识则是知识教学的最高境界。策略性知识教学的时机和场合是决定策略性知识教学能否实现其目标的关键。

从它们之间的关系来看,陈述性知识在学生的"前面",程序性知识在学生的"外面",策略性知识在学生的"后面"。摆在"前面"的东西最容易看见,但可能并不是最重要的;处在"外面"的东西很难进入人们的视野,但可能是起关键作用的;而在"后面"的东西,在最深刻的意义上发挥着不可替代的作用,但也不是在任何时候都必须把它摆上"台面"。

2. 现象知识、概念知识、原理知识[2]

这是着眼于知识体系的一种知识分类。加涅认为,知识体系的结构像一个"金字塔",塔底就是由这些大量的事实、现象构成的,中层则是由对这些事实、现象的解释和定义构成,而最上层则是根据那些"解释"确定的一些"行事规则"。根据加涅关于知识体系的理论,可以把语文知识分为"现象知识"、"概念知识"和"原理知识"。

在语文教学中,所谓现象知识就是对语料的掌握,包括常用词语、常用句式、常用语体、常用修辞等。这里所谓的掌握,就是熟悉。语文课是以现象知识为教学内容主体的课程,我们在语文课中学这么多课文,目的就在于掌握"语文现象知识"。

所谓概念知识就是对现象知识加以解说和命题的知识,它一般用概念来表达。在语文教学中,这些知识本身没有目的意义,它要么是帮助学生理解现象知识,要么是为形成原理知识作准备。在第一种情况下,它只起到辅助作用;在第二种情况下,它甚至根本就不需要进入语文教学的实际过程,而只是被那些研究人员掌握即可。

原理知识属于"如何做才正确"的知识,所以也可以叫"规则知识"。它是对人的行为方式的描述与规范,在人们的活动中起着"定向"作用,所以这些知识是可迁移的,利用这些知识可以有效指导和提高学生的语文能力。例如,关于如何运用"指示语"的知识,描述了"在句段中,指示语可以代替所指示的事物或前面已经出现的语句,从而使语句更为简洁,使文意更为连贯,语意重心更为突出"的行为规则,掌握这一知识,则可以有效地帮助学生在写作中实现语意连贯。

从数量上来说,语文教学需要的是大量的现象知识,需要精细掌握的是原理知识,而对概念知识,则少知、粗知即可。

3. 无意识知识、言述性知识[3]

所谓无意识知识,也称为缄默知识,这种知识的特点是"知道,但说不出",即直觉状态的知识。最典型的语文无意识知识,即语感。语感的特点就是"知道,但说不出",我们读一篇文章,一读就通,一读就懂,但是如何读懂的、读通的,说不出来。这一特点决定了无意识知识特别适用于"从事一种行为",即活动。

言述性知识,即可以说出来的知识,也称之为外显知识。例如"语体是一种言语行为方式","说话必须根据场合的不同使用不同的表达方式"。"明晰地传达"是它最大的优势。

从理论上讲,所有的无意识知识都可以用言辞表达出来,也就是说,所有的无意识知识都可以向言述性知识转化。但是,这种转化对研究语言是有意义的,对从事一种言语行为,却并非也是有意义的。因为在某些时候,熟练地从事一种行为必须依赖无意识知识,"有意识知识"的参与反而会起干扰作用。那么,在什么时候我们需要言述性知识呢?波兰尼告诉我们,就是在"批判性思考"的时候,即对言语对象作"批判性"、"反思性"阅读的时候。什么时候我们需要无意识知识呢?也是波兰尼告诉我们,就是在"控制住至今尚未探明的领域"时,也就是要"创造"新的知识的时候。

二、知识作用的途径与方式

知识是分为不同类型的,不同类型的知识在语文教学中起着不同的作用,我们不能笼统地谈语文教学的知识问题,而要认清不同知识类型在语文教学中发挥作用的具体途径和方式。

1. 知识作为课程内容:知识修养与知识定向

课程内容是相对教材内容、教学内容而言的,它们之间的区别,王荣生博士有明确的界说:语文课程内容是指语文教学中"应该教什么",语文教材内容是指语文教学"用什么去教",语文教学内容则是指"语文教学实际上教了什么"。更通俗地说,语文课程内容就是学生要掌握的内容。在语文教学中,学生要掌握的内容大部分不能直接呈现给学生,它只能通过"课文"这一载体隐含着呈现给学生,老师在课堂里直接教的是"课文",但学生要学的,其实是教材所承载的"课程内容"。这些内容中,有一些就是知识。

但并不是所有的知识都能够作为课程内容的,作为课程内容的知识只可能是两种:一种是"现象知识",除包括常用语汇、句式、语体、修辞等外,还包括经典作品、名言警句、文化常识,等等。这些知识是一个学生的基本知识修养,也是实现其他教学目的的基础。另一种是"原理知识"和"程序性知识"。这些知识直接告诉你应该怎么做,掌握这些知识是做好事情的必要条件甚至是充分条件,它直接为做好事情定向,因此,掌握这些知识本身就是课程内容。

2. 知识作为教学内容:"外显知识"对"缄默知识"的引导作用

在教学中,实际上教的东西并不一定是要求学生掌握的,而可能是为应该掌握的东西作铺垫、准备线索、提供条件的。在大部分情况下,它们就是"外显知识"。

前面我们曾介绍,根据知识的表现,知识可以分为外显知识和缄默知识。外显知识之所以是外显的,是因为它具有明确的可传达性,从教学的角度来讲就是可教性。但语文知识大部分是缄默知识。这一点已被语文教育的历史所证明,也被近二十余年语文教育的科学研究所充分揭示。正因为它是只可意会无法言传的,因而它的可教性受到巨大限制。一方面,可教的外显知识只占少部分,且往往是一些表面的缺乏深度的知识,因而它的教学价值是有限的。过去语文知识的教学意义受到质疑,主要原因即在于此。另一方面,"几乎所有的外显知识都根植于缄默知识,外显知识的增长、应用和理解都依赖于缄默知识"[4]。换句话说,外显知识是知识这座冰山露出水面的部分,而缄默知识则是它藏在水面下的部分。因此,外显知识就成为缄默知识的一个线索、一个标志、一个通道。在语文教学中,任何缄默知识的获得,都是以外显知识为导引的,学生顺着外显知识暗示的方向,"意会"到缄默知识,并最终实现缄默知识向外显知识的转化。直接把外显知识作为语文教学内容的主体也许的确是值得商榷的,其意义也许的确是有限的,但把外显知识作为缄默知识的线索,牵引出学生对缄默知识的"意会",则其教学意义就发生了根本的改变。外显知识作为教学内容的意义有限性并不否定它作为教学途径、教学线索的意义的重要性。有句哲学名言恰好揭示了这个道理:"感觉到的东西我们才能理解它,而理解了的东西,我们才可以更好地感觉到它。"

3. 知识作为教学的交流工具:"工具知识"在教学过程中的作用

教学过程是师生之间的交流,这是对教学过程最基本的描述。现在的问题是,我们用什么来交流?对于教学来说,需要一种称之为"抓手"的东西。有了这个"抓手",教师可以凭借它传达自己的思想,学生可以凭借它理解教师的意图和自己的学习对象。这种"抓手"即交流工具是教学得以进行、展开的前提。事实上,有什么样水平的交流工具就有什么样水平的交流。这种师生双方借以交流的工具,我们可以称之为"工具知识"。这种"工具知识"也许并不要求学生掌握,却是教师呈现给学生要掌握的知识和学生理解教师要求的一个"工作概念"。刘大为对此作了出色的阐述,他说:"如果没有语言知识的介入,教师就只能在这种常识语言的水平上与学生对话交流。深刻的感悟将会因为没有必要的概念作媒介而烟消雾散,睿智的指点也将会因为找不到合适的语言而变得平庸无奇。"[5]他在这里所说的"语言知识",就是指用以开展教学交流的"工具知识"。

4. 知识作为教师的准备："教师状态的知识"在课程建设中的作用

课程社会学告诉我们，课程建设是一个"将作为一般文化成果的'客观知识'改造为'课程知识'"的过程。它包括两个方面：一是"客观知识"本身，主要是学科知识；二是改造客观知识的知识，包括价值论知识和方法论知识。对于学生来说，他们要掌握的主要是学科知识，我们可以称之为"学生状态的知识"。对于教师来说，不仅包括学生状态的知识，还包括如何选择、呈现和传达学生状态知识的知识。于是，所谓"课程知识"可以区分为"学生状态的知识"和"教师状态的知识"。过去，我们没有这种区分。新课程改变了教师的地位，他不仅是教学者，而且是课程建设者，因此教师不仅要把知识教给学生（当然不仅仅是传授知识），而且还要掌握"客观知识"，掌握将"客观知识"改造成"课程知识"的知识。因此，"教师状态的知识"就成为"语文课知识"题中必有之义。它与我们在第三点中所谈到的"工具知识"一样，并不需要学生掌握，却是课程得以构建、教学得以进行的知识前提。

三、知识开发的立场在哪里

现在我们面临的问题是，我们怎样才能得到这样的知识：作为知识修养的知识，作为知识定向的知识，作为引领学生感悟缄默知识的知识，作为教学工具的知识，作为教师状态的知识，等等。实事求是地说，对这一领域的研究，无论在学术界还是在语文教学界，都几乎是空白。正如王荣生博士所指出的，学校里的语文知识，不是太多，而是近乎没有。或者说，语文教学中充满着像徐江同志所说的"垃圾知识"，而真正能起到有效达成教学目标的知识，则又几乎阙如。一方面，已有的知识不管用，管用的、急需要的知识却没有；另一方面是"知识泛滥"和"知识荒"，这就是目前我们语文教学在"知识问题"上面临的困境。

这里当然有历史的原因，但为什么别的学科包括历史、政治这些更为特别的学科都没有出现类似的"知识问题"呢？深入思考，我们觉得这与语文课程的特殊性和由此决定的"语文知识"的特殊性有密切关系。

我们先从语文课程的特殊性说起。语文课程与其他课程最大的不同在哪里？过去我们认为主要在教学内容。王尚文先生说："其他学科所教所学的是言语所表达的内容，而语文则是用以表达的言语形式。换句话说，其他学科重在'说什么'，语文重在'怎么说'。对于其他科课本的言语，懂得它们'说什么'就可以了，如果要去揣摩它们'怎么说'，也仅仅是为了更好地理解它'说什么'。而对于语文来说，明白它'说什么'固然必要，但却是为了领悟它'怎么说'，即主要通过语文教材的言语形式去培养学生的语感能力。"[6]这是极有见地的。但是我们还要追问："说什么"与"怎么说"的本质区别在哪里呢？换句话说，"说什么"与"怎么说"的区别又说明了什么呢？于是问题就延伸到了一个哲学的范畴。

"说什么"的关键在"什么"，即说的对象。其他课程要学的，就是言语所说的对象。于是这些课程所要的知识，就是关于对象的知识，即关于客观世界的描述和揭示。"怎么说"的关键是"说"，作为一个动词，它很自然地隐含着一个主语：谁说。答案是人。在语文教学中，这个"人"包括课文作者和学生。完整地说，语文课所需要的，是关于"课文作者怎么说"和"学生怎么说"的知识。这样的知识与其他课程"说什么"的知识有什么不同呢？——视域不同，立场不同。其他课程所教、所学的知识，与科学家们所开发的知识，从视域和立场上来说是一致的，它们都是人们对客观世界的认识，都是主观对客观的反映，学生所学的知识，就是科学家们认识世界、反映世界所获得的知识，它们的区别只是深度和广度的差异。但是，语文课程所需要的知识不是科学家（语文研究者）对语文的认识、反映的知识，科学家（语文研究者）对语文的认识，例如对语言、文章、文学的认识，是关于"对象"的认识，而语文教学所需要的，不是关于语文的"对象知识"，而是关于"人如何开展语文活动的'主观的知识'"。具体来说，就是"阅读的知识"和"写作的知识"。这样的知识不是客观的知识，而是主观的知识，是"人如何从事一种行为"的知识。也就是说，语文知识是在一种"关涉人"的哲学视域中，从"人为何做事、应该做什么事、应该如何做事、实际上做什么事、实际上如何做事"这样一种哲学立场上，着眼于"人"、着眼于"人的活动"来开发的知识。关于这一点，吕叔湘先生曾有一段很精辟的话：语言"说是'人们交流思想的工具'，可是打开任何一本讲语言的书来看，都只看见'工具'，'人们'没有了，语音啊，词汇啊，条分缕析，讲得挺多，可都讲的是这种工具的部件和结构，没有讲人们是怎样使唤这种工具"[7]。这种缺陷，是一种哲学视域的缺陷，是一种哲学立场的缺陷。

徐江同志在《中学语文"无效教学"批判》一文中，通过具体的课文，尝试着为我们提供了语文知识开发的个案。这些知识与他所谓的"垃圾知识"的最大不同，不仅仅在于方法上的差异，而在于他是从"作者和学生"的语文活动出发来开发知识的。下面我们来具体看看徐江同志所讨论到的四篇课文的知识开发。

《改造我们的学习》。徐江同志批判有些老师的教学不是因为他们教的这些知识不对，而是因为"解读者是论述文章的语言特点而不是如何从这些有特点的语言中学习运用语言的技能，直接对话的对象是文章，是作者，而且讨论的内容——作品语言的'生动性'——对作品泛化的肯定仅仅是说它具有某种美质，而没有讲这种美质是怎样生成的，没有上升到方法论的层面。这对于学生没有任何意义"。徐江同志在这篇课文的知识开发上总结出的要领是"探究话语的内在构造模式"，即"从语言实践出发，'求'出其语言运用之'是'——概括出方法，作出定义界定，分析其价值，给出模拟练习示范"。

《六国论》。徐江同志批评了"由文章出发理解文章、开发知识"的做法，而"主张把力气花在探究作者的思维构造方面"，也就是探讨作者的思维结构是如何规定文章结构的，换句话说，他不讲"文章结构是什么样的"，而讲"这样的结构是怎么来的"，他的着眼点不是文章的状态，而是文章的生成过程。他的着眼点，无疑在文章的主体——作者身上。

《故都的秋》。这是一篇写景的文章。传统的教学停留在"文章写了什么景，抒了什么情"上。徐江同志把这种教学归结为关于"课文内容'是什么'"的教学。他把关于这篇课文知识开发的着眼点定位在"为什么说'是什么'"和"怎样表达'是什么'"。理由是："课文内容'是什么'，一般学生是容易搞清楚的"，而学生不容易搞清楚的，是"为什么说课文内容是这而不是那，课文的作者又是怎样表达自己的内容的"。显然，徐江是立足于学生来开发知识的，学生不懂什么，就开发什么，学生需要什么知识，就开发什么知识。

《游褒禅山记》。徐江批评旧的知识开发"只不过是原课文所讲内容的概括说明，是一种简单的重复性归纳"，主张"应该从人的行为哲学层面去解析王安石写游记的'过程'，解析王安石写游记的'心路'历程"。

总之，徐江同志在他的文章里为我们提供了一个语文知识开发新的视域和立场，这就是"主体"的视域和立场、"人"的视域和立场。需要进一步说明的是，徐江同志所确定的"主体"，既包括学生，也包括作者。实际上，之所以需要从"作者是怎么想的"、"作者是怎么做的"这样的角度来开发知识，归根结底，还是为"学生怎么来读文章"、"学生怎么来想"服务的。因此,更彻底地说,语文课程知识内容开发的根本视域和立场,是学生。从学生出发,站在学生的立场,从学生如何读文章、写文章这样的角度来开发语文知识,是获得我们所需要的语文知识的根本途径和方法策略。

四、我们怎样来教知识

不同的知识有不同的教法。过去,我们主要教陈述性知识、言述性知识、概念知识,所以主要用讲解和练习的方法。这种教学方法导致了满堂灌和题海战术,因而受到人们的激烈批判。其实问题的关键不在这种方法本身,而在这种教学方法所对应的教学内容,即知识类型。实际上,从教育心理学的角度来看,要掌握陈述性知识、言述性知识、概念知识,讲解和练习是有效的方法。换句话说,只要教这样的知识,就必须用这样的方法。同样,知识内容的改变,也要求教学方法的改变。如果知识内容发生了变化,教学方法没有改变,那么仍是无效教学。

1. 以体验为主要途径的知识教学法

这是针对"现象知识"的教学方法。现象知识即事实性知识,包括语体、语汇、句式、修辞等。在中学语文教学中,学生学习这些知识的目的是"熟悉"。一方面是知道有这样的语料事实;另一方面是通过具体作品的阅读、理解,获得亲身经历的经验。学习这部分知识,最好的办法是体验。

以体验为主要途径的知识教学法,关键是创设某种情境,让学生对这些事实性知识"有感觉"。例如有位老师教《包身工》,讲到包身工们早上起床时的情境:"打呵欠,叹气,叫喊,找衣服,穿错了别人的鞋子,胡乱地踏在别人身上,在离开别人头部不到一尺的马桶上很响地小便",有些学生就在下面嘻嘻偷笑。显然,他们对文本还没有"感觉"。如果做一种知性分析,说明"在离开别人头部不到一尺的马桶上很响地小便"这种白描手法在这里的特定含义及作者所表达的内在感情,那是一件十分困难的事。这位老师并没有这样做,他只是请16位同学站到教室里划出来的"七尺阔、十二尺深"的区域里,让他们感受一下空间的逼仄,体验了一回"包身工"的生活情境,于是他们对这种不避私密和低俗的写实描写有了某种"感觉":冷峻和激愤全在里面。

2. 以案例为主要形式的知识教学法

这是针对缄默知识的教学方法。在前面我们已经说过,缄默知识可以通过外显知识来作引导和线索而获得。这时的关键是"意识到",即要让学生通过外显知识来意识到它所指引、牵扯的缄默知识。所谓"意识到"是一种感悟、体会,即对两者关系的整体把握。在这个过程中,对外显知识的把握是直接的、明晰的、可以言传的,而对缄默知识的把握是间接的、含糊的、不可以言传的。因此它们之间的这种关系是无法抽象、概括地传达给学生的,只能通过一个具体的言语案例让学生去感悟、体会。

案例教学有两个特点:第一是有"案",即一定的言语事件;第二是"例"理,这个言语事件是用来说明一个道理即知识的。案例教学既有事件的呈现,也有关于这一事件规律的提示。用于缄默知识的教学,可以用其中的"理"作引导,以让学生感悟、体会到其中的无意识知识。例如:鲁迅在《天上地下》这篇文章中有过这么一段话:"不过这只是讲笑话,事实是决不会弄到这地步的。即使弄到这地步,也没有什么难解决:外洋弄病,背脊生疮,名山上拜佛,小便里有糖,这就完结了。"怎样让学生读懂这一段话呢?章熊先生有一段分析:

最后这几个分句似韵非韵。从整段话看,是散文,但是冒号以下的前四个分句,却二、四押韵,句式呈四、四、五、五排列,而且对仗工整,吸收了我国旧体诗的格律因素;最妙的是最后一个分句"这就完结了",有意不押韵,使之和前面不协调。在这一连串整散交错、韵与非韵并存的句式中,对仗工整而押韵的句子自然会引起读者的注意(这种注意可以是潜意识的),而作者要强调的,也恰在于此——语句的内容由于押韵而更显得可笑。最后一个短分句冷然收尾,故意造成一种不协调的感觉,充分显示了作者"横眉冷对"的做人态度和与之相关联的个人的独特语言风格[8]。

章熊这一段分析实际上提供了一个外显知识:"押韵",而其教学指向,却在另一个缄默知识上:"讽刺"。由"押韵"到"讽刺",离开了这一段话来谈,是无论如何也谈不清楚的,但结合这一段话,学生即刻有了感悟和体会。这就是案例教学法的好处。

3. 以训练为主要行为方式的知识教学法

这是主要针对原理知识、程序性知识的教学方法。原理知识和程序性知识的特点在于"用得上"、"用得好",而"用得上"、"用得好"不是"知道"即可以实现的,必须要在"知道"后用它一回两回才能实现。这里的关键是"用",即把知识用于实践。这种在知识教学下的"用",即训练。

如果说案例教学法是用一个体现了知识内容的"事件"来归纳、总结出知识,那么训练教学法则是用一个知识来指导学生去做某件事。在知识教学下通过"实践"来掌握某一程序性知识的教学方法,是最有效率的教学法。它之所以最有效率是因为较之感悟、体验,它有明确的定向;较之理性的分析和讲解,它有具体的运用。例如,我们向学生介绍了有关"指示语"的知识,然后请学生围绕一个话题写一段利用指示语使文意更为连贯的话;或具体分析一段话,指出它是如何使用指示语从而使文意更为连贯的,这种训练使知识即刻得到落实,形成能力。当然,我们也可以先指导学生写一段话,然后从他们写出来的话中总结出关于指示语的用法。这里的关键是要在知识与学生的训练之间搭起一座桥梁。

注释:

[1] 韩雪屏.语文课程的知识性质[J].语文学习,2003(5).
[2] 李健海.典型现象·常用概念·基本原理——对中学语言知识教学的再思考[J].学科教育,1995(10).
[3] 刘大为.语言知识、语言能力与语文教学[J].全球教育展望,2003(9).
[4] 曾宁波.缄默知识理论对语文教学的几点启示[J].语文建设,2004(5).
[5] 刘大为.语言知识、语言能力与语文教学[J].全球教育展望,2003(9).
[6] 王尚文.语文教育学导论[M].武汉:湖北教育出版社,1994:161.
[7] 吕叔湘.语言作为一种社会现象[J].读书,1980(4).
[8] 章熊.语言的运用和语境[J].语文教育通讯,1990(3).

谈"语文素养"

刘贞福

语文素养成为当今语文教学界使用频率很高的一个词语。它最早在2000年版初中大纲、高中大纲中各出现一次,而且与"语文素质"、"人文素养"、"语文能力"并列使用,意义不明确,地位不突出。真正在语文教学思想上有巨大变化的,是2001年颁布的新课标,它对语文素养的认识,在初中、高中新大纲的基础上大大推进了,那就是将语文素养视为语文课程基本理念中的核心理念、第一理念。

然而,一个具有里程碑意义的理念诞生不容易,要给它恰如其分的、有利于指导实践的解说也不容易,要将教学理论成果转化成教学现实更不容易。令人遗憾的是,课标洋洋5万言,始终未对语文素养这一核心理念作明确的解说:语文素养是什么,它包含哪些要素,这些要素之间的相互关系是怎样的,它与过去所提倡的"知识"、"能力"、"训练"和时兴的"积累"、"感悟"、"自主、合作、探究"等有什么关系,等等,让人感到迷惑不解;有关专家的解释、说法也不尽相同。于是,一个很好的理念似乎变得神秘模糊起来了。

因此,本文按照新课标的思想、思路以及语文课程的应有要求,从语文素养较为确定的或应有的含义、语文素养中各组成要素的层次划分和各层次之间的相互关系,以及语文素养理念的特点等几个方面试作解说,并提出其中一些可待商榷之处。

一、语文素养到底是什么

新课标的"课程标准的设计思路"中有一段话值得关注:课程目标根据知识和能力、过程和方法、情感态度和价值观三个维度设计。三个方面相互渗透,融为一体,注重语文素养的整体提高。各个学段相互联系,螺旋上升,最终全面达成总目标。

这段话并没有说语文素养是什么,只是把语文素养当作总目标。然而,这些话为我们把握这一理念提供了一些线索:可否将"知识和能力、过程和方法、情感态度和价值观"视为语文素养的三方面内容?也确有权威性专家这么解释的,如教育部基础教育司组织编写的《语文课程标准解读》解说道:"通过九年的学习,学生应该具备基本的语文素养。这基本的语文素养内涵是丰富的,课程目标根据'知识和能力、过程和方法、情感态度和价值观'三个维度来设计展开。"这里把三个维度当作语文素养的内容加以申说,这是一种解释。还有一种解释,将三个维度的内容具体细化:"课程标准所提的'语文素养'包括:字词句篇的积累,语感,思维品质,语文学习方法和习惯,识字写字、阅读、写作和口语交际的能力,文化品位,审美情趣,知识视野,情感态度,思想观念。"后者要列举完备很难,还可以有意志品质、道德修养、健康个性。前一种解释着眼于宏观,后一种解释着眼于微观,两者兼容并包庶几可成为语文素养较为全面、较为稳妥的解释或定义。单看前一种或后一种解释,都难以周到、周全。因此

---

① 本文选自《语文建设》2003年第4期,第8—9页。

可以说,概念不明确,不能不说是新课标的一个缺失。

二、语文素养组成要素的层次及关系

一个含义如此丰富的理念,其各要素的层次和相互关系必然复杂或较为复杂。三个维度在课标表述中是并列的,但按语文课程的性质和要求来说,它们的意义和作用又各不一样。知识和能力是奠基性的,舍此不能称其为学科。上文所述字词句篇的积累,语感,识字写字、阅读、写作和口语交际的能力,都属于这一范畴。过程和方法,是知识和能力目标、情感态度和价值观目标得以实现的手段、途径。上文所述语文学习的方法和习惯属于这一范畴。情感态度和价值观既是学科教育的重要目标,同时又是实现知识和能力、过程和方法目标的动力或激励力量。在新的历史条件下,它被赋予了新鲜内容,指向发展个性、完善人格的高层次目标。上文所述文化品位、审美情趣、知识视野、情感态度、思想观念等都属于这一范畴。总而言之,知识和能力关系到语文素养的基础论,过程和方法关系到语文素养的过程论,情感态度和价值观关系到语文素养的思想论。

但是实际情况并不这么简单,深入领会"相互渗透,融为一体"这句话,可以把握到三者之间的一种非常复杂的关系,其间互为基础、互为目标、互为手段和途径,用三个互相关联的图式来演示,即:

考察以上三个类似于金字塔的图式可以得出结论:三个图式均可各自独立,各自成为一个完整的体系;每一维度都可成为基座,也可转化成"上层建筑";每一基座越牢固,"上层建筑"发展得越高。本文还想得出一个更为重要的结论:只有第一个图式才是常式,其余都是变式。在兼顾其他两个维度的前提下,知识和能力这一维度坚实牢固,是语文课程理所当然追求的目标。在三个维度中,知识和能力是基础,是核心,是最重要的一个维度;同时它又是其他两个维度发展的依托,其他两个维度并不真正地、实际地体现语文学科的本质规定性,而是所有学科尤其是人文学科共同的追求目标;舍弃或弱化知识和能力,去追求所谓的"全面"、"整体",追求共同目标,势必导致淡化学科色彩、拆解学科内容和结构,直接的现实是课本渗进了过多的其他学科内容而成为混合读物,语文课不像是语文课。因此我们说,新课标未能理清语文素养中组成项目的关系和层次,未能正视知识和能力这一维度的重要性,不能不说是它又一个缺失。

三、语文素养的特点

对于语文素养的自身特点有多种不同的说法,本文试从三个方面加以阐述。

1. 多维性和开放性

我们把语文素养确定为由三个维度支撑的一个复合性理念,这是近乎正确的说法。事实上它应该是一个具有包容性和开放性、立体建构的理念。语文教学总体目标泛化了,由过去的一维(知识和能力)发展到当今的三维,这是一种进步。随着时代的发展、社会对语文课程要求的提高和人们对语文课程认识的深入,这一理念应该不断更新内容。

2. 系统性和层次性

语文素养是各组成部分有机融合的一个完整系统,它的系统性效用有赖于内在各部分的恰当措置和调配,及各部分之间恰当的协调互动。整体地、系统地发展和提高语文素养,意味着告别过去的单向度发展、提高能力(主要是应试能力)的时代,而走向一个按社会需要的尺度和人才成长的自身规律来培养下一代综合素质的时代。但是,语文素养的目标是有远近高低层次的,语文素养的基础、底座不能被淹没、颠覆或取代。单纯地追求知识和能力是倒退,但在语文素养的各个子目标上平均使用力量,也是在好心地颠覆和瓦解语文课程的基础。

3. 辐射性和延展性

按照新时代的语文课程要求来建构语文素养的理念,应拆除语文自身的壁垒和它与其他学科之间的隔断,建立一种和各学科具有联系的新语文课程,树立并实施一种"大语文"思想。再有,语文素养的目标不仅要着眼于学生当下学好语文,还要为学生将来学习和运用语文打下基础,如新课标所说,"语文素养是学生学好其他课程的基础,也是学生全面发展和终身发展的基础"。总起来说,学生所获得的语文素养应该具有自我更新创造的功能,其作用应该延长至学生的未来乃至终生。

注释:

[1] 巢宗祺.关于语文课程性质与基本理念的对话[J].语文建设,2002(7).

语文素养的心理学观点[①]

王小明

新课标中提出了"语文素养"这一新概念,并以它为语文课程的总目标。较之以前我们经常使用的"语文能力","语文素养"中还包括了情感态度、思想观念、文化品位、审美情趣等"语文能力"难以涵盖的内容。提出这一概念的目的在于进一步开发语文教育实用之外的功能,重视语文课程实施过程中增强底蕴、提高修养的功夫。语文素养概念的提出,是与我国基础教育课程改革倡导的"全面、和谐发展的教育"这一理念相一致的。

新课标虽然提出了"语文素养"的概念,但对这一概念的含义却未作明确解释。随后出版的《语文课程标准(实验稿)解读》一书对"语文素养"作了如下解释:语文素养包括字词句篇的积累,语感,思维品质,语文学习方法和习惯,识字写字、阅读、写作和口语交际能力,文化品位,审美情趣,知识视野,情感态度,思想观念等内容。后来,刘贞福主张用知识与技能、过程与方法、情感态度与价值观三个维度互为基础、互为目标、互为手段和途径的复杂关系来解释"语文素养"。这些从不同角度对"语文素养"所作的解释虽不尽相同,但可以起到相互补充、相互启发的作用,有助于人们明确"语文素养"的含义。最近召开的"语文课程标准在实施中的相关问题研讨会"也指出,"语文素养"的概念要进一步明确。基于上述认识,本文拟从心理学的角度对"语文素养"进行解释。

心理学在其一百多年的发展历程中形成了多种多样的解释人类心理活动规律的理论。那么,这些理论当中哪些有助于我们阐明"语文素养"的实质呢?笔者认为,美国教育心理学家R.M·加涅的学习结果分类理论与学校教学有较好的适切性,有助于我们更深刻地理解"语文素养"这一概念的含义。加涅的学习结果分类理论集中反映在其名著《学习的条件和教学论》中。加涅所指的学习结果是学生在学校教育情境中习得的,他将这种习得的结果分为五类:第一,言语信息,指用语言表示信息的能力。第二,智慧技能,指使用符号与环境相互作用的能力。加涅又进一步将智慧技能分为五个亚类:(1)辨别,指区分事物之间差异的能力。(2)具体概念,识别具有共同特征的同类物体。(3)定义性概念,运用概念的定义性特征对事物分类。(4)规则,运用单一规则办事。(5)高级规则,同时运用几条规则办事。第三,认知策略,指对内调节控制自己认知活动的特殊认知技能。第四,动作技能,指习得的协调自身肌肉活动的能力。第五,态度,指决定个人行为选择的内部状态。

加涅的五类学习结果是用一个词来涵盖的:capability。这一词语有"潜能"、"能力"的意思,最初是译作"能力"。依据加涅的观点,言语信息、智慧技能、认知策略、动作技能都属于能力范畴,但态度却不是能力问题,而是愿不愿意的问题。一个人在车上不愿给老人让座,并不是他不具备让座的能力,而是缺乏尊重老人的态度。这样看来,译成"能力",难以完整地涵盖加涅所分的五个类别。后来,我国著名心理学家皮连生教授将它译作"性能",从而

[①] 本文选自《语文建设》2004年第3期,第10—11页。

既包括了能力,又包括了非能力的态度,较准确地反映了加涅的思想。

Capability 一词的两种译法所反映出的问题,与语文课程中语文能力和语文素养之间的关系问题十分类似,都是前者反映的内容不如后者全面,后者都是在能力之外又增加了非能力的,而又是习得的重要内容。可以说,能力与语文能力、性能与语文素养之间存在着较好的对应关系。笔者认为,"语文素养"可以用加涅的五类学习结果得到较完美的解释。

1. 言语信息

加涅讲的言语信息在语文课程中主要表现为如下一些类型的语文知识:(1) 课文内容知识。中小学语文课程中的课文,不管是记叙文还是说明文、议论文,都要回答是什么或为什么的问题,回答这类问题,需要学生以口头或书面的方式陈述出来,这种知识属于我们平常所讲的文与道中的"道",即文章所陈述或蕴含的道理。(2) 语文知识。主要指我们平常所讲的"语修逻文"方面的知识,如拼音知识、字词(包括修辞)知识、句法知识等。这类知识在小学很少,随着年级的升高逐渐增多起来。(3) 课文背景知识。在小学高年级和中学阶段,有时为了让学生深刻理解课文内容,还需补教有关课文时代背景、作者生平与写作意图等方面的知识,这些知识也属于言语信息。语文课程中的言语信息,大致相当于语文素养中的知识视野、思想观念和文化品位。

2. 语文智慧技能

语文智慧技能是运用语言文字正确表述自己思想的技能,主要体现在字词句篇的掌握上,可以大致分为如下几方面:(1) 字词学习。字词的学习带有知识的特征,如要求记住字的组成部分及其结构、记住词语的固定搭配等,但字词的学习又带有技能的特征,如记住字词的最终目的是为了运用。考虑到语文教学的目的,我们将它们归入智慧技能学习的范畴。(2) 句子学习。句子学习是在已有词汇的基础上获得理解和生成合乎规范的句子的能力,其实质是在大量语言实践中形成合乎规范的句子语感,这种语感主要是句子图式。(3) 篇章学习。这是在理解课文内容和字词句的基础上,进一步学习文章的结构,包括提取文章的中心思想、给文章分段、分析文章的表述技巧等。这些学习结果往往是高级规则的学习,是在简单规则基础上形成新的规则。语文智慧技能相当于语文素养中的字词句篇的积累、语感和识字写字、口语交际能力。

3. 语文认知策略

语文认知策略是一套学习语文的程序,支配学生的学习过程并提高其学习的效率。许多语文教师总结出来的语文学习方法,包括记忆字形的方法、阅读课文的方法以及文章构思取材的方法等,都属于认知策略。如心理学家总结出的 SQ3R 阅读方法,阅读前先浏览,再提问,再阅读,再自问自答,最后回顾全文,这是阅读课文的一种策略。语文认知策略相当于语文素养中的思维品质、语文学习方法和习惯、阅读写作能力等。

4. 语文动作技能

语文课程中的动作技能主要包括发音技能和书写技能。拼音、朗读中含有发音技能,它要求学生的听觉、视觉、口腔、舌头协调运动。书写,尤其是用毛笔书写,要求手部的小肌肉协调运动。这些在规则支配下肌肉协调运动的能力属于心理学上的动作技能。语文素养中的写字及口语交际能力都有动作技能的因素。

5. 语文情感与态度

语文教材中的课文都是经过精心选择的,里面蕴含了许多情感和态度方面的内容。这些内容可以分为两方面:一是道德。课文中歌颂、赞美的人物可以作为学生模仿的榜样,学生从中习得做人处世的价值标准。二是审美。课文作者在文中表达的情感、描绘的美好意境,可以引起学生的共鸣,达到陶冶情操的目的。语文素养中的情感态度、审美情趣、文化品位等内容基本上属于此类。

用加涅的五类学习结果来解释语文素养,较之其他的解释,突出之处是有利于语文课程总目标的实现。加涅在《学习的条件和教学论》一文中,不仅将学生后天学习的结果分为五类,而且对这五类结果习得的规律作了解释。在其著作中,习得的规律是用学习的内外条件来表示的。要促进五类学习结果的习得,就要从内外两方面来满足各类结果习得的条件,这就为教学,也就是课程的实施提供了理论指导。如动作技能学习的规律是示范、练习、反馈,故而学习语文中的发音、朗读、书写等基本技能时,需要教师作出示范,而后学生练习,教师再提供反馈。态度学习的最佳方式是为学生树立榜样供其观察模仿,因而在语文课程中,对学生进行态度价值观方面的教育时,要选择一些人物形象鲜明、体现我们所倡导的价值观的文学作品,让学生在阅读欣赏时感知作品中所塑造的榜样的魅力,从而习得相应的态度和价值观。这样看来,将语文素养解释为五类学习结果,不仅仅是阐明了它的含义,更重要的是为培养语文素养指明了方向。

注释:

[1] 巢宗祺.关于语文课程性质与基本理念的对话(一)[J].语文建设,2002(7).
[2] 钟启泉等.《基础教育课程改革纲要(试行)》解读[M].上海:华东师范大学出版社,2001.
[3] 语文课程标准研制组.《语文课程标准(实验稿)》解读[M].武汉:湖北教育出版社,2002.
[4] 刘贞福.谈"语文素养"[J].语文建设,2003(4).
[5] 义务教育语文课程标准修订工作全面展开.语文建设,2003(9).
[6] R.M·加涅.学习的条件和教学论[M].皮连生等译.上海:华东师范大学出版社,1999.
[7] 王小明.图式理论与句子教学[J].华东师范大学学报(教育科学版),1999(2).

本章附录

[1] 王国均.中学语文教学中的学生审美心理机制及其发生条件[J].浙江师范大学学报,1999(4).

[2] 王宁.汉语语言学与语文教学[J].中国社会科学,2000(8).

[3] 高秀杰.正视新课程标准背景下的语文性质[J].湘潭师范学院学报(社会科学版),2006(6).

[4] 傅惠钧.语法教学方法论探讨[J].语言文字应用,2006(3).

[5] 曾毅.语文教育生活化的理论与实践探析[J].教育探索,2006(5).

[6] 杨泉良.语文课程跨学科学习原理及对价值观培养的意义[J].成都大学学报,2008(6).

[7] 李吉林.情境教育的独特优势及其建构[J].教育研究,2009(3).

[8] 朱红英.语文知识的论争[J].语文建设,2002(6).

[9] 李牧.谈高中学生语文能力的培养[J].辽宁师院学报,1983(3).

[10] 李守青.语文能力训练的整体观[J].渤海学刊,1985(4).

[11] 张石生.语文课要重视培养学生的检索能力[J].中学语文教学,1995(1).

第二章 课标和教材研究

- 从大纲和教材入手改革中学语文教学的设想（王金华）
- 《中学语文教学大纲》的理论和实践意义（张寿康）
- 管窥语文能力培养意识的发展——以语文课程标准、教学大纲、课程纲要为分析对象（叶丽新）
- 语文教育距离课标有多远（王鹏伟）
- 学生学习指导标准在高中语文教学中的缺位（耿红卫 李娜）
- 试谈中学语文教学改革的几个问题（刘国正）
- 试论中学语文教材的功能与结构（张鹏举）
- 叶圣陶语文教材理论探析（王松泉）
- 语文单元教学的反思（郑国民 孙宁宁）
- 关于语文教材"课后练习"的思考（欧阳凯）
- 论汉语文教材编制的民族化（温立三）
- 本章附录

从大纲和教材入手改革中学语文教学的设想[①]

王金华

中学语文教学费时多、进度慢、效果差,是整个中学教学的"龙尾",这是人所共知的。语文教学界的同志也深感责任的重大,作出了可贵的努力,进行了大量的改革实践,的确也取得了可喜的成绩。但是平心而论,就面上的情况而言,局面并没有得到根本的改观。教者花费了成倍的精力,但学生的负担太大,基本上没有在费时少、负担轻、收效大,也就是在提高效率方面有什么较明显的突破。

因此,人们必须深思:中学语文教改的步履为什么如此艰难?

愚以为,除了与语文学科的特殊性即必须一步一个脚印,经过长期不懈的努力才能奏效有关外,还与教学大纲和教材有关。我们知道,无论哪一学科,无论是教还是学,都必须坚持以纲(即教学大纲)为纲、以本(即课本)为本,离开了一纲一本,就会变得茫无头绪,事倍功半。我认为我们的老师和学生身上的沉重负担正是来自现行的"纲"和"本"。他们不满于现状,要进行改革,但又必须在现有的一纲一本的圈子里进行,这就迫使他们的改革不得不局限在固定的框框里,不得不从微观的角度进行一些小改小革,而不可能从根本上进行,这就只能使改革不痛不痒。什么让学生自学呀,质疑呀,废除注入式、填鸭式,运用启发式呀,等等,统统是"芝麻",而不是"西瓜"。

我认为对现行的教学大纲和教材进行改革,是势在必行的,是中学语文教学改革首要和基本的一环,也是语文教学实现"三个面向"的必要条件。

直至目前,据笔者所知,《中学语文教学大纲》还是1978年原教育部制订的"全日制十年制学校"的那个"试行草案"(不光是"草案",还是"试行"的!),而且就连这样的"试行草案"也已脱销几年了,许多中学、许多基层教育局竟一本也没有了。大多数教师只有一本教科书和一本参考书,无法在大纲的指导下统领全局、居高临下,宏观地控制自己的教学。教学是要"以纲为纲"的,没有纲,何以为纲?

仅就那个"试行草案"而言,我以为存在的问题还不少。总体来看是太笼统,不具体,模糊性大。举些例子来说:

对于阅读,大纲规定:"初中阶段,学生能够阅读通俗的政治、科技读物和文艺读物";"高中阶段,学生能够比较熟练地阅读一般的政治、科技读物和文艺读物"。这里的"通俗"读物和"一般"读物有什么明确的界限呢?《人民日报》上的文章是通俗的还是一般的?初中课本上所选的课文都是通俗的,高中课本上所选的都是一般的吗?除了政治、科技和文艺读物,还有没有其他什么读物了?"阅读"和"比较熟练地阅读"又有什么区别?到什么程度才叫"比较熟练"呢?对于文言文,大纲规定,高中阶段"能够阅读浅易文言文"。这里,"浅易"的内涵和外延是什么?《诗经》《楚辞》是不是浅易的文言文?"深难"的文言文指哪些?而且大

[①] 本文选自《内蒙古师大学报(汉文哲学社会科学版)》1986年第4期,第46—52页。

纲没有规定初中阶段文言文的阅读要求,初中学生是不是可以不学文言文?

我认为,作为大纲,至少应该具备下列条件:

一是稳定性。纲是准绳,是纲领,是教师教和学生学的统帅,是教学的灵魂,应该成为人们衡量教学领域一切活动的标准,是实施教学的指导性文件,因此必须具备相当的稳定性。可是《中学语文教学大纲》在这方面是明显做得不够的。语文教科书已经由试用本发展到了正式使用本,而语文教学大纲反倒落后于教材还是"试行草案"的性质,这是令人不可思议的:教材是依据大纲的要求编写的,大纲是"试行草案",教材反可以正式定型,这不是一种反常现象吗?因此,国家教委有关部门应该抓紧组织人员制定《中学语文教学大纲》正式本,"草案"再不应继续"试行"下去了。

我认为,这项工作不仅是当务之急,而且也是极有可能做到的。形势发展到了今天,各条战线的格局都起了相当深刻的变化,应该说大势已基本稳定。国家许多部门的政策、法令都不是试行草案型的,教学大纲当然也可以正式问世。当然,语文教学中的许多问题还有待于进一步地研究,难以擅下定论。但是,作为纲领性的文件,试行的草案不应该一拖再拖,拖至十年八年,甚至变得无人问津了。语文教学长期以来没有起色,与教学大纲的不够稳定正规有不可低估的关系。

二是明确性。大纲切忌含混不清,只规定一些让人难以捉摸的原则,使用若干模糊的语言。这具体体现在"试行草案"的"教学目的和要求"部分中,前面已经举出了一些例子,这里不再赘引。据我所知,仅就"具有阅读浅易文言文的能力"一句,语文教学界就曾出现了许多分歧,如果大纲具体地写明要具备文言文阅读的哪些能力,写明浅易文言文的具体标准,或许不至于出现许多无谓的争论。如果大纲语言模糊性太大,势必造成教师理解上的悬殊、执行上的偏差,以致出现教学效果上的不同,影响教学质量:同是中学毕业生,甚至同是一个档次的成绩,学生的质量会参差不齐。

三是具体性。教学大纲虽然是"纲",也要努力避免抽象空洞,有了具体明确的大纲,教科书的编写就有了直接的依据,教师的教学也就有了明确的目的和方向。而"试行草案"在这方面也是做得明显不够的。以1980年版"试行草案"而言,正文部分只有3 000字左右,与其他学科的大纲比较,从字数上看,就很不成比例。这样少的字数,不能不给内容的全面具体带来先天的局限性。我认为中学语文教学大纲应该像其他学科的教学大纲一样,除了规定出具体的目的要求、内容范围外,也应该系统地规定出教材的全部课题、教学时数、每个课时的内容要点、教学方法以及练习的范围等,作文教学则应规定出每次练习的范围,甚至也应拟出若干的参考题目,以让教师和学生都能把握住每一阶段教学的具体或基本的内容。此外,语文教学必须依靠课堂和课外的结合,因此,也应规定出每一阶段课外活动的内容范围,列出教师的参考用书和学生的课外阅读书目等。只有这样,大纲才能真正起到统帅中学教学的作用。

大纲内容的具体性还应该表现在具体规定出学生每一阶段语文学习所要达到的标准。比如各年级文言文的阅读应该各达到什么程度,议论文的阅读应该各达到什么程度,作文能力应该各达到什么程度(作文最好单独编写一个大纲)等。如果没有具体的程度标准,也势必造成各自为战、参差不齐的局面,而且很难衡量某个年级的某个学生是不是达到了该年级应该具有的水平。由于大纲没有具体明确的要求,也就难怪甲中学的高年级学生的质量不如乙中学低年级的学生了——当然,这是就排除了教师业务水平和学生智力水平以及重点中学与非重点中学之间差异的特殊性而言的。

平素,语文教师常常会碰到学生提出这样的问题:"语文很重要,我们也愿意学好它,但到底从何处入手按部就班地学习呢?"学生提出这样的问题,应该说并不是笼统抽象的,而是合情合理的,可是教师往往会被搞得不知所云,说些要么是"多听多读多说多写",要么是"以纲为纲、以本为本"("以本为本"将在后文讨论)的冠冕堂皇的正确的废话,结果是教师大伤脑筋,学生大失所望。但事实上,教师不这样回答又该怎样回答呢?现在人们强调得最多的不就是"听说读写"和"以纲为纲、以本为本"吗?可是现在的"试行草案"留给我们的是怎样的纲呢?恕我直言,教师和学生就是把这个纲背得滚瓜烂熟也不会有什么收益,因为从中确实难以找到恰如其分的依据。从这个意义上来说,语文教学徘徊不前的一个重要原因也正是教学大纲的不具体。

四是科学性。"试行草案"把各年级读写训练的要求(这个要求也是不明确、不具体的)安排到了附录里边,这显然是不够妥当的。附录是附在正文后边的附属文字,严格来说它是可有可无的东西。读写训练的要求应该是正文的重要有机的组成部分,却竟然成了附件!这就造成了大纲正文的残缺不全和不具体。

一般来说,教学大纲应该包括说明和本文两大部分。"说明"部分讲的是教学的目的和要求、教学的内容和安排、教学方法的提示和教学中应注意的问题;"本文"部分是大纲的基本部分,内容包括全部的主要课题和要目章节、内容顺序、基本要点、教学时数、练习安排等。但"试行草案"却只有说明部分而没有本文。

五是准确性。教学大纲在语言上应该准确,是一字千金、一字难易的。"试行草案"在这方面似乎也还有值得商榷的地方。比如,"初中阶段,学生能够阅读通俗的政治、科技读物和文艺读物"一句,"通俗"一词究竟限制了后边的几个词?"文艺读物"是不是限制的对象?如果不是的,那么要求初中学生能阅读各种简单、复杂的文艺读物是否嫌高?我认为许多文艺读物如《记念刘和珍君》《为了忘却的纪念》《土地》《祝福》《药》《风景诗》《狂人日记》《窦娥冤》等作品未必都能读懂。如果是的,"科技"之后何必要加上"读物"二字以显累赘?"文艺读物"理应包括文学读物和艺术读物,课本中的艺术读物有多少呢?另外,这些读物指现代读物还是古代读物,还是兼而有之?上下文无明确交代,如果也包括文言文,是不是有点玄乎?把政治和科技并列起来,也未必妥当,政治本身不也是一门科学吗?我认为这一句可以改成"初中阶段,学生能够阅读现代比较简单的记叙、说明、议论的文章"。

大纲在"读写训练的要求"里还出现了"通俗"、"一般"两个概念,初中是"通俗"的,高中是"一般"的,通俗和一般到底有什么区别呢?《现代汉语词典》对"一般"的解释是"普通;通常"。我们实在看不出它与"通俗"的明确区别。应该说,它们不存在对立或进一层的关系,而是一对同义词。按说,高中的"一般"较初中的"通俗"应该是进一层的,也就是比较复杂的,可是大纲对初中学生的写作要求却是"能写一般的记叙、说明、议论的文章",高中阶段的要求是"能写比较复杂的记叙、说明、议论的文章",可见大纲本身并没弄清楚这两个词的区别。

教学大纲的制定实在不是一件易事,因此必须由国家教委组织专家和第一线的中学语文教师反复研究讨论,然后制定,而不能等闲视之。

中学语文教科书的情况怎样呢?

我认为目前全国统一使用的这套课本的缺点是比较多的,直言之,它不适合作为中学语文教学的"本"。

第一，中学语文教科书应该有一个全面、合理、严密的系统。现行课本所欠缺的正是这样的系统性，好像是一盘大杂烩，什么都想包罗进去，什么又都没有包罗好。

比如作文，它在中学语文课中所占的地位是比较突出的，近年来高考作文题是50分，占总分120分的41.6%多，超过了语文知识和阅读题所占分数的比例。可是偏偏没有作文课本，任凭各地自由教学、各显神通，有的学校一周两作，有的则两周一作；有的体裁和题目百练不厌，有的则从来无人问津；有的教师把作文课上成了大学中文系的写作理论课，有的则纯粹上成了作文练习课，每周布置一两个题目，一写了事。由于基本上无本可依，就造成了各地各校作文教学质量上的较大悬殊。

再如语文知识内容的安排，也令教师和学生难得要领。首先是不够完整，比如逻辑知识、普遍概念和集合概念、判断主次谓项的周延性问题、类比推理等知识在阅读和写作以及其他方面的用途十分广泛，教材中却没有介绍。外国文学作品在教材中占有相当的比例，而外国文学史的知识却只字未提，也是疏漏。其次是支离破碎，把若干前后联系密切的知识人为地分离开来，学后边的内容时往往要用许多时间复习回忆前边的内容，浪费时间。逻辑知识，本有一套完整的体系，可是却要分解出一部分放到词汇、语法、章法知识中去。许多短文在教材中的位置也没有必然的理由，比如高一册的几篇，到底与课文配合得怎样，还很值得研究。若干语文知识是放到课文后的思考与练习题中交代的，这就更显得紊乱，影响了学生思维的系统化、条理化，例如初四册单独用一篇短文介绍了说明的方法，可是高一、高二册中却又在几篇课文后冒出了引用说明、分析说明和综合说明等新方法，而打比方、举例、列数字等方法在初中短文中已作了详尽介绍，高中的练习题中又有重复交代。再如古汉语里使动、意动的知识，在初中已经讲了，到高中仍然不厌其烦地介绍。作为教师，为了巩固学生的知识，反复强调是必要的，但作为教材，再这样喋喋不休，就叫人不可理解了。最后，许多短文安排的位置也有不妥之处。应用文的知识都排进了"附录"，这是对应用文的轻视，应用文在日常生活中的用途应该说是超过其他文体的，能可有可无吗？另外，《字典和词典》《我国的现代文学》《我国的古代文学》等篇目放到附录中也都不够妥当。修辞知识由于放进了附录中，学生普遍重视得不够，应该说这是学生作文语言没有文采的重要原因之一。此外，讲主谓宾、定状补知识的短文偏要使用"陈述和陈述的对象"、"修饰、限制和补充"的题目，学生的头脑反被搞懵了，不如标以《单句（一）》《单句（二）》好。

第二，作为教材，应该体现出循序渐进的原则。学生由小到大，由初中到高中，知识能力也是逐级增长的，所以教材的顺序应该尽量与学生身心和知识发展的顺序一致，而现行教材在这方面也是有明显不足的。以语文知识短文为例，初一学生即开始学习文字词汇标点知识，要他们掌握汉字造字法（文字学史）、单纯词、合成词，未免嫌早。什么主谓、偏正、联合、动宾式合成词，什么双声、叠韵联绵词，都不是浅显的知识，而且对初一学生来说，学了之后也很难运用。而高二的《谈修改文章》《怎样学习语言》等则完全可以放到初中去，可以一直受用到高三，对提高语言表达能力必定是有较大益处的。

就教材的选文来说，有的初中教材未必就比高中的浅，《大自然的语言》《向沙漠进军》《看云识天气》未必就比《蝉》《一次大型的泥石流》《杨树》浅；《故乡》《孔乙己》《"友邦惊诧"论》《挥手之间》《回延安》《多收了三五斗》《我的叔叔于勒》等未必就比《母亲》《虎吼雷鸣马萧萧》《书塾与学堂》《绿》《王贵与李香香》等浅；同样，《答司马谏议书》《捕蛇者说》等也未必就比《邹忌讽齐王纳谏》《谭嗣同》等浅。阅读课文未必就比讲读课文浅,如《庖丁解牛》《订鬼》未必比《左忠毅公逸事》浅。忽深忽浅,学生势必要吃进一些夹生饭,造成消化不良。

要循序渐进,还必须避免体裁上的交叉分割。每册课本中,各体文章应该单独排在一起,一课一得,积少成多,方可提高学生的读写水平。现行教材也未做到这一点,每册课本中各种文章都有,而且又是穿插安排的,据说是为了灵活多变,我看这样的灵活多变没有必要,教学上采取打一枪换一个地方的游击战术必定影响效率。

循序渐进也表现在练习的设计上。现行教材练习设计雷同化,分不出深浅程度,尤其是第一题,几乎千篇一律。许多题目,不要说学生,就是教师也很难卒答。

第三,教材选文的比例要恰当。首先,在题材上,应该多选那些和中学生的学习生活以及将来工作比较切近的文章,多选那些与现代化建设有密切关系的文章,一方面提高学生的学习兴趣,另一方面通过学习课文提高学生对社会生活的分析和适应能力,同时也可以培养学生将来在写作实际中对题材的选择能力。现行教材中却有不少文章都是写花鸟虫鱼、闲情逸致(比如游山玩水)的,我看对培养文风不利。

其次,在体裁上,应该尽量选进一些实用体的文章。国外许多国家比如日本、苏联的中学语文教材中就有大量的科技说明文。而我们的教材中却严重存在着两大多,文言文多(近40%)、文学作品多。以初中语文三册为例,20篇现代文中就有至少13篇是文学作品,占65%。高中语文二册20篇现代文中,文学作品是11篇,占55%。中学毕业生走上社会,参加实际工作,如果要接触文章,应该说基本上是现代文,现代文中又以说明、应用、议论文为多,而接触文学作品尤其是文言文的机会是不太多的,何必要不切实际地学那么多的小说、散文和古文呢?所以教材中要多选实用文体的文章,尤其是应用文。实用文体的面要相对广一些,诸如书信、条据、合同、广告、计划、总结、诉状、说明书等,都应占有一定的篇幅。

复次,从篇幅的长短上看,教材也要从实际出发,尽量与现代社会的快节奏相适应,篇幅不宜过长,大多应以一两千字为宜。篇幅很长的文章,即使内容很好,也不会拥有很多的读者。教材篇幅的长短,直接影响着学生今后的文风。现行教材课文的篇幅普遍嫌长,初中语文一册22篇现代文(诗歌除外)中就有十多篇超过3 000字的,至少占50%;高中语文一册20篇现代文中,超过4 000字的约17篇,比例就更高。字数少一些,入选的篇数不就多一些了吗?

再复次,大纲"试行草案"指出:"要加强课外阅读和写作的指导","要给学生推荐有益的读物,提示阅读的方法,引导学生不断扩大阅读的范围"。我想,教科书上除了选入一些范文外,是否也可以列出一些文章的篇名,作为推荐的读物?这样,学生课外不是可以真的有事可做,减少阅读的盲目性和各地之间的差异性了吗?同时,教科书上是否也可以明诏大号地介绍一些阅读方法呢?按照现行教材的体系,可以短文的形式出现,也可以思考练习题的形式出现。

最后,我以为,作为教材,当然应以正面的范文即名家名篇为主,但也可以适当选进一些典型的"不应该那样写"的病文,作为学生的反面教材。反面教材中列出学生作文的常见毛病,也可以开出诊治的处方,这样的文章必定会对学生写作时避免一些老毛病有好处。当然,这样的病文,不宜选得过多,以免造成学生的畏难情绪。

第四,教材中的范文应该特别强调一个"范"字,真正像大纲中所要求的,具备文质兼美的条件。现行教材中的不少文章在这一点上值得商榷。有的思想内容不"范",如《柏林之围》《丑石》;有的写作方法不"范",如《甲申三百年祭》(逻辑毛病太多);有的语言文字不"范",如《蝉》中就有若干病句;有的用字不"范",如"的""地"不分(现代文学早期作品中"地"大多用"的",教材也应加统一),"哪""那"不分(同是《人的正确思想是从哪里来的?》篇名,高四册第152页中用"那",高六册第148页中用"哪"),其他如"车厢"(初一册第96页)、"车箱"(高六册第3页),"担心"(高三册第122、第183页)、"耽心"(高一册第19页),"倒楣"(高一册第55页)、"倒霉"(初一册第155页、高四册第54页)。"简练"(高一册第58页)、"简炼"(高一册第74页),"狡猾"(初一册第147页)、"狡滑"(高五册第43页)等异形词的用法也没有规范。

中学语文教材的改革也已经是势在必行了。我设想,按照上述原则,新的教材应当分为《阅读》《写作》《语文常识》三个部分。具体阐述如下:

一是《阅读》课本。主要训练学生的阅读能力,也包括培养学生的欣赏能力和写作能力。这套教材又包括阅读方法指要和文选两大块。阅读方法指要主要指阅读理论的阐述,内容大体包括阅读的意义,阅读的要求,阅读的方式、方法,阅读的内容、步骤等。可以单独成册,也可以分编在文选课本的中间;可以集中学习,也可以分散学习。文选又分现代文和文言文两块。现代文选可以按文体分编成四册,即记叙分册(包括小说、诗歌、散文、戏剧等文学作品和一般记叙文;兼顾中外作家作品,下同)、议论文分册、说明文分册和应用文分册,也可以分编为文学分册和实用文选分册。选文力求短小精悍,照顾到各种体裁,还要酌情编进部分典型的病文。文言文部分按照由浅入深的顺序编写,最好把《诗经》《楚辞》以及其他时期中较深的作品放到后边。文选部分的总字数和现行教材中作品的总字数相当,也可略多一些。因为目前高中还没有普及,所以,这套教材宜分编为初中和高中两块,高中的篇数应该多于初中的篇数,比例宜为3∶2。

二是《写作》课本。也分初中、高中两块。初中侧重于一般的记叙、议论、说明和应用,高中侧重于比较复杂的记叙、议论、说明和应用。教材可以仿照现代文选的顺序编写,以求写作和阅读的互相配合、互相促进。本课主要是培养学生的写作能力,也教给学生一定的写作基础知识。教材应该列出比较详尽系统的习作计划,包括训练的目的、要求、命题或范围、重点、字数,以及每学期习作的次数等。另外,我认为,初中阶段最好主要训练自由命题作文,至多明确习作的体裁或题材的范围,高中阶段主要训练给材料作文,初高三适当时期练一下命题作文即可,因为命题作文的实用性不大。

三是《语文常识》课本。主要是语文常识的传授和技能的训练。包括现代汉语、古代汉语和文学史常识,兼顾写字和有关文化常识。初中阶段主要学习现代汉语(其中包括写字、逻辑、工具书常识)和文学史。高中阶段主要学习古代汉语(包括一些文化常识),甚至也可以增加一些文艺理论等知识的内容,以扩大学生的知识面。语文常识教材可以按块分册,也可以按初高中两个阶段分册。但无论怎样编写,都要突出一个"常"字,不能太深。

这三套教材,既有能力的训练,又有知识的传授;既有完整的系统,又有单项的训练。我想只要编写得好,课时安排得好,即使素质较差的学生,有这样六年的训练,语文水平也一定能达到现行大纲的要求,从而不会拖其他学科的后腿。

关于课时的安排设想,见下表:

科目/时间/课时	文选	写作	语文常识	合计
初中阶段	3	2	2	7
高中阶段	3	2	1	6

任课教师的配备,三部教材可以考虑由三人执教,文选课每人每周可以安排12—15课时,写作课每人每周6—8课时,语文常识课每人每周10—12课时。这样做,可以充分发挥各教师的业务特长,调动教学研究的积极性,同时也可以相对减轻一部分教师的负担。当然也可以采取包班的办法。

中学语文教学和其他各行各业一样,必须改革,这是确定无疑的。但是到底如何改革呢?仁者见仁,智者见智,当然可以百花齐放。我认为,仅仅靠中学教师从微观着手进行诸如破除注入式、代之启发式、变教师活动为主为学生活动为主的课堂结构的改革等方面的小改小革是决不会大面积地扭转整个面上的尴尬局面的,必须上下结合,宏观与微观结合,大纲、教材与教师、学生结合,教育思想与教育手段结合。因此我认为从这个意义上说,改革大纲和教材便是全局改革的第一步和根本性的一环。而本文只不过是笔者在这个方面所作的一点初步的轮廓性的设想,祈请方家斧正。

《中学语文教学大纲》的理论和实践意义[①]

张寿康

现行《中学语文教学大纲》(以下简称《新大纲》)是中华人民共和国国家教育委员会制定,1986年12月人民教育出版社出版的,于1987年春季开始实施。国家教委在1987年颁布中小学各科教学大纲的通知中指出:"这套教学大纲是今后一个时期教学、评估教学质量、编写与修订教材的依据,也是未实行新的考试改革办法之前毕业考试、升学考试和中学会考命题的依据。"这种性质和作用显示出教学大纲的指导性。

《新大纲》在制定中曾经经过多层次的讨论后定稿,是在原大纲(1978年颁发,1980年修订)的基础上,根据《中共中央关于教育体制改革的决定》(1985年)和《中华人民共和国义务教育法》(1986年)的精神,以及原大纲在试行过程中发现的问题修订的。不仅如此,《新大纲》吸收了近十年来的语文教学科研成果和教学经验,适应了以一个中心两个基本点为基本路线的现代化建设的需要。同以往的语文教学大纲相比,《新大纲》更加全面和成熟。

教学大纲是指导教师进行教学的纲领性文件,中学语文教学应依据《新大纲》。《新大纲》是教师进行教学改革,提高教学质量的理论指导,具有指导语文教学实践的意义。对高等师范院校的中文系科来说,也应具有一定的指导作用。当前,认真学习和贯彻《新大纲》有无可争辩的现实意义。从语文教育学建立的角度来说,阐述《新大纲》的内容和意义应是语文教育学的重要内容之一。

《新大纲》具有很多特点。第一是教育性。《新大纲》在总纲部分指出:"语文学科对于提高学生的思想道德素质和科学文化素质,培养有理想、有道德、有文化、有纪律的社会主义公民具有重要意义。"教学目的中提出:"培养学生的社会主义道德情操和爱国主义精神。"这就要求语文教学要坚定社会主义方向,向学生进行坚持四项基本原则和爱国主义的思想政治教育,因为坚持四项基本原则和热爱祖国正是社会主义公民应具备的思想道德品质,也正是语文教学中教书育人的重要原则。

第二是全民性。《新大纲》既有思想道德素质的要求,也有文化素质的要求;既有语文知识内容,也有听说读写语文能力的具体要求,这都是从提高全民的思想、语文素质这一基本点来规定的,也包括了普及义务教育的语文教育目标(国家教委将另行制定《九年制义务教育全日制初级中学语文教学大纲》,现已有初审稿),适应了全民语文教育的需要。

第三是全面性。在语文教育方面,既有现代语文的语文知识内容和语文能力的要求,也有阅读浅易文言文的要求;既有语言、文章知识,也有文学知识;既有听说的口头语言的能力训练,也有书面语言的读写能力训练。另外还增加了智力、美育的规定(《教学目的》中提出"开拓学生视野,发展学生智力,培养学生健康高尚的审美观"),这些方面都具有理论意义和指导实践的意义,是较为全面的。据我所知,1986年香港课程发展委员会编写的《中国语文

[①] 本文选自《北京师范学院学报(社会科学版)》1989年第5期,第32—38页。

科课程纲要》的教学目标中除阅读、写作、聆听、说话等目标外,还有"思维方面",包括:① 能细心观察事物,养成独立思考的习惯,并懂得归纳、分析和判断。② 能运用想象力(寿康按,这些都属于智力的内容);"自学方面",包括:① 能使用一般的工具书和参考书(如字典、辞典、人名辞典、文学辞典、文学史等)。② 能使用书籍附录的索引和图书馆的目录。③ 懂得归集和整理资料(如剪辑资料、做札记、编制资料卡片等)。教学目标后的附言中指出:教师在培养学生阅读、写作、聆听、说话和思维等各种语文能力的教学过程中,宜结合教材的内容,应以教学的时间,配合学生的心智发展和语文程度,灵活而随机地利用本科课堂教学和课外活动,启发学生的思想,培养学生的品德,增进学生对中国文化的认识和加强学生对社会的责任感。这种规定比较具体,也是适当的。

第四是实用性。《新大纲》指出:"语文是从事学习和工作的基础工具。普通教育阶段的各门学科都是基础学科,语文则是学习各门学科必须掌握的基础工具。语文学得好,对其他学科的学习会产生积极的影响,对于将来从事工作和继续学习是十分必要的。"这是制定《新大纲》的指导思想。在教学要求和教材安排上,语文基础知识从实用出发,着重好懂有用,除一般记叙、说明、议论文体外,还安排了实用性文体的教学(如怎样写调查、总结等)。在年级要求中规定要让学生会写一般书信,学习写简单的通讯(初二),学习整理讲话记录,做到不失原意,熟悉常用应用文的格式(初三),练习写一般通讯报道、调查报告(高一),练习写计划、总结(高二),继续练习写各种常用的应用文(高三)等。在其他语文能力方面,也能着重实际能力的培养,如就某一问题进行辩论(高二),能作有准备的演说,作即席发言(高三)等。正如吕叔湘先生所说,教学大纲"从义务教育、公民教育角度看,能够解决他生活中遇到的语文问题"[1]。张志公同志认为:旧教育"读书是为了考,考是为了做官,还是以私利为终极目的,总的一条,教学目的在于考试,不在于用。学生不学将来要用的东西,搞贸易的不会写广告,当医生的不会写病历,当干部的不会写公文,搞科研的不会写论文"[2]。而《新大纲》在学以致用方面前进了一步,在一定程度上,改变了过去不重实用的倾向。

第五是可行性。同过去的几个大纲比较起来,有的项目制定得较前更加实际,降低了难度。如关于文言文教学,原大纲要求初中一年级除"了解一些常见文言虚词和句式"外,还要求"初步理解古今词义的变化",即古今言殊的词汇情况。现在《新大纲》在初一没有提文言知识的具体要求,初二也只要求在教师指导下,"阅读文言课文,了解其中常见的文言实词的含义",对虚词、句式未提要求,初三也只要求"能翻译课文中的一些文言片断"。这一修改,适应了全国性的普教要求,纠正了以往把大学、高中的古汉语知识层层下放的偏向,具有可行性。再则《新大纲》的目的要求制定得比较具体,在基础知识和实际能力的年级要求方面有明确的、单项的规定,让教师能够按大纲的要求制订计划,落实教学。这也是可行性的一个方面。

我觉得目前中学语文教学的主要任务是贯彻《新大纲》。我们要贯彻这个大纲,并创造新的经验来丰富、发展这个大纲。这个大纲是教学改革的依据,也是教学改革的起点。

我们应当熟悉《新大纲》的要求,因为这是中学语文科的带有纲领性、指导性的文件。语文教师没有这个大纲,犹如工厂没有操作规程、律师没有法律条文。我们在教学中要认真贯彻《新大纲》,以克服升学教育倾向,避免形成升学主义。1986年第166期香港《广角镜》杂志发表了美国华人学者王锦堂对中国教育改革的意见。他认为:"父母都希望孩子进入一流学校,逼着孩子拼命读书考高分,就形成了升学主义。于是模拟升学考试参考书充斥市场,补习学校应运而生"、"这些参考书和补习班都以猜大学入学考试题为出发点,不是系统地启发学生的智慧"、"在升学主义下,学校也不注意德智体三方面发展,有的学校把好学生集中在一班,其他班任其自生自灭"。这种议论真可谓旁观者清,一针见血。在语文科中我们的任务是实施《新大纲》,我们的教育目标是提高全体学生的语文素质,从而提高民族素质,不只是为了升学。我们要把语文教学变为真正贯彻《新大纲》的教学而不是升学主义的语文教学。提高全民素质的教学即贯彻国家教育方针的教学和升学主义的教学,由于出发点不同,因而教学措施大相径庭,不可同日而语,升学主义只会损害提高全民素质的教育目标。

在贯彻《新大纲》的过程中,我们要针对学生的实际,努力把大纲的要求落到实处。过传忠同志在《孕育着重大突破的前夜——中学语文教学改革回顾与展望》[3]一文中说:"笔者去年参加了国家教委委托华东师大主持的'全国十五省、市、自治区初中语文教学质量抽样调查'的工作。从对十五省、市、自治区各种层次学校的各种水平的五万余名初三毕业生的测试来看,成绩不够理想,甚至可以说是令人忧虑的。测验分为'读、写、听、说'四个部分。总的情况是:死的知识比活的掌握得好,课内知识比课外掌握得好,知识比能力掌握得好,'死记硬背'的掌握得最好,实际运用掌握得最不好。阅读中最生疏的是生活中的常用字,最费解的是应用文;写作中写得最差的是邮局的汇款单和小组会的记录整理。至于第一次在这样大的范围内搞的听、说测验(各两千人和两百人),更反映了学生们在这两项能力上的严重缺陷。且不说由于方言的影响,有些方言区学生的讲话和朗读录音使人怀疑是否是中国人在讲话,就是生活里最常用的诸如传呼一个电话、朗读一段报刊文章,也都有相当数量的学生难以胜任。"我们在贯彻《新大纲》的时候要注意到这种实际情况。正如该文作者所说:"目前确实到了改革进一步深化的关节口,语文教改正面临孕育着重大突破的前夜。标志是重新修订的《全日制中学语文教学大纲》的颁布。"

关于《新大纲》,我阅读后有些体会,想从四个方面谈一谈。一是听说能力的培养,二是发展智力,三是美育问题,四是语法、文章问题。

(1)《新大纲》规定:"使学生热爱祖国语言,能够正确理解和运用祖国的语言文字,具有现代文的阅读能力、写作能力和听说能力。"在各年级的语文基本能力和基础知识教学要求中对听说能力都有具体规定。这是语文教学中的一大进步。虽然叶圣陶先生在1949年8月间草拟的《中学语文科课程标准草稿》[4]中的目标中已经听、说、读、写四项并提,并在初中部分规定:① 听人说话,能够了解对方要旨,不发生误会。又能够加以评判,对或不对,妥当或不妥当,都说得出个所以然。② 对个人或公众能够说出自己的意思,能够作辩论,不虚浮,不夸张,老老实实,诚中形外。说话的时候又能够不违背论理和我国的语言习惯,明确,干净,不含糊,不啰嗦。③ 能够就语汇、语法、修辞格三方面区别方言和普通话,能够彼此转译,达到相对的准确。在高中部分规定:听话、说话、阅读、写作四项,承接着初中的第①②③条,要求其提高。叶老提出的目标很具体,我们今日也可以参考。但是把听说的要求定入大纲,使之成为实施的教学目标,却是在1986年的《新大纲》中才得以落实和实现的。

听的能力,是人的听觉器官感知外界事物、语言的能力。首先是感知事物,听觉与视觉、肤觉等都可以感知事物,而且各有侧重,不能相互替代。听觉可以感知视觉不能达到的领域。听觉可以感知物质的结构情况,比如敲击,可以感知钢铁是否有裂缝;听觉可以感知机器运转是否正常,矿山巷道是否安全,人的肺部是否有病,等等;也可以感知事物的存在,如在海上用听觉来感知是否有鱼群,并能听出鱼的种类和鱼群的方向与踪迹。这些都是视力所不及的。秦牧同志所写的《赞渔猎能手》[5]和顾均正同志所写的《听觉作用》[6]都谈到了这种听觉的能力。当然,我们所说的听的能力指的是感知语言的能力。听就是用耳朵读书,是人们接受信息的重要渠道,是人们在社会交际过程中必须具备的语文能力。自幼丧失听力的人,也不具有说话的能力,除非经过特别的训练,可以了解到听与说的密切关系。听和说一样有生理基础和物理基础。要使声音让大脑感知,它的生理基础比说的生理基础复杂得多。说的生理基础是发音器官(肺、喉头、声带、口腔、鼻腔等),而听觉的生理基础是外耳、鼓膜、中耳、内耳,内耳有几万毛细胞让大脑神经感觉到语音语义系统,这是很复杂的。至于物理基础,则是语音的音长、音强、音高和音色。中国社科出版社1983年出版的《言语链——说和听的科学》(美国的"邓斯"和"平森"著),就比较科学地解释了说和听。

我们指的听知能力主要指连贯性话语的听知能力。应当相信,人们的听知能力和读、写、说一样,是有差异的,也是可以训练的(读、听是隐性能力,写和说是显性能力)。有的人听知能力强,有的人听知能力差。湖南的一位教师曾进行过听知能力测验,参加测验的123人中能简述一篇录音文章基本内容的仅有10人,能正确概括中心思想的仅有8人。可见听的能力是有差异的。有差异就要寻求训练的途径以达到优异的目标。寻求训练途径首先要了解听知能力的结构。听知能力的结构是:① "注意"的心理能力;② 辨识和理解音节、语调和语义话语的能力;③ 分析、综合、撮要和评断的能力;④ 识记、联想和领会言外之意的能力;⑤ 监听自己语言的能力。以听知结构为目标,可以构成训练方式。训练的方式要注意多样性(如听写、评估朗读、复述、概括要点、讨论纪要和总结、访问记录和会议的笔录整理,等等),也要注意训练的目的性,如分析综合的训练,就可以用讨论纪要和总结的方式。当然听知能力与文化素质有密切关系,听不懂对方的话语或某些语词,也就谈不上理解。有人把唐代的"樊宗师"听写成"范总思",把南朝宋时的"范晔"听写成"范夜",或把某些书名写错,这是由于知识基础不广而造成的听知错误。

说话能力也是人们在社会交际过程中必须具备的语文能力,是信息传输的能力。我们所指的说话能力,除在一定语境中的对话能力外,主要指培养连贯性话语的能力。说话能力与知识范围和智力都有关系,不单纯是语言训练问题。

说话在古代叫"谈说"(见《说文》"说"字)。先秦是很重视谈说的,儒家、墨家、纵横家、法家都重视谈说,详见拙文《先秦的谈说论》,见《语言文学论丛》第二集(北京师院出版社1987年版)和拙文《简明演讲学序言》(解放军出版社),这里不再赘述。汉代以后,世皆尚文,重章表,言语就不如文辞重要。直到"五四"运动前后,才又逐渐重视起口语表达。

在有声语言日益打破时间、空间局限的时候(录音、电传、电视、扩音等现代化工具的应用),听说能力的培养异常重要,这是现代化社会建设和民主法制建设的需要。

说话能力也是有结构的。说话的结构是:① 合乎规范的普通话;② 清晰的语音、语调和有层次的语词、句段表达;③ 合乎语境、感情的合体表达;④ 适当地运用非语言因素(如手势、姿态等)。我曾说过"演讲、说话是由思想感情、场合对象、语言传输和非语言传输等四个方面组合而成"[7]也谈的是说的结构。以说的结构为目标,可以构成训练方式。说的训练方式,一般有复述、口头作文、朗读、即席发言(讨论会、班会等)、答问、演讲(含讲故事)、主持人训练、辩论(专题或模拟法庭辩论)等,要求有准确、清楚、自然、得体、流畅的口头表达。

关于听说的教学,目前已有一些参考书,如《演讲与说话》(刘展云,香港大方公司版)、《说话的艺术》(陈建民,语文出版社)、《简明演讲学》(凌空等,解放军出版社)等。鲁宝元等著的《听说训练辅导》(1988年农村读物出版社)、冯仲芸等主编的《中学语文教学指导书》(1988年人民教育出版社)中均有听说教学的内容,可以参考。

现在已不是只重读写能力的时代了。有现代化传输宣传工具的现代社会,要求人们具有对话艺术和连贯的说话能力。语文教学要为一个中心两个基本点服务,因为听说能力已经成为从事社会生活和工作的必要能力。《新大纲》制定了各年级的具体要求,以提高人们的听说素质,正适应了现代社会的需要。

(2) 智力培养。《新大纲》"教学目的"指出:"要发展学生智力。"在《教学中应重视的问题》中也提出"发展智力"。

语文知识的学习和听说读写能力的训练均有助于智力的发展。心理学家一般认为,大脑有四个功能区:① 直觉功能区(视觉、听觉、触觉、平衡觉等);② 记忆功能区;③ 判断功能区(思维);④ 想象功能区。智力的发展就是四个功能区的发展。在学习语文知识和听说读写能力的培养过程中,四个功能区都要参加活动并促进智力发展,从而培养学生的创造能力。语文教学的内容有充分的条件来发展学生的智力,这也是过去的大纲没有提到的。我们应当进一步总结并发展这方面的实践经验。

(3) 美育问题。《新大纲》指出:"培养学生的社会主义道德情操、健康高尚的审美观。"在"教学目的"中提出美育的目的,这也是过去大纲所没有的。在语文教学中进行美育,是社会主义精神文明建设的重要组成部分。《中华人民共和国国民经济和社会发展第七个五年计划》中明确提出"各级各类学校要加强思想政治工作,贯彻德育、智育、体育、美育全面发展的方针"。《新大纲》关于美育的规定符合国家教育方针的要求,体现了中学语文教学的趋向,我们应当创造并总结在语文教学中进行美育的经验。

我们的民族,很早以前就有了对美的认识并有重视美育的传统。《说文解字》中对美的解释是"甘也。从羊从大,羊在六畜主给膳也。美与善同意"。从这里我们理解有两层意思:一是饮食之甘,让人感到悦心悦意的味觉之美,这是美的本义,由此而引申到悦耳悦目、悦情悦志的审美观;二是美与道德标准"善"是结合在一起的。古代的诗教就是美与善结合的教育。1912年蔡元培先生任教育总长时公布的教育宗旨中第一次提出"美感教育",并著文说:"美育者与智育相辅而行,以图德育之完成者也。"揭示了美育与智育、德育的关系,论述是深刻的。

美育是语文教育的一个重要组成部分。社会主义美育体现在语文教育中的任务是:一是通过文学作品和文章的教学以及课外活动,培养学生感受美的能力,发展学生高尚的审美情感;二是增强对文学作品和文章的听读理解和欣赏能力,逐步形成正确的审美标准和审美能力,培养并激发学生热爱美好事物和联想、比较、分析的能力,以区别真善美和假恶丑,抵制各种精神污染;三是培养学生创造美的才能,提高表现美的说写能力。在语文教育中进行美育的原则,我认为应当是寓美育于教学活动之中,坚持文道统一的原则,与德育智育联系起来。从新编的语文课本看,语文教学有进行美育的广阔天地。

(4) 语法学和文章学问题。《新大纲》指出:"语法知识选择切合实用的若干知识点,写成短文,并附练习,安排在初中教学。"这里说的语法知识,指的是教学语法。现行教材的教学语法系统,不同于以往的教学系统。新教材的教学语法系统的根据是1984年公布的《中学教学语法系统提要(试用)》。新的教学语法系统不同于《暂拟汉语教学语法系统》,教师要注意分辨它们的异同,注意并熟悉新的五级语法单位系统提出的诸如"语素"、"词类划分"、

"短语"(新教学语法的重点)、句群等新的概念。这方面已有不少参考书籍,如《教学语法论集》(1982年人民教育出版社)、《中学教学语法基础》(张寿康审订,1986年北京教育出版社)、《教学语法系列讲座》(1978年北京语言学会编,和平出版社版)、《教学语法答问》(张寿康主编,1989年北京师大出版社)等,均可参考。

《新大纲》规定:"读写知识按记叙、说明、议论等表达方式的顺序,选择若干要点,写成短文,配合有关单元教学。"这里的读写知识即文章知识。文章和文学有区别也有联系,《新大纲》明确了这种区别。在《教学要求》中提出"能阅读一般政治、科技读物和文艺读物",就把文章(一般政治、科技读物)和"文艺读物"区分开了。在初中阶段提出"能写记叙、说明、议论的文章",高中阶段提出"能写比较复杂的记叙、说明、议论的文章",这是在写作上的要求,只要求写一般文章,对文学作品则只提了"阅读鉴赏"的要求,没有提写文学作品的要求。文章和文学理应有区别,两者在性质、写作目的、写作心理和社会作用上都是有区别的。1917年谢无量出版的《实用文章义法》(中华版)在"绪言"中就提出"当分别美文和实用文二种,各为门户"。1924年孙俍工在《论说文作法讲义》(商务版)中就把文体分为实用文、美文两大类。实用文(包括记叙、说明、议论等)为文章,美文(包括诗歌、小说、戏剧等)为文学。叶圣陶先生在40年代也说过:"'五四'以后,通行读白话文了,教材是当时产生的一些小说、戏剧、小品、诗歌之类,也就是所谓文学","其实国文所包的范围很宽广,文学只是其中一个较小的范围,文学之外,同样包在国文的大范围里头的还有非文学的文章,就是普通文。这包括书信、宣言、报告书、说明书等应用文,以及平正地写状一件东西、载录一件事情的记叙文,条畅地阐明一个原理、发挥一个意见的议说文。"[8]叶老把普通文章同文学作品区别开来,这是合乎实际的。70年代初,叶老给一位老师回信说:"我希望教师练习写文章,并不专指练习写文艺作品而言。尤其重要的是写一般文章","一般文章是实际工作中随时需用的,谁都要能写好,所以尤其重要"[9]。可见,把文章和文艺作品区别开来是叶老的一贯思想。

文学作品与文章的区别正是编定新教材的一个着眼点。人民教育出版社出版的《中学语文教学指导书》中,黄光硕同志写的《中学语文学科的性质和作用》一文说:"大纲教学目的中提到的'祖国的语言文字'是从更广泛的范围来说的,指所有口头表达和书面表达的东西,当然也包括'文章'和'文学'。所谓文章,一般是就实用性文章来说的。中学阶段学习语文,从听说读写的要求来看,应该着重学习实用性文章。实用性文章包括记叙文、说明文、议论文、应用文。此外,还应该学点文学,给文学作品教学以一定的地位。"这是符合《新大纲》的精神的。从新编语文课本来看,初中六册课本,每册40课,共240课,其中属于文章的共177课。高中六册课本,共190课,其中属于文章的152课。初、高中教材的基本篇目190篇中属于文章的为109篇,这种比例也符合《新大纲》的精神。

附带说说文学和文章的区别,我国南北朝时也有觉察,所谓文、笔,文即文学,笔即文章。清代的李渔在《闲情偶寄·结构》中说:"实者,就事敷陈,不假造作,有根有据之谓也;虚者,空中楼阁,随意构成,无形无影之谓也。"所谓实即指文章,所谓虚即指文学,也就是普通文与文学的区别。以这种普通文章为研究对象的学科是文章学。文章是客观事物的真实反映,是组成篇章的书面语言,是社会发展的工具。文章学是研究文章的内部规律和读写文章规律的学科。文章学研究文章的概念、文章和文章学的历史、方法论、源流论、文章的结构、规律、类别、要素、章法、技法、阅读、修饰、教学、文风、风格,等等。语文教师应当熟悉、研究和应用文章学的知识,以便指导文章的教学。文章学方面的论述,有兴趣的同志可以参看拙编

《文章学概论》(1983年山东教育出版社)、拙著《文章学导论》(1986年湖北教育出版社,台北新学识出版中心亦将出版)、《修辞写作丛谈》(1987年宁夏人民出版社)、孙移山主编的《文章学》(1986年档案出版社)、拙文《文章学论略》(1986年第4期《北京师院学报》)和1987年6月23日《光明日报》刊载的《要重视文章学的研究工作》。

总之,《中学语文教学大纲》提出了语文教育学中的一些新问题,具有理论意义,大纲中规定的教学目的、教学要求和教材内容以及各年级的教学要求比较切实和具体,也富有指导实践的意义。

注释:

[1] 关于九年制义务教育语文教学大纲的谈话[J].中学语文教学,1987(8).

[2] 张志公.当前语文教改需要着重探讨的几个问题[J].语文学习,1987(3).

[3] 过传忠.孕育着重大突破的前夜——中学语文教学改革回顾与展望[J].蒲峪学刊,1988(2).

[4] 见《中学语文教学》1980年第6期。

[5] 秦牧.花城[M].北京:作家出版社,1962.

[6] 黎光耀.中国现代科学小品选[M].南京:江苏科学技术出版社,1984.已选入初中语文课本第六册。

[7] 谈师范学生应具备的知识结构和能力结构[J].唐山教育学院学报,1986(3).

[8] 叶圣陶.国文教学的两个基本观念[J]//叶圣陶语文教育论集[M].北京:人民教育出版社,1980:60.

[9] 叶圣陶.关于《一篇宣言》及其他[J].语文学习,1988(7).

管窥语文能力培养意识的发展[①]
——以语文课程标准、教学大纲、课程纲要为分析对象

叶丽新

知识和能力是经常被并列提出的,我们总是期望学生在掌握知识的同时能获得一定的能力。但长期以来,效果并不理想。于是,在新的《全日制义务教育语文课程标准》(实验稿)中,琐碎的语文知识教学受到了适度的抑制。这可以看作是对"重知轻能"现象的一种反拨。但语文能力培养是否会相应地获得更大的发展空间呢?在回答这个问题之前也许要正视这样一个事实:在漫长的语文教学发展史中,琐碎的语文知识教学能够遮蔽语文能力培养,本身说明语文能力培养意识还有待发展。所谓语文能力培养意识,指的是对培养语文能力重要性的意识,对语文能力和语文能力培养途径、方法等的认识。

对语文能力及其培养问题展开深入的研究,首先需要梳理语文能力培养意识的发展历程。语文课程标准、课程纲要、教学大纲中有关语文能力培养目标、内容等的表述方式和具体安排,大致能体现特定时代主流性的语文能力培养意识状况。以下将以一些具有代表性的中学(以初中为主)语文课程标准、课程纲要、教学大纲为分析对象,剖析我国中学语文能力培养意识的发展道路,期望能为深入开展语文能力和语文能力培养研究打下基础。

一

语文能力培养意识发展阶段一,分析《1922 年新学制初级中学国语课程纲要》、《1929 年初级中学国文暂行课程标准》及《1941 年六年制中学国文课程标准草案》。

李贞祥在辨析"语文能力"时指出,"语文"学科正式定名是在 1949 年,因此,至少在 1949 年以前是没有"语文能力"这一概念的。在查阅了大量语文报刊、语文教学著作后,他发现,"语文能力"最早出现于徐行知的《从听说读写来训练语文能力》一文中,刊登在 1952 年 3 月 26 日的《大公报》上[1]。话语系统中没有"语文能力"这一概念,是否就意味着没有培养语文能力的意识呢?不妨来看看 1922 年语文课程纲要和 1929 年、1941 年语文课程标准中陈述的"目的"、"目标"。

1922 年国语课程纲要陈述的"目的"是:① 使学生有自由发表思想的能力。② 使学生能看平易的古书。③ 使学生能作文法通顺的文字。④ 使学生产生研究中国文学的兴趣。

1929 年国文暂行课程标准陈述的"目标"是:① 养成运用语体文及语言流畅地叙说事理及表情达意的技能。② 养成了解平易的文言文书报的能力。③ 养成阅读书报的习惯和欣赏文艺的兴趣。

1941 年国文课程标准草案陈述的"目标"是:① 养成用语体文及文言文叙事说理表情达意之技能。② 养成阅读书籍之习惯,及读解古书之能力。③ 培养欣赏文艺之兴趣,及陶

[①] 本文选自《中国教育学刊》2004 年第 7 期,第 26—29 页。

冶文学上创作之能力。④使学生能应用本国语言文字,深切了解固有文化,并从代表民族人物之传记及其作品中,唤起民族意识与发扬民族精神。

1922年课程纲要的"目的"部分,仅目的 1 中出现了"能力"字样,但很明显,与目的 2 中"能看平易的古书"和目的 3 中"能作文法通顺的文字"相对应的分别是读的能力和写的能力。而目的 1 中所说的"自由发表思想的能力",结合整个纲要文本来看,指的应是写的能力和说的能力,只是"说"尚附属于"写"而不具备独立的地位。纲要"说明"中指出"演说辩论,最足以整理思想为作文之助",这从侧面说明了为什么"说"会作为"写"的一项内容出现。1929 年课程标准中的"目标"部分,目标 1 中出现了"技能"一说,从其所指来看应属广义的能力,只是更强调操作性、具体性。而所谓的"叙事说理表情达意"对应的应是"说"和"写"。与 1922 年的纲要相比,在这份课程标准的"习作"、"作业要项"中单列了"口语练习、演说或辩论"这一项。目标 2 明确提出的是培养读的能力。1941 年课程标准陈述的目标与 1929 年课程标准陈述的目标相比,在能力培养范围方面并未有变化,还是读、写、说三方面,只是突出了文学创作的能力。从以上分析可以看出,1922 年的课程纲要和 1929 年、1941 年的语文课程标准虽然尚未正式、清晰地提出培养学生的"语文能力",对"语文能力"的认识有一定的局限性,但已经打破了"代圣人立言"的语文教育观,而开始有意识地关注学生的语文理解和表达能力。因此,这一阶段的能力培养意识就具有了"萌芽"的色彩。

二

语文能力培养意识发展阶段二,分析《1963 年全日制中学语文教学大纲(草案)》、《1978 年全日制十年制中学语文教学大纲》与《1980 年全日制十年制学校中学语文教学大纲(试行草案)》。

本文在描绘 1949 年以来中学语文教学大纲的发展轨迹时,勾勒了四个阶段,其中 1963 年的大纲标志着语文教学大纲的"确立",1978 年的大纲则属于改革阶段[2]。但在"语文能力培养意识"的话题下,处于不同时代、具有不同意义的 1963 年、1978 年和 1980 年的中学语文教学大纲却可以"相提并论",它们共同代表了语文能力培养意识的确立阶段。因为与先前的语文课程标准、课程纲要相比,1963 年的大纲在处理"能力培养"问题时具有三点突破,并且这些突破在 1978 年的大纲和 1980 年的大纲中得到了继承。

1. 对语文能力培养目标的表述相对清晰、突出

1963 年的大纲所陈述的教学目的不仅直接和完全指向"能力培养",还第一次清晰地在大纲中使用了"阅读能力"、"写作能力"这样的说法:"中学语文教学的目的,是教学生能够正确地理解和运用祖国的语言文字,使他们具有现代语文的阅读能力和写作能力,具有初步阅读文言文的能力。"1978 年和 1980 年的大纲虽然加强了对思想政治教育的要求,但从"进行严格的读写训练"、"在读写能力上得到提高"等话语中可以看出,至少在设想中,读写能力培养的要求并未放松。在这几份大纲中,"说"同样被作为"写"的准备而附属于"写"的训练。

2. 能力培养目标逐渐成为语文教学诸问题的核心

1963 年的大纲包括的内容有:语文的重要性和语文教学的目的、教学要求、教学内容、选材标准、教学内容的安排、教学中应该注意的几点,以及各年级的教学要求和内容。1978 年和 1980 年的大纲包括的内容有:教学的目的和要求,教材的内容和编排,作文教学,教学中的几个问题,各年级的读写训练要求和课文初选目录。自 1963 年的大纲开始,结构相对

完备,说明在理念层面能统筹考虑语文教学的诸多问题。更值得注意的是,这三份大纲"教学目的"之外的内容在字里行间透露出了对教学目的,尤其是能力培养目的的关注。譬如,1963 年的大纲在"教学中应该注意的几点"中有这样的表述:"识字是语文教学的一项重要任务,字识得多,识得踏实,是提高阅读能力和写作能力的基础";"讲读教学是语文教学的重要组成部分,学生的读写能力不能凭空养成,要以讲读教学为中心,进行种种严格的训练"。又如,1980 年的大纲中"教材的内容和编排"部分提出:"教材要按照读写训练的要求进行编排,由易到难,由浅入深,循序渐进。培养学生的读写能力在各年级要有一定的重点。"

3. 能大致区分各年级的能力培养要求和目标

1963 年大纲中的"各年级的教学要求和教学内容"和 1978 年、1980 年大纲附录中的"各年级读写训练要求和课文初选目录",都按年级分别提出了相应的教学要求、训练要求和以课文为主的教学内容。这体现了循序渐进培养学生能力的意识,现以 1963 年大纲"教学要求"中关于写作的内容为例加以说明:

(在小学的基础上)继续识字,积累词汇,提高用词造句和使用标点符号的能力;着重培养记叙能力,理解记叙的要素以及观察和记叙的关系,写记叙文力求中心明确、条理清楚;培养写应用文的能力,学会通知、书信等的写法(初一年级)。

继续识字,积累词汇,提高用词造句和使用标点符号的能力;着重培养说明能力,理解和掌握说明事物的一些要点和方法,说明事物力求准确清晰,有条有理;继续培养记叙能力,学习记人和写环境;继续培养写应用文的能力,学会记录、报告等的写法(初二年级)。

继续识字,积累词汇,提高用词造句和使用标点的能力;着重培养议论能力,理解立论、驳论和论证的方法;继续培养记叙和说明能力;继续培养写应用文的能力,学会合同、表格、计划等的写法(初三年级)。

从初一着重训练记叙能力,到初二着重训练说明能力,再到初三着重训练议论能力,体现了有目的、有计划、有重点地训练写作能力的用意。应用文训练序列由通知、书信到记录、报告,再到合同、表格、计划,也从细微处体现了由易到难的精心安排。

三

语文能力培养意识发展阶段三,分析《1986 年全日制中学语文教学大纲》、《1990 年全日制中学语文教学大纲》及《1992 年九年义务教育全日制初级中学语文教学大纲》。

20 世纪 70 年代末 80 年代初,掀起了语文教学研究和改革的热潮,1978 年大纲的滞后性逐渐显露出来,于是 1986 年的大纲应运而生。后者不仅继承了前者的能力培养意识,而且又在此基础上迈出了具有里程碑意义的一步——对能力和能力培养目标有了新的认识。这些新认识在 1990 年的大纲和 1992 年的大纲中得以继承和发展。

1. 拓宽了能力培养范围,提高了听、说能力训练的地位

1986 年的大纲首次在"教学目的"中给"听说训练"提供了一席之地。相关表述为:"进行严格的语文基本训练,使学生热爱祖国语言,能够正确理解和运用祖国的语言文字,具有现代语文的阅读能力、写作能力和听说能力,具有阅读浅易文言文的能力。"相应地,在"各年级语文基本能力和基础知识教学要求"一项中,就"听说能力"训练提出了要求。在 1992 年的大纲中,"听"、"说"能力受到更多的关注。该大纲在"教学目的"中提出,"在小学语文教学的基础上,指导学生正确理解和运用祖国的语言文字,使他们具有基本的阅读、写作、听话、

说话的能力,养成学习语文的习惯"。由合称"听说能力"到并举"听话能力"和"说话能力",这不是措辞上的偶然变动,而是对"听说能力"的研究细化的结果。相应地,在1992年大纲的"教学要求"和"教学内容"中的"能力训练"项目中分别列举了"听话能力"、"说话能力"的相关训练要求和内容。

  2. 细化了读、写、听、说能力的培养目标、要求和内容

  1963年大纲已开始按年级提出能力培养的教学要求和教学内容,其中包含了能力培养的目标,但因对语文能力的认识还较为片面,所以只是笼统地、集中地提出了写作能力和阅读能力的训练目标、要求、内容。而在1986年的大纲中,出现了读、写、听、说能力训练的分项要求。譬如,大纲针对初中一年级提出的能力教学要求分别为:阅读能力3项,写作能力3项,听说能力3项。1992年的大纲中,能力训练要求更加详尽:阅读能力训练内容共18项,写作能力训练内容共13项,听话能力训练内容共7项,说话能力训练内容共8项。

  3. 能力培养的要求、目标和内容,由描述训练凭借转为描述能力的行为表现

  仔细阅读上文所引的1978年大纲中关于写作能力的教学要求可以发现,特定年级的能力培养教学要求,主要是按照由易到难、由浅到深的顺序,点到了能力训练过程中的学习内容、对象。"记叙能力——说明能力——议论能力"这种能力训练序列,是由作为学习内容的课文的文体类别引申出来的。在这样一种能力培养意识中,突出了能力培养的凭借,但未重视具体、外显的能力培养目标。自1986年的大纲开始,能力培养意识有了深刻的发展,开始侧重于通过描述能力的行为表现来表述能力培养的要求、目标和内容。这种取向在1992年的大纲中得到了凸显。关于写作能力训练的内容,1992年大纲的表述是:

  书写工整、规范,有一定的速度;正确使用标点符号;观察、分析周围的事物,用自己的话写出观察的结果和感受;随时收集、积累语言材料;根据写作需要,确定表达的内容和中心;选择恰当的表达方式,比较准确地表达自己的意思;合理安排内容的先后、详略……上述几项能力训练内容描述的是人们所期望的与一定水平的写作能力相对应的行为表现,行为主体是学生而非老师。

四

  语文能力培养意识发展阶段四,分析《2000年全日制初级中学语文教学大纲》与《2001年全日制义务教育语文课程标准(实验稿)》。

  在分析语文能力培养意识由萌芽到确立再到凸显的过程中,可以看到"能力"这一字眼在语文课程标准、教学大纲中逐渐成为一个核心概念,能力培养的教学要求、教学内容逐渐成为语文课程标准、教学大纲文本结构中举足轻重的一个板块。然而,在2000年大纲和2001年课程标准中,能力培养目标、要求、内容没有沿着1992年大纲的"细化"思路走下去,而是从多个侧面体现出了"整合"的理念。

  1. "语文素养"概念蕴含的能力培养目标的整合性取向

  2001年语文课程标准呈现了四条基本理念,指明此次"课程改革的思想指导、改革重点和实践要求[3]"。"全面提高学生的语文素养"是其中最重要、争议也最大的一个新理念。争议的焦点在于"语文素养"的内涵及其作为一个新概念出现的价值。一方面,"语文素养"的出现给人以"语文能力"隐退的印象,如李贞祥提出的"语文能力是否错"[4]。另一方面,"语文素养"内涵的丰富性反而给许多人留下了一种无所不包但又无从下手的负面印象。语文

素养真的是一个缺乏实践意义的新名词吗？这里,让我们来看这样一种诠释:

"它以语文能力为核心,是语文能力和语文知识、语言积累、思想情感、思维品质、审美情趣、学习方法、学习习惯的融合。语文素养不仅表现为有较强的识字写字能力、阅读能力、作文能力和口语交际能力,而且表现为有较强的综合运用能力——在生活中运用语文的能力以及不断更新知识的能力。一句话,语文素养是整合的,能促进学生德、智、体、美和谐发展的语文能力。"[3]

以上观点并不是"语文素养"唯一的理解方式,但却是最顺理成章的理解方式,因为从中可以看出"语文素养"不是无所依托的新名词,至少"语文能力"是它最重要的生长点,而我们对"语文能力"并不陌生。于是,语文课程首要的"基本理念"就不再令人望而生畏了——我们要思考的首要和直接的问题其实就是如何加强语文能力培养,并注意深度、广度、综合性等品质的问题。从"语文能力"到"语文素养"不是简单地增加一个新概念,而是蕴含着对语文能力培养目标的深层次追求——语文能力能够综合运用,语文能力能够整合各种智力与非智力因素。

2. "口语交际"概念蕴含的能力因素的整合性取向

自1986年大纲首次在教学目的中提出要培养学生"阅读能力、写作能力和听说能力"之后,后继大纲都习惯性地按"听说读写"这四个方面来提出教学要求和规定教学内容。然而在2000年的大纲和2001年的标准中,"听"、"说"不再单独出现,而是糅入了"口语交际"这一全新的领域。于是,就有了"口语交际能力"这一全新的能力称谓。什么是口语交际能力？新课程标准提出口语交际能力有何用意？

在新课程标准"实施建议"中的"教学建议"部分有这样一些陈述:"口语交际能力是现代公民的必备能力。应培养倾听、表达和应对的能力,使学生具有文明和谐地进行人际交流的修养。口语交际是听与说双方的互动过程。教学活动应在具体的交际情境中进行。"在这些表述中,我们还是能捕捉到"听"的能力(倾听)、"说"的能力(表达),但除此之外,还有"应对"、"互动"等新的元素,正是这些新元素使抽象的"听"、"说"能力回归到交流情境中。在真实的情境中获得的听说能力才"有在自己身上的意思"[5],进入"素养"层次。也许这是整合相关的主观能力因素和客观交际情境因素,提出"口语交际"学习领域的深层意义。

3. 三维课程目标蕴含的能力培养途径的整合性取向

课程目标根据知识和能力、过程和方法、情感态度和价值观三个维度设计,是语文新课程标准的一大特色。这一设计思路追求的效果是"三个方面相互渗透,融为一体,注重语文素养的整体提高"。在"相互渗透"、"整体提高"的理念下,能力训练内容和要求看似没有1992年大纲所陈述的那么鲜明和清晰,但却蕴含着语文能力培养的一些途径和方法:其一,语文能力培养要注重运用和发展学生的语文知识,如"在阅读中了解叙述、描写、说明、议论、抒情等表达方式","能够区分写实作品和虚构作品,了解诗歌、散文、小说、戏剧等文学样式";其二,注重能力养成的过程和方法,如"浅易文言文,能借助注释和工具书理解基本内容","学会制订自己的阅读计划,广泛阅读各种类型的读物";其三,注重以积极的情感、态度、价值观为动力,提高能力培养的成效,如"喜欢阅读,感受阅读的乐趣","懂得写作是为了自我表达和与人交流"。这样全方位、多侧面地关照能力培养,比单纯拆分能力训练点多了弹性,切近了真实的能力形成过程,增强了操作性。

在一个世纪的风雨历程中,中学语文能力培养意识基本呈逐步推进的态势。当然,由

"意识"到"行动"到"结果",其间有许多无法预料的可能性。语文能力培养低效现象是哪些环节出了问题,语文能力是否可以作出其他的诠释,什么样的培养途径更为合理,这些问题有待于进一步的研究。

注释:

[1] 李贞祥."语文能力"辨[J].湛江师范学院学报(哲学社会科学版),1998(12).

[2] 庄文中.1949年以来中学语文教学大纲的发展轨迹[A]//张鸿苓等.新中国中学语文教育大典[C].北京:语文出版社,2001.

[3] 崔峦.学习《语文课程标准》 深化语文教学改革(上)[J].课程·教材·教法,2002(3).

[4] 李贞祥.《语文课程标准》献疑[J].上饶师范学院学报(哲学社会科学版),2003(2).

[5] 叶圣陶.论中国国文课程的改订[A]//中央教育科学研究所.叶圣陶语文教育论集[C].北京:教育科学出版社,1980:74.

语文教育距离课标有多远①

王鹏伟

2001年《全日制义务教育语文课程标准(实验稿)》颁布,标志着我国中小学新一轮课程改革正式启动,义务教育阶段新课程实验开始,至今已历时8年;2003年《普通高中语文课程标准(实验)》颁布,2004年高中新课程实验开始,至今已历时5年。新课程实验之后,课程标准对语文教育产生了哪些显著影响?语文教育距离课程标准的要求还有多远?对此,应该有一个冷静的思考。

一、课程标准的显著影响

课程实施是以课程标准为依据的,课程标准对课程改革的影响不言而喻。语文教育的现状有诸多不尽如人意之处,但不能完全归咎于语文课程标准;同样,语文教育近年也有一些明显的进步,也不能完全归功于语文课程标准。在课程标准的影响下,语文教育有哪些明显改观,或者说,哪些改观是明显受到了课程标准的影响?主要表现在如下三个方面。

1. 诵读与积累

在课程标准涉及的诸多因素中,古诗文诵读在实际教学中是最受重视的。义务教育语文课程标准"阶段目标"中对诗文背诵有明确规定:小学阶段背诵诗文累计160篇(段),初中阶段背诵诗文累计80篇,合计240篇(段)。除了初中阶段要求背诵的诗文课程标准中确指为古诗文外,其他年段并没有确指为古代诗文,但在实际教学中背诵的几乎都是古诗文。义务教育语文课程标准附录的"关于优秀诗文背诵篇目的建议"所列篇目均为古诗文,其中小学阶段70首古诗,初中阶段16篇古文、34首古诗,计50篇。这个列表成为各地中考的命题范围,也就成了语文课程实施的一条底线。

据笔者调研,许多学校初中阶段没有达到背诵诗文80篇的数量,但既然课程标准附录的背诵篇目被各地作为中考命题范围,还是达到了这一底线。令人欣慰的是,在一些地区和学校,古诗诵读与积累所受到的重视远远大于课程标准的上述规定。例如,在笔者实地考察的青岛市城阳区各小学,古诗背诵数量平均不低于250首;吉林大学附属中学(初中)古诗背诵平均不少于150首。这些地区和学校的教研员与教师认为,古诗背诵是奠定语文基础和传承民族文化的有效途径。

普通高中语文课程标准虽然也附录了"关于诵读篇目和课外读物的建议",但是没有明确规定具体的诵读篇目,因此高中阶段的古诗文诵读远没有像义务教育阶段那样受到重视。

2. 教科书编写与民族文化传承

义务教育语文课程标准在课程总目标中指出,"认识中华民族文化的丰厚博大,吸收民族文化智慧";在第三部分"教材编写建议"中提到"教材要注重继承与弘扬中华民族优秀文

---

① 本文选自《中学语文教学》2009年第7期,第4—9页。

化","教材选文要具有典范性,文质兼美,富有文化内涵和时代气息"。普通高中语文课程标准在课程目标中指出"增强文化意识,重视优秀文化遗产的传承,尊重和理解多元文化,关注当代文化生活";在"教科书编写建议"中又指出,教材编写"要重视继承和弘扬中华民族优秀文化,理解和尊重多元文化"。从上述可以看出课程标准对民族文化传承的重视,而在此前的语文教学大纲中,民族文化传承远没有受到如此重视。例如,1992年颁布的《九年义务教育全日制初级中学语文教学大纲(试用)》不仅没有提及民族文化传承,反而在"教学内容"中强调:"在全部课文中,现代文占80%左右,文言文占20%左右。要重视选取反映新中国成立以来社会和时代精神的现代文。"1996年颁布的《全日制普通高级中学语文教学大纲(供试验用)》只是在引言中指出:语文学科"对于弘扬民族文化和吸收人类的进步文化"等具有重要意义;在"教学目的"中指出,要"培养学生热爱祖国语言文字、热爱中华民族优秀传统文化的感情"。比较可见,新课标对民族文化传承的重视程度是新中国建立以来前所未有的。

课程标准对文化传承的重视意味着作为传统文化载体的古诗文在新编教材中比例将大幅提升,从而取得前所未有的地位。不同版本的课程标准实验教科书印证了这一点。例如,长春出版社义务教育语文课标教科书:小学阶段课文共415篇,其中古诗文82篇,占19.8%(古诗61首,古文21篇),如果包括课后积累的古诗,则共计115首,占32.8%;初中阶段课文178篇,其中古代作品101篇,占56.7%(古诗49首,散文39篇,小说6篇,戏剧1篇,神话6篇)。再如,人民教育出版社高中课标语文教科书:共5个必修模块,"阅读鉴赏"部分共65课,其中古诗文29课,占44.6%(其中古诗13课、22首,古文17篇);另古典白话小说2课、古典戏剧1课,总计古代作品占到50%。不仅如此,古代作品教学,尤其是古诗文教学,实际占用的学时远远多于现代文。这在新中国建立以来也是前所未有的。因此,可以说课程标准在传承古代文化、继承民族文化遗产方面产生的影响是显著的。

由上可见,在课程标准的影响下,语文教育以诵读的传统方式继承了民族文化传统。仅就这一点而言,对培植一个人的民族文化基因、奠定一个民族的文化根基有不可替代的作用。

3. 学习主体意识的强化

课程标准在确立现代教育理念方面的影响也是明显的,即强调学习主体意识。义务教育语文课程标准在"课程的基本理念"中强调"学生是学习和发展的主体",提出"积极倡导自主、合作、探究的学习方式";普通高中语文课程标准在"教学建议"中也重现了这一提法。这一提法已成为新课程的一个标志性口号。

学习主体意识归根结底是教育民主意识的产物,教育民主意识归根结底是社会民主意识的萌发。课程标准强调教育民主意识深层的原因是历史的必然、时代的进步。尽管目前人们对课程标准倡导的学习主体意识多有指责,甚至把语文教育脱离语言文字,流于空泛的倾向归咎于教学民主,但是,一个不争的事实是,学生在课堂上逐渐拥有了话语权,这就是进步。反之,如果要走回从前,其方向必然是教师的"一言堂"。目前,不是课堂局面无法掌控,而是学生的话语权还很微弱,学习主体意识远未确立,还有漫长的路要走。我们要发展地看问题,就不能割断历史。从宏观层面看问题,才有可能看清方向。

课程标准的影响是多方面的,语文课程标准从颁布之日起也多有争议,有诸多值得商榷之处,但在笔者看来,语文课程标准在上述三方面的积极影响是显著的。

二、语文教育距离课程标准有多远

新课程已实施8年,语文教育是否达到了课程标准的要求?在语文课程的各个层面上,从汉字书写、基础知识到阅读、写作,以至视为新课程标志的高中选修课和义务教育综合性学习,语文教育远远没有达到课程标准的要求。

1. 书写水平降低与语文知识"淡化"

九年义务教育课程标准规定:1—2年级"书写规范、端正、整洁";3—4年级"能使用硬笔熟练地书写正楷字……用毛笔临摹正楷字";5—6年级"硬笔书写楷书,行款整齐,有一定速度","能用毛笔书写楷书,在书写中体会汉字的优美";7—9年级"在使用硬笔熟练地书写正楷字的基础上,学写规范、通行的行楷字","临摹名家书法,体会书法的审美价值"。

据笔者调研,自十年"文革"浩劫至今,毛笔写字课在全国范围普遍没有实施过。书法意义上的写字课实际上已经废弃,书法教育已经断代。课改前,小学单独设置一节写字课,现在已经普遍取消,原因之一是课时不足,原来小学语文课时为每周9节,课改后为7节;书法意义上的写字训练(包括硬笔书法和毛笔书法),一直是在课外兴趣小组进行。这样一来,语文课中的书法教育几近空白。初中阶段,课改前有所谓"写小字"作业,目的是会写生字,而不是写好,即使如此现在也已废弃。实际情况是,目前义务教育阶段学生的写字水平仅达到了课程标准规定的小学3—4年级的水平;此外,写字姿势、写字习惯均存在问题。与新课程实施之前相比,学生的写字水平呈下降趋势。这里不排除下列因素:

(1)多媒体泛用。不少学生习惯于在电脑上打字,许多教师也习惯于用媒体课件取代手写板书,而不做示范,这就造成了写字外部环境的欠缺。

(2)教师写字基本功下降。在中等师范教育中有书法课程,而高等师范教育中则没有。课改以来,随着中等师范学校逐步升格为高等专科院校(或被高师兼并),师范教育中的书法教育已经不复存在。此外,课改之后,教研的兴奋点在搞观摩课,教师的基本功训练被严重忽视。

(3)学前教育小学化。幼儿园的"学前班"进行识字教学,目的在于阅读,打开视野;同时又进行写字教学,但缺乏专业规范。小学教师普遍反映,小学生在学前班形成的不良写字姿势(如坐姿、执笔)、写字习惯(如笔顺)难以纠正。

课改之后,语法、修辞知识教学处于零散状态,没有落实。学生普遍没有形成完整的知识系统,尤其欠缺必要的语法知识基础,不能适应高中的文言文教学和外语教学。其根源是课程标准起了误导作用。

义务教育语文课程标准在"教学建议"中指出:"在阅读教学中,为了帮助理解课文,可以引导学生随文学习必要的语法和修辞知识,但不必进行系统、集中的语法修辞知识教学。"普通高中语文课程标准在"课程的基本理念"中指出:"不宜刻意追求语文知识的系统和完整。"课改以来,"淡化语文知识教学"甚至成为一种口号。为什么"不必进行系统、集中的语法修辞知识教学"?本是系统的专门的语文知识,不系统集中地教学能掌握吗?为什么"不宜刻意追求语文知识的系统和完整"?系统、完整的语文知识是"随意"就可以建构起来的吗?

2. "读整本的书":只是一个口号

语文课程标准强调要"读整本的书"。义务教育课程标准在"教学建议"中指出:"培养学生广泛的阅读兴趣,扩大阅读面,增加阅读量,提倡少做题,多读书,读好书,读整本的书。"在课程"总目标"中规定:"九年课外阅读总量应在 400 万字以上",其中初中阶段"课外阅读总量不少于 260 万字,每学年阅读两三部名著"。普通高中语文课程标准在"课程目标"中规定:"具有广泛的阅读兴趣,努力扩大阅读视野。学会正确、自主地选择阅读材料,读好书,读整本书,丰富自己的精神世界,提高文化品位。课外自读文学名著(5 部以上)及其他读物,总量不少于 150 万字。"需要说明的是,这个阅读量是必修课程的要求,选修课没有规定。义务教育语文课程标准和普通高中语文课程标准均附录"关于课外读物的建议",列举了有关作品,并且都提到科学与人文方面的各类读物可由语文教师和各有关学科教师商议推荐。

"读整本的书"是课程标准首倡,是一个历史进步,意义非同寻常。其一,它针对了应试教育的时弊。课改之前,中考和高考均考文学常识,死记硬背文学常识是为了应试,与读书无关;其二,从小学到高中,除了教科书,不外乎杂志之类的文化快餐,不可能对某位作家或作品形成完整的印象,也不可能养成良好的阅读习惯提高文化品位;其三,把阅读视野扩展至广泛的科学和人文阅读,而不仅仅是文学——虽然只是提及。由此,可以引申到阅读理念的根本:阅读不仅仅是一种技术,更是一种学习和生活方式。

据笔者 2009 年 5 月 30 日在吉林省实验中学对首次中考自主招生的数据统计,30 名面试考生中,除中国四大文学名著《西游记》《水浒传》《三国演义》《红楼梦》外,完整地读过一本课外书的仅有 3 人,仅占 10%。这里需要说明两点:第一,参加自主招生的学生都是比较优秀的初中应届毕业生,如果就普遍情况而言,其比例就微不足道了。第二,之所以把中国四大名著排除在数据统计之外,是因为四大文学名著在吉林省中考范围之内。为了应对中考,一些出版社出版了"四大名著知识题典"之类的考试用书,有的学校还自编了类似书籍作为校本教材。这些书籍动辄二三十万字,学生人手一册,题海淹没了原著,做题取代了阅读,何谈培养阅读兴趣?至于文学之外的科学和人文读物则不在学校教育的视野之内。这样一来,"读整本的书"岂不成了一个美丽的口号?

3. 作文:想象取代了观察,空论取代了思考

义务教育语文课程标准在"阶段目标"中要求 5—6 年级"能写简单的记实(应为"纪实")作文和想象作文,内容具体,感情真实";在"教学建议"中指出:"要求学生说真话、实话、心里话,不说假话、空话、套话。激发学生展开想象和幻想,鼓励写想象中的事物。"普通高中语文课程标准在"课程目标"中要求:"学会多角度地观察生活,丰富生活经历和感情体验,对自然、社会和人生有自己的感受和思考","以负责的态度陈述自己的看法,表达真情实感,培育科学理性精神";在"教学建议"中指出:"教师应鼓励学生积极参与生活,体验人生,关注社会热点,激发写作欲望。引导学生表达真情实感,不说假话、空话、套话,避免为文造情。"

从上面的引述可以归结出两点:一是纪实作文,强调要说真话;二是想象作文,旨在培养想象和联想能力。与 1992 年颁布的《九年义务教育语文教学大纲》和 1996 年颁布的《普通高中语文教学大纲》比较,关于联想和想象能力,两个教学大纲也都提到;关于"说真话",表述是不同的。原《九年义务教育教学大纲》表述为:"记事写人,内容具体,有真情实感。"原《普通高中语文教学大纲》表述为:"观察、积累、思考,养成习惯。"强调说实话看似平常,其实并不简单。是否说实话起决定作用的是社会话语环境,根源在主流意识。长期以来,说真话不是一个话语习惯问题,而是一个政治问题。因为社会环境改善了,新课标才有强调说实话的可能性,强调这一点是有针对性的,其表述是批判性的,这是一个突破。

从实施现状来看,纪实作文与想象作文两者的表征却不对称。据笔者近年来参与吉林

省高考阅卷掌握的情况看,无论作文试题怎样变化,考生普遍疏于纪实和思考,而多作空泛的抒情议论。成绩优秀的学生很少写纪实文字,而大多模仿所谓"文化散文"笔调,或黄沙古道、秦皇汉武,或唐诗宋词、骚客佳人,上下五千年,纵横八万里。表面看来,或气吞山河,或柔肠寸断;拂去膨胀的泡沫,其实什么都没有,没有自己的话语,没有自己的思考。

上述情况渐成趋势,由来已久。其原因之一是高考作文的误导,始于 2001 年的全国高考作文题"假如记忆能够移植",近年来各省自主命题的文学化倾向客观上也助长了这种风气。笔者以为另一个原因与课程标准表现出的倾向性也不无关系。培养联想和想象能力就一定要写想象作文吗?激发想象可以理解,激发幻想就让人费解了。为什么要"鼓励写想象中的事物"?纪实作文就不需要想象吗?笔者不能臆断课程标准的研制是出于怎样的考虑,但由此联想到长期以来武侠、魔幻之类的流行文化潮流对学生作文的影响,例如武侠小说(有的已选入教科书)以及武侠影视、风靡全球的美国魔幻大片《哈利·波特》。需要指出的是:作文倾向现实生活是根本,流行文化现象可以作为语文实践活动考察的内容,却不宜在学生作文中实行,作文教学的时代感并不体现在这上面。

4. 高中选修课:变异与困境

高中开设选修课是我国基础教育课程改革的重要标志,为新中国建立以来前所未有,选修课的开设与实施事关基础教育课程改革的成败。开设选修课的起点是选课。普通高中语文课程标准在"教学建议"中指出:要帮助学生"学会正确行使选课的自主权","教学内容和要求,必须在充分考虑学生需要和特点的基础上设定,不能单纯从教师的知识储备和喜好出发决定教学内容"。课由谁来选?学生的选修课当然由学生来选,如果由教师来选,那就不是选修课,而是选授课了。

实际情况怎样呢?课程标准设置了五个选修系列:诗歌与散文、小说与戏剧、新闻与传记、语言文字应用、文化论著研读,每个系列设计若干课程模块(人教版教材 15 个课程模块,其他版本教材也大致如此)。有的实验省份把这五个系列分为三个类别,即文学类(诗歌与散文、小说与戏剧)、语言文字应用类(新闻与传记、语言文字应用)、文化类(文化论著研读),要求学生跨类选修。这种硬性规定显然限制了学生的选择空间,但考虑到选修课的基础性与高考的可行性,是可以谅解的。但新课程高考大纲中没有文化类内容,所以导致基层学校不选文化类,即使选了也出于应付。其结果是,在全国范围的各实验区,文化论著研读系列的选修课开设甚为寥落。明明是五个系列的选修课,硬是被高考"裁决"掉一个。

在课程实施过程中,选择空间还在进一步压缩。某些省或地区,在剩下的文学类和语言文字应用类两个选修类别中,又统一规定供选的课程模块,以便于组织和应对全省统一的学业水平考试和高考。落实到基层学校这一层面,在每一个学段可供选择的同类课程模块几乎不超过两个,全省或全地区共选的局面由此形成。在这个狭窄的选择空间里,再由学校教研组最后选择出一个。这样一来,选课就与学生无关了,何谈学生行使选课的自主权?从某种程度上说这已经不是学生的选修课,而是一个地区或一所学校的"必修课"了。

新课程开设选修课必然对教学方式和学习方式提出新的诉求。然而,目前的选修课教学,只是课程内容与必修课有所不同,在教学方式和学习方式上没有明显差异,仍然是以教师讲授为主。既然课程应该由学生自己来"选",那么"修"也应该以学生自修为主。如果仍然采用必修课的授课方式,那就不是完整意义上的选修课。

5. 语文实践活动:缺乏实施空间

语文实践活动是课程标准强调的新课程特色之一。义务教育语文课程标准在"课程的基本理念"中指出:"语文是实践性很强的课程,应着重培养学生的语文实践能力,而培养这种能力的主要途径也应是语文实践活动……"并设置"综合性学习"板块,规定了阶段性目标,和识字与写字、阅读、写作、口语交际并置。据此,不同版本的义务教育课标教材均逐单元设计了"综合性学习"专题,有些版本的高中课标教材也取类似做法,与之衔接。

笔者以为,九年义务教育阶段的综合性学习与高中阶段的选修课是新课程的亮点,最能体现新课程的特色和突破性价值。然而,综合性学习实施的情况同样不容乐观。

东北师范大学文学院课程与教学论专业硕士研究生刘艳红于 2009 年就初中综合性学习课题作了问卷调查。该问卷调查采取分层随机抽样的方法,选取辽宁省兴城市(县级市)第四中学、白塔中学、旧门中学三所学校(市区学校、农村学校、郊区学校各一所)实地调查,随机抽取每所学校七年级(1 班)和九年级(1 班)学生共 258 人,三所学校全体语文教师共 32 人。教师问卷结果表明:对课本中的综合性学习专题,全部实施过的教师比例为 0;即使实施过,所用课时也很少,只用 1—2 课时完成的占 87.5%;对于课本之外的综合性学习活动组织实施的教师比例为 0。对综合性学习活动的指导,偶尔有的占 12.5%,从没有指导过的占 87.5%。学生问卷结果表明:对综合性学习课程作用的认可(多选),选择"提高了语文的学习兴趣"的占 33.2%,"改变了我的学习方式"的占 31.78%,"使我的语文成绩提高了"的占 20.16%,"没什么影响"的占 12.02%;对"遇到你感兴趣而解决起来又有一定难度的问题"的选择,请教老师、同学、家人等身边人帮助解决的占 46.51%,和周围人合作的占 25.19%,搜索资料自己寻找办法解决的占 16.28%,暂时放弃的占 12.02%;对"你们语文课多长时间进行一次综合性学习"的选择,完全按照课本进度教学的比例为 0,偶尔进行一次、没有规律的占 100%;对"你们有专门的语文综合性学习课时吗"的选择,不占课时、基本上是在课下进行的占 36.05%,老师安排课时单独进行的占 42.36%,课上与课下结合的占 21.32%。

据上述数据可以得出初步结论:一是绝大多数教师没有对综合性学习进行指导;二是综合性学习的实施没有计划。以上两点说明综合性学习处于放任自流状态;三是综合性学习没有走出课堂,有悖于语文实践活动的本意;四是是不是学生不认可呢? 即使在教师放任的情况下,仍然有 1/3 以上的学生对综合性学习课程持肯定态度,并采取了合作学习的方式。总之,综合性学习不是没有可行性,而是缺乏实施空间。

三、简单的结论

以上以课程标准为参照,对新课程实施以来的语文教育各个范畴的现状做了简略分析(篇幅所限未能展开),简单结论如下:

在课程标准的影响下,语文教育取得了一些进步,主要表现在诵读与积累、传承民族文化、教学主体意识方面。

语文教育在诸多方面,尤其是在新课程特色方面没有明显改观,主要表现为:书写水平降低与语文知识"淡化";与应试无关的课外阅读几乎是空白;作文教学方向出现偏差,想象取代了观察,空论取代了思考。尤其在能够体现新课程特色方面,高中语文选修课几乎成了必修课,学习方式也没有转变,徒有虚名;义务教育阶段的综合性学习,虽有实施的可行性,但缺乏实施空间。

  总之,在课程标准的影响下,语文教育取得了一些前所未有的进步,但距离课程标准的要求还相差很远。是语文课程实施不力,还是课程标准脱离实际?这个问题已经超出了本文论题,在此不予赘述。

注释:

  [1] 中华人民共和国教育部.全日制义务教育语文课程标准(实验稿)[S].北京:人民教育出版社,2001.

  [2] 中华人民共和国教育部.普通高中语文课程标准(实验)[S].北京:人民教育出版社,2003.

  [3] 中华人民共和国国家教育委员会.九年义务教育全日制初级中学语文教学大纲(试行)[S].北京:人民教育出版社,1992.

  [4] 国家教育委员会基础教育司.全日制普通高级中学语文教学大纲(供试验用)[S].北京:人民教育出版社,1996.

  [5] 王鹏伟.语文知识教学:淡化还是强化[J].中学语文教学,2007(10).

  [6] 王鹏伟.语文选修课的困境与未来走向[J].中学语文教学,2008(4).

  [7] 刘艳红.试论初中语文综合性学习[D].长春:东北师范大学,2009.

学生学习指导标准在高中语文教学中的缺位[①]

耿红卫　李娜

从 2004 年 9 月教育部正式启动我国第八次课程改革高中部分的改革实验,至 2008 年全国所有的省(市、自治区)全部进入高中新课程,我们的目光更多地聚焦在教师教什么、怎么教的问题上。教师是教学的主导,我们必须予以关注。但与此同时,却忽略了学习的主体——学生:学生学什么、怎么学。学生的学习指导标准在高中语文教学中的缺位,导致学生在学习过程中遇到了一系列的问题。

一、存在问题

第一,《普通高中语文课程标准(实验)》是给教师的指导方针,具有宏观性、抽象性的特点。据了解,其理论性过强的问题是很多教师忧虑和反感的问题,那么学生能对它有所理解的就更少了,即使有一些了解也是不完整、不系统的。教师不会让学生花费几个学时去学习新课标,即使学习了也无甚效果。学生的学习是具体的学习行为,需要具体有效的指导。所以,要贯彻高中语文新课标,必须加强对学生学习的实用指导。

第二,据调查,目前所谓的"学生的学案"其实是教师教案的翻版,还没有适合学生学习的权威性辅导用书。这些资源可能适合教师教学,却不一定完全适合学生学习。有人说教师确定了教什么,学生自然就知道了学什么,即学生跟着教师的指挥棒,教师跟着高考的指挥棒。这似乎有些道理,可是,是否教师明白了怎么教,学生就一定明白了怎么学?答案当然是否定的。怎么学是学生学习方法的问题,新课改也应关注学生怎么学的问题。我们给学生提出了一系列的要求,制定了一连串要达到的目标,可就是没有一个系统的行动指南。学生学习指导标准在高中语文教学中的缺位,致使学生学习的具体目标不明确,学习需求不能得到满足,主体性也没有得到真正的发挥。

高中语文新课标的必修课程在设计上提出"要突出课程的基础性和均衡性。学生通过必修课程的学习,应该具有良好的思想文化修养和较强的运用语言文字的能力,在语文的运用、审美和探究等方面得到比较协调的发展"[1]。然而,什么是"课程的基础性和均衡性",如何体现和突出,设计中并没有解释。高中语文新课标提出在高中设置选修课,并实行学分制,这是一个很有创新性、很好的指示航标,但是把握不好也会事与愿违。主要是新课标对于选修课的具体实行并没有更详细的指导,比如按照课标提出的选修课的课程目标,学生达到什么样的标准;又如"选修课程设计五个系列":诗歌与散文;小说与戏剧;新闻与传记;语言文字应用;文化论著研读,每个系列可设计若干模块。学校应按照各个系列的课程目标,根据本校的课程资源和学生的需求,有选择地设计模块,开设选修课。对于模块的内容组合以及模块与模块之间的顺序编排,各学校可以根据实际情况灵活实施。课程的具体名称可

[①] 本文选自《中小学教师培训》(长春)2009 年第 7 期,第 33—35 页。

由学校自定[2]。这就更有必要设计学生学习的指导标准,把选修课程的模块如何设计、怎样学习等符合五个系列的要求说得让人清楚明白。

第三,课程目标的设置从原则上说是为了让实践者据此知道该如何去做才能达到标准,但是高中语文新课标恰恰没能做到这一点。新课程标准把课程目标分为"积累·整合"、"感受·鉴赏"、"思考·领悟"、"应用·拓展"、"发现·创新"五个方面,但是却没有具体告诉阅读者该如何实行。比如"积累·整合"中这样设定课程目标:"能围绕所选择的目标加强语文积累,在积累的过程中,注重梳理。根据自己的特点,扬长补短,逐步形成富有个性的语文学习方式。了解学习方法的多样性,掌握学习语文的基本方法,能根据需要,采用适当的方法解决阅读、交流中的问题。通过对语文知识、能力、学习方法和情感、态度、价值观等方面要素的融汇整合,切实提高语文素养。"[3]至于语文学习的基本方法是什么,如何融汇整合各种要素,在课程标准中都没有具体的说明。

二、原因分析

之所以出现以上问题,主要是因为我们忽视了高中生的学习需求,模糊了教学概念,割裂了教与学的关系。

首先,从高中生的身心特点来看,高中生有一定的自学能力,有一定的学习需求。他们的学习需求有出于自发和本能的需要,也有社会化的高层次需要,但仍带有随意性、自然性、自发性,需要很好地引导。正如苏霍姆林斯基所说:"人的内心里有一种根深蒂固的需要——总想感到自己是发现者、研究者、探索者。"在教学过程中这种学习需要被忽视、被冷落,甚至被扼杀,教学愈来愈脱离学生的内在需要,学生遭受了过多的挫折和失败,"当学生失去乐趣和自由而沦为肉体和精神的苦役,当学生在学习中产生的大多是消极体验,厌学必然接踵而至"[4]。于是,学生的学习需要或消退了,或弱化了,处于潜在的睡眠、半睡眠状态。

《普通高中语文课程标准(实验)》明确提出:"语文教学应为学生创设良好的自主学习情境,帮助他们树立主体意识,根据各自的特点和需要,调整学习心态和策略,探寻适合自己的学习方法和途径。"如何做到这些,需要给学生明确的指示:学生课内课外学什么、怎么学、学到哪种程度……如果我们给了学生明确的指示,就能够唤醒学生学习的需要,使之处于活跃状态,成为学习中的积极因素,学生的学习态度才能从"要我学"转变为"我要学"、"我爱学"。

其次,我们再从教学的概念来分析。对于教学,不同的人有不同的理解。中外教育理论界对"教学"一词进行了多年的研究,形成了以下几种有代表性的观点:

(1)"所谓教学,乃是教师教、学生学的统一活动;在这个活动中,学生掌握一定的知识和技能,同时,身心获得一定的发展,形成一定的思想品德。"[5]

(2)"教学是教育目的规范下的,教师的教与学生的学共同组成的一种教育活动。在我国,教学是以知识的传授为基础的,通过教学,学生在教师的有计划的、有步骤的积极引导下,主动地掌握系统的科学文化知识和技能,发展智力和体力,陶冶品德、美感,形成全面发展的个性。"[6]

(3)"教学过程,这是教师和学生之间有目的、不断变化的相互作用,在相互作用的过程中解决受教育者的教养、共产主义教育和一般发展的任务。"[7]

(4)教学是教师的教和学生的学的共同活动。学生在教师有目的、有计划的指导下,积极主动地掌握系统的科学文化知识和基本技能,发展能力,增强体质,并形成一定的思想品德[8]。

(5) 教学是一种尊重学生理性思维能力,尊重学生自由,把学生看作独立思考和行动的个体,在与教师的交往和对话中,发展个体的智慧潜能,陶冶个体的道德品格,使每一个学生都达到自己最佳水平的活动[9]。

从以上对教学含义的论述中,可以发现它们具有以下共同点:

(1) 教学是师生之间的双边活动,既离不开教师的教,也离不开学生的学。教学离开了教师的教或学生的学,就成了教师或学生的单边活动。

(2) 教学是教师指导下的学生的学习活动,这种活动不是盲目的,而是有目的、有计划的认识活动。

所以说讨论教学时我们必须兼顾教和学两个方面,学生学会、会学是教学的宗旨。教的目的就是要不断提高学生的自学能力,达到能独立自主地学,即所谓"教是为了不教"。如何达到"不教"? 就是学生明确学习的目标、掌握学习的方法,能自主地进行学习。无论是教学中的学习,还是学生为配合教师上课而进行的预习、复习与独立作业等自学活动,都是如此。

三、经验借鉴

其实给学生明确的学习标准有些省份已经有所行动。某些省份高中会考给学生指导之类的书籍,明确了学生必须掌握的知识,学生掌握了基础的知识就可以进行能力拓展的训练。只是这种指导的建立仅局限在高中会考的范围内,对于整个高中教学,对于新课改后的必修课与选修课,更需要详细的指导。

20世纪80年代以来,众多国家已经在这方面投入关注并进行改革。2001年7月,瑞典全国教育委员会出版了《学习计划手册:高中的学习计划目标、结构、核心学科和课程目录》,规定了每个学习计划的培养目的和目标。

美国宾夕法尼亚州拉德纳高中(Radnor High School)是一所四年制高中,学校在每年冬天将四年课程规划小册子发给学生、家长和教师,小册子中有详细的课程编号、课程名称、学分数、时间、修学年级、总体要求等,用以帮助学生选择课程。学生在四年学习期间至少修满22.5个学分才能获得毕业文凭(美国高中的最低学分要求一般在22—23个学分之间),其中英语占4个学分。英语课程除了要求所有学生每年必须获得1个学分外,还包括"选修"和"人文学科"学分课程。这些课程有:可以建议那些具有额外能力的学生学本年级的荣誉课程(如高级英语);为被确认为有天资者开设的跨学科荣誉课程(如全球问题、21世纪的观点、高级欧洲史研讨);学生还可以选修下列选修课:电视写作、影评、新闻学、创作,但不算作英语学分[10]。这些文件都给了学生行之有效的指导。

再来看一下被公认为"最好的标准之一"、"细致、全面、具体的典范"的美国加利福尼亚州公立学校母语课程标准(9—12年级)是如何描述的:"3.0 对文学作品的感知和分析;3.1 对适宜于本年级水平的记叙性分析;3.2 分析一篇选文中如何用主题和旨意来表达一种生活观的方式,用作品中提供的证据论证自己的看法;3.3 分析如何使用反语、语气、语调、作者特有的风格和语言的声韵达到修辞或美学的具体目的;3.4 分析诗歌如何运用想象、拟人、修辞、声韵激发读者的情感。"[11]我们的语文新课标类似内容的描述是:"必修课程阅读与鉴赏:在阅读鉴赏中,了解诗歌、散文、小说、戏剧等文学体裁的基本特征及主要表现手法。了解作品所涉及的有关背景材料,用于分析和理解作品。"[12]两相对比可以看出,我们的课标还不够专业,所以,我们很有必要研制学生学习指导的具体标准。

四、实施建议

制定学生学习指导标准,我们一定要注重标准制定的原创性,考虑到各地的实际情况,也就是我国特有的地域差异。在我国,西部和东部的经济差异巨大,东西部的教学条件也有很大的区别。那么我们制定的标准能否做到既能满足东部发展地区,同时也能满足西部发展相对落后的地区呢?如果不能,是否可以考虑专门针对东西部的差异来开发两套标准,或者由学校根据自身的建设提出相应的具体可操作的标准?当然,这些标准只是个别细节有所不同,核心部分应该一样。不然,我们开发的标准就失去了意义。具体实施如下:

(1)整体规划:确定语文学科所需要的资源框架。可以按照阶段性的大框架建设,各年级、各学科可根据本学科特点灵活掌握。

(2)难度规划:按照阶梯状对不同程度的学生提出相应的要求,明确告诉学生必须掌握的、能力提高的和知识拓展的范围。

(3)每课的具体指导:按照学生学习习惯(学习前、学习中、学习后)的顺序,明确提出要求。学生学起来有明确的目标,那样的学习才具有成就感和内驱力。

学习指导标准的制定是一个长期的过程,随着人们对高中语文课程改革的关注进一步增加,会有更多的人注意到这个问题,也将会有更多的人投入到这项研究中来。这样开发的标准就有了生存空间,同时也促进了对这些标准的进一步完善和修订。

总之,新课改,别忽略了学生!

注释:

[1] 教育部.普通高中语文课程标准(实验)[S].北京:人民教育出版社,2003:4-8.

[2] 教育部.普通高中语文课程标准(实验)[S].北京:人民教育出版社,2003:4-8.

[3] 教育部.普通高中语文课程标准(实验)[S].北京:人民教育出版社,2003:4-8.

[4] 李丽.追寻学习的生存论意义[J].全球教育展望,2006(2).

[5] 王策三.教学论稿[M].北京:人民教育出版社,1985:88-89.

[6] 王道俊,王汉澜.教育学[M].北京:人民教育出版社,1999:178.

[7] [苏]巴班斯基.教育学[M].李子卓,等译.北京:人民教育出版社,1986:150.

[8] 中国大百科全书总编委会《教育》编委会.中国大百科全书·教育卷[Z].北京:中国大百科全书出版社,1985:150.

[9] 全国十二所重点师范大学联合编写.教育学基础[M].北京:教育科学出版社,2002:174-175.

[10] 赵中建.不同高中的课程设置和学分制——美国拉德纳高中个案分析[J].全球教育展望,2003(2).

[11] 语文课程标准研制组.《普通高中语文课程标准(实验)》解读[M].武汉:湖北教育出版社,2004:204.

[12] 教育部.普通高中语文课程标准(实验)[S].北京:人民教育出版社,2003:4-8.

试谈中学语文教学改革的几个问题

刘国正

试谈下面几个问题:(1)中学语文教学改革要解决的主要问题;(2)中学语文教学的任务;(3)提高中学生语文能力的途径;(4)中学语文教材的体系;(5)改革中学语文教材的一些设想。看法很不成熟,也可能有不妥之处,请批评指正。

一、中学语文教学改革要解决的主要问题

1979年冬,我们进行了一次调查研究。调查的重点是高校、中专及社会各界对中学毕业生语文水平的反映和教学改革的状况。召开座谈会五十次,提供意见的有四百六十多人,并且在城乡几所中学进行了语文测验,调查说明:粉碎"四人帮"以来,中学语文教学拨乱反正,取得了显著的成绩,确有许多学生语文水平有较大的提高,但也有不少学生的语文水平不能适应升学和就业的需要,不利于为实现四个现代化迅速培养人才。这是当前语文教学改革需要解决的一个主要问题。

有的高等学校的文、史、理、工、农、医等系,几年来招收的新生语文水平普遍低下,入学后还要补课,影响教学计划的完成。中专反映更为强烈,在某校二年级一百二十名学生(其中一部分招收的是高中毕业生)中,只有百分之二十大约相当于"文革"前同年级的语文程度,有些不仅要补中学的课,还要补小学的课。一个蔬菜公司反映,在分配来的几百名中学生中很难找出能搞点文字工作的人。解放军某部反映,近年来入伍的战士,百分之八十是高中毕业生,可是从中物色一个文书十分困难。我们对三百篇中学生作文进行了分析,水平相当差和很差的竟占多数。

语文基本功太差,是一个很突出的问题。书写混乱,错别字多,不会使用标点,不会记听课笔记,不懂行款格式,不会拼音,不会查字典,不会说普通话。例如有的学生写的试验说明书中,只有三分之一的字能够识别清楚。有的作文,错别字多得惊人,"天安门"写成"天安们"、"休息"写成"体息"、"阴谋诡计"写成"英盟规计",等等。有的作文,涂涂抹抹,不分段,不空格;不用标点,错用标点或者一逗到底;语法错误,条理混乱,意思模糊,不知所云。文学和文化常识贫乏,也是个突出的问题。在一部分中学生中,我们测验了有关的常识,闹了许多笑话。如说中国第一部诗歌总集是《史记》,西汉史学家是李时珍,新中国成立三十年来优秀的文学作品有《红楼梦》等。

问题是严重的。我们今天正在从事的语文教学的改革,应该以提高学生的语文水平为中心任务,培养他们有合格的阅读和写作能力,掌握和发展文化科学知识的工具。这一条办到了,改革就成功了;否则,尽管花样繁多,也不能算取得了成绩。造成学生语文水平低下的一个众所周知的重要原因,是林彪、"四人帮"一伙的严重破坏。这次调查的大学生和中学

---

① 本文选自《课程·教材·教法》1981年第3期,第22—26页。

生,大多数是在"四人帮"横行时期上中学或者小学的。还有社会的原因,师资水平的原因,特别是教材、教法的原因。语文教学的指导思想,教材和教法都有许多问题长期以来没有很好地解决。为了进一步医治林彪、"四人帮"造成的创伤,为了进一步探讨中学语文教学的科学化,以便又快又好地提高学生的语文能力,研究解决一些老大难问题是迫在眉睫了。

二、中学语文教学的任务

研究中学语文教学的任务,应该首先看看这门课在实际教学中对学生会产生哪些方面的教育作用。其实际产生的教育作用,主要有以下三个方面:第一,语文教育的作用,学生从中获得运用语言文字的能力。第二,思想教育的作用,学生从中得到思想品质道德情操的陶冶,提高审美能力。第三,知识教育的作用,学生从中获得语言、文学知识和某些文化知识。

三者之中,使学生获得运用语言文字的能力是基本任务。语文课所以成为中学的一门课,就是为了向学生进行语文教育。应该按照提高学生理解和表达能力的要求选定教学内容、组织教学体系和规定教学方法。

提高学生的理解和表达能力,具体地说,包括听、说、读、写这四种能力。听的能力,包括听别人讲话正确理解其主要见解的能力,听讲课或讲演记录或记忆其要点的能力,以及听婉转的言辞确定发言者的意向、听诡辩的言辞判断其是非的能力等。读的能力,包括阅读相当水平的读物正确理解其中心思想和要点的能力,找出自己需要的内容加以记录或记诵的能力,在规定时间内读完一定数量的读物的能力,以及分析、批判和鉴赏的能力等。说的能力,包括以规范化的口头语言简明扼要地叙事、状物、达意、析理、表情的能力,朗读文章和文学作品的能力,不依靠讲稿做演说的能力,批驳和辩护的能力,以及有礼貌地交际应对的能力等。写的能力,包括正确熟练地记叙、说明、议论的能力,写某些实用文字和运用某些文学性表达的能力,以及正确、清楚、美观的书写能力等。

这四种能力,在语文训练中都要有计划地做出安排,不可偏废。四种能力不是截然分开的,是互相渗透、互相促进的。要发展学生这四种能力,还必须发展学生的观察能力和思维能力,活跃学生的思想。培养读写能力,人们注意得比较多,这是应该的。随着现代科学技术的发展,说和听的能力越来越显得重要。在语文教学里应该充分重视说和听的训练。训练学生能够说普通话,是一个起码的要求,有些地方用方言进行语文教学的情况应该改变。

"文"、"道"关系长期争论不休。这场争论的实质越来越看得清楚了。实质是如何清除"左"的思想影响的问题。在语文教学的思想教育的问题上,长期存在着"左"的思想影响。这种"左"的思想,把语文课为政治服务简单化、狭隘化,并加以夸大;把思想教育当作语文课的首要任务,甚至唯一的任务,以思想教育为纲组织教材体系,不适当地强调语文课紧密配合一时的政治运动;把语文训练放在可有可无的地位,甚至指进行语文训练为"不突出政治",走"白专道路"。这种"左"的思想,在林彪、"四人帮"横行时期得到恶性的发展,由此引起的灾难性的后果是触目惊心的,必须继续清除这种"左"的思想流毒。

我们清除这种"左"的流毒,并不意味着废除语文课中的一切思想教育。语文课中的正常的思想教育,并不要求语文课以思想教育为纲组织教材体系,也不要求脱离读写训练架空地讲授政治道理,更不要求配合时事政策和一时的政治任务。这种思想教育,应该着重于思想品质、道德情操和审美观点的培养,在语文训练的过程中进行,收到熏陶渐染、潜移默化的效果。这种思想教育非但不妨害语文能力的培养,恰恰是正确培养语文能力的产物,又是培养语文能力所必需的。

人们很少谈到语文课的知识教育作用，其实这也是不可忽视的。在语文课里，要授予学生比较系统的语言知识和文学知识，还可以给他们一些文化知识。关于授予学生一定的语言知识，目前已经写入大纲，并相应地编入教材，多数同志没有异议了。关于授予学生文学知识，却还有一些不同意见。向学生进行文学教育，包括阅读一定数量的文学作品和学习一些文学理论、文学史的知识，不仅是促进学生语言发展所必需的，而且可以使学生活跃思想，开阔视野，增进分辨是非善恶的能力，是完全必要的。作为一个公民，应该具备一定的文学知识。可是在中学阶段，如果语文课不予讲授，学生就没有机会学到这种知识。50年代文学课被否定，自那以后，人们一直对文学教育讳莫如深。其实，文学教育一直存在着，课本里大部分课文还是文学作品，我们不能采取不承认的态度。我们要研究这个问题，使文学教育有适当的内容，在语文课里占适当的地位，让它名正言顺地进行。

总之，语文课的基本任务是培养、提高学生的语文能力。在完成这个任务的过程中，它必然地还会产生其他方面的教育作用。对这些方面，也应当进行研究，采取妥善的处理办法。以往有不要把语文课教成这个课、那个课的各种说法，无非是说语文课必须好好完成它应当完成的基本任务，并不是要排除一切思想教育和文学教育的因素。

三、提高学生语文能力的途径

人们都说，语文是发展学生知识和技能的工具，语文课有很强的工具性。还应该进一步指明，语文课不仅要使学生获得关于语言工具的知识，而且更重要的，要使学生获得掌握语言工具的能力。

如果说学生获得各门学科知识和能力的途径都未必只有一条，那么学生获得语文能力的途径可能更多一些。"殊途同归"，正是这样。可是在众多的途径中总有其起较大作用的、比较基本的途径。提高学生语文能力的基本途径，用一句未必十分周严的话概括一下，那就是：在语文训练的实践中提高语文能力。

学会运用一种工具，一般来说，都要在一定知识的引导下做多次反复的实地练习。比如学习开动车辆、开动机器，乃至学习弹奏乐器，掌握起来虽然有繁简难易之分，但是都无例外地要把学习知识和实地练习结合起来，不练而会，谁也知道是不可能的。语言这种工具，掌握起来比一般的劳动工具要复杂得多，更加需要在艰苦的实地练习中获得能力。

强调实地练习，并不意味着否定学习语文知识的必要性和重要性。学习语文知识，可以使学生理解运用语文的规律，增加自觉性，减少盲目性，因而可以使他们学得好一些、快一些，这是没有疑问的。知识与能力两者不是矛盾的，是互相促进的，要把两者紧密地结合起来。

语文训练，有个质和量的问题。谈到"质"，关系较大的是读。有的同志说，读是写的基础，似乎可以说，也是说和听的基础。好的课文或者其他读物，从多方面给学生提供运用语言的优秀范例，具有很强的感染力，对于提高学生理解和表达的能力有重大的作用。提高课文的质量是十分重要的。

提高课文的质量，首先要清除在选材标准问题上"左"的思想的影响。思想上和政治上的要求要恰如其分，文字上和教育上的要求要严格。不要求课文的内容配合一时的政治任务、反映一时的政治形势，不要求所有课文都有很强的思想性和政治性；思想内容健康的、无害的甚至有小害的(在教学时分析指明)文章也可以适当入选。在文字方面,则要求必须有较高的典范性,同时,还必须注意教育方面的要求,入选的课文要能引起青少年的阅读兴趣,适合学生的年龄特征。

大家都说应该读范文,但对于什么是范文有不同的理解。有的同志认为,范文是指便于学习模仿的文章,便于"比着葫芦画瓢",也可以叫"葫芦文"。用这个尺度来衡量,许多名家名著因为不便于模仿,都不应该选为课文,倒是接近学生水平的简易的文字以及学生的优秀习作应该多选一些。有些同志则认为,范文指在语言艺术上足为典范的好文章,主要是古今中外的名家名著以及素有定评、文质兼美、很受师生欢迎的好课文。我以为,后一种理解更为恰当。

要让学生尽早尽多地读一些名家名著,这不仅对发展他们的语言会有重大影响,而且熟悉这些名家名著就是掌握了一些重要的文学文化知识,掌握了受用不尽的宝贵财富。毫无疑问,选取课文要考虑学生的年龄特征和接受能力。但是,我们要把学生的接受能力估计得高一点。学习如爬山,让学生在学习中克服一定的困难,会增加学生的兴趣和积极性,这是许多教师共有的教学经验。毫无疑问,模仿在学生的语文训练中起着重要的作用。但是,应该记取古人的名言"取法乎上,始得乎中",不应该只强调"比着葫芦画瓢",越是高年级越不应该这样强调。学生读了好文章,往往从语言运用和写作技巧的某些方面受到影响,体味到其中的妙处。这种感染和影响,有时可以立即看到效果,有时要在以后的长时期内见出效果,后者虽然不便于检查,却也是对学生十分有益的。那么"葫芦文"就不需要了吗?还是需要的。可以在作文训练的过程中,为着达到一定的要求,有计划地提供给学生,使他们有所观摩。

谈到量,自然会想到应该怎样对待传统经验"多读多写"的问题。有些同志不同意提多读多写,认为这个提法是不科学的。当今之世,青年再不同古人一样只攻文章一事,有许多门学科要学,在咬文嚼字中兀兀穷年已不可能了。这种看法忽略了以下两种不同的情况:一种是原封不动地照搬传统的经验;另一种是借鉴传统经验的基本精神,加以科学的整理,使之完善起来。前者是不足取的,后者则是应该做的。

多读多写的基本精神是什么呢?它告诉我们进行语文训练要注意量的要求。没有一定的数量也就没有一定的质量,量的要求很重要。多,不是无限制的,也不是盲目的,应该通过试验逐步得出它的"最佳值"。例如,目前许多实验学校都增加了读和写的量,一般的做法是,每学期读(包括精读和略读)课文五十篇左右,课内作文每周一次。这个数字对于研究这个问题就很有价值。多读多写应该怎么样进一步完善呢?应该从教育的角度,结合语文课的特点加以研究,使它合乎科学的道理。例如,读什么和怎么读的问题,古人的经验中有很多合理的东西,也有许多不合理的东西,我们要采取分析的态度,择其善者而从之,其不善者而改之。科学不是从天上掉下来的,是从世世代代人们的实践经验中总结出来的。对于多读多写,我们不全盘否定,也不照搬,这才是正确的态度。

四、中学语文教材的体系

怎样建立语文教材的体系(序),是一个值得着重探讨的问题。历史上,语文教材有各式各样的"序",提供了不少经验。近几年来,各地进行的语文教学改革的试验,都对教材体系问题进行了研究和试验。改革的方案多种多样,约而言之,有两种类型:一是综合型的,依一定的编排原则,把各种知识内容综合地纳入一个体系之内。二是分科型的,把不同的知识内容分别建立独立的体系。新的和老的经验,对于我们研究这个问题都是有益的。

语文教材建立一个科学体系是很不容易的。为什么?我想至少有下面一些原因。

一是语文教材的内容头绪繁多,是综合性的。分开来看,主要有以下三部分:阅读、写作、语文基础知识。这三样内容,相互联系,又有相对的独立性。教学目的和知识体系都有所区别,教学方法也不尽相同。把这三样内容糅合在一起,尽管编出许多花样,也难以搞出一个既保持各自体系的完整又使它们互相紧密结合的体系来。如果只取其一作为编排的主线,例如以写作训练的要求作为主线,自然可以眉目清楚些,但又有顾此失彼的缺陷。

50年代文学、汉语分科,虽然有许多不足之处,但它说明了分科有利于建立比较严格的体系。60年代的合编一本"语文"教材,虽然有许多优点,但也说明了把许多有相对独立性的内容糅在一起,是难以建成比较严密的体系的。

参照当前的和历史的经验,以把三样内容分开,分别建立各自的体系为好。分开之后,又要注意它们之间的互相配合和联系。

二是,除了语文基本知识有其固有的知识体系外,阅读和写作应建立怎样的体系,看法和做法都还不一致。有人希望建立一个像数学那样严密的体系,这大约是很难办到的。阅读和写作,都不具备建立那种严格体系的条件。阅读和写作的基本顺序应该是:由易到难,由浅入深,由简单到复杂。而且阅读和写作的深浅难易,只能就大体而言,不是那么定而不可移的。所以在教学中运用起来,有很大的灵活性。

写作和阅读的训练,大致保持记叙、说明、议论的顺序是适宜的,但浅显的议论文,低年级也可以读,正如复杂的记叙文高年级也可以读一样。而且阅读和写作能力的培养,应该既有重点又适当反复,螺旋式上升,不宜过分单一化。

阅读教材,历来有下述一些编排方法:(1)按时间顺序从古到今或从今到古编排;(2)按作家编排;(3)按体裁或题材(思想内容)的相同或相近分单元编排。从过去一些著名的文章选本看,各种编排方法有时是综合采用的。如《文选》,是按文体划分文章大的类别,每个类别又按题材(思想内容)组成单元的。《古文观止》则是总的按时间顺序编排,其中同一作者的选文又是集中编排的。此外,还有一种按思想教育的要求组成单元的做法,这种做法已经被实践证明是不可取的。

目前通常采用的是按单元编排的方法。把体裁相同或相近的文章编排在一起,可以使学生领会用相同的体裁表达不同的思想内容的写作方法;把题材(思想内容)相同或相近的文章编排在一起,可以使学生领会用不同的题材表达相同的思想内容的写作方法。两种编排方法都是可取的。一定的学习阶段的课文是由一系列的单元组成的,在一定阶段总的学习要求的统摄下,每个单元应有自己的学习要求和重点,一系列的单元应该有个序,不仅要符合由易到难、由浅入深的原则,而且其中多数单元的学习要求应该有合乎规律的联系。这个序要言之成理,但不是定而不可移的,仍然允许教师灵活运用。

五、改革中学语文教材的一些设想

根据上面的一些考虑,我想最后谈一谈改革中学语文教材的一些初步设想。这个设想大致可以用如下几点来表述。

1. 初高分段

初中和高中，既要互相联系，又要自成段落。随着中学结构的改革，会有越来越多的学生初中毕业后升入职业学校。语文教学的安排必须充分反映这个情况，初中和高中作为两个阶段来考虑，提出不同的要求。

学生现代汉语的理解和表达能力应该在初中基本管用，即达到高于现行教学大纲要求的一个适当的水平。这样做，有利于学生初中毕业后升入职业学校或在高中分科。许多试验证明，这个要求经过努力是可以做到的。为了实现这个设想，初中要集中主要力量进行现代汉语的语文训练，着重于培养记叙、说明、议论这些一般的表达能力。高中，学生运用现代汉语的能力在初中的基础上继续加深和提高，要着重培养学生初步阅读文言文的能力，加强文学教育（文学作品、文学史和文学理论）。

2. 读写分书

阅读、写作和语文基础知识三部分教学内容分别组成独立的体系，编为两种教材，一种是阅读教材，一种是写作教材（包括语文基础知识的内容）。初中的阅读教材，精选课文两百多篇，古今中外以及各类体裁都要有一定的比例，适当安排。写作教材，分为两部分内容，一部分讲语法、修辞、逻辑知识，一部分讲写作知识，并有计划地安排作文指导。作文指导包括指定写作的内容范围或拟出题目、提示写作方法、展示作文范例等。

高中的阅读教材，精选历代著名的文学作品（应是广义的，包括各种形式的散文在内），文言文应占较大的比重，并编入文学史、文学理论的常识和古汉语知识。写作教材，在初中的基础上继续讲授写作知识，安排作文指导。

3. 合理编排

阅读教材要按照阅读训练的要求由浅入深、由易到难，进行合理的编排。课文的编排，大体说来，初中采取单元的编排方法，高中兼采按单元、按作者、按时代顺序三种编排方法。

写作教材的编排体系，语法、修辞、逻辑等知识，各自按其知识体系的特点进行编排。写作指导，可按照下列顺序进行编排：初一，着重培养记叙能力，并进行习字指导；初二，继续培养记叙能力，增加培养说明能力；初三，继续培养记叙能力和说明能力，增加培养议论能力。高中在初中的基础上继续提高，螺旋式上升。

4. 科学训练

除了写作课本要进行比较科学的安排和设计外，在阅读教材里，还要结合课文有计划地安排一套听、说、读、写的练习。这套练习如何设计得合乎科学，虽然还没有成熟的经验，但是，总结近年来的试验，相信能够前进一步。阅读和写作分编两种教材以后，要妥善处理两者之间的配合和联系。

试论中学语文教材的功能与结构

张鹏举

始自 70 年代末的中学语文教学改革至今已走过了 18 年的路程,取得了丰硕的成果。实践证明,教材(这里的教材是狭义的,即指课本或教科书,下同)改革是完善语文教学改革的关键环节。本文拟就"中学语文教材的功能与结构"谈点粗浅的看法,以求方家指正。

一

语文教材的功能是指其在语文教育过程中应起到的有利的作用。关于语文教材的功能,一些论文、专著早有论述,虽表述不尽一致,但内容大体相同。即:首先,教材是教学大纲的体现。语文教材要把教学大纲规定的学科性质、教学目的、教学要求、教学内容等具体化。其次,它是实施教学的凭借,使教有所本、学有所据。其三,它是教学评估的参照,即依照教材评估中学语文教学质量。其四,它是发展的工具,教材要起到帮助学生全面发展的作用。总之,中学语文教材是中学生获取语文知识的主要源泉,培养语文能力的必要阶梯,开发智力的最佳依凭,陶冶情操的重要园地[1]。随着语文教学改革的不断深入,对教材功能完善程度的标准也在不断提高。语文教材不解决功能的完善问题,就会拖教学的后腿,就会阻碍教学效率的提高(近年来,提高语文教学效率的呼声再起,与语文教材建设不无关系)。

(一)确定语文教材功能的依据

教材是课程的载体。因此,确定中学语文教材的功能,要依据现代课程理论。科学的课程设计是以全面提高学生素质为中心,以"社会、学生、学科"三基点为构架,也就是社会本位型课程理论、学生本位型课程理论及学科本位型课程理论的有机统一。

学科本位型课程理论强调知识体系,课程内容采取逻辑的方法组织以便于学生记忆。这实际上是把学生视为知识的容器,教育的本质就是传授具有严密完整的学术体系的各门学科知识。显然,它是与传统语文教材的(包括与其相适应的教法)较为单一的功能相对应的。

学生本位型课程理论强调学生的需求、兴趣、意愿,要求课程适应学生。学习是学生在与环境相互作用的过程中完成的,所以学习成果有赖于学生在适当环境中的主动介入。

社会本位型课程理论主张课程必须以社会的需要设计目标和内容,其教育信条是:学生是社会的一分子,不能离开社会独立存在;学习是一种直接经验的活动,而且是一种集体活动的过程[2]。

教材是教学的要素之一,确定中学语文教材的功能,还要依据现代教学论原理。现代教学论主张改造传统的教学模式,建立新的学科构成方式,以培养学生更高水准的思维能力。

---

① 本文选自《课程·教材·教法》1997 年第 4 期,第 30—33 页。

这种教学论，既不同于以赫尔巴特学派为代表的仅注重现成知识授受的教育思想，也不同于以杜威为代表的仅注重个体经验形成的教育思想，而是着眼于未来文化，着眼于学生对学习方法的掌握与创造精神的发挥。显而易见，这是同当代信息社会发展大趋势一致的[3]。

确定中学语文教材的功能，还要体现中学语文学科特点，遵循中学语文教学的规律。这一依据，主要体现在教学大纲中。经过十几年（实际上是几十年）的探讨，虽然大家在语文教学的性质、任务等方面时有争议，各执己见，但在语文学科的工具性与人文性的统一方面，尚基本统一。这一认识的核心，就是强调培养学生的语言理解能力与表达能力；强调语言训练，反对以讲代练（教师满堂灌）、以教代学（教师包办代替学生的学习）；强调语文教学与思想教育的有机融合（文道统一）；等等。

除此之外，确定中学语文教材的功能，既要考虑到学生语文学习的认知水平、心理及生理承受能力（潜能），还要汲取中学语文教学改革实验的成果。

这里需要强调的一个重要问题，就是中学语文教材怎样适应在语文教学中培养学生的自学能力，即让学生在语文教学中学会学习。"学会学习"在学习的目标方面有具体的规定性。第一，在教学过程中，要把重点放在培养学生的理解力、消化吸收能力和知识系统化能力上。第二，要重视对受教育者的高度责任感的培养。主要是指学习态度，也就是对知识的态度的培养，使学生关注各类社会问题并主动地为解决这些问题贡献自己的知识和力量。同时还要让学生懂得学习将是终生的事业，在知识更新日趋激增的时代，只凭借学校里获得的知识是微不足道的，只有树立终生学习的态度，才可能跟上时代的进步。第三，要把学会预测作为重要的目标，使学生能不断地作出有科学依据的预测，理解事物发展的动向，分析在可以预见的将来，哪些趋势或重大问题将占据主导地位，从而制定策略，达到控制和驾驭这种动向的目的[4]。关于在语文教学中培养学生的自学能力问题，叶圣陶、吕叔湘、张志公三位前辈都有精辟的论述，语文教学改革实践也提供了丰富的经验。因此，在确定中学语文教材的功能时不能不考虑这一重要因素。

（二）中学语文教材的功能

1. 目标功能

传统语文教学（指以教师为中心、以书本为中心、以课堂为中心的语文教学）的弊端之一，就是教学目标的模糊性和教学内容的随意性。这也是造成语文教学少慢差费的重要原因之一。从教材方面说，依据教学大纲所编写的课本，尽管在总体上能够体现语文教学的总目标（即教学大纲规定的宏观目标），但具体到每一册、每一单元乃至每一课教学目标就不够明确，致使教材的目标功能相对薄弱，教师不便操作。因此，中学语文教材的目标功能，要求教学目标的设计要完整、具体、系统、简明，保证教学（特别是课堂教学）始终指向教学目标。

2. 教育功能

中学语文教材的教育功能是指除语言训练以外的教育因素，主要包括思想教育、情感教育、美育、养成教育等，这一功能通常是由课本所选课文内容决定的。语文教学要做到文道统一、教书育人。

3. 训练功能

中学语文教材的训练功能主要是指对学生进行包括听说读写在内的语文基本能力的训练。《九年义务教育初中语文教学大纲》中规定的48个能力训练点要在教材中得以落实。

对训练的量、度、序要有合理设计和安排,同时,还应包括训练的程序、练习的方法、练习的检测等方面的内容。这一功能在中学语文教材中占有十分重要的地位,它是语文教学能否完成基本任务的关键所在。

4. 辅导功能

"学生的学习,是对知识的能动的智力加工活动。舍自学,无可代替。"[5]现代教学论的一个重要标志,就是强调在教学中发挥学生的主观能动作用。就语文学习来说,学生语文能力的提高,需要他们直接接触、亲身体验、感知语言材料,这就是学生的自学;就语文教学的任务来说,《九年义务教育初中语文教学大纲》明确指出:课堂教学要"调动学生学习语文的主动性和积极性,引导他们动脑、动口、动手,培养自学能力和自学习惯"。在学生的语文学习过程中,教师的主要作用是有效地辅导、指导。与此相适应,中学语文教材也要具有辅导功能,这就是与教师的动态辅导互为补充的静态辅导。这种辅导的核心,就是适时适当的"点拨",就是启发诱导,就是创设问题情境,使学生的语文学习有所"扶翼"。

5. 示范功能

中学语文教材中的课文是学生学习语文的"例子",因此当今的中学语文教材多数是文选式的。但多数教材只提供了文章的例子,这种例子难以在学习方法和学习过程方面起到示范作用。中学语文教材的示范功能主要是指教材在提示学习程序、学习方法的同时提供相应的操作示范。例如,"评点式"阅读是传统的行之有效的阅读方法。语文教材可根据评点式阅读的一般原理,设计简明的训练方案,为学生的阅读提供可资效仿的"评点样式",这种示范应包括掌握方法的要领、规则、范例等。

6. 讲解功能

语文教学就内容方面来说,主要包括课文、能力训练和基础知识三个方面。这三个方面的内容在教学过程中都需要通过"讲解"这一中介作用于学生。传统的讲解一般理解为通过教师之口来讲。不可否认,教师的讲(讲授法)在语文教学中具有重要作用,但相当一部分的讲解任务,可由教材替代,这就是教材的讲解功能(传统的中学语文教材的"知识短文"可视为一种教材的讲解,但这里所说的"讲解功能"所包含的范围要大得多)。讲授法是与班级授课制的教学组织形式密切相连的,一般来讲难以做到因材施教。因此,应发挥教材的讲解功能,让学生利用视觉主动地去分析、去接受。学生凭借教材的讲解进行学习,其效果从某种意义上来说要优于凭借教师的口头讲解。与辅导功能一样,教材的讲解与教师的讲解相辅相成,互为补充。

7. 整合功能

中学语文是一门综合性很强的学科。学习的最高境界是"融合"。因此,中学语文教材要具有整合的功能,也就是要使学生将不同学科、不同年级(旧的与新的)的零散的、非系统的知识有机地融合在一起,使新旧联系,纵横沟通,以求融会贯通。

8. 检测功能

检测是中学语文教学过程中的重要环节。检测具有两方面的作用:一是教学反馈,二是强化学习结果。中学语文教材的检测功能是与目标功能相对应的。由于语文教学的特殊性(主要是练习答案的不确定性),中学语文教材要具备这一功能目前还有相当大的难度。

二

中学语文教材功能的实现,在一定程度上取决于教材的体例结构。这里所说的体例结构是指教材各组成部分的搭配、排列及其组织形式。

一般来说,教育观念制约着教材的功能要求,教材结构服务于教材功能,同时又反作用于教材功能。以往的有关著述在谈及中学语文教材的体例结构时,大多从编排方式(直进式、螺旋式)、组合类型(综合型、分编型)、组合方式(单元整体组合、目标核心组合、知能转化组合)、系统构成(范文系统、知识系统、图表系统、作业系统)等角度来论述。事实上,中学语文教材体例结构的含义远不止这些,它还包括诸如教材的开本、为完善教材功能而提供的各种特殊项目的设置、对传统教材结构(课文＋思考练习题)的改造(图文搭配、思考练习题的位置)等。概括地说,这里所讲的体例结构就是为适应教材功能的需要所涉及的一切结构形式方面的问题。这里仅就中学语文教材体例结构的要求、构成及其组合谈一点粗浅的看法。

从中学语文教材的体例结构要求来说,它应具有实用、新颖、完整、稳定的特点。

所谓教材体例结构的实用性,是指其与教材功能的密切联系,也就是说教材体例结构的设计目标始终是指向教材功能的,是为某项功能的实现而设计的。同时,这种体例结构经实践证明是有效的、可以实现既定目标的。

所谓教材体例结构的新颖性亦可称为创新性,是指教材在体例结构方面对传统教材(特指主要以"课文＋思考练习题"为体例结构模式的教材)的创新发展的幅度。传统教材的体例结构是与单一功能相适应的。教材改革要打破这种单一的、陈旧的体例结构模式,创造设计出新的体例结构模式。

完整性是指中学语文教材在体例结构上要有完整的设计,各套教材在特定的教育教学思想指导下,形成有序的结构系统。

稳定性(或一致性)是指中学语文教材整体(全套教材)与局部(分册、分单元、分课)的联系,课与课、单元与单元、册与册要保持体例结构上的一致性,要一以贯之。

从中学语文教材体例结构的系统构成来说,它应包括目标系统、训练系统、辅导系统、检测系统。

目标系统包括:一套教材的总目标;每一年级、每一册以至每一单元的教学目标;每一篇课文或每一节课(有时一篇课文要用几课时来处理)的具体目标。

训练系统主要由课文和课前、课中、课后的思考练习构成。这是中学语文教材的主体。在传统教材中这一部分也是主体,但改革后教材的训练系统在内容与形式、量与度方面由于指导思想(教育教学观念)的不同存在很大的差异。

辅导系统包括学习目标提示、学习程序提示、学习方法提示、思考练习提示、题解、课文旁批、注解等。辅导系统的精髓在于"精当"。应做到要言不烦,一针见血,辅导要到位,点拨要恰当。

检测系统包括语文训练结果测试的方式、方法和参考答案。传统教材中这部分内容是放在"教学参考书"中的。将这部分内容恰当地安排在教材里更有利于发挥学生的自主精神。

从中学语文教材体例结构的具体编排来说,它应包括与功能相对应的具体的项目、各项目之间的相互联系方式及其合理的组合。一般来说,中学语文教材相对完备的体例结构应包括如下项目:总体说明;分册编写说明(或编辑意图);单元组合说明;课文教学要求(或教学目标);教学方法(学法与教法)提示;教学(教与学两个方面)程序提示;纵横联系(或称复习旧知识);题解;注释;旁批;思考练习题;检测手册(作为教材的附录)等。

教材的设计要考虑到适合学生的自学,因此,开本要大(大32开或16开)。课文里要留出较多的空白以便于学生"动笔墨读书"。

需要强调的是,要把教材的"总体说明"、"分册编辑说明"、"单元组合说明"等项视为课文的另外一种形式,其读者对象包括教师,也包括学生。传统语文教材不太重视这部分内容,即使设计了这些项目,也是写给教师看。有效地利用这部分内容,可以更好地调动学生学习的积极性。

教材建设是教学改革的标志。中学语文教材的整体水平可以反映出中学语文教学改革的深度和广度。十几年来中学语文教材建设的成果是喜人的。应当承认,已经或尚未通过国家教委中小学教材审定委员会审查的各家教材,都在不同程度上完善了教材的功能,改善了教材的结构。但由于我们对教材的功能与体例结构研究得不够,使得大部分教材还存在这样或那样的问题。中学语文教学实践呼唤着教材改革,教材改革呼唤着理论的指导,这是深化中学语文教学改革的新课题。

注释:

[1] 周庆元.中学语文教材概论[M].长沙:湖南出版社,1994:3-4.

[2] 钟启泉.试论素质教育课程设计的教育学依据[J].教育研究,1995(2).

[3] 钟启泉.现代教学论发展[M].北京:教育科学出版社,1992:4.

[4] 胡学增等.现代教学论基础研究[M].西安:陕西人民教育出版社,1993:182-183.

[5] 颜振遥.语文自学辅导教学的理论与实践相结合问题[J].中学语文教学,1996(3).

叶圣陶语文教材理论探析[①]

王松泉

叶圣陶先生对我国语文教育事业的贡献是多方面的。本文仅从先生对语文教材建设的研究和实践进行一些探索。

众所周知,叶圣陶对如何编写语文教材提出过许多精辟的意见,同时,他又身体力行,倾注莫大的心力,编写了多种中小学语文教材。探析叶圣陶的语文教材理论,可以发现一个明确的指导思想,那就是一切为了提高学生的语文素质。叶圣陶围绕语文素质教育提出的关于语文教材的标准、性质、功能和归宿等一系列见解和主张,形成了相当完整而准确的语文教材观,它是我国语文教材建设不可多得的宝贵财富。

一、教材标准论

早在新中国成立之初,叶圣陶就对语文教材的编写提出了"符合规定"、"足为模范"等要求。为了提高学生的语文素质,他在制定中学语文课程目标的同时,主张按照教学目标编写出规范化的教材。他提出:"中学语文教材,就精神说,要符合目标第一项所规定的各点;就内容说,必然地涉及各科,以各科的内容为内容;就品质说,要朴实、精确,足以为目标第二项的模范;就体裁说,要包括一般人在生活上所触及的各类文字(不列举),高中要选若干明白易晓的古文,以能够通解普通文言为目标。"[1]这些主张,正是叶圣陶语文教材标准论的集中反映。他提出的规范化标准,充分体现了语文素质教育对教材的客观需求。

在"精神"上,叶圣陶认为,学语文其实就是学做人,尽管语文课并非思想政治教育课,但语文教材就精神说,要脱离思想内容是不可能的,这就要求语文教材有利于学生在学习语言文字的过程中,从"情操和意志"方面培养"五爱"精神。为了更好地实现这一目标,他主张:"入选的作品须是提倡为群众服务的,表现群众的生活跟斗争的,充满向上的精神的,洋溢着健康的情感的。"[2]这正是着眼学生基本素质、力图通过语文教材育人的语文教材素质观的具体体现。

在"内容"上,为了提高学生的素质,为了体现语文的性质和特点,叶圣陶要求语文教材"以各科的内容为内容"。这一主张从语文教育的根本宗旨和社会功能出发,克服了语文教材选材上的狭隘观念,摒弃了教材编写中的"关门主义"倾向,从而有利于学生在掌握祖国语言文字的过程中,全面接受人类社会的文明成果,提高学生的素质,更好地运用语文为社会文明服务。应当说,任何学科的学习都离不开语文,而通过语文学科"以各科内容为内容"的教材所培养起来的语文能力,无疑将更适合于时代对社会成员语文能力的要求,也即更符合当代社会语文素质教育的目标。

在教材的"品质"上,叶圣陶提出了"朴实、精确"的要求,主张足以示范,以顺应学生"身

[①] 本文选自《课程·教材·教法》1997年第5期,第44—47页。

心的发育和生活经验的扩展",逐步培养学生"凭我国语言文字吸收经验表达情意的知能"。这更是一种基于语文素质教育根本目标的正确主张。毫无疑义,语文教材只有成为提高学生语文素质的范本,学生所掌握的语文能力才能真正成为人生发展的阶梯。

至于教材的"体裁",叶圣陶也从培养学生的全面素质出发,主张兼及社会生活"所触及的各类文字"。这种"各类文字",应当成为学生学习书面言语和口头言语的良好借鉴。其实,无论是书面的抑或口头的叙述、描写、说明、议论、抒情等表达方式,无论是记叙文、说明文、议论文、应用文等常用文体抑或诗歌、小说、散文、剧本等文学作品,无论是广为普及的白话文抑或借鉴传统文化时需要接触的文言文,人们都必须具有最基本的读写听说能力。叶圣陶关于兼及"各类文字"的主张,同上述观点一致,目的都是为了全面提高学生的语文素质,使他们能以尽可能完备的语文能力更好地适应并积极地影响社会生活。

二、教材性质论

认识教材必须明确教材的性质。语文教材的性质是什么?叶圣陶打了一个形象的比方,他认为语文教材应当成为学生学习语文的"锁钥",这正是叶圣陶语文教材性质论的生动概括。叶圣陶把语文教材作为学生获取语文知识、提高语文能力、养成学习习惯,即培养良好语文素质的"锁钥"。他说:"语文教本好比一个锁钥,用这个锁钥可以开发无限的库藏。"[3]"锁钥"是一种"凭借",是一种"工具",因此他还说:"我相信书本是一种工具,或者说是一种凭借。""知识不能凭空得到,习惯不能凭空养成,必须有所凭借。那凭借就是国文教本。"[4]但是,这种"锁钥"和"凭借"并不是狭隘的,他说书本"不是唯一的工具,唯一的凭借。许多功课都不一定要利用书本,也可以说,文字的书本以外还有非文字的书本。非文字的书本罗列在我们的周围,可以取来利用"[5]。

语文教材自然应是学生获取语文知识的"锁钥"。语文教材中不仅应有介绍语文知识的文章,而且主要应使学生从教材所选典范文章的阅读中、从教材安排的写作和听说训练指导中,学到活生生的语文知识。学生从正确而灵活地使用祖国语言文字的范文的阅读中、从教材规定的作文和听说实践中学习语文知识,应当比孤立地学习语文知识更易奏效。所谓"锁钥",正是从语文知识的现实应用,即各类文章的阅读写作与听说活动中,逐步掌握这种知识的应用规律,这是最实际、最有效的语文知识的学习,这种知识正是语文素质最基本的组成部分。

然而,语文教材更应成为学生提高语文能力的"锁钥"。语文教材不应仅仅传授知识,而更应培养语文能力。能力训练型教材之所以被认为是理想型的语文教材,就是因为它不仅渗透了语文知识,而且特别把语文能力的训练作为主线和重点,将语文教材作为训练和培养学生读写听说能力的"锁钥",这恰恰是语文素质教育目标所要求的。

语文教材又应当是学生养成语文学习习惯的"锁钥"。语文学习的习惯是一种重要的语文素质,这种素质的形成同样必须凭借教材的指导。这就是说,不论编写还是使用语文教材,都有一个如何引导学生养成语文学习习惯的问题,都要注意通过语文教材使学生掌握学习语文的正确方法,历练定型,成为良好的习惯,从而爱学语文、会学语文、常学语文、善学语文。学习的习惯与非智力因素是考试难以检测的。叶圣陶要求教材有助于养成学生良好的学习习惯,正说明他把教材当作素质教育的"锁钥",而决非应试的敲门砖。

值得指出的是,语文教材不应仅仅是文字的书本,它还应当包括非文字的书本。语文教材是构成语文教学活动的重要因素,是语文教学内容的载体,是教师教与学生学之间的纽带。语文教材的价值,正在于它是实现语文教学目的的工具,教师主要是凭借这一"锁钥"进行教学,因而各种文字资料和非文字资料都可加以利用。叶圣陶关于语文教材广泛性的论述启示我们,在选择和使用语文教材时,必须取开放的态度,尽可能地使学生通过教材这一"锁钥"获得多方面的知识、能力、方法和习惯,这是提高学生的语文素质所必需的。

三、教材功能论

教材观的又一重要组成部分是教材功能论。叶圣陶历来提倡以教材为示范,指导学生掌握阅读的方法,提高阅读同类书的能力。对于语文教材的功能,他曾明确指出:"语文教材无非是例子,凭这个例子要使学生能够举一反三,练成阅读和作文的熟练技能。"[6]"举一反三",这是叶圣陶语文教材功能论的科学体现;而他所说的凭借"例子",又是"举一反三"的最好注释。他说:"语文教本只是些例子,从青年现在或将来需要读的同类书中举出来的例子;其意是说你如果能够了解语文教本里的这些篇章,也就大概能阅读同类的书,不至于摸不着头脑。"[7]这里,他所追求的是适应学生"现在或将来"的"需要","能阅读同类的书",同样着眼于素质而并非为了应付考试。

语文教材要有助于"反三",就应当更好地"举一",这就要求教材编写者精选文质兼美、脍炙人口、适合教学的典范文章。一要思想内容好,二要语言文字好,三要适合教学。但从当前的一般教材看,用以"举一"的教材质量并不平衡。尤其拿适合教学来衡量,各种教材在编排上是否科学合理、分量上是否恰如其分、要求上是否适应学生实际、操作上是否方便教师教学,都还值得研究。这方面,叶圣陶的教材选编理论和实践就是对我们的一种极好的指导。

语文教材要有助于"反三",还应当要求教师主动地创造性地利用和改造教材。对于教材,长期以来不少教师往往习惯于被动接受和搬用,他们不了解教材无非是"举一",目的则在于"反三";教材无非是"触类",目的则在于"旁通"。教师使用教材应当成为一种主动的工作,他们应当把教材视为一种"抓手",使比较、鉴别、选择、加工、处理、编制教材的多种方式,成为更好地发挥教材"反三"作用的有力手段。

好的语文教材应当有助于"举一反三"地进行语文素质教育,好的语文教师应当正确地对待语文教材:一要善选,即在可能的条件下按一定标准选择运用有助于素质教育的教材,对各类语文教材进行比较和鉴别。不论选择综合型的还是分科型的语文教材,都要做到符合培养目标,适合当地需要,切合学生实际,方便教师教学。二要善用,即能合理地处理教材,把握目标,分清主次,确定取舍,选好教学角度。同时要使用好教学参考资料,包括文字图像资料和声像资料,如有关文件、教学指导用书、研究成果、教学刊物、工具书等图书、地图、年表以及幻灯片、录像带、录音带、电影等。三要善编,即学会从素质教育出发,按一定的原则选取范文,能灵活地编写语文教材,包括自编补充教材和实验教材。编写教材要持积极而慎重的态度。积极,才能解放思想,编写出适用于素质教育的教材;慎重,才能使教材符合要求,不断优化,并在语文素质教育中有效地发挥作用。

四、教材归宿论

叶圣陶的语文教材理论不但包含了叶圣陶对于语文教材标准、性质、功能的富有特色的见解,还包含了他对于语文教材归宿的别有见地的论述。培养学生的课外阅读能力、养成学生的课外阅读习惯,这历来是叶圣陶语文教材归宿论的基本思想。他把语文教材视为学生课外学习的基础,要求教师从教材出发,尽量推广、扩大,落实到课外广大的阅读天地。他说:"精读文章,只能把它认作例子与出发点;既已熟习了例子,占定了出发点,就得推广开来,阅读略读书籍,参读相关文章。"[8]这种书籍和文章,主要是指课外读物。因此他强调:"必须在国文教本以外再看其他的书,越多越好。"[9]他说:"阅读要养成习惯才实用,所以课外阅读的鼓励和指导必须配合着教材随时进行。换句话说,课外书也该认作一项教材。"[10]通过教材,带动学生广泛阅读,培养学生的阅读能力和习惯,这确应成为语文教材观所追求的归宿。

叶圣陶关于延伸"课外"的教材理论,揭示了语文教材的编写和使用在语文素质培养上的辩证思想。基于这一思想,叶圣陶认为,在教材操作领域,应当正确处理好两大关系:一是精读与略读的关系,二是导读与自读的关系。

叶圣陶十分重视处理精读与略读的关系。在《精读指导举隅》和《略读指导举隅》的前言里,我们可以看到叶圣陶对于精读与略读两者关系及培养学生语文素质的基本观点。培养语文素质,不但需要凭借课本或选文,同时也要凭借课本或选文之外广大的略读天地。他说:"课本里所收的,选文中入选的,都是单篇短什,没有长篇巨著。这并不是说学生读了一些单篇短什就足够了。只因为单篇短什分量不多,要做细磨细琢的研读功夫,正宜从此入手,一篇读毕,又读一篇,涉及的方面既不嫌偏颇,阅读的兴趣也不致单调;所以取作'精读'的教材。学生从精读方面得到种种经验,应用这些经验,自己去读长篇巨著以及其他的单篇短什,不再需要教师的详细指导,这就是'略读'。就教学而言,精读是主体,略读只是补充;但是就效果而言,精读是准备,略读才是应用。学生在校的时候,为了需要与兴趣,须在课本或选文以外阅读旁的书籍文章;他日出校之后,为了需要与兴趣,一辈子须阅读各种书籍文章;这种阅读都是所谓应用。使学生在这方面打定根基,养成习惯,全在国文课的略读。如果只注意于精读,而忽略了略读,功夫便只做得一半。"[11]由此可见,无论编写教材或使用教材,都必须兼顾精读与略读;以精读示范,以略读模仿;在精读中明规律,在略读中练本领;得法于精读,得力于略读。其指导思想完全不同于应试教育,而皆为培养学生的语文素质;其最终目的,则均为他日学生走出校门以后的应用。

叶圣陶还十分重视处理导读与自读的关系。尽管精读大多在课内指导,略读大多在课外自动,但不论是课内指导精读还是课外自动略读,都离不开教师的指导。"略读是国文课程标准里面规定的正项工作,哪有不需要教师指导之理?"当然,课内导读仅是一种"事前指导",而非大量阅读和应用;课外自读则是学生"按照老师所指导的去阅读,去参考,去研究"[12]。学生掌握学习的规律主要靠课内导读,但运用这些规律大量地自动阅读与应用,显然大多在课外的自读。为了培养学生的语文素质,课外自读同样也是语文教师应予特别关注的学习领域。更何况,课内的导读不光有精读与略读的指导,就整个语文学习而言,更有读写听说的全面训练;而在课外的自读,不光需要教师事先在课内就指出一条自学的门径,还需要在课外通过丰富多彩的语文活动使社会生活中的有字之书和无字之书都成为学生学习语文的教材。由此可见,无论编写教材或使用教材,都必须兼顾课内的导读与课外的自读。这在指导思想上,也皆为培养学生的语文素质;其最终目的,也均为走上社会以后的应用。

总之,叶圣陶有关于语文教材建设的观点,无不与语文素质教育密切相关。叶圣陶的语文教材观,对于我们进行语文教材建设和素质教育,都是一种十分有益的借鉴。

注释:

[1] 中央教育科学研究所.中学语文科课程标准[S]//叶圣陶.叶圣陶语文教育论集[C].郑州:河南教育出版社,1986:126."第一项"即"通过语言文字的学习,从感性的认识出发,在学生的情操和意志方面,培养他们(一)对劳动跟劳动人民的热爱,(二)对祖国的无限忠诚,(三)随时准备去克服困难战胜敌人的决心和勇气,(四)服从公共纪律爱护公共财物的集体主义精神"。下文的"第二项"即"顺应学生身心的发育和生活经验的扩展,逐步培养他们凭我国语言文字吸收经验表达情意的知能"。

[2] 叶圣陶.《大学国文》序[A]//叶圣陶.叶圣陶语文教育论集[C].北京:教育科学出版社,1980:206.

[3] 叶圣陶,朱自清.国文教学[M].上海:开明书店,1945.

[4] 叶圣陶.略谈学习国文[A]//叶圣陶.叶圣陶教育文集[C].北京:人民教育出版社,1994:89.

[5] 叶圣陶.如果我当教师[A]//叶圣陶.叶圣陶语文教育论集[C].郑州:河南教育出版社,1986:231.

[6] 叶圣陶.大力研究语文教学,尽快改进语文教学[C]//叶圣陶.叶圣陶教育文集(第2卷)[C].北京:人民教育出版社,1994:204.

[7] 叶圣陶.谈语文教本[A]//叶圣陶.叶圣陶语文教育论集[C].北京:教育科学出版社,1980:183.

[8] 叶圣陶.《精读指导举隅》前言[A]//叶圣陶.叶圣陶语文教育论集[C].北京:教育科学出版社,1980:15.

[9] 叶圣陶.略谈学习国文[A]//叶圣陶.叶圣陶教育文集[C].北京:人民教育出版社,1994:90.

[10] 中央教育科学研究所.中学语文科课程标准草案[S]//顾黄初.现代语文教育史札记[M].南京:南京出版社,1991:144.

[11] 叶圣陶.《略读指导举隅》前言[A]//叶圣陶.叶圣陶教育文集(第3卷)[C].北京:人民教育出版社,1994:254.

[12] 叶圣陶.《略读指导举隅》前言[A]//叶圣陶.叶圣陶教育文集(第3卷)[C].北京:人民教育出版社,1994:255-268.

语文单元教学的反思[①]

郑国民　孙宁宁

单元教学是指以一个单元作为教学的基本单位,从整体出发,统筹安排,通过一两篇课文的讲读,带动单元中其他课文的自读,以点带面,以起到举一反三作用的一种教学方式。单元教学引进和移植的理论主要有迁移理论以及系统论、控制论和信息论等。

单元教学力图体现教学的连续性、整体性和阶段性的特点,把语文教学的总目标分解到各个教学单元之中,以分头突破,循序渐进地达到教学的总目标,并把教读和自读有机结合,以提高教学效率,达到"教是为了不需要教"的目的。然而通过多年的探索之后,人们逐渐发现由于未能结合语文教学的本质特点,语文单元教学的理论和实践中均存在着一定的问题。

一、从语文单元教学的理论上来看

1. 非系统性、逻辑性的教学内容决定了不应采取系统化、逻辑化的方式进行分解、组织

在系统论的指导下,单元教学强调"阶梯性"和"系统性",要求每个单元都具有独立性、层次性和积累性,呈深浅、难易的序列变化,单元与单元之间、同一单元的选文之间应有合理的梯度。每个单元均有不同侧重点的一类目标,单元内的课文紧紧围绕这一目标展开教学,层层递进,一个单元教完,预示着一类知识点的教学任务完成。然而传统的语文教材几乎历来都是文选式编排的,语文知识不是集中、系统性地阐述,而是分散、重复并综合地融汇于一篇篇选文之中,每篇文章都是语文知识的综合体。所以不论采用什么方式组织单元,其单元之间,亦或篇与篇之间,知识结构的渐进性和梯度都不明显,不可能具有这种序列性和系统性。尽管教材的编者已尽可能地考虑把每个单元都编成有内在联系的有机整体,我们也可以在有些单元中找到一些相关的知识点,但是实际上,每篇文章都有各自不同的写作意图和表情达意的方式,不论是从内容上还是从形式上都很难找到篇与篇之间内在的衔接点。硬性区分的讲读课文和自读课文间也缺乏一脉相承的相同点和相关点。

1962年教育界提出"双基教育"的口号:强调基础知识、基本技能,强调学科知识体系的严密性和系统性,直至90年代初我们的语文教学仍是按照这一思路进行。而单元教学正是在这样的背景下被纳入了教学的正轨并发展至高峰的,因此不可避免地带有严重的课程教材的学科本位倾向。它试图以系统化、逻辑化的方式进行分解、组织教材和教学,这不仅与语文教学内容的性质不相适宜,而且也不符合目前课程纲要提出的淡化知识和学科本位,强调态度(学习课程的兴趣、对课程价值的理解等)的要求。

2. 语文学科的特点决定速效迁移的目标不可能达到

语文单元教学的基础——迁移理论,认为可以通过教师重点讲解单元内一两篇讲读课文,从而引导学生自学单元内其他课内外自读课文。也就是说,希望学生能把在讲读课文上

[①] 本文选自《学科教育》2002年第5期,第18—21页。

学到的知识和方法迅速迁移到自己的自学实践中,以达到以点带面、举一反三的目的。但是语文学科的特点决定这种主观"理想"在具体的语文实践中行不通。

首先,语文知识不能直接迁移为语文能力。针对单篇教学的随意性和无序性,语文单元教学力图在每个单元中都设置"知识点和训练点",并将其分解到各篇文章中,从而由篇到单元,由单元到册,由册到年级,将知识点连缀起来,以求获得系统化的语文知识,并且认为在获得语文知识的同时,其语文能力也将得以提高。知识在一定条件下是能力形成的前提条件,语文能力的形成也确实需要理性知识的指导,但是语文知识并不能直接迁移为语文能力。学生听说读写四种能力的发展主要不是靠掌握系统的语文知识,而是靠语言实践,即在对一篇篇课文品味理解的实践中,通过感受—领悟—积累—运用来逐步提高。而且"语文能力的培养是属于渐进型的。它是在语文的实践活动中日积月累、潜移默化地发展和提高的"[1]。因此,不能一蹴而就的语文能力也就不能仅靠语文知识来直接迁移转化。

再者说来,在现代这个信息社会中,随着知识更新和激增速度的日益加快,知识的学习也日益成为一个终生的过程。从这个角度讲,让学生通过单元教学掌握系统的知识不仅不再那么重要,甚至学生在学校里多学一点知识还是少学一点知识也不像过去那么重要了。而越来越重要的是,应在学校教育阶段,激发起学生求知的渴求,培养形成学生积极主动的学习态度、科学独特的思维方式和持续发展的潜在能力。这也正是爱因斯坦所说的"教育,是人们遗忘了所有学校灌输的知识后,仍能留存的东西"。

其次,讲读课文无法举一反三地带动自读课文。学习迁移的理论告诉我们,学习材料之间的关系是迁移不可缺少的因素,学习迁移的范围与效果的大小取决于学习材料之间的共同要素。而在语文单元教学中,同一单元的课文并不具备同一性和相似性,每一篇文章都有各自不同的个性风格、知识结构、文化和生活内涵,正所谓百文有百法。即使同题材、同体裁的文章也会因作家而异,展现出不同的知识和写作特色。所以,讲读课文和自读课文之间并不能像数理化的例题与习题之间,可以把思路、方法拿来模仿、迁移,立竿见影地起到触类旁通、举一反三的带动作用。

此外,从操作层面上来看,在教材的编排上,语文教材分单元设讲读课文和自读课文,在划分上并不具有严格意义上的科学性。一些浅易的课文属于讲读,而一些较艰深的课文却属于自读,这更加让学生无法迁移。

二、从语文单元教学的教学实践来看

1. "纵横捭阖"、"求同比异"的单元讲解,忽视了学生对课文的情感体验

"整体性"、"比较性"无疑是语文单元教学在认识论上的表现。但是按照这样的理论进行教学实践时,就容易因过于强调整体性的"纵横捭阖",反而架空了对知识点和能力点的环节把握。教师们不是引导学生从每篇课文的具体语境材料出发,理解课文内容,体会文章形式,而是只在学生粗知课文概貌的情况下,"止于对单元轮廓作大致的勾勒,止于对单元教学要求、学习重点作写意式的图解和说明,或者在此基础上再作些天马行空式的前后串讲"[2]。结果学生在学过一个单元之后,脑子里除了剩下对几篇文章枯燥、抽象的相同点和相异点的比较之外,对每篇课文的理解,无论从哪方面来说,都寥寥无几,而且有时甚至连一些最基本的知识都未能很好地掌握。

这样的教学不仅对学生知识的掌握和能力的提高无所帮助,而且很难打动学生的心灵,

更难形成学生学习语文的热情。因为语文课堂不仅是学生学习知识的场所,也是学生体验人生、解读社会的地方。作为语文科教学内容主体的课文,不仅仅是知识的载体,更是蕴含着作者爱与恨的情感,倾诉着作者悲与喜的感受的载体。学习这些充满作者生命感受的课文,需唤醒学生的个体意识,引导学生对文章进行全身心的情感体验,使学生感受到作家心灵的律动、情感的脉搏,这样学生在对文章底蕴的心领神会中,才能获得求知的满足、敏锐的感受,以及审美的体验,语文知识技能将随之提高,对社会、人生的体验也会加深。单元教学要求组织学习单元时应以能否使学生获得一个完整的生活体验为依据。而我们目前的语文单元教学却完全背离了这一点,以知识来定单元内容,用抽筋剔骨来代替情感陶冶,只注重语文教学的理性和知识性,而忽略了其形象性和感悟性。生动的课文变成了呆板的例子,丰富的教材变成了生硬的解释,学生的感悟力被钝化,创造精神被窒息,最终一味追求的急功近利的实用目的也必将落空。

每一篇文章都有自己的亮点,只有深刻挖掘文章富有个性的亮点,学生的情感体验才会愈加强烈,对教材的认识才会愈加深刻。但归入单元教学中的课文,其个性亮点常常因为并非是单元教学中的目标要点而被淡化甚至忽略,由此也就抹杀了文章内在的灵动和韵致。有专家曾形象地指出:"语文教学是清流、是甘泉、是乳汁、是油膏、是森林、是美池、是桑竹;它是白帝城、是滕王阁、是黄鹤楼、是北固亭;是历史、是传统、是文化、是哲学、是生活。"[3]如此多彩的内容如果仅仅作为语文知识的例子而存在,必将使我们的语文教学面目全非。"语文教材无非是例子",但这一例子应是学生认识社会和人生的例子,是丰富情感、陶冶情操的例子,是养成良好的个性和思维方式的例子,而决非仅仅是语文知识的例子。

2. 只见"单元"、不见"单篇",导致只抓了皮毛,而忽略了实质

目前在进行单元教学时,主观上想突出整体,强调综合,可在实践中常常只注意了共性,而忽视了个性。尤其是求同比较法在单元教学中的广泛应用,更易导致忽视个性的弊端。殊不知在语文教学中共性需要明确,个性更应得到张扬,相对于具有共同本质的单元共性,单篇的个性要更丰富得多。如果我们把单元教学比作森林、单篇教学比作树木的话,我们不能"只见树木,不见森林",但也不应该"只见森林,不见树木"。单元教学依赖单篇教学,单元重点要依靠课文语境来显现,离开了单篇课文,单元教学重点就毫无意义可言,教学也便成了空中楼阁。一种方法论必须形神兼备,有形而无神,便于把握,但难见功效;反之,有神而无形,则难以操作,更何谈效率?因此单元教学应从"大"处着眼,从"小"处施教,务必把握单篇课文的整体性教学。"决不能因强调突出单元教学的整体性,而忽略单元内具体课文的整体性。具体课文相对于教学单元是'个体',但它相对于它的构成部分来说,又是一个整体。"[4]一篇课文总是字词句篇、语修逻文,五脏俱全。脱离单篇基础,单纯搞架空分析的"单元教学"必将是本末倒置,只抓住了皮毛,而忽略了实质。学习每一个语文教学单元,学生只有在单元整体的统领下,亲身感受理解了具体生动的课文整体时,单元教学目标才能得到真正落实。一言以蔽之,没有单篇教学作为基础,单元教学的优势也难以得到充分的体现。

另外,从否定和继承的角度来看,单元教学绝不是空穴来风,而是在单篇教学的基础上孕育、发展起来的。传统的单篇教学讲究涵泳品味、含英咀华,注重情、趣、义的结合。这些精华部分我们不应舍弃,而且其中一些具体的操作原则,如"字不离词,词不离句,句不离篇,文不离质"等,我们更应在单元教学中继承。"字"、"词"、"句"、"文"只有在"词"、"句"、"篇"、"质"的语境中,才有其存在的意义与价值,脱离具体的语境,就只是一堆僵死的符号。当然

"单篇教学自有它的随意性的缺点,但这缺点并没有任何理由否定单篇教学"[5]。非 A 即 B 的思维方式是不足取的。那么如何在单元教学与传统的单篇教学中找到突破点,便是目前的单元教学亟待解决的问题。如何使学生既可以得到统整而全观的学习,又不以牺牲亲身体验、感悟为代价?如何在教学中不仅关注知识点和能力点的切实落实,而且更关注学生的情感、态度、价值观,注重指导学生理解语言中所蕴含的社会生活?这都需要我们从理论和实践两方面对单元教学展开进一步的探索。

以上是对语文单元教学的反思,反思并不等于否定,试图把问题提出来,是为了进一步探讨、纠偏。语文单元教学出现的这些问题,已成为阻碍单元教学进一步发展的瓶颈,也是近两年内单元教学日渐冷却的原因。适度的冷却并非坏事,至少可以让我们清醒地直面问题,探求解决的方案,以使语文教学有一个突破性的进展。

注释:

[1] 汤生.单元教学的反思[J].语文学习,1995(11).
[2] 蒋红森.单元教学目前所面临的三个问题[J].中学语文教学,1990(9).
[3] 郝建华.中学语文单元教学质疑[J].山东教育学院学报,1997(3).
[4] 张广岩.试说语文单元教学[J].山东师范大学学报(社会科学版),1995(2).
[5] 刘书海.单元教学中一个值得注意的问题[J].语文教学与研究,1990(9).

关于语文教材"课后练习"的思考[①]

欧阳凯

现行人教版高中教材是根据新课程要求几经修订,于 2002 年经教育部审查通过,目前在全国使用最广的新课标教材。其继续采用了传统的单元编排体例,每单元均由"单元提示"、"课文"和"课后练习"三个板块组成。这样的编排体例,单元中心明确,教学体系完整,在语文课改的各个时期都被认可并长期沿用。然而盘踞心头的一件小事却让笔者对其"课后练习"问题产生了疑问。那次与几位同事讨论《祝福》一文的教学方法。作为一篇传统课文,大家都觉得课文内容很熟悉,艺术风格很鲜明,对小说的教学教法也很了然,但对新课标背景下如何教学又颇为困惑。讨论良久,忽然有位老师发言,他说按课后的几道"练习"上一下就可以了。因为第一题"按序幕、结局、开端、发展、尾声写出小说的情节提纲",这无疑是整体把握,是小说教学的第一步;第二题问以"祝福"为题有什么意味、三次外貌有什么变化、环境描写对人物描写有什么作用,这些无疑都是教学的重点;第三题分析几个句子和语段的含义,这是"单元提示"对本单元教学的明确要求;第四题讨论"造成祥林嫂人生悲剧的原因到底是什么",可帮助学生更好地把握小说的主题,同时培养学生探究的意识,这正好又体现了新课程的新理念。这样组织教学"条理清楚,重点落实",一时得到了广泛的认可。

"课后练习"竟有这样的妙用!备感惊异之余,笔者不禁审视起这"课后练习"问题的是非得失来。

在教材中设置"课后练习"的做法由来已久。20 世纪 20 年代,随着白话文进入中学语文课本,教材设计中就出现了少量的所谓"问题""习问""习题"等(即相当于现在的练习)。30—40 年代,练习设置在语文教材编写中被各家教材编者广泛采用,最有代表性的当数叶圣陶、夏丏尊所编的《国文百八课》,"习问"设计较为完善,兼顾内容与形式、思想与语言。此后,无论是哪一时期的教材都编有课后练习。沿袭近百年的"课后练习",通常都是教材编者针对单元教学的知识、能力要点和课文教学的重点、难点设置的。长期以来,它理所当然地成为学生学习过程中落实基础、提升能力的前沿阵地,教师备课时理解教材、落实教法的指路明灯。但笔者以为,从某种程度上讲,正是这不起眼的"课后练习"促成了语文教学的"本本主义",导致了语文教学的"少、慢、差、费",使得"中学语文教育实在到了非改革不可的地步"[1]。这其中当然有教材使用策略的问题。从理论上说教材源于课程标准,课程标准才是教材和教学的指南;教师应全面深入地理解课标要求,把握教材编写意图,根据教学实际情况不断修正教学策略,灵活地使用教材。但更为重要的还是教材建设的问题。因为教材"贯彻国家课程改革精神,落实课标要求,全面达到高中语文教育的各项目标",通过了国家权威部门的审核;教材编者又是一批权威专家,就普通教师而言,其学养难以企及,其言述毋庸置疑。不从根源上加强课标教材的建设,广大语文教育工作者只能是跟着感觉走,事倍而

[①] 本文选自《语文学习》2005 年第 12 期,第 7—9 页。

功半。

对照新课标的要求,笔者认为人教版高中教材的"课后练习",主要存在以下几方面问题:

1. 教学目标的泛化与偏离

课标关于必修课程的"阅读与鉴赏"提出了明确的目标和要求,如"发展独立阅读的能力。从整体上把握文本内容,理清思路,概括要点,理解文本所表达的思想、观点和感情……揣摩语句含义,体会精彩语句的表现力"等。这些具体目标的落实应是语文教材的根本任务,也是课后训练的根本要求。但反观我们的"课后练习",则普遍地泛化甚至偏离了这些要求。其一,课后练习指向的大多是课文的具体内容,而非课程的终极目标。如对《毛泽东词二首》这样值得我们反复去涵泳体味的壮丽诗篇,反复练习的是"表达了诗人怎样的'志'"、"围绕'同学少年'表现了怎样的思想感情"、"诗人通过写重阳,表现了怎样的革命情怀"这些作品的主题思想问题。其二,从整体上看,练习设置存在着随意与无序的状况。如上文所举《祝福》的课例,从小说的情节,到人物描写、环境描写,到语言品味,到主题把握,可以说其课后练习包容了中学阶段小说阅读的所有要求。单从这一课来看,练习设置极符合课标要求,但如果从单元整体结构、从全册教材的宏观安排上去审视就不难发现它的漫无目的。贪多务得,结果势必一无所获。

2. 主客体关系的倒置

教材与师生关系的背后,隐藏着谁是教学主体的问题。"学生是学习和发展的主体……是语文学习的主人","教师和语文课程同步发展,是学习活动的组织者和引导者","阅读教学是学生、教师、教科书编者、文本之间的多重对话",新课标的这些阐述明确地告诉我们学生是阅读的主体,是解读者,而不是作业者;教师是用教材教,而不是教教材。可是"摆在他们面前的语文课本中的每一篇文章往往前有'阅读提示',后有'思考练习',它们像'伏敌'和'追兵'一样,把阅读'逼'向编者根据所谓的知识系统与能力层级而设定的'训练目标'。在这种前后夹击的阅读处境中,鲜活的文本大多成了诠释与印证某个知识或某项读写技能的'例子'"[2]。新教材"阅读提示"已经略去,但"课后练习"仍然极大地钳制着学生的自由解读。正如王荣生先生所言:"过去乃至现在的阅读教学,通常是'教教材',实际上是以课文后的'思考与练习'为轴心、为标的的教学。"比如"《再别康桥》回环呼应的结构形式,对于表达主题起什么作用"、"'错误'一词用'美丽'来修饰,好不好?为什么?"等等这些问题,其阅读的要点"不在学生对诗歌本身的解读和反应,而在于'为什么'的推求和'理由'的抽象陈述。而这些要学生思考的题目,相信在正常的阅读和欣赏状态下是不会自然产生的"[3]。学生面对这些问题,永远得不到欣赏的乐趣,只能感到作业的琐碎与枯燥。更为苦恼的是这些问题常常又难以单凭文本作出解答,那么你只得去死记答案。这样一篇篇"文质兼美"的佳作就只能让人索然寡味、倍加苦恼了,这也正是学生不喜欢语文的一个重要原因。

3. 人文精神的疏离

语文"是人类文化的重要组成部分。工具性与人文性的统一,是语文课程的基本特点","高中语文课程必须充分发挥自身的优势,弘扬和培育民族精神,使学生受到优秀文化的熏陶,塑造热爱祖国和中华文明、献身人类进步事业的精神品格,形成健康美好的情感和奋发向上的人生态度"。人文精神的张扬可以说是新时期语文课程建设的一个极其重要的方向。对传统文化的认同感、归属感的培养,反思和批判意识的确立,在当前这个中西文化激烈碰撞的时期显得尤为重要。然而寻遍整套高中教材,其课后练习指向"文化"的是少之又少。以第二册课本为例,全册共有84道课后练习,提及"文化"的仅只一道选做题——"谈谈你对中国文化中'居安思危'思想的认识"。而关于"仁"这个中国儒家文化的精义,却避而不谈,只讨论"你对'仁义不施而攻守之势异也'是怎样理解的",以检查对课文内容的掌握;陶渊明作为中国士大夫精神上的一个归宿,我们不借此去了解中国古代文人心中深深的矛盾与隐痛,却只要求"以本文和初中学过的《桃花源记》及《五柳先生传》为依据,说说你对这个问题(理想主义)的看法",以训练其综合分析能力。至于"鲁迅小说中对封建文化的批判"[4]、"'边城'凝定的'湘西人性美'的文化概念"[5]、《师说》中的"解放精神、具有深刻人民性的思想"[6]等则早已淹没在词句的理解与主题、手法分析的汪洋之中了。即使在学习"文化内涵比较丰富"的第五、六册时,其着重培养的还是"研讨、评价论文和文学作品的能力"。人文精神严重疏离,语文课程的育人功能当然便成了水中花、镜中月,语文学科的迷人本色更是荡然无存了。

凡此种种,可以想象把"课后练习"作为我们教学的指南是一件多么危险和可怕的事情。"课后"问题的存在,既有着课程理论发展滞后,课标要求不够具体的关系;又有着教材建设观念守旧,编撰思路狭隘的原因。在教材编写逐步走向开放、课程结构日渐完善、编排体例日趋科学、选文更加丰富精当的同时,作为单元结构重要组成部分的"课后练习"问题,也应得到足够的重视,其内容与形式应当更加科学合理、丰富多彩。紧扣课标要求,密切联系教材,全方位培养和提高学生的语文素养,促进学生在课程中健康成长。具体来说,笔者认为"课后练习"首先当从以下几个方面加快建设:

1. 建构明确的语文知识与能力的训练体系

课文无非是个"例子",但一篇文质兼美的选文究竟要为学生起到哪个方面的"例子"作用,一直以来我们却并未明确。叶老当年就指出:"语文课到底要包含哪些具体内容,要训练学生的到底有哪些项目,这些项目的先后次序该怎么样,反复和交叉又该怎么样;学生每学期必须达到什么程度,毕业的时候必须掌握什么样的本领,诸如此类,现在都不明确,因而对教学的要求也不明确。"[7]几十年过去了,时至今日我们仍未能明确高中语文知识与能力的详细目标,更未能建构起阶段目标明确的语义知识与能力的训练体系。当前,我们必须组织有关专家,对现当代中学语文的全部陈述性知识进行筛选与梳理,根据当今学生的实际需要,形成一套具体完善的语文知识与能力体系,并根据各学段的特点予以科学分解,详细规定到每一学年甚至每一学期。这样,教材的编者便有章可循,进而编排单元、设置练习予以突出和落实。一单元或者一课一个训练重点,有的考查整体思路的理清,有的考查主题思想的把握;有的着重表现手法的鉴赏,有的着重语言含义的品味;有的训练分析综合能力,有的训练质疑探究的方法等。这方面叶圣陶、夏丏尊编的《国文百八课》可资借鉴。这套教科书每课为一个单元,有一定的目标,单元内含文话、文选、文法或修辞、习问四项。文话以一般文章的理法为题材,按程度配置;文选含古今文章两篇;文法或修辞,从文选中取例;习问根据文选,就本课的文话、文法或修辞设置一些巩固检查的习题。这样有的放矢,当然各个击破。

2. 创设自主、合作、探究的平台

发挥学生的主体作用,倡导自主、合作、探究的学习方式是新课程改革的重要精神。为此,课标在"教科书编写建议"中明确提出:"教科书应突出语文课程的特点,要便于指导学生自学。内容的确定和教学方法的选择,都要有利于学生自主、合作与探究的学习,掌握自学的方法,养成自学的习惯,不断提高独立学习和探究的能力。"而人教版高中语文教材中许多练习的设置,要么大而无当,要么就小而无益,要么又难而无门,既没有点燃学生思考探索的欲望,又没有铺就学生自主探究的路径。如"搜集现实生活中表现王权意识和奴才思想的材料,在班上交流。然后写一篇富有针对性的批判文章(可以写成杂文)",学生既要深刻认识什么是"王权意识"、"奴才思想",又必须敏感发现现实生活中哪些现象体现了王权与奴性,还要掌握短小精悍、亦庄亦谐的杂文写法。其问题表述缺乏兴趣的诱导,其问题解决又缺少方法的指引。美国的中学教材在这一方面为我们提供了较好的范例。如"汤姆·沃克为了金钱出卖了自己的灵魂,你认为如果他是为了知识而出卖自己的灵魂,那么他会不会成为一个比较令人同情的人物"等,其问题表述具有亲和力,问题创设更有挑战性,学生自然在一个较高的层面纵横自己的思考。它不局限于理解课文所要表达的主旨,而是"侧重于引导学生置身于时代事件、作者身处环境,多角度全方位地思考,激发探讨的兴趣……有让学生推断的,有需证据支持的,有需解释的,有需得出结论的,有需评价的,还有需拓展的……"[8]国内语文版高中教材在课后增设了"相关链接"与"单元链接"两个板块,前者在"相关"二字上下工夫,为学生提供了许多宝贵的资料以加深对课文的理解,帮助完成练习;后者紧扣单元特点,或选取相关知识论述提升学生的理性认识水平,或提供多元视角触发学生的个性化阅读。从发展学生自主读书的角度来看,应该说是一个很好的尝试。

3. 密切联系现实,促进学生成长

我国的语文教材有着"文以载道"的悠久传统,十分重视思想道德的教化,但长期忽视联系社会现实和学生的成长需要,因此课程在促进学生的成长方面作用极其微薄。为此,新课标提出了一个基本理念:"充分发挥语文课程的育人功能","增进课程内容与学生成长的联系,引导学生积极参与实践活动,学习认识自然、认识社会、认识自我、规划人生,实现本课程在促进人的全面发展方面的价值追求"。但从理念到实践恐怕还有很长一段距离,因为在新课标的五方面目标中,我们还看不到"育人"的具体要求。教材练习设置的"阅读本位"当然也不可能发挥出育人功能。我们会要求学生"联系当时的社会环境,分析祥林嫂、翠翠、水生嫂这三个不同时代的妇女形象",但不会像美国的中学语文教材那样问"鄂文暗示说贷款给别人的人是贪婪的,一个银行家将会对这种暗示做出什么回答?今天的什么因素将会使汤姆·沃克无法在贷款的生意上取得成功?"两相对照,美国语文的课后练习常常"把文明的传承、思维能力与语言能力的培养和发展放在现代实际生活的场景中认识、体验、应用;以课文内容、写作技巧、写作语言与风格为原点,辐射到现实社会的方方面面","在培养学生语文能力的时代性、实践性、丰富性、灵活性等方面很值得我们学习"[9]。联系当代社会实际,着重语文的运用实践,实现语文学科的育人功能,我们要努力创设一些具有鲜活时代感的练习,促进学生在学习中成长。呼唤能多一些"请结合历史和现实,说说《拿来主义》一文的现实意义,并讨论当今实行'拿来主义'的最大障碍和困难是什么"[10]这样的练习。

今天,教科书的编写已从封闭走向了开放,任何一点突破都有可能成为新课标教材建设的宝贵尝试。这里以人教版高中语文教材为例,只是提出一个供大家思考的课题。希望我们的教材编者能博采众长,加快推进教材编写的科学化、系统化建设。

注释:

[1] 王丽. 中学语文教学手记[J]. 北京文学,1997(11).

[2] 黄耀红.没有语文的语文课[C]//朱永新.中国教育缺什么[M].苏州:苏州大学出版社,2003:4.
[3] 王荣生.语文科课程论基础[M].上海:上海教育出版社,2003.
[4] 杨剑龙.鲁迅小说中对封建文化的批判[J].中国人民大学学报,1995(3).
[5] 林分份."隐伏的悲痛"——边城内蕴新探[J].名作欣赏,2000(4).
[6] 季镇淮.《师说》鉴赏[C]//袁行霈.历代名篇赏析集成[M].北京:中国文联出版公司,1988.
[7] 叶圣陶.叶圣陶教育文集[M].北京:人民教育出版社,1994.
[8] 于漪.历史经验与现代生活的融合[J].语文学习,2005(1).
[9] 于漪.历史经验与现代生活的融合[J].语文学习,2005(1).
[10] 王雷.《拿来主义》备课参考[J].语文学习,2005(7).

论汉语文教材编制的民族化

温立三

早在 20 世纪 20 年代,就有人指出:"其他各科的教材教法、内容工具,似乎都还可以借鉴于他国先例的地方,独有国文,非有我们自己来探索不可。"[1]语文教育家张志公则进一步指出:"语文是个民族性很强的学科。这不仅受一个民族语言文字特点的制约,而且还受这个民族文化传统以及心理特点的影响。"[2]毋庸置疑,在基础教育的所有各门课程中,语文的民族性最强,民族化是母语教材编制的核心和灵魂。

一、汉语文教材编制要反映汉民族文化传统、国家文化政策和当前的文化状况

为了培养学生的多元文化意识,当今世界各国的母语教材普遍加强对世界各民族文化的介绍。但是,一套教材中占主流的文化必定是本民族的文化。语文教材民族化最显性的标志是教材中无处不在的民族文化气息。有人说,如果你想快速了解一个民族的文化状况,最直接的办法是读一读这个民族的语文教材,这话一点不假。只要稍加翻阅,文化嗅觉灵敏的人就能闻出教材中的文化味道。正因如此,世界各国无不重视母语教材编制的文化功能,反映和宣传本民族的文化。法国人历来以法兰西民族文化为荣,教材明显表现出这种自豪感,其文学教材以法国作家的作品为主。据统计,在法国所有的中小学语文教材中,本国作家的作品占全部课文总数的 80% 以上,中世纪的英雄史诗、16 世纪列那狐的故事、17 世纪的古典戏剧、18 世纪的启蒙文学、19 世纪的小说诗歌、20 世纪的新小说,构成法兰西民族母语教材中富有民族特色的人文风景。德国中学语文教材中诗歌所占比例很大,所选大多是本民族爱国诗人的杰作,民族特色鲜明,诗作大多抒发对祖国的热爱和对民族的自豪感,让学生从中受到爱国主义和民族主义教育。英国的语文课程教材也非常重视古典文学的传统教育,以达到思想道德、情感态度和民族传统教育的目的。叙利亚语文教材注重选编极具思想性、革命性、趣味性、哲理性、科学性、宗教性、知识性以及爱国主义、民族主义等各方面的文学作品,教材具有明显的反殖民倾向和强烈的宗教色彩。由此可见,世界各民族都非常重视本民族文化传统内容的编排。

重视文化史和文学史上的名家名篇也是汉语文教材编制的一贯做法,从《昭明文选》开始就确立了这种绵延不绝的优良传统。民国时期,初中语文教材中的古代作品一般占全部课文总数的 50% 以上,高中语文教材中的古代作品则高达百分之七八十,这一选编比例至今仍被台湾地区语文教材所坚持。新时期以来,大陆语文教材中的古代作品,初中一般占 30% 左右,高中则占 50% 左右,这个分量也是不小的。这些所选编的作品,反映了汉民族历史悠久、丰富多彩、光辉灿烂的文化传统。语文教材虽不是文化教材,但能够见出我国丰富的历史文化之一斑。在这些作品中,大凡语言、文学、科技、风俗、人情、名胜、建筑,无所不

---

① 本文选自《中学语文教学参考》2007 年第 11 期,第 6—7 页。

包,它们是哺育下一代的精神养料,是培育民族精神的根本。所谓继承传统文化,弘扬民族精神,就是通过让学生阅读这些课文潜移默化地来实现。"天下兴亡,匹夫有责"、"先天下之忧而忧,后天下之乐而乐"、"富贵不能淫,贫贱不能移,威武不能屈"、"舍生取义,杀身成仁"的观念,无私无畏、坚持真理的骨气,自强不息、奋发图强的气概,默默奉献、助人为乐的品德,敬老爱幼、珍惜友谊的情怀……组成了中华民族的文化传统。教材拥有了这些内容,就同时拥有了民族文化的灵魂。

一些华族文化圈中的国家甚至比我们还更加重视华族传统文化教育。如新加坡华文教材编制以"华族文化与传统价值观"为主题的教材内容非常突出,包括华族的传统节日与价值观、华族的传统礼俗和风俗习惯、华人家族观念、华人的奋斗史、汉字趣谈、谜语、俗语、对联、传统的民间文化艺术活动、中国古代的音乐与娱乐、中国古代的杰出人物、中国古代各行各业的人和事、中国古代的民间传奇故事、中国历史朝代演变及故事、中国古代的科学成就、中国武术与保健、中国古典文学介绍等。这些内容进入教材,自然使之与其他民族的母语教材区别开来,从而拥有了浓郁的民族特色。

从一定意义上说,母语教材是国家意志的反映。母语教材与其他各科教材特别是与理科教材相比,其意识形态倾向性更为鲜明,必然或多或少地反映一国的文化政策。如汉语文教材就应该宣传民族精神、爱国主义和传统文化,反映党和政府在文化事业上所取得的辉煌成就,介绍世界各民族丰富多彩的多元文化。母语教材如果不反映本国的文化政策甚至唱反调,就说明教材失去了对青少年进行文化教育的功能。把不同国家的教材摆在一起进行比较,可以看出其中折射出来的各自的文化政策,这也是语文教材民族化的一个重要标志。

汉语文教材的民族性还表现在它能及时反映国家当前的文化状况。现在的教材越来越强调时代性,重视与生活的联系。与时代隔绝的语文教材,也许有着沉甸甸的传统文化,但这种民族性是不完全的,是不发展的。汉语文教材编制民族性的完整理解应该是:不仅要反映中华民族已经过去的文化历史,而且要关注中华民族当下的文化状况,能让人从中看出中华民族当前文化发展的走向。

二、汉语文教材编制要充分体现汉语言文字的特点

如果说民族文化和民族精神是语文教材民族化的隐性特征,那么语文教材民族化的外在显现就是语言文字。民族文化和民族精神需要用语言文字来承载。判断一套教材的民族归宿,最简便的办法是看它用哪一种文字表达。这是外行的做法。科学的判断方法则是"披文入理",即分析教材是否较好地体现了本民族语言文字的特点。之所以这么说,是因为有些民族的母语教材虽然是用本民族的语言文字书写的,但其编制思想、编排体系、内容组织和表达方式等各个方面,均没能很好地反映该民族语言文字的特点。这就是殖民地国家或历史上曾经被殖民过的国家母语教材编制中普遍存在的现象:母语教材编制照搬或模仿强势语言国家的思维习惯和表达方式。在我国,近代西潮一方面固然催生了科学化的现代语文,但同时不可避免地打上了或深或浅的"西方化"印记。以汉语语法为例。早在20世纪20年代,语言学家张世禄就认识到语法具有强烈的民族性,汉语语法的研究应该从汉语语言思维的特点出发,建立民族的理论体系。"八十多年来,汉语语法的研究虽然在西学的影响下也建立了一套分析方法,拉起了一个体系,但由于西方语法无力概括语言类型迥异的汉语语言事实,因而汉语语法学长期在西方理论的框架内

徘徊,基本上不适应汉语的特点"[3]。这样的意见,汉语文教材编制却长期未能予以充分重视。又如,从19世纪末开始直到20世纪80年代一直存在的汉字拼音化思潮,这在一定程度上削弱了汉语文教材的民族特性。

汉字的根本特点是明确简约。汉字是由音、形、义等大量信息浓缩而成的方块字,独立性强,能够灵活自由地层层组合,如魔术般千变万化。一个人掌握了三四千个汉字,只要他经常使用,就可以无师自通地形成几万甚至几十万个词语。一个汉字识字量只有三五千的人,有可能写出思想深刻、文采飞扬、风格独特的作品,这是学习西文所做不到的。汉语最明显的特点和优点是它的意会性、人文性强,文化意蕴深厚。"汉语是一种意会型语言,其语义表达和理解策略以意会为主,形式不是决定性的因素;印欧语是分析型语言,其内部建构可以用一系列的符号和公式来精确地描写,并在数量上作出表述。"[4]汉语语法的最大特点是它的简易性和灵活性,这与西方语法的繁复性和规则性形成了鲜明对比。总之,汉语言文字这些区别于西语的特点,正是汉语文教材编制所应充分考虑的前提。

汉语文教材编制只有充分考虑民族语言的特点和规律,方能显出自己的民族特色。在我国,古代蒙学教材的编制反映了古人对汉语言文字的特点及其规律的正确认识:由于方块字学习的繁难,加之文言典籍的艰深,要求受教育者一开始就要在语言文字的学习上痛下苦工。为此,文字的认读和书写等语文基础的训练格外受到重视。新中国成立以来,人们总结我国识字教育"早期集中"、"文道结合"、"诵读韵文"等传统,探索了"集中识字"、"分散识字"、"注音识字"、"听读识字"、"字族文识字"等科学方法,这些方法均不同程度地被小学语文教材编制所采用。又如,汉语文教材比西文母语教材编制更重视语感培养,其主要原因当然是汉语语法规则与西文相比具有极大的灵活性,"通过阅读逐步熟悉汉语词、语、句的组合关系及其对语义和情味的影响,是培养语感、提高语文素养的重要一环"[5]。再如,汉语中形声字、同音字、多音字、形似字较多,因此,强调语境教学、语感培养、语言玩味、语义辨析在汉语文学习中就显得非常重要,这也应成为汉语文教材编制的特色。

分析中西方语言文字的不同特点,还可以帮助我们理解母语教材编写类型的问题。西方国家如俄罗斯、美国、英国等国的母语教材大多是语言与文学分编,而汉语文教材大多为合编型教材。为什么会有这一区别?理由大致如下:在西方,语言属科学范畴,文学属艺术范畴,对于以注重形式为主的科学主义分析方法主宰的西方语言,其科学色彩更强烈,单独把语言教育分离出来,便于在学生中充分开展以语言文字知识为基础、以知识运用能力为目标的语言训练,体现母语教材作为工具的属性,所以语文知识的系统化和语言能力训练的序列化、具体化是外国语言教材的一大特色。而把文学从语言中分离出来单独编排,又能有效地培养学生的文学鉴赏能力,提高学生的文化素养,体现母语教育作为人文的属性。但是,这样的语言文学分编,在我国就不一定行得通,这正是因为汉语言有着自己的独特性:重积累轻规则,重意会轻分析,重感悟轻理性,语言能力靠大量的读写实践而获得,语言的学习寓于篇章和书册的大量阅读之中。20世纪50年代单独编写的汉语教材之所以短命,主要原因即为教材构建的这套体系是大学现代汉语的"下放",大学现代汉语语法体系又是从西方抄来的,基本不符合汉语言的特点和学习规律。所以,汉语文教材应编入符合汉语文特点的语法修辞知识,才能更好地体现汉语文教材的民族性,否则就会"食洋不化"而最终失去自我。

三、汉语文教材编制要符合汉民族心理结构和思维习惯

民族心理是一个民族在其历史发展中保持本民族形象和全民族共识的心理基础。一个民族的形成一般要经历漫长的岁月，在这个历史过程中，这个民族的集体无意识逐渐积淀下来，代代相传，根深蒂固，形成了民族心理。如汉民族心理中突出的表现，就有中庸心理、攀比心理、一统心理、认同心理和从众心理等。

民族语言是民族心理的外在表现形式，民族心理总是通过民族语言折射出来，所以民族共同语对于维系一个民族的共同心理非常重要。如汉民族的中庸心理、认同心理和从众心理等都在汉语表达中淋漓尽致地体现出来，这不能不反映在汉语文教材编制中，从而对学生的思想观念形成影响，并使这些民族心理得以代代相传。如初中教材曾入选过一篇散文《花的话》，教材编者把这篇作品的主题解读为：赞美像二月兰那样默默无闻甘于奉献的人民教师。但实际上它暗含了一种深层次的民族心理：贬抑自夸，赞美内敛。"巧言令色鲜矣仁"，这篇课文正可用来印证汉民族长期形成的这种共同心理和价值取向。"木秀于林，风必摧之"。《杨修之死》证明了敢于逆这种民族心理所付出的代价是多么惨重。又如，国人缺少宗教意识，使命感薄弱，一旦在现实中碰到挫折就容易消极避世，不敢挺身而出，只想保全自己，或曰独善其身，这也成了汉民族心理突出的一面。反映这种民族心理情绪的课文，一直在汉语文教材中占有相当大的比例。再如，忠孝是中华民族又一突出的民族心理，它一直是汉语文教材编制中的重要主题，历来都选编相当数量的课文进行这种民族心理的教育。

汉民族传统的思维习惯和思维方式是怎样的？一般认为，汉民族思维强调整体性、辩证性、具象性和动态性。"东方的思维模式是综合的，西方的思维模式是分析的……说得再抽象一点：东方综合思维模式的特点是，整体概念，普遍联系；而西方分析思维模式则正相反。"[6]基于所谓的"东方型"思维特征，我国理论形态的呈现多半表现为体验感受型而非西方式的逻辑分析型。在这方面，我国古代哲学家和诗论家的思维方式与文本呈现是有力的证明。同样，汉语文教育的传统理论缺少西方那样相对严密的体系，大多是随感式的片言只语并以形象感受为主的阐述。

思维是语言的内核，语言是思维的外显，民族思维和民族语言密不可分，民族语言和该民族长期以来形成的思维特征互为观照。一种语言文字的优劣，不应该首先拿它与别的文字比较，而应该看它是否体现了本民族的思维方式。汉字否定论者和取消论者正是把语言与思维的这种关系割裂开了。汉字是汉民族祖先以观天地鸟兽，近取诸身、远取诸物的方式创造出来的，体现了形象思维和抽象思维的完美结合，"使汉字具有具象性、社会性、民族性等特点，它跟本民族注重联想、比喻、类比、推理的特点有不谋而合之处"[7]，充分体现了汉民族的思维特点。汉字在我国生存了几千年，为中国乃至世界的发展作出了巨大贡献，这充分证明了汉字与汉民族的思维特点和思维习惯是相符的。

一个民族的心理结构和思维习惯既有它的优点，也有它的不足。在汉民族语文教材编制中，这些优点和不足都会有不同程度的反映。今天的教材编制要努力取其精华，弃其糟粕。如，汉民族注重整体性和直觉性，教材编制中就应强调整体把握，重视培养语感，突出语文教材的熏陶感染功能，而对于民族价值取向中的"权威化"、"功名化"、"求同化"、"中庸化"等倾向对语文教材编制产生的负面影响，则应当特别提防。

注释：

[1] 王森然.中学国文教学概要[C]//李杏保.中国现代语文教育史[M].成都:四川教育出版社,2000:124.

[2] 张志公.张志公自选集[M].北京:北京大学出版社,1998:143.

[3] 申小龙.汉语与中国文化[M].上海:复旦大学出版社,2003:138.

[4] 沈锡伦.中国传统文化和语言[M].上海:上海教育出版社,1995:17.

[5] 顾黄初.顾黄初语文教育文集(上册)[M].北京:人民教育出版社,2002:85-87.

[6] 季羡林.季羡林学术文化随笔[M].北京:中国青年出版社,1996:145.

[7] 林宝卿.汉语与中国文化[M].北京:科学出版社,2000:58.

本章附录

[1] 陈湘发.中学语文教学大纲及教材的剖析[J].鄂西大学学报,1987(1、2)(合刊).

[2] 陈菊先.加强中学语文教学大纲科学性可行性的研究[J].华中师范大学学报,1988(2).

[3] 徐德顺,徐新民.强化"《大纲》意识"改革语文教学[J].课程·教材·教法,1992(3).

[4] 韩志柏.给中学语文教学以应有的自由与尊严[J].天津师范大学学报(基础教育版),2004(3).

[5] 曹海明,陈秀春.语文新课程的文化建构观[J].课程·教材·教法,2005(1).

[6] 冉正宝.发展思维—新课标解读中被冷落的一个关键词[J].教育与管理,2006(27).

[7] 魏本亚.叶圣陶私拟语文课程标准的当代价值[J].语文建设,2008(1).

[8] 韦群芳.在语文新课程教学中加强生命教育的思考[J].天津师范大学学报(基础教育版),2009(3).

[9] 倪文锦.新课标的公布及对语文教学的影响[J].中学语文教学,2009(7).

[10] 杨永青.评新编中学语文教材[J].华中师院学报,1983(5).

[11] 曾仲揆.当前中学语文教学应重视的几个问题——学习三部中学语文教学大纲的思考.佳木斯教育学院学报,1991(1).

[12] 赵乔翔,危世琼.关于中学语文教材评价标准的探讨[J].中学语文,1994(12).

[13] 程海林.教材中相关内容的腾挪勾联法[J].中学语文教学参考,1995(8、9).

[14] 龙文.中学语文教材中人伦篇目选材研究[J].贵州教育学院学报,2005(3).

[15] 温立三.课程标准初中语文教材编制的历史继承性[J].中学语文,2006(7、8).

[16] 缪佳芹.中美中学语文教材研究综述[J].教育探索,2007(3).

[17] 张永祥.语文教材"学本化"建设中的一些问题及思考[J].河北师范大学学报(教科版),2008(10).

第三章 阅读教学研究

- 提高中学生语文阅读能力的心理学问题（吴增芥）
- 对语文阅读教学过程理论的探讨（王显槐）
- 阅读学与中学阅读教学（甘其勋）
- 阅读教学规律试析（钟和诚）
- 论中学语文阅读教学的症结与对策（施平 黄麟生）
- 体验感悟：阅读教学新的增长点（施茂枝）
- 语文教师的智慧阅读——谈谈语文教师的文本解读（黄厚江）
- 个性化阅读要科学化，不要自由化（曾祥芹）
- 涵泳体察：让个性化阅读教学返魅（袁爱国）
- 本章附录

提高中学生语文阅读能力的心理学问题[①]

吴增芥

语文是提高整个文化水平的重要基础课程,提高中学生语文程度是非常必要的。阅读教学在中学语文教学中占有重要位置,因为阅读能力的提高,是语文教学的重要任务,只有提高学生的阅读能力,才有可能促进写作能力的提高,并能不断扩大知识范围,为学好其他多门功课以及将来从事工作奠定良好的基础。

作者对于影响中学生阅读的心理因素、阅读水平的差异和发展他们的阅读能力问题作了初步的调查研究。本文分阅读动机、阅读兴趣、提高阅读理解力三个方面来叙述,并提出我的粗浅看法。

阅读动机

提高阅读能力有一个动机问题。学生有了正确的动机,才能真正地、持久地发挥阅读积极性,保证顺利地和有效地发展阅读能力。因为阅读动机是引导、推进和支持阅读的内部动力。阅读教学要着眼于引导学生自己去读,在读的过程中培养阅读能力,如果学生没有正确的动机,教师的引导就不起什么作用了。

教师对于学生的阅读动机必须经常了解,以便进行教育。我曾对部分初中一年级和高中一年级学生做过调查,发现多数学生的阅读动机是:(1)提高理解能力,有助于学好其他功课(如能透彻地理解题意)。(2)提高写作能力(能写信、作文、写总结等)。高一学生中有的引用了高尔基的话:"要扩大自己的词汇,使自己的感想有较完善鲜明简洁的表达。"有少数学生的阅读动机是:增长知识,提高分析问题和解决问题的能力以及丰富自己的思想。

从调查所得的材料可以看出多数学生把语文作为工具,把阅读视为掌握这种工具的手段。有的学生说:"学语文是为学科学服务的。"

以上阅读动机并不错,但有片面性。语文教学的目的是培养学生的阅读能力和写作能力;同时通过读写教学,进行潜移默化的、自觉的、有效的政治思想教育。多数学生忽视通过阅读提高自己的思想认识,教师要对他们进行学习语文的目的性教育,使他们真正认识到学好语文,不仅是为了提高阅读和写作能力,而且要提高思想水平。少数学生把学习语文单纯地看作是提高自己的思想认识,这种偏向也要予以纠正。

有的学生说:"学好语文,认真阅读,是为了将来实现四化作贡献。"为实现四化认真阅读,这是远大的学习动机。教师要使他认识到远大动机是好的,它指明了努力的方向,但是,还须有切近的动机,就是学好每一课文的动机。如果学生只有远大的动机而缺乏切近的动机,那么,远大的动机再好也是没有什么意义的。因此,教师必须根据教材内容和写作技巧向学生提出阅读的具体要求,使他们产生阅读课文的正确动机。

[①] 本文选自《心理学探新》1982年第1期,第66—70页。

一种带有普遍性的阅读动机是获得好成绩。教师一方面要让学生看到自己的成绩和进步并给予表扬;另一方面要指出存在的问题并认真指导他们克服缺点,不断提高学习质量。

阅读兴趣

需要是产生兴趣的基础。根据我的调查,有些初一学生在课外看辅助读物是因为"需要学到写作方法,有助于提高写作水平,帮助自己描写人物外貌和内心活动"(原话)。由于这种需要,多数人看《怎样写好作文》《初中古文助读》《词综》《成语》等书。高一学生中有些人对课外阅读产生兴趣,因为需要丰富词汇、学到构思方法、学到一些成语。他们看的书是《语法基础知识》《写作常识》《古汉语语法》《语文复习资料》《汉语修辞》《怎样修改病句》《古代文言文常识》《语法修辞》等。不难看出,初一、高一学生中有些人课外的阅读兴趣来源于提高写作能力的需要。

学生的阅读兴趣和阅读能力有关。随着年级的升高,他们的阅读能力有所提高,阅读兴趣也在扩展和变化。据我的调查,初一学生喜欢的课文主要是散文、中国现代小说、报告文学,特别是其中的儿童文学作品。高一学生则爱读抒情长诗、散文诗、外国小说、古典散文和富有生活情趣的中国小说如《荷花池》《祝福》等。他们特别喜欢鲁迅的杂文。初一学生表示不喜欢读政论文、回忆录,高一学生表示不喜欢读过分浅露的文章。对于科学说明文,初一、高一学生都不感兴趣。

阅读兴趣和知识经验、性别、家庭影响等也有关系。据调查,初一学生对于世态人情、人与人之间的复杂关系缺乏理解,对于外国文学作品中复杂的心理描写不习惯,一般地不喜欢读反映复杂社会生活(如男女爱情、财产纠纷)的作品。高一学生进入了青年期,对于社会生活表现得较为敏感,他们爱好有一定思想深度和艺术表现上有特色的作品。

学生的性别差异在阅读兴趣上有明显表现。女生一般喜欢读描述得比较细腻的文艺小说,男生侧重于反映战争题材的小说、推理小说和浅易科技读物。

家庭对阅读兴趣有一定影响。有些学生因父母从事文艺工作,接触文艺作品多,阅读这类书籍的兴趣较浓厚。有些学生的父母是科技工作者,他们就少看文艺作品,对文艺作品缺乏兴趣。

此外,不同的性格特征是阅读兴趣不同的一个因素。有的学生性格特征是"外向的",就比较喜欢感情奔放的作品;有的学生性格特征是"内向"的,就喜读有哲理性的作品。

学生普遍不喜爱的作品,有些是与学生生活距离很远,如以党的高级干部为对象,谈的问题很深奥,不易为青少年理解的政论文;有些是与数、理、化、生物课内容重复的说明文;有些是诗歌、小说、散文,或则是由于粉饰生活内容单薄,或则是由于表现形式落后,或则是由于不能适应青少年的心理特点。

从中学生阅读兴趣的实际情况看,教师必须重视课外阅读的指导,要对他们进行教育,不宜偏爱某类作品,特别不应轻视议论文和说明文,要着眼于今后从事工作和学习的需要。在教学中要引导学生扩大阅读面,使他们领会议论文、说明文的质和文。建议以后调整教材时,要考虑学生的水平,选取文质并美的作品,使他们乐于阅读。

提高阅读理解力

增强学生的理解力是提高阅读能力的重要环节。阅读能力包括理解和速度两个要素。

这两个要素中,理解是主要的。阅读有精读和泛读,前者不是略知其意,而是要"披文以入情","沿波讨源"。《文心雕龙·知音》即透过语言文章,窥见作者立意谋篇的用意所在,体会文章用词造句的工妙之处。语文课上以指导学生精读为主,一定要读,一篇有一篇的好处,这就需要正确地领悟文章内容,在字、词、句、章、语法等方面有收获,要达到上述要求,必须提高理解能力。

要提高学生的理解能力,必先对"理解"一词的含义有正确的认识,否则就不能采取有效措施达到提高理解力的目的。理解,一般说来,是对事物意义的认识。所谓意义,是指事物之间的关系。理解就是对事物关系的认识,包括它们的外部关系和内部关系,学生对事物的理解,不仅要懂得它们的外部关系,更重要的是深入到内部关系(认识其规律性),要从个别的、具体的东西看到一般的东西(原则)。

提高学生阅读的理解能力,除弄清理解的含义外,还必须明确和妥善处理理解与思维、记忆等认识过程、写作、阅读兴趣、阅读速度的关系。

理解和思维有极为密切的关系。理解是思维活动的结果,抛开思维而侈谈理解,是脱离实际的空论。学生的独立思考能力得不到发展,就很难提高理解能力。因此,教师在教学过程中不宜讲得太多,而重在善于设置种种情境,引导学生多动脑筋。例如,按照教材内容提出切合学生思维水平的问题,引起他们的"内部紧张"(Internal Stress),即有解决问题的迫切需要,使他们的思维活跃起来并乐于解答。教师要求学生解答问题时提出论据,能用具体事例来引证。教师在讲解过程中要善于引导学生进行分析、综合的思维活动,把综合全体与分析各个部分结合起来。要求学生阅读时能查字典,划出带关键性的句子,写一点批语,提出问题展开讨论,并把自己的体会写下来。这样做,能促进思维活动,对于提高理解能力,无疑是有益的。

我曾看到教高一语文的一位教师教新课时,先要学生默读一段课文,然后指名讲解,如有错误,教师进行纠正。课后我问学生:"教师自己不讲,要你们讲,你们觉得好不好?"学生答道:"好,因为我们能动脑筋,自己知道错在哪里,经老师纠正后,理解得更好些。"学生的话,反映了实际情况,也说明他们是乐于思考的。理解和记忆是不可分割的。心理学的实验证明理解是记忆的基础,只有理解透彻的东西,才能牢固地保存在头脑里并在需要时提取出来。学生对阅读材料缺乏理解而一味死记硬背,就容易遗忘,学到的东西也不会应用,因此,要学生牢固地掌握语文知识,必须深刻理解它,这是一方面。另一方面,要学生理解新教材,必须在理解的基础上熟记已经学过的东西。教师及时地、经常地复习旧课以巩固知识,并善于引导学生正确回忆与新教材有关的知识,对于理解新教材,提高理解力是非常必要的。理解和记忆是相互依存、互为条件的,忽视记忆力的培养,要提高理解力,就戛乎其难了。我国有一句成语:"温故知新",是很有道理的。

理解和记忆又是有区别的,切不要把两者等同起来,学生对熟记的东西不一定理解,不能以熟记代替理解,或把熟记当作理解。

再谈理解和写作的关系。阅读理解力与写作能力是相辅相成的。学生理解教材,学到了有关写作的知识,应用于自己的写作上,为提高写作能力创造了条件。反之,学生由于对学过的词句不理解,作文时就措辞不当,出现病句,这种情况是屡见不鲜的。提高阅读理解力,显然是有利于提高写作技巧的;学生通过写作练习,把语文知识应用于实际,能加深对语文知识的理解。教师必须看到写作对理解语文知识的作用,教学中既要重视阅读理解能力的培养,又要不放松写作能力的提高。

阅读兴趣对理解力有积极的或消极的影响。学生对阅读课文兴趣盎然,就乐于开动脑筋,独立思考,力求弄懂文章内容和词句,理解力得到提高;反之,学生对阅读课文索然无味,就不肯思索,阻碍理解力的提高。学生对艰深难懂的教材是不会产生浓厚兴趣的,只有那些在学生原有认识水平上提高的、通过思考能够领悟的课文,才可能引起学生的爱好。因此,教师为了提高学生的理解力,选择教材时一定要考虑他们原有的知识水平,好高骛远,脱离学生实际的材料,读来味同嚼蜡,必然缺乏思维的积极性,对理解力的提高产生不良影响。

上面说过,理解和速度是阅读能力的两要素,也是衡量一个学生阅读能力的尺度。它们之间的关系一般来说,阅读速度依存于理解程度。为什么呢?因为阅读时眼球不是持续不断地移动,而是忽动忽停地跳动。看清字词不是在眼动时而是在眼停时,眼停的次数和每次注视的时间与理解有关(指精读)。如果理解力强,眼停次数少,注视字词的时间较短,阅读也就较快。理解力差的人"回视"次数多,常常要看已经看过的东西,"眼停"次数和所费时间必然要多些,就会影响速度。因此,要阅读迅速,必须提高理解力。因为理解力强,阅读时不是逐字看,而是按照词或词组之间的内在关系来看,每次"眼停"时看到的字数就多了,就看得快了。阅读教学中要摆正理解和速度的位置,不要一味追求速度,而要在提高学生阅读理解能力上多下工夫,只有理解力提高了,才能水到渠成,加快阅读速度。这绝不是说不要讲究阅读速度,阅读快些,读得多些,不仅有利于增长知识,而且对于提高理解力大有裨益。

关于提高学生阅读理解能力还有一个值得研究的问题,即按照学生思维活动的实际水平提出不同要求的问题。我的粗浅看法是:对初中学生来说,虽然他们的抽象思维能力还较为薄弱,但决不容他们停留在字面的理解上,必须进一步要求他们对教材内容(事理)作解释。例如,根据教材中叙述的事实悟出产生某些现象的原因和现象之间的联系等。高中学生思维的独立性比初中学生有所提高,抽象思维能力有了发展,针对这种情况,要求他们进行"创造性阅读",就是能进行推理和评论,不仅能直接理解课文作者的用意,还要对作者提出补充意见,对课文进行评价,提出自己的见解等。

学生的理解力有很大差别,这是客观存在的。我曾选课本外的两篇文章分别给初一、高一学生阅读(默读)。给初一学生阅读的一篇文章是杨世铎同志写的,题目是《忆起那年在长陵》(载《中国青年报》,1980年5月17日)。给高一学生阅读的一篇文章是柯岩同志写的,题目是《女特邀代表》(载《人民日报》,1980年4月26日)。学生阅读后立即回答问题,从中窥见他们的理解程度。

初中一年级学生回答问题,多数能说出文中叙述的一些事实。有一个问题是:"少奇同志和我们的谈话是怎样开始的?少奇同志的动作神情给我留下怎样的印象?"有些学生的回答能写出自己的感受。另有一个问题是:"少奇同志谈了几个问题?中心是什么?"有些学生的回答能作解释。学生对这两个问题的回答有明显的差别。特别引人注意的是要求学生根据文章最后一段的内容通过自己的思考作出判断,回答这样一个问题:"这次谈话给我留下了怎样的印象,我是怎样忆起这次会见的?"兹将这篇文章的最后一段抄录于下:

"十年河东转河西。谁知十年后那一股横扫一切狂风,竟将这次偶然会见的谈话,也搅了个乌烟瘴气。遮天蔽日的历史烟云终于消失了。身披阳光,神采焕发的少奇同志亲切形象,犹如十三陵的青山绿水,永驻生机蓬勃的春光里,留在我们春天的记忆中。"

有些学生的回答是:"这次谈话给我留下了难忘的印象。我是在十年之后粉碎'四人帮'为刘少奇同志平反昭雪的情况下忆起这次公见的。"这样的回答说明他们理解得较深刻。有的学生回答:"我是在大地回春的时候回忆起来的。"这是似是而非的。有的学生回答:"我是在一片历史烟云随着春风的吹拂消失了,祖国的山川大地重又沐浴在暖煦的阳光里忆起这次会见的。"这样的回答,是字面上的理解,是不深刻的,有的学生答非所问。从这些回答中,一眼看出学生的理解力迥然不同。

阅读这篇文章各人所用时间也不一样。最快的十五分钟,最慢的四十五分钟,较快的二十五分钟,中间的三十分钟。最快的能深入回答问题,说明理解力也较强。

高一学生回答问题的情况,有的思路较广阔,对事物的认识较全面。例如,有一个问题是:"文章的中心是什么?为什么用'特邀代表'做题目?有几层意思?"有的学生答道:"文章的中心是通过记叙王胜川教育、转变小流氓的感人事迹,歌颂像王胜川这样具有无产阶级事业心的内行专家、实干家,赞扬他们具有真知灼见,勇挑重担,为加快四化步伐作贡献。""用'特邀代表'做题目是由于:第一,王胜川是公安部全国性表彰先进会议的特邀代表。第二,只有把像王胜川那样有事业心的内行专家、实干家邀请到领导岗位上来,才能加快四化步伐。"(原话)

这样的回答简明扼要,颇为中肯,表明他理解透彻,并有自己的见解。有的学生对文章的中心思想没有吃透,理解是浮在表面上的。他答道:"文章主要讲王胜川怎样教育那些受毒害的青年。用'特邀代表'做题目,一方面是表扬王胜川挽救受害青年的事迹;另一方面是因为在表彰先进的全国性会议上,王胜川是一个工读学校的校长。"(原话)教师对于学生阅读理解力的水平要"心中有数",对理解力差的学生要针对他们的弱点进行个别指导,鼓励他们多动脑筋、多想问题,逐步提高理解力,为增长语文知识、提高写作能力创造有利条件。

如何提高中学学生语文程度,是迫切需要研究和解决的问题。阅读教学是语文教学的重要部分,而提高语文程度的关键在于提高学生的阅读理解能力。因此,要着重研究如何提高阅读理解力的问题,这个问题解决了,学生的语文程度才有可能提高。本文所述关于提高中学生语文阅读能力的一些心理学问题的管见,是抛砖引玉,务请同志们不吝指正。

对语文阅读教学过程理论的探讨

王显槐

语文阅读教学是一个动态概念。阅读教学活动是通过阅读教学过程来进行的。阅读教学过程是教师引导学生学习知识和技能的双边活动过程。通过这种教学活动过程,教师把长期积累起来的语文知识有目的、有计划、系统地传递给学生,同时培养他们的阅读能力,并与听说写诸种教学过程共同促进学生智力发展,形成良好的道德品质和情感、意志、性格、习惯,全面发展学生个性。

近几年来,语文教学界对语文教学理论的系统研究,取得了很大的进展。以对语文阅读教学过程的认识来看,已呈现出了一条不断发展的轨迹,但不够深入,显得薄弱。

其一,对语文阅读教学过程的认识仍停留在以认识论原理为基础的初级阶段,缺乏深层次的探讨。从武汉师院等十二院校编《中学语文教学法》(1980年)、张隆华主编《中学语文教学法》(1980年)、何深和张建华主编《中学语文教学法》(1981年)、朱绍禹编著《中学语文教育概说》(1984年)、胡同荪等编《初中语文教学法》(1985年)、叶苍岑主编《中学语文教学通论》(1984年)、秦文生主编《初中语文教材教法》(1985年)、于亚中和李家珍编《中学语文教学概论》(1985年)、张鸿荃和张锐等编《语文教学方法论》(1982年)等一系列语文教学法的专著中,我们可以看出如下特点:

首先,随着语文教改的深入发展和论著出版时间的先后不同,多数论著已明确从传授和理解知识的目标朝着加强基础、培养能力、发展智力的方向去探求语文阅读教学过程的一般规律,指导思想产生了质的飞跃。有部分论著对阅读过程的认识已注意从单一化的模式向多样化的模式发展,并运用系统性、整体性观点,探求课内与课外、阅读教学与语文知识教学和写作教学之间的联系,力图从多种角度总结语文阅读教学过程的规律。其次,对于语文阅读教学过程的设计方案、各个环节的确定,大部分论著是按照普通教育学的原理划分的。最后,对于语文阅读教学过程的本质,多数论著没有从理论上作精确、科学的论述,部分论著的论述源于认识论的原理,但方法观却没有进一步从马克思主义认识论原理的基础上引进、运用现代教育科学、心理科学和现代科学方法论,结合语文自身的特点作深层次的探讨。

其二,理论研究落后于语文教师的教改实践,还没有论著对教学实践中总结出来的经验给予理论上的论证和科学的说明。近年来,随着现代科学理论的发展和语文教改的深入,不少有经验的教师创造总结了阅读教学过程的新经验,中学语文教学中一些新的课堂教学结构正在不断出现,其中较有代表性的是:上海市育才中学的"读读、议议、练练、讲讲"课堂结构模式,上海市特级教师钱梦龙的"自读课、教读课、作业课、复习课"四种基本课式,湖北大学黎世法的"自学课—启发课—复习课—作业课—改错课—小结课"六种基本课型,辽宁省特级教师魏书生的"① 定向;② 自学;③ 讨论;④ 答疑;⑤ 自测;⑥ 自结"课堂教学六步法。

---

① 本文选自《江西教育科研》1987年第6期,第41—45页。

语文教改实践中创造总结出来的阅读教学过程的新经验，展示出了语文阅读教学过程的丰富内容，它也亟待得到理论上的科学论证。但是，现有的语文教学理论专著中，除少数对部分新经验略作了介绍之外，还没有论著真正从理论的高度总结新的阅读教学过程种种模式的本质特征，更没有揭示出新的课堂结构变化导致阅读教学过程理论发展的实质所在。

列宁曾经把心理学、感觉器官生理学、儿童智慧发展史，乃至动物智力发展史等的知识，看作是构成认识论和辩证法的知识领域(《列宁全集》第 38 卷，第 399 页)。借助于一般科学对具体的语文阅读教学过程加以研究，应该说乃是对认识论的一种深化和发展。以前对阅读教学过程理论的研究，之所以理性思维水平提高无明显起色，我认为其中一个主要的原因就是理论界对自身的思维机制缺少深刻的省思。随着现代教育科学的发展和新的科学方法论的出现，用系统论、信息论、控制论来建构阅读教学过程发展过程理论是科学发展和教学实践的共同要求。

从"三论"看，阅读教学过程与语文知识教学和写作教学过程有着纵横双向的联系，并共同构成一个完整、复杂的语文教学过程整体系统。它包括社会的、心理的和控制的三种因素。从系统化和整体化的观点出发，语文阅读教学过程依据时代发展的特点和教学目标的变化，必然产生纵向的变化发展，也因教与学的对象等诸因素不同而产生横向变化，它是宏观教育和微观教育的统一。本着这种认识，要构成具体的阅读教学过程，就必须系统考虑以下两点：

首先，必须根据所在学校的环境和教学条件，学生和社会的联系与家庭情况，学生的年龄特点、心理特征、所具有的认知结构水平和知、情、意、行状态，对各种因素加以分析研究，确定最佳的阅读教学过程。如农村中学办学条件较差，学生从外界获取的文化知识信息量少，受家庭因素和教学条件的影响，一般反映出基础较差、学习情绪波动较大等特点，语文阅读教学应注重加强课堂教学，课堂阅读教学过程宜从"感知、理解、巩固、应用"这种注重传授和理解书本知识的教段着手，加强学生的语文基础，逐步过渡到多种课式，以训练和提高学生的阅读能力。如果无视实际，动辄生搬硬套语文教改中外地的新经验，势必适得其反。

其次，必须注意从横向分析课内与课外两个课堂系统的双向联系，阅读系统与语文知识教学系统、写作教学系统的双向联系，精读、略读、自读之间的双向联系；从纵向分析研究整体阅读与部分阅读、单元阅读与课文阅读等系统的双向联系，建立纵横交叉的多维立体模型，从而确定各种阅读教学过程的策略。如单元教学是根据特定的教学目的意图，按"类聚"的原则，把两篇或多篇课文组合成隶属于语文训练体系的一个训练单位，运用对照、比较的方法而施行的综合性较强的教学方式。结构单元教学的目的，应从教材组元的总特点和共同规律出发，根据年级的训练要求与学生的年龄特征，并考虑到整个训练体系赋予本单元的教学任务而拟定。结构单元教学的特点在于探求课文形式上的异同，突出个性特点，理出共同规律。应从整体着眼，统筹安排，以精读带略谈、自读、纵读、横读，举一反三，进行综合训练，使阅读和写作、说话和写作、课内和课外、语言训练和思维训练等密切结合，熔于一炉，成为一个整体。于亚中、李家珍编著的《中学语文教学概论》把单元教学过程划分为"精讲—略讲—阅读(课内)—知识短文—阅读(课外)—写作训练"六个教段，就注意了系统性和整体性原则，对单元教学的实施具有较大的指导意义。

从"三论"看，语文阅读教学过程实际上是一种信息传递和反馈的过程。在课外阅读中，阅读物是信息源,学生运用课堂阅读教学中获得的知识和方法从阅读物中直接接收信息,(再与教师、同学、亲友交流信息并获得反馈信息)经过个体的同化或顺应的加工处理,形成新的认知结构。在课堂阅读教学中,一方面是教师根据不同年级的要求,把语文知识转化为一系列学生易于接受和乐于接受的知识信息,高效率地向学生传递;另一方面是学生对教师传递的信息和教材输出的信息迅速地作出相应的反馈。这种反馈在教与学的过程中是多向的、多层次的、反复的和多类型的,并随时调控,随时交流,从而促进学生的思维发展,形成新的认知结构,并通过信息的利用产生知识迁移和尝试创造知识。所以,阅读教学过程是动态的、随机的和全息的。我们研究阅读教学过程,就必须认真研究阅读教学信息流动系统中各因素之间的结构关系和联系,从而确定具体的实施形式。由于信息流动系统的结构关系是多种层次和类型的,这就规定着阅读教学过程的形式丰富多样、不拘一格。以前的语文阅读教学过程理论只注意了教师对学生的单一信息交流,或师生的相向交流,所以教学过程的形式显得单一和呆板。新出现的中学语文教学中的课堂结构样式,却注重对信息流动系统的结构关系作多方位的探索,除了注意上述两种信息交流形式之外,还注重在教师和学生之间保持双向信息交流、保持学生之间的相互交流,以及把师生之间的纵向交流与学生之间的横向交流交织起来,组成网络结构,使信息交流呈立体交叉的传递方式。最优化的信息传递方式突破了以教师的"讲"为中心组织阅读教学过程的框架,而代之以形式多样的、信息纵横交流的阅读教学课堂新结构。

　　从"三论"看,阅读教学过程是一个可控的信息过程。控制的基础是信息,一切信息的传递都是为了控制,而控制都需要通过反馈来实现。没有反馈,就没有自动调节,就没有自动组织,就无法实现控制。根据控制的反馈性原理,在阅读教学过程中,教师与学生之间、学生与学生之间的信息传递,必须随时加以控制调节,从而保证最合适的方式和速度,以较高的效率和可靠性进行有效的教学。这种信息调控,从教的方面说,教师要通过自己有计划、有目的、富于启发性的工作激发学生的兴趣,丰富学生的知识,发展学生的智能,增强学生主动地调节自身活动以适应外界条件变化的能力,掌握和消化教学内容。从学的方面说,学生的"主体"性表现在根据教学目的和要求,在教师的指导和帮助下,对自身的实践活动预先构造"目标模型"以保证主体活动具有明确的目的性、方向性和选择性,以自身特有的模式去调节和控制自身的活动,去同化外来影响,追求和增强自我选择、自我决定、自我调节、自我发展的能力。在这个学与教的过程中,教师对学生的指导控制和学生的自控是通过双向的信息反馈来实现的。要实现阅读教学过程的优化调控,教与学的双方都必须遵循规律,选择手段,实行教学的定向(方向)、定量(量次)、定度(限度)、定序(程序)、定势(势态),这样才能有效地强化学生的阅读能力和开发智力,开阔学生的视野,达到阅读教学的总体目标。魏书生设计的"课堂教学六步法"便充分运用了信息调控原理。在阅读教学过程中,教师和学生双方都作为课堂的一员,实行讨论,重在发挥学生学习的自主性,信息呈主体交叉传递和反馈的方式,教学目的的实现过程始终是一个学生的自控、学生之间的反馈调节和教师根据态势对学生实行控制调节的信息过程。所以,在设计和实施阅读教学过程方案时,必须考虑充分地发挥教师的主导作用和学生的主体作用,尽可能使信息传递和反馈处于最佳调控状态。

　　语文课堂阅读教学过程是整个语文阅读教学过程系统中的一个部分,它自身具有一定的结构常规,有基本的结构要素。尽管教学过程的形式有多种类型,但是基本结构要素是稳定不变的。根据现代教学论观点,分析加涅的教学活动图表,结合语文阅读教学的实际,语文阅读教学过程的基本结构要素可以归纳为认识现实化、形成新概念、保持及迁移。"认识现实化"指在学生意识中,必须把以前掌握的与新知识有直接联系的那些知识和认识技能再现。这是课堂教学的第一个阶段。这个阶段包括吸引注意、把目标告知学习者、激励对先决学习的回忆、呈现刺激材料等教学内容。教学的组织形式可以是确定目标,创设情境,激起动机,典型习题、书面或口头练习,提问、放映影视材料,学生初读教材等多种方式促进基础知识和认知活动方式的现实化。"形成新概念"是指在旧知识再现的基础上,通过教师传授或学生自身的认知活动,领会新旧知识的内在联系和系统性,形成新的认知结构。这个阶段主要的不是教师讲解教材,而是采用各种方式促进学生学会认知活动方法。教师主要的是提供"学习指导"。教学的组织形式可以是讲解、质疑、讨论、探求、学会阅读方法等,以使学生形成新概念。"保持及迁移"是强化学生的知识,使知识转化为能力,并促进智力发展。这是课堂教学的第三个阶段。这个阶段包含引出作业、提供关于作业正确程度的反馈、评定作业、增进保持及迁移等教学内容,教学组织形式可以是口头和书面解答习题,分析、评判课文,进行知识迁移训练、表演等多种活动方式,以巩固和活用所学知识。以上这三个阶段各要素的逻辑联系和辩证统一,成为组织课堂阅读教学过程的规律。这三种要素的教学论结构是稳定不变的,而课堂阅读教学过程的组织形式却可以依据其教学论结构设计成多种类型。

这种三要素结构的课堂阅读教学过程规律,可以从信息输入(认识现实化)、信息加工、储存(形成新概念)、信息输出(保持及迁移)的方法上得到解释,还可以说明语文教改中出现的各种阅读教学新课式(如下表)。

新课式	认识现实化	形成新概念	保持及迁移
"四种基本课式"	自读课	教读课	作业课、复习课
"六课型单元教学法"	自学课	启发课、复习课	作业课、改错课、小结课
"八字教学法"	读读(讲讲)	议议(讲讲)	练练(讲讲)
"课堂教学六步法"	定向、自学	讨论、答疑	自测、自结

教学论结构是教师的出发点,是教学过程设计所遵循的一般算法,是教师发挥创造潜力之所在,是体现教学风格、教学法特点的天地。我们主张用系统论、信息论和控制论的观点,对语文阅读教学过程进行深层次和多方位的探讨,这包括对阅读教学过程的宏观和微观、整体性和局部性、阶段性和连续性、多样性和稳定性诸方面进行统筹分析,目的是为了寻求合乎现代教学论的语文阅读教学过程的规律,以探求阅读教学过程理论发展的实质所在和对多样化的课式提供理论上的说明。

阅读学与中学阅读教学

甘其勋

人类的阅读活动原始于文字的产生,源远流长;历代文人学士的阅读经验,也如散珠碎玉,丰富而珍贵。但以往对"阅读"的研究很不够,1979年版《辞海》没收"阅读"这个词目,《现代汉语词典》仅解释为"看(书报)并领会其内容"。在现代社会,阅读作为一种智力技能,已成为每个公民不可缺少的生存手段,缺乏阅读能力的人被称为"功能性文盲"。迫于这种形势,80年代"阅读学"应运而生。

一批有识之士意识到阅读学研究是时代的需要,开始辛勤探索,迄今已取得了阶段性成果,发表了一大批论文,出版了几十本阅读学专著和教材。如董味甘主编的《阅读学》、王继坤著的《现代阅读学》、李德成主编的《阅读辞典》先后出版,曾祥芹、韩雪屏主编的《阅读学丛书》也于1992年问世。

中小学阅读教学也逐步深入,成为阅读学研究的重点。近年来,高原、刘朏朏主编的《朗读—研读—速读阅读三级训练课本》(初中)、程汉杰的《实用快速阅读法》、晏茂心、贾林成主编的《四级台阶速读训练法丛书》(初中、高中、大学、中专)等阅读教材,都主要是为中学生编写的。在此之前,1988年全国中学语文教学研究会在郑州成立了阅读研究中心,也把中学阅读教学作为研究重点。

阅读学理论来自阅读实践,尤其是中小学阅读教学实践;中学阅读教学也需要阅读学理论的指导,吸收其研究成果。

阅读能力的基本层次

阅读的实质是什么?目前尚无公认的定义。《中国大百科全书》(教育)认为:"阅读是一种从印的或写的语言符号中取得意义的心理过程,阅读也是一种基本的智力技能,这种技能是取得学业成功的先决条件,它是由一系列的过程和行为构成的总和。"《教育大辞典》(卷一)界说为:"从书面语言获取文化科学知识的方法,信息交流的桥梁和手段。"前者着眼于阅读主体的心理和行为,后者着眼于阅读本体的社会功能,均言之成理。章熊、张建华同志认为:"阅读,就是通过视线的扫描,筛选关键性信息,结合头脑中储存的思想材料,引起连锁性思考的过程"(《语文教学的再认识》),指出信息不仅需要"筛选",而且要"结合"储存材料,引起"思考"。《阅读学原理》指出:"阅读是读者从写的或印刷的书面材料中提取意义或情感信息的过程",强调了读物的"情感信息",这两种观点都值得重视。

阅读作为人类的一种"基本的智力技能",它的内涵有哪些?目前也众说纷纭。

刘国正同志认为:"为着达到阅读教学的要求,需要培养下述各项阅读能力:概知、理解、记忆、贮存、效率、运用。"(《阅读教学管窥》)

---

① 本文选自《中学语文》1995年第5期,第16—18页。

徐振维同志认为：认读、理解、鉴赏和评论是阅读能力的四个组成部分，也包含着阅读过程的三个层次（陈文高《徐振维老师关于阅读教学的思考》）。

《教育大辞典》（卷一）对"阅读能力"的界说是：完成阅读任务的复杂结构的心理特征的总和。由多因素、多层次构成。因素有：一定的字词量、语文知识（语法和章法）、阅读技能、智力和非智力心理因素。层次有：(1) 认读语文的能力；(2) 理解语文的能力；(3) 品评和欣赏语文的能力；(4) 记忆语文的能力；(5) 读速。

在基础教育阶段，中学生应具备的阅读能力，我认为主要包含以下三个基本层次：

1. 以认读为起点的理解性阅读（解读）

理解是阅读的核心。不理解读物的意义，就不可能从中吸取文化科学知识、交流信息，无法通过阅读提高思想认识、陶冶情操，更谈不上学习语文表达技巧、提高写作水平。

理解性阅读以认读为起点。"用眼睛辨识文字，了解文字所表示的语言意义叫认读"（《阅读辞典》第113页）。作者从客观事物中获得认识再用文字符号编码，过程是物—意—文；读者则要解读文字编码，获取意义，从中加深对客观事物的认识，过程是文—意—物。阅读用汉字书写或印刷的读物，首先要正确辨识汉字的音形义，即"解码"。刘国正同志强调指出：识字（按六书组成的方块字）是"培养阅读能力的一个起点和基点"，"阅读教学要把识字放在非常重要的地位"，"中学的识字教学亟待加强"，是非常中肯的。

理解性阅读既要微观理解，更要宏观理解。微观理解指对读物词语、句子、句群、段落、章节的局部理解；宏观理解指对读物整体内容、篇章结构、写作方法、社会价值，乃至作者的全面理解。只扣字词句、见树不见林不是真正的微观理解；撇开字词句、天马行空地架空"分析"，也不是真正的宏观理解。理解性阅读包含"文字—意蕴—文字"和"整体—局部—整体"这样两个双向运动过程。

理解性阅读应以感受为前提。叶圣陶、吕叔湘先生强调对语言的敏锐的感觉（语感）是语文教学"最要紧的""首要任务"。王尚文同志据此提出了"感受重于理解"的观点（《语文教学的错位现象》），已引起普遍重视。九年义务教育初中《语文教学大纲》对阅读训练提出18条要求，其中"整体感知课文的大概内容"、"感受课文的语言所表达的思想感情"、"从课文中找出感受最深的句子或段落"各条，反映了中学语文教学界对培养语感重要性的共识。但如何落实这些要求，目前的研究尚在起步阶段。

2. 以借鉴为目的的欣赏性阅读（赏读）

中学阅读教学应该培养欣赏性阅读能力。1986年的中学语文教学大纲首次对高中生提出了"初步具有鉴赏文学作品的能力"的明确要求，1992年的义务教育初中语文教学大纲也提出了"初步具有欣赏文学作品的能力"。最近庄文中同志主张：人教社版的初高中语文课本都编有文学作品单元，"应该上成文学鉴赏课"（见《语文学习》1995年第2期）。目前在全国各地试用或实验的其他中学语文教材也都有单独编排的文学作品单元，重在培养欣赏性阅读能力。

中学生欣赏性阅读的对象不应限于文学作品。其一，义务教育初中语文教学大纲规定："欣赏课文中优美、精辟的语句"，"初步欣赏文学作品中的形象和描写"，前一条显然包括记叙真人真事、说明客观事物、论说事理哲理、社会交际应用的非文学作品在内。其二，选作课文的古今文章，内容上含有自然美、社会美、艺术美、科学美等美质，形式上则具有结构美、语言美、节奏美等美的因素，阅读时在理解的基础上还应引导学生去欣赏、品味。这些文质兼美的课文许多并非文学作品,或者不是安排在文学作品单元里教学的,但都应培养欣赏性阅读的能力。

中学生的欣赏性阅读目的在于借鉴。成年读者欣赏优美有趣的读物,从中获得身心愉悦,阅读本身可能就是目的。但中学生除此之外,还要借鉴作者观察问题的角度、认识事物的方法、谋篇布局的思路、表情达意的技巧,从中学习运用语言文字的技巧。

欣赏性阅读的潜在功能是提高中学生阅读的品位。课文经过精心筛选,大多为名家名篇,时文也大都文质兼美,中学阶段学生阅读四百来篇课文,无形中为他们选择读物树立了一个高标,有助于他们课外阅读时舍弃或抵制那些观点偏颇、结构凌乱、故事雷同、文字拙劣、品位低下的粗制滥造的文字垃圾。

3. 以质疑为核心的研究性阅读(研读)

研究性阅读有不同的层次。编辑审稿、主持人播音、导演演员读剧本、专家学者写论文,都要作一番研究性阅读。中学生的研究性阅读,主要是在理解的基础上,对课文作较为深入的、带有创造性成分的阅读。

研究性阅读有助于发展学生的智力和创造性思维,中学阅读教学与成人个体阅读的显著区别,在于课堂上同时存在两种阅读主体,即教师个体和学生群体。一般来说,教师对课文的理解欣赏水平高于学生。如何使学生的理解欣赏水平提高到教师的高度?传统的做法是讲解分析,即教师把自己的(或从教参中抄来的)阅读体会和盘托出,奉送给学生。实践证明这样做费力不讨好。正确的做法应该是引导学生在阅读实践中自己去探寻、研究、思考,发挥每一个阅读主体的创造精神。如果引导得当,学生群体的阅读水平有时会超出教师个体,达到意想不到的广度和深度。阅读过程中引导学生去研究,有助于发展其观察力、记忆力、想象力和创造性思维能力。

研究性阅读的核心是质疑,即提出疑问。孟子说"尽信书不如无书",程颐说"学者先要会疑",张载说"学则须疑"。义务教育大纲要求初中生"就课文的内容、语言、写法提出自己的看法或疑问",是对传统语文教学精华的继承。课文反映了什么内容,是否真实,怎样写的,为什么这样写,有无更好的写法,语言表达有哪些特色,有无更好的表达方法……诸如此类的问题,只有引导学生自己去思考、分析、研究,才有可能提出自己的看法。在中学阅读教学中,培养学生敢于和善于质疑的能力,是培养跨世纪人才的需要。

解读—赏读—研读,是中学生阅读能力的三个基本层次。当然对高中生的要求应该比初中生更高。

中学阅读训练的重点和序列

中学阅读训练的重点是什么?训练序列怎样才比较科学?中教界迄今仍在探讨。中学阅读训练应使学生掌握基本的阅读技能。阅读技能"指通过练习而获得的在实践中顺利完成阅读任务的动作方式或心智活动方式"(《阅读辞典》第 38 页)。阅读技能与阅读能力的异同这里姑且不论,我认为中学阅读训练应使学生获得的阅读技能主要是:

1. 朗读和默读

朗读是出声的阅读,默读是无声的阅读。义务教育大纲要求初中生"用普通话正确、流利、有感情地朗读课文"。朗读时眼、脑、口、耳协同动作,可以从中判断学生认读的正误、理解的深浅、欣赏品位的高下、探究研讨的精粗。朗读的主要技能有重音、停顿、语调和语速。

义务教育大纲对默读的要求是"集中注意力"、"不动唇、不指读",我想对高中生则应提高默读速度和理解率。默读的主要技能是减少眼停和回视,扩大视距和视幅。

2. 精读和略读

精读的目的在于充分理解读物,要咬文嚼字,"纤屑不遗";略读的目的在于观其大略,要善于"提纲挈领"。精读是基础,略读为应用。精读要弄懂读物写了什么,怎样写的,为什么这样写,带有研读成分,一般要经过整体感知—局部研读—整体把握三个阶段。义务教育大纲要求掌握的精读技能有圈点、批注、摘录、制作卡片和写读书心得笔记。略读则要读一遍就能理解大意。

3. 速读和听读

速读是现代社会的需要。义务教育大纲首次对读速提出了每分钟 500 字左右的指标,高中生当然要读得更快、理解更深些。听读可以边听边做其他事,适应现代生活的快节奏。义务教育大纲在听话训练中对听读记叙性、说明性、议论性文章分别提出了理解的要求。对听读文学作品也应提出相应要求。速读靠视觉,听读靠听觉。听读因受时间限制,要求更高。

中学阅读训练如能抓住上述三个重点,阅读教学效率当会显著提高。

阅读教学规律试析[①]

钟和诚

在现代社会里,阅读是人人必须而且常常用得着的一种能力。但在实践中,这种能力确乎有高下、优劣之分,其阅读效果当然各异。正如张志公先生所说,阅读"听其自然,也可以形成某些能力,但是远不如有目的、按科学规律去自觉培养和历练这些能力。后者的效果要好得多。相反,不找这些规律,阅读能力不足的现象就会广泛长期地存在。一个阅读能力不足的人,当他阅读某些必须阅读的材料时,轻者,阅读的效率低,阅读能力不够用;重者,甚至完全缺乏应有的阅读能力,说白了,就是看不懂"。张志公先生这番话的基本意思是说,阅读要按阅读规律去自觉培养和历练阅读能力。

张志公先生说的若"不找这些规律,阅读能力不足的现象就会广泛长期地存在",揭示了我国目前阅读能力的现状。但为什么不去找呢?有两方面的因素禁锢着人们的手脚和头脑:一是世俗的偏见。鲁迅在《读书杂谈》中批评道:"说到读书,似乎是很明白的事,只要拿书来读就是了,但是并不这样简单。"以为"能识字就会读书",这种世俗偏见阻碍着人们对阅读的专门研究。传统的阅读经验强调多读,忽视巧读,如董遇说的"书读百遍,其义自见",又看不到阅读行为的内部规律,否认其科学性。二是阅读本身的艰难性。叶圣陶先生说:"写作程度有迹象可循,而阅读程度比较难捉摸,有迹象可循的被注意了,比较难捉摸的被忽视了。"写作属于倾吐,是内部语言的外化,有迹可循,容易考查;阅读属于吸收,是外部语言的内化,这些内化动作,存在于大脑"黑箱"之中,难以捉摸,阅读的内潜性造成了阅读研究的困难。

其实,阅读也有一系列的外化动作,自从脑神经生理学揭开了大脑"黑箱"之谜以后,人们越来越清楚地意识到,阅读行为也是有规律可循的。达尔文说:"科学无非是整理事实,从中发现规律,作出结论。"现在我们可以根据已有的多种科学理论成果,在已有的阅读经验的基础上,对阅读规律作一些科学的阐说,以利于人们去掌握阅读规律,自觉地培养和历练阅读能力,以及帮助语文教师应用此规律去训练学生的阅读能力。概括起来,阅读是遵循以下几条规律进行的。

一、层次律

人们无论是看书还是读书(或阅读其他材料),首先接触的是语言文字。语言文字是一种符号,而看书读书的目的是要通过语言文字符号及其组合关系了解其中所包含的意义和信息。

从心理的角度看,这个"了解"就是一个理解文字符号意义的心理活动过程。《中国大百科全书》在"阅读心理"一条中写道:"阅读是一种从印的或写的语言符号中取得意义的心理

[①] 本文选自《四川师范大学学报(社会科学版)》1995年第2期,第133—138页。

过程。"在语文阅读中,其心理活动是一个感知—理解—想象—表达的有层次的过程。

感知:人们阅读文章,首先通过"看"对语言文字产生直觉印象,由感而知,唤起由语言文字所表达的事物的表象。对语言文字由感而知的过程一般要经历四个心理层次,即出现、辨别、认同和再认。阅读者的任务是在看到的字面上,寻出必要的注视点,寻出读物的意义中心,这就是出现的过程。读者在注视和发现的一瞬间,同时进行着辨认,把一个个字、一个个词、一组组句子、一个个段落加以分辨,辨认其意思,分别其主次,在脑子里逐渐形成"意象"。随着阅读的进展,读者的大脑把这些形成的"意象"同记忆中的印象联系起来,认识它们的意义,这就是"认同"。读者心中有了一种"意象",这样再往下读马上能发现、分辨和认出已知的东西,形成整体的印象,这就叫"再认"。

就这样,阅读经过由感而知的生理和心理过程,读者从文字到意义,形成一篇文章的初步意象,达到了解一篇文章的基本内容和意思。这既是理解的前提条件,又为进一步理解打下基础。

理解:阅读在感知中获得的意象,必然引起大脑中储存的相关意象参与分解和组合,这时阅读就进入了理解——阅读的核心。理解是通过事物现象揭示事物之间的联系而认识事物本质的过程。表现在阅读上,理解是透过语言及其联系认识文章的思想内容和语言形式的过程。

理解要求对语言的含义进行阐释,或对具体文句加以抽象、概括,或使抽象、概括的语气具体化,或透过文句的表层意思把握其深层义和隐含义,并且要综合所获信息,重新组建,纳入读者原有的知识系统。理解的标准,一方面要再现作者的本意;另一方面要表现读者的创造,挖掘出作品固有的而未被作者意识到的思想意义。理解的关键在于理清文章的思路,使阅读思路与写作思路大致重合,并有所超越。理解的途径,主要是依据文章,凭借思考,充分运用思维力,对语言文字进行分析、综合、抽象、概括、归纳、演绎。

想象:在感知理解的基础上,阅读进入想象。想象有再造想象和创造想象。在一般的阅读中,读者在理解了文章之后总要去想象文章里描述的形象和道理中的事实,并在脑子里再现出来,即再造想象。这是为什么呢?文章是用第二信号系统的语言文字间接地反映客观事物,理解语言文字的意义仍属间接认识客观事物,而且这时的认识是分解性的,要把握客观事物的整体,就必须将文章各个部分的理解整合为发展了的整体。整体就是通过想象而再现出的这一客观事物的形象。这种由分解到聚合的过程是阅读的必然发展,而这种聚合又只有在理解了语言之后的想象中才能完成。

表达:阅读在经历了上述一系列过程之后,就进入表达。《中国大百科全书》在"阅读心理"一条中说:"从语文心理的角度说,阅读活动则是从看到的言语向说出的言语过渡",可见表达是读者对读物有了深刻的认识后,必然产生的一种表述自己的内心感受与认识的欲望和心理要求。表达又是思维和思想的外在形式,是由内部言语转化为外部言语和语言的过程。在这个过程中,思想急剧地变化着、完善着,阅读也就随之而深化,以至发生质的飞跃,形成一定的语言能力。

当然,阅读心理流程中的各个环节并非单一的,往往呈现前后交叉往复的形态。然而,感知、理解、想象、表达则是阅读必然经历的过程,显示出的层次性是阅读的必然规律。

二、建构律

无论是怎样的阅读，总是从阅读者已有的认知结构出发，而最终目的则又是改变、调整阅读者的认知结构，提高其阅读水平。改变、调整后，阅读者再从新的认知结构出发，开始新的阅读，如此不断循环，阅读没有终极，提高也没有止境。可见阅读者是以阅读的认知先结构为其起点的，并非以心理白板去接受文章，而是以一种心理"图式"介入阅读活动的。

马克思指出："从主体方面看：只有音乐才能激起人的音乐感。对于没有音乐感的耳朵说来，最美的音乐也毫无意义。"有"音乐感的耳朵"，就是有关于音乐的认知结构，没有这一结构，最美的音乐也只能是对牛弹琴。阅读文章也一样，如果阅读主体没有相应的认知结构，他就无法读懂作品。明代刘基的《项伯高诗序》一文中，记载了这么一则有趣的故事：刘基生活在元末明初，小时候家庭生活比较安定。当时，他读了不少杜甫的诗作，像"穷年忧黎元，叹息肠内热"、"朱门酒肉臭，路有冻死骨"、"向来忧国泪，寂寞洒衣巾"等，虽然觉得写得不错，却不理解为什么诗中总是流露出忧虑压抑的情绪。小刘基捧出杜诗去问长辈，得到的回答是："杜甫遇上天宝之乱，颠沛流离，忧国忧民，满腔怨恨悲愁，都倾泻在诗里了，怎么会和平快乐呢？"尚不知人事艰辛的小刘基怔怔地听着，似懂非懂。后来，刘基也遇上了动乱的岁月。接连五六年，他眼见兵戈迭起，生灵涂炭，不禁为满目疮痍而潸然泪下。一提到这些苦难，便愁肠百转，悲从中来，难于平息心头的凄怆和愤懑。只有到了这时，他想起童年读过的杜诗，才猛然觉得自己的心与诗人的心紧紧地贴在一起。他深有感触地说："今日方知杜翁说的都是肺腑之言。以前，我不理解杜诗，就像生当夏日的小虫，对冰冻三尺之寒毫无切肤之感一样呵！"这是一个意味深长的故事。故事生动地揭示了读者的经验对作品的同化和接受作用。

在古代，对阅读活动有"以意逆志"之说。朱熹的《孟子集注》解为"以己之意迎取作者之志，乃可得之"。朱自清的《诗言志辩》也说："'以意逆志'是己意己志去推作诗之志。"说明以"作者之志"对阅读者施加影响，阅读者在接受中以"己意"加以理解消化，这样，阅读者的"己意"便悄悄地反过来改变了"作者之志"的原始现实，使它丧失了固有的意义，从而读者有所得之。

以读者的认知先结构为前提参与阅读，从而同化文章的一部分内容，丰富、充实原先的认知结构，这只是阅读认知建构的一个方面。另一个重要方面是，还有一些新信息要在阅读的顺应中发展认知结构，从而建立起新的阅读认知结构。

按皮亚杰的发生认识论中的"建构学说"，认为阅读者的认知结构是在阅读主体与阅读客体之间的双向交流中向前发展的。他的公式是：

$$S \rightleftharpoons AT \rightleftharpoons R$$

一定的刺激（S），被个体同化（A）于认识结构（T）之中，才能作出反应（R）。图中的A代表主体在客体中吸取的信息、知识；AT代表主体的认知结构。AT结构表示主体吸取信息、知识，必须与主体的认知结构相适应，同时这些被吸取的信息、知识，又反过来调整、改造了主体的认知结构。主体的认知结构就是在AT相互作用中发展起来的。

阅读中认知结构的发展，也是AT相互作用的结果，这就是主体认知结构的"同化"和"顺应"这两种心理机能。阅读文章，阅读者吸取信息、知识时也发生"同化"与"顺应"的心理机能。当阅读主体的认知结构(T)与客体(文章)相适应或差距不大时,文章的信息、知识经主体选择、过滤后被吸取(A),这是主体的认知结构"同化"了文章。反之,如果主客体不相适应,或差距很大,阅读主体就必须调整、改变自己的认知结构(T),以适应客体,即缩短主体与客体之间的差距,主体才能吸收客体的信息、知识,这是主体改变认知结构去"顺应"文章。正是"同化"与"顺应"的双重作用,使接受主体与客体由最初的不平衡过渡到逐步稳定的平衡,即读者从最初的读不懂到读懂了文章。

我们再以语文教学中学生阅读的心理活动来加以说明。学生与课文之间的双向交流,也要从最初的不稳定过渡到稳定平衡,才能说完成了课文的读解。学生最初阅读、理解课文,所注意的是那些与自己认知结构相适应的信息、知识。即是说,课文的内容激活了学生认知结构中的"相似块",两者发生了耦合,信息、知识相同构,这便是"同化"的过程。由于课文中的另一些信息、知识,在学生主体认知结构中没有"相似块"信息,因而不可能作出反应。这就是学生认知结构与课文之间的"结构差"。解决的办法是:学生接受教师的指导,改变、调整自己的认知结构,消除"结构差"去顺应课文。学生以已有的认知结构去理解课文,吸取信息、知识,以充实和提高自己,这便是认知的外化建构。学生借助教师的指导和自己的努力,积极改变、调整自己的认知结构,以提高自身去适应课文的水平,这便是认知的内化结构。内外和外化双重建构,促使学生的认知结构不断地得到改造,阅读知识与能力也随之提高。

语文教学要十分重视学生认知的外化结构,注意循序渐进。阅读课文不能要求过高,要与学生的认知结构相适应。这样信息、知识才能吸收和同化。但同化仅仅表现为数量的递增,不能引起认知结构的质的突变。而没有了突变,认知结构就停止了发展。所以教师又要重视学生认知的内化建构,注意用新的信息、知识去突破原有的认知结构,以期引起质变,从而建立起更高一级的认知结构。比如,一个初中学生学习散文,首先学得的知识是散文不像叙述故事,它是一件一件的事(物)串联起来的。用这样的知识学习若干篇散文后,形成了"散文形散神聚"的概念。这一概念具有较高的统摄性,可以成为后继散文阅读的知识固着点。当他升入高中后,在教师的指导下,又继续读了许多优秀散文,他慢慢地发现并不是所有的散文题材或表达方式方法都是散的,都具有形与神的结合点。如《荷塘月色》《故都的秋》等著名散文,贯穿其间的感情基调就成为黏合各种材料的黏合剂。于是"散文的感情基调"、"思想为经,材料为纬"等衍生出来的新知识,就明显地区别于学生原有的关于散文的知识,这就大大地丰富了学生对散文的知识,重新建构起他的关于散文的认知结构。

阅读能力的提高,其实就是由阅读者的阅读认知结构的完善和发展来完成的。这种发展需要通过无数的阅读实践,同化与顺应多次往还反复,才能由简单的、低层的,向复杂的、高层次的认知结构发展。

三、体验律

人们在阅读过程中,绝不只是冷静的思考。阅读是读者生活与作者生活的联系,是读者、作者之间无声的对话,是跨越时空的生活体验和思想情感的双向交流。严肃而富有哲理的人生经验使读者倍加折服而肃然起敬。曲折惊险的故事情节使读者怦然心动。热血男儿读到悟空斩妖之胆略,不免意气风发;多情少女读到黛玉葬花绝命之悲凉,不禁潸然泪下。优美的诗歌意境会令读者心旷神怡,人类残暴的行为描述能使读者毛骨悚然。凡此种种,都是读者常有的经验,也都说明读者在阅读中常常将自己的生活体验融进作品,而且伴有自然强烈的情感活动。融进自我,情动于中,是阅读活动的又一规律。

一个中学生在学完《祝福》后反思:学这篇小说的时候,不知怎么回事,自己总是时时联想到她村子里的一位孤老太婆,这个老太婆的丈夫年轻的时候被洪水淹死,她唯一的孩子七八岁时在门前的池塘里玩水,也被淹死了。村子里的人说她是前世投水而死的冤鬼投到人间来索债的。因而,她时时遭到人们的白眼和嘲弄。但她非常喜欢小孩。小孩子到她家去,她总设法给他们一些零食吃。这个女学生小时候也常常去她家玩,后来,这个女学生的母亲和这位老太婆吵了一架。从此,这个女学生也视老太婆为"仇人"。每次远远地看见她,总要骂几声"水鬼"、"老货"。每听到女孩子的咒骂,老太婆的脸色变了,眼光也呆滞了。这个女学生说:"过去我很以此为乐。后来长大了,虽然不再咒骂她,但也要瞪她几眼。这次读了《祝福》,我甚至觉得自己有点像那个冷酷的鲁四老爷,我深深感到羞惭和悔恨!后来,我终于鼓足了勇气,叫了她一声'婆婆!'她激动得掉下了眼泪。我还说服了妈妈去理解她、关心她,和她言归于好。"这位女学生从小说里的祥林嫂联系到现实生活里的祥林嫂,从鲁四老爷身上发现了自己的内心世界缺乏同情心。

这个事例说明阅读者一旦在作品情感信息的诱导下,就会以当事者一员的身份调动自己曾经历过的生活去接受和体验作品中的生活与情感,使作品中的情感信息变成自己的真实情感活动,从而调动和发挥自身巨大的主观能动作用和再创造潜力去认真思考,切实体验,从中求索真知。这正如法捷耶夫在《论作家的劳动》一文中所说:"譬如你们读某某的作品,读了头几页,你们只是在理智上接受它,它们并没有打动你的情绪。可是忽然之间,就像艺术家弹动了一根弦,一切都着响了。内在的诗意出现了,艺术家把读者引入自己主人公的体验,以致读者就开始和主人公共同来体验,于是读者就为之恍惚、流泪、激动、欢笑。"

情感记忆是作品情感主体化的心理基础。它是人们体验过的被储存在人脑的情感积累。正是由于情感记忆,阅读才能被作品情感所感染和打动。原苏联心理学家彼得洛夫斯基说得好:"情感记忆在每个人的生活和活动中具有十分重要的意义……同情别人的能力,与书中的主角发生共鸣的能力是以情绪为记忆基础的。"的确,人们在过去的生活实践中,由于有些事物和形象密切相关于主体需要,引起主体的注意和感知,从而在大脑中留下体验过的情感和痕迹。因此,在阅读时作品负载的情感信息通过刺激阅读者的情绪记忆而转化为他的情感活动。这就告诉我们,在语文教学中,教师应适当地创设各种情境,引发出学生相应的情感记忆去体验作品中的生活,这样阅读才有成效,学生才能得到熏陶、获得知识,并进行阅读活动。即使阅读者没有作品中相关的生活体验和情感记忆,我们也可带读者入作品中的"境",去设身处地地躬行体察、感受。

例如,教学《茶花赋》,就可以抓住一个"醉"字,引导学生随作者的游踪进入作品的意境。从那"花事最盛的西山华亭寺"的繁花似锦的意境中感到心旷神怡;从那与华亭寺廊檐一般高的、在"油光碧绿的树叶中间"开得"像一团烧得正旺的火焰"的茶花中懂得"春深似海"的妙处;从那"点点细雨"中,从黑龙潭的竹篱茅屋旁闪出的猩红的花枝中感受云南人民的审美情趣。这样引导学生通过对作品精湛的语言艺术的学习,进入作品所描绘的意境,随作者一起陶醉于美好的大自然,与作者强烈的热爱大自然、热爱生活、热爱祖国的情感产生共鸣。

心理学的研究又证明,人的情感不仅可以在"入境"中去体察、感受,而它又发生于认识过程中。即是说,在阅读的理解中,阅读者会因文起兴、缘物生情。比如,读朱自清的《荷塘月色》,它给我们描绘出一幅荷塘上的月色和月光下的荷塘交融的优美的风景画。而面对这美妙的景致,作者的感受是怎样的呢?文中写道:"路上只有我一个,背着手踱着。这片天地好像是我的,我也像超出了平常的自己,到了另一个世界里。我爱热闹,也爱冷静;爱群居,也爱独处。像今晚上,一个人在这苍茫的月下,什么都可以想,什么都可以不想,便觉是个自由的人,白天里一定要做的事、一定要说的话,现在都可不理。这是独处的妙处;我且受用这无边的荷香月色好了。"我们读者的经历也许和作者不尽相同或完全不同,但读着读着,不禁为文章美妙的艺术魅力所吸引,聚精会神地让自己沉浸在作者"忘我"的境地:我就是朱自清,在革命失败后,我既不满丑恶的现实,又寻不着一片满意的乐土。和现实妥协吗?实在不能;躲开它吗?又躲避不了。矛盾、痛苦萦绕心头,不能摆脱……今晚一个人面对这美好的自然景色,我终于自由了!自然美的魅力驱散了人间的阴影,这就是我要寻找的另一个世界,我愿融在美妙的荷香月色之中,我就是那个田田的叶子,是那零星的白花,是那清香,是那碧波,我就是这无边的荷塘月色!再不用说违心的话,再不用做逆心的事,尘世的喧嚣已绝于耳,人间的丑恶不入于眼,这儿空间不再变换,早已经凝固,我已经超脱了……

作者在荷香月色中达到了"物我合一",我们也随作者进入了"物我两忘"的境地。这样,读者将自己放在作者的身份来感受意境,"同声相应,同气相求",就形成了共鸣反应,达到了认识朱自清的形象,理解了作品的思想境界和深沉的意蕴这一目标。这一切都是在阅读认识中产生的。

可见,只要在阅读中臻于入境状态,读者、作者、作品三者乃能浑然一体。此刻,读者则会把作品所涉及的生活主动地与自身体验或类似情境熔于一炉,设身处地去感受、去理解,进而增益阅读效果。

四、操作律

阅读是智力活动也是操作技能。阅读是智力活动这点在"层次律"、"建构律"两条的阐述中已有提及。这里再要指出的是,阅读这种智力活动也是一种操作,只不过是一种脑子里进行的内潜性的智力操作而已。因为阅读是阅读者在大脑内部借助内部言语,运用思维,以简缩的形式,对读物进行加工改造的一种智力活动过程。孔子早就指出了"学而不思则罔"的道理,宋代的朱熹也形象地指出:"若读而不思,又不知其味。"明代学者王廷相的《慎言·潜心》说:"广识未必皆当,而思之自得者真。"都强调了在阅读中思维的存在及其重要意义。而当代由于思维科学的崛起,日益显出思维智力与阅读的密切关系,更要求在阅读中训练读者的科学思维方法。如美国的科文顿·克拉奇菲尔德等人70年代编制的一套由十六册课文组成的"创造思维纲要"系统教学大纲,就是训练学生通过阅读课文和插图,去解决课文所提出的一些"神秘的"问题的。有人还主张在阅读实践中训练阅读者排顺序、比较选择、分解整体、识别矛盾、溯源归因等思维技巧。由此可知,各种思维技法已经成为阅读实践中锻炼读者智力的"体操"。

但是,我们还应看到:完整的阅读活动还具有外部操作技能的属性和特征。《中国大百科全书·教育卷》中对"阅读心理"作了如下的概括:"阅读也是一种基本的智力技能,它是由一系列的过程和行为构成的总和。学习阅读就是学习一系列的规则,学习如何从基本上是语言的书面文字材料中提取信息的方法。"这一定义式的概括,一方面说明了阅读的智力活动和技能操作的综合性质;另一方面也告诉我们:阅读又是由一系列的阅读行为和相应的阅读技巧组成的。比如默读,它既是一种观念性、内潜性和简缩性的智力活动,又是一种阅读的方式方法。它有各式各样的默读技巧,有以字或词为阅读本位的点式法,有以词组或短句为阅读本位的线式默读法,有以语段、段落为阅读单位的面式阅读法,等等。朗读更有一系列的技巧,如朗读时发音的控声的技巧,对口头言语停顿、重音的处理,对语气的把握、节奏的转换、手势的辅助等;速读时眼动的方式、阅读本位的变换、速读中思维方法的变异等。要养成"不动笔墨不读书"的习惯,笔记的方法、格式,标记的符号和位置等,还有诸如查阅工具书、搜求索引、翻检目录、选择浏览、撷取大意、精心评读、圈点评注、提要勾玄、挈取纲要、制作卡片等,这些技能都是由一系列外部操作动作构成的,是阅读不可缺少的能力,是一种通过练习形成和巩固起来的合法则的随意行动方式。这些技能如同写字、绘画、打字、唱歌、跳舞等操作技能一样,不是人脑所固有的,而是读者在阅读学习的实践过程中逐渐形成和巩固熟练的。因此,从这一方面说,阅读又具有外部操作技能的特征。只不过,这种操作的性质和智力活动有密切的联系,是读者智力活动的外化。

从上可知,学习阅读就是学习一系列从书面文字中提取信息的原则和方法,以及养成熟练的阅读操作技能和良好的阅读习惯的道理。这种阅读操作技能既是读者从读物中摄取和掌握知识的不可缺少的条件,又能反过来促进大脑的智力活动,是智能发展的重要因素。因此,在阅读教学中,要十分重视训练学生熟练的阅读操作技能和良好的阅读习惯,使其能更加顺利地进行阅读活动。

上述规律作为分析,才把它们分条阐述,而在实际运用中,它们是统一在阅读教学全过程中的。在运用时应整体考虑,综合运用。无论是一篇课文的教学、一个单元的教学、一册书的教学,也无论你是怎样设计阅读教学过程的,都要将它们贯穿始终。比如,一篇课文的教学,它的进程总是由感知课文,到理解课文,再到想象整合而后将自己的思想用语言表达出来,并实行其迁移。在整个的阅读过程中,阅读者都在默默地实行着自我的认知建构,在认知中阅读者又必然地参与了作品中的生活情感体验,并进行着思维和阅读行为的操作,以达到真正学懂一篇课文的目的。

论中学语文阅读教学的症结与对策

施 平 黄麟生

阅读教学在中学语文教学活动中占有重要的地位,它占用的课时最多,耗费精力最大,而且其效果如何将直接关系到整个中学语文教学的质量。

衡量阅读教学质量的一个重要尺度就是学生的阅读能力,因而语文教育界都非常强调阅读能力的培养。原国家教委颁布的《中学语文教学大纲》把阅读能力的培养放在了突出的地位,广大语文教师在教学中也非常重视,特别是在应考复习中更是对学生进行了"大运动量"的阅读训练,然而效果却不大理想。

究其原因,大多数考生对阅读题提供的语段类型感到陌生,心里没底。这类题目的主要题型是简答题,其中又以概括综述的简答题为主,而考生不善于抓住关键的词与句段,更不善于通过关键词与句段的分析把握语段的中心意思。另外,由于阅读题所提供的语段都较长,而考生阅读、理解的速度慢,影响了阅读的质量。这些都反映出考生阅读能力不高,其原因主要是语文阅读教学还存在问题。笔者从阅读教学的多种症结中寻找出以下三种起着决定作用的根本性的症结,在此进行一些探讨。

一

由于"应试教育"的严重影响,在阅读教学中,不少教师往往自觉或不自觉地将学生当作知识的容器,在课堂上尽量把课文讲深讲透,唯恐有遗漏;尽管有时也注意调动学生的积极性,但也是围绕着教师的灌输而进行的。正如人们所说的:"目前讲读课以'讲'(教师讲解课文)代'读'(学生阅读实践)、以'听'(学生听讲和笔记)代'读'的现象比较严重。"[1]长期如此,学生在对课文的阅读分析中形成了一种依赖教师的习惯,拿一篇文章给学生自己读,他们便不知怎样去读,对此人们往往归因于学生阅读能力太差,所以尽量加大阅读训练的力度。殊不知,如果没有形成良好的阅读习惯,阅读能力也是难以提高的。

学生没有形成自能读书的习惯,这是阅读教学的症结之一。

在语文教学中,通过有目的、有计划的反复训练让学生形成良好的、稳固的语文学习习惯是语言功能发展、语文规范养成和语文能力提高的必要条件之一,对形成正确的思维方式和养成良好的思维品质也有着重要的作用。因此,作为语文基本能力之一的阅读能力的提高离不开良好的读书习惯,主要是自能读书的习惯。考查语文成绩优秀学生的学习经历不难看出这一点,他们都有一些良好的读书习惯,如课前主动预习的习惯,边阅读边思考的习惯,抓重点要点的习惯,使用工具书和参考书的习惯,记读书笔记的习惯,等等。良好的读书习惯使他们建立起良好的思维习惯和行为方式,成为他们在语文阅读活动中的一种心理需要和行为定势。这对他们阅读能力的发展起到了保证和促进的作用。即使是智力和基础稍

---

① 本文选自《课程·教材·教法》1998年第9期,第46—50页。

差的学生,在良好读书习惯的作用下,他们的阅读能力也会迎头赶上来。

近年来,语文教育界非常重视对语感的研究,认为读书的良好习惯是建立和强化语感的基本途径。语感能力是听说读写能力的核心,语感能力的提高是听说读写能力提高的关键,因而语感能力在语文素质中是至关重要的。所谓语感乃是认识主体对言语的一种感性和理性相统一的悟性,是包含着感知、理解和情感体验在内的言语活动过程。语感是在反复的语文实践中形成的一种高级的语言习惯,它的获得不能靠教师的灌输,而要靠学生长期的听说读写实践。在阅读教学中,学生有良好的阅读习惯,能够自觉地认真阅读、潜心体味,对语感的提高是非常有利的。

培养良好的读书习惯是我国著名语文教育家叶圣陶先生一贯的语文教育思想。他认为语言文字的学习就运用来说是养成一种习惯,养成了这种习惯"才算具有这种生活的能力"[2]。因此,他把培养读书的良好习惯放在很重要的地位,多次论及培养读书习惯的重要性。他在1943年初出版的《略读指导举隅》前言中就开宗明义地指出:"国文教学的目标,在养成阅读书籍的习惯,培植欣赏文学的能力,训练写作文字的技能。"[3]在1963年的一则书简中他还说:"阅读教学之目的,我以为首在养成读书之良好习惯。"[4]叶圣陶先生的语文教育思想融合了传统语文教育的精华,又吸收了国外先进的教育科学研究成果,他的培养良好读书习惯的观点深刻地把握了中国人学习母语的教学规律,对我们当今的语文阅读教学有着现实的指导意义。我们忽视读书习惯的培养来训练阅读能力,学生的阅读能力就难以得到大面积和大幅度的提高。

造成这一症结的原因,一是传统观念的影响,对培养良好读书习惯的认识不到位。人们提到语文教学的任务一般只是提到基础知识和基本能力,这是不全面的。语文教学不仅要传授语文知识,提高语文能力,同时也要养成良好的语文学习习惯。因此,要把培养语文学习习惯当作语文教学的一项重要任务。二是教学中功利主义思想的影响。培养良好的读书习惯并非旦夕之功,而要经过长期的实践和反复,这是急功近利的"应试教育"所不能做到的,因为它追求的是短期行为。要实施语文教学的素质教育,就要重视培养中学生良好的读书习惯。

首先,要从"人的培养"即人的素质培养的高度来认识培养学生良好读书习惯的意义。人的良好行为习惯是人的良好素质的有机组成部分,自能读书的良好习惯是现代人的基本素质之一,培养这种习惯是素质教育对语文教学提出的基本要求。在阅读教学中应该改变学生消极被动地接受教师灌输的状况,让学生在教师的指导下自求理解、自致其知,这才能谈得上养成自能读书的习惯。正如叶圣陶所说:"阅读是自己的事……靠自己的力才能养成好习惯,培养真能力对。"[5]此外,一个人的习惯养成同他的动机、兴趣、情感、意志、技能、性格等心理因素密切相关,确立学生的主体地位就能够充分调动各种心理因素,从而有利于自能读书习惯的培养。

其次,要建立阅读教学常规,规范学生的阅读行为。习惯作为一种动力定型是在多次实践或重复练习中形成的,其中离不开一定外部条件的制约和影响。建立阅读教学常规就是要制约学生的阅读行为,使正确的阅读行为得到重复练习,得到强化,趋于稳定,也就是"习惯成自然";同时又摈除那些不合规范的不良阅读行为。由于良好习惯是习得的,并非一朝一夕能够养成,因而更重要的是要长期坚持这些阅读教学常规,严格要求学生坚持不懈地实践。著名特级教师魏书生就很重视阅读教学常规的建立,如规定每个学期开学前学生通读新的语文课本,完成固定的作业;又如读一篇课文要求学生按"四遍八步读书法"进行阅读[6]。魏老师给他的每一届学生都制定了语文教学常规,并始终如一地坚持执行,使学生形成了习惯。

最后,要加强学生的课外阅读。"现在有许多学生,除了教本以外,不再接触什么书,这是不对的。为养成阅读的习惯,非多读不可。"[7]叶圣陶先生在50多年前说的话对今天的许多学生来说是很有针对性的。由于升学压力大,各科题海挤占了大量课外时间,加上不少教师、家长担心课外阅读会冲击课内学习,致使学生的课外阅读受到了很大削弱。课外阅读本是阅读教学系统中的一个子系统,是阅读教学的有机组成部分。学生固然要认真学习、掌握课本上的课文和有关知识,但仅有课内阅读远不能满足培养读书习惯的需要,因为它的内容、范围都极为有限,学生得到的阅读锻炼也就带有局限性;而课外阅读却可以把学生带入无比广阔的天地中,接触到各式各样的文章。实践证明课外阅读可以提高学生的阅读能力。语文成绩好的学生无不得益于课外阅读,正是大量的课外阅读使他们养成了良好的读书习惯,有效地提高了阅读能力。

二

针对中学语文教学的一些弊端,吕叔湘先生曾说:"阅读课也好,作文课也好,都流行一套程式。教师按照这套程式去教,学生按照这套程式去学,都不必动脑筋。"[8]阅读课最流行的程式就是:教师在解题之后对课文进行划段分层,剖析讲解,然后归纳中心思想及写作特点。教学参考书上对课文的分析往往也就是这么几方面,教师照搬进行教学自然不必太动脑筋。这种程式不但造成了课堂教学的呆板僵化,阻碍学生思维的全面发展,而且从阅读心理的角度来说,这种程式忽视了让学生整体地感知、体味课文。教学起始就把阅读材料分割开来,弄得内容支离破碎,使学生缺少整体印象。结果,学生虽然学了很多课文,但自己面对一个完整的阅读材料时,就很难从整体上进行把握和分析。这种程式的阅读教学违背了"整体—部分—整体"这一阅读理解的有效途径,这是阅读教学的症结之二。

这里说的整体是指一篇完整的文章,部分是指构成一篇文章的词、句、段。从文章的结构来看,词、句、段是服务于整篇文章的需要而从属于文章的;从阅读的目的来看,人们是为了理解整篇文章的需要而去理解词、句、段的。教师在教学一篇文章时就必须按照唯物辩证法关于整体与部分统一的原理,处理好整体和部分的关系,指导学生读懂课文。

人们阅读一篇文章总是从整体感知开始,并借此获得课文内容最初的直接的字面意义。其行为表现为,阅读中能读通文字,疏通文义,了解文章写了什么,对文章特点有大概的总体印象。学生读课文时也总是首先想知道文章写了什么,而不是首先想知道文章可分为几段。根据这一特点,最新的初中语文教学大纲提出了"整体感知课文的大概内容"[9]这一阅读能力训练要求。这个要求强调了"整体—部分—整体"中的第一个"整体",对指导当今的阅读教学,提高阅读教学质量很有意义。众所周知,理解是阅读的关键,阅读的质量如何,取决于理解的深度和广度;而感知则是理解的基础,理解的质量如何则取决于感知的深度和广度。学生只有在充分地感知文章整体的基础上,才能披文入情,把握课文的丰富意蕴及其表达方法。

阅读过程从本质上来说是一个思维过程,思维过程主要表现为分析和综合,两者共同构成思维的基本过程。在认识客观事物的过程中,人们总是要经历一个对客体的"综合—分析—综合"的思维过程：由最初的综合所指引，然后进入分析，再导致更高层次的综合，从而最终达到对事物整体的理解认识。"整体—部分—整体"这一阅读理解途径要求学生在认识课文的过程中从整体入手，对具体的学习对象作具体的分析综合以获得整体感知，再由整体到局部，由局部回到整体进行抽象的分析综合，从而达到对课文整体的理性认识。这完全符合"综合—分析—综合"的思维过程规律，反映了语文学科语言和思维辩证统一的内在本质。所以，抓好"整体—部分—整体"的阅读教学，无疑地对优化学生的思维结构，发展学生的思维能力有不可低估的作用。

然而很多教师由于存在着学生自己不会学的心理障碍，觉得引导学生去感知体味课文太费力气，不如直截了当地分析课文省事，所以他们在教学设计上只考虑自己怎么教，没有或很少考虑到学生怎么学。我们应该相信学生的主观能动性，把学生对课文的整体感知作为一个教学环节参与到阅读教学之中，抓好"整体—部分—整体"的教学。

首先，要通过读课文粗知作者的思路。叶圣陶说："看整篇文章，要看明白作者的思路。思想是有一条路的，一句一句，一段一段，都是有路的，这条路，好文章的作者是决不乱走的。看一篇文章，要看它怎样开头的，怎样写下去的，跟着它走，并且要理解它为什么这样走。"[10]理解一篇课文必须从摸清作者的思路入手，作者的思路弄清楚了，整篇文章就容易理解了。要让学生整体感知课文也要从思路入手，让学生抓住作者运用了哪些主要材料，初步了解文章的主要内容和作者所要表达的主要认识，以大概了解作者的思路。

第二，要通过读课文初步感受文章的情感。课文是作者思想感情的结晶，无论它以抒发情感为主，还是侧重观点的阐述或知识的说明，都渗透着情感因素，具有不同程度的感染力量。学生初读课文如果受到一定的感染，激发起一定的情感体验，就可以形成一定的情绪氛围，为全面把握文章的思想情感奠定良好的基础。

第三，要通过读课文初识文章的框架。框架是文章思想内容结构的外在表现形式，把握住文章的框架就可以说是从整体上把握住了文章的基本面貌。初识文章的框架只是要求学生通过粗读课文了解文章主要由哪几部分组成，而对于各部分的细微之处以及部分之间的各种关系可留到深入阅读分析课文时再掌握。

此外，由对课文初步的整体认识深入到对词、句、段的理解是阅读教学的必然过程。在此过程中，仍须树立整体观念，切忌把词、句、段分割开，孤立地进行教学，忽视与全篇的联系。词句的含义和作用只有在具体的语境中才能得到确切的解释，否则，既难以让学生理解和记忆，也不利于对课文思想内容的分析。段落划分的根据和意义也只有在全篇中才能看出，而且分段的目的就是要理解文章整体；所以分段教学不仅是要学生认识部分，更重要的是要学生认识各部分间的关系。只有考察清楚段落间的内在关系，才能真正把握住文章脉络和作者思路，进而认识课文整体。如果只是为了分段而分段，就降低了段落教学的价值。教师应该引导学生在词与句、句与句、句与段、段与段、段与篇的联系中展开积极的思维活动，求得对部分的具体理解，又获得对整体的全面把握。待从部分回到整体时，学生的认识就会上升到一个新的高度，对全文有了深刻的、本质的理解。

三

目前，在中学语文阅读教学中，"提问设计"教学相当盛行，近年来出版的各式各样的中学语文教案中，有相当一部分的课文教案就是这样设计的，应该说，在中学语文教学中进行的"提问设计"对避免"满堂灌"的现象是有积极意义的,但也应看到有不少的"提问设计"走入了另一个误区:"满堂灌"变成了"满堂问"。一篇课文提出一大堆问题,在课堂上弄得热热闹闹,然而却不能抓住主要矛盾,缺乏一两个能带动整篇课文阅读的中心提问,其结果是不但不能强化学生深入思考,深刻领会课文的特点、重点和难点,而且也不利于培养学生整体把握课文和从文章中筛选有用信息的能力。

在课文教学中缺少一两个中心提问,这是阅读教学的症结之三。

造成这一症结的原因有两方面:一是教师没能驾驭教材,不是教材"为我所用",而是在不知不觉中被教材牵着鼻子走,课文里有什么就要教什么。二是有些教师把这种热闹的教学看成是启发式教学,其实这是一种误解。启发式并非教学的方法,而是一种教学的指导思想,关键在于是否有效地调动了学生的思维。形式主义的问答在本质上仍然是注入式的。

一位美国教学法专家曾经说过:"教师教学效率的高下,大部分可以从他们所提出的问题的性质和发问的方法来考查。中小学教师若不谙熟发问的技术,他的教学工作是不易收效的。"[11]提问的运用水平不高是阅读教学效率不高的一个重要原因。要提高阅读教学的效率就要研究提问的艺术,力争在每篇课文的教学中都能够设计出一两个牵一发而动全身的关键性提问来。

阅读理解一篇课文的过程就是一个提出问题、分析问题、解决问题的过程。一篇课文的问题是很多的,即使是一篇短文,除思想内容外,仅就语文基础知识而言就有人们常说的"字、词、句、篇、语、修、逻、文"等方面的问题,这些问题使一篇课文成为一个矛盾的统一体,我们只有抓住主要矛盾才能突破课文,其他的次要矛盾也才会迎刃而解。以课文的主要矛盾为切入口设计一两个提问,往往就可以带动整篇课文的阅读理解。正如著名特级教师钱梦龙所说:"解决的似乎只是一个问题,但学生思维的触角却伸到了课文中每一个关键性的词语、句子和段落。"[12]另外,目前中学生提出问题的能力比分析问题、解决问题的能力弱,而提出问题的能力从培育创造性思维的意义来说比分析问题、解决问题的能力更为重要。为了培养学生提出问题的能力,教师应有意识、有目的地进行指导,向学生揭示自己提出问题的思路,为学生提供范例,引导学生提出高质量的问题。

设置一两个中心提问可以牵动整个课堂教学,优化课堂教学结构。长期沿袭的从时代背景、作者介绍到划分段落、逐段讲析然后归纳中心思想、写作特点的语文阅读教学模式常被套用于各类课文的教学中,这种僵化的模式阻碍了学生的思维发展,使课堂气氛死气沉沉,也容易造成教学目标过于分散而不明确。如果教师能够提出一两个关键问题就可以打破这种模式,从而形成良好的课堂气氛,引出课堂教学的高潮,使课堂教学节奏不再是平平而过,而是张弛有致、富于变化。教学目标也会被这一两个关键的提问拎出来,摆在显著的地位,做到了钱梦龙老师所说的"我主张教学目标集中而不单一,追求执'一'御'万'的效果"[13]。因此也就优化了课堂教学结构,把课真正教活了。

设置一两个中心提问还能更好地调动学生积极的心理因素,促进语文教学活动。一般来说,精要的提问可以创设出一种使学生产生疑问,希望得到答案的迫切求知心境;反之,提出过多而零碎的问题、学生需要思考的问题过多,思维缺少良好的指向性和强烈的兴奋点,因而不能主动深入地去思考,提问也就失去了应有的作用。设计一两个中心提问则能把学生的注意力、思维力、记忆力、想象力等各种阅读理解所需的积极心理因素聚集到一两个"焦点"上,容易诱发认知冲突,引起争论,产生一种"一石激起千层浪"的效应。在这种情况下,学生不仅产生了迫切的阅读动机,而且增强了阅读过程中的思维活动,还增强了阅读的指向性和意志力。

要真正设置好一两个中心提问的关键在于"吃透两头":一方面,要了解学生的学习水平和学习现状,又要研究离学生已有知识最近并能根据已有知识推导、引申出新知识的最近知识发展区,依据两者的最佳交汇点设计提问就能促成学生已有心理水平与新的学习需要的矛盾,形成最有价值的学习心理活动。另一方面,要善于在教材中发现和提出问题,注意抓住课文中的文眼、中心句、关键句,特别是要注意所教课文与一般文章写作常规的不同之处或所教课文的看似"自相矛盾"的现象,以此为突破口把握作者的立意构思和表达技巧。

最后要说明一点,设置一两个中心提问并不意味着一篇课文或一堂课的教学过程只有一两个提问,其他的提问或引趣,或诱导,或过渡,或检查……都以各自的作用而存在,但它们都是次要的提问,应该是为主要的一两个中心提问服务的。一个阅读教学过程的提问有轻重主次之别,但应该组成一个共同发挥整体功能的有机结构,成为课堂阅读教学系统中的一个重要子系统,为实现教学目标发挥整体作用。

以上是本文对阅读教学主要症结及对策进行的探讨。应该看到,这些症结是可以清除的,只要广大语文教师在实施素质教育的前提下进一步地遵循语文的学与教的基本规律,在语文教学中扎扎实实地培养学生的阅读能力,语文阅读教学就能登上一个新的台阶,呈现美好的前景。

注释:

[1] 何国梁.阅读教学的新探索[J].中学语文教学,1995(9).

[2] 叶圣陶.叶圣陶语文教育论集[M].北京:教育科学出版社,1980:3.

[3] 叶圣陶.叶圣陶语文教育论集[M].北京:教育科学出版社,1980:19.

[4] 叶圣陶.叶圣陶语文教育论集[M].北京:教育科学出版社,1980:726.

[5] 叶圣陶.叶圣陶语文教育论集[M].北京:教育科学出版社,1980:121.

[6] 黄麟生,倪文锦.先进教育思想 高超教学艺术[M].桂林:广西师范大学出版社,1991:20.

[7] 叶圣陶.叶圣陶语文教育论集[M].北京:教育科学出版社,1980:4.

[8] 吕叔湘.吕叔湘论语文教学[M].济南:山东教育出版社,1987:100.

[9] 原国家教委.九年义务教育全日制初中语文教学大纲(试用)[S].北京:人民教育出版社,1995:3.

[10] 叶圣陶.叶圣陶语文教育论集[M].北京:教育科学出版社,1980:144.

[11] 朱绍禹.中学语文教学法[M].北京:高等教育出版社,1988:263.

[12] 钱梦龙.导读的艺术[M].北京:人民教育出版社,1995:68.

[13] 钱梦龙.导读的艺术[M].北京:人民教育出版社,1995:68.

体验感悟:阅读教学新的增长点[①]

施茂枝

进入新一轮课程改革后,"体验"、"感悟"出现频率飙升,在语文课程的阅读教学领域更是如此。《全日制义务教育语文课程标准(实验稿)》(以下简称《语文课程标准》)指出:"阅读是学生的个性化行为,不应以教师的分析来代替学生的阅读实践。应让学生在主动积极的思维和情感活动中,加深理解和体验,有所感悟和思考。"[1]对《语文课程标准》的这一建议,我们已耳熟能详,但我们对体验感悟的理解、思考和实践都还刚刚开始,对其内涵的认识还需进一步深化,对《语文课程标准》提出这一建议的缘由还需从理论上进行深层的追问,对具体实施策略的探寻还需更加深入,唯如此,当体验感悟成为语文教学特别是阅读教学的又一个着力点时,也将成为提高阅读教学效益、提升学生语文素养新的增长点。

一、诠释:体验感悟的内涵与特点

何谓体验?"体"是"亲身","验"是察验。体验是在对事物的真切感受的基础上对事物产生情感并生成意义的活动。具体落实到阅读,体验是让学生直接接触阅读材料,从自己的生活经验、内心需要出发,调动自己的各种感官,动眼、动口、动手、动心、诵读、联想、想象,凭借直观直觉设身处地、入情入境地对作品的内容和形式进行切身感受、仔细体味、深入揣摩,全身心地投入文本之中,走进作品的生命,亲历阅读实践活动。荀子在《劝学篇》一文中强调:"君子之学也,入乎耳,箸乎心"[2],这与我们所说的体验内涵相通。

感悟,是领会的意思,明白了某种东西存在的意义也就是会意。感悟主要凭借经验,而经验是人们分析、提炼的感性认识的沉淀,特别是表象性认识的结晶。人的感悟是高于感性认识的认识,但是感悟与感性认识又有千丝万缕的联系,是表象性认识的升华[3]。

感悟既是感性的,又不排除理性的成分;感悟既是感性认识的终结点,也是理性认识的发端。它既与感性认识交叉,也与理性认识互渗;与感性认识有着相似的特点,与理性认识也没有天然的沟堑。它不是一种理性的逻辑思维,但也并非非理性、反逻辑。它与感性认识、理性认识互相渗透,是感性认识与理性认识的交汇点。

体验是感悟的基础,感悟是体验的升华,但在阅读过程中不是相互分离,而是彼此交融。尽管两者的内涵有所不同,但又具有以下共同特点。

1. 亲历性

这是就体验感悟的主体而言的。"体验"必须亲为,"感悟"也产生于阅读主体的内心,别人无法替代。所以,只有让学生直面文本,调动自己的知识、经验,与文本展开平等对话,亲历阅读实践活动,才能有所体验和感悟。《语文课程标准》告诫我们"不应以教师的分析来代替学生的阅读实践",其实这也就告诉了我们体验感悟具有亲历性的特点。

[①] 《课程·教材·教法》2006年第2期,第30—35页。

2. 形象性

这是就体验感悟的对象而言的。阅读时,体验感悟的对象,一方面是文本描绘的社会生活、人物形象和自然风景等,它们都是活生生的形象;另一方面是语言形式,语文教材中,文本的语言也往往充满了形象性。形象是引发联想、触发体验的物质基础。只有当阅读主体面对文本,走进文本五彩缤纷的世界里,与栩栩如生的形象进行亲切"对话",让形象走进自己的心里,才能对文本内容感同身受。没有形象,体验感悟就成了无源之水。

3. 情感性

体验感悟的对象具有情感性,这情感既有流露于字里行间的作者的喜怒哀乐,也有文本人物的酸甜苦辣。对象的情感性,是体验感悟的触发剂和发动机。"在体验的世界中,一切客体都是生命化的,都充满着生命的意蕴和情调。"[4]

4. 直觉性

这是就体验感悟过程而言的。在阅读过程中,体验感悟大多不需要经过明确的思维步骤,不需要经过严格的概念、判断、推理等逻辑演绎,不需要对语音、语义、语汇、语法作过多的条分缕析,凭借已有的言语经验,往往就能直接迅速地对文本的词语、句子乃至篇章的情意和表达技巧等进行直接的感受和领会。

5. 独特性

这主要是就体验感悟的结果而言的。阅读是与文本的对话,这种对话建立在阅读主体的知识背景之上,学生往往带着自我的色彩去体验文本中作者创造的人生世界。由于每个读者的生活经验、知识积累、文化背景、审美情趣千差万别,所以,阅读的体验、感悟具有鲜明的个性化特征,即"学生对语文材料的反应又往往是多元的"。"阅读是一种个性化的行为",正是基于体验感悟具有独特性而提出的。

二、追问:体验感悟何以能成为阅读教学的增长点

《语文课程标准》除了在关于阅读教学的教学建议中明确提出体验感悟外,另有十八处用了"体验"一词,两处用了"感悟"一词,与体验感悟意义相近、相关的"感受"、"体会"、"体味"等词则比比皆是,遍布教学目标各个部分,尤其是关乎阅读教学的段落,如"对感兴趣的人物和事件有自己的感受和想法"、"展开想象,获得初步的情感体验,感受语言的优美"、"初步感受作品中生动的形象和优美的语言"、"注意在诵读中体会情感,领悟内容"等。

《语文课程标准》如此强调体验感悟,有其背景。长期以来阅读教学总体上存在着重认知轻情感、重理性轻感性的倾向,忽视了阅读教学本身的规律,反映了以学科知识为本位而非以人的发展为本位的课程观。强调体验感悟,就是为了纠正长期流行的理性化阅读分析的偏差[5]。把体验感悟作为阅读教学的又一着力点,这是因为它们能够成为阅读教学新的高效的增长点。做出这种判断的理论依据如下。

1. 重体验感悟显现了语文的特性

"工具性与人文性的统一,是语文课程的基本特点。"工具性为我们所熟知,"人文性"的提出,则着眼于语文课程对学生思想感情熏陶感染的文化功能和课程所具有的人文学科的特点。由于这一基本特点,阅读教学教材不时呈现出这样的一个系统:严密的知识体系,按照概念、判断、推理的逻辑序列,知识和原理,再加上一些例子和供学生操练用的习题,例子用来说明知识和原理,习题的操练是为了巩固知识和提高运用原理的能力。不少课程的教

材都是这样呈现的,但语文教材特别是阅读教学教材与之则明显不同。多数情况下,呈现在学生面前的是:一幕幕引人入胜的生活场景,一个个栩栩如生的人物形象,一幅幅情景交融的审美意境,一段段跌宕起伏的精彩故事……场景、形象、意境、故事,需要通过体验去感受,它们的意蕴需要通过感悟去获取。在此活动中学生与作者产生情感共鸣,实现作品向读者的移情。这就是课程标准所说的"受到情感熏陶,获得思想启迪,享受审美乐趣"。在形象的再现、意境的体验、韵味的品评、情绪的感染过程中,体察、玩味和领悟描绘场景形象、述说故事的语言形式,积累语文经验,学习表达技巧,掌握语文规律。

2. 重体验感悟是遵循语文学习规律的体现

语文学习以培养学生运用母语进行交际的能力为核心任务。"语文课程应致力于学生语文素养的形成与发展。"语文素养的要素很多,但语文能力居于核心地位,这毋庸置疑。能力建立在知识的基础之上,无知必无能,这是普遍的规律。语文学习当然不能背离这一规律。语文能力培养需要掌握积淀知识。例如,没有掌握一定数量的汉字,阅读和书面表达就寸步难行。但在很多情况下,语文学习还有自己特殊的规律。比如,在一般的情况下,我们是在一定的语境里通过倾听、模仿、实践学会了正确、明白地说话,而不是事先学习语法知识然后根据规则去遣词造句;通过对文本的学习、感受、模仿、迁移,学习写作,而不是事先学习抽象的写作方法,然后依照这些方法下笔成文。所以,语文教育主要是让学生接触大量感性的语文材料,通过实践活动直观地掌握语文规律,形成语文能力。

3. 重体验感悟合乎汉语的特点

王力先生曾说:"西洋语言是法治的,中国语言是人治的。"[6]所谓"法治",是讲究规律和逻辑,追求严谨和精确;所谓"人治",是讲究直觉感悟,追求韵味和传神。汉语的精神从本质上说不是西方那种执着于知性、理性的精神,而是充满感受和体验的精神。汉语的思维带具象思维的成分。由于汉语的单词蕴藏了丰富的语文感受,将这些基本单位组合起来就成为一幅幅生动可感的具象,因此体验和感悟在阅读汉语言作品时便如鱼得水。

三、探寻:体验感悟应怎样成为阅读教学的增长点

基于上述认识,我们认为体验感悟必须且完全可能成为阅读教学新的增长点。但是,要将理论上的可能性变为实践中的现实性,还必须探索寻求切实有效的教学策略,架设起可能性与现实性之间的桥梁,否则体验感悟有可能被异化,体验感悟的功能可能被消解,理论上的科学判断和严密推理也终将变为现实的空话。由于体验感悟具有共性,在阅读过程中又彼此交融,在教学中,也往往采用共同的策略。我们认为,让学生有效地进行体验感悟,使之成为阅读教学新的增长点的教学策略主要有以下几点。

(一)切身观察

主体感受言语对象是以自身的经历为起点的。感悟源于深层的生活阅历。如果我们熟知中国近代历史,了解祥林嫂的辛酸苦难、林祥谦的慷慨就义、日本强盗的奸淫烧杀、国民党政府的无官不贪以及分到土地后梁三老汉的欢欣鼓舞……我们就能掂量出"中国人民从此站起来了"的分量:深沉庄严的历史感,人民翻身做主、不再被人任意宰割的由衷喜悦和豪迈气概,如此等等。切身体察的做法主要有以下几种。

1. 联系生活

心理学研究表明,越逼近原型,体验越快、越真。叶圣陶说:"唯有从生活方面去体验,把生活所得到的一点点积聚起来,积聚越多,了解就越深切。"[7]对于课文中那些学生有生活体验的内容,教师应当引导学生联系自己的生活经验来感悟。有时文本反映的生活是学生不曾经历过的,教师可以根据实际情况布置生活作业,让学生亲历类似于文本反映的生活,以加强体验、促进感悟。如《捞铁牛》一课主要讲述怀丙和尚利用水的浮力捞出铁牛的故事。有位教师在课前安排了一道家庭作业:每人拿一只小桶,盛满水,沉入水中,再提出水面,反复试几次,感受一桶水在水中和水外的重量变化。尽管教学时并不讲解抽象而深奥的浮力知识,但学生已经通过亲身体验,对怀丙和尚为何那样捞铁牛的原因有了直接而深切的领悟。

2. 设身处地

让学生暂时忘记自己的真实身份,转换角色,设身处地,与作品的表现对象同喜怒、共哀乐,借助角色效应,缩短与对象的距离,增强了情感体验和领悟。《台湾的蝴蝶谷》一文有这么一句:"每年春季,一群群色彩斑斓的蝴蝶飞过花丛,穿过树林,越过小溪,赶到山谷里来聚会。"有位教师教这句话时,先让学生设想自己仿佛就是蝴蝶,边读边做动作,然后对"蝴蝶们"进行了随机采访:从哪里来?经过了哪些地方?为什么经过"花丛"时是"飞过",经过树林时是"穿过",经过"小溪"时是"越过"?为什么急急忙忙地"赶"?在赶往山谷的过程中快乐吗?幸福吗?最后让学生把自己的情感体验送到句子里,再次把句子美美地读一遍。这种设身处地的角色体验,不仅让学生易于领悟对象的言行所内蕴的情感,而且对描写对象言行的语言形式也易于领悟其妙处。

(二) 活现形象

语文教材中的阅读文本,大多充满形象。而文本的形象,与影视、绘画、雕塑等形象不同,它不具有实体性,不能直接呈现在读者面前,不能通过视觉、听觉和触觉直接感觉它们,而必须借助言语这个中介诉诸读者的想象和再创造。人们只有在了解言语的前提下,通过想象、联想,调动自己的生活经验,才有可能感受并还原出形象。但是,了解言语未必就自然而然地还原、活现形象,教学时,应采用适当的方法,促使学生完成形象的再现。

1. 想象还原

阅读过程中,引导学生把言语对象经过再造想象,逐一转换为新的形象,让学生译解作者言语编码,入情入境,步步还原出作者所反映的各种事物的表象及作用和意图,心领神会。这一过程就是体验的过程,也常常是感悟的过程。《白杨》一文中有一句话:"不管遇到风沙还是雨雪,不管遇到干旱还是洪水,它总是那么直,那么坚强,不软弱,也不动摇。"有位教师先让学生想象,说说白杨在风沙、雨雪、洪水、干旱前的种种表现,促使学生眼前呈现出白杨在各种恶劣条件下顽强生长的表象,心中树立起白杨的高大形象,进而再让学生从此形象中感悟白杨的可贵品质。这样,学生对白杨品质的认识,建立在由表及里的内心体验基础上的感悟,内在而深刻。

2. 呈现情境

有时候,单凭再造想象还原形象可能有困难,这时教师可以通过言语描摹、画面再现、媒体演播、角色扮演等方式,再现文本的生活情境,让学生入情入境,感受体验,从而获得感悟。

(三) 诵读涵泳

所谓涵泳，就是沉浸其中，细细体味。涵泳的基本方法就是诵读、熟读。这是学生感知教材和获得审美享受的基本途径，它把无声无视觉形象的文字化为有声的听觉语言，把符号载体还原成一种真情实感。诵读过程中通过口、眼、心、耳等各种感官全身心地进入文本，由读生感，感中得悟，产生审美愉悦，激发审美创造，陶冶心志。诵读要力求深入文本内核，同文本在鲜活的生命律动中展开交往，争取把自己的主观感受同作品实际统一起来，从而"文若己出"，通融一体，达到身临其境、神会其中的境界。曾国藩在《家训》中说："非高声朗读则不能得其雄伟之概，非密泳恬吟则不能探其深远之韵。"[8]诵读涵泳是我国语文教育的优良传统，在课程改革的今天，必将焕发新的生命活力。

(四) 点拨促悟

体验感悟是学生的主体性活动，但教师的点拨也在其中发挥着重要的作用。"书读百遍，其义自见"早已是人们的共识，有其合理性，但单纯的自我诵读涵泳，是一种渐悟的过程，参悟所得尽管刻骨铭心，但也有效益不高之虞。同时，阅读中的感悟常常是在特定情境、特定因素促发下产生的，古人称之为"机缘"。这些"机缘"有些被学习主体把握住了，但大量的却在不经意间擦肩而过。因此，教师的导悟、促悟必不可少。实践也证明这种引导、点拨常常会让学生茅塞顿开、豁然开朗，呈现出柳暗花明的教学境界。特级教师宁鸿彬教《变色龙》一文时，先让学生充分阅读，然后请同学们说出"一个_____的警官"，学生的答案各种各样："看风使舵"的警官，"变化多端"的警官，等等，都围绕一个"变"字。宁老师没有满足于此，又提出在奥楚蔑洛夫的千变万化中，是否有着不变的因素，这不变的因素是什么？经这一点拨，学生们立刻回答是"媚上欺下"。正是教师的引导点拨，促进了学生的顿悟，使学生对人物的认识提升到了单凭自悟所难以企及的高度。

四、反思：体验感悟不能抛弃理性和训练

阅读教学强调体验感悟，凸显了语文感性化的一面，以纠正过于倚重理性分析的偏差，但不能完全否定理性和训练的作用。这里所谓的理性，既有理法知识，也有理性思考，包括理性的概括、分析、判断和推理。良好的阅读教学从来不曾让理性远离课堂，在语文课改的今天也不应让理性走开，它们与偏重感性的体验感悟完全可以取得相得益彰的互动效应。而科学的语言训练，也是提升学生语文素养的必经之路，在阅读教学中不可或缺。

(一) 体验感悟应与理性相结合

理法知识与理性的归纳、分析、判断和推理，不仅本身是阅读的手段，而且可以成为体验感悟的一种助动力。

首先，理法知识是体验感悟的背景。掌握语文理法并不是阅读教学的终极目的，但体验感悟并不排斥理法学习。阅读过程中，学生的体验感悟是以自身的生活经历、知识经验为背景的。作为背景的知识，不独有感性的，也有理性的。一方面，学生顺利阅读，走近文本，不同程度地需要语音、文字、词汇、修辞、逻辑、文章乃至文学方面的知识基础，这些理法知识的多寡，往往决定体验感悟的深浅和水平；另一方面，在体验感悟的过程中，又会从文本中学到

新的理法知识,这些知识的积淀,可以成为后续学习的知识背景,从而不断提高学生体验感悟的能力和水平。请看《富饶的西沙群岛》的教学片断:

(一生读:"有的眼睛圆溜溜的,身上长满刺儿,鼓起气来像皮球一样圆。"教师指导朗读。)

师:看得出同学们都喜欢上他读的这部分了!如果把这部分改一改,不知道大家是不是喜欢。(出示:有的眼睛圆溜溜的,身上长满刺儿,鼓起气来很圆。)

生:我觉得少了"像皮球一样",我们就不知道这鱼有多圆了。

生:我觉得这样写不生动,也不形象。

师:是呀,作者在这儿巧妙地运用了一个比喻句,这样使表达更形象、更具体了。(教师用同样的做法教学"有的周身像插着好些扇子,游动的时候飘飘摇摇"。接着,通过师生交流引导学生把句中其他部分写具体生动。)

生:"有的身上布满了彩色的条纹",如果用上一个比喻句那就更生动了。

师:如果让你用比喻句把它写具体,你会怎么写?

生:有的全身布满了彩色的条纹,像穿着一件五颜六色的外衣去参加海底世界选美大赛。

生:有的全身布满了彩色的条纹,像穿着一件五颜六色的外衣去参加朋友的宴会。

……

上例中,学生通过"有的眼睛圆溜溜的,身上长满刺儿,鼓起气来像皮球一样圆"初步学得比喻这种理法的知识,正是这种知识对感悟"有的周身像插着好些扇子,游动的时候飘飘摇摇"和学习运用表达起了重要作用。一般来说,在理性的指导下,感性经验可以得到修正、整理和提高,促进认识的飞跃,形成真正敏锐、准确、深刻的悟性。叶圣陶说:"从前人读书,多数不注重内容与理法的讨究,单在吟诵上用工夫,这自然不是好办法。现在国文教学,在内容与理法的讨究上比从前注重多了;可是学生吟诵的工夫太少,多数只是看看而已。这又偏向一面,丢开一面。唯有不忽略讨究,也不忽略吟诵,那才全而不偏。"[9]词语、段落结构、语法、逻辑、文体等知识有助于培养言语的准确感;句式、句型、句序知识有助于培养言语的畅达感;文学表现、鉴赏等知识有助于培养言语的情趣感。它们对学生把握形象、领悟情感、掌握文章的写作技巧和形成语文能力都有不可忽视的作用。当然,阅读教学过程中,这些理法知识的教学必须贯彻"精要、好懂、有用"的原则,与形象的感受、情感的领悟互相渗透,或者在充分的体验感悟的基础上,适当加以概括和提炼,而不宜将这些知识从课文中剥离开来,孤立地进行传授。

其次,理性思考是体验感悟的伴侣。阅读过程中,体验感悟始终伴随着思考,尤其是感悟阶段,这应该也是语文课程标准将感悟和思考并提的原因。苏轼在《送章惇秀才解西归》中诗云:"旧书不厌百回读,熟读深思子自知。"[10]管子说:"思之。思之不得,鬼神教之。"[11]"鬼神教之",即瞬间的顿悟。清初学者陆世仪在《思辨录辑要》中也说:"悟皆出于思,不思无由得悟。"思考愈深入,感悟愈深切。思考,既有感性的思考,也有理性的思考,而两者常常彼此交融。

此外,在阅读教学的过程中,还应让学生掌握理性的学习方法,学会自能读书。比如,解词析句的方法;心到、眼到、口到的"三到读书法";边读边画边记的注读法,还要在阅读中学会查阅和运用信息资料的方法,等等。

(二)体验感悟应与科学的训练比翼

阅读教学是学习母语最重要的载体。母语学习不能仅凭体验感悟,还必须借助训练。阅读教学中的语言训练大致可以分为两大类:一是"独立式"。将静态的语言材料,或者从动态的课文语言中抽取出的字词句,编拟出各类习题,独立让学生反复练习。二是"依存式",即在学习课文、体验领悟意蕴的同时,积累、运用语言;在积累运用的过程中,加深体验和领悟。前面《富饶的西沙群岛》的教学片断就是依存式语言训练的典型案例。科学的语言训练,就是要将两种方式的训练进行合理搭配,使之各得其位、各尽其长。"独立式"训练,便于反复操作,长于牢记知识并转化为技能,但短于整体感悟和情感熏陶。这种训练适宜在阅读教学课后适当、适量、适度地进行。"依存式"训练,对于知识点的识记不及"独立式"训练之长,却避其所短。阅读教学,特别是课内,应以"依存式"训练为主。"依存式"的语言文字训练,就是同时接受情感熏陶和形象感染的过程,从而实现工具性和人文性的统一。体验感悟与科学的语言训练,对于阅读教学,犹车之双轮、人之双脚、鸟之双翼。

总之,阅读教学注重体验感悟,必须首先明晰其内涵,把握其特点,在此基础上采取得当的教学策略,并注意不放弃理法知识的学习,在体验感悟的过程中还要伴之以理性的思考,并结合科学的语言训练。倘若这样,那么,我们有理由相信,体验感悟将会成为阅读教学又一高效的增长点。

注释:

[1] 全日制义务教育语文课程标准(实验稿)[S].北京:北京师范大学出版社,2001.
[2] 朱东润.中国历代文学作品选(上篇第一册)[M].上海:上海古籍出版社,1979:169.
[3] 李洪君."悟性"新说[J].理论探讨,2000(2).
[4] 童庆炳.现代心理学[M].北京:中国社会科学出版社,1993:54.
[5] 语文课程标准研制组.全日制语文课程标准解读[M].武汉:湖北教育出版社,2002:60.
[6] 王力.王力文集(第一卷)[M].济南:山东教育出版社,1988:501.
[7] 叶圣陶.叶圣陶语文教育论集[M].北京:教育科学出版社,1980.
[8] 张明仁.古今名人读书法[M].北京:商务印书馆,1992:160.
[9] 叶圣陶.叶圣陶语文教育论集[M].北京:教育科学出版社,1980:399.
[10] 吕自扬.历代诗词名句词典[M].北京:作家出版社,1986:293.
[11] 房玄龄.管子[M].上海:上海古籍出版社,1989:287.

语文教师的智慧阅读[1]
——谈谈语文教师的文本解读

黄厚江

大量课堂实例表明:阅读教学中很多问题的出现,都与教师对文本缺少深入的解读有着紧密的关联;而许多成功的阅读教学,都是以教师对文本深入、独到的解读为基础的。因此,有必要对语文教师备课中的文本解读进行理性的思考和探讨。

据我们了解,语文教师备课中的文本解读存在着这样一些问题:(1)过程倒置。即不是先阅读文本,而是先阅读教学参考书和各种资料,然后再阅读文本,甚至根本不阅读文本(尤其是自己以为熟悉的课文)。(2)有人无己。备课时会较多地甚至是大量地阅读包括教学参考书在内的相关资料,最后是各种结论充塞自己的头脑,却没有自己的阅读体验,更没有形成自己的认识和见解。(3)重心失当。即热衷于寻找所谓新的教学方法,把备课时间花在资料搜集上的多,花在构思如何教学上的多,花在教学形式上的多,花在设计练习上的多,而花在阅读文本上的少。(4)僵化少变。即一旦形成了对文本的某种认识,就很难改变,不仅不能超越自己,对其他不同的观点也常常排斥。凡是有新的说法,都不愿接受。

这样的文本阅读,缺少真正的阅读过程,缺少直接的阅读体验作为教学决策的依据和资源,影响了教学方案的合理设计,制约了教师自身教学潜能的发挥,对学生阅读中的问题很难有效处理和指导,直接影响了阅读教学的质量。因此,要改善阅读教学,必须从改善备课中的文本阅读做起。

我们认为,语文教师的文本阅读,必须经历这样三个阶段:

第一阶段:陌生阅读——在全新的阅读中感受文本,形成新鲜的阅读体验,获得对文本的直接认识,积累阅读教学的"本我"资源。陌生化本是西方文艺理论的一个概念,现在常常被借用来表达阅读的一种状态。通俗地说,陌生化阅读就是把阅读对象(哪怕是读过多次的文本)当作全新的文本对待,把曾经有过的体验和认识搁置起来,使阅读主体和阅读对象之间形成一种距离,用新鲜的阅读触觉感受文本。用纳兰性德的诗来说,就是"人生若只如初见"。

对于语文教师来说,如果是新选入的文本,进行陌生化阅读还比较容易,但对于比较熟悉甚至是非常熟悉的文本,要进行陌生化阅读就比较困难。不管是哪一套教科书,都有许多文本是我们比较熟悉甚至是相当熟悉的。但熟悉文本未必利于教学,甚至就因为熟悉而没有办法突破以前的教学思路。而对于这些文本的理解,也常常定格于已有的阅读理解。这对阅读教学是非常不利的。陌生化阅读,要求我们尽可能地以一种空白的心态面对文本,要求我们在阅读之前首先将自己的认识进行"格式化"。具体地说,主要有三个方面:

一是指不带任何现成的结论进行阅读。只要教过几年书,绝大多数课文都是我们所熟悉的,一看到这些课文,很多现成的结论就会出现在我们的头脑里。看到《我的叔叔于勒》就

---

[1] 本文选自《语文学习》2007年第10期,第11—15页。

想到资本主义社会人与人之间赤裸裸的金钱关系；看到《项链》就想到资本主义社会妇女的爱慕虚荣；提到周朴园，就是自私、冷酷；提到王熙凤，就是狠毒、刁滑、工于心计。这样的结论，或许并不错。但问题在于有了这样的结论，就使我们的阅读过程失去了应该有的意义。因为在这种已有结论的支配下，阅读就很难产生新的体验，形成新的认识。陌生化阅读要求我们必须尽可能忘掉这些结论。其实做到这一点，并不困难。就是要我们在备课时，首先接触文本，而不是先看参考书或先找出以前使用的教科书，要以一种平静的心态接触文本，让心灵和文本对话，和作者对话，平静地倾听文字的叙述，倾听作者的叙述，让感受和认识自然地在心里成长。散文家于坚在谈到人对自然的认识时曾说，我们从文化中接受了太多的关于自然的认识，使我们不再认识真正的自然；我们心中的鸟和树叶已经不再是鸟和树叶本身，而是附着了太多其他东西的鸟和树叶。这对我们应该如何陌生化阅读文本是很有启发的。

　　二是不带任何现成框子进行文本评价。阅读的过程是体验的过程，是理解的过程，也是评价的过程。从某种意义上说，所有阅读都是文学批评。有时候，我们由于受自己所接受的知识限制，缺少新的知识的及时补充，长期坚守着一套封闭的（甚至是过时的、错误的）评价标准和评价方式，使自己的阅读方式和阅读行为完全僵化。如果这样，就不可能进行陌生化的阅读。使用新教材以后，如果选文使用的版本和以前的不完全一样，有些教师就以为这个文本是错的。这里除了反映出缺少版本意识外，也反映了我们对课文的接受已经完全定型化，甚至有些教师对文章的体式也完全定型。在他们看来，只有《谈骨气》才是典型的议论文，只有《白杨礼赞》和《荷塘月色》才是散文，只有《南州六月荔枝丹》和《景泰蓝的制作》才是说明文，不契合这些文章的特点，就是选文不典型，也就没有办法实施教学。对于陌生化阅读来说，丢掉这些框子比丢掉那些结论更为重要。

　　三是以读者的视角进行阅读而不是以教师的视角进行阅读。每个人都是多重角色的复合体，而不同的角色，对对象的评价则会不一样甚至完全不同。记得某报曾经报道，一个法官脱了法袍以后大声责骂那个被她判赢官司的原告。当记者采访时，她说："在法庭上，我穿着法袍，我是法官，我代表法律，我只能根据法律判他胜诉；现在我是一个普通人，是一个母亲，我可以责备他缺少良知。"我们教师也有着多重身份，相对于文本来说，我们可以是教师，也可以是普通的读者。陌生化阅读要求我们能够以普通读者的视角去阅读文本，这样能使我们得到更真实的，也更贴近学生阅读过程的体验和认识。而如果立足于教师的立场进行阅读，就会更加职业化，也更加技术化，会带着很强的主观色彩阅读文本、评价文本。有时候，对作为一般读者很喜欢的文章，一旦作为教者，就会不喜欢，就会认为没有"教头"。有时候，我们会由文本想到一些其他读者（包括学生）根本就不会想到的问题，都是由于这样的原因。一些长期采用解剖式阅读教学的教师，一读文章看到的就是一个个知识点和命题点，这样的读就是高度技术化的阅读，对真正意义上的阅读教学是非常可怕的。

　　第二阶段：立体阅读——从不同维度、不同层面观照文本，获得对文本的全息解读，处理好文本阅读中多重意义之间的辩证关系。所谓立体阅读，就是从不同维度解读文本。用苏轼的诗句"横看成岭侧成峰，远近高低各不同"形容立体的阅读再贴切不过了。这里不想再从接受美学的角度去说明之所以如此的道理，而是想探讨立体化阅读的通常维度。

　　首先是要认识文本承载的三重意义。一是文本的作者意义，或者说叫主观意义，即作者试图通过文本要表达的意义。这层意义是阅读要把握的基本意义，即尽可能准确地弄清楚作者试图要表达的思想。但这对于一个教师来说，绝不是全部。传统的阅读教学，以让学生理解文本的基本意义为全部任务，以作者的写作意图作为评价理解准确与否的唯一标准（即和作者的意图一致就是正确的，否则就是错误的），是对阅读教学任务的矮化和窄化。一个特定的文本，一旦作为一个自足的存在，它就不再受作者思想的绝对约束，会在流传过程中形成它特定的意义，这就是文本的客观意义或文本的社会意义（第二种意义）。文本的主观意义和客观意义，虽然可以用阅读学中的"所指"和"能指"来对应，但又不是那么一个简单的关系。我们之所以又称之为社会意义，就是因为它不是某一个具体的人所赋予的意义，而是在大跨度的时间过程中不知不觉地形成的。最典型的例子是成语，比如"逃之夭夭"、"难兄难弟"、"鞭长莫及"等。名著的主题解读也是如此。《红楼梦》的主题有着丰富的指向，除了不同读者的不同立场和不同解读角度之外，社会也是解读的一个重要参数。塞万提斯的《堂吉诃德》也是如此。作者的意图就是要讽刺骑士文学，但不同的民族、不同的阶级却赋予它不同的主题，这里面还有很重要的文化因素。我们的很多古诗名句，使用时常常会承载着许多与作者原意风马牛不相及的新的意义（不包括作为修辞的个别语境的特殊应用）。比如"但愿人长久，千里共婵娟"，苏轼表达的是兄弟之情、思念之情，现在人们绝大多数不再用它表达兄弟情谊，也不一定是表达思念，而常常是表达男女之间的爱慕。三是读者的个性意义，也叫读者意义。这也是一种主观意义，但这个主观的主体和第一层意义的主体是相反的。"一千个读者就有一千个林黛玉"、"一千个读者就有一千个哈姆雷特"，是一个代表性的说法。这里有两种可能：一种是在共同指向基础上的不同解读。比如林黛玉很美，但到底怎么美，各人有各人不同的理解；假如让所有读者画出林黛玉的肖像，是十有八九不同的。另一种是理解的指向本身就不同。比如对王熙凤的理解，有人以为能干，有人以为弄权。同样是周朴园对鲁侍萍说的一句"你别以为我的心就死了"，有人以为这全是虚伪的骗人鬼话，有人以为这里面包含着几分真情。诸如此类的例子举不胜举。当然，这样的三重意义，文学作品中的表现更为典型，但不是说其他类型文本就绝对没有。

　　人们所提倡的个性化解读和多元解读，包括创造性阅读，都是基于这样的阅读基本规律提出来的。当然，要我们对每一个文本的三重意义都认识得十分清楚，是苛求，甚至根本不可能；但对于一个语文教师，如果不能清醒地认识这样的阅读规律，是不应该的，也是很可怕的。

　　其实，从理念上充分认识到这一点，并不难；难就难在对具体作品的解读中，在具体的阅读教学过程中能够处理好三重意义之间的内在联系，处理好多元与一元、个性与共性之间的辩证关系。过分强调文本理解的客观性或过分夸大读者个性理解的空间，都会扭曲阅读的正确行为，都会对阅读教学造成无法挽救的伤害。而对于一线语文教师来说，尤为重要也是十分困难的是对具体文本理解的把握。记得有一次听一位初中教师说课，教学的内容是苏教版初中语文教材九年级（上）的《诗人谈诗》。课文内容是诗人鲁藜的一首短诗《一个深夜的记忆》，以及诗人曾卓对这首诗的解读文章。这位教师在谈教学设想时既十分关注诗歌的多元解读和个性解读，又强调了教师要有有效的引导和评价，防止学生完全脱离文本的随意误读。可以说，其教学思想是无懈可击的。但当请他说说就这首诗而言哪些个性化解读可以予以鼓励的时候，他的回答实在让我们震惊。他认为，这样一首写在抗日年代的诗歌，理解为"游子对家乡的思念"可以，理解为"对友人的牵挂"可以，理解为"失恋的人对所爱的人的思念"也可以。多元解读的合理性，的确是一个非常难以界定的问题，但我们不能因此就倡导一种随意解读,否则就失去了"教学"的意义,对学生阅读能力和文学素养的培养也都是有害的。

第三阶段:智慧阅读——借助个性化的解读方式,获得对文本新颖、独特的理解,为高品位、高质量的阅读教学提供可能。所谓智慧阅读,并不是一个严谨的科学术语,而是一种文学性、形象化的表达,是指在阅读中不能简单地接受他人的解读结论,不停留于自己以前的解读,不依循通常的解读途径,而能够从新的角度、新的途径,个性化地解读文本。要注意的是,语文教师的智慧解读是立足于阅读教学进行的,其解读的新颖、独特和个性化也只是相对的。在阅读教学中,一个优秀的语文教师要追求智慧的阅读教学,就必须能够智慧地解读课文。

1. 寻求解读文本的新视角,获得对文本内涵的新理解

人们常说:经典常读常新。这里的新,主要指对经典的新的理解。前面我们在立体阅读中说过,同一篇文本,可以从不同的视角进行阅读,而获得不同的理解。鲁迅关于《红楼梦》的一段精辟的话是大家都熟悉的,那是不同的人从不同的角度对《红楼梦》所作的解读。而同一个人从不同视角解读同一作品,也会获得不同的理解。对莫泊桑《项链》的解读,多年来我们都定位在小说通过玛蒂尔德这个形象揭露了资本主义社会中人的强烈的虚荣心;后来我们从命运和人生的角度去解读它,又获得了偶然的小事能影响甚至决定人的一生这样的认识;现在我们从妇女地位、女性心理的角度去解读这部作品,则又是一个新的视角。鲁迅先生的杂文《记念刘和珍君》,其主题我们一直理解为揭露反动政府镇压学生的罪行,歌颂青年学生为国家牺牲的精神。在使用苏教版高中语文新教材时,我从教材专题的内涵"直面人生"出发,换一个角度解读这篇杂文,把文章的主旨定位在歌颂刘和珍这样真的猛士敢于正视淋漓的鲜血,敢于直面惨淡的人生的精神,使教学思路和重心发生了根本的变化。我的教学思路主要是:(1) 根据文章叙事内容,概括刘和珍的特点;(2) 理解作者对刘和珍的感情,认识她的猛士精神;(3) 了解段祺瑞执政府的嘴脸,理解文章交代背景对写刘和珍的作用。整个教学就以刘和珍的猛士形象为中心,完全跳出了以前的教学思路和阅读视角。我不敢说这样的解读和这样的教学非常成功,但可以说明很熟悉的经典篇目也可以换一个解读的视角。一位教师教学《林黛玉进贾府》抓住两个主要人物的初会去推演他们的"必然爱,必然悲"的结局,也许从红学的角度看算不得新鲜甚至也算不得合理,但从阅读教学的角度看却是一个新视角的解读。作为一个中学教师,由于学力和时间的局限,有时候要换一个绝对的新角度解读作品或许会力不能及,这时就可以借助他人的尤其是一些名家的解读拓展自己的视野,借助他人的视角来形成自己的新解读。如钱理群先生、孙绍振先生常常对选入中学语文教材的一些经典篇目提出新的解读,很值得我们借鉴和汲取。

2. 寻求解读文本的新途径,采用新的切入方式解读文本

不同的人解读文章有不同的习惯方式,解读不同类的文章也各有一些基本的途径。这样的习惯方式和基本途径可以提高我们文本解读的效率,但长期采用这样固定不变的方式和途径也会僵化我们的阅读方式和解读文本的思维,使我们对文本的解读很难有新的突破。比如《林黛玉进贾府》,我们一直都是抓住环境描写、人物出场描写引领学生解读教材节选部分的内容。但一位教师引导学生在细致阅读中发现"忙"和"笑"这两个反复出现的词,比较不同人的"忙"和"笑"的不同内涵与表现人物的不同作用,带领学生走进人物的内心世界,解读的途径、解读的方式可谓别出心裁。《雷雨》是一部经典戏剧,也是中学教材中的保留篇

目。长期以来,很多教师用心探索了解读作品节选部分的不同途径和方式。除了抓住剧情、抓住矛盾冲突、抓住人物性格、抓住潜台词等通常的途径之外,有的教师从洋火、衬衣、照片、钱等道具入手进行解读,有的教师抓住人物台词中"我们"、"他们"、"我"、"你"等称代的变化进行解读,有的教师抓住鲁侍萍对周朴园称呼的变化进行解读,途径各不相同,但都获得了理想的效果。

除了对文本着眼点的变化,还可以在教学中通过各种有效的学习活动引领学生深入文本、理解文本。一位教师教学《季氏将伐颛臾》,让学生根据具体的语境在表示孔子和学生对话的每个"曰"字前面加上修饰语,巧妙地引领学生深入解读文本。一位教师教学《南州六月荔枝丹》时则要求学生先将全文缩写为300字左右的短文,通过比较,认识文章引述诗文和资料对于说明的作用和效果,再要求学生利用文章的素材写一个以荔枝为主题的MTV脚本。这样的教学设计不仅是一种综合性、活动型的语文学习,同时也是引导学生解读文本的有效途径。

3. 发现文本解读的新问题,并通过问题解决形成教学的新思路

智慧的阅读,是一个不断发现的过程。

首先是发现新的问题。这些问题,可能是从文本本身的发现,也可能是从教学中文本处理角度的发现。一个不能发现新问题的教师,肯定是缺少教学智慧的。发现问题,解决问题——哪怕问题没有解决——就会提升课堂教学的品位和质量。可以说,凡是成功的课堂、智慧的教学,都会展示教师发现问题的能力。而死死抓住教学参考书上的问题进行教学的课堂,是绝不可能体现教学智慧的。教学《金岳霖先生》一文,初步阅读时,我们就觉得全文是扣住一个"趣"字展开的,可对到底是如何写趣的并没有形成清晰的认识。反复阅读之后,我们终于豁然开朗,发现文章是通过写先生的童趣、风趣、雅趣和士趣,来表现先生的个性和人品的。苏教版高中语文新教材也收入了经典课文魏征的《谏太宗十思疏》,但版本和人教版有很大差异,保留了一些被删除的内容。对此,很多教师颇有微词,教惯了老版本的我一开始也不知道如何处理这个棘手的问题。反复研读后我发现,只要从文章结构和中心观点的角度入手,这个问题就可以得到很好的解决,而且这是一个非常有教学价值的问题。于是教学中我让学生通过比较研读文本,讨论是删除更好还是保留更好,既解决了一个很难处理的问题,又借此引导学生比较深入地解读了文本,同时培养了学生议论文写作的结构意识和阅读探究的能力,真可谓一石三鸟。

很多精彩的课堂都是智慧阅读的典型案例。著名特级教师宁鸿彬先生教学《皇帝的新装》,其主要教学过程是这样的:(1)学生阅读全文,用一个动词概括故事情节;(2)展开讨论,从同学们归纳的动词中找出最恰当的一个(骗);(3)讨论故事中人物被骗的原因;(4)讨论孩子没有被骗的原因。全文的教学紧紧围绕一个"骗"字,放得开、收得拢,进得去、出得来,既研读文本,又训练思维,学生主动,教师引导,堪称阅读教学的经典。可这一切的前提,是教师自己的阅读发现。如果宁老师没有发现一个"骗"字在这篇童话中的独特地位,是不可能有这样的教学创意的。一位教师教学《宝玉挨打》,抓住一个"哭"字展开,也有异曲同工之妙:先分析众人的哭相,后探析不哭之人不哭的原因,再找可以哭却没有哭的人,接着想象迎春、探春和惜春来了会不会哭,赵姨娘、贾环来了会有什么反应。这样的精彩教学充分证明了智慧的教学来自智慧的阅读,智慧的阅读要求教师的阅读必须有自己的发现。

个性化阅读要科学化,不要自由化

曾祥芹

语言、文章、文学——语文学科固有的文化内涵,三足鼎立。

读、写、听、说——语文学科特有的言语能力,"读"占鳌头。

语文新课标如果采纳"一语(语言)双文(文章、文学)"的新语文观,坚持语言素养、文章素养和文学素养的和谐发展,那么对"个性化阅读教学"的阐释必将有新的提高。"阅读"是对文字符号系统的语感和美感,是对文章文学体式的文感和情感,是对言语作品的吸收和表达,是对书面文化的消费和生产。"个性化阅读"与被动接受的"他主性阅读"、"从众性阅读"不同,与稍带个性的"独立性阅读"、"自发性阅读"也有别,它是主动探究的、充分展示读者个性的言语认知、体验活动,是感悟言语体式、体悟思维情感、领悟人文精神的三维心智行为。站在"阅读是精神生产力"的高度,就能明白"个性化阅读"是通过对精神产品的再生产来完善读者自我素质的个性塑造过程。网上搜索"个性化阅读"竟有30多万条信息,众说纷纭,是非多多,证明这个热门话题牵动阅读教学的全局。总结6年课改的经验,我认为,个性化阅读教学应力求科学化,谨防自由化。

一、"个性化理解→个性化运用":个性化阅读的全程理念

"个性化阅读"作为综合的阅读能力,从"披文→得意→及物"的阅读全过程分析,应该包含"披文得意"这个"意化"阶段的"个性化理解"和"运思及物"这个"物化"阶段的"个性化运用"[1]。课标规定:"阅读教学的重点是培养学生具有感受、理解、欣赏、评价的能力。"据此,阅读中的"个性化理解"又可细分为"个性化感受、个性化理解、个性化欣赏、个性化评价"四个由低到高的层级;阅读中的"个性化运用"也可解剖为"个性化表达、个性化借鉴、个性化迁移、个性化创造"四个逐步拓展的层级。尽管中小学阅读教学追求着"创造性理解"和"创造性运用",但是其主流仍然属于学习性阅读,其侧重点仍然是"阅读吸收"能力的练达。直言之,就是侧重培养"个性化理解"能力。我们可以用"个性化理解"来囊括"个性化感受、个性化欣赏、个性化评价、个性化表达、个性化迁移"等多项阅读技能。因为,阅读感受是感知言语的初级理解,阅读欣赏是情感体验的深层理解,阅读评价是理智判断的高度理解,阅读表达是心得外化的重组理解,阅读迁移是运思及物的扩展理解。从阅读的双重转化过程讲,个性化理解是个性化阅读的前半段过程,个性化运用是个性化阅读的后半段过程。比较而言,阅读个性化运用比阅读个性化理解更加艰难,而课标对个性化运用(如何进行个性化表达、个性化借鉴、个性化迁移等)的阐述十分薄弱,使得师生在个性化阅读的后半段路程暗自摸索,缺乏"路灯"的指引。修订实验稿时需要填补如何"运思及物"的空白,防止"半程阅读论"的偏颇。从阅读操作技能的地位讲,个性化理解是个性化阅读的核心部分,它把个性化思维

---

① 本文选自《中学语文教学》2007年第11期,第3—6页。

贯串到认读、鉴赏、迁移、创造各个阅读阶段,渗透在选择、思考、想象、记忆各个阅读要素里。抓住"个性化理解"这个核心,就可以纵横连贯地、内外统一地对"个性化阅读"进行系统深刻的反思,澄清课改中的一些模糊认识。

二、文章阅读是文体阅读的"半边天":个性化阅读的思维空间

要问在语文阅读教学中"个性化理解"的空间有多大,我们可以从阅读客体的文本空间和阅读主体的思维空间两方面来回答。"个性化理解"作为"披文得意"的阅读能力核心,如果从文体阅读的视角来分析,则包含文学作品的个性化理解和文章作品的个性化理解两大阅读空间,可以说,它们各占"半边天"。

文学作品的个性化理解,是大家重视的,比较熟悉的。课标指出:"文学作品的阅读鉴赏,往往带有更多的主观性和个人色彩。应引导学生设身处地地去感受体验,重视对作品中形象和情感的整体感知与把握,注意作品内涵的多义性和模糊性,鼓励学生积极地、富有创意地建构文本意义。"新编高中语文教科书中已有《文学作品的个性化解读》的"知识短文"。广大第一线的语文教师大量进行了"个性化阅读与文学教育"的课题实验;"诗无达诂"、"一千个读者有一千个哈姆雷特"已成常识。这方面开发颇多,经验丰富,成果累累,毋庸赘述。

遗憾的是,文章作品的个性化理解却被我们忽视,大家比较陌生,还被"紧箍咒"束缚着:"科学文本的阅读以追索原意为主,是非生产性的";"文章解读是复原性的一元解读,是共性化的、非创造性的"。我们承认文章"一元解读"的客观存在和独立需要,并不是所有的文章阅读都要"多元解读"。文章表意有"不外乎言"和"不尽乎言"两种情况,前者只需"一元解读",后者务必"多元解读"。问题在于:不承认文章"多元解读"的可能性和必要性,看不到文章"个性化解读"的巨大空间,成为阅读教学的痼疾。语文新教材中从来没有《文章作品的个性化解读》一类"知识短文"。其实,在董仲舒的阅读名言"《诗》无达诂"之后,紧接着有"《易》无达占,《春秋》无达辞"的话(《春秋繁露·精华》),他早就肯定了以经、史、子书为代表的古代文章阅读完全可以多元阐释。单说《易经》的"易"字就有"简易"(可规范)、"变异"(常变化)、"不易"(有法则)三种含义。"一千个读者有一千个哈姆雷特"从外国引进中国,可以转换为"一千个读者有一千个阿Q";从文学移到文章,又可以转换成"一千个读者有一千个孔子"。《论语》的阅读史就是一条长长的"接受之链",是文章阅读多元阐释的历史见证。不止经典文章能够多元阐释,即使一般文章、病文章、坏文章,由于文本给读者提出了补充、加深、延伸、发挥、指瑕、匡正等一系列加工改造任务,仍然有进行阅读生产和阅读创造的广阔空间。

现代阅读学明确指出文本阅读思维的四维空间:在"读者与文本、读者与作者、读者与世界、读者与自我"四大距离之间往返,自由驰骋,已拓展成阅读的"内宇宙"。阅读的四重视界给读者打开了解读文本的"四扇窗户",实际上是个性化理解的四条阅读操作规律,我把它概括为"读书八字经":"解文"——解开文本的篇章意义;"知人"——追寻作者的写作意图;"论世"——挖掘文本的历史现实意义;"察己"——省察文本的自我修养意义[2]。要拓展个性化解读的思路,必须"以人评文"、"以文论世"、"以文照己"。这个阅读的四重视界不仅是文学个性化阅读的空间,而且是文章个性化阅读的空间。接受美学的"文本空白"说长期局限于文学阅读,不了解实用文章也一样存在空白;当然,与文学艺术虚构的自由度、思维想象的开阔域比,文章的诱导空间相对小于文学的诱导空间,但文章科学认识的天地也浩渺无际,单

说功利想象的空间就不亚于审美想象。空白点的多寡、诱导空间的宽窄,不完全取决于文本的客观内在容量,而更主要的取决于读者的主观开掘潜能。所有文本的背后都有作者在召唤,等待着读者去追索原意,重构新义。沉入作品解文,跳出作品商兑,知人论世,切己省察,思维和想象在"两个主客间"(读者与文本、读者与世界)和"两个主体间"(读者与作者、读者与自我)来回翻飞,可谓"一跃一重天"。学生独特的感受、体验和理解,就在其中产生。每发现一个空白点,就为个性化理解开出一条通道。任何个性鲜明的有创意的阅读,都是"解文、知人、论世、察己"的结晶。

三、见仁见智,多元有界:个性化阅读的标志和原则

在文本阅读过程中什么样的阅读才能称其为个性化阅读?《周易·系辞》讲的"仁者见之谓之仁,智者见之谓之智",就是个性化阅读的根本标志。个性化理解要以对作者原意的重合性建构为前提,即"作者得于心,览者会以意"(梅圣俞)。由于写作情境与阅读情境的时空变换,要百分之百地追索作者的原意几乎是不可能的。作为感知言语的"认读"还够不上个性化理解。如果连"语表义"还不懂,连"重合性建构"都未完成,那是没有资格谈个性化理解的。只有在正确"追索原意"的基础上创造性地"重构新义",才可能产生个性化阅读。个性化理解的路数很多,如在"走进文本、走出文本"的反复过程中解读,在"整篇感悟、断章取义"的辩证取用中解读,在"间接经验、直接经验"的汇兑印照中解读,在"理智启迪、情感体验"的双轮滚动中解读,在"多维思考、多项选择"的置换迁移中解读,在"期待、质疑、反思、批判"的关键环节中解读,在"适体阅读、跨体阅读"的守常施变中解读……概括地说,"个性化阅读"就是适应特别的阅读情境,遵照特设的阅读目标,调动特有的阅读经验,运用特定的阅读策略和特殊的阅读方法,必然获得的独特感受、独特体验和独特理解。个性化理解的形态至少有三类:(1)"增解"——补充性建构,即"比作者自己更好地理解作者"(保尔·利科尔)。这是顺应作者原意和文本思路所做的延展,是对作品本意的加深和拓宽。如读《项链》,学生说"项链是一条测量人情、人性的试金棒";读《包身工》,学生说"今日的'打工妹'是否受虐待,值得关注"。(2)"异解"——差别性建构,即"同阅一卷书,各自领其奥"(赵翼)。这是改变作者的视角,转移作品的重点,生发出不同的主旨和别样的情思。如读《祝福》,学生说"杀死祥林嫂的'凶手'固然是封建礼教和迷信,也可以说是她自己挣扎和抗争的软弱";读《项脊轩志》,学生说"作品主要不是写亲情,而是写志向"。(3)"批解"——匡正性建构,即"作者之用心未必然,读者之用心何必不然"(谭献)。这是反思作者的意图和作品的主旨,对原作内容和形式进行实证的、思辨的、审美的批判。如读《扁鹊见蔡桓公》,学生说"蔡桓公讳疾忌医送了命,扁鹊说话难听,医德也有问题";读《训俭示康》,学生说"作者提倡节俭,真正目的不是树立一种俭朴生活的风气,而是传授保身护官的妙诀"。

个性化阅读的基本原则是"多元有界"。读者在作者"第一文本"的基础上见仁见智地建构了"第二文本"。但多元解读不是无限的,而是有限的;不是无界的,而是有界的,这个"界"就是文本语境,就是文本的客观意义。在肯定文本解读的主观差异性的同时必须坚持文本解读的客观统一性。见仁见智的多种意义阐发必须依据文本:"一千个读者有一千个哈姆雷特,一千个哈姆雷特还是哈姆雷特";"一千个读者有一千个孔子,但一千个孔子还是本自《论语》的孔子"。像《于丹〈论语〉心得》那样误解经典、歪曲孔子形象的思想裸奔绝不是个性化阅读,而是自由化阅读。课改中曾出现"脱离文本、逃逸文本、去文本、反文本"的胡乱独白,

随意对接、以偏概全、以今律古等"多元无界"的偏向。如读《愚公移山》说"愚公破坏生态环境";读李密的《陈情表》大谈"忠孝思想的现实意义";读苏洵的《六国论》说"秦灭六国是历史的进步";读《杜十娘怒沉百宝箱》说"她拥有那么多珍宝,为什么不另选夫婿?"读朱自清的《背影》说"父亲爬月台买橘子违反交通规则"……这些"独特感悟"大多是没有走进文本的历史情境所任性发表的,或为不足阐释,或为割裂阐释,或为过度阐释,或为错误阐释。教师应引导学生紧扣文本去重构新义,努力使消极阐释转化为积极阐释,让浅者深之、狭者广之、粗者精之、缺者补之、曲者直之、歪者正之。多元有界的文本之"界"有"小界"和"大界"之分。学生个性化理解的范围,应沿着"课文本＜原文本＜互文本＜超文本"的路子扩充,互文对读。如网络上的超文本阅读就是个性化阅读的新天地。多元阐释的"界面"越大,个性化阅读的空间越大,创造性阅读的成果可能越多。

四、纠正误读,力求正解:个性化阅读的价值取向

阅读课课改中对"个性化理解"存在着真假"误读"之辨。有朋友认为,"误读"可分"反误"和"正误"两种:反误,指读者自觉不自觉地对文本穿凿附会,随意歪曲,既不合作者的原意,也不切作品的本意,那是真误读;正误,指读者的理解与作者原意相抵牾,但切合作品的实际,使文本意义增值,这是假误读,于是有合理的"误读"、美丽的"误读"、创造的"误读"等说法。钱钟书对于读者会意与作者寄意的有趣矛盾曾这样评述:"作家原作叙事抒情本无彼意,然读者却在阅读中出现创造性的误解,悟出确有引人入胜的彼意,并为更多的读者所认可。""《河南程氏外书》卷六程颐语:'善学者要不为文字所梏,故文义虽解错而道理可通行者,不害也。'亦谓义理中有误解而不害为圣解者。"[3]这个"创造性误解"的提法显然是从程颐那里继承下来的,但钱钟书锐意地把程颐谦称的"误解"赞扬为"圣解",值得我们深思。文本意义有"作者原意、作品本意和读者释义"三种存在方式。读者释义是否符合作者原意并不是判断阅读个性化理解对不对的标准。发掘文本的深层义、言外义、象征义、情韵义、哲理义,"比作者自己更好地理解作者"的读者见解,不是误解,而是"增解"、"异解"和"批解"。为了划清"荒谬理解"和"正确理解"的界限,我认为,还是不要把不同于作者原意的多元阐释归入"误解"的范畴为好。正就是正,误就是误,不必对误解分正反,不存在"正确的误解"。"正误"和"创造性误解"作为"假误读"的修辞来运用,未尝不可,但作为阅读学的概念就不够科学了。前面说过,超越作者、超越文本的"增解"、"异解"和"批解"是典型的"个性化理解",不宜说成"正误",而应说成"正解"、"精解"或"圣解"。在文章和文学的个性化阅读中,必须区分错误解读和正确解读。真正的误读、曲解和歪批算不得个性化阅读。"个性化阅读"虽然"人读人异,人言人殊",异彩纷呈,但不是一个包含"误解"和"正解"的中性概念,而是提倡"正解",落实生产性阅读,追求创造性阅读,避免阅读负效应的旗帜性概念。个性化阅读包容创造性阅读,个性化阅读的高端才是创造性阅读,但个性化阅读不等于创造性阅读,非创造的个性理解占多数,够创造标准的个性化理解只占少数;不是所有的个性化阅读都可以奉为创造性阅读,但真正的创造性阅读必然是突破传统、超凡脱俗的个性化阅读。教师对于学生的"正解",对于"独特的感受、体验和理解",也就是对于个性化阅读,必须热情鼓励、开启思路、揭示方法;对待学生的误读、曲解和歪批,不能听之任之、廉价表扬,而应表示宽容,给予纠正,指点迷津,用"个性化阅读评价"为个性化阅读的健康发展领路、护航。

五、缘文会友，心灵交流：个性化阅读的社会共性涵养

张扬个性，不能走向极端。从哲学高度看问题，谈个性化阅读教学不能淡忘社会化阅读教育。马克思早有关于人的个性与社会性彼此依存的教导："人的本质并不是单个人所固有的抽象事物，实际上他是一切社会关系的综合"；"未来社会是一个更高级的、以每个人的全面而自由的发展为基本原则的社会形式"；"每个人的自由发展是一切人的自由发展的条件"。据此可知，读者的阅读个性离不开阅读的社会性，阅读个性其实就是独特的社会性。2002年我在《语文建设》第6期著文提议："要注重个性化阅读与社会化阅读的辩证统一"，就是为"自主性阅读与合作性阅读"提供全面而完整的理论基础。现代阅读学认定：阅读不但是披文得意的心智技能，而且是缘文会友的社交行为。"披文得意"讲的是"读者与文本"的主客间关系，"缘文会友"讲的是"读者与作者及其他读者"的主体间关系。2006年，我曾尖锐批评"读者与文本的对话"这个似是而非的流行说法是"阅读流感"，建议课标关于"阅读教学是学生、教师、教科书编者、文本之间的多重对话"这个提法应修改为"阅读教学是学生、教师、教科书编者、文本作者之间的多重对话"[4]。这算是个性化阅读中典型的补充性建构和匡正性建构，其良苦用心在于坚持"阅读对话"和"阅读教学对话"都是"阅读主体之间"的思想碰撞和心灵交流，否定"读者与文本"即"人"和"物"之间存在双向对话的玄谈。中外一些文论家出于"活化文本"的好心，硬把"读物"客体虚拟为阅读主体——"对话中的另一个人"，作为比喻义，它尚可存在；作为本体义，断难成立。文本自身不会说话，文本中的人物、文本后的作者与读者的无声对话仍是主体间对话。我们批评阅读的"主客间对话"，坚持阅读对话只能是"主体间关系"，实质在于强调阅读"缘文会友"的社会交际性能。作为文化社交活动的阅读教学，不仅是沟通个人信息和社会信息的媒介，而且是个人获得社会信息并丰富社会信息的手段；阅读的个性自由处处受到社会文化的制约，学生读者个体必须尊重文本背后的原创作者，尊重对话首席的教师读者，尊重贯彻课标的教科书编辑读者，尊重引领阅读新潮的专家读者，尊重促成阅读时尚的大众读者，尊重心灵相通、语言相伴的同学读者，在多重对话中养成"阅读求教"、"阅读交友"、"阅读合群"的良好习惯。个性化阅读教学的本意就是要培养学生具有深厚社会共性的阅读个性和具有鲜明个性的阅读社交能力。我们不能一味强调阅读个性的自由发展而忽略阅读社会共性的制约和促进作用。阅读个性自有好坏之分，我们一定要在克服不良阅读个性的磨炼中培养良好的阅读个性，让阅读个性的发展既根基于情感的高峰体验，又听命于理智的科学导向；既不损于自己阅读共性的蕴蓄，又不碍于别人阅读个性的养成。

注释：

[1] 曾祥芹.汉文阅读学导论·阅读的意化和物化过程[M].北京：中央文献出版社，2004.
[2] 曾祥芹.语文教育学别论·阅读的"外宇宙"和"内宇宙"[M].北京：中央文献出版社，2006.
[3] 钱钟书.钱钟书论学文选（第三卷）[M].广州：花城出版社，1990：296-298.
[4] 曾祥芹.阅读的主客间对话和陌生感体验[J].中学语文教学参考，2006(4).

涵泳体察：让个性化阅读教学返魅[①]

袁爱国

审视当下的个性化阅读教学，不少课堂上"个性化"与"阅读教学"日趋分离。所谓"个性化"即标新立异，各秀风采：有的热衷于文本解读花样的翻新，有的钟情于多媒体声像的异彩纷呈，有的在小组合作形式上殚精竭虑……当这种浮躁的阅读风气日渐弥漫的时候，我们不妨透视一下此类案例并寻求相应的对策：

1. 走马观花：亲近文本时间过少

如一位教师在《珍珠鸟》一文的教学中，要求学生阅读文本时安排了这样三个环节——

师：我们再花一分钟时间，重新看一下这篇课文。然后，请从文中找出你最喜欢的一句话。

师：带着两个问题重读课文，一分钟以后，我请同学来回答。（一分钟阅读与思考）

师：两分钟比较阅读，比一比、想一想。拿起你的笔，在关键的地方勾画一下。

这种"走马观花"式的阅读只能是浮光掠影、一知半解，甚或不解。不少教师在阅读教学拓展延伸环节，往往链接许多文本，但限于时间，文本展示后，学生甚至连短暂的视觉停留时间都没有，因而内心文本的图景是模糊的，自然思考流于肤浅，更遑论提升语感。

2. 鲜香活色：课件呈现喧宾夺主

在不少观摩课中，所谓的个性化阅读教学往往借助高科技手段——多媒体，课件制作唯美而丰富。同样在《珍珠鸟》一课中教者链接了下列文本（包括音像等超文本）：

①《囚鸟》（歌曲）
②《鸟儿中的理想主义》（随笔节选）
③《群鸟》（电影片段）
④《绞刑架下的报告》（报告文学节选）
⑤《象棋的故事》（小说节选）
⑥《刺激 1995》（电影片断）
⑦《放鹦鹉》《画眉鸟》（古诗两首）
⑧《100 个人的十年》（背景资料）

在应接不暇的文本与超文本（音乐、电影）的切换过程中，容不得学生让目光停留片刻，让思绪舒展开来，细细品味，慢慢咀嚼；于是这些快餐成了"夹生饭"，学生消化不得。课堂上学生的回答，大多为肤浅应景式的对答，很少有闪耀着思想火花的语言。

3. 活动频繁：课堂氛围虚假繁荣

一味追求教学形式的丰富多彩，课堂上学生肢体活动频繁，热衷于制造火爆的课堂氛围。

---

① 本文选自《语文教学通讯》2008 年第 5 期，第 18—20 页。

在《端午日》一课教学时,教师为了帮助学生体验赛龙舟热闹壮观的场面,学生以文具盒为鼓,以手为桨,有的学生干脆操起了教室里的扫帚、拖把,呐喊声此起彼伏,一场紧张激烈的"赛龙舟"就这样开始了……显然在喧闹的背后隐藏的是浅薄和虚妄,淡化了"语文味",学生在轮番上演的节目中增添了乐趣,丧失了理性的思考,更谈不上进行扎扎实实的语言实践活动。

一、虚静而明:"涵泳体察"的价值阐释

应对这种浮躁的阅读之风,我们可以在传统的阅读理论中寻求对策。朱熹告诫读书人:"学者读书,须要敛身正坐,缓视微吟,虚心涵泳,切己省察。""涵泳体察"的前提是"虚心"、"切己";阅读姿态强调"敛身正坐",其用意在于入境;阅读样式"缓视微吟",旨在细读慢品。曾国藩在家书中对"涵泳"作了形象的诠释:

"涵者,如春雨之润花,如清渠之溉稻。雨之润花,过小则难透,过大则离披,适中则涵濡而滋液。清渠之溉稻,过小则枯槁,过多则伤涝,适中则涵养浡兴。泳者,如鱼之游水,如人之濯足。善读书者,须视书为水,而视此心如花、如稻、如鱼、如濯足,则涵泳二字,庶可得之于意言之表。""春雨润花"、"清渠溉稻"说得多么形象! 如此涵濡浸润的读书过程应是个性化阅读的基本样式。

"涵泳体察"需要的是一种平静从容的阅读心态,"静故了群动,空故纳万物"(苏轼),"静"与"空"中蕴含的禅意,同样适用于阅读,正如学者张隆溪在《道与逻各斯》中所言:"像空白和无言一样,'空'和'静'在诗中也极为重要——因为虚空和静寂中蕴含着丰富的想象与可能。"在阅读教学中,"虚空"充满了布白之美,"静寂"蕴含了顿悟的可能,朱熹所言"虚静而明"也有这样的道理。

二、辩证实践:"涵泳体察"的实施策略

1. 阅读的心态:"慢"的艺术——"从容涵泳,自然生其气象"(王夫之)

个性化阅读应让学生倾听文本的声音,在语言的丛林里散步,或驻足观赏,玩味咀嚼;或闲庭漫步,心心相印。正如王尚文教授所说:"书面语的阅读只有还文字以声音,才能在倾听中找回生命的气息,找到心灵的感觉。"如韩军老师执教的《大堰河——我的保姆》的教学片段:

生:我有个问题,那个"黄土下紫色的灵魂",为什么是"紫色"的灵魂?

师:好,大家谁帮助她回答一下?

(学生展开讨论,明确了"紫色"的含义。)

师:同学们,大家看看,这个结论是谁得出的呢? 结论是大家共同讨论、研讨、集思广益得出的。在学术界,这个问题仍然是一个悬案,没有一个统一的结论。今天大家得出的结论,也可以成为众多学术观点之一。这就是研究性学习呀!

师:艾青对色彩非常敏感。大家数一数,看看全诗中艾青用了多少颜色词语,一一找出来。(生陆续全部找出。)

师:共有多少处用了颜色词语?

生:八处。

师:说说各自的意义。(生阐述色彩意义。)

师:大家可以写成一篇学术性的小论文,题目可以叫做《〈大堰河——我的保姆〉中颜色词的运用》。

韩军老师引领学生由"紫色"探究紫色的含义,再找出八处色彩词语,再次探究,然后布置小论文写作,一路从容读来,自然精彩纷呈。

2. 阅读的策略:"细读"文本——"宁详勿略,穷尽其词"(朱熹)

钱理群先生关于经典作品教学提出这样的看法:"应引导学生读原著,一字一句地疏通,一篇一篇地老老实实地读,弄清原义、原意,培养学生细读文本的能力和习惯,不要'抽出而讲之',作不着边际的发挥。"在《幽径悲剧》一课教学时,教者在完成对文本的深度解读后,提炼了这样的探究主题的思路:初读,认识紫藤萝的悲剧——再读,体会人性悲剧——三读,体会时代的悲剧。为了帮助学生探究人性的悲剧,教者没有直接向学生点明,而是通过具体语言的品味体察主旨,要求学生圈画出第12—14段中含有"人"字的句子:

- 我是一个没有出息的人。
- 真正的伟人们是决不会这样的。
- 这一棵古藤的灭亡在我心灵中引起的痛苦,别人是无法理解的。
- 它在控诉无端被人杀害。
- 它虽阅尽人间沧桑,却从无害人之意。
- 每年春天,就以自己的花朵为人间增添美丽,焉知一旦毁于愚氓之手。
- 在茫茫人世中,人们争名于朝,争利于市,哪里有闲心来关怀一棵古藤的生死呢?

同时提示学生从基本的人性,比如生存、尊严、亲情、名誉、自由、是非美丑的判断等方面思考。这样的细读将感性认识(语言品味)与理性思考(主题探究)巧妙地结合在一起,问题指向明确且具有开放性,学生的回答自然有了深度(主题深刻)、广度(发散思维)、温度(气氛融洽)。

3. 阅读的指向:"品"的韵味——"沉潜讽咏,玩味义理,咀嚼滋味"(朱熹)

阅读的过程,就是读者以自己个性化的"期待视野"(气质、性格、知识、阅历等的总和以及当时的心境)与作者、文本对话的过程。王尚文先生指出,对文本个性化的阐释过程,不能离开文本,但更离不开读者的个性和心境,当读者的目光在文本的字句中移动时,蕴含在读者个性中的一切都结合着当时的心境被调动起来。因此,教师巧妙地设置情境,可以让学生真正走进文本,沉浸其中。

有位教师在《幽径悲剧》一课教学中,设计了填写《北大派出所被害花木档案》(见下表)这个环节,让学生通读全文的同时,在寻找中去体验"悲剧",然后师生在共同分析中"感受悲情",为下一步骤"挖掘主旨"作准备。教者处理的时候并不只是填表而已,有语言的咀嚼,如对"微笑"、"摇曳"等词的体会,对紫藤萝别名的探究;有写法的赏析,如对紫藤萝多角度描写的手法的分析;有吟咏体味,如对重点段落有感情朗读的指导。

表:北大派出所被害花木档案

姓名	紫藤萝	别名	吊死鬼	紫藤萝照片
主人	生命属于历史 遗体下落不明	年龄	"大概几百岁""二三十年"	
		现住址	北大燕园	
外貌特征	形	盘曲而上,直上青云	外在美	
	香	幽香		
	色	紫红色	万绿丛中一点红	
	精神面貌	气势不凡	内心美	

（续表）

现在生命特征	微笑	性格行为特点	需求甚少，顽强生长
		最后露面事由	哭泣　万分委屈　投诉无门
现在外貌特征	摇曳	推测原因	愚氓灭美

"涵泳体察"强调"慢品"、"细读"、"沉潜"，但亦需辩证把握，适度操作，其要领有三：

其一，宜慢，处理好缓与急的关系。强调"慢"并不排斥"快"，整体感知、提取信息时的浏览、速读也是需要的，鉴赏品析则宜慢嚼。

其二，宜细，处理好整体与局部的关系。细读文本不是肢解文本式的条分缕析，应在整体感知的基础上进行细读，不能"只见树木，不见森林"。

其三，宜沉，处理好入与出的关系。可以"深入"文本，但须知"出"。"深入浅出"是最佳境界，"浅入浅出"属于平面阅读，"深入深出"费力不讨好，"浅入深出"则会错误迭出。

三、切己体验："涵泳体察"的深度指向

作家朱大可如此叙述自己的阅读体验："识读就是自我携带着全部生存（此在）气味和印记进入话语世界，对它进行清洗，然后在它里面居住下来，并且最终转换成它里面的一棵树、一个纹饰、一种记号和一片尘土。"（《话语的闪电》）只有经过体验，学生才能把陌生的、外在的、与己无关的言语材料变为自己熟悉的、可以交流的，甚至是融于自身的生命存在。学生在现实生活中可能经历过、听到过、看到过文中类似的事例，教师要启发学生唤醒以往的生活体验，强化心灵参与，让文中的事例与现实社会中的事例全方位、多层次、多角度地接触、碰撞、交流，促进学生更好地理解、感悟文本，并有可能超越文本。如在《人琴俱亡》一课结束以后，我的学生写下这样的课后感言：

轻拨琴弦，那高山的巍峨、流水的清澈萦绕在我心头；品读故事，那人世的深情、世间的真爱又拨动着我的心弦。琴传递着人们的美好感情，从琴弦中跳跃而出的音符架起了人们心与心之间的桥梁。

路上来去匆匆的行人的脸，常常是沉默或者冷漠的。然而他们心灵深处必定有个角落激荡着对于某个人的情感。因为如果没有情感的遇合、碰撞，那些纷乱而又美妙的世事从何而来。换句话讲，如果不存在一个人对另一个人的深情，我们怎会经历如此气象万千、风光旖旎的人生？

学生体验的深度，源于与文本的深度对话，并唤醒学生内心的记忆，与自我对话，倾听内心的独白，激荡情感的涟漪，催生智慧的火花。

本章附录

[1] 王运遂."读、写、改"一条龙——初中语文教改实验总结[J].江西教育科研,1984(1).

[2] 郭思仪.注重引导,培养学生自学能力——改革课堂阅读教学的初步尝试[J].抚州师专学报(综合版),1984(1).

[3] 叶存铃.小学语文阅读教学的扩散性思维训练[J].四川教育,1985(1).

[4] 陈碧秋.语文阅读教学改革述评[J].华南师范大学学报(社会科学版),1985(2).

[5] 马毓勤.试论小学语文阅读教学中非智力因素的培养[J].宁夏教育,1987(12).

[6] 于金明.试谈语文阅读教学的返璞归真[J].江苏教育(小学版),1988(23).

[7] 高潮.现代文阅读训练中学生思维品质培养之我见[J].扬州师院学报(社科版),1995(2).

[8] 王新民,付大义.阅读教学"沙化"现象的思考[J].中学语文教学参考,1999(6).

[9] 张宗谦.中学语文阅读教学现状与思考[J].衡水师专学报,2002(3).

[10] 徐国芳.新课标理念下高中语文阅读教学的四个转变[J].内蒙古师范大学学报(教育科学版),2005(2).

[11] 南红英.阶梯阅读:提高阅读能力的有效方法[J].中国民族教育,2007(5).

[12] 李卫东.名著阅读:语文教学的"正规战"[J].语文教学通讯,2008(2B).

第四章 写作教学研究

- 关于中学作文教学（朱德熙）
- 求诚求真 切近实用（曹隆圣）
- 中学生写作规律探讨和指导（叶培祥）
- 个性化作文教学初探（肖以敏）
- 关于中学写作教学的几点思考（章熊）
- 呼唤写作教学有新的突破（程翔）
- 切莫将写作训练与创作训练隔离（张秋达）
- 开放性写作教学浅探（徐善慧）
- 谈如何走出初中写作教学的困境（徐洁）
- 本章附录

关于中学作文教学

朱德熙

去年高考语文试题里没有命题作文,听说有的教师因此认为今后不必再花力气去抓作文教学了。据我所知,今年高考没有命题作文的题目主要是考虑到命题作文不能反映考生真实的语文水平,而且评分时不容易有一致的标准。高考不考作文,并不说明作文教学不重要。就当前中学语文教学的实际情况来说,作文教学不但不能取消,还应当加强。下面就作文教学问题提几点粗浅的看法,就正于中学语文老师。

一、引导学生写什么样的文章

这个问题可以从以下三个方面来说:

第一,从文体方面说,我觉得应该着重让学生练习记叙文、说明文和简单的议论文。一般地说,不要引导学生去写文艺性的东西,如诗歌、小说、文艺性的散文等。因为中学生毕业以后,不论是参加工作,还是上大学,绝大多数人都不是从事文学创作的。他们要写的是报告、说明、论文、教材、日常信件等,很少有人会去写散文、小说、剧本、诗歌。当然,如果将来我们国家的文化水平提高了,中学毕业生都有一定的文学修养,那当然很好。不过那是将来的事情,就目前中学生的实际情况来说,我们要做的事情是雪中送炭,不是锦上添花。

第二,从对中学生作文的要求来说,我觉得首先应该强调准确性,不要过分强调生动性。现在一般中学生的写作能力是很低的,能够做到通顺明白就不容易了。在这种情况下,不强调准确性,片面地要求他们写得生动,是不切合实际的,是躐等。这对于提高学生的写作能力,只有坏处,没有好处。

第三,从文风方面说,应该引导学生说真话,说实话,反对八股调;文字上要提倡平实朴素,反对"转"文,反对堆砌辞藻。现在中学生里流行一种文体,内容空洞贫乏,一味追求"漂亮"的辞藻,矫揉造作,华而不实。例如有一篇题为《第二个春天》的作文里有这样几句:

山花烂漫,好似百凤起舞,桃花乱落,好似浙浙红雨。大雁高飞,舞动着矫健的翅膀。春潮击岸,发出震耳欲聋的鸣响。

在评论这篇文章的时候,有人认为只能给五十分,可是也有主张给八十五分的。可见在文风问题上,意见并不是完全一致的。可是如果我们对于文风问题没有清醒的认识,那么整个语文教学就不可能有正确的方向。

二、怎样出作文题

这个问题看起来好像无关紧要,其实是个大问题。题目出得不合适,学生找不到话说,

---

① 本文选自《西北大学学报(哲学社会科学版)》1979年第1期,第19—24页。

可是又非说不可，于是只好说些空话、假话来搪塞，这样写出来的文章当然只能是八股。所以学生的文章写得不好，责任不完全在学生，有时也跟老师有关系。

现在学校里通行命题作文。教师在堂上出一个题目，学生按着题目去构思作文。可是我们在实际生活中写文章的时候，往往不是先有了题目再去作文，多半是先有了内容，写成文章以后再加标题。命题作文把这个过程倒了过来，题目要求写的内容不是学生自己的东西，是老师硬加在他们头上的。这种办法写不出好文章来，而且没有话硬找话说，在学生方面是很苦的事情。

命题作文的办法是不是能改革一下呢？有的语文教师曾经做过这样的试验：不出具体的题目，只是规定一个范围，提出一些要求，具体写什么内容由学生自己决定，原则是选择自己最熟悉的东西写。譬如说我们可以要求学生写一篇说明文，介绍做某种事情的方法或过程。有的学生会补自行车内带，他就可以写补带的方法；有的学生喜欢游泳，就介绍怎样游泳；有的学生干过农活，就写如何种水稻；有的学生会织毛衣，就介绍织毛衣的方法。这样出作文题至少有两方面的好处：第一，学生觉得有东西可写，用不着再去为写什么冥思苦索了；第二，因为写的是自己熟悉的事情，因此文章不但有充实的内容，而且一般说来质量也比较高。有一位语文老师告诉我，他班上有一个同学作文成绩一向很差，改变出题方法以后，有一次这个同学写他亲身经历过的一件事，文章写得很清楚，文字也相当流畅，大大出乎这位老师意料之外。本文后面附的《万花纷谢柿犹红》一文是北京大学附中高一的一位同学写的。这篇文章不但把贮存西红柿的方法叙述得很清楚，而且有些地方写得很活泼，很有风趣。这篇习作能写成这个样子，一个重要的原因是作者对他写的内容是非常熟悉的。

上面举的是说明文的例子，议论文能不能采用这种办法出题呢？我想也可以。前些时候《北京日报》开展了一次"怎样为光明的中国贡献青春"的讨论。参加讨论的文章里有一篇标题是《我看人人都不同程度地为私》，作者是一个中学毕业生。他在这篇文章里大胆暴露了自己的许多真实思想。因为说的是心里话，所以文章的内容很实在，文字也很流畅。当然这位作者的想法是错误的，可是既然敢于把自己的错误观点公开摆出来，那就表示他已经有进步的要求了。设想我们在班上开展这样的讨论，让同学们各抒己见、畅所欲言，这样写出来的文章肯定要比让学生按照"我的志愿"、"向四个现代化进军"一类题目硬凑出来的文章强些。

总之，出题的办法可以多种多样，但根本的原则应该是让学生有话可说，让每个同学都能挑他最熟悉、最感兴趣的事情写。只有这样，才能使学生感到写作文不是苦差事，才能调动他们的积极性，才有可能让学生写出比较好的文章来。

三、怎样批改作文

最近看到一些中学生作文，感到在如何批改作文的问题上似乎还有不少问题值得研究。就拿看到的那几十本作文卷子来说，教师改得不多，多半是改正几个错别字，或是对某些精彩句子加圈，表示赞许。最后总有几句评语，内容大同小异，常见的如："内容充实，语言流畅"，"写得不错，生动、形象、具体"，"有一般叙述，有重点描写。层次清楚，语言流畅"。我觉得这样的评语对学生恐怕没有多大帮助。语文老师给学生批改作文，犹如医生给病人看病。医生看病一定要告诉病人他得的是什么病，该怎么治疗，不能光说"你身体不错"、"一切都正常"之类的奉承话。有的批语也提到文章的缺点，但只是笼统地说"语言欠通顺"、"语病较多"、"有些词用得不恰当"。这犹如医生诊病时,只跟病人说"你身体不太好,有点毛病",但不告诉他生的是什么病,该如何治疗。这种诊断对病人自然没有什么用处。总之,批改作文一定要具体,否则就收不到实效。

听说有的老教师批改作文非常认真,一篇文章从头到尾凡是有毛病的地方都一一改正。这种改法虽然符合具体的原则,但对学生来说,只看教师修改的地方,不一定知道为什么要这样改,换句话说,不知道原来那样写为什么不对。可见为了使学生得益,除了修改之外,最好还是把为什么这样改的理由也告诉他们。举例来说:

(A) 看完这部影片,我深深感到,作为一个中国青年,应该怎样做才能对祖国有贡献呢?

(B) 看完这部影片,我产生了一个问题:作为一个中国青年,应该怎样做才能对祖国有贡献呢?

(A)是原文,(B)是改作。(B)只改了一处,就是把"我深深感到"改为"我产生了一个问题"。光这么改,不加说明,学生不一定理解原文有什么毛病,为什么这么改。碰到这种情况最好加一条批语说明一下:

说"深深感到……"的时候,总是对一件事表示明确的看法,因此"感到"后边不能是表示疑问的话。例如我们只能说"我深深感到这个决定是正确的",不能说"我深深感到这个决定是否正确"。原文"我深深感到"后头跟的是疑问句("应该怎样做才对祖国有贡献呢"),所以站不住。

上面所说的算不得什么新鲜意见,有的语文老师早就想到了。不过想到了还是不能实行,因为按照这种办法批改作文,工作量太大,实际上行不通。目前中学语文教师一般都教两个班,有的还兼班主任,一班六七十个学生,每两周作一次文,就要批改一百三四十本作文。在这种情况下,要求教师逐篇仔细批改是不现实的,而且这里还存在一个更大的问题:即使教师有时间仔细改,实际效果也并不一定就好。当过语文老师的人都知道,作文本发下去以后,老师改的地方,学生是不大看的,他们关心的只是分数和最后的评语。改得越细,看起来越费劲,愿意花力气去看的人也就越少。

改得不够,不好;改得太多了,效果也不见得好,那么怎么办呢?我们能不能换一个办法试试?每次作文以后,作文选几份有代表性的作文在课堂上评讲。当然这几份作文要选得好,改得细。经验证明,作文评讲是很受学生欢迎的,效果比在作文本上批改好得多。采用这个办法,并不是说除了选来评讲的几篇以外,其他的作文就不看了。还是要看的,教师应该了解在这一次作文里班上每一个同学的情况,他在哪些方面有进步,还有哪些不足之处。只有了解了全班的情况,才能选出合适的有代表性的文章拿到课堂上评讲。

四、作文批改举例

下面这篇作文是北京大学附中高一的一位同学写的。这篇文章介绍了贮存西红柿的方法,操作要点和过程都写得很清楚,文笔流畅而有风趣,是一篇优秀的习作。不过文中也有不少毛病,批改这样的文章,不能光肯定优点,也要指出不足之处。因为文章比较短,结构上没有什么问题,所以我们把批改的重点放在语言上。

万花纷谢柿犹红

夏季,是西红柿的旺季,大量上市的时候,堆积如山,一时吃不完,价格一日数跌,甚至堆在路边卖不掉,眼睁睁看它腐烂。过了这一阵,特别是到了冬季,它又成为希缺商品,无处寻觅①。有多少人在想:如果有办法把夏季吃不完烂掉的西红柿存到冬天②,那该多好啊!现在全世界都在研究新鲜果蔬的贮存方法③。在社会主义国家里,这更是关系到人民生活的大事④。但是这些方法都需要特定的设备,不是一般家庭所能办到的。怎么办呢?不要紧,群众的智慧是无穷的。这里就来介绍一种群众创造的简易的贮存西红柿的方法,人人可试,家家可行。

成熟的西红柿鲜嫩可口,营养丰富。人们爱吃它,细菌也爱吃它。正因为它营养丰富,水分又大,细菌一旦在它身里面安家落户,传宗接代,它立刻就要腐烂⑤。所以,贮存的方法,第一是灭菌,第二是使细菌无法再行侵入,不能再繁殖⑥。为了灭菌,家庭普通用的蒸锅就够了。把西红柿切碎,装入瓶内,上锅一蒸,就可以将细菌杀死。但是,如果蒸的时间太长,西红柿就不能保持原形⑦,失去了外形的美观,蒸的时间太短,又不能保证将细菌全部消灭,还有腐烂的可能。因此,以蒸十五分钟到三十分钟为宜⑧。

比较难办的还是怎样使杀菌消毒以后的西红柿和外界空气完全隔绝。隔绝得不好,就会前功尽弃,过不了几天,西红柿身上长出了白毛,向你宣告它已经腐烂变质。隔绝空气的关键是瓶口密封⑨。最好是用带橡皮塞的瓶子,装入西红柿以后将瓶塞压紧⑩,再用一枚注射用的针头穿进瓶塞,直抵西红柿和瓶塞之间的空隙处(不可插到西红柿里,以免针管阻塞)⑪。这样,蒸气就可以通过针尖放出⑫。停火以后,立即将针头取下⑬,细菌也就不得其门而入了。如果你没有带橡皮塞的瓶子,那也不要紧,可以用普通有盖的瓶子。装好西红柿的瓶子和盖儿分别放在蒸锅里蒸,蒸好后立即将瓶盖盖紧⑭,然后用蜡把瓶口封好。经过这样的处理,西红柿就可以安安心心地、舒舒服服地在瓶里睡觉⑮,而且保持着自己鲜艳的颜色,等到冬天,再出来和大家见面。

冬天,在食堂或家庭的餐桌上出现一盘炒西红柿或一碗西红柿汤的时候,它将会吸引多少双眼睛,勾起多少人的食欲啊!⑯人们还会以为这是多么珍贵的菜蔬呢,其实它的成本不过两三分钱⑰,当万花纷谢,白雪皑皑的时候,看到这红红的西红柿,真会使人感到人的智慧可以巧夺天工⑱。

①"希缺商品"是商业上的行话,一般人不见得熟悉,这里也没有必要用。这一句不如改为:"它又成了稀罕的东西,哪儿也买不着。"

②既然已经"烂掉"了,还保存它干什么?稍稍想一想,就知道"烂掉"两个字是多余的。文章里出现这一类毛病,说明写完以后没有仔细检查。

③这一句只是说"全世界都在研究新鲜果蔬的贮存方法",并没有说明研究成功了哪些方法,因此下文"这些方法都需要特定的设备"一句就落空了。为了使前后两句能够互相衔接,可以把这一句改为:"现在世界各国已经研究出许多贮存新鲜果蔬的科学方法。"

④这一层意思又不能放在这里说,因为这一句跟上下文都没有什么联系,插在这里把前后密切关联的两句话打断了。

⑤"安家落户,传宗接代"总需要些时间,下文说"立刻就要腐烂","立刻"二字不妥,不如改为"很快"。

⑥"无法再行侵入"和"不能再繁殖"之间没有必然的联系。尽管细菌不能再"侵入"瓶内,可是它照样可以在瓶子外边繁殖,可见"不能再繁殖"一句是多余的,应删去。

⑦ 上文说"把西红柿切碎,装入瓶内",既然已经切碎了,怎么还能保持原形呢?"原形"改为"原来的色泽",删去"失去了外形的美观"一句。

⑧ 蒸的时间不能太长,也不能太短,从这一点并不能得出"以蒸十五分钟到三十分钟为宜"的结论。原文用了"因此",就显得前后两句话似乎有因果关系,其实蒸多长时间合适完全是从实践中得来的经验。这一句可以改为"因此蒸的时间要掌握好,一般以十五分钟到三十分钟为宜"。

⑨ 说"隔绝空气的关键是密封瓶口",更自然。

⑩ 应该是"塞紧",不是"压紧"。我们说话的时候,不会把"塞紧塞子"说成"压紧塞子"。写文章的时候,只用眼睛看,忘记了口语,才会犯这样的错误。其实只要写好之后念一下,这一类毛病是很容易发现的。

⑪ "穿进"改为"刺进"好些。瓶塞在上,西红柿在下,针头从瓶塞刺进去,按照顺序应该说"瓶塞和西红柿之间的空隙处",不该倒过来说"西红柿和瓶塞之间的空隙处"。此外"直抵"用在这里也不很恰当。这一句可以改为:"再用一枚注射用的针头刺进瓶塞,让针头停留在瓶塞和西红柿之间的空隙处(不要插进西红柿里,以免针管堵塞)。"

⑫ "放出"改"排出"。

⑬ "取下"不准确,应该说"拔出来"。

⑭ 这一句跟上一句接不上气,至少得在"装好"前头加一个"把"字。不过改成"把装好西红柿的瓶子和盖儿分别放在蒸锅里蒸",还是有毛病。因为从字面上看,好像是说瓶子和盖儿不能同时蒸,非一先一后分开蒸不可。作者当然不是这个意思,毛病显然出在"分别"上。如果把"分别"改为"同时",再把下边"蒸好后立即将瓶盖盖紧"改成"蒸好后立即把瓶盖盖上拧紧",意思就明确了。

⑮ 这里应该强调的不是西红柿"主观"上可以"安心"睡觉,而是客观上不至于再受到细菌侵袭。从这一点考虑,把"安安心心"改为"安安稳稳"或"平平安安"更好些。

⑯ 改为"它将吸引多少双眼睛的注视,勾引起多少人的食欲啊",让前后两句之式一致起来,也许比原来好些。

⑰ 这么说,好像人们从来没有见过西红柿,以为是什么了不起的山珍海味。其实西红柿本身一点也不稀罕,只因为是在冬天出现,才显得"珍贵"。这一句可以改为:"其实这么'珍贵'的菜,成本不过两三分钱。"要注意的是"珍贵"两个字要加引号。

⑱ 把人们能在冬天吃到新鲜的西红柿这件事说成是"巧夺天工",似嫌夸大。如果不改弦更张,仍旧保留"巧夺天工"四个字,那么这一句可以改为:"当万花纷谢、白雪皑皑的时候,竟能吃到新鲜的西红柿,这不过是人类凭自己的智慧巧夺天工的一个小小的例子而已。"

五、结论

以上就中学作文教学提出了一些不成熟的看法。归结起来有以下几点:

(1) 作文教学要针对当前中学生的实际水平和实际需要,不要脱离实际,好高骛远。

(2) 要引导学生学真本领,不要引导他们去学那些既不中用,也不见得中看的花拳绣腿。

(3) 教师批改作文应该讲求实效,不要搞形式主义。

求诚求真　切近实用[①]

曹隆圣

中学生究竟应该学会写什么样的文章？这似乎已不成为一个问题，因为《全日制中学语文教学大纲》早有明确的规定，每个中学语文教师差不多都能熟记于心。但实际情况并非如此。只要看一看每年高考作文阅卷，其评分常常出现很大差距就可知道，其中一个很重要的原因，是对中学生应该写什么样的文章认识不一，因而所持标准各异。如果经过一番讨论之后，大家对此有一个共同的认识，有一个统一的标准，无论是对中学作文教学，还是对高考阅卷，都大有好处。

中学阶段是青少年学习各科基础知识与基本技能的基础阶段。由于所学课程门类较多，毕业之时，对各科知识与技能的掌握，就其某个单科而言，尚达不到同等程度的专业技术人员的水平，作文也不例外。我们不能要求中学生毕业之时，其作文能力马上达到专业人员或普通干部的水平。《全日制中学语文教学大纲》规定高中三年级的学生要"能熟练地运用记叙、说明、议论各种表达方式，写已学过的各种体裁的文章"，我认为，这个标准是偏高了。实际上许多文科大学生刚毕业时也达不到这个要求，理科学生就更不必说了。现实情况是：许多工作多年的干部或教师，要他们写一篇像样的工作总结，也并不是十分容易的事。作文是一种技能，它需要通过反复实践才能提高，同时还必须具备丰富的知识和相当的经验与阅历。一个刚毕业的中学生，暂时写不出具有较高质量、有一定实用价值的文章，是完全可以理解的。正如木工学手艺一样，尽管师傅教过徒弟制作各种家具，但不能要求刚出师的木工马上就会做各种家具，也正如一个学习建筑设计专业的大学毕业生，不能要求他毕业之时马上就会设计各种建筑一样。因此，我们不能要求一个刚毕业的高中生，学了什么样的文章，马上就会写什么样的文章。否则，就把写文章看得太简单了。

再说，中学生之所以要学习写文章，绝不是要把他们培养成为文学家（少数人今后可能成为文学家，那是未来的事，不是现在中学阶段培养的目标），而是出于社会生活的需要，出于继续学习和今后工作的需要。至于少数中学生对文学感兴趣，那是无可非议的，教师倒应该加以正确的引导，并采取适当辅导的方式，满足他们对文学爱好的要求，但决不能把大多数人都引向文学道路，更不可用文学创作的标准来衡量中学生的写作。

如果这种认识能够得到认同，那么，中学生究竟应该学会写什么样的文章，就不难找到统一的标准了。以我个人的浅见，中学生首先应该学会写"求诚求真，切近实用"的文章。说"首先应该学会"，是因为学会了写这样的文章，不仅中学写作教学的目标达到了，而且也为今后的学习或工作打下了基础，再去学写其他类型的文章，就不是很困难的事。

什么是"求诚求真"呢？用叶圣陶先生的话说，就是"我们作文，要写出诚实的、自己的话"[1]。作文，就是用文字来代替说话。所谓"诚实的、自己的话"，我以为必须符合两个条

[①] 本文选自《中学语文教学》1995年第4期，第42—43页。

件:(1)写作的内容必须反映真实的生活或真实的思想;(2)文章的语言必须经过仔细的推敲、斟酌,是出自内心、经过酝酿而成的,而不是抄袭或生搬硬套。

所谓"切近实用",是指写作目的而言。正如前边说过的,学习写作是为了生活的需要,为了继续学习和今后工作的需要。由于中学生的生活圈子较小,学识与经验阅历有限,指导他们写作,只能要求他们就近取材,反映自己的生活、自己的思想,反映周围的人和事,真实而具体地写出自己的见闻、见解或体会,而无需过高地要求他们去写所谓国家大事,或者要求他们去反映广阔的社会生活,这是他们力所不及的。如果在中学阶段真正学会了写"求诚求真,切近实用"的文章,中学毕业之后,或继续学习,或参加生产,或参加工作,随着经验阅历的加深,知识的日趋丰富,再通过反复的写作实践,要他们写出锦上添花的"美文"来,也是可以达到的。

"求诚求真,切近实用"这个标准,是就中学生作文的总体方向而言的,至于具体衡量每一篇文章,自有另外的标准。我认为,这些标准至少应该有以下几条:

1. 言之有物

任何一篇文章都要表达作者的思想、见解,或反映作者的见闻,一句话,就是要把自己心中的意思和感情传达给读者。中学生作文的一大通病,就是不能很好地表情达意。有的完全写不出自己的真实思想或真实见闻,颠来倒去就是那简单的几句话,有的篇幅虽然长一点,但空话套话不少。究其原因,一是对所写的事物不熟悉、不了解,却硬要去写;二是没有写作的欲望,勉强写出的话,不是出自内心的。这两种情况的产生,主要责任都不在学生,而是由于某些命题作文脱离实际所致。要改变这种状况,教师必须引导他们多观察、多了解,熟悉周围的人和事;还要以恰当的命题,激发他们写作欲望,让他们写出自己的心里话,甚至让他们觉得非说不可,非写不可,不说出来,不写出来,就不痛快。这样写出的文章当然就有内容,就"言之有物"了。

2. 抒发真情实感

作文除了传播信息、说明事理、描述形象之外,还要以情动人。初学写作的中学生,往往不知道如何来抒发感情。他们常常借用一些带情感的名词,如愁苦、悲伤、欢乐、愉悦之类,贴上抒情的标签;另一种则是"啊啊呀呀"、"哼哼唧唧",故作姿态,无病呻吟。这都不是抒发感情的正确方式。正确的抒情,应该借助于文中的叙述或议论。叶圣陶先生对此有精辟的见解,他说:"情感不可无所附丽,常要借着述说或推断以达情,这就含有叙述或议论的分子了。"[2]的确,只有把情感融于叙述与议论之中,才能达到真正抒情的目的。例如,鲁迅先生所写的《记念刘和珍君》一文,不正是借助叙述和议论来抒发自己对刘和珍的深深崇敬和对反动派怒不可遏的悲愤之情吗?如果没有真实的记叙与恰如其分的议论,情感就成了虚无缥缈的幻影,即使勉强抒发,也只能是矫揉造作或无病呻吟。真实的情感来源于真实的生活和真实的感受,只有带着情感反映的生活和写出的感受,才能感动人。由于人与人之间在情感上有许多相通之处,只要作者把自己对某件事、某个人、某个道理在心理上的感受与变动如实地写出来,读者看了这类文章,便不自主地在心理上产生共鸣,也有与作者同样的感受与变动。这就是被作者的真情实感所打动,即是文章产生了强烈的抒情效果。

3. 结构完整,句段连贯

一个人说话,应该有头有尾,不能丢三落四,条理不清。写文章,要求就更严了。句与句之间、段与段之间,都必须衔接自然,语势贯通,首尾相顾,融为一体。一篇文章,结构是否完整,句段是否连贯,是检验作者思路清晰与否的重要标志。中学生常常在这方面缺乏修养,教师应指导他们学会在动笔之前打腹稿或拟提纲,在组织安排、布局谋篇上多下些工夫。这个工夫非同寻常,就好比建筑工作中的蓝图,舍此,不能造出气魄宏伟、美观实用的房屋。

4. 语言通顺、得体

这不是一个低标准。只要看看现今某些作家或记者的文章仍有不少病句,就知道这个标准对中学生来说,并非很容易就能达到。孔子曰:"辞达而已矣。"我们所说的语言通顺、得体,即孔子所说的"辞达"。这是古今文章家一向重视的衡文标准。中学生要达到这个标准,必须切实加强语感的训练,多读多思,口诵心惟。久而久之,必能体味语言的韵味与奥妙,写作时,语言的通顺得体就自不待言。

语言的得体,还指说话人(作者)必须分清对象,注意场合,符合身份等。有些话从语法或逻辑上看,并无错误,但就是不能那么说。例如,某中学生向他的父亲写信说:"本人的钱用光了,速寄钱给我,勿误!"儿子怎么能这样向父亲说话呢?真是不成体统!由此可见,语言不得体,也不是一件小事,很容易引起听话人的反感。

以上所说,仅为一孔之见,许多话可能言不及义。因为是讨论,所以便有啥说啥。不当之处,请读者赐教!

注释:

[1] 叶圣陶.作文论[M].北京:商务印书馆,1927.

[2] 叶圣陶.作文论[M].北京:商务印书馆,1927.

中学生写作规律探讨和指导[①]

肖以敏

写作教学的规律是什么？我们认为，要研究写作教学的规律，首先就得研究写作教学的对象——青少年写作发展的规律。总的来说，是从感性到理性的循序渐进的规律，具体说来分为下列几项。

口头—书面—口头

凡教过中小学语文的教师，也许都有这样一点体会：小学生作文是从口头说话课开始的。小学生的连词、造句、填空答问是口头的作文训练，发展到比较完整的说话、写话乃至书面作文。到了初中学段，则按课本上的作文序列（统编课本为文体型，九年义务教育课本为生活型—能力型的一种）进行书面写作训练，从而构成听、说、读、写四种语文能力来完成语文教学任务，而学生从口述为主转化到笔述为主之后，如果再要他们像笔述那样，把文章的内容、结构有条理地口述出来，学生就感到十分为难，往往有许多会写的中学生却不会讲，从明于心到名于笔固然有一定难度，再从名于笔到名于口就更加困难了。所以，讲故事、演讲、即席做报告乃至口头作文等形式，又成了青少年写作发展的高级阶段。一个人的语文功底是能说会写的综合反映。因此，语文写作能力的全面形成，则是按从口头到书面，再由书面到口头的发展规律日臻完美的。

这一规律又受儿童—少年—青年的年龄递增以及心理因素的发展、思维能力的成熟等多方面的制约，所以好多学生在小学里能说会道、出口成章（初级阶段），上了中学就变成只习惯于书面作文，讲演起来则吞吞吐吐、断断续续，甚至东拉西扯，语无伦次。到了高中，则无心作文，更缺乏口头发表能力，写几句书面文章还可以，讲述起来不是杂乱无章，就是干脆哑口无言。这说明口头作文比书面作文的立意、构思、用词、造句、谋篇、布局难度更大，但是，只要教师懂得了这一规律，坚持训练，手口并用，出口成章的高级阶段也是可以水到渠成的。所以，我们中学语文教师必须理解这一点，并按照它的规律用作文的序列训练这一手段因势利导，就一定能培养出动笔能文、出口成章的开放型、竞争型、实用型人才。

从无话可说到有话可说

随着学生年龄的增长，所学知识的逐年增多，他们的写作表现也相应地起着变化。一般的是：无话说—有话说—再无话可写—有话可写。这是因为他们从小学三年级开始写话，总怕写不好，叫他们口头说几句还可以，如果教他们拿笔写话，则不敢下笔了。这一现象固然是知识因素起决定作用，学生的心理因素也是不可忽视的原因，大约要延续到小学六年级乃至初中一年级才能逐步得以缓解。这以后，学生的写作表现则是话非常多，总有嫌时间短、

[①] 本文选自《语文教学与研究》1996年第7期，第12—13页。

说不完的感觉。不管是顺理成章还是杂乱无章的内容,他们按照自己审题立意的角度,总是滔滔不绝、长篇大论。这是因为年纪又大了一点,好表现自己的心理因素处于主导地位,而且通过几年的阅读,以及所见所闻,知识领域扩大了些,兴趣也较之以前更广泛了。语文的识字、写字、理解等已初步有了些基础,伴随着这一切条件,他们的写作能力当然也就增强了些,这时候学生最突出的表现为写文章一气呵成,不打草稿,提笔就写,洋洋千言。但是,打开他们的文章一看,你便会发觉文章的毛病也多。如:文理不通、东拉西扯、语言不顺畅、用词不当乃至生造词语等。通过老师评讲或互相交换阅读,他们也逐步明白了自己文章的缺点,有时甚至感到这也不对,那也不好,至此,便又出现了"无话可写"的现象。这一阶段一般出现在初二至初三这一阶段。所以初中二年级或三年级的语文教师最感写作教学为难,总觉得学生太笨,无法提高,同时也最担心中考时作文出问题等。不过这是暂时的现象,这一现象也是可以通过人力来提高使之发生变化的,而且,老师也应该发现,学生的写作出现了打草稿甚至改了又改的倾向,有时两节作文课也完成不了六百字左右的一篇小文章。这就是你的学生在进步,虽然文章短小了,他们懂得字斟句酌,懂得推敲了,懂得审题要准、立意要新,在选材、布局上花时间、下工夫了,这是中学生写作的必经之路。到了高中,文理分科,如果学生的社会压力较小,心理负担不重,那么,他们的写作能力就扶摇直上了。因此,许多高中生发表文章、创作小说,以及前一段时期,好多长篇、中篇小说出自下乡知青之手,这并不是偶然的,说明高中阶段是学生能力日趋成熟、写作技巧日臻完美的黄金时期,这就是我所说的"再到有话可写"的阶段了。我在60年代初曾试用过一套写作教学序列,分十章:① 生活是源泉;② 审题;③ 主题;④ 重点、详写和略写;⑤ 依次记述;⑥ 并列分述;⑦ 观察生活;⑧ 人物描写;⑨ 写话;⑩ 修改。每章除理论讲述外,都选进1—3篇学生写的优秀作文做例文进行引导,对配合学生的写作发展规律、促进学生各发展阶段的平稳过渡、提高学生们的写作能力起过较积极的作用。

从再造性作文到创造性作文

在上述青少年写作发展规律的前提下,我们语文教师的写作教学就要遵循这一轨迹,从指导学生再造性作文向创造性作文发展,也就是从叙述到作文的过渡。所谓再造性作文,就是学生在一定材料的帮助下,使用语言文字,合乎要求地表达思想,它是教师"给框架 给支柱—给提示"的训练过程,也就是许多语文教师所提倡的扶着走、牵着走到放手走的教学模式。给框架的类型如缩写、改写、扩写、看图作文、记叙故事等;给支柱的方式如续写,给中心思想、创造性改写等。给提示作文是学生由再造性作文向创造性作文过渡的关键环节,如学习《石壕吏》之后,提示学生改变人称改写成散文;学了《孔乙己》《范进中举》之后,提示学生通过合理想象,写一篇《孔乙己中举》的短篇小说;学习白居易的《琵琶行》之后,提示:"××电视台有意按唐代现实主义诗人白居易《琵琶行》中的故事情节,改写成保持原意的电视剧本,请你下笔。"这种提示既指出了框架,又给作者以创造性思维的广阔天地,且能激发学生的兴趣,是引导学生向创造性作文过渡的桥梁。

所谓创造性作文,是根据学生的观察力,通过对生活的观察体验,再经过独立思考,表明态度与观点,并培养学生独力取材能力的作文的一种训练方式。主要表现形式是命题作文,包括集体作文和个人创作。现行的中学语文教材都设计了作文程序,我们可在"程序"的宏观控制下,根据实情,作些微观上的调整,命题的范围要联系课文以及学生实际,方法可由教师命全题或命半题,另半题由学生自己填写,也可以完全由学生命题,还可以先由学生以某人某事为原型进行创作,构思成故事、人物特写、小说、电视剧本等文章后再命题或由集体讨论命题,中学生作文到了这一地步,他们的写作能力就进入了较高的境界。

从记叙、说明到议论

学生的思维发展,一般是从感性到理性、从形象思维到逻辑思维,所以中学生的写作也应遵循记叙、说明到议论这一规律进行。我们上面所讲的主要是记叙性文章的写作,它都是从形象思维的角度设计的,包含一些记叙中的说明、议论和抒情的成分,这是引导学生向逻辑思维过渡的一些基础,逐步指导学生写作一些说明性的文章,告诉学生:① 抓住事物的特征,了解事物的形状、性质、结构、成因、功用等;② 按照一定的顺序:时间、空间(方位)逻辑等;③ 使用准确的方法,下定义、作解说、分类别、列数字、作比较、举例子、列图表等;④ 掌握说明的类型,建筑、程序、事理、事物(包括科学小品)等,同时还指导学生懂得说明性文章中的记叙、描写乃至议论抒情的作用,以及平实说明和生动说明的主次关系、互补关系。在此基础上,学生写些一般应用文以及产品介绍、旅游景点说明乃至广告设计、广告制作等实用性强的专业应用文就得心应手了。这是从初中阶段到高中阶段都必须教给学生的基本内容,也是中学生写作中必不可少的训练程序,它可在很大程度上发展学生的逻辑思维,提高学生的分析、推理综合概括能力,为写作议论文打下基础。

写作的逻辑思维发展,重点体现在议论中,它是中学生写作的高级阶段(相对而言),因为它是初三年级的重要内容,更是高中学段写作训练的主要内容。学生在理论上要掌握立论、驳论的类别,懂得论点提出的形式及论点、论据、论证的关系,了解古今中外的各种论据,并正确选择论证的方法,包括古文写作中的启、承、转、合等结构,也应有所了解,以便作为写作中的借鉴,如果说写记叙文需要阅读大量的课外书籍,熟悉古今中外的大量资料、范文,做到"熟读唐诗三百首,不能作诗也会吟"的话,那么,写议论文则更要掌握并精通历史、地理、生物、数理化、法律、政治乃至哲学等更广泛的知识,有了这些知识作基础,运用论据才能得心应手、取舍自如。因此,我们认为,议论文的写作不仅是中学生写作能力培养的高级阶段,也是中学生各种知识集合的高级阶段。在议论文的写作中也有一个从一事一议或夹叙夹议到给材料议论的发展过程,在日常生活中,还有一个评论、立论或驳论的写作训练序列,从引论、本论、结论的模式到比较复杂的立论、推论、结论的写作结构,这些都是中学语文教师在写作教学中值得重视的。许多中学生怕写读后感,认为读后难感,虽有一些感,都是一句话或三五句话的事,感不出一篇文章来。针对此问题,我曾设计过一种模式,即摆事实、讲道理、照镜子、作保证等四步曲。摆事实即概括所读内容;讲道理乃读者的体会、认识;照镜子就是结合现实生活,结合自己实际;作保证也就是表态度或决心,这四步的先后次序不必死板,可以随写作的意图而交换,四步中的每一步也是可以根据情况而取舍的。特别是第四步作保证一项用什么形式,或者不用,完全由作者灵活掌握,其中讲道理是文章的主体,学生的写作难点就在思路狭窄,说不出读后的感想来。我又指导学生从远处(历史意义)、从宽处(现实意义)、从深处(深远意义,即今后影响)等三方面来拓宽思路。当然这三条思路并不是固定不变的,也不是逐条非写不可的,轻重与否,作者据情而定。因为它只是思路,并不是文章。但是,学生有了这些框架之后,确实有"一旦豁然贯通"之感,写起读后感来再也不觉得难于上青天了。

个性化作文教学初探[①]

叶培祥

从 20 世纪 90 年代初开始,在"教育,我们有话要说"的讨论中,挨骂最多的就是语文。只要我们以对民族负责的态度和实事求是的勇气审视中学语文教学,那么在凝重的沉思之后就不得不承认,语文教育的确灾难深重,而语文学科中受"害"最深的是作文。因此,冷静反思中学作文教学的失误,确立个性在作文活动中的应有地位,进而探索出一条符合教育发展规律的作文教学途径,是语文界同仁亟须完成也义不容辞的一项使命。

一、现实的剖析

诸多事实表明,当下作文教学至少存在以下弊端。

(一)定位偏颇

中学生作文的目的是什么?就其本质而言,写作是一种生命运动。作者通过文章与世人对话、交流。任何一篇好文章都是作者有感而发,而抒发的目的就是想把自己的思想传递给别人,实现交流的目的。从心理学来说,交流不只是一种活动过程,而且是人的基本需要。具体来说,就是作者与他人进行生活经验和情感的交流。叶圣陶曾说过,作文不是无所谓的玩意儿,是生活的一个项目,有时我们心里喜欢,有时我们心里愁苦,就想提起笔来写几句,写过后,喜欢的更喜欢,愁苦好像变淡了。很显然,叶老是把作文作为一种感情交流的途径。

既然作文是为了交流,这里就有个必须遵循的规则,即拿来交流的只能是"我"的"真情"。然而我们的作文教学恰恰在这关键之处违背了规律,误入了歧途。我们把花季雨季的中学生作文的目的自觉不自觉地定位为狭义的主旋律,试图急功近利地让这一年龄段的人通过写作提高思想素质,承担起振兴大卜的重仟。于是学生在作义里根本不是写自己的生活,而是写老师的生活或其他成人的生活。丢失了自我,他们写出的文章常常是胡编乱造,或模仿剽窃,或寻章摘句,或无病呻吟,或千人一腔。文中的语气也少有少男少女的风采,而常常是报刊评论员的架势。

(二)空间狭窄

偏离了"以我的真情与人交流"的目的,就必然造成作文教学的空间狭窄,特别是通过考试评价来巩固这种违背客观规律的错误定位之后,写作的空间便可想而知了。

有一位初中生写《上学路上》,文中写到自己走着走着牙齿掉了一颗,满嘴都是血,拿着掉下的牙齿心里很紧张,于是回去问奶奶。奶奶告诉他这是该换牙了,掉了还会长的,不要害怕。小作者就问爷爷的牙齿掉了怎么不再长,奶奶告诉他因为爷爷老了。作者心想人老

[①] 原文发表于《深圳大学学报(人文社会科学版)》2002 年第 1 期,第 92—99 页。

了牙齿掉了也不长了,吃东西怎么办呢?越想越害怕。这是一篇"真"作文,可教师以思想性不强打了低分。哪知这个学生是个小机灵,他对文章进行了修改,在原文的最后加了这么几句话:但是,别看我爷爷牙齿掉了,但如果让他上前线,他一定会用那没有牙齿的嘴巴狠狠地咬掉敌人的一只耳朵,人老了有什么可怕!结果他竟然获得了高分。类似这种以虚假的思想性代替真情实感的事例绝非个别。

不仅如此,现在还有一种现象,就是通过不合理的命题限制学生的个性张扬,把他们作文的内容逼进狭窄的境地。社会生活原本是无限丰富的。每个人生活的环境、成长的经历、所受到的影响等因素也往往因人而异。每个人的个性、爱好、欣赏倾向等也不可能完全相同。这就要求作文的题目不能"一刀切",更不应把学生的思维与写作强行纳入一个早已预设好的、几乎没有个人意志和创造空间的模式之中。在这一点上,众多的事实发人深思。

有一道题目叫《妈妈真好》。命题者可能想的是"世上只有妈妈好"、"谁不爱自己的母亲",可一位女同学写的是《爸爸真好》,结果老师将这篇作文作为反面例子说明审题的重要,谆谆告诫学生"失之毫厘,谬以千里"。其实,这位女生不是不懂审题,而是这道题逼得她无话可说。原来,该学生的母亲在她很小的时候就嫌贫爱富,撇下了她和父亲投进了一个大款的怀抱。她父亲又当爹又当妈,给了她全部的爱。在她心目中,爸爸最好,妈妈最差劲。如硬要这个学生按老师限定的对象写,无异于用尖刀去搅拨她心灵的创伤。

当然,"上有政策,下有对策",命题者强求一致,不给学生留下自主思考的空间,学生就来个瞎编乱造。1998年高考的作文题目是《战胜脆弱》,据抽样调查,某省有40%的考生写了在"父母双亡"下"战胜脆弱"的假作文。

(三)评价失当

如前所述,偏差的定位必然造成写作空间的狭窄,建立在这种基础之上的评价机制则必然有失公正。

当前作文评价的失当突出表现在"重"、"轻"失调,即重文理轻心理、重内容轻形式、重程式轻创造、重思想轻感情。如果我们认同作文的本质目的是以我的真情去与人交流的话,那就应该确认心理重于文理。因为"文理"是公众的产物,是按理想化的模式印入人们脑海的,是固定的无灵气的,而"心理"是个体的产物,是流动的、变化的、鲜活的。就一篇文章来说,内容和形式都很重要,但我们在评价作文特别是应试作文时,却把眼光紧盯着"写了什么",而忽视了"怎么写的"。实际上"怎么写"才是作文的重点和难点,因为"变迁了形式也就变迁了内容"[1]。重思想轻感情是长期高悬在写作者头上的利剑,是导致学生作文假话、大话连篇、千人一腔的主要原因。据1998年版《现代汉语词典》解释:思想是"客观存在反映在人的意识中经过思维活动而产生的结果"。它由特定的社会形态和人们的生活时空所决定,其中必然含有鲜明的公众意识和阶级意识的因素。而情感则是"对外界刺激肯定或否定的心理反应,如喜欢、愤怒、悲伤、恐惧、爱慕、厌恶等"。它是临时性、突发性的产物,而且是个体生命的一种体验的结果。可以说没有真切的情感就不可能形成思想,而我们的作文评价标准则一直带有重思想轻感情的倾向,使那些表现虚假的"深刻"思想的作文占便宜,而那些抒写独特感受的作文被视为"境界不高"而遭冷遇。

总之,失当的评价使得说假话、抒假情、四平八稳者得意,而说实话、流真情、有灵性"不安分"者吃亏,这就必然造成作文教学在恶性循环中徘徊。

(四)方法陈旧

如前所述,作文教学因错误的定位造成空间狭窄,又以失当的评价机制来维护狭窄的空间和错误的定位,在这种大环境下,谁还能不紧抱陈旧的教法呢?例如,本来学生的写作储备应该是扩大课外阅读以积累知识,走进社会大课堂以观察体验生活,而我们却舍本逐末,热衷于叫学生模仿课文,还美其名曰"读写结合",有的甚至布置学生背范文以应付考试。

更有甚者,现在为了对付考试,不少学校的教师已经把考试中可能涉及的文体写法归纳为"套子",并作为制胜的法宝"传"给学生。特别是一些多年在高三第一线跟着指挥棒跑的同仁们,更是用心良苦。为了让学生在高考中写出"保险"的文章,不少老师竟训练学生按"填空"法拼凑高考作文(见表)。

段落	写法	内容	字数	备注
1	引	引述材料 交代缘起	50	若字数不够,按正反3∶1的比例增加例子
2	析	分析材料 挖掘内涵	100	
3	提	提炼观点 明确主旨	50	
4	联A 联B	古今中外正面举例分析反面事例 分析论证	300 100	
5	结	总结强调 照应开头	100	

著名教育家陶行知在培养人的问题上有句至理名言:千教万教教人求真,千学万学学做真人。[2]可我们现在的作文教学(其实何止是作文教学)是"千教万教教人得分,千学万学学成套中人"!按这种教育方法"培训"出来的,泯灭了个性的青年如何承担民族复兴的重任?

二、个性的呼唤

既然当下中学作文教学的弊端是压抑了生命体的个性发展,那么我们就应该让作文恢复人的尊严,展现人的个性。

(一)作文教学自身的需要

就学科性质而言,作文最富有创造性,最需要创造性,也最便于充分展示作者的个性。但长期以来,我们实施的是一种"套式"标准,客观上剥夺了学生的个体话语权。如前所述,本来人们的思想道德存在个性差异,但你偏要他在作文中依照命题者的规范去矫饰,其结果只能是假话连篇;本来人们的情感是各自独立不该强行同一的,你非逼着他都从积极的心理和情感方面去"战胜脆弱"、"追求坚韧"(否则就以偏题论),于是那些心理和情感尚达不到积极程度的考生就捕风捉影,不约而同地杜撰出"父母双亡"、"自身伤残"的虚假经历来献给你;本来人们的哲学生活方式不同,对同一个事物可以得出不同的结论,况且世界原本就是多元的,认识问题的角度也应该是多维的。所以写作时应该容许作者以独特的哲学视角,作探索性和独立性的思考。这一切都迫切要求我们在作文教学中重新确立个性的地位。当务之急就是解放思想,冲破束缚,鼓励中学生讲真话、实话,讲富有个性和创新意义的话。因为创造性思维不可能在无个性的语言中得到发展,对个性化表达的扼杀实际上是对创造性能力的扼杀。

(二)语文教育目标的需要

中学语文教学的目标在相当长的一段时间里实际上是着眼于"工具性",使我们把语文课变成了语言运用课,把语文教材当成了进行例析的语言材料(字、词、句、篇、章等),而且这种解析皆以教参上的说法为"标准"答案,它忽视了对学生判断力、观察力、感受力的培养,更漠视了对学生审美情趣的培养。

站在21世纪的时空,我们认为语文教育目标偏移的定位至少已经带来了三个毋庸置疑的后果:一是造成学生个性的压抑和个人声音的消失;二是语文课的人文性被取消,使语文课堂几乎变成了知识课和技能课;三是语文课应有的对话性被取消。文学作品最忌讳的就是只掌握一种所谓的"标准答案",故语文课上应该有师生对话、同学对话,更要有学生与作者(文本)之间的对话,而对话的前提恰恰是独立的思考、个性的活动。

语文作为基本的人文学科是现代人文精神和科学精神的统一。从人文精神来说,语文教学必须把人放在主体地位,以促进学生个性的发展、情感的和谐、心智的健全,注重感情、知觉能力和创造精神的培养。从科学精神来说,应培养学生科学的怀疑、基本的判断、勇于追求的理性态度,而这一切都以个性的健康发展为前提。

(三)提高民族素质的需要

我国改革开放以来,人们在诸如服装款式、情趣的指向以至情感的表露方式等方面表现出了浓重的"跟风"心理,这实际上是一种丧失个性的从众之举。

从美学的角度讲,当审美情趣的层次已经上升到个性是尊的时候,众多的人是不讲求时髦、不盲目跟风的;而在审美情趣的层次尚属原始意味的仿效时,"追风"之潮就犹如倡导规行矩步的精灵,使斑斓绚丽的个性美消匿于一时的"风"中。这种消极的因素酝酿、发展为仿效式的从众心理,并且深刻地波及影响着民族素质的更新力度和创新气魄。所以,在作文教学中呼唤、张扬个性,要求学生创造一个独特的"我"的形象,同时也不排斥与你相异的另一个独特的形象。这样的生存态度,是张扬个性但又不伤及他人的生存态度。如此的生存态度蕴含着深刻的理性,是在更深层面上对人类社会的文明进化做出的具有独特意味的奉献。从这个意义上说,提倡个性化作文客观上对提高民族的素质会有一定的积极作用。

三、应时的探索

笔者有幸成为中学语文专业首期国家级骨干教师培训班学员。通过培训,深感语文教育迫切需要转变观念、正本清源。尤其是作文教学,原本是最应展示生命活力和个性的学科,却因定位的偏差导致了令人焦虑的后果。它不仅不利于学生的健康发展,而且客观上影响了社会风气。基于此,笔者将个性化作文教学实验定为国家级培训分散研修阶段的科研课题。

个性指的是一个人的独立性、独特性和不可替代性,其最重要的品质是特殊、新颖。所以个性化作文具有新颖的审视角度、独有的价值判断、独特的审美倾向、真诚的情感体验、灵活的表达形式。这一实验要以个性化思维和表达能力的提高为核心,以作文的个性化为标志,成为一个师生双向互动、共同探讨的实践过程。

(一) 实验的准备

在准备阶段,需摒弃"为传授知识而教"的观念,确立"为人的可持续发展而教"的新理念。为学生的个性发展创设自由、宽松的环境,开阔学生的视野,尽可能地包容人类美好向上的东西。就作文教学而言,教师充分认识到以往作文教学的弊端导致张扬个性者吃亏,四平八稳者得利,甚至说套话,说既正确又深刻的废话者得利、造假者得利,学生的个性受到极大的挫伤和压抑。因此,培养学生的作文个性,既需要全社会共同创设一个尊重个性、崇尚个性的文化环境和评价机制,更需要语文教师以开放的胸襟和恢宏的气度,以民主宽容的理念高扬民主精神,不用枷锁拘囿学生的思维,不用唯一的标准衡量学生的作文。培养他们不唯权威而大胆怀疑的挑战性,敢为人先而又能自我调控的自主性,实实在在地让他们张扬个性,有一份心理安全感和成功感。教师除了切实更新观念外,还要帮助实验班的学生明确以下两点。

1. 在写作的目的上正本清源

作文,包括文艺作品,对社会的发展充其量只起一定的辅助作用,绝不可能也不应该承担主体功能。至于中学生作文的目的主要是个体生命成长过程中的一种必要的交流,是生命的一种运动方式,而不是让尚未成年的少男少女在作文中高举以天下为己任的大旗去弘扬什么、赞美什么、批判什么。写作目的上的正本清源使学生懂得了写作是他们自身的一种需要,也是一种神圣的权利。

2. 在写作的评价上去伪求真

教师要旗帜鲜明地告诉学生,拿来与读者交流的应是自己的真情,用空话、套话、成人话,以矫情、假情、空泛情去与别人交流既是对本人个性的丢弃,也是一种对别人缺乏诚意、不尊重别人的表现。教师还要坦诚地告诉学生,青少年在成长的过程中,不论是对事物的看法还是情感的表露方式等方面都不可能尽善尽美,成长的过程本身也是一个不断超越自我的过程,所以青少年在人生的道路上出现某些偏差是不足为怪的,有些真实的东西包括不太"正确"的情感在作文中有所反映也是正常的,教师决不会以言治罪,而只会平等探讨,真诚帮助。

以上两点对作文写作的"拨乱反正"可为课题的实施扫清障碍。因为这一实验不是对传统作文教学的修修补补,而是要真正确立学生在作文中的主体地位,重新树立他们作为个体生命的写作权利和尊严。

(二) 实验的实施

在实施阶段,具体的做法可以用两个字概括:放开。

1. 改变习用课型,放开时限

传统的作文课型是教师当堂命题,学生当堂完成。这种作文方式适宜考试,但不符合文章生成的自然程序。大量事实证明,这样限定课堂时间硬着头皮写,别说中学生,即使教师本人,甚至作家也未必能立等写出好文章。为了让学生真正在宽松的心境下展示自我,必须打破原有的作文课型,采取符合文章自然生成规律的做法,具体来说,就是没有专门的作文课,而是在布置作文(不是命题作文)后,给学生一个观察、感悟的机会,把作文延伸到课外去完成，为学生开辟一个宽松的时空条件，让他们尽情抒写内心的真情实感。

2. 改变命题模式，放开内容

为了让学生不再受统一命题的拘囿，必须毅然摒弃一人命题众人写的陈旧方式，采取以学生自拟题目为主、师生共同命题为辅的命题形式。让学生自拟题目作文便于学生联系各自的生活、思想实际，想写什么就写什么，爱写什么就写什么。这样，学生的作文思维模式不再受约束和局限，自发地打开心灵的大门，张开想象的翅膀，在创造性作文的天空自由翱翔。

当需要命题时，须采取师生平等研讨、共同制作的方式，使命题的过程成为一个比较、鉴别、提高思维水平的过程。共定的题目一般不出判断性的命题，特别是带有质量规定性的题目。还要具有宽泛性和诱发性，如"十五的月亮"不如"仰望星空"，而"仰望星空"又不如"仰望夜空"。

3. 改变批改模式，放开话语权

作文的批改是个老大难问题，同行们常把它喻为压在身上的一座大山。长期以来的实践证明，教师独把话语权评点学生的作文，不论是详细批改还是粗略批改，均引不起学生的兴趣，而且有的批改本身也值得推敲，委实是一桩"力大作用小，出力不讨好"的事。改变批改模式实际上就是老师放开话语权，改变那种一方评价一方听命的不平等方式。具体做法是，学生的自由作文全部由学生自己评价修改。自批时可以自我欣赏，也可以自揭其短，然后根据自批的意见自改。这种"当家做主"心态下的批改效果远远超过教师的"指指戳戳"。

对师生共同拟定的命题作文，则应实行师生共同批改的办法。有时让学生先自改，再互批，最后由教师批改一部分。有时采取师生交叉批改的办法，如这一次以学生自改、互改为主，下一次以教师批改为主。正因为教师的批改是少量的，所以要力争批得精妙，批得能引起学生的兴趣。如有一名住校学生在《中秋抒怀》中想到了环保，想到了海峡对岸的同胞，唯独没想到他的亲人。这时教师不妨批道：你畅想了亲人以外的很多很远的人和事，不知你的爸爸妈妈看了会怎么想？还有一位学生因粗心把人物写成了"两双智慧的眼睛"，对此批"人怎么能长两双眼睛？"就不如批"2双＝4只"。

4. 改变讲评形式，放开评价权

我们以往喜欢给优秀作文打高分然后在评讲课上宣读，算是对作文的一种激励手段。有时再找一两篇反面典型。其实这种单一的方式不利于激发学生的作文兴趣。为了让学生在这一环节上也能展示"真我"，应采取的措施是：(1) 学生上台行使讲评权。课前每组确定1—2人上台评讲，每次轮流。评价的方式不限，但对被评的好作文评讲者应以自己的眼光指出不足之处，提出修改意见。(2) 以评价作文片断为主，评讲整篇作文为辅。我们认为，就整篇作文而言，不论是佳作还是较差的"典型"，其实都是少数，大部分情景不错的作文也有不足，较差的作文也有亮点。因此，我们把作文评讲的重点放在片断的评价上，实践证明，这种评讲方式比以往的做法效果好，因为它体现了对"多数人"的关怀，也让更多的人上台展示了自己。

当然，学生作文能力的提高有赖于多方面的因素，所以除了在上述作文教学的"内部"机制上切实"放开"之外，还要努力把作文教学与阅读结合起来，与生活紧密联系在一起。如课前演讲鼓励他们各抒己见，在班里的图书角准备几百册书供学生选阅。这样，在家长的理解配合下,学生的生活质量就会有明显提高,生活的丰富也为他们的作文提供了源头活水。

数年来,笔者与同仁们一起,按上述思路一边探索、一边积累,取得了可喜的阶段性成果。截至目前,已选编了3本《深大附中个性化作文选》,文选中既有散文、小说,还有诗歌。在第二届新世纪杯全国中学生作文大赛中,实验班的学生获两个二等奖、三个三等奖、十多个优秀奖,有18篇优秀习作在省级报刊上发表。

注释:

[1] 朱光潜. 选择与安排[A]//朱光潜. 朱光潜美学文集(第2卷)[C]. 上海:上海文艺出版社,1982:289.

[2] 陶行知. 小学与民主活动[A]//陶行知. 陶行知文集[C]. 南京:江苏人民出版社,1981:821.

关于中学写作教学的几点思考

章 熊

认真负责的教师都有教学方面的苦恼。语文教师尤甚,其中作文教学占有突出的位置。教师的苦恼,一是学生的能力并不按照教科书的内容按部就班地发展;二是写作能力的衡量没有明确的、可操作的标准,而且短期内不容易有可以观察到的提高。相当一部分学生写作水准忽起忽落,也给教师带来困惑。

一、写作课的特点

不同类型的课程有着不同的个性及相应的学习途径。和小学课程相比,中学课程的学科色彩逐渐浓厚,但是和大学课程相比,又有着不同程度的综合性。尽管如此,中学的不同课程都有着自己的优势倾向。

写作课不是"反映型"学科。"反映型"学科的对象是世界上某一领域中客观存在的事物,并且把这类事物直接进行逻辑切分,组成学科系统,如生物、历史。这类学科的特点在于具有很强的知识性,学习这类学科的重要方法是记忆。

写作课不是"抽象型"学科。"抽象型"学科将世界的某一个方面抽象出来作为自己的对象,例如数学、物理(特别是力学部分)。这类学科中,推导是重要的思辨方法。学科有着严密的逻辑架构(这种架构大体上反映了人类的认识进程)。学习这类学科,学科的知识结构是基础,智力起着重要作用。这种知识结构能有效地发展学生的智力,而学生智力水平的高低又在很大程度上决定着学习的效果。

从本质上看,写作课应该属于"应用型"学科。"应用型"学科着眼于操作能力的培养,技能是其主要因素,例如体育、美术。这类学科通过有计划的训练来达到自己的教育目的,因此它的特点在于实践性。在这样的学科中,知识只是一种辅助性手段,它有助于专门能力和技能技巧的培养,但学了知识并不能直接形成相应的能力。甚至可以说,系统的理论讲授并没有多大意义。课程的学习,关键在于有指导的反复实践。

当然,和体育课、美术课相比,写作课的综合性要强得多,写作者所表现的,是他对人类社会(今天、昨天)的观察与思考。这就使技能更具有智力因素,而且操作要复杂得多。为此,我们就要努力更深入地探讨写作的过程。

二、写作学的发展以及中学生的轨迹

(一)写作学的发展

20世纪90年代以来,我国写作学的研究有了不小的进展。80年代初期,我国的写

---

① 本文选自《中学语文教学》2006年第10期,第3—6页。

作学教材仍然延承旧绪,以"主题""材料""结构"等因素的分解静态描述为主,90年代以来,写作学理论界逐渐吸收了西方研究的成果,出现了很大的变化,转向探讨"主体(写作者)""客体(主体视野中的客观现实)""载体(作品样式)""受体(读者)"之间联系与互动的动态分析。

这种研究很自然地进入了写作心理过程的分析。写作的一般心理流程如下:

产生写作动机(自发的、外来的)→搜索、提取记忆库中的信息(短时记忆、长时记忆)→激活、捕捉记忆库中储存的写作模式→语言表述→回顾和完善。

在这一过程中值得注意的有以下几点:

1. 它始终处于动态的变化之中

写作要经历由模糊而清晰、由无序而有序、由整体而局部、由内部言语而外部言语的过程。这是一个变化多端、发展行进的动态过程,各种信息、符号在大脑中不断地融会、碰撞、解体又重新组合。零星而来的发现都要在此时受到检验、连缀、整合、升华。许多念头突然出现又转瞬即逝,紧接着又有许多念头蜂拥而至。这一过程要到最后完篇(有时还要经历反复修改)才结束。

2. 它与写作者的记忆库紧密相连

构思是一个定向搜索过程。在这一过程中,写作者长期记忆中的相关信息被激活,经过筛选、重组、编码、排列成序。写作内容与写作者记忆库的关系是不言而喻的,作品结构模式也一样。根据心理学家安德逊(J. R. Anderson,1980)的分析,作品结构样式(他称之为"图式")也是经过长期积累储存于写作者记忆库中的,构思就是唤醒、挑选、调整、拼合这种记忆的过程(验诸我们自身的经验正是这样)。这种记忆是具体的,来源于写作者的阅读和写作实践,"图式"储存得越多,构思的过程就越顺利、越流畅。作品的体裁样式当然对构思有很大影响,但不是三大"教学文体"(后面要谈到这个问题,而且"教学文体"模式化很容易形成八股)。

3. 它要经历内部言语到外部言语的转化

把所思所感形之于文字,从内部言语到外部言语,心理学称之为"外化"。内部言语的形成是智力发展的基础,然而它是简约、片段、凌乱的。思维的速度大大超过语言表述的速度,据研究人员统计,在1分钟内,内部言语可以达到450字,口语表达的速度可以达到150字左右,书面表达则仅有20—30字左右。当我们注意力高度集中,处于兴奋状态时,新的思想纷至沓来,使人应接不暇。在这种情况下,如果没有运用书面语言的娴熟技巧,再好的想法也会稍纵即逝,无法成文。因此语言技能的训练就必然成为写作教学中的一个重要课题。我与张彬福合作的《中学生写作水平与语言技能相关性检测》课题研究也证明:中学生的整体写作水平与语言技能水平呈极高度相关。

(二)中学生的发展轨迹

中学可以说是一个人发展、变化最快的时期。在这个时期,他们的抽象思维能力迅速发展,然而还处在经验抽象思维阶段,理论抽象思维只有在高年级的少数学生身上才初步形成(直到高等教育阶段才能比较成熟)。随着他们视野的逐步扩展和思想的逐渐深化,他们写作的内容也在不断变化。这种变化因人而异,具有不同的个性,同时也有着共性。

中学生写作内容随着视野的拓展而变化,大体上遵循着这样的轨道:开始的时候是自己和周边生活所带来的喜怒哀乐;渐渐地,许多社会现实引起了他们的思索,这时候,他们的写作题材增多了,思考也更深入了;这种思考不是一成不变的,它随着学生对历史文化的积淀和理解而不断深化。西方写作教材都从"写自己"开始,正是基于这样的认识,"个人的感悟、感受→对社会的思考→历史文化的渗透"可以说是不同学生的共同道路。在这样的道路上,每个人前进的速度和幅度是不一样的。中学写作教学的任务之一就是仔细、巧妙地引导、扶持学生沿着这条道路加快自己的步伐。学生喊"没有可写的",只能反映教师教学的不得法。在这种情况下,教师无论说多少遍"世界上并不缺少美,缺少的只是审美的眼睛"都是没有用的。

随着写作内容的日益复杂,学生所面临的写作障碍也越来越多。由"通顺"而"不通顺"再到"通顺",这种现象是很正常的。在不同的水平层次上,学生会遇到不同的问题,这些问题,有的通过有针对性的训练可以缓解,有的则受到他当时水平(认识水平和技能水平)的限制是一时无法解决的(在一定阶段,他们可以发现自己的"失误"而无法辨识自己的"错误")。在更高的层次上,原来的问题解决了,新的问题又会萌生。无论是语言、结构还是内容都如此。因此,在整个中学阶段,写作教学应该循环往复,逐步深入,呈螺旋式排列而不是线性排列。

三、关于"文体"和其他语文知识

(一)文体问题

"记叙文"、"说明文"、"议论文"的出现显然是西学东渐的结果,然而在西方的文体论中并没有这样的划分。他们只有"记叙(narration)"、"描写(description)"、"说明(exposition)"等概念,这些概念,我们称之为"表现形式"。"表现形式"进入我国,变成了"文体",而且双轨并行,这固然有文化传统因素(我国传统的"语文"不是"语言+文学"而是"文章",所以从陈望道先生的《作文法讲义》开始就以表现方式命"文")。更直接的原因是考虑到中学教学的需要。这三种文体的使用范围,通常只限于学校语文教学这个特定阶段。刘国正先生曾经有过解释:"记叙、说明、议论,是三种主要表达方式,只是为了教学之便才称之为'文体'。[1]"这种处理实质上是把"记叙""说明""议论"理解为各种文体的胚胎状态。按照这样的理解,"三大教学文体"与按功能分类的各种文体之间的关系可以图示如下:

文学性写作(诗歌、散文、小说……)应用性写作(新闻、论文、公文……)
↕
教学文体
(记叙文、说明文、议论文)

应该承认,我们过去的写作教学有许多缺陷,是否要划分"教学文体"也可以讨论(攻击者并不是没有道理),但是中学写作教学不能完全等同于社会写作实践,不能把一般写作理论平移到中学写作教学。粗略地说,中学写作教学有以下特点:
(1)它是一种教学行为,目的是打基础,为学生的将来做准备;
(2)它通过有计划的训练来达到自己的目标;
(3)它带有虚拟成分,常常借助情境设计来诱发写作;
(4)为了提高效率,它常常要采取局部性、分解性的教学形式(例如扩写、续写、写片段、专题性语言练习等),这是与社会写作实践完全不同的。

毋庸置疑,新课程标准的许多理念是先进的,它解除了学生身上的某些桎梏(特别是有才华的学生)。随着我国政治、经济形势的发展,中学生习作中出现了一些可喜的成果。然而,有些倾向值得注意。我曾利用某重点中学的一本《作文选》作了一些统计分析,情况如下(共156篇):

记叙类	16 篇	10.26%
议论类	32 篇	20.51%
说明类	1 篇	0.64%
抒情类(随笔)	86 篇	55.13%
诗歌	18 篇	11.54%
小说	3 篇	1.92%

中学生中两极分化现象是不容忽视的。在优秀学生当中,往往只长于文学性写作而短于应用性写作(这是过去、现在都没有解决的痼疾);文学性写作中,又往往只长于抒情性随笔,其他形式则拙于应付。这种现象需要我们思考。

另一种现象是:在自由写作中,他们如鱼得水;有了限制条件,则不知所措。事实上,在他们面临的未来社会实践中(包括写作),各种限制是无从避免的。学会在各种限制中开拓空间,是我们培养学生时应该注意让他们具有的素质。

(二) 语文知识问题

对于规律的逻辑概括就是知识。写作教学当然需要知识,然而过去的语文知识教学消耗了学生不少精力而收效甚少,从而遭到攻击,以致曾经出现否定语文知识教育的潮流。近来有些变化,然而传授什么样的知识、怎样传授知识的问题并没有解决。

我们目前讲授的语文知识定型于 19 世纪(我所查到的最早资料是 1876 年美国 Hills 的《Principles of Rhetoric(修辞学原理)》,在那本著作里,我们现在习惯的概念和阐释已经都相当完备),应该说它已经相当陈旧了。值得注意的是,当时科学研究方法论的特点是"分类"。从不同侧面对客观世界进行抽象概括,区分其主要特征加以分类,这在人类认识史上是一大进步。但它仍属于静态描述,存在着一定的形而上色彩,所以恩格斯说它在某种程度上不如古希腊哲学(见《反杜林论》)。随着 20 世纪后半叶认知心理学的诞生和发展,"知识"分解成了三个层次:(1) 陈述性知识;(2) 程序性知识;(3) 策略性知识。

"陈述性知识"又称"知识"、"语义知识"等,是一种静态描述,它不能自动转化为能力。但概念是思维的武器,因此它是进一步学习的基础。对于这类知识的讲授一定要注意"适度",打个比方,它只是"学步车",我们学习它的最终目的是抛弃它自己走路。讲得过多、过细,轻重倒置,结果适得其反。过去教学的弊端正在于此。

"程序性知识"主要指操作的要领,作用在于指导学生更快地掌握技能。技能可以分为"动作技能"和"智力技能",言语运用属于"智力技能"。这是我们今天探索的重点。

"陈述性知识→程序性知识→自动化"是掌握程序性知识的过程。以"排比"为例,"排比"的修辞学定义是陈述性知识,"排比"的类型、模式、操作要领是程序性知识,当学生熟练以后,"蜜成而花不见",就进入了自动化阶段。

"策略性知识"包括资源的把握与策划,以及过程中的自我监控与调整,在"知识"的三个层面中,这是人们理解得最少的。有人把策略性知识也归入程序性知识的范畴,认为它是程序性知识向更高层次的延伸和发展。我们常说的"布局谋篇"的整体性筹划以及写作过程中的自觉调整等方面的操作性指导(不是八股化的模式或抽象口号)都属于写作的策略性知识。

中学写作教学的程序性知识和策略性知识目前只存在于我们的经验之中,有待于我们去发掘与提炼。这种提炼,有的可以有一些参照物(如语用学、语篇学),有的只能从反省我们自身的经验入手。这是一个艰巨的工程,又是一个我们必须完成的工程。不如此,就不能提高写作教学的效率,写作知识的教学就没有出路。

四、关于"创造性"与"个性"的思考

可以说,"创造性"与"个性"的提出与倡导是新课程标准问世后的最大收获。20世纪70年代末我在北大附中开设"小论文写作"和"当代文艺讲座",也是基于这样的动机。然而当它们已经成为教育界强音的时候,我们应该冷静,注意中学生的特点,防止一种倾向掩盖另一种倾向。

关于"创造性"。

创新就是去探求世界上还没有出现过的观念、事物。可是如果拿这个标准来要求一个中学生,恐怕除极个别的同学外,绝大多数中学生都只能望而却步了。这是不现实,也是不合理的。"创造"可以分为"真创造"和"类创造"。具有首创意义的发现、发明是"真创造",科学家、艺术家的活动产生新的有社会价值的成品,是真创造。发现、发明自己个体世界中前所未有的东西,就个人而言,这也是创造:尽管谈不上"首创",但是他也同样经历了类似于一切伟大创造者所经历的过程,因此叫做"类创造"。教学活动中学生们的创造就是一种类创造,心理学家米勒(Miller)说过:"一个20世纪的儿童发现,在直角三角形里,勾股边的平方之和等于弦边的平方。那么,他就完成了跟毕达哥拉斯一样的创造性劳动。尽管这个发现对于文化传统来说等于零。"学习的本质就在于,在这个过程中,我们获得了对我们个体而言是新颖的知识和经验,所以我国教育界的老前辈刘佛年说:"只要有点新意思、新思想、新设计、新做法、新方法,就称得上创造。"如果不注意中学生与成年人的区别,容易揠苗助长,忽视打基础的重要性,把普通教育变成精英教育。

指导"研究性学习"的写作时也要注意中学生的特点。中学生的思想往往是新鲜的、活泼的、大胆的,却还不善于进行缜密的纯理性的思考;他们追求诗意与哲理,却缺乏相应的经验与理智;他们在叙述的时候常常要发表议论。在议论的时候又常常忍不住要抒情,而在理论阐述时难免有所疏漏。因势利导,可以帮助他们更快地成熟,用一般"论文"的标准要求他们,会对他们的创造性形成一定程度的抑制。

关于写作中的"个性"。

"个性"(personality, individualism)的核心是对人性和人格的尊重,是世界文明从文艺复兴开始经历了几百年才取得的成果,也是心理学者们仍然在孜孜不倦探究的对象。在我国历史上,儒家文化对它起过抑制作用(对儒家文化的评价是另外一个问题),新中国成立后,由于各种原因,它也处于被压抑状态。今天倡导写作中的"个性",必将带来一个新的局

面。但值得我们注意的有以下几点：

（1）"个性"在一定程度上受生理和遗传等先天因素的影响，但主要是在后天的培养和社会化过程中形成的。中学生的个性形成正在发展期，尚未成熟与定型。教师应该珍惜学生呈现出来的每一点个性倾向。提倡"写出自己"，而不应强求个性化和"与众不同"。

（2）还应该看到，我国近几年来经济进展迅速，观念形态等方面还没有能够与之协调，存在着一定程度的混乱甚至浮躁。在这个大背景下，对于"个性"的理解也容易产生一些偏颇。比如说强调"张扬"而贬低"平和"等。写作方面，则容易强调"独特"而忽视"朴实平稳"。我们应该注意可能出现的种种片面性。

把写作学研究成果与中学生实际结合，在我国文化传统的基础上开辟一条属于我们自己的道路，这当然是一个漫长的过程。我不由得想起了我在《语文教学沉思录》（1997年）前言里说过的话：

我们在进行一系列思考时，首先要区分多数和少数——多数教师和少数教师、多数学生和少数学生。

我们的目标是兼顾多数和少数——使多数有所凭借，使少数能不受束缚地、能动地得到发展。因为无论多数还是少数，都关系到我国青少年语文素质的培养。

这无疑使本来就很复杂的问题更加复杂化，然而我们又只能据此来整理自己的思路。

注释：

[1] 刘国正.关于"实用文体"的通信[J].语文学习,1991(12).

呼唤写作教学有新的突破

程 翔

写作教学一直是语文教学的"老大难",多年来,教师们殚精竭虑,然而收效不高,成为制约语文教学效率提高的瓶颈。

究竟是什么原因呢?笔者以为:第一,与阅读教学相比,写作教学见效周期长。写作能力不仅仅是写作技巧的问题,更重要的是思想认识水平和语言表现能力的问题,而这两个方面的问题绝非短时间内可以解决。第二,传统观念严重影响着教师的作文评价标准,而要改变传统观念又非一朝一夕之事。第三,写作没有独立的教材,没有单独设课,无法取得独立地位,导致教学中的盲目性和随意性。第四,写作教学的评价体系仍处于混沌状态。第五,写作教学对教师的要求很高,不是所有语文教师都具备写作教学的能力。部分语文教师写作能力欠缺,或者没有写作的切身感受,在指导和评价学生作文时缺乏针对性。

因此,要提高写作教学的效率,必须在以下几个方面有所突破。

在观念上要突破"写真实"和"有意义"的束缚。"写真实"和"有意义"本身并没有错,但不是写作的唯一途径。写作的天地广阔无边,不能把学生限制在"写真实"和"有意义"的圈子中。应该允许虚构,鼓励联想和想象,提倡写有趣的事情。

中国古代语文教育中写作的地位十分重要,甚至居于核心地位,但它还是允许虚构的。最典型的当属苏轼写《刑赏忠厚之至论》的例子。苏轼在文中写道:"皋陶曰'杀之'三,尧曰'宥之'三。"主考官欧阳修问此典故的出处,苏轼回答:"何须出处。"欧阳修非但不责怪苏轼,反而赞赏他的豪迈不羁。古代散文名篇《归去来兮辞》《桃花源记》《种树郭橐驼传》《愚溪对》《岳阳楼记》《前赤壁赋》等,不都有虚构的成分吗?虚构不一定虚假,真人真事也不一定"真实"。

"有意义"是一个很模糊的概念。究竟写什么才有意义呢?大概就是写老师认为的所谓"健康"的东西。"有意义"的写作指导思想源头可能是儒家的"道统"思想。"道统"思想固然是有积极作用的,但其消极影响也显而易见。所以,试图挣脱"道统"束缚的古代作家不乏其人,从陶渊明到"性灵派",都有过对"道统"的反叛,只是深浅猛柔程度不同而已。

应该看到,教师和学生的文化基因有明显差异。现在的中学生,生活在多元文化环境中,与一元文化背景下成长起来的教师必然会有不和谐甚至冲突的地方,教师不一定都对,学生不一定都错。因此,一味要求学生作文"有意义",有时就显得很滑稽。青少年观察世界往往着意于"有趣"和表现心灵。有趣就可以写出来,还可以写得很精彩。心灵这个内宇宙广阔无边。从"有意义"到"有趣"、"写心灵",是一个突破。有了这个突破,学生的精神世界就一下子打开了。

与之相关的另一个问题是,作文和做人的关系。过去,我们注重了两者相关的一面,强

---

① 本文选自《中学语文教学》2007年第5期,第33—35页。

调学作文先学做人。这固然没有错,但忽略了不相关的一面。作文和做人之间的关系并不那样密切,作文具有一定的独立性。当我们非要把作文和做人硬拉在一起的时候,看似强调了育人的功能,实则把简单问题复杂化了。

写作教学观念上的问题还表现在对写作知识的处理上。写作知识重要不重要?当然重要。但是给学生什么样的知识呢?对此,我们研究得很不够。现代心理学从认知的角度将知识分为陈述性知识和程序性知识。陈述性知识告诉人们"是什么",它是静态的,不能很快转化为能力,要转化成能力需要一个相当长的内化过程。程序性知识告诉人们"怎么做",是动态的,它可以很快转化为能力。过去,我们传授写作知识,注重了陈述性知识而忽略了程序性知识。比如,我们讲人物描写有"肖像描写"、"动作描写"、"心理描写"、"神态描写",我们告诉学生空间描写的顺序有"时间顺序"、"空间顺序"、"逻辑顺序"、"心理顺序",我们要求学生的记叙文要生动感人,等等。对不对?对。管用不管用?很有限。最糟糕的是考试还要考"这是什么描写"、"那是什么描写"。我们做了很多无用功,究其原因,与我们忽略了程序性知识的传授有关。我们要在写作教学的具体实践中,加强程序性知识的教学,给学生切实管用的指导。比如描写空间位置,关键是选取一个空间参照物,以参照物为基点来写,空间顺序一清二楚。描写天安门广场五大建筑的位置关系,选择天安门为"参照点",其他的建筑就清晰了。写记叙文要善于选择"动情点",学会使用"脉络句"。对同一个事物,人们的"动情点"可能相同,也可能相异,从自己的"动情点"写起,就容易写得生动感人。一个人动情之后往往有内在和外在的表现,要把这些表现写出来。构思模式上,教师可以传授"寓言象征式"、"双方错位式"、"打破常规式"这样的写作知识。所谓错位式,就是作者故意制造不匹配的事物,通过"张冠李戴"的格局设计,取得意外的艺术效果。正是这种错位,造成了戏剧效果,丰富了人物性格,给读者带来了艺术享受。错位式构思体现了作者对人生和社会的一种理性思维,借助文学手段表达出来。比如《警察与赞美诗》写苏比想到监狱里过冬,他尝试了多种犯罪的办法,这些办法都足以让他进监狱,警察却每一次都放过了他。最后,当他想悔过自新、重新做人时,警察却把他抓进了监狱。作者通过这样的错位安排,反映了当时的社会现实,具有讽刺效果。错位既有人物之间、事件之间的不匹配,也有语言风格与人物、事件之间的不匹配。比如菲尔丁在《汤姆·琼斯》的第四卷第八章中描写下层村民与莫莉的一场混战,假借女神缪斯之口,采用了史诗般的语言。词句的雄壮高雅与所描写的事物的庸俗低下形成了强烈对照,鲜明巧妙地表达出了叙述者对人物的嘲弄,收到了良好的艺术效果。陈佩斯和朱时茂演的小品《主角与配角》也属于错位式,给观众留下了难忘的印象。再说打破常规式。现实生活中,多数情况下人们是按部就班地生活。如果突然发生变化,打破了常规,人们面对突如其来的变故会显示出怎样的面孔呢?常态下,不容易看清人物心灵深处的东西,但是在突发事故面前,有些人就会撕掉自己的伪装,有些人的灵魂就可能暴露无遗。打破常规法,看上去似乎有些荒诞,但背后体现了作者对人性的理性思考。谌容的小说《减去十岁》、朱苏进的小说《引而不发》,以及卡夫卡的小说《变形记》,都属于这种模式,取得了很好的效果。即便是古代作品,也有打破常规式的优秀之作。比如《史记·廉颇蔺相如列传》中的第三个故事"将相和",就是在打破常规后,人物心灵深处的东西才得到了具体的展现。当代学者研究《史记》认为,司马迁在创作过程中运用了虚构法,他并没有拘泥于所谓的"写真实"。

有人会说,中学生写作主要是写记叙文、议论文和说明文,文学创作不是主要的。我同意这种观点,但是我们要有所突破。"三大文体"的概念是从教学的角度提出的,有其历史背景。中国古代非常重视文体,明代学者陈洪谟说:"文莫先于辨体,体正而后意以经之,气以贯之,辞以饰之。体者,文之干也。"但是古代文体分类繁多,不便于教学。"五四"运动后,陈望道先生在《作文法讲义》中将文章分为记载文、记叙文、解释文、论辩文、诱导文五类。这是比较早的从教学的角度进行的文体划分,其意义在于"纠正了传统作文法文体的非教学倾向,使得文体分类和作文训练的内在规律有机地统一起来,导致写作教学文体观念的改变"[1]。叶圣陶先生根据"包举、对等、正确"的原则将文体分为记叙文、议论文、抒情文三类。夏丏尊、刘熏宇先生又在其《文章作法》一书中将文章划分为记事文、叙事文、说明文、议论文、小品文五类。他们的文体分类对语文教学产生了深远影响。

如此强调"文体",而且归纳为"三大文体",是中国特色。在西方,还没有与我们的"文体"完全对应的词汇。比较接近的是 style(可以翻译作"体裁"),但这个词又含有"风格"的意思,由此又派生出"语体"(stylistic)。在他们的分类学中,"小说"、"戏剧"等的划分与我们以表现方式为分类的依据不同,由此可见东西方文化传统的差异。至于如何评价这种差异,很复杂,可以进一步研究。国外中学写作教学虽然也强调"记叙"、"议论"、"抒情"、"描写"、"说明",但是范围要广得多。比如《英国语文教学大纲》中要求学生写便条、日记、私人信件、正式信函、报告、小册子、评述、散文、广告、传记、自传、诗歌、剧本等,《美国语文教学大纲》中要求学生写劝说信、现实小说、商务信函、事件报告、应用文、自传、诗体文、用法说明等。长期以来,我们按照三大文体进行写作教学,确实取得了一定成绩。但是我们把它固化了,似乎三大文体与文学无缘。其实这是一种误解。在三大文体的写作中,完全可以运用文学手法。

写作教学要实现突破,不能只停留在观念的转变上,还要有具体的制度保障。最重要的是实现写作独立设课。目前,写作教学的地位已经跌落到有史以来最可怜的地步。语文课基本上被阅读课占据了,写作课从课的角度看已经名存实亡。有多少语文教师在上写作课?作文回家写,讲评隔靴搔痒,叶圣陶先生主张的"写作全程训练"除了少数教师进行实验外,还有谁在坚持?因此,写作单独设课非常必要。

写作单独设课,可以提高汉语作为母语的地位,使学生重视母语的学习,学好母语。英语作为一种外语完全没有必要与母语同等课时。现在,中学生把语文的位置放在数学和英语之后,这是很不正常的。母语是我们的精神家园,它就像空气一样,须臾不可缺少。我们的生活、学习、工作和心灵世界无时无刻不在依赖母语。当前的升学竞争掩盖了母语学习的重要性,这应该引起我们的高度警觉。在高考中,除了语文和数学有资格占 150 分外,其他学科都没有这个资格。要突出语文的地位,应从写作单独设课做起。

写作单独设课,紧接着就是教材的问题。现行写作教材附在语文课本之中,并没有发挥应有的作用。很多老师基本不用。因此,单独编写写作教材非常必要。过去,进行阅读和写作分家的改革实验有几个,比如高原和刘朏朏的"写作三级训练体系"的教学改革,有明确的写作课时安排;欧阳代娜主编的《阅读》《写作》教材,将写作单独设课,确定了 32 个写作能力训练点。这些改革实验取得了显著成效。按照新课标的精神,高中写作教材的编写可以分成"必修"和"选修",但《语文课程标准》对两者的区别没有明确的界定。必修部分的五个模块中没有为写作单独设课,更没有独立的教材,仍然是过去阅读和写作合为一体的老路子。选修部分对写作的阐述更是简单笼统,基本上没有涉及写作,这不能不说是新课标的一大失策。我认为,"必修"着眼于基础,"选修"着眼于兴趣和特长。无论是必修还是选修,写作教学的地位都应该得到明显体现。

一般说来,语文教师教阅读课没有太大问题,但是有一部分语文教师教不了写作课。如能单独设课,可以在师资配备上重新组合,加强写作教学的师资力量,集中一部分有写作能力的教师担任写作课的教学任务。

教材和教师队伍的问题解决了,写作教学效果周期长的问题也会有所改变,起码在写作技巧和语言表现能力的问题上进展会快一些。人民教育出版社最近出版的《中学生言语技能训练》(章熊、张彬福、王本华著)一书,在中学生的写作训练方面提出了很好的思路,如能将其成果收到写作课本中来,必将对提高中学生的写作能力有切实的效用。

最后,还要建立一套比较完整、科学的写作评价体系。评价体系涉及"学生写作目标要求及分步实施方案"、"写作能力训练指南"、"考试测评标准"、"阅卷制度及评卷细则"、"写作教师资格认定标准"等。建立起这一套评价体系后,语文高考也要进行配套的改革,为写作教学的顺利进行提供有力支持。

注释:

[1] 潘新和.中国写作教育思想论纲[M].北京:人民教育出版社,1998:233.

切莫将写作训练与创作训练隔离[①]

张秋达

最近,我又一次拜读了《中学语文教学》(2008年6月)刊登的任遂虎老师的《写作训练不等于创作训练》一文,深深感受到一位大学教师对中学作文教学关注的情怀。

任老师在文中指出,"将写作训练等同于创作训练,将'作文'等同于'作品',将'文章'等同于'文学',是中学语文教学中容易出现的一个误区",因为"中学作文的目的是训练和提高学生的基础写作能力。它包括多种文体的训练,即针对常用的基础文体进行训练",而"以文学为本位的写作训练,既不符合学生多样化思维和多形态表达的实际现状,也不符合基础教学中提高书面语言表达能力的教学目标"。任老师的观点在文中已有阐述,此处不再作评述。在此我想说的是,我们在避免陷入"写作训练等同于创作训练"误区的同时,切莫又陷入另一个误区:将写作训练与创作训练隔离。

因为除却应用文外,中学生所写的许多文体是很难与文学区分的。叶圣陶先生在《作文论》一文中指出:"普通文与文学,骤然看来似乎是两件东西;而究实细按,则觉他们的界限很不清楚,不易判然划分。若论它们的原料,都是思想、情感。若论技术,普通文要把原料表达出来,而文学也要把原料表达出来。曾经有许多人给文学下过很细密很周详的界说,但是这些条件未尝不是普通文所期望的。若就成功的程度来分说,'达意达得好,表情表得妙,便是文学。'则是批评者的眼光中才有这程度相差的两类东西。在作者固没有不想竭其所能,写作最满意的文字的;而成功的程度究竟是怎样,则须待完篇以后的评衡,又从哪里去定出所作的是什么文而后讨究其作法?况且所谓好与妙又是含糊的,到什么程度才算得好与妙呢?所以说普通文与文学的界限是很不清楚的。"[1]

这就意味着,中学的作文训练不能决然地将写作训练与创作训练隔离,从而将创作训练弃之一边。恰恰相反,我们的教师如果多从创作角度训练学生,或许能够开辟一条写作训练的新途径,为中学生写作能力的提升提供助推器。因此,我们现在要做的工作是加强研究,探索如何从创作的角度来加强作文指导,提高中学作文教学的效益。

一、对"应需"目标宜作扩张性理解

诚如任老师所言"针对常用的基础文体进行训练",其理念同叶圣陶先生所说的"练习作文是为了一辈子学习的需要,工作的需要,生活的需要,并不是为了应付升学考试,也不是为了当专业作家"[2]是一致的;然而随着时代的发展,对学生"应需"的作文能力的要求在不断地提高,或许有一天,其"应需"要求会如张志公先生在1985年的一次座谈会上谈到21世纪学生需要哪些语文能力时所说的那样:"他们普遍需要的将是如历史上描写智力超常的'才子'们那种'出口成章'的能力,因为他们要用自然的口头语言处理工作,指挥机器干活;那种

---

① 本文选自《中学语文教学》2008年第10期,第27—29页。

'一目十行,过目成诵'的阅读能力,因为他们需要读的东西太多了;那种'下笔千言,倚马可待'的写作能力,因为他们的时间很珍贵,必须在尽可能短的时间里写出他们生活和工作中需要写的东西。那时候社会上还需要有'低吟长啸'的诗人,'斟词酌句,反复推敲'的语言大师,人们还需要文学。"[3]张志公的观点既是以睿智的眼光预测未来,更是对中学生写作能力的一种期待;另外,目前正在全国普遍实施的《高中语文课程标准》,其写作的定位,远高于任老师所提出的"中学作文的目的是训练和提高学生的基础写作能力"的目标,新课标在"实施建议"部分对写作作了如下表述:"写作是运用语言文字进行书面表达和交流的重要方式,是认识世界、认识自我、进行创造性表述的过程。写作教学应着重培养学生的观察能力、想象能力和表达能力,重视发展学生的思维能力,发展创造性思维。鼓励学生自由地表达、有个性地表达、有创意地表达,尽可能减少对写作的束缚,为学生提供广阔的写作空间。"[4]由此可见,任老师所持的观点,对"应需"的理解少了一点与时俱进的思维,有滞后于教学发展之嫌,与"学生自由地表达、有个性地表达、有创意地表达"的目标存在较大的差异。

二、创作训练是实现"应需"目标的一条途径

只有对学生作文的"应需"目标作扩张性理解,"应需"训练的路途才会变得宽广。目前作文训练还缺少行之有效的训练手段,尽管不少有识之士正在做着不懈的努力,寻求建立科学训练的体系。于漪老师非常重视系统训练,她曾说:"作文做通盘的考虑,训练什么,怎么训练,要求是什么,如何循序渐进,如何环环相扣,学期初就应成竹在胸。"不少教科书也在努力,如《普通高中课程标准实验教科书·语文》中写作专题的安排,第一册共安排4个单元写作专题:(1)心音共鸣——写触动心灵的人和事;(2)亲近自然——写景要抓住特征;(3)人性光辉——写人要凸显个性;(4)"黄河九曲"——写事要有波澜[5]。但是在教学实践过程中,作文教学大多还是零散、粗放,缺乏系统。朱光潜先生在《谈谈写作》中说:"写作教学从古到今都不行。怎么办?没有别的窍门,只有多读多写。写作和别的学科不同。如数学和历史,都是知识性的东西,它们可以传授,你不知道,我可以告诉你,但写文章就不可以传授。写文章是一种修养,不是一种知识。它具有综合性,牵扯的东西非常多,比如运用文字的能力、知识面、文化水平,等等。所以,写文章还得多读多练。"[6]那么如何来实现多写的有效性呢?在多写的过程中,我们能否克服量上的堆砌,引导学生借鉴文学创作的规律,借鉴作家创作文学作品的手段来写作,甚至尝试文学创作,培养学生更多地运用文学的眼光来构思和写作自己的作文,能否走出另一条写作训练之路呢?

写作需要形象思维,需要有创造性的想象。如果在写作过程中,教师有意识地尝试和强调创作性训练,不仅有利于学生展开想象的翅膀,练就审美的眼光,培养其形象思维的能力,在一定程度上克服呆板的、"八股式"的作文,尝试多样的表达,而且还有利于学生强化自身体验,进一步增强解读文学作品的能力。

写作需要学会表达的技巧,做到善于表达、巧于表达。同样的思想内容,不同的表达会产生不同的审美效果。蔡明老师在谈到这个问题时曾举过一个例子。他说,"同样是读庄子的《秋水》,有人读后这样说,永远不能自满,否则会被人笑话;有人说,不断开阔自己的眼界,才不至于成为井底之蛙;有人说,人外有人,天外有天,山外有山,要以虚心的态度看待自己,要以学习的态度看待别人;有人说,墙角的花,当你孤芳自赏时,你的天地就小了。虽然以上几种表达都能从不同侧面或角度表达自己读《秋水》一文后的感受,但是风格还是不同的,产

生的效果也是不一样的"[7]。如果在日常的写作训练中多尝试用创作的手段来训练学生的写作，表达的方式自然会丰富多彩。

三、坚持走写作训练和创作训练并举之路

有人说文章训练是为学生的未来谋生服务的，文学是为学生的终身审美需求提供生长点。但是，如果冷静分析，在培养学生的写作能力过程中，两者并不是针锋相对的，恰恰是可以融会互存的。甚至可以这样说，一个学生如果缺乏一定的文学训练，往往会导致在文章写作方面的缺陷，甚至是严重的缺陷。因为单纯的文章训练，容易走向枯燥乏味而让人兴味索然，失去写作的冲动，使写作不再是一项痛并快乐着的工作，而是成为除了痛还是痛的感觉。这种单纯的作文训练还有不少技术层面上的局限性，比如会过多地停留在样式上，影响内容的深刻和广泛；缺乏想象的空间，语言多是干瘪、面目可憎的；表达手段单一而缺乏灵动性。

我很赞成李乾明老师在《文章训练和文学训练要并举》一文中的观点。在李老师看来，第一，"文章训练与文学训练，是基本功与创新训练的关系，两者都重要"，"文章训练重模仿，文学训练重创造"；第二，"走向工作岗位后写不来、写不好'一封信、一份报告、一个通知、一篇评论、一个方案、一次总结'的人，往往是那些学生时代文学功底弱、后来又不认真训练文学的人。一般说来，文学训练到位的人写应用文体，只不过是雕虫小技"[8]。因此他主张"在作文教学中要对文章和文学的训练'两手都要抓'，实行'两条腿'走路的策略"。一条线索是"训练学生的记叙文、说明文、议论文，这是训练实用文体和文学类作文的基础。要从对主题、材料、结构、语言、表达方式等方面的训练入手，写出来的'文章'才符合一定的规范"；第二条线索是"训练学生童话、诗歌、散文、微型小说、戏剧等方面的文学基本功"，从而为学生的可持续发展奠定基础。王栋生老师认为，写作是个体生命的活动，写作教学能否为学生创造自由写作的环境，并让学生在这个环境中获得发展，可能是现今必须考虑的问题。他说："面对不同情况的学生，是不是一定要按'文体程序''阶梯训练'教学？学生有兴趣选择不同文体作写作尝试，不必要等教学计划的安排。他的自由作文可以是散文和诗，可以是杂感、笔记，可以是喜剧小品、短剧，可以是自拟的广告词，也可以是小说，等等，只要他愿意，就可以选择任何文体去写作。教师要有信心，有耐心，鼓励学生放胆尝试，并允许他们失败。曾有位学生尝试写中篇小说，一个学期'连载'七八次，后来发现收不了场了，便在本子上写了个'无限期待续'。——你以为他失败了？没有。在这七八次写作中，他有了创作小说的体验，他的叙述和描写能力有了明显的提高，他有了文学语言的表现意识。此时如让他写一篇'不少于800字'的记叙文，他会喊难吗？"[9]上述老师们的观点，值得思考并借鉴。

总之，我们在明确"写作训练不等于创作训练"的同时，要防止陷入写作训练与创作训练隔离的误区。

注释：

[1] 叶圣陶.作文论[A]∥叶圣陶.叶圣陶语文教育论集(下)[M].北京：教育科学出版社，1980：354-355.

[2] 叶圣陶.中学作文指导实例·序[A]∥叶圣陶.叶圣陶序跋集[M].北京：三联书店，1983：262.

[3] 张志公.关于改革语文课、语文教材、语文教学的一些初步设想[A]∥张志公.传统语文教育教材

论[M].上海:上海教育出版社,1992:157.

[4] 中华人民共和国教育部.普通高中语文课程标准(实验)[S].北京:人民教育出版社,2003:17.

[5] 顾之川.守正出新,全面提高学生的语文素养[J].中学语文教材参考,2004(8-9).

[6] 朱德熙.谈谈写作[A]∥朱德熙.全日制普通高中教材:语文读本(第一册)[M].北京:人民教育出版社,2003:242.

[7] 蔡明.咬定青山不放松——2005年高考作文备考谈片[J].语文学习,2005.

[8] 李乾明.文章训练和文学训练要并举[J].语文学习,2006(3).

[9] 王栋生.走出写作教学的困境[J].人民教育,2008(6).

开放性写作教学浅探[①]

徐善慧

随着课程改革的发展,在写作教学批判与争鸣的土壤中,一线教师在为提高学生的写作能力孜孜不倦地耕耘着。但总体来说,中学写作教学效果还很不理想,学生的写作能力仍令人担忧。有教师曾这样描述孩子们作文的现状:"词与词之间,看不出想象的足迹;句子之外,感受不到诗意的延伸和飞扬。以前是统一的口气和调子,现在是单调的热闹和平庸。归结起来说,就是语言的贫乏、集体的失语、叙述主体的缺席。"[1] 因此,我们需要反思,反思我们在写作教学中的得失;需要探索,探索一条开放性写作教学的成功之路。

一、开放性写作教学探索之由

什么是开放性写作教学? 开放性写作教学是针对传统写作教学"课堂中心、书本中心、教师中心"的封闭性弊端提出的。传统性写作教学的封闭性根源是:写作教学与社会生活脱节,与学生的主体性脱节。因此,开放性写作教学是以学生为中心,减少对写作的限制或控制,让写作与学生生活、与现代社会生活紧密联系的教学活动。写作教学的封闭性造成了当前写作教学的低效、学生畏难情绪日益增强、写作兴趣日益减弱、写作课堂日益沉寂的现状。传统性写作教学的封闭性主要体现在以下三个方面:

1. 写作命题的以题限意、以形害文

命题陈述相对简单,命题限制比较多,命题形式虽然多样化,但是主题有强烈的限制性或指向性,虽是话题作文,实则话题有限;虽立意自定,实则立意早定;看似开放,实则封闭;命题内容常游离于学生的生活,超出学生的认知能力,这样的命题限制了学生的思考空间,抑制了学生的创造性。

2. 写作指导的话语霸权

写作课堂由教师占据着,写作指导过程是教师的专利。写作课时一般为两课时,结束时交卷,卷子交上,便只是教师的埋头批改、辛苦讲评,这样的指导模式在中学写作课堂还很盛行,把学生封闭于教室中,闭门造车,写作指导成了无思想交锋、无心智对抗、无真情投入的话语霸权。

3. 写作评议的单一、单向

写作评价方法单一,主要由教师精批细改,师生间缺少相互评议和讨论交流,并且由于批改量很大,许多教师为了应付学校检查和敷衍学生的目光,纷纷用冷冰冰的"阅"和简单的"分数"来代替点评,有评语也仅是一家之言,更为严重的是,以一把尺子丈量写作基础和写作禀赋不一的学生,让大多数学生在失望和失败中写作,体验不到写作成功的快乐。

鉴于此,笔者认为实施开放性写作教学,是当前中学写作教学值得探索的一条新路。

---

① 本文选自《语文教学与研究》2008年第12期,第51—53页。

二、开放性写作教学探索之术

1. 采英撷华,向生活和阅读开放,拓宽写作源泉

向生活开放,让学生在生活中学会写作。叶圣陶曾指出:"作文这件事离不开生活,必须寻到源头方有清甘的水喝。"[2]铁凝曾经说过:"我能够像农民对土地深深地弯下腰去那样,对生活深深地弯下腰去,以更宽广的胸襟营养心灵,体贴生活。"[3]古人说,读万卷书,行万里路。生活在校园中的学生是不可能行万里路的,我们应该做的就是想方设法突破作文教学的自闭性,主动建构与社会、世界和日常生活的广泛联系。我常组织学生参观访问,参观展览会,欣赏自然风光、名胜古迹,采访名人学者,调查荆楚民俗,甚至鼓励学生暑期到工厂打工,去农贸市场卖菜,不仅作旁观者,而且作参与者。让学生深入生活,下马观花,质疑问难,探幽发微。

我校许多教师开起了"焦点访谈收视课",认为焦点访谈既是老百姓心声的展示台,也是为官者的曝光台,还是重大事件的追踪站,是学生端坐教室即可洞察社会的好窗口。学生从这里能看到真真切切的大世界,既可学到许多"做人"的道理,又能学到很多"作文"的方法(如选材、组材、访谈语言、评述等)。我们还可以适当捕捉某些"热点"问题或者学生关心的问题,引进课堂作为个案供学生讨论、辩论,或者进行师生对话。由教师提问、设疑,帮助学生思考,培养学生良好的思维习惯,提高学生分析、综合、类比、联想等能力。汶川地震后,我及时组织学生观看直播节目,那一栋栋倒塌的楼房、一座座倾圮的废墟、一个个痛苦的面容、一幅幅感人的画面,让学生明白了什么是灾难、什么是坚强、什么是精神、什么是境界!

向阅读开放,让学生在阅读中汲取营养。阅读就是人的心灵和上下古今一切民族伟大智慧的相互接合,每一个文本都是用文字符号印在白纸上的灵魂。阅读就意味着对生活的诠释,对人生的诠释。语文教师的要义就在于开发学生的阅读情感、阅读智慧,学生具备了阅读情感、阅读智慧,就具备了学习智慧、生活智慧、人生智慧。

板结的土壤是结不出甜美的果实的,只有具备厚实的人文素养的心田,才能绽放绚丽的花朵;只有具备相当的人文积淀,才能做到厚积薄发,推陈出新。要指导学生写作,先要教会他们读书,要把写作与阅读结合起来。每周晚自习是学生的阅读课,我在指导学生阅读时把握这样几个原则:自由选择——选择阅读书籍时,可以由教师推荐,但最终选择权和确定权在学生自己;重在参与——不把阅读当成任务,相信开卷有益;循序渐进——别叫大部头压住,别叫名著吓住,慢慢养成习惯,慢慢培养阅读能力;关注流行——认可学生对流行时尚的强烈的好奇心和追逐欲,因势利导可收到事半功倍的效果。

林语堂说:"一本书有如一幅人生的图画或都市的图画。智者同时读书本及人生,宇宙一大书本,人生一大学堂。"[4]希望我们在写作教学中引导学生做这样的智者,通过向生活和阅读开放,真正解决写作的"源"的问题。

2. 激浊扬清,关注社会人生,开放写作命题

在写作教学训练中,命题一定要针对学生的身心特点,强调时代感,注重引导学生关注人生、关注社会热点问题。命题作文训练尽量减少对题材、体裁、主题和写作篇幅的明确限定,以便为学生留下广阔的思考空间,每一次写作可以提供几个不同的命题,以供学生选择。

我在写作教学中常围绕社会、学校、人生选择如下题材内容让学生进行写作训练。

节假日题材系列,以我国的一些传统民族节日以及学校的寒暑假等为题材,指导学生挖

掘"情"点,发现"美"点。重大活动题材系列,结合学校和社会(小至一定区域,大至国家和国际)的重大活动或事件命题,如以军训、社会实践、98 抗洪、汶川大地震为内容的题材等,从各国大选到中东战争,从美国世贸大厦被撞、伊拉克战争到华航空难,从法制建设到教育改革,从西部大开发到加入 WTO,从申办奥运到参加足球世界杯等都可以作为写作素材。人际交往题材系列,如写同学间的交往与友谊,写师生的接触和沟通,写父母长辈的亲情与关怀等。高一学期结束,学生对本班的教师有了一些了解,我往往让学生以本班教师为对象,写一篇能体现教师特征的文章,学生写得妙趣横生!环境题材系列,校园街景、书房小屋、春夏秋冬、高山流水等,都可成为中学生写作的"主菜"。年龄年级题材,结合不同年级的学习生活与不同年龄段的身心特点命题作文。"_____,我的高一生活"、"我的 2008"、"高三展望"等都是常用的题目。应用性文体,特别要重视和语文课文的阅读相结合的写作练习,如课文缩写、仿写、改写、评论、实验报告、科技小论文等。《祭十二郎文》《祭妹文》学完,我尝试让学生写写祭文。请看魏文佳同学写的《祭 5·12 地震死难者文》片段:

戊子之年,丁巳之月,势陷西南,地震蜀中,阴阳失序,乾坤颠覆,山岳崩于一瞬,屋宇颓于顷刻,其势波流千里,虽京畿,甘陕江浙两广亦有摇撼之感,蜀人受祸惨甚,死伤数万,而以汶川、北川二县为最。呜呼!秀美之地,满目疮痍;曾经繁盛,化为废墟!千万苍生,受灾历险;数万同胞,葬身瓦砾!痛哉!断壁无情,压我妻儿;残垣何忍,埋我父母!姣姣儿啼,犹唤亡母;号号血泣,谁人应答?……壮哉,川人!不屈脊骨于山摇地动;弥重情义于艰难险危,碎石之中,恩师张臂,环而救徒,写尽川人骨气;断壁之下,慈母匍匐,拱而护子,诉尽蜀中真情。呜呼!天地无情兮而人间有爱,愿昭之扬之,和家谐园;造物弄人兮而我辈发愤,必克险靖难,兴中振华。惟愿生者坚强!振作前行!惟愿亡者安息!伏惟尚飨!

这等文采,我辈自叹弗如!与课文阅读相结合的写作素材是一座丰厚的宝库!心理行为、思维活动训练的文题设计。高中写作训练以思维品质、心理素质、行为能力诸方面的题材与训练为主,可采用读写结合的材料作文方式,用生活中有一定思维意义、哲学意义的典型且生动的事件,启发学生思考判断,进而用语言表达自己的思维活动或心理行为结果。我以湖北恩施陈立强的孝行作为写作素材,进行感恩话题的训练;在帕瓦罗蒂逝世之日,以"帕瓦罗蒂坦承忘词"为材料对学生进行诚信话题训练;以"哈佛的课桌可以放下整个美国"引导学生作世界的"盐"给世界味道、给世界防腐。

以上题材可以成为我们写作训练的保留菜单,其命题的根本出发点就是关注社会人生,让学生激浊扬清、激扬文字。

3. 交往互动,关注情境设置,开放写作指导

美国写作教学的良好效果为全球教育界瞩目,在写作前,教师主要指导学生独立思考、自由构思,目的在于引导学生自己对命题进行思考,而非猜测命题者的意图。尤其重视学生内心思想积蓄的倾吐,并使学生通过集体讨论产生思想碰撞。他们的一些做法,也许我们可以从中得到一些启示。

我不强求学生独立完成,提倡交往互动。学生在写作过程中,可以独立构思,也可相互讨论;可一人多篇,也可多篇各有分工合作完成。对学生的"写"的过程和方式尽可能少加干涉,帮助学生建立自由的合作小组,引导他们大胆准确地表达,鼓励并宽容他们的不同看法和意见,让他们在讨论、辩论等多种形式的交往互动活动中,逐渐理清和明晰自己的见解,并

学会聆听和理解别人的看法,促使他们不断地对自己的观点进行反思,从而大大地活跃他们的思维,拓宽他们的思路,激发他们的创新热情。互动交往的学习还有利于培养学生的合作意识和合作技能等社会品质,可以使学生在相互帮助、悦纳、赞赏中体验到学习的快乐,分享到成功的喜悦。

也不强求所有学生一气呵成,作文构思中会有"山重水复疑无路"的时候,需要经过一段时间的思考才会"柳暗花明又一村"。在教学中没有专门的当堂作文,把作文课堂延伸到课外,放开时限,允许冷处理,放开学生酝酿思考的时间,让学生有沉淀思考的过程,为他们开辟一个相对宽松的时空环境。

创设情境,全力激发学生的写作激情。教师可通过语言描绘情景,或借助音乐渲染情境,或联系生活展现情境,或借助多媒体再现情境等。可以使学生在特定的情境中受到感染,唤起他们曾经有过的感受、已经积累的经验,使他们进入积极的思维状态,产生写作欲望和冲动。我们可以选择激活点(如学生对大自然的向往等)和激活手段(如参观、游览、讲座、欣赏、竞赛等语文活动),激发学生兴趣,激活学生的思维,使其情感和思维处于亢奋状态。

4. 平等对话,关注个性思维,开放写作评议

写作评议是对学生作文及其过程的评判,是人文性很强的一种评价。开放写作评议,不光教师与学生互动评议,也让学生互动批改,让学生从听众、观众变成导演和演员,这就充分体现了学生作为写作主体的作用。

教师对学生作文的评议应该是"对话"式的,"对话"不仅仅是言语的交谈,更是一种交流、沟通和理解。用欣赏、赞美、鼓励、鞭策代替武断的评判,让学生看到自己的成果和力量,从而会最大限度地调动学生的写作积极性,激发学生的创作热情。教师要实现对学生的具体评价,针对不同问题个别点拨,将关注投射到每个人的心灵,把期待寄托于每一篇作品,首先应实现角色的转换——从传授者、管理者变为引导者、促进者。促使学生实现个性的自我完善,需要教师具备民主的精神、平等的作风、宽容的态度、真挚的爱心和悦纳学生的情怀。

学生互相评议,在学生的相互评议中,让学生把自己对同学作文的惊喜之情、遗憾之情、敬佩之情、鼓励之情用美丽的文字写给对方,让每一位作者都收到几份珍贵的礼物。情感与心灵的认同,比单纯的文章评析更能打动学生。为学生创设相互欣赏的情感空间,学生之间真情涌动甚至惺惺相惜,真诚的赞美、友好的建议成了作文评议的主旋律,这样写作教学定会获得最佳效果。

这种互动关系的影响力不可小视,经常可以看到以下情景:一个人的作文引发多个人的灵感,相关的文章不断涌现,形成擂台;一个人的情感抒发打动另一个人的心灵,引来"唱和"之作;一个人的写作风格带动多个人的创作新尝试,力求超越;无心之作虽未获得老师的赞赏,但却无意之中得到同学肯定而信心大增,从此开始钟情于写作……

三、开放性写作教学探索之思

有些语文教师在写作教学中不作为或少作为,除了教学能力有限之外,可能还有教学理念陈旧、教学意识不够到位的因素。因此我对于开放性写作教学有如下思考:

1. 我们的教学素养要日益丰厚

时代在进步,教师不但要成为一名与学生共同学习的学习者,一名学生学习活动的组织者和引导者,一名社会工作者、心理医生、人际关系艺术家等,还要成为一名专家学者式的人

物,要多学多研,具备多方面的涵养,要坚持不懈地给自己"充电"、"补充营养",待到满腹诗书,自然会形成包容万象的气象。

2. 我们的写作课堂要向生活和阅读开放,拓宽学生的写作源泉

让学生亲自去感受生命,感受生命的意义、生命的艰辛、生命的珍贵,用各种方式着力突破写作教学的自闭性,让学生建立与日常生活、社会、世界的广泛联系。写作课堂向阅读开放,让学生在阅读中汲取营养。阅读就是积累,是陶冶,是建构,是发展;阅读就是人的心灵和上下古今一切民族伟大智慧的相互接合!

3. 我们的教学理念要与时俱进,树立平等意识、细节意识、管理意识

在写作教学中要树立平等意识,给学生作文"松绑",尊重学生富有个性的情感体验和思维方式,为他们创设宽松的写作环境和愉悦的写作心境,鼓励学生说自己想说的话,写自己想写的文章。杜绝把学生的思维纳入既定的模式,在平等的基础上不断地和学生进行思想上的交流,让学生在写作中真正投入、真正释放出热情;教师要求学生的,教师同样要做到,如"下水作文"和"背诵范文",教师应当放下架子淡化权威的角色,充当平等中的首席,与学生共同探究、教学相长。在写作教学中要有细节意识。语文教师大概都有这样的体会,很久以前看过的文学作品中的精彩细节,会时时浮现在眼前,历久弥新,像祥林嫂手中的空碗、开裂的竹竿,以及她那木刻似的脸。在作文教学中我常要求学生把事情的经过写具体,写出人物的语言、动作、神态、心理活动,抓住具体的情节进行细节刻画,增强文章的感染力,让人有身临其境的感觉。对抓住具体情节进行细节刻画的方法反复训练,使之成为学生的能力。在写作教学中要有管理意识,根据学生不同的写作基础,先确定不同的努力方向,制定切实可行的目标,一段时间后,检查目标实现的情况,反思得失,制订整改计划或新的目标。

泰戈尔说得好:日光把金色的诗琴,赠给恬静的繁星,让他们弹奏永恒的光明。我们也要把生花的妙笔,还给可爱的学生,让他们谱写多彩的人生!

注释:

[1] 林茶居. 学生作文中"奴性"问题的探究和解决[J]. 新作文小学教学,2003(5).
[2] 叶圣陶. 作文论[A]//叶圣陶. 叶圣陶语文教育论集[M]. 北京:教育科学出版社,1980:363.
[3] 夏元群. 经典的,耐读[A]//夏元群. 与名人一起读书[M]. 北京:北京师范大学出版社,2005.
[4] 林语堂. 写作的艺术[A]//林语堂. 人生的盛宴[M]. 长沙:湖南文艺出版社,1988.

谈如何走出初中写作教学的困境

徐 洁

哲学家苏格拉底的父亲是一位著名的石雕师。青少年时期,苏格拉底曾跟父亲学过手艺。有一次,他问父亲:"怎样才能成为一名好的雕刻师?"他父亲说:"就以这只石狮子来说吧,我并不是在雕刻这只狮子,我只是在唤醒它。""唤醒?""是的。狮子本来就沉睡在石块中,我只是将它从石头监牢里解救出来而已。"

我一直深信,每个学生的灵魂里都沉睡着一个最好的自己,正如石块里会沉睡着一头最美的狮子。德国的著名文化教育学家斯普朗格也曾说过:"教育的最终目的不是传授已有的东西,而是要把人的创造力量诱导出来,将生命感、价值感'唤醒'。"唤醒学生心中"沉睡的雄狮",即意味着唤醒学生的主体意识,激发学生的生命潜能,发挥学生的创造力量,让学生踏着自信心与价值感的台阶,一步步向着目标——最好的自己,勇敢迈进。而初中语文写作教学要想真正走出困境,就应该努力唤醒学生的作家意识,倡导学生像作家一样去写作。

一、唤醒学生的作家意识,激发学生的创作欲望

曹丕在《典论·论文》中指出:"盖文章,经国之大业,不朽之盛事。"而长期以来,大多数学生却只是把作文看成是一种令人头疼的常规作业而已,在敷衍和推脱中,徒然地消耗着自己的热情与灵气。写作教学,若是仅凭教师之力,显然只会走入困境和误区。所以我认为,高屋建瓴地来指导写作,唤醒学生写作方面的主体意识——作家意识,让学生真正从"要我写"转变为"我要写",才是解开初中语文写作教学之"哥顿神结"的最佳方法。

"作家"一词,狭义上指坚持文学创作,且在文学创作领域获得一定影响的人。但若从广义上来说,便指所有写作取得一定成就的人。我认为,写作教学的定位,应当达到一种心灵的高度,其意义应与"经国之大业,不朽之盛事"的价值感与成就感,与"活着写作是多么美好"的生命感与愉悦感紧密相连。因此,长期以来,我致力于唤醒学生的作家意识,倡导学生像作家一样去写作,强调作文不是作业,而是作品,需要精心创作、精心打磨:让学生去体验写作所带来的价值感与成就感、生命感与愉悦感。

教学实践中,我首先遇到的问题是:要让学生像作家一样去写作,必须先激发学生的创作欲望。我想结合一节写作指导课,具体谈谈我的做法。

朱自清的《背影》真实地表现出了父亲对儿子细致入微的关爱和父子间的深情。但很多学生学完课文之后,并没有产生要写自己亲人的创作欲望。他们困惑的眼神传达出一种信息:父母的爱,真有那么感人吗?为什么我感觉不到呢?是的,这些孩子太幸福了,生活在亲人的宠溺中而不自知。无情无感,自然就没有什么创作欲望。激发学生的创作欲望,并非易事。于是我特意上了一节写作指导课,只为告诉学生一个写作的真谛:先动情,再动笔,情动

---

① 本文选自《语文教学通讯》2009 年第 2 期,第 58—60 页。

于中后,自然会产生不写不快的创作欲望。

我先讲了一个哲理故事,启发学生。当学生们若有所思的时候,又趁热打铁,补充了两篇文章。平淡的文字和强烈的情感,合构成一种巨大的张力,催人泪下。东方式的隐忍牺牲和默默付出,很多时候就像空气一样,平凡到让人几乎很难感觉到它的宝贵和重要。太多人坦然享受着,坦然忽视着,坦然到情感枯竭心灵麻木却不以为意,但当心灵在某个特定的时刻醒来,他们必定会在那些神圣的沉默前潸然泪下,并终将明白,所有那些平凡而伟大的言行原来只有一个名字,那就是——爱。看完文章,课堂上什么反应都有。等学生们畅所欲言之后,我不失时机地将他们引回自己的生活,唤起他们对身边亲情的感悟。

"如果你愿意,请用手中的笔记录下自己此刻的所思所感。这样的感觉和感动是稍纵即逝的,请大家好好把握住啊。爱,是平凡的世界里、卑微的泥土中,开出的一朵会让人感动落泪的花。让我们记住身边每一个关爱我们的人,并学会去关爱他们吧。"此时,我都已经忘了自己是在上写作指导课,学生们也很自然地取出纸笔,记录下自己的心声。实践证明,学生的创作欲望被充分激发后,才可能写出感情真挚且表达出对自然、社会、人生的独特感受和真切体验的文章。

二、点亮学生的心灵之灯,丰富学生的写作储备

但是,有了创作欲望后,学生也未必就能写出文质兼美的好文章。很多学生有了创作欲望之后,却发现自己写下的文章感情固然真挚,文字却依然枯燥乏味或词不达意。生活在当今信息社会中的他们,获得的太多,却偏偏失去了用心灵敏锐感知和用文字恰当表达的能力。其根源便是心灯蒙尘、言泉枯竭。如何使学生用心体验生活、诗意理解生活并最终酣畅淋漓地"我手写我心"呢?我所做的就是拂去学生心灯上的尘埃并将其点亮。具体措施是真正从心灵层面来丰富学生的写作储备。

方法一,由内而外的心灵独白——传统日记和网络日志(下称"博客")相结合的写作训练。作家周国平说:"我甚至相信,一切真正的写作都是从写日记开始的,每一个好作家都有一个相当长久的纯粹私人写作的前史,这个前史决定了他后来之成为作家不是仅仅为了谋生,也不是为了出名,而是因为写作乃是他的心灵的需要。"我很赞同他的观点。我认为传统的日记是鼓励学生去用心体验生活并真实记录所见所闻、所思所感的写作训练方法,固然古老,却十分有效。每当我看到学生从繁忙的学习中抽出时间来用心灵检视生活、用纸笔倾诉心声时,便会欣慰地看到那星星点点也许微弱却十分执着的心灵之光。而当心灵独白、捕捉灵感、抒发真情成为一种习惯时,就意味着学生已向真正的作家学到了又一个写作的真谛——将写作变成一种心灵的需要。传统的日记与博客相结合,则是我 2007 年的一个举措,依据是成功教育理论。现在,关于博客与写作教学的文章虽然不少,却少有人看到其深层意义——"低起点、多层次、快反馈",为学生创造成功的环境和条件,让学生感受成功的愉悦,激发学生的创造力量和写作兴趣,唤醒学生的自信心、价值感。我的做法是:从学生日记中选出各层次学生的用心之作,发表在我教的两个班共用的博客上,以示鼓励和肯定。实践证明,经常给予学生积极的期望和鼓励性评价,多给学生一些获得成功的机会,可以使学生看到自己在写作方面的进步,在成功体验中获得自信心和成就感,并在成就感的激励下努力去争取更大的成功。

方法二,由外而内的心灵对话——个性化阅读和推荐阅读相结合的阅读训练。教学实

践中,我坚持的是个性化阅读和推荐阅读相结合的阅读训练。平时,我鼓励学生自主阅读,大胆发表自己的见解,并作相应的摘录和点评。我认为,个性化阅读的意义就在于:让学生在与智者前贤的心灵对话中,逐步明确自己的思想观点,形成自己的阅读风格和审美趣味,建立自己的阅读素材库,培养自己的独立思考与筛选整合能力。当然,在阅读资料鱼龙混杂的资讯时代,推荐阅读也是不可缺少的,而且应包括教师推荐和学生互相推荐两个方面。如果说个性化阅读的目的是保证阅读的精深,推荐阅读便是为了保证阅读的广博。阅读训练,只有将经典与流行、精读与泛读、学生自主选择与他人推荐结合起来,才是最完善而有效的。

三、细雕学生的璞玉之作,唤醒学生的作品意识

叶圣陶先生曾经说过:"假如着重在培养学生改的能力,教师只给引导和指点,该怎样改,让学生自己去考虑,去决定,学生不就处于主动地位了吗?养成自己改的能力,这是终生受用的。"我认为,培养学生自改能力的关键,一是发挥教师的示范作用,二是唤醒学生的作品意识。

1. 发挥教师的示范作用

"玉不琢,不成器",写作如治玉,学生的文章可以说都是璞玉,需要后期的精心雕琢。而在指导学生学习自改作文时,教师应当先给学生作必要的示范,进行切实有效的引导和指点,让学生明白修改的意义和方法。我的做法是:① 当面批改,修改给学生看,并说明修改的理由和方法。这样,学生就可以知道修改作文的一般方法和道理了。再让学生自己动手修改。如此反复修改三四次,直到学生的文章大为改观为止。所用时间和精力虽然较多,但此法对写作水平中下的学生颇为有效。② 教师修改后,让学生比较文章修改前后有何不同,从中学习修改方法,此法适用于写作水平中上的学生。比如向刊物投稿之前,我通常会对学生的佳作再作修改。以修改文章的标题为例,我用《谁把甜蜜烙在我的掌心里》,代替了学生的原题《回到过去》;把《蜕变》改成了《听,梦坠落的声音》,还把《中秋随想》改成了《当时明月在》。这几篇文章发表后,我又让学生比较原题与改后题,让学生明白这样修改的原因,进而提高他们的修改能力。我认为,很多时候学生的写作水平迟迟不能提升的根本原因,不是写得不够多,而是改得不够多。与其给学生一些不痛不痒的评语或虚浮空洞的鼓励,让他们周复一周地原地踏步,还不如让他们用两三星期的时间去精心创作并修改一篇文章,切实提高自己的修改能力和写作水平,成为真正的"治玉"高手。

2. 唤醒学生的作品意识

"文成于改",俄国大作家托尔斯泰写《战争与和平》这部长篇巨著,就曾先后改过七遍。鲁迅先生也说:"写完后至少看两遍,竭力将可有可无的字、句、段删去,毫不可惜。"可见他们在修改上所下的工夫之深。而学生也只有在作家意识觉醒之后,才会真正对自己的文章产生精益求精的求全之心。我的做法是,唤醒学生的作家意识和作品意识,使他们将自己的文章视为心血凝成的"作品",而非潦草应付的"作业",作精心修改。同时充分发挥博客的开放性,将教师变成读者中的一员而非最后的裁定者,也使学生相互交流变得非常方便,让每个学生都有机会发表评论并分享别人的写作经验,从而改变了传统作文的评改弊端。这样长期坚持下去,培养学生的自改能力和修改习惯自然就是一件水到渠成的事了。

四、创设学生的展示平台,开发学生的创作潜能

科学研究表明,每个人都拥有极大的潜能。但一个人取得最终成就不是取决于他拥有多少潜能,而是发挥了多少潜能。我所做的是,创设学生的展示平台,让学生"与他人交流写作心得,互相评改作文,以分享感受,沟通见解",充分激发学生展示发表的欲望,以开发学生的创作潜能。

1. 班级展示和校内展示

在教室里开辟专栏,展示学生的优秀作品。利用假期让学生将自己一学期的佳作汇编成自选集,在班内甚至校内展览。将一些出色的作品推荐给学校文学社社刊(比如我校的文学社社刊《青鸟》)、校报等,扩大作品的社会影响,唤醒学生的自信心、价值感,激发学生的创作潜能和写作兴趣。

2. 作品发表和竞赛获奖

前面提到的博客,使学生作品的阅读对象扩展到他们的同学、同龄人、家长以及其他素不相识的网民,是一个非常好的作品展示平台,可以给更多的学生提供发表文章和互相评改作品、交流心得的机会,使学生感受到发表作品的愉悦,找到当小作家的感觉。

发现学生的佳作后,我会及时指导修改,推荐给相关刊物。对在各类刊物发表作品的学生,我更是大加赞扬、热情鼓励,不仅在课上朗读他们的文章,还请他们介绍自己的写作经验,并将他们的文章张贴在教室里展览,让更多的人一起分享这种成功的快乐。这样,不仅培养了一批小作家,也激发了其他学生写作和发表的欲望。三年来,我教的学生已在全国性刊物上发表文章近十篇,在省级刊物上发表文章二十余篇,形成了良好的写作氛围。

我还积极组织学生参加各种作文竞赛,目前已有多位学生在各级比赛中获奖。竞赛主办单位的权威性、竞赛活动的高等级性、竞赛舆论的社会性也大大激发了学生的创作潜能和写作热情。

五、结语

博客的流行给我的最大启示是每个人的心里都沉睡着一个作家,而博客就是一声来自民间的呼唤。每个学生的心里也都沉睡着一个作家,而他们最需要的则是来自教师的呼唤。因此,在教学实践中,我致力于唤醒学生的作家意识,倡导学生像一个作家一样去写作,用心打造自己的作品,让学生去体验写作所带来的价值感与成就感、生命感与愉悦感。我认为,当学生为了拥有像作家一样强烈的创作欲望、善感的心灵、善思的头脑、丰富独特的写作储备、强烈的作品意识、较高的自改能力和强烈的发表展示的欲望而努力时,当写作成为他们心灵的需要时,当他们在写作方面的主体意识也就是我所谓的作家意识被真正唤醒时,我们的写作教学才算是真正成功了。

本章附录

[1] 潘万岭.加强作文评讲,搞好作文教学[J].北京师范大学学报,1983(3).

[2] 沈蘅仲.遵循大纲练好基本功[J].人民教育,1984(1).

[3] 雷震,胡彦文.中学作文教学试改报告[J].上海师范大学学报,1991(1).

[4] 赵精忠.对议论文"写作要求"理解的误区[J].语文学习,1995(2).

[5] 王炎斌.相反相成:关于作文教学的三点思考[J].现代中小学教育,1999(8).

[6] 肖晓燕,王宗海.关于高中研究性写作的选题[J].中学语文教学,2003(12).

[7] 李真微.开发源头,重在感悟——中学作文问题讨论[J].语文教学通讯(初中刊),2006(4).

[8] 李卫东.新课程背景下写作教学的几个议题[J].中学语文教学,2008(7).

[9] 刘金玉,刘东霞.原生态作文教学探究[J].教学与管理,2008(12).

[10] 华义平.当前中学写作教学迫切需要解决的几个问题[J].语文教学与研究,2009(1).

[11] 王栋生.抓住机会适时写作[J].中学语文教学,2009(12).

第五章 语文综合性学习与研究性学习

- 语文综合性学习的理论基础与基本特征（郑国民 冯伟光 沈帼威）
- 试论语文综合性学习的有效教学策略（郭根福）
- 语文综合性学习的教材设计特征及问题——以人教版初中语文课程标准实验教科书为例（陈尚达）
- 关于语文综合性学习边界问题的思考（黄伟）
- 语文学科开展研究性学习的方法与策略（王波）
- 研究性学习与中学语文教学（方红）
- 用新理念指导语文『研究性学习』（刘建琼 肖杨）
- 语文实践活动是语文课程的生命线（戴汝潜）
- 解读『语文实践』（王荣生）
- 本章附录

语文综合性学习的理论基础与基本特征[①]

郑国民　冯伟光　沈帼威

　　新课程改革大力倡导综合性学习方式,新课标也将综合性学习列入各学段的目标当中。什么是综合性学习呢？我们认为,语文综合性学习是以语文课程的整合为基点,加强语文课程与其他课程的联系,强调语文学习与生活的结合,以促进学生语文素养的整体推进和协调发展。语文综合性学习包含语文研究性学习,研究性学习是综合性学习的重要组成部分。社会发展对人的素质提出新的要求是它产生的外部因素,而语文教学自身的发展是它产生的内在动力。

一、语文综合性学习的理论基础

　　综合性学习的教育理念是在不断吸取不同的教育理论的基础上得以发展和完善的。早在欧洲文艺复兴时期的人文主义教育思潮,就开始重视个性发展和个体的智慧,尊重儿童的兴趣、主动性和积极性。自然主义教育家主张让儿童自己在实践中锻炼观察力、求知欲、创造力,积累学习经验。到了19世纪末20世纪初,以杜威为代表的进步主义教育更加关注儿童,把教育与社会生活联系起来,提出"儿童中心论"、实验"活动课程"。以瑞士的皮亚杰和美国的布鲁纳为代表的教育观真正地从学生"学"的角度研究教育的问题,为综合性学习奠定了心理学基础。他们认为,学生的主体认知结构和建构过程不能简单地靠教师教,而要通过学生的主动作用才能获得,因此提出了"发现学习"。20世纪中期兴起的人本主义教育观把个体的主体意识推到极致,认为教育是为学生个人自由发展提供服务的,提倡学生在受教育的过程中自我选择、自我设计、自我奋斗,最终达到自我实现,奠定了"综合性学习"倡导创造性能力的理论基础。后现代课程观认为,课程就是教师与学生共同参与探究,一起探索未知世界,从而实现认识领域的拓展和延伸的过程,而不是教师向学生传递教师所知的过程。联合国教科文组织国际教育发展委员会提出的"终生学习"、"全人发展"等思路,在教育的空间和时间两个维度上,加强教育和生活的联系,把教育从学校延伸到家庭乃至整个社会和人的一生。

　　20世纪90年代以来,世界教育改革的步伐不断加快,各国纷纷出台各种措施,在注重教育理念突破的同时,都强调学生的学习方式的改变,并试图以此为突破口来体现新的教育理念。美国强调以"探究"为特征的学习策略,采用"以项目为中心的学习"(project-based learning)和"以问题为中心的学习"(problem-based learning),这两种模式从根本上讲是一致的,具有相同的理念和方向,强调以学生为中心,以促进学生个性的健全发展为主,体现了学生学习方式的个性化。另外,一些国家开设综合学习课,旨在使学生能把所学到的各科知识、技能在实践中综合运用,从而培养解决问题的能力。

[①] 本文选自《语文建设》2002年第4期,第4—5页。

从各个国家的课程结构来看,综合课程或实践课程都力图实现所有课程的整合。其目标是培养个性健全的人,把学生视为"完整的人",把"探究性"、"创造性"、"发现"等视为人的本性。综合性学习的过程是积极的、有意义的学习过程。从学生的生理心理特点来看,学生的创造潜力、探究意识和求知欲在综合性学习过程中更容易被激发。综合性学习特别重视学生解决问题的过程、应用科学的认知方式和策略,更注重学生创造性与主体性人格的培养。

之所以在语文课程中设计综合性学习,是因为仅仅强调学科或课程之间的整合还不够,语文课程自身的特点决定了语文课程内部也必须加强整合,从而更加有利于语文素养的形成与发展。语文综合性学习与其他学科的综合性学习相比具有自己的特色。从理论发展来说,不但要吸收外来教育理念的优秀成果,而且要发扬我国传统语文教学理论的精华,并且要适应时代发展的要求。

二、语文综合性学习的基本特征

语文综合性学习与传统语文学习不同,它不再刻意追求语文知识的系统和完整,而是在学生的自主活动中全面提高语文素养。它的基本特征有:

(1)重整合。综合性、整体性是语文学科的重要特点,语文素养是语文学科的整体性在教育中的体现。语文素养是学生学好语文以及其他课程的基础,也是学生全面发展和终身发展的基础。语文综合性学习主要体现为语文知识的综合运用、听说读写能力的整体发展、语文课程与其他课程的沟通、书本学习与实践活动的紧密结合。

(2)重过程。未来社会对人才的要求不仅仅是掌握某种技能或某种具体的知识,更为关键的是对所学的知识进行选择、批判、解释、运用,从而有所发展、有所创新。语文学科本身所具有的人文性和实践性的特点要求学生在语文学习中不断地搜集、综合、分析、运用信息,发现并解决问题。学生富有个性的学习比所要追求的结果更重要。

(3)重应用。语文综合性学习强调的是学生把所学到的基础知识、基本技能应用到实际生活中去,学以致用;在此过程中,促进学生对社会文化、人文精神、社会发展等方面问题的思考,从而使学生加深对知识内涵的理解和掌握,具备最基本的语文素养。

(4)重体验。语文综合性学习要求学生亲自参加到语文实践中去。在语文实践中,学生在认识事物的同时会获得独特的个人感受,从而不断认识自我和社会,发现自我,感觉到自己的价值,获得成功感,在语文实践中不断增强语文学习的积极性和主动性。

(5)重全员参与。教育应该使每个学生都得到健康发展。语文综合性学习要求全体学生的参与,使每个学生通过语文综合性学习,形成和发展语文素养。全员参与还有另外一个含义:共同参与。在共同参与的过程中,学习者要了解合作伙伴的个性,学会交流与合作,在互相尊重、理解与宽容的前提下,表达自己的想法,听取别人的意见。

三、语文综合性学习的实施

语文综合性学习的理念不但要自始至终贯穿于语文学习的过程中,而且要渗透语文学习的全部。阅读中要强调综合性学习,写作中要强调综合性学习,口语交际中也要强调综合性学习,同时,还要加强语文课程与其他课程以及与生活的联系,促进学生语文素养的整体推进和协调发展。在具体实施语文综合性学习的过程中,以下做法可供参考。

（1）师生合作确定学习主题。教与学是互动的，学生可根据自己的兴趣、爱好、经验、条件、能力等选定所要学习的主题，这个主题可以是课内的内容，也可以是课外的内容。给学生充分的空间，使他们可以自主开展学习，充分发挥自身的主体作用，发展个性。学生的兴趣、爱好被调动起来后，就能倾注全部热情，兴致勃勃、认真地学习。同样，学生如果选择自己感兴趣的问题，就会积极开展研究，取得较好的效果。

教师要依据学生的年龄、心理特点等给予学生积极的引导，既要尊重和保护学生的自主性、积极性，也要注意所选问题的价值。教师要有针对性地对学生进行引导、点拨与督促。指导的目的不是将学生的研究引向一个已有的结论，而是提供信息、启发思路、补充知识、介绍方法和线索。

在强调学生自主选择主题的同时，还要发挥教师的引导作用。只有同时强调两者，他们的作用才可以达到最大限度的发挥，师生也才会在和谐、愉快的情境中实现互动。

（2）重视学生调查、实践、访问、查阅和收集资料等活动的过程与策略，引导学生用多种方式呈现学习的过程和结果。教师要鼓励学生多渠道获取信息和资料，使学生初步掌握通过互联网、图书馆、人际交往等获取资料的方法与途径。教师要引导学生用多种方式呈现学习的过程和结果：可以是一篇研究论文、一份调查报告、一块展板，也可以是一场主题演讲、一次口头报告、一本研究笔记，还可以是一项活动设计的方案。只要能够呈现学习的过程和结果，教师可以灵活把握，不必拘泥于单一、固定的形式。

（3）注重总结、交流、分享。每次主题学习结束后，不能将成果束之高阁，还要总结、交流、分享和体会。每个学生都要对自己的学习过程进行总结，正确地对待自己的收获或存在的问题。同学之间可以交流学习过程中的体会和经验，在合作、交流中，学生学会理解和宽容，学会客观地分析和辩证地思考，也学会申辩。学生的自我反思和小结对于学生在学习上的成长尤其重要。在一个学期的不同时段里，教师应该要求学生充当批评家或传记作家的角色，对自己成长过程中所取得的进步、已实现的目标以及所走过的弯路等进行总结。通过这种反思和自省，为学生的成长提供重要契机，也培养学生自我反思和自我教育的习惯。

试论语文综合性学习的有效教学策略

郭根福

《全日制义务教育语文课程标准(实验稿)》把"语文综合性学习"纳入语文课程体系结构之中,与"识字与写字"、"阅读"、"写作"、"口语交际"并列,这是语文课程改革的一个突破,也是语文课程内容的一个亮点。语文综合性学习是以语文学科为依托,注重语文学科与其他学科、学生生活和社会生活之间的整体联系,它以问题为中心,以活动为主要形式,以综合性的学习内容和综合性的学习方式促进学生综合性的发展。这种发展的落脚点都在全面提高学生的语文素养上。

"语文综合性学习"的提出,是语文课程改革的必然要求。首先,语文课程改革必须适应社会发展的要求。我们的社会已经进入了信息化的社会,整个地球成了"地球村",人类生活充满无限的不确定性和不可预期性,一切都在变化之中。在这样一个变化的时代,教育的时间、空间、内容、方式也将发生革命性的变化。语文综合性学习的内容面向变化中的整个生活世界,因而,这种综合性的语文学习方式能适应社会发展的要求。其次,语文课程改革必须推动语文教学改革的发展。近几年来,语文教学改革出现了停滞不前的尴尬局面。其中一个根本原因就是语文教学没有走出"学科中心主义"的怪圈,比如,过分追求语文学科本身知识的系统和完整,忽视语文学科与其他学科之间的整体联系,把自己孤立起来;语文课程过于注重知识的传授和技能的训练,忽视联系现实生活的语文实践活动,把自己封闭起来。这种"学科中心主义"的课程理念,使语文教学和改革走进了死胡同。"语文综合性学习"的提出,为当今的语文教学和改革注入了新的生机和活力,它将有助于推动语文教学改革的发展。

"语文综合性学习"必须考虑各阶段学生身心发展和语言能力发展的特征,要根据不同学段学生的特点和不同的学习内容,采取相应的教学策略,促进学生语文素养的整体提高。要提高学生语文综合性学习的效率,必须把握以下有效教学策略。

一、明确学习目标,是开展"语文综合性学习"的前提

任何一项学习活动,都必须有明确的目标指向,这是提高学习效率的前提。《全日制义务教育语文课程标准(实验稿)》对"语文综合性学习"提出了如下目标要求。

总目标:能主动进行探究性学习,在实践中学习、运用语文。

阶段目标:

第一学段(1—2年级)

1. 对周围事物有好奇心,能就感兴趣的内容提出问题,结合课内外阅读,共同讨论。

---

① 本文选自《课程·教材·教法》2003年第3期,第52—56页。

2. 结合语文学习,观察大自然,用口头或图文等方式表达自己的观察所得。
3. 热心参加校园、社区活动。结合活动,用口头或图文等方式表达自己的见闻和想法。

第二学段(3—4年级)
1. 能提出学习和生活中的问题,有目的地搜集资料,共同讨论。
2. 结合语文学习,观察大自然,观察社会,书面和口头结合表达自己的观察所得。
3. 能在老师的指导下组织有趣味的语文活动,在活动中学习语文,学会合作。
4. 在家庭生活、学校生活中,尝试运用语文知识和能力解决简单问题。

第三学段(5—6年级)
1. 为解决与学习和生活相关的问题,利用图书馆、网络等信息渠道获取资料,尝试写简单的研究报告。
2. 策划简单的校园活动和社会活动,按所策划的主题进行讨论和分析,学写活动计划和活动总结。
3. 对自己身边的、大家共同关注的问题,或电视、电影中的故事和形象,组织讨论、专题演讲,学习辨别是非与善恶。
4. 初步了解查找资料、运用资料的基本方法。

第四学段(7—9年级)
1. 能自主组织文学活动,在办刊、演出、讨论等活动中,体验合作与成功的喜悦。
2. 能提出学习和生活中感兴趣的问题,共同讨论,选出研究主题,制订简单的研究计划,从报刊、书籍或其他媒体中获取有关资料,讨论分析问题,独立或合作写出简单的研究报告。
3. 关心学校、本地区和国内外大事,就共同关注的热点问题,搜集资料,调查访问,相互讨论,能用文字、图表、图画、照片等展示学习成果。
4. 掌握查找资料、引用资料的基本方法,分清原始资料和间接资料的主要差别;学会注明援引资料的出处。

纵观语文综合性学习的目标内容,它主要体现了以下特性。

第一,学科性。尽管语文综合性学习涉及自然、社会、生活等内容,但它首先姓"语",其落脚点在于全面提高学生的语文素养,而不是为了让学生掌握其他学科和其他领域的知识。例如,以"花卉与古诗"为主题让学生进行语文综合性学习,尽管需要学生搜集、理解古诗中有关描写花卉的诗句,或者让学生在观察花卉的基础上创作新的描写花卉的诗句,但其目的在于让学生了解语文与生活的联系,培养学生阅读理解与自主表达、搜索和处理信息的能力,而主要不是让学生获得有关花卉的知识。

第二,综合性。从《全日制义务教育语文课程标准(实验稿)》对各学段"语文综合性学习"阶段目标的阐述上,我们可以看出这种综合性主要体现在:学习空间上,体现课堂学习与课外学习的有机整合;学习内容上,体现自然、社会、人文领域与语文课程内容的综合;学习方式上,体现实践性学习、研究性学习、合作性学习、体验性学习等多种学习方式的综合。

第三,实践性。语文综合性学习是培养学生语文实践能力最有效的途径。从实践的过程来看,它要求学生不仅要认真阅读课内外书籍,还要求学生通过观察、调查访问等实践活动亲身去体验语文、学习语文,提高学生运用语文知识解决实际问题的能力。从实践的方式来看,学生可以根据自身实际和学习内容自主选择灵活多样的学习方式,可以是自主探究,也可以是合作交流。从实践的手段来看,可以让学生走进现实世界考察、调查访问,也可以借助现代信息技术,让学生走进网络虚拟世界,还可以引导学生通过讨论、交流,走进人们的心灵世界和情感世界。在具体的主题实践活动中,实践的方式和手段都是体现在实践的过程之中的。

二、展开探究活动,是开展"语文综合性学习"的关键

开展"语文综合性学习",仅仅明确学习的目标还不够,还必须通过一个个具体的项目来展开探究活动,这是开展"语文综合性学习"的关键。一项完整的探究活动,大致要经历"确定探究主题→制订学习方案→开展探究活动→交流与分享探究的成果"这样四个阶段。

(一)引导学生确定探究的主题

学生不是因为语文课程的存在而存在。语文综合性学习活动的主题设计,不是先决定教师该教些什么,学生该学些什么,而是先要思考学生关心什么,对什么感兴趣。因此,探究的主题设计要注重来自学生的问题,要思考学生关心什么,对什么感兴趣。语文课程标准强调:学生在第一学段要"对周围事物有一定好奇心,能就感兴趣的内容提出问题",在第二学段要"能提出学习和生活中的问题",在第三学段要能"解决与学习和生活相关的问题",在第四学段要"能提出学习和生活中感兴趣的问题"。这实际上已为我们如何引导学生寻找探究的主题指明了方向。

那么,在语文教学中如何引导学生寻找探究的主题呢?笔者认为义务教育阶段的语文综合性学习,其探究主题的生成方式主要有以下四种。

1. 生活诱发式

大千世界,每天都在发生纷繁复杂的变化,教师要利用学生对周围事物的好奇心,引导学生仔细地观察、思考生活中各种各样的问题,促使学生从生活的诱发中产生探究的主题。例如:

△ 煮熟的饺子为什么会浮起来?
△ 风筝为什么能飞上天?
△ 人为什么能直立行走?
△ 在宇宙飞船上人为什么会感到失重?
△ 为什么有的树(如松、柏、冬青)在冬天也不落叶?
△ 我们身边的垃圾应该如何处理?

2. 课堂拓展式

课堂教学是培养学生语文综合素养的主阵地。在语文教学中,首先,教师要以教材为依托,拓展课堂教学的空间,引导学生确立探究的主题。例如,一位教师在教《麻雀》一课时,学生提出了这样的问题:"老师,是不是所有的动物在自己的孩子遇到危险的时候都会不顾一切地救孩子呢?"顿时,教室里议论纷纷,争论不休,于是教师抓住这个契机,引导学生确定了"动物妈妈和孩子"的探究主题。又如,有一位教师在教《只有一个地球》一课时,一位学生对课文中"只有一个地球,如果它被破坏了,我们别无去处"这句话提出了质疑:"在茫茫宇宙中,难道真的没有适合人类居住的星球吗?"教师紧紧抓住这个学生感兴趣的问题,引导学生

确定"宇宙中真的没有适合人类居住的星球吗"这一探究的主题。类似这样的事例很多,因此,在课堂教学中,教师首先要有捕捉确定语文综合性学习主题的意识。其次,要善待学生提出的各种疑问,引导学生从这些疑问中发现具有探究价值的主题。

3. 学科联系式

语文学科具有鲜明的综合性的特点,与其他学科之间有着千丝万缕的联系。因此,我们在引导学生确立语文综合性学习的主题时,必须打破僵化的学科框架,软化学科边缘,让学生从语文学科与其他学科的联系中发现语文综合性学习的主题。例如,在教学描写"春天"的课文时,可以沟通语文学科与美术、音乐学科的横向联系,围绕"感受春天"这个主题,让学生吟诵描写春天的诗文,描绘春天的画卷,歌唱赞美春天的歌曲,促进学生语文综合素养的提高。又如,可以将语文教材中的《赵州桥》、美术教材中的《家乡的桥》《我为祖国造大桥》、常识教材中的《桥》的教学有机结合起来,确立"畅想桥"这个探究主题,让学生了解赵州桥的历史与结构特点,明白拱桥、斜拉桥的力学道理,运用泥塑塑造想象中的大桥。通过对"桥"的多角度畅想,让学生感受古代文明和现代文明,培养学生的语言表达能力和动手、动脑的创造能力。

4. 综合实践式

综合实践式是以一个问题为中心,从两门或两门以上学科知识的综合联系中确立探究的主题。这里的"问题",一般是指涉及两门或两门以上学科知识的综合性的问题。如环境保护、生态失衡、克隆技术、信息技术等。综合实践式的主题组织方式一般有以下两种。

第一,横向统整式。以学生的现实生活为背景,选择学科之间的知识连接点作为主题内容,统整和综合运用学科知识,在具体的操作实践中,需要先将所有涉及的学科知识放在同一平台上,然后围绕探究主题将零碎的多学科的知识统整起来,使之成为一个完整的知识系统。例如,对"漫话风筝"这个主题的探究就涉及多种学科知识的统整。

$$\text{漫话风筝}\begin{cases}\text{风筝的起源(历史)}\\\text{风筝的设计、制作与放飞(美术、劳技、自然)}\\\text{风筝与人们的生活(社会)}\end{cases}$$

第二,纵向递进式。就是围绕主题,抓住主题中的核心内容,向纵深推进和展开,这种方式要求主题综合性强,主题的统整程度高。例如对"我们身边的垃圾"这个主题的探究就统整了多个主题。

$$\text{我们身边的垃圾}\begin{cases}\text{垃圾的数量与变化}\begin{cases}\text{垃圾数量的变化与人口增长}\\\text{垃圾数量的变化与生活方式}\\\text{浪费与垃圾的增加}\end{cases}\\\text{垃圾的种类与变化}\\\text{垃圾的运送与处理}\begin{cases}\text{垃圾处理的基本方式}\\\text{垃圾焚烧的主要流程}\end{cases}\end{cases}$$

我们在引导学生确定探究的主题时,除了要教给学生有关如何寻找主题的方法外,还必须考虑主题对学生发展的价值,也就是说学生通过对这些主题的探究,能否引起他们对自然、对生活、对社会的关注,能否有助于他们形成良好的情感、态度、价值观。

(二)引导学生制订学习的方案

探究的主题一旦确定了下来,接着,教师要教会学生制订学习方案。对于综合性学习方案的制订,根据各学段学习的认知特点,一般经历一个由扶到放的过程。第一学段(1—2年级)、第二学段(3—4年级)的学生主要以扶为主,第三学段(5—6年级)、第四学段(7—9年级)的学生主要以"放"为主,扶放结合。在语文综合性学习的起始阶段,教师应该让学生了解一项语文综合性学习的方案,大致包括项目名称、研究人员、研究目的、研究的内容与方法、研究的步骤及时间安排、预期的研究结果等内容。这种学习方案,一般适用于跨学科或联系社会生活的比较大的学习项目。制订学习方案,可以增强研究的目的性和计划性,这种综合性的学习项目,一般一学期安排1—2次为宜,而且一般适用于第二学段以上的学生。

(三)引导学生围绕学习方案开展探究活动

学习方案确定以后,教师要引导学生围绕学习方案开展探究活动。这是语文综合性学习的主体部分。在引导学生开展探究活动的过程中,必须体现以下"三性":

第一,主体性。学生是探究活动的主体。教师要鼓励学生走出学校,走向社会开展调查、访问、记录、参观等实践活动,通过活动培养学生对外界环境的主动性,通过观察调查、数学计算、查阅资料、协商交流,感受生动的现实生活,帮助学生发现新的知识,掌握新的技能。

第二,合作性。综合性的探究活动离不开学生之间的相互合作。在合作探究的过程中,小组成员之间既要有明确的分工,防止出现互相推诿、被动参与或唯我独尊的情况,又要注意小组成员之间的通力合作。教师要指导学生学会在合作中与人协调和施展自我,培养学生合作的意识和精神,提高探究活动的效率。

第三,体验性。体验是探究性活动的重要方式。学生在探究活动中需要面对现实生活,以独特的经验,形成个性化的认识,在体验的过程中,学生往往需要对已有的知识进行改造或重组。改造或重组已有知识的过程既是学生认识能力发展的过程,也是丰富学生精神生活的过程。

(四)引导学生交流与分享探究的成果

探究活动告一段落之后,教师要趁热打铁,及时引导学生交流与分享探究成果。交流的目的不是评判探究成果的多少与优劣,而是创造一个真诚倾诉和启迪思维碰撞的机会,通过倾听,分享他人的成果和心得感受。交流与分享的成果内容,不仅包括物化的研究报告、改革建议、图片资料等,还包括实践活动的过程和内心体验。例如,在探究过程中曾遇到过哪些困难,这些困难是如何克服的,克服困难后心里感受怎样等。另外,在交流与分享时,可以在某小组发言的基础上,让其他同学对他们的发言内容提问或提出建议,使交流的过程成为全班同学共同探究、学习、反思的过程。

三、构建新的评价机制,是开展"语文综合性学习"的保证

教学评价在语文综合性学习中具有导向和监控的作用。为了充分发挥"语文综合性学习"在"全面提高学生语文素养"方面的作用,必须构建新的评价机制,这是确保"语文综合性学习"顺利开展的保证。

(一)在评价目的上,由注重"甄别选拔"转变为强调"促进发展"

长期以来,由于受"应试教育"和"精英教育"思想观念的影响,语文课程的评价主要是为

了从众多学生中筛选少数尖子,评价实际上成为一种终结性的甄别选拔过程。新的课程评价观认为,评价的根本目的在于为学生的终身学习和发展服务。因此,对"语文综合性学习"的评价,应体现"育人为本"的思想,改变以往那种简单地给学生排名次等做法,应立足于给每一位学生提供展示自己的机会,确保所有学生在原有的基础上获得实实在在的发展,这种发展不是指某方面知识的获得,而是全面的语文素养的提高。

(二)在评价过程中,由注重结论转变为强调过程

语文综合性学习是通过一个个主题来展开的。评价应侧重于学生在学习过程中形成的语文素养,而不是通过学习所获得的学习结果。用书面考试来评价一个学生的所得所失,针对学习的结果打上一个分数,特别是几个学生合作的探究项目,就用总分除以人数,得出个人所得,这是极其荒唐的不负责的错误行为。因此,对语文综合性学习的评价应把着力点放在过程上,既要看项目的确立是否有价值,内容设计是否具有可探性,探究的方法是否科学,又要看实践活动是否做到全员参与和全程体验,还要看学生在活动中的合作态度和合作能力,以及在活动中主动发现问题和探索问题的能力。

(三)在评价主体上,要由"单一化"、"单向性"转向"多元化"、"互动性"

传统的评价主体是单一的,评价模式是由上而下的单向直线式的,学生作为被评价的对象而被排斥在评价主体之外。新的语文课程评价理念主张评价主体的多元化和互动性。一是要改变单一的教师评价学生的状况,实现学生自评、学生互评、师生互评的多元化评价;二是要增强评价的民主性,强调评价主体之间的双向选择、沟通和协商,使评价对象最大限度地接受评价结果,而不是把评价的结果"强加于"评价对象。

(四)在评价标准上,要软化"班级成员参照",强化"自我参照"

评价标准是实施评价的首要前提和条件,传统的评价标准过分强调"班级成员参照",而且往往以班级尖子学生作为评价的参照,严重挫伤了大多数学生的积极性。新的语文课程标准强调评价要"尊重和保护学生学习的自主性和积极性"。因此,我们在进行"语文综合性学习"的评价时,要最大限度地软化"班级成员参照",强化"自我参照"。"自我参照"就是"个体标准",它是以每一个体的现实基础和条件为依据所确立的适合个体发展需要的内差性评价标准,这种评价标准因人而异,具有个体性、灵活性的特点,它能促使学生在对自己过去、现在和未来的认识中增加自信,发挥潜能。

(五)在评价方式上,要由单一的"量化评定"转变为多样化的"综合评定"

"语文综合性学习"活动是一项比较复杂的语文实践活动。如果采用单一的"量化评定"的方式,不但不能反映综合性学习的本质,而且会在很大程度上压抑学生个性发展的丰富性。因此,我们在进行语文综合性学习的评价时,要由单一的"量化评定"转变为多样化的"综合评定",做到定量评价与定性评价、形成性评价与总结性评价有机结合起来。通过多维度、多侧面的综合评定,全面而客观地反映学生语文综合性学习的效果。通过综合评定,既让学生分享成果的喜悦,又让他们找到自己下一步努力的方向。

语文综合性学习的教材设计特征及问题[①]
——以人教版初中语文课程标准实验教科书为例

陈尚达

综合性学习是语文课程标准和实验教科书的一个亮点。语文课程资源的整合、语文知识应用的综合以及活动过程中的小组合作与资源共享等,既是语文综合性学习的重要内涵,也是语文学习不可或缺的手段与途径。不可否认,经典阅读和选文教学在过去、现在乃至将来都是语文学习的主要方式,但绝不是唯一的方式;语文学习要重视文本文化,但也要重视植根于生活与实践的非文本文化。综合性学习与选文教学有所不同,主要在于:前者以未定的儿童经验为宗,后者以既定的文字符号为本,不过两者也存在相通的领域,即经验是符号的本源。因此,比较而言,综合性学习的编排设计非常不易。那么,语文实验教科书应如何处理与设计"综合性学习"呢?本文以人教版初中语文课程标准实验教科书(以下简称"课标实验教材")为例,探讨语文综合性学习的教材设计特征。不过,实验教材带有实验与探索性质,无法回避自身难以解答的一些难题,这正是我们在语文综合性学习的教材设计中要思考与探究的问题。

一、语文综合性学习的教材设计特征

关于综合性学习的教材编排设计,似乎没有现成的经验可以照搬或参考。以前教学大纲关于"课外活动"对教师提出过指导要求,但在教科书中并无反映;2000年修订初级中学语文教学大纲,修订后的人教版初中语文教科书(以下简称"大纲修订教材")设计了"语文实践活动",并把它作为一个独立板块,课外活动的内容因此得以正式进入教材并成为一个系统受到重视,但活动的综合化程度不深,并且教材给出了详细的活动步骤,表现出教师的强力控制特征,学生的自主性受到严重限制。"综合性学习"与"课外活动"、"语文实践活动"并非毫无联系,而是彼此相关的概念,它们都表现为知识应用的综合化特征。我们从"课外活动"到"综合性学习"这一流变中已察觉到教材设计的显著变化,它说明重要术语或概念的变更必然会带来相应的教材编写理念与策略的转变。

分析"课标实验教材"可看出,语文综合性学习的教材设计特征实现了编写理念和设计策略上的重大突破,主要体现在以下四点。

第一,凸显主体性。《全日制义务教育语文课程标准(实验稿)》在"阶段目标"中指出"综合性学习"目标[1](内容从略),可以简单概括为文学性、问题性、事件性与方法性的综合性学习目标。活动目标都是从学生学而非教师教的角度提出的,学生学习的自主性与合作性得以重视;目标还要求学生能围绕学习和生活的关系开展研究性学习,并学会搜集与利用学习资料。目标中特别关注学生的情感世界,"体验喜悦"、"感兴趣"与"关心"等词语反映出学生

[①] 本文选自《教育科学研究》2005年第11期,第44—47页。

关于综合性学习所必须具备的情感态度,从而将学生的认知目标和情意目标有机结合起来。借助活动的亲历与体验,学生互助合作并感悟意义,参与活动与解决问题的积极性与主动性逐渐增强。这就意味着反对教师从外部对活动中的学生实施过多的干预和控制。

教材是课程标准的具体化,课程标准对教材编写与设计具有必然的指导意义和制约作用。"课标实验教材"中的综合性学习设计基本包括了文学性、问题性、事件性与方法性的综合性学习活动,主题多元,内容多样,方法不一,形式不拘,内含"一"与"多"的复杂关系,为学生的自主选择留有大量余地,充分体现出编写专家们的可贵探索与聪明睿智。例如七年级上册第四单元中的"探索月球奥秘"综合性学习中提到,月球的奥秘非常多,诸如月球的起源、地质构造、月貌、月相、月食、潮汐、人类登月、开发月球、月球与人的关系等;月球的文化色彩很浓厚,古往今来,人们赏月、思月、写月、唱月等,留下了关于月亮的优美的神话传说、文章诗赋、对联、谜语、音乐和绘画等,还有与月亮有关的民风民俗、风景名胜。活动中,学生可以根据自己的知识经验,从兴趣与意愿出发,或探究月球奥秘,或感悟月亮文化。活动没有预设的轨道,学生可以大胆发挥自己的创造性,在力所能及的范围内提升自己的语文素养。

第二,强调整合性。综合性学习的鲜明特点之一就是整合性强,它要求活动情境中的学习个体能够整合多渠道的学习资源、多学科的知识内容与多方面的语文能力等,从而克服传统符号学习的相对机械枯燥与单一片面的性质,并追求一种宽广而复杂的联合,以及在问题情境中主动应对、灵活应变的思维智慧。

"课标实验教材"很好地体现了这一编写理念,集中体现在以下两方面:一是"综合性学习"与写作和口语交际都是语文实践活动的重要组成部分,将它们并列在一起统筹兼顾,使得综合性学习过程同时包含了写作过程与口语交际过程,写作和口语交际因此成为综合性学习中重要的学习方式。它让学生明白:语文综合性学习不仅是课程间的资源整合、学科间的知识统整,以及书本和生活的紧密关联,它还是听说读写的方式统筹与能力综合,从而突破了"大纲修订教材"将"语文实践活动"与写作、口语交际并列所造成的逻辑上的混乱。二是"综合性学习"不再是独立的板块,而是成为课文单元的有机组成部分,在设计安排时和课文整体考虑。例如七年级上册第三单元都是关于描写与赞颂自然美的诗文,本单元的综合性学习主题就是"感受自然";第四单元的综合性学习主题是"探索月球奥秘",便是和其中的课文《月亮上的足迹》密切相关的。类似的例子还有很多。这样,综合性学习的主题设计与整体单元课文主题或相关或重叠,突破了"大纲修订教材"将"语文实践活动"单列为独立单元的孤立且与课文缺少意义关联的局限。教材因此建构起选文教学与综合性学习的内在联系,疏通文本符号世界与物质经验世界的固有通道,为教师和学生设计一种互补、多元的学习模式。借助活动中的亲历、体验、合作与反思,学生不仅能够丰富自己的内心感受,具体而微地理解文本,而且能够体验到学习的乐趣与人生的诗意。

第三,注重生活性。综合性学习追求回归生活的课程理念,语文学习不能引导学生深陷枯燥抽象的文字符号的泥潭,而要越过文字符号的屏障,寻求与生活经验和文化环境丰富而深刻的内在关联,在多样化的相互作用中引发学生的心灵碰撞和个性发展。

在"课标实验教材"中,包括前面提到的"感受自然"和"探索月球奥秘",还有"这就是我""成长的烦恼""黄河,母亲河""让世界充满爱""莲文化的魅力""科海泛舟""到民间采风去""雨的诉说"及"金钱,共同面对的话题"等主题性综合性学习,都体现了人与环境、学习与生活的意义关联,并且暗含着"自我—自然—社会—文化"的由近及远、由浅入深的循序渐进原则。这种编写体例贴近学生生活实际,符合儿童心理发展规律,关注儿童亲历自然、体察社会并感悟文化。这和"大纲修订教材"中的"语文实践活动"大多是知识性、竞争性的比赛活动截然不同。显然,这里的语文综合性学习意在张扬一种自我意识,呼唤个性化的语文学习。学习本来就是在生活中并为了生活的意义活动,通过自我的生活经验介入活动,学生从自己的独特视角表达对自然、对社会、对自我的多层面思考。

第四,体现灵活性。设置综合性学习是为了克服单纯选文教学的弊端,把以前作为教材内容之外的课外活动内容搬进教科书,努力增强语文知识与经验的统整,实现学生个性的灵活、生动发展,同时克服"语文实践活动"的给出活动目标、程序与方法的刚性设计特征。

在"课标实验教材"中,语文综合性学习的灵活性设计具体体现为以下两点:一是每册课本设计六个单元,安排六次综合性学习活动,每次活动又设计多项小活动,给学生留有选择的余地。如七年级上册中"成长的烦恼"综合性学习活动设计了"说一说自己的烦恼""妈妈(爸爸、老师、朋友)少年时期的烦恼"和"替朋友解脱烦恼"三项活动,要求学生从中任选一项;八年级上册中"让世界充满爱"综合性学习活动也设计了"关爱每个伙伴""同在一片蓝天下"和"人人都献出一份爱"三项活动,由学生任选一项;等等。这样,学生可以结合自己的生活经验,依据兴趣与自愿原则,自由选择,自主行动。二是教材中的综合性学习活动只是提出学生学习和生活中值得关注的问题、社会中的热点问题等,以引起学生关注与思考,并在教师的引导下自行设计活动方案,自主组织并合作探究;编者只是就活动的开展作简要提示,并没有就活动目标、活动程序与做法等进行设计和研制,而是把主动权交给教师和学生,使得综合性学习活动真正是教师引导下的学生自主、合作与探究的行动。

二、语文综合性学习的教材设计存在的问题

从以上分析中可看出,"课标实验教材"在综合性学习的编排设计上表现出鲜明的科学性和艺术性,反映出编写者的艰辛付出和成功探索。然而,综合性学习作为语文学科领域中的新生事物,不可避免地会给教师教学和学生学习带来困惑和挑战。这种困惑和挑战可能导致的障碍和危险恐怕是综合性学习的编写者所没有充分考虑到的。笔者以为,语文综合性学习的教材设计主要存在以下问题。

第一,关于语文综合性学习主题设计的目的与意义,教材并未作深入的具体说明,需要教师自我理解。这就给教师不读或误读提供了可能,教师有理由怀疑语文综合性学习活动开展的必要性,从而忽视语文综合性学习。笔者在六安市的初中学校调查后发现,教师普遍不重视语文课程标准实验教科书中的综合性学习,除了历史与现实因素外,与教师对综合性学习的价值与意义认识不清不无关系。我国基础教育中语文教学重视选文教学这一传统、课外活动并未在学校教育中受到重视及应试教育的选拔升学取向加剧了这种情形。这种把"学科"与"活动"对立起来的错误做法,不仅使语文教学变得抽象、枯燥,而且忽视了活动对学生个性形成与发展的重要价值。"任何一门知识的掌握,都应该不仅通过课堂而且通过实际活动才能成为真正生动的、有意义的过程。"[2]而关于活动的内在价值,正如杜威所指出的,是产生于学习材料的"宽广的和连续的相互作用"[3],它将学生带入一种生活的情境,"在生活的情境中,学生能够深入地感到了解事实、观念、原则和问题的重要意义"[4],从而利于生成学生学习的主动性、创造性和适应性,并诱发学生的学习兴趣。"把学习的对象和课题

与推动一个有目的的活动联系起来,乃是教育上真正的兴趣理论的最重要的定论"[5]。因此,结合我国语文教育的历史与现实背景,新课标教材关于语文综合性学习的编排设计必须包含对主题设计的目的与意义的详细介绍,以向教师明示语文综合性学习活动开展的必要性,并让他们获得一定的理性认识。当然,综合性学习真正受到重视的又一个重要前提,是它在考试评价领域要有所体现。

第二,综合性学习的资源开发应该高度体现出本土化特征;而教材中综合性学习的主题设计表现出寻求普适性的倾向。综合性学习作为语文学科领域内的新生事物,旨在突出实践在语文学习中的特殊地位与重要作用。在生活中应用语文,无论是问题解决过程,还是专题研究性质,都克服了课本学习的纯符号认知行动,转而要求学生把"做"和"做中的反思"结合起来。它建立在把握并尊重学生的知识经验与兴趣能力的基础上,在主题、内容、方法与形式上都可以做到因人而异,能够实行合作学习和个别化学习有机结合,并真正体现因材施教。和选文教学相比,综合性学习的教学更强调人本化,具有更高的自由度。与之相适应,综合性学习的资源开发应该高度体现出本土化特征;而教材中明确综合性学习主题的做法表现出寻求普适性的倾向,不利于师生创造性地开展活动。我们认为是综合性学习的重要资源,一些教师和学生看来或许并不重要。尤其像我国这样一个幅员辽阔的国度,自然景观差别大,风俗民情多样化,经济发展不平衡,追求普适性的设计会导致消解本土化的危险,并不利于学生的个性发展。

第三,综合性学习对教师和学生而言,是经验上的盲区,因此教材关于综合性学习的弹性设计更有可能导致活动实施的盲目性与随意性。在综合性学习中,学生亲历活动过程,活动主体的亲在感、活动展开的情境性和知识应用的综合性,是学生实现经验转变的重要能动中介。然而对于长期习惯于教师讲授的学习方式的初中学生而言,适应自主、合作与探究的综合性学习方式恐怕还需要一个过程;对教师而言,综合性学习的指导不再像选文教学那样基于固定的教学对象而带来教学操作上的便利,而是有着更高的要求和期盼。教师及其影响下的学生缺乏关于综合性学习的经验,他们在开展综合性学习时难免力不从心,缺少自信,因此综合性学习的顺利实施需要有一个过渡过程。尤其是教师,他们一直承续的选文教学的学习经历直接影响到他们的教学经验和教学策略,加上活动具有高度弥散性特征,发生在课堂之外的综合性学习活动教师难以感知和把握,而没有真正自主、合作与探究的课外综合性学习活动,课堂上的交流与对话就显得内容乏力而意义缺失。于是,对多数教师而言,课程标准实验教科书关于综合性学习的弹性设计无疑使活动实施变得困难。在教学实践中,许多教师在综合性学习时让学生自学,放任自流,或回到语文实践活动中的教学步骤,对学生进行强力控制,语文综合性学习活动的实施具有很强的随意性和盲目性。

第四,部分语文综合性学习活动主题偏向宏大,对经济发达地区与条件优越学校的学生较为有利,而经济落后地区与偏僻农村学校的学生大多只能望洋兴叹。结合前述综合性学习活动的主题可以看出,像其中的"探索月球奥秘""黄河,母亲河"及"莲文化的魅力"等,涉及大量的资料搜集工作,这对于缺少网络资源与图书资料的偏僻农村学校无疑是"巧妇难为无米之炊",像其中的参观天文台等更让学生望尘莫及。笔者以为,在综合性学习实施之初,我们不一定要追求宏大的主题,而要围绕学习者与他们周围环境的亲密关系,在本土文化与个性成长的关系上做文章。正如孔子所言:"学而时习之,不亦说乎?"综合性学习意在为学生提供心灵觉悟(即"学")和行为自娱(即"习")的重要途径,一种和学课文与做习题截然不同的学习方式。对教师而言,在综合性学习中,教师要努力成为"内在于情境的领导者,而不是外在的专制者(无论多么仁慈)"[6];教师指导的关键在于把握好富有生成性的对话关系,引导学生积极主动地参与到语文活动中去,通过活动引发学生与对象的对话、与他人的对话、与自我的对话,从而帮助学生在运用语文中积淀语文素养,通过对话性交互作用提升主体精神。这对于缺少相关知识经验的教师和学生而言,无疑是一个巨大的挑战与艰难的重任,它真正成为现实还需假以时日。

注释:

[1] 教育部.全日制义务教育语文课程标准[S].北京:北京师范大学出版社,2001:13.
[2] 陶本一.学科教育学[M].北京:人民教育出版社,2002:24.
[3] [美]杜威.民主主义与教育[M].王承绪,译.北京:人民教育出版社,2001:78.
[4] [美]杜威.民主主义与教育[M].王承绪,译.北京:人民教育出版社,2001:253.
[5] [美]杜威.民主主义与教育[M].王承绪,译.北京:人民教育出版社,2001:148.
[6] [美]小威廉姆·E·多尔.后现代课程观[M].王红宇,译.北京:教育科学出版社,2000:238.

关于语文综合性学习边界问题的思考[①]

黄　伟

语文综合性学习应该是有边界的,问题是,这个边界到底在哪里?要回答这一问题并非易事。但是,若不回答这一问题,我们就无法断定什么样的语文综合性学习是"狭化"的,什么样的语文综合性学习是"泛化"的;什么样的语文综合性学习是"语文的",什么样的语文综合性学习是"非语文的";进而言之,也就无法判定什么样的语文综合性学习是有效的、高效的,什么样的语文综合性学习是无效的、低效的。

我认为,要给语文综合性学习划定边界,有必要厘清几个前提性问题,这虽不能给语文综合性学习明确划界,但可以帮助我们理解、解释当前语文综合性学习中"去语文"和"泛语文"等一系列问题。

一、语文综合性学习展开的广度导源于对"语文"的认识

这里的对于"语文"的认识包含三个问题:其一,语文是什么?或曰语文的内涵是什么?对此我们至今尚未获得统一的认识,有"语言文字"、"语言文学"、"语言文化"等多种不同的说法。持有什么样的"语文观"就会有什么样的"语文综合性学习的视野"。当我们把"语文"的内涵主要定位在"语言文字"上,相应地,语文综合性学习就会围绕"语言文字"这一中心来展开;当我们把"语文"的内涵定位在"语言文学"上,语文综合性学习就会特别关注"文学活动";当我们把"语文"的内涵定位在"语言文化"上,语文综合性学习将会在更为宽阔的背景下展开。其二,我们在怎样的范畴中指称"语文"?对于"语文"范畴归属的认识我们仍处于模糊状态,至少在实践领域无意把它分开,比如,我们所指称的"语文",是母语还是母语教育?是一门人文社会学科还是一门学校教育课程?这两对概念的混淆,会导致学校的语文教学与社会生活中的语文学习不分,语文课程的序列训练与语文素质的自然生成不分,语文的间接经验学习与语文直接经验的习得不分,进而会导致对学校语文教育包括课堂教学的轻视鄙薄,把生活中的语文习得凌驾于语文课程教学之上,使语文学习成为社会生活中的"天马行空"、"自由放牧"。其三,什么是语文素养?语文素养主要靠什么获得?有人说,新世纪语文课程改革把"语文能力观"变为"语文素养观",用"语文素养"似乎比"用语文能力"来得丰富周全,几乎囊括一切,面面俱到。但问题是,在视野大开的同时,语文失却了核心,语文学习也没有了问题焦点,相应地,语文综合性学习无边界泛化也就随之而来。语文素养论的无限泛化,使得语文教学失去了语文学科的核心问题,在"全面"的时髦口号下追求面面俱到,结果是收获浅薄的"广"和无序的"多",语文综合性学习正是在这样的理念下让各种非语文活动"你方唱罢我登场",而语文教学却"反认他乡为故乡"。另一个方面,语文素质的养成是以生活中的语文习得为主还是以学校的语文学习为主,两者的关系到底如何理解?什

[①] 本文选自《语文教学通讯·初中刊》2006年第9期,第4—7页。

么是高效的语文学习方式?语文学习与生活到底具有怎样的联系?通过文章、文学学习语文会比到生活中、到其他学科中学语文学得更好吗?或是恰恰反过来?这在我们面前还是"黑箱",如果不能明确地回答这些问题,我们指责那些所谓语文综合性学习的"泛化"、"非语文化"就缺乏底气。

二、对语文综合性学习中的"综合"的理解会影响综合的深度和力度

什么是"综合"?什么是"语文学习的综合性"?这些问题还有待深入探讨。所谓综合,就是"把分析过的对象或现象的各个部分、各属性联合成一个统一的整体"。综合是与分析相对的,也是与分析相依存的,没有分析就谈不上综合。所谓分析,就是对事物或现象的要素及相互联系的了解和理解。也可以这样说,要进行综合首先必须对所要综合的对象进行分析,探明其不同种类、不同性质的事物之间的关联性。正是事物内在要素的关联性的多少强弱决定了综合的可能性及其综合程度的深浅,也正是不同类、不同质的事物有其关联性,综合才成为可能,通过综合才能使事物的内部要素相互影响,产生作用,实现功能增值。否则,貌似综合实则拼合、杂烩。例如,我们常常把语文学习与音乐学科的学习进行综合,但是到底在哪个维度上进行综合,我们少有深入的分析和研究。通常的做法是,在语文综合性学习活动中开展音乐活动,先是"唱唱"、"听听",然后"说说"。下面的题为《〈穿行在音乐的天空〉教学案例》较为典型地代表这种综合性学习的活动方式:

教学过程:

一、播放流行音乐,唤起学习兴趣。

二、穿行音乐天空,了解中外经典。

(一)走进民族音乐。

1. 说说你接触过的民乐曲目。

2. 根据音乐风格猜猜它所产生的地域。

《信天游》

《好一朵茉莉花》

《珠穆朗玛》

《月光下的凤尾竹》

3. 说说你知道的民族乐器和用它们演奏的优秀曲目。

4. 看影音片段猜乐器。

5. 听音乐,猜乐器猜曲目,讲典故叙来历,我们一起来欣赏。

《二泉映月》

《高山流水》

《梁祝》(小提琴协奏曲)

(二)走进外国音乐。

1. 说说你接触过、了解过的外国音乐。

2. 了解经典,欣赏经典。

《命运》

(三)自选曲目推介(分小组介绍)。

三、交流各自感悟，感受音乐魅力

纵观整个教学流程，这节课不像是语文综合性学习，倒很像是一节"音乐欣赏课"。教学的主要内容是音乐相关知识的介绍、乐曲的播放和欣赏，而语文学习却被遮蔽了，被削弱了。但是，笔者认为，问题不在于"音乐欣赏"与"语文学习"内容安排的多少，真正的问题表现在这节课的综合性太弱，我们几乎看不到"音乐欣赏"与语文综合性学习的"综合"维度，到底在哪里达成了"综合"。如前所述，凡综合，应该找到综合对象之间的相通、关联的"综合点"，只有凭借这个"结合部"才能实现两个或多个不同事物、不同学科的融通，进而达成对事物和学科的多重理解。就语文综合性学习而言，就是要凭借语文与其他学科的联系性，通过学科之间的相互沟通来实现学生学科素质的多重建构。具体到《穿行在音乐的天空》这一次语文综合性学习而言，它显然是语文学科"跨入"音乐学科的综合。在这种跨学科的综合中，我们首先要找到两个学科可以综合并实现综合的"基点"，这种综合的"基点"主要不在说说乐曲的相关知识上，也不在听后谈谈感悟上——如果把综合定位在这两点上，那么语文学科就可以随便地"综合"，就可以与任何东西"综合"，这恰恰是当前语文综合性学习"泛化"的一个重要根源所在。语文与音乐综合的"基点"应该建立在两者的联系性上，具体地说，语文与音乐的联系主要表现为两者同为传情达意的一种方式，同属表达情感的符号系统，只不过一个用语言文字这个符号来表达，另一个用音符和旋律来表达。当我们体验同一种情境、同一种情感，我们既可以用音乐——音响、节奏和旋律来表达，也可以用语言文字来表达，那么，音乐的表现就可以转化为语言文字的表现。在语文综合性学习中，可以凭借两者的共通性把音乐唤起的美感、情感与形象，用语言文字表达出来，在此基础上进行艺术与文化的深度探讨。如《二泉映月》与《命运》，同是表达了对命运的不屈与抗争的情感，但因其艺术表现手法和手段的不同而给人以完全不同的情感体验和审美享受，联系乐曲作者的身世、文化背景和使用的乐器来进行探讨，将是涉及多方面知识的综合。这样的综合，不仅是从音乐切入来学习语文，也是从音乐出发走进文化。当然，民歌、流行歌曲与语文的联系性更强，也更加便于开展语文综合性学习。

正是对综合性学习的综合关注不够，我们在开展语文综合性学习的活动中常常是捡到篮里便是菜，导致了五花八门、毫不相干的东西的胡乱堆积，甚至误以为，在综合性学习中掺杂的成分越多越好。这一方面使语文综合性越来越失却语文的底色，另一方面杂质的成分过多，反而使得综合性变弱。作为综合性学习，综合的维度多一些会更好，但多维度综合难度也更大，容易变成拼盘、捏合，而非真正的综合。当前语文综合性学习形式化、过度泛化的现象在很大程度上源自我们对"综合性"没有深入探讨和认真对待，不顾及综合的维度与深度，只在形式上拼凑在一起，必然制造语文综合性学习的"豆腐渣工程"。

四、评价维度决定语文综合性学习的实际效果

我认为，对语文综合性学习评价的误区和误导，是导致语文综合性学习的泛化、非语文化的另一重要原因。

在对语文综合性学习的评价上，其误区主要表现为：其一，只重形式不重实质。对于语文综合性学习活动的评价，我们常常把兴趣点放在那些花里胡哨、热热闹闹的形式上，而对于哪些活动在哪些方面建构了学习的知识与能力，在哪些方面养育了学生的语文素质却很

少深入追究和认真测评。其二,将过程、方法与学习结果、效果隔离。有些论者和实践者为了强调语文综合性学习与传统的语文课堂教学的不同,将学习过程、学习方法抬到比学习结果、学习效果更高的地位,凌驾于学习结果和学习效果之上,将学习过程与方法从学习结果和学习效果中剥离出来。实际上,学习过程、方法与学习结果、效果是相互依存、互为因果的关系,在这对关系中任何一方失去对方都将失去意义。由于我们只看重所谓的过程和方法而忽视或轻视学习的结果和效果,自然会导致过程的散漫化,方法以求新求异为时髦时尚。那些无问题的探究、假问题的研究、虚假的合作、虚张声势的讨论交流、现代教学手段的越位和喧宾夺主……举凡种种,都是唯重过程和方法所产生的病灶。只要我们深入追问其学习的结果和实效如何,那些泡沫化的过程和花拳绣腿般的方法立显原形。在语文综合性学习中,对学习结果的测评诚然不宜用一把尺子衡量有差异的学生,但结果的检测应该贯穿到学习的每一个环节。其三,将语文知识与能力对立,将语文知识、能力与情感态度价值观割裂开来。当前,语文综合性学习的一个严重误区是,语文综合性学习无需语文知识,排斥语文知识,更无意把语文综合性学习活动过程作为语文知识的学习过程;另一误区也值得关注,其后果可能更为严重,这就是将语文知识学习、语文能力培养与情感态度价值观的养成割裂开来,在许多语文综合性学习中,不见语文知识学习、语文能力培养,大谈情感态度价值观,或者总要在活动中"外加一勺",似乎在语文综合性学习中情感态度价值观可以甚至应该脱离语文学习的过程而独自存在。事实上,情感态度价值观的养成,虽是语文学习的重要目标,但它总是与"语文学习"相伴而生的,是派生出来的。失却了语文学习,所谓情感态度价值观的养成就无从谈起,或者就不再是语文综合性学习。我们虽不能简单断定在语文知识、语文能力与情感态度价值观中谁是主要目标,但可以肯定地说,语文知识、语文能力目标在语文综合性学习中是先在的、先决的;尽管在实际学习过程中两者可能是互为基础、互为支撑,甚至互为因果的关系,但是情感态度价值观的培养不能离开语文学习而另搞一套。当前,语文综合性学习的"去语文",与情感态度价值观的养成脱离了语文学习关系极大,我们误以为情感态度价值观可以在语文综合性学习活动中"独舞"。

评价无疑对语文综合性学习的教学起到制导作用,如果评价失当,必然对教学活动产生误导。评价失当,深究其因,可能导源于《语文课程标准》对语文综合性学习的表述不够具体,不够充分,甚至错位。《语文课程标准》对语文综合性学习的目标表述显得空乏笼统(《语文课程标准》对认字与识字、阅读、写作、口语交际的目标表述同样有空乏笼统之病,但由此而带来的后果在综合性学习中表现得最为严重,因为这是一个全新的教学领域与课程形态),缺乏严谨的界定,尤其是在"评价建议"中关于综合性学习的表述,好像更为适用于"综合实践活动课程"中的"研究性学习":

综合性学习的评价应着重考察学生的探究精神和创新意识。尤其要尊重和保护学生学习的自主性和积极性,鼓励学生运用多种方法,从不同的角度,进行多样化的探究。这种探究,既有学生个体的独立钻研,也有学生群体的讨论切磋,所以除了教师的评价之外,要多让学生开展自我评价和相互评价。评价的着眼点主要为:

——在活动中的合作态度和参与程度。
——能否在活动中主动地发现问题和探索问题。
——能否积极地为解决问题去搜集信息和整理资料。
——能否根据占有的课内外材料,形成自己的假设或观点。

——语文知识和能力综合运用的表现。

——学习成果的展示与交流。

在评价时,要充分注意学生在解决问题的过程中所采用的思路和方法。对不同于常规的思路和方法,尤其要给予足够的重视和积极的评价。

评价的"非语文化"表现得非常明显,除了"语文知识和能力综合运用"一条外,其他条款均适用综合实践活动课程的评价指标。由于评价对语文综合性学习的特质关注不够,对"语文性"和"综合性"轻视与忽视,过于强调研究性、活动性,这就在很大程度上把语文综合性引导到"综合实践活动课程"的轨道。

语文综合性学习的泛化、非语文化现象背后藏匿着较为复杂的问题,其中最为主要的问题来自我们对"语文"及"语文教学"的模糊认识,来自对"综合性"缺乏深入研究,来自"评价"的偏失而造成的误导。就现象来看,问题出在教学实践中,但究其根源是我们对语文综合性学习的理论解释不够与引导不力。而要给予语文综合性学习以明确的理论解释和有力的引导,又不得不阐明一些前提性的问题。看来,我们对语文综合性学习的研究只是刚刚起步,还有很长的路要走。

我们对当前的语文综合性学习提出批评与质疑,实际上就隐含着我们对语文综合性学习的基本立场和基本观念。一般而言,那些不关语言文字表达能力的培养,看不到听说读写整体训练的所谓语文综合性学习,我们就有理由说它"泛化了"、"非语文化了"。这里,我们把"语言文字表达能力的培养"、"听说读写整体训练"当作语文综合性学习的主线。事实上,离开了这条主线,语文综合性学习既失去了凭借,也失去了目标,这是一个简单的道理。但我们容易被一些时髦名词和时尚的理念所左右,当我们紧紧抓住这条线的时候,语文综合性学习就可以在广阔的空间里伸缩自如。这条主线不能是僵硬的,它像个"皮筋儿",具有极大的弹性和包容性。

语文素养的核心理应是语文的基本能力,即听说读写能力,其他能力对于语文能力可能起到重要作用,但不是语文能力本体,它们或为辅助,或为基础,或为前提,或为伙伴,或为派生。我们所关注的"语文性",说到底就是对培养听说读写能力有直接影响力的教学方式与教学内容,能够直接地生成语文基本能力的教学方式和教学内容。但是,语文基本能力的形成对人的其他素质、整体素质都有相应的要求,因而,形成某一方面的语文能力也就不可能是单线直进的,不能只管"葫芦大与小",不管"藤叶死与活",常常需要多方面能力的协调与协作,甚至需要前提性的、奠基性的工程,特别是听说读写整体能力的发展,语文知识、语文能力的综合运用更是需要多门学科、多项活动、多种资源的参与和配合。可否让多门学科、多项活动、多种资源参与并配合,应根据学生的学习需要而取舍,根据语文课程与教学目标而取舍,根据综合的功效优劣而取舍。

应该说,语文综合性学习的边界是客观存在的,但它是随机变化的,不可拘于一格,同时也因其浸润化了而变得模糊不清。我们试图给语文综合性学习明确一个边界,实质上是寻找一个出发点、落脚点、归宿点的问题,也是在寻求一个合适的视角、视野、视点的问题。

语文学科开展研究性学习的方法与策略[①]

王 波

研究性学习既是一门全新的课程,同时也是一种有效的学习方式。作为一种方式,"研究性学习"是指学生在教师的指导下,从学习生活和社会生活中自主地发现问题、研究问题、获得结论的过程。作为一种全新的课程,"研究性学习"课程是为"研究性学习"方式的充分展开提供相对独立的、有计划的学习机会。具体地说,是在课程规划中规定一定的课程数,以更有利于学生在教师指导下,从学习生活与社会生活中选择和确定研究主题,主动获取知识、应用知识、解决问题的学习活动。

语文学科研究性学习是学生在语文学科领域和现实生活情境中,通过发现问题、调查研究、表达与交流等探究活动,获得知识技能的一种学习活动。语文学科研究性学习的理念是培养人的创造能力和创新意识。在教学过程中创设一种类似科学研究的情境和途径,让学生通过主动的探索、发现和体验学会对大量信息的收集、分析和判断,从而增进思考能力和创造力。研究性学习关心的是学习过程而不是结果。研究性学习关注思维能力,特别是创造性思维能力。语文学科研究性学习过程的关键是学生是否对所学的知识进行选择、判断、解释、运用,从而有所发现、有所创造。语文学科研究性学习的过程本身就是它所追求的结果。

一、语文学科开展研究性学习的前提和条件

(一)教师观念的重构与更新

在研究性学习中,教师将从单纯的知识传授者变为学生学习的促进者、组织者和领导者。教师在研究性学习中所发挥的是"导而弗牵"、"开而弗达"的作用,教师要完成由演员到导演的飞跃。教师在研究性学习实施过程中要有针对性地指导与督促学生,要组织学生交流、研讨,帮助学生保持和提高研究性学习的积极性,为学生提供信息、开发思路、补充知识、介绍方法、提供线索。教师还要争取家长和社会有关方面的理解、支持和参与,为学生创设良好的研究性学习的环境。在研究性学习的整个过程中,只有充分发挥学生的主体作用,才能激发学生研究和创造的潜能。只有充分发挥学生的主体作用,才能促成他们学会合作、学会交往,从而锻造他们的人格。在研究性学习的过程中,教师自身的定位应当有极大的改变,教师和学生之间应当确立一种新型关系。在这种新型关系中,教师不再是知识的权威,而是从知识的传授者变为研究性学习活动的组织者、参与者和指导者。教师对学习过程的干预和控制要降低到最低限度。我们应当强化教师的组织作用和引导作用。语文研究性学习学生是活动主体,教师的指导作用应更多地体现在思维方法、研究方法和研究手段上。教

[①] 本文选自《现代教育科学》2002年第8期,第5—8页。

师的指导重在指导方法,而不是指导内容和答案。更要注重对学生创造性和探究性的培养,并以此作为研究性学习的主要目的。只有教师角色和观念发生变化,才会有语文学科研究性学习向前发展的可能。研究性学习的开展对教师方方面面的能力都是一次考验。教师要主动参与到学生的研究中去,吸收新知识,更新自身的知识结构,特别要更新观念,建立新型的师生关系;教师要为研究性学习向前发展作出贡献。

(二)现代信息技术的掌握与应用在语文学科研究性学习中的作用

21世纪是一个信息化的社会,信息决定着我们的生存,这是不争的事实。作为教师我们要让学生在这样的时代中生存,必须使他们具备信息素养。研究性学习实质上是让学生全身心地投入学习,旨在培养学生搜集、整合、运用信息的能力。计算机为我们开展研究性学习提供了最好的技术上的支持。研究性学习进程一般包括对资料的收集、整理、加工,并在此基础上得出相应结论。研究过程大体可以分为三步:第一步:在明确课题的基础上收集材料,查找和课题相关的事实论据和理论论据;第二步:处理资料,整理加工信息;第三步:展示发布自己的研究成果。这三步从信息的视角来看,即获取信息、思考整合信息、创造传递新信息。这三步都离不开现代信息技术的帮助。信息技术在教育领域的应用分为三个层次:第一个层次是教师利用计算机为学生展示教学内容,制作课件,在课堂演示,这是近些年来计算机辅助教学的基本模式,在这个层次里教师完全控制学习;第二个层次是学生在教师的指导下利用信息技术来学习,如教师制作或指定一个网站,学生在这个指定网站的支持下一起学习讨论,现在有些教师作网络课就是采用这种方式;第三个层次是学生完全自主控制,运用信息技术来学习。不仅如此,学生还能够利用信息技术来展示、发布、交流自己的学习成果。本文所探索的是将信息技术与研究性学习结合,使学生利用现代信息技术主动探索完成自己所钟情的课题。信息社会"知识爆炸",要求获取信息的方式也要有所改变,目前最快捷的方法就是从因特网上获取信息。网上资源丰富而且新颖,同时网上获取的资料不仅有大量文字资料,还有图片、声音等多媒体资料。利用网上搜索引擎在无数信息中快捷准确地查到想要的信息,可大大节省信息收集时间,即使调查洽谈也可足不出户。利用网络可以实现双向异步交流,还可以通过聊天室双向同步通话。研究性学习整合信息的过程中现代信息技术将发挥更大作用。可以在计算机上建立一个资料整理文件夹,将从网上下载的文字、图片、声音放入文件夹中;书中太长的文字或书中的图片可以利用扫描仪转换成数字文件也放在文件夹中,然后制作一个资料表,将各种信息分类,最后将相应的信息链接到这个表格的各项上。利用 Excel 软件处理调查数据更是快捷省力。研究性学习在创造、传递新信息的过程中,也可利用现代信息技术来完成。如要展示演示文稿,让读者在声音、文字、图片的综合刺激下获取信息,就可以运用 Powerpoint 来完成,或运用 FrontPage 或 Dreamweaver 将内容制成网页,实现全世界范围的交流。

二、语文学科开展研究性学习的步骤

(一)筛选问题,确立课题

爱因斯坦说:"提出一个问题往往比解决一个问题更重要。"语文学习的外延就是社会生活的外延。所以在语文学科研究性学习的过程中,提出一个有价值的问题有时比开展研究更困难。"问题是由信息引起的。"人们生活在信息的汪洋大海之中,各种信息像大海的浪涛拍击海岸一样冲击着人们,产生无穷无尽的"问题"。问题多得如同夜空中的繁星,关键是对哪一颗产生兴趣。一旦找到了个人感兴趣的问题,就会产生解决它的强烈欲望,并形成"问题"意识。

从"问题"到确立为课题应把握如下原则:

1. 价值性原则

选择具有一定的研究价值,或一定的社会意义,或一定的学术价值,或对个人健康发展有良好的促进作用,或对语文学习素质和品质有好处的问题确立为课题。

2. 可操作性原则

选题要有可操作性,既要考虑到研究者的实际水平,还要考虑到教师的现实状况。一个问题能否确立为课题要看研究者能不能占有关于这个问题的一些详细资料,符不符合研究者现有的能力。如有的同学选的课题是《东西方文化比较》,这个课题就超出了高中生的能力范围。高中生适宜选择切入口小、周期短、便于查找材料的小课题。后将《东西方文化比较》改为《东西方神话中龙的形象的比较》,这样一改就可操作了。

3. 兴趣性原则

研究性学习的选题要能激发学生的探求欲望,要让学生产生浓厚的兴趣。同时要注意语文学科的研究性学习有别于专家的课题研究。语文学科研究性学习的关键是通过某一问题的研究探询,从而获得研究问题的方法,形成研究问题的意识。所以兴趣至关重要,它可以使研究性学习顺利地发展下去。

4. 选择课题范围

语文学科研究性学习的外延与生活的外延相等,选题范围非常广泛。语言、文学、写作、修辞、语言表达等,都可作为选题的范围。如"武侠小说对现实生活的影响"、"林黛玉与薛宝钗比较谈"、"文化广场的传媒作用"、"广告与消费者的关系"、"唐初四杰诗风小议"、"中学生如何看待网络问题的调查"、"服饰文化与人文精神"、"中国酒文化溯源"……

(二)搜集信息,整理信息

语文学科研究性学习的方式大致可以分为以下几种:单篇课文研究性学习;课文拓展研究性学习;多篇课文比较研究性学习;语文专题知识研究性学习;资料性研究性学习,以及语文学科与其他学科综合起来的综合性研究学习。不论是哪一种方式都是教师指导学生收集信息、加工信息和处理信息,从而使学生学会科学研究的基本方法。研究性学习查阅文献、整理资料这一环节又可分为以下三步:

第一步:学生学会图书资料的检索方法。让学生了解资料的分类。如按形式可以分为图书、报刊、档案等;按内容可以分为线索性内容、观点性内容、资料性内容等。知道资料的分级,如可以分为一次性文献(原始性文献)、二次性文献(文摘、索引等)、三次性文献(参考性文献)等。掌握资料的检索方法,如按照"分析研究课题(明确要求、范围、问题实质等)——确定检索标志(所需文献的类目、文摘、索引、网络等)——确定检索途径(资料来源途径、内容途径、作者途径、分类号途径等)——查找原始资料(浏览、筛选、摘录、整理)"的程序搜寻查阅资料;又如按照"速读寻找资料标志(用找标题、中心句、关键段的方法搜集)——摘录"的程序进行快速浏览,搜寻资料。学习网络资料的检索方法。许多学校由于图书有限,难以查阅各种各样的资料。如果学会了现代信息技术,就可以利用网上的大量信息。首先学生可以到老师推荐的与学习目的有关的网站去检查资料,逐渐熟悉网络;其次学生根据自己的学习目的迅速找到特色网站,检索自己所需的资料;最后也可以利用关键词检索的方法查找资料,甚至可以通过个性化网站来预订自己所需的资料。

第二步:检索资料。首先,要明确目的和任务,这是有效收集资料的前提。在大量信息面前,如果学生没有具体的学习任务,就会不知道如何去选择信息,就如海中没有指南针的小舟,随时会迷航,甚至会被"淹死"。因此,学生必须明确研究问题的性质,并且根据实际情况确定搜查资料的范围,然后去查阅有关资料。

其次,尽可能多地搜集与研究问题有关的资料。在讲授庄子的《秋水》之后,作为教师我觉得庄子博大精深的思想、光怪陆离亦真亦幻的浪漫主义风格,在《秋水》这堂语文课教学中未能得到淋漓尽致的表现。于是我们全班同学决定"走近庄子"。我们先是大量搜集关于庄子的一切资料。如查庄周的生卒年;查找庄周的所有作品;查找庄周生活年代的知识;查找庄周生命历程中思想的变化;查找传说中关于庄周的故事。并且查找到了庄子网站(www.zhuangzi.com),在网上又查阅了关于庄周的其他资料。总而言之我们全班师生动用了所有能动用的力量,使用了所有能使用的工具,开辟了所有可开辟的途径,充分、广泛、系统地占有了所有关于庄周的资料。此时的占有具有盲目性,追求的只是量的积累,而究竟要从哪个角度去解读庄周还没有确切的想法。

第三步:加工、处理资料。首先是鉴别、评价资料,使学生学会判断资料的真伪和优劣。学生通过对庄子作品的品读和相关资料的佐证,指出《庄子外篇》《庄子杂篇》不一定是庄子的作品。网站中的信息是垃圾与宝藏并存,只有去伪存真才能培养学生的判断能力,同时使学生学会判断资料的价值和其在未来专题中的作用。

其次是筛选和摘录资料。学生对已占有的资料,快速浏览阅读,取其精华,去其糟粕。学生们摘录的方式有摘要、编制索引、综述、制手抄卡片等。

最后是分类和分析资料。同学们按照标准把整理后的材料进行分类。如庄子生卒年的材料集锦;庄子思想现实意义材料集锦;庄子轶事集锦;庄子思想与儒家思想相比较材料集锦;庄子散文语言特色材料集锦;庄子思想产生基础材料集锦,等等。分析材料的过程就是由此及彼、由表及里的探索过程,就是发现规律的过程。

(三)综合信息,再造信息

学生对所得资料进行分析研究,并把思考的结果写成文章。可以是对资料进行综述或介绍,也可以是对资料进行评论,尤其提倡从不同角度和层面做进一步的研究。在研究中发现新的问题,然后通过深入思考,运用联想和想象,提出新的看法,写出独到的论文。写小论文是一种综合素质的训练,也是开展语文研究性学习的重要目的。所以指导学生写好小论文,是语文研究性学习的重要内容。教师应帮助学生掌握写小论文的基本方法和基本形式,教会学生怎样入题、怎样展开、怎样阐述、怎样归纳。学生写成小论文后,教师要指导学生反复修改。要知道好文章是改出来的,而不是简单地写出来的。小论文的形成会将研究性学习引向深入,从而激发起广大学生的思维潜能和学习研究的热情。

(四)合作交流,信息共享

在这一环节中,学生将研究形成的书面材料和口头报告材料对外展示。展示的方式是多种多样、丰富多彩的。可以开辩论会,可以开研讨会,可以搞墙报,可以出展示板,可以编刊物,可以制作网页……通过成果的展示让参与研究的每一位成员感受到学习所获得的成就感、喜悦感,使之对研究性学习产生更大的兴趣。

展示成果的核心目的是信息交流、信息共享。各研究组所形成的成果能否经得住推敲,要在交流中供专家、老师、同学们欣赏,让思维与思维的交流碰撞出夺目的火花。在交流研讨中学生学会了了解,学会了宽容,学会了客观地分析问题和辩证地思考问题,学会敢于置疑和善于申辩。同学们也能够互相促进,共同提高。

语文学科研究性学习的步骤并非是一成不变的。依据不同的目标定位和主客观条件,在实践中有的环节还应更规范、更完整,有的环节也可适当截取。在研究性学习步骤这个问题上要真正做到具体问题具体分析。只要有益于培养学生的创新精神和研究能力,都可以进行尝试。

三、语文学科研究性学习的科学评价

科学评价是语文学科研究性学习的关键。在评价过程中必须充分考虑到语文学科研究性学习的特点、原则、过程及价值取向。要从有利于研究性学习的目标出发来考虑评价的原则和标准。

(一)语文学科研究性评价原则

1. 重参与

学生是否能够积极主动地参与到研究中去是重要的问题。从选题到研究直至形成成果,评价组都要细致观察学生主体参与的意识。

2. 重体验

语文学科研究性学习非常关注学生对语言文学的体验,对研究过程的体验。学生在研究过程中走出校园,走进社会,在这个过程中必然会获得大量感性信息,必然与社会各个层面的人进行交往,必然会遇到现有能力难以解决的问题。对这一切能否产生体验和感受,也是评价中十分注重的。这有助于学生更好地了解社会、了解自己、了解自己未来的责任。

3. 重过程

语文学科研究性学习是一个实践的过程,评价的重点应放在学生参与过程中所表现出来的积极性、主动性和创造性,学生收集整理信息、处理判断信息及创造新信息的能力提高程度上。

4. 重应用

语文学科研究性学习从提出问题、分析问题到解决问题这个全过程都要注意考查学生能否将已掌握的语文知识和能力运用到解决新问题上。考查学生能否对新旧知识进行整合、融会贯通。从教育心理学的角度看,可以将学习分为三个层次:(1)概念学习。通过概念了解事物的性质。(2)规则学习,懂得概念与概念之间的关系。(3)问题学习,运用概念和规则来解决问题。主要目的是发展运用知识解决实际问题的能力。

（二）语文学科研究性学习评价标准

语文学科研究性学习重在社会性和人文性，与其他类型和学科的评价有所不同，其评价标准如下：

1. 评价主体多元化

在研究性学习的评价中，评价主体可以是一个教师，也可以是由多个学科教师组成的评价组；可以是学生小组，也可以是家长；可以是与课题研究相关的专家学者，也可以是社会各部门及媒体的相关人员，等等。他们都可以成为评价者。

2. 评价内容灵活化

语文学科研究性学习评价内容包括以下几个方面：学生参与研究性学习活动的态度。具体衡量如下：每次课题组活动是否能按时到场；在课题组中承担任务量多少；是否在研究的过程中有创建、有设想；是否与同学有合作；是否采纳同学的意见等。学生创新精神和实践能力发展情况。这项内容的考查与评价应从前后比较的角度进行。整个研究过程中，从搜集资料开始到问题的解决，将这次活动与上次活动进行比较，从而给予学生在创新精神和实践能力方面的评价。

3. 评价方法科学化

教师评价与学生互评、自评相结合；小组评价与个人评价相结合；书面成果评价与口头表达评价相结合。评价是来自多方面的，是多环节的，是综合系统的。

研究性学习与中学语文教学

方 红

在组织开展研究性学习课程中,本人在语文学科课、活动课、选修课、综合课上进行了一些尝试。作为一名语文教师,可能是由于来自本专业的敏感,我强烈地感觉到无论是研究性学习这种方式,还是目前教育部课程改革后开设的"研究性学习"这门课程,都为语文教学提供了一个更为广阔的发展空间。

一、从研究性学习的基本特征看语文教学

1. 从研究性学习的概念界定看语文教学的发展方向

作为学习方式的研究性学习是指教师或其他成人不把结论告诉学生,而是学生在教师指导下自主地发现问题、探究问题、获得结论的过程。它与"接受性学习"是相对的,但并非有此无彼。就人的个性发展而言,这两种学习方式都是必要的,两者应是相辅相成、结伴而行的。但是在相当长的一段时间里,我们把"接受性学习"置于中心,而"研究性学习"则完全被忽略,强调"研究性学习"仅仅是为了找回其应有的位置。作为一种学习方式,"研究性学习"应该渗透于学生的所有学科、所有活动之中。

作为一种课程,"研究性学习"是为这种学习方式的充分展开所提供的相对独立的、有计划的学习机会。开设这门课程的最终目的是为了更早地取消这门课程,而将这种方法浸透到各学科,并使各学科自然融合。出于这样的目的,作为基础学科的语文教学更应该在这个方面积极思考,大胆实践,进一步开辟提高语文教学质量的新路子。

2. 从研究性学习的一般操作程序看语文教学的作用

研究性学习的一般程序有:观察选择课题,提出假设,阐明研究目的;制订具体的研究计划并确定研究方法;验证阶段。收集信息,包括查阅文献、调查、采访。实验(实验记录);分析处理信息,得出结论,进一步思考探讨。表述交流:这实际是两个过程,先是书面描述,写报告、写论文,然后是口头表达、开报告会做宣传、进行答辩等。

从以上各环节我们不难看出语文学科要培养的诸多能力在研究性学习中的作用。这种作用的实质对于我们语文教学而言恰恰意味着我们拥有了更为广阔的实践天地。这个天地是我们过去一直可望而不可即的。今天当这一切真的摆在我们面前的时候,我们能接受它吗?当然要接受这一切,涉及的问题还很多。作为学校、教师和学生都要进一步转变观念。

二、从对研究性学习的认识看语文教学的未来发展

英国诗人雪莱说:"除了变,一切都不会长久。"变革是事物发展的普遍规律。时代是不断变化的,学生是不断变化的,学习方式自然也应因时而变。

---

① 本文选自《现代中小学教育》2002年第10期,第25—27页。

1. 因材施教的原则——让学校接受"研究性学习"

新中国成立以后,我国先后进行了七次基础教育课程改革,都取得了历史性成就。面对21世纪的挑战,基础教育课程仍存在着不容忽视的问题。目前基础教育改革的方向定位于:克服过去课程过于注重知识传授的倾向,强调课程要促进每个学生学习、身心健康发展,培养学生终身学习的愿望和能力。教会学生学习,教会学生观察世界、了解世界的方法,教会学生如何获取所需知识。其具体的切入点就是"研究性学习"。

其实这正是因材施教的需要。20世纪50—70年代的学生,社会、家庭、学校等方面的特殊因素,决定了他们相对于80—90年代的学生有更多的参与社会实践活动的机会,这就决定了他们拥有了较强的观察、分析、认识的能力。与此同时,由于信息资源条件的限制,使得当时的学生对间接知识更为渴望,而且他们也具有将这些人类优秀的精神成果内化的能力。因此,当时重书本、重知识传授是时代与学生的共同需求。

而现在的学生,由于社会家庭诸多客观条件的改变,他们不仅仅需要书本知识,更需要将这些知识内化的能力。只有这样,他们才会被大自然的伟大和人类从古到今灿烂的文明所震撼,才会以一种平和、扎实的心态生活、进取。曾经有一位老师很悲哀地对我说:我们班班干部想组织春游,居然有一半多的同学不愿意参加。是什么原因使我们的孩子失去了和大自然亲和的能力?我们也常常会听到有些学生对某位思想家在没有丝毫了解的情况下盲目排斥,那又是什么使我们的孩子拒绝接受人类优秀的精神文明呢?——他们不知道如何去观察、了解、体认自然,因为他们很少有这样的机会;他们不知道如何分析、归纳、吸收"思想",因为他们很少有这样的机会。简单的重复、机械的训练,一切的文明成果罗列在他们的眼前,他们由于缺乏将这些知识内化的能力,于是开始麻木、厌学。

当然使学生实践能力普遍下降绝不仅仅是学校造成的,还有社会、家庭等方面的因素。也恰恰是因为社会、家庭等方面对孩子教育职能的下降,才使得学校正常的"训练"一下子跃居为"学生生活的主导",也才使得学校一下子成了"束缚学生创造力"、"压制学生个性"的"罪魁祸首"。尤其是以语文为主的文科课程,成了死记硬背的代言词。

因此,无论是学生还是学校从自身的命运出发都需要变革,都需要找到符合自身和谐发展的方法和途径。在一年来的探索和实践中我们认为"研究性学习"可以帮助学生和学校共同走出困境,我们不能坐等社会、家庭为我们主动铺设道路,我们必须自己创设条件,充分利用广泛的社会资源。研究性学习深入开展之时,必定是语文教学大行其道之时。

2. 提高教师素质和生活质量——让教师走进研究性学习

目前,有关教育研究的理论对21世纪的教师提出了一系列听起来很高的要求,要求教师面对巨大的挑战。对此有些教师心理负担很重。这时需要我们静下心来,对种种挑战认真分析。比如说,有人认为研究性学习对教师最大的挑战是:

(1) 教师失去了对学生学习内容的权威和垄断;

(2) 教师第一次处于被学生选择的地位;

(3) 教师从个体走向合作。

这是挑战更是机遇,是我们广大教师接受一种新的生存方式的机遇。我们不妨审视一下我们的过去,生活质量到底怎么样?(这里指中学教师)众所周知,我们的教育现状是用全世界最少的教育经费,撑起全世界最庞大的教育。过去我们一直以选择了教师就选择了物质的清贫为自豪,一直以选择了物质的清贫就选择了精神的富有为骄傲。物质的清贫是毋庸置疑的,那么精神的富有真的像我们想象的那样吗?除了甘于奉献的人格魅力让学生钦佩,看到学生的进步与成功令我们快慰,我们的精神世界中到底还有什么更值得骄傲的呢?我们只能用一本教材和一本教参向不同的学生传授相同的知识,以试图提高他们的能力,我们的视野常常要聚焦于一点,我们何尝不珍爱这一点之外的更为丰富的世界,而研究性学习为教师的发展提供了这样的空间。其实权威与垄断地位的动摇,恰恰为教师找回了宁静、平和的心态,让教师这个职业更符合人性,不仅可以"谋生",更适合生活,更适合完善自身。

在教师"第一次被学生选择"的同时,我们的教师也在选择"志同道合"的学生,这是研究性学习给教师的机会,师生们一同关注自己感兴趣的领域何尝不是一件快事。

教师从个人孤军备战到与其他教师相互配合、协调发展,生存空间无形中扩大了许多。人与人的相互支持一直都是人生的巨大安慰。

其实我们真的应该以一种欣喜、轻松的心态走进研究性学习,当我们真正能自如地驾驭这门课程或这种学习方式时,我们教师的素质和生活质量一定会大大提高。

三、研究性学习让语文教学充满生机

新旧世纪交替之际,国家教育部制定颁布了全日制普通高级中学《语文教学大纲》(试验修订版),有人认为2000年秋季开始使用的调整后的中学语文教材淡化了技术操作训练,改变了某些纯工具性的做法,着眼于学生语文素养的全面提高,在选编课文时注重审美情趣和文化内涵。教学活动的主要依据是培养和提高中学生的语文能力,培养热爱中华优秀文化的感情,培养社会主义思想道德,培养创新精神、审美情趣和健康个性,形成健全人格。这其中基本体现了"文道统一"的原则,体现了语文知识学习与语文能力训练的统一。

其中需要进一步明确的是,对新大纲所淡化和强调的内容的理解,决不能机械对待,若是矫枉过正一定会出现新的弊端。正如顾明远先生所言:工具论也好,文化论也好,都不能忘记语文既是交往的工具,又是文化的载体,同时还是民族文化传统的结晶。只有把两者结合起来,才能达到语文教学的目标,完成语文教学的任务。

要完成这个任务,事实已经证明单靠教材是不够的,我们必须根据学生的兴趣和爱好,帮助他们找到更好的提高其各方面语文能力的切入点,而研究性学习为我们提供了这种可能。下面我仅仅以语文教学如何利用研究性学习的方式,培养学生对信息的鉴别处理能力和提高学习的感悟能力、文化品味、发展健康个性、形成健全人格这两个方面为例加以说明。

在新大纲中首次提出"学习利用多种媒体,搜集处理信息资料"这一要求,强调"要密切联系社会生活,注意开发现实生活中的语文教学资源。要加强课内外的沟通,可以采用读书报告会、辩论会、专题研究和社会调查等形式,利用广播、电视、网络等媒体;还可以组织各种文学社团,增加语文实践的机会"。用这样的眼光去审视研究性学习,我们会发现它和语文教学的关系是多么地密切,研究性学习所需要的很多能力,恰恰是我们语文教学要培养的能力。这也使我们进一步看到了语文学科作为基础学科的意义。学生在自己的课题研究中通过对各种信息资料的收集、整理、分析,既能获得大量的知识,借助间接经验来认识世界,同时又能通过对信息的分析整合获得新的认识,建立完善自己的思维体系。也许有人会问语文教学是否在包罗万象?那么我不妨要问,学生在写作文时旁征博引历史事件来证明自己对政治问题的看法,难道能说这不是语文教学?不是在培养学生理性思维和表达的能力吗?

对于提高学生的道德修养、审美情趣、文化品味,发展健康个性形成健全人格,更需要学生在主动探求和实践中,通过深入的思考和体验来完成对某种优秀文化的认同与欣赏,来磨炼铸造优秀的品格。我们在学生们的课题报告中看到他们这样的感触:"过去我们很少离开校园,到社会上独立去做一件事,当我们需要去请教专家,做调查时,开始我们是那样胆怯。我们几个同学居然站在大街上犹豫了半个多小时才敢发出第一份问卷。真实的参与和锻炼让我们懂得什么是自信,什么是盲目自傲。"在《重读鲁迅》和《唐诗与唐代文化》的选修课上,指导学生进行了小课题研究,学生们通过各种途径获得了大量资料,经过对这些资料的分析,一步步走进了鲁迅先生的内心世界。学生们对王维、李白、杜甫、白居易、李商隐进行了研究,他们的观点虽然稚嫩,但激情洋溢。这种激情是学生的幸福、教师的快慰。师生们一同沉浸在人类精神文化的智慧中,忘却功利,忘却压力,这真的是一种极其快乐的生活。

用新理念指导语文"研究性学习"①

刘建琼　肖杨

科学技术迅猛发展,知识经济加速到来,国际竞争日趋激烈,呼唤高质量的教育。21世纪是以信息技术为主的技术革命和由它引发的经济革命重新塑造全球经济的世纪。经济全球化、信息网络化、社会知识化是21世纪的三大特征。这时,人类一方面尽情地享用全球经济一体化和高度信息化带来的种种恩惠,另一方面进行更加激烈的国与国之间的经济竞争。综合国力的竞争,实质是科学技术的竞争、民族素质的竞争,是民族凝聚力和民族创新能力的竞争——说到底,是教育的竞争。

语言主体的生物性和人文性,地球上生命个体人类成员鲜明的个性及其思维的差异性和独特性决定了语文教学的目标不是为了语文而语文。而这恰恰是传统的教育理念和教学模式所忽视的。于是,放开眼界,打破传统,建立一种基于"人"的教育理念成为必然——"大语文"理念下开展的教育改革(不仅仅是语文学科方面的改革)势在必行。20世纪末,随着我国对外开放步伐的加快,中国与世界各国的文化教育交流也日益活跃。一个专家代表团出访德国,按计划参观一所中学,却被这所中学的校长婉言谢绝,理由是学校停课一周进行学期课题的结题。据了解,在这所中学,每学期都有学生和教师讨论的全校性课题,学生可以就此做成各种小课题,分小组研究、写报告,并完成最终的展示。这学期该校的全校性课题是:世界的孩子。国外类似的新型学习方式通过访问交流、媒体不断传入我国。与此同时,中学的综合活动课程在国家新课程计划颁布后也蓬勃开展起来,积累了丰富的经验,获得了显著的成果。这种以活动为主要形式的学习方式受到了广大中学生的欢迎。在积极吸取国外先进经验并全面总结国内教育改革经验的基础上,"研究性学习"诞生了,并作为必修课程列入了《全日制普通高级中学课程计划(试验修订稿)》,之后《国家九年义务教育课程计划(实验稿)》也把"研究性学习"课程(有的学校也称"研究性课程"或者"研究型课程")作为重要内容列入其中。这或许可以作为一个突破口,全面改变我国的中学教育面貌乃至整个民族的文化素质。

一、几种新的教育理念

1. 终身教育理论

每个人都认为终身教育是贯穿人生各个时期(婴儿、儿童、青少年、成人、老年)的一个过程和进程。考虑到这个简单的事实,我们就可以说终身教育并非是进入21世纪产生的一个崭新概念。1972年,各国专家、学者、政治家们在联合国教科文组织(UNESCO)主持下起草了一份国际委员会报告,题为《学会生存》。这份报告要求:"发展的目的在于使人日臻完善;使他的人格丰富多彩,表达方式复杂多样;使他作为一个人,作为一个家庭和社会的成员,作

---

① 本文选自《当代教育论坛》2005年第4期,第97—100页。

为一个公民、生产者、技术发明者和有创造性的理想家,来承担各种不同的责任。"这份报告强调,教育不是一种方法而是个人的最终成就。

在今天,根据个人和社会的发展,终身教育意味着由节律、适应性、经验、新的能力等构成的一个符合逻辑的精神上的连续整体。因此在中学实行的教育必须成为学生终身学习的一个重要的组成部分,不可忽视。

2. 学习化社会理念

随着终身教育思想的兴起和人们对终身教育观念的日益认同,人类走向学习化社会已成为当代社会进步、经济发展、生活质量提高的必然趋势。最早论述学习化社会的是美国教育家哈钦斯,他在1968年提出:"所有全体成年男女,仅仅经常地为他们提供定时制的成人教育是不够的;除此之外,还应该以学习者的成长及人格的构建为目的,并根据此目的制定制度,以及更以此制度来促使目的的实现,而由此建立一个朝向价值的转换及成功的社会。"联合国教科文组织强调,未来社会应该是"学习化社会",在任何情况下,每一位公民都可以自由地取得学习、训练和培养自己的各种手段,教育不再是一种带有强制性的义务,而成为公民对社会的一种自觉的责任。

3. 建构主义学习理论

建构主义由皮亚杰(J. Piaget)的结构观点发展而来。皮亚杰认为,认知结构可用图式(scheme)来表示,图式具有整体性,同时图式也可以发展,人在与环境相互作用的过程中,通过同化和顺应来实现与环境的平衡,导致个人内部图式的变化。这里同化和顺应的过程,实际上就是建构(construction)的过程,建构的观点提出,使结构主义发展成建构主义,这样,在建构主义学习模式下,学习被视为一个动态过程,学习过程是通过学习与外部环境的相互作用,实现同化和顺应,来逐步建构有关外部世界知识的内部图式,从而使自身的认知结构得以转换和发展。建构主义提倡在教师指导下以学习者为中心的学习,从学习分类上说,强调探索发现、解决问题式学习和知识的意义更新;在学习方法上,强调学习者的学习兴趣和动机,提倡独立思考基础上的群体智慧共享。这为本文在后面谈到的"大语文"理念所具备的开放性、综合性以及研究型课程的构建提供了重要的理论依据。

4. 语文本体论

我国在新的《语文课程标准》中提出:现代社会要求公民具备良好的人文素养和科学素养,具备创新精神、合作意识和开放的视野,具备包括阅读理解与表达交流在内的多方面的基本能力,以及运用现代信息技术搜集和处理信息的能力。语文教育应该而且能够为造就现代社会所需要的一代新人发挥重要作用。语文课程的基本特点就是工具性与人文性的统一。语文素养是学生学好其他课程的基础,也是学生全面发展和终身发展的基础。以语文为基础的综合性学习有利于学生在感兴趣的自主活动中全面提高各方面的素养,能培养学生主动探究、团结合作、勇于创新的精神。语文本身的性质为学生在探究、合作、创新的情境下开展研究性学习提供了开放的视野和指导依据。

二、"大语文"与研究性学习的关系

"大语文"有广义和狭义之分,广义的语文泛指一切人类语文活动,而狭义的语文,则是指学校教育中所设立的"语文"科目的教学活动。有时,语文又特指人类的语文活动的语言文字形式。在过去很长一段时期,我国的语文教育,尤其在中学语文的教学过程中,教师关注得最多的是学生的认知活动,学生其他方面的素质,如思想、情感、心理、个性等或是忽略,或是被置于次要地位;而学生的任务就是学习,甚至是以听代思的学习。师生双方存在一种不平等关系,其间缺乏"人"的互爱与互信,缺乏民主、融洽的教育气氛。学生很难在教育意义上成为主体,而只能是被灌输的、被管教的、被批评的、被指导的状况。曾几何时,我们把"学好课文和必要的语文基础知识,进行严格的语文基本训练",竟当成了语文的教学目的。语与文的先后、主从关系被颠倒;讲读教学几乎占据了主导语文课堂的全部至少大部空间。对口语的忽视,对语文交际功能的淡薄,语文学习中交际情景的缺失,对语文的人文性的忽视,和学生生命个性、语文个性的忽视,造成了中国语文教育的扭曲、残缺和偏废。

"大语文"教育理念要求我们在教学中着力克服重知识轻能力、重理论轻实践的片面化倾向,重新构建知识、能力、素质辩证统一的教育体系,使教育内容与教学形式不再局限于书本,而呈现出开放的状态——不仅仅是语文老师在教语文,其他学科的老师同样在教语文;不仅仅是在学校学习语文,在生活中的各个方面都在进行语文的学习和实践;这是一个极其广阔的天地,整个社会都和语文息息相关,甚至可以把国民教育的整体目标都融入进来,站在时代的制高点上,面向世界、面向未来,以高瞻远瞩的大手笔进行中国教育改革。在学科设置中,我们曾经把语文形式从人类丰富的人文活动中活生生地撕裂、剖挖出来,设置成为一门与数、理、自然相并列的独立、封闭的学科"语文"。这加剧了学校教育中的中国语文教学与中国人现实生活之间的脱节,最终也无法很好地实现其在其他学科学习中的基础作用。而现在我们正是要突破这种老观念、老做法,从一个更高的视角出发,从全民族的文化素养出发,教在今天,想到明天,用一种更广的语文观指导我国的教育改革。

既然我们已经认识到"大语文"理念所带来的开阔的视野及其所具有的积极意义,那么只有用它去指导一种有效的实践,才能真正获得改革的成效。什么样的实践才是改革的突破口? 在中学开设"研究性学习"课程,事实证明,这是符合我国国情和国际潮流的真正意义上的教育改革。研究性学习是国家教育部 2000 年 1 月颁布的《全日制普通高级中学课程计划(试验修订稿)》中综合实践活动板块的一项内容。对于研究性学习的含义,"从广义理解,它泛指学生探究问题的学习,可以贯穿在各科、各类学习活动中。从狭义解释,它是指学生在教师指导下,从自身生活和社会生活中选择和确定研究专题,以类似科学研究的方式主动地获取知识、应用知识、解决问题"(洪欣《着眼于学生学习方式的转变》)。在本文中,"研究性学习"主要取的是后一种含义,并主要在活动课中实施。

研究性学习既是一种积极主动的现代学习方式,同时又是一门独立于学科之外的全新课程形态。研究性学习增强了学生与社会发展的联系,将从根本上改变学生的学习方式,并为学生的全面发展、为培养创造性人才提供了时空上的保证。它在面向 21 世纪基础教育的新课程体系中具有突出地位,并将作为必修课程贯穿于小学至高中整个基础教育阶段。如何开设这样一门全新的课程,已经成为大家普遍关注的问题。

研究性学习指向于培养个性健全发展的人,它首先把学生视为"完整的人",把"探究性""创造性""发现性"等视为人的本性、视为完整个性的有机构成部分。所以,个性健全发展是倡导"研究性学习"的出发点和归宿。内容上它主张从学生的自身生活和社会生活中选择问题,面向学生的整个生活与科学世界,而不把学科知识及其结构强化为核心内容。学习理念上则认为每个人的学习方式(learning style)都是其独特个性的体现,每个人都有自己的"研究性学习方式",课程应考虑到每个人学习方式的独特性。

这样一种开放性的课程设置,无疑是与"大语文"理念的前瞻性计划相符合的。实施以培养创新精神和实践能力为重点的素质教育,关键是改变教师的教学方式和学生的学习方式。设置研究性学习的目的就在于改变学生以单纯地接受教师传授知识为主的学习方式,为学生构建开放的学习环境,提供多渠道获取知识、并将学到的知识加以综合应用于实践的机会,促进他们形成积极的学习态度和良好的学习策略,培养创新精神和实践能力。当然,这里指的研究性学习课程包括各门学科的综合,有人文学科,也有自然学科,而沟通其间的一条重要纽带则是"大语文"理念。有了先进的理念作为指导,下一步就是:在实践操作过程中我们应该如何把握?

三、"研究性学习"实践探索

从20世纪中叶开始,在学习心理学领域,行为观逐渐被认知观取代,许多学习心理学家对传统学习理论进行了反思和批判,其中认知学习理论和人本主义学习理论从科学主义和人文主义的角度,奠定了研究性学习心理学的基础。先前提到建构主义学习理论就是要在情景、协作、会话和意义建构的学习环境中完成学生自主学习。研究性学习的建构主义学习模式,其重心就在于通过研究性学习,使学生自主地建构和完整自己的认知结构。这种学习模式把研究性学习分为三个阶段,即冲突阶段、建构阶段和应用阶段。在冲突阶段,教师要积极地创设问题情景的问题,引发学生的认知冲突,学生则积极地搜索旧有的认知结构,为认知结构的转换奠定基础;在建构阶段,由于冲突引发学生研究和探索的心态,学生对冲突中出现的新问题进行研究和分析、推理,借助有效的学习和思维策略解决冲突,实现冲突过程的同化和顺应,在顺应过程中,学生特别需要借助归纳、分析、对比等思维来建构新的认知结构;应用阶段里学生通过变式的练习,巩固和完善新的认知结构,顺利实现迁移。研究性学习的建构主义学习模式,重视学生在知识内化过程中探索研究的作用,重视教学过程中有关问题情景的创设,重视知识结构的更新,因而在学科教学中得到了广泛的应用。研究性学习观在吸取不同学习理论的基础上不断地发展完善,逐渐形成了自身的理论框架。而在这种理论指导下的探索和实践也日趋成熟。

(一)"研究性学习"学什么

"研究性学习"中"学什么"由学生来选择。研究性学习没有统一的教材,而是以学生们提出的问题为中心展开。即使学校或班级提出一个研究的主题,从这个主题派生出来的问题也是要靠同学们自己去思考选择的。凡是学生看到的、听到的、想到的所有感兴趣的未知问题都可以作为研究性学习的内容。比如,有个学生在路上经常遇到外地游客向自己打听路线,他认为作为一个旅游城市应该给来访的客人提供更多的方便,经过和几个同学商量,他们选择了自己研究性学习的方向"公交线路查询系统研制"。再如,为了提高学生们爱护水资源的意识,某校设立了研究性学习的主题"水",结果学生们从不同的角度提出了各种各样的问题作为自己的研究内容:"水资源现状""水资源污染""水与生命""城市居民节水意识与习惯""学校中的节水教育""节水马桶的研制""主要水源的水质分析""水的循环使用",等等。

(二)"研究性学习"怎么学

由于研究性学习的内容丰富多彩,问题各不相同,所以研究问题和解决问题的途径、步骤、方法也就不可能统一步调整齐划一了。与以往熟悉的课堂学习方式相比,研究性学习整个处于开放的状态,真是"天高任鸟飞,海阔凭鱼跃"。在空间上,研究性学习已不可能只局限于课堂和学校。研究政治、历史、军事、科学等问题,同学们需要跑书店、进图书馆;研究商业问题,同学们得跑商店、商场;研究环境问题,同学们可能得实地考察或采集样本;研究农业问题,则需要下农村进大棚,还有基于现代网络传输技术的网络搜索和互联网资源共享等。在时间上,研究性学习也不可能局限于45分钟。一般来说,完成一项研究性学习任务大体需要经历三个阶段:(1)进入问题情境阶段。学生以原有的知识储备和经验积累为基础,在老师的帮助下,在与同学的交流讨论中,进入探究状态,通过搜寻学习相关的信息资料,归纳出准备研究的具体题目,形成基本的目标和认识。(2)具体实施阶段。学生要运用一定的研究方法,发挥自己和集体的智慧,创造性地去解决提出的问题。(3)表达交流阶段。学生要将自己在研究性学习中获得的成绩和成果用一定的形式总结出来,采取汇报、辩论、研讨、展览、编刊等各种方式与同学和老师交流。对研究性学习给以帮助和指导的不再仅仅局限于教师。图书、资料、网络都是学生们需要虚心请教的对象,朋友、父母、专家都是我们忠实的援助者,工人、农民、军人、服务员、管理者都是我们的老师。

在研究性学习的具体方法上,则需要学生依据自己的问题选取不同的解决方法,如历史资料法、实验研究法、调查研究等。"研究性学习"中"学到什么程度"由学生做出预测和规定。一个研究性学习的周期以提出问题为起始,以解决问题为归宿。但是,人们对任何事物的认识不可能终止,对任何问题的解决也不会一劳永逸。所以,依据外界条件限定和内在基础能力,学生对提出问题到底解决到什么程度只能由他们去订立一个合适的目标。

(三)研究性学习的组织形式

在"综合实践活动"板块进行的研究性学习,采取组成课题组以小组合作形式展开学习探究活动的较多。课题组一般由3—6人组成,学生自己推选研究和组织能力较强的同学为组长,聘请有一定专长的成人(如本校教师、校外人士等)为指导教师。研究过程中,课题组成员有分有合,各展所长,协作互补。同时,也可以采取个人研究与全班集体研讨相结合的办法。教师指导学生开展研究性学习。以在活动课程板块进行的课题研究活动为例,学校组织、指导学生开展研究性学习的一般程序是:

(1)开设科普讲座,参观访问。目的是作好背景知识的铺垫,激活学生原有的知识储存,提供选题范围,诱发探究动机。

(2)指导选题。研究课题可以由教师指出,也可以由学生提出。较多的是通过师生合作,最后确定题目。与学生生活直接关联的切入口小的课题较受欢迎且易实施。

(3)组织课题组,制订研究计划。课题组大多采用学生自由组合、教师适当调节的做法。研究计划中要有对目标的清晰表述、研究的具体方法和工作程序的设计。可以组织由教师参加或师生共同参加的评审组对学生设计的研究方案进行论证。课题组聘请本校教师或校外专业人员担任课题指导者,对于课题研究的顺利展开会起到有益的作用。

(4)实施研究。学校要给予一定的时间保证,创造必要的物质条件,并对学生进行操作方法的指导和如何利用社会资源的指导。学生要做好比较详细的工作记录,并随时记下自己的感受、体会。课题组应积极主动地争取校外力量的帮助。

(5) 处理结果,撰写报告。研究结果的表达必须坚持实事求是的原则。同时教师又要引导学生学会整理资料、加工处理信息,学会以恰当的方式表达研究结果。

(6) 组织研究成果的交流研讨。通过交流研讨分享成果,使认识和情感得到提升,这是整个研究性学习活动的必要组成部分。依据不同的目标定位和主客观条件,主题研究学习的实施也可以有不同的切入口和操作特点。

(四) 如何处理"研究性学习"与学科课程的关系

因为各门学科往往局限于本门学科的知识体系、逻辑体系从事探究活动,"研究性学习"课程则强调基于学生的直接经验,密切联系学生的自身生活和社会生活,综合运用各种知识对学生自主选择的问题进行跨学科探究,以获取学生自己的结论。作为一种学习方式,"研究性学习"是渗透于学生学习的所有学科、所有活动之中的。因此,研究性学习课程超越了学科的界限,立足于每一个完整的人的整体生活。

在实践中,处理"研究性学习"课程与学科课程的关系可从三方面入手:第一,各学科领域的知识可以在"研究性学习"课程中延伸、综合、重组与提升;第二,"研究性学习"课程中所发现的问题、所获得的知识技能可以在各学科领域的教学中拓展和加深;第三,在某些情况下,"研究性学习"课程也可和某些学科教学打通进行。这就涉及一个"科际联系"[1]的问题,就是指打破学科界限,不同学科之间相互联系或各学科共同组织教学单元。主要有以下四种形式:

(1) 相关模式——不同学科的相关内容组织在同一时间教学,形成知识网络,培养立体思维方式。

(2) 交叉模式——以同学科中交叉、重合的概念整合教学,教学中突出共同性。

(3) 迁移模式——以不同学科间可以迁移的知识、技能、技巧和能力组织教学。

(4) 主题模式——以跨学科的现实问题为主题,各科配合组织教学,以加强学科间的联系。这种课程不打破原有课程结构,容易纳入现有体系中去;教师易接受,可通过跨学科小组来实施;微型化、灵活性大,可在学期中任何一段时间开始。

(五) 研究性学习的评价

这里强调的是:"要用实质性评述对学生研究性学习作结果处理,可以比较实在、有针对性地发挥评价对学生研究性学习的诊断、鉴别、导向、激励等评价功效。这也是 90 年代以来教育评价改革和发展的一个新趋势,即以动态的评价结果处理替代静态的一次性评价。"[2]

(1) 研究性学习的评价要体现重过程、重应用、重体验、重全员参与的一般要求,要体现形成性评价的特点,评价要和指导紧密结合。

(2) 重视三个环节的评价。一是开题阶段的评价与指导。主要评价课题方案的可行性、合理性。二是中期检查与指导。如果是全校性或全年级性有多个课题组分别进行的研究性学习活动,周期较长(如一个学期),那么在期中应有中期检查、交流、汇报制度,引入适度的组间竞赛及相互启发帮助。教师对有困难的课题组要及时指点,或要求各课题组至少在中期主动向指导教师请教一次。三是结题时的评价。既要看最后的论文、研究报告,也要看其他的材料(如研究计划、活动记录、原始资料、处理过的资料、参考文献、成员小结等)。

（3）学生参与研究性学习的阶段性和总结性成果,可以是论文、研究报告,也可以是经过研究后提出的解决某一实际问题的方案、对策建议书、活动设计(如一次主题班会、一项扶贫活动、一项环保宣传活动)等。

参考文献：

［1］恽昭世,王洁.研究型课程与研究性学习——兼谈上海市实验学校的课程改革［J］.惟存教育　探究学习,2005.

［2］廖大海.略论研究性学习评价的三个问题［J］.上海教育科研,2000(1).

语文实践活动是语文课程的生命线[①]

戴汝潜

语言和文化之间的纽带是人类文明的实践活动,而语文课程的生命线就在于语文实践活动。当前的语文课程改革,力图纠正"重书本轻实践、重教授轻感悟、重言语轻规律、重训练轻情感、重应试轻能力、重书写轻口才、重学术轻效率"的不良倾向,更加显现出人文性的语文实践活动的重要意义。

1. 语文实践活动是以语言交流为中心内容的文化活动

语文实践活动不是语文教育一般的组成部分,它是一种以语言交流活动本身为中心内容的文化活动,是师生共同营造、注入激情的"语言文化场",学生在这样的"文化场"中,获得语言实践的经验,使名言"语文学习是学生自己的事"(叶圣陶)真正变为现实。没有语文实践活动,学生的语言实践仅仅局限在书本、课堂范围,就不会有丰富生动、充满生机的言语内化与言语交际活动,也就没有真正有效的语文教育。

所谓"语文实践"是指学生以现实生活的语言需要为表征的生命活动,这种"现实生活的语言需要"不是人们自在的随意性行为,而是理性的自为行为,因而越是积极有效的实践活动就越是需要正确理念的指导。可见,语文实践活动与语文课堂教学是构成完整的语文教育的两个相辅相成的方面,语文课堂教学因语文实践活动的引进而具有文化的活力,语文实践活动因语文课堂教学的主导作用而健康发展,学生受到的语文教育也就寓于其中。实践证明,高质量、高效率的语文实践活动,是实现语文教育课程目标的必要条件,需要进行精心设计、实践。

2. 语文实践活动是语文素质增富与发展的双翼

如果说素质是自然与社会进程赋予人的可发育、重组、转换、再现的潜质,那么素质教育就在于充实、完善、激活潜质。从这个基点出发认识语文教育的目标则可以分为显性的语言智识部分和隐性的智力部分。前者可以明显地通过言语实践的操作与测试予以体现,易为人们所熟知。而在实际上发挥主导作用的往往是后者,突出反映在自信力和想象力方面。自信力必定要在实践活动中体现,想象力必定伴随语言实践产生。因此,语文实践活动既是发展学生的自信力和想象力的"源",也是它的"场"。就此而言,语文教育的终极目标在于发展想象力,想象力是内部言语发生、发展的过程,发展想象力就是发展语言能力,就是为语文素质充实、完善、激活潜质的过程。因此,语文实践活动必须遵循以下六个基本原则:全员性,人人参与,不让一个学生淡出;序列化,符合年龄特征,力求科学有据;个性化,从学生实际出发充分展示才华;综合性,视野开阔、形式多样、方法灵活;创造性,提供充分标新求异的发展空间;合作化,营造密切语言交流的团队氛围。

在上述原则的指导下,语文实践活动同语文课堂教学一样,必须力求教师指导作用精心

[①] 本文选自《教育科学研究》2004年第3期,第36—37页。

到位,学生活动积极充分,语言积累丰富多彩,思维想象自由展示,从而使师生在语文实践活动中提高语文素质,让学生"想飞就可以飞起来"。可见语文教育素质的提高在很大程度上取决于语文实践活动的落实。

3. 语文实践活动的课程资源具有广阔的发展前景

语文实践活动引入语文教育课程,开创了语文教育的新纪元,充分体现了语文教育的实践性和人文性,从根本上扭转了单纯学习书本、唯名家名篇是"经"的倾向,真正将语文引向"返璞归真"、"正本清源"的"正道";相对于传统的语文教育和语文教材,为人们展现了一个充满生机的、广阔的课程资源开发的创新领域。这些资源广泛存在于我们的生活之中,我们每一个学生和教师都可能成为语文实践活动课程资源开发的参与者。比如,在"广告活动系列"的语文实践活动中的社会调查、广告词的研究编制、广告发布、广告评论等;"四大名著学习系列"的读书交流、人物评述、故事会、精彩片段故事剧、名言佳句荟萃等;又如,"市场语言系列"的采访游记、乡土市井文化、文字规范使用状况、生活幽默集锦等。当然,无论何种语文实践活动课程资源的开发都要符合语文教育的课程目标要求,有目的、有计划、有组织、有实效地进行。

目前,已列入中央教科所"大成全语文教育"实验大纲的语文实践活动序列,已达三十余种。这些语文实践活动按言语形式分为"口语交际类"、"书面言语类"和"言语综合类";按认知特点分类为"知行类"(即按照语言规律付诸实践)、"行知类"(即在明确目标的指导下,通过实践学习语言规律),以及在实践活动中搜集、整理语言信息的"采风类";也可以运用语言活动方式进行分类,如:

开放阅读类(名著学习系列、读书博览会、书评交流会等);

口语交际类(咨询问答、演讲报告会、主题辩论会等);

游戏表演类(赛诗会、生活幽默集锦、角色朗诵、课本剧、活报剧等);

书面习作类(日记展示、作文比赛、个人文集展示等);

社会访谈类(文字规范使用状况、名人采访、社会调查等);

书法绘画类(硬笔软笔书法比赛、楹联大赛、美术作文等);

报刊编辑类(剪报、墙报壁报、手抄报等);

影视广播类(影视欣赏、校园短剧、新闻发布、生活照片解析等);

旅游参观类(游记大观、参观感怀、假日揽胜等);

信息网络类(主题信息检索、网上作文、网上书信往来比赛等);

市场经济类(广告词的研究编制、广告发布、广告评论等);

传统文化类(字词大王、成语接龙、古诗词背诵大赛),等等。

分类有助于语文实践活动资源的开发与利用,以上仅是抛砖引玉。

4. 语文实践活动对教师的素质提出了更高要求

语文教育引入语文实践活动,为全面落实语文教育的根本宗旨提供了可能。在新形势、新使命面前,语文教师必须尽快从转变语文教育观念入手,充分认识语文实践活动的意义、地位以及功能、作用,真正理解"语文的生命本体性",理解"语言学习是主体发展需要"的深刻含义,并以此作为开展语文实践活动的出发点和归宿,此其一。

其二,语文实践活动对语文教师的业务水平和能力提出了更高要求,特别是对语言的驾驭能力要求更为突出。因此,教师必须率先扩大阅读量,提高观察生活、体验生活的感悟水平,加强文学修养,否则,难以胜任学生语文实践发展的需要,也不可能具备组织、指导语文实践活动的能力。

其三,教师为此要加强对学生的研究,根据学生发展的实际基础、水平、兴趣、特点和需求,探索对语文教材实施个性化处理的经验。把教材当作不可逾越的"圣经",将自己局限在"教材"的死框框里,就不可能理解语文实践活动的真正价值,搞好语文教育。

其四,教师要具有更高水平的组织管理技巧与艺术。

其五,语文实践活动需要从实际出发,在不同的发展阶段开展不同层次的语文实践活动,形成序列化系统的设计编排。

总之,语言既然是"与生俱来、与生俱进、与生俱灭"的,那么,语言就只有在语言实践过程中才会真正获得学习与发展。语文实践活动就是明日语言实践的预演,也就是今日语文教育的生命线。语文实践活动开展的深度广度将决定语文教育的实际成效。语文实践活动的突破,将揭开中国语文教育的新篇章。我们期待语文课程改革取得语文实践活动系统的突破。

解读"语文实践"[①]

王荣生

"语文是实践性很强的课程,应着重培养学生的语文实践能力,而培养这种能力的主要途径也应是语文实践,不宜刻意追求语文知识的系统和完整。"这是《全日制义务教育语文课程标准(实验稿)》的基本理念之一,并为《普通高中语文课程标准(实验)》所"继续坚持"。阐释这一理念,对正确理解语文课程标准以及科学地贯彻执行,是至关重要的。

本文的主旨是对其中"培养这种能力的主要途径也应是语文实践"这一论述进行解读,敬请方家指正。

一、问题的边界

语文学习的天地非常广阔。我们把学生在日常生活中所进行的语文学习,笼统地称为语文学习的"社会通道"。在学校的其他课程里,学生事实上也在进行着丰富的语文活动,也或隐或显、或多或少地发生着语文学习。站在语文课程的角度,我们把这些也并入语文学习的"社会通道"。与"社会通道"并行的,是现代意义上的"语文课程":一门以培养学生的语文素养、提高学生的听说读写能力为专职的课程。

"社会通道"与"语文课程"存在着种种关系。然而在语文课程的研究中,我们不是一般化地泛论这两者之间的关系,而是要在对两者关系的讨论中来确定语文课程教什么、学什么,乃至怎么教、怎么学。换句话说,讨论"社会通道"与"语文课程"的关系,并不能替代对每星期占4—6课时的语文课程的研究;重视学生"社会通道"的语文实践,并不等于就此解决了语文课程的问题。我们所面对的,是作为基础教育一个相对独立领域的语文课程问题。

讨论语文课程问题,需要辨清所运行的层面。下面是与本文直接相关的四个层面以及相应的基本概念。

● 语文课程目标。这是语文课程标准层面的概念,它主要面对"是什么"的问题——为了适应现代社会和学生个体的发展,国家期望学生具备的语文素养"是什么"。

● 语文课程内容。这是语文课程具体形态层面的概念,它主要面对"教什么"的问题——为了有效地达成语文课程标准所设定的语文素养目标,语文课程研制者建议"一般应该教什么"。

● 语文教材内容。这是语文教材具体形态层面的概念,它主要面对"用什么去教"的问题——为了使广大的学生较好地掌握既定的课程内容,语文教材编制者提供"通常可以用什么去教"的建议,并通过教材加以具体的呈现。

● 语文教学内容。这是语文教学层面的概念,它同时面对两个问题:第一,针对具体情境中的这一班学生乃至这一组、这一个学生,为使他们或他更有效地达成既定的课程目标,

---

[①] 本文选自《课程・教材・教法》2006年第4期,第33—39页。

"实际上需要教什么";第二,为使具体情境中的这一班学生乃至这一组、这一个学生能更好地掌握既定的课程内容,"实际上最好用什么去教"。语文教学内容既包括在教学中对现成教材内容的沿用,也包括教师对教材内容的"重构"——处理、加工、改编乃至增删、更换;既包括对课程内容的执行,也包括在课程实施中教师对课程内容的创生。"教学内容是在教学过程中创造的"[1],它逻辑地蕴含着教师参与课程研制、用教材教和教学为学生服务等理念,寻求适宜的教学方法内含其中。

二、"语文实践能力"与"途径"

"语文课程是实践性很强的课程,应着重培养学生的语文实践能力,而培养这种能力的主要途径也应是语文实践……""语文实践能力"是在语文课程标准层面上的表述,它对语文课程的目标做出了原则性的回答。

结合语文课程标准的语境,可以确认"语文实践能力"的主要含义为:
- 领有者是学生,讲的是学生的状态。
- 涵盖识字与写字、阅读、写作(写话、习作)、口语交际、综合性学习五个领域。
- 内涵是"良好的语感",含字感、文感等。
- "良好"既是质的规定,又是量的指标。量体现为水平的程度,是一种事实描述;质规划语文课程中听说读写的特定取向,体现了价值的判断。本次语文课程改革所规划的听说读写取向,大致可以概括为"感受性阅读"(个性化阅读)[2]、"自主写作"(真实表达)[3]、"日常的口语交际"[4]。也就是说,学生腔的"朗读"、应试的造假"作文"、书面化口头作文式的"讲话"、归纳"唯一正确"中心思想的"阅读"等,均排除在"良好的语感"定义之外。

语文课程标准指出:"培养这种能力的主要途径也应是语文实践。"要弄清"途径"的含义,首先需要确定这句话的主语。因为不同的主语,"途径"的含义就会有所不同,也会连带着引起"语文实践"含义的变动。按文本语境,这句话的主语可能有几种情况,下面分别展开讨论(括号里的字是对相应概念在该语境中含义的注释,或者是帮助理解的补充语境)。

(一)主语是学生

- 强调学习内容:学生拥有语文实践能力的主要途径应该是语文实践(听说读写),而不是语文知识学习——因而,(在语文课堂教学中)应该让学生更多地直接接触语文材料(如读课文),在大量的语文实践(听说读写)中掌握运用语文的规律(语感)。
- 强调学习方法:学生拥有语文实践能力的主要途径应该是语文实践(活动),而不是听老师讲结论——因而,(在语文课堂教学中)应该让学生更多地直接接触语文材料(如读课文),在大量的语文实践(活动)中掌握运用语文的规律(语感)。

上述两条的区别在于对"语文实践"的理解不同。当强调"学习内容"时,"语文实践"主要指与"语文实践能力"具有同一形态的听说读写实践。比如:培养"感受性阅读"这一语文实践能力,相应的"语文实践"就是"感受性阅读";培养"日常的口语交际"这一语文实践能力,相应的"语文实践"就是"日常的口语交际"。而当强调"学习方法"时,"语文实践"与所要培养的"语文实践能力",就不一定严格对应,比如:培养"感受性阅读"这一语文实践能力,可以采用表演或游戏的活动;培养"日常的口语交际"这一语文实践能力,在课堂中也可以是书面材料的分类活动。

如果主语是学生,那么无论强调学习内容还是学习方法,在我们所设定的问题边界(语文课程)中,"主要途径"均指在课堂教学中占据大部分或绝大部分时间。即:

● 在课堂教学中,学生进行与"语文实践能力"具有同一形态的听说读写实践,应该占据大部分时间;

● 在课堂教学中,学生进行对所要培养的"语文实践能力"有直接促进作用的实践活动,应该占据大部分时间。

(二) 主语是语文课程

语文课程培养(学生)语文实践能力的主要途径应该是语文实践(听说读写),而不是语文知识教育——因而,应该让学生更多地直接接触语文材料(如读课文),在大量的语文实践(听说读写)中掌握运用语文的规律(语感)。这句话还需要进一步细化。在不同的层面,"语文课程"这一主语将被更具体的所指替代,因而"途径"这个词的含义也会起相应的变化。

● 语文课程层面:(课程专家在课程设计中所研制的)语文课程内容应该主要是语文实践(听说读写),而不是语文知识——因而,应该让学生更多地直接接触语文材料(如读课文),在大量的语文实践(听说读写)中掌握运用语文的规律(语感)。

"途径"在这里解释为达到目标的途径,即对"教什么"的回答。语文课程内容,应该主要是与语文实践能力具有同一形态的听说读写实践。比如:培养"感受性阅读"这一语文实践能力,相应的"课程内容"就是"感受性阅读"活动,实际上是提供适合于"感受性阅读"的选文;培养"日常的口语交际"这一语文实践能力,相应的"课程内容"就是"日常的口语交际"活动,即在课堂上进行"日常口语交际"的模拟,如说文明礼貌用语、介绍家乡。

● 语文教材层面:(教材专家在教材编撰中所编制的)语文教材内容应该主要是语文实践(活动),而不是语文知识的讲解、要学生苦做的习题——因而,应该让学生更多地直接接触语文材料(如读课文),在大量的语文实践(活动)中掌握运用语文的规律(语感)。

"途径"在这里解释为课程内容的呈现方式,即对"用什么去教"的回答。语文教材内容,主要应该是对所要培养的"语文实践能力"有直接促进作用的实践活动。可以是与语文实践能力具有同一形态的听说读写实践,这样"教材内容"便与上面所说的那种"课程内容"重合;也可以与所要培养的"语文实践能力"不对应,比如培养"日常的口语交际"这一语文实践能力,教材内容是引导学生做书面材料的分类活动。

● 语文教学层面:A.(语文教师在教学中)所选择的教学内容应该主要是语文实践(听说读写),而不是语文知识——因而,应该让学生更多地直接接触语文材料(如读课文),在大量的语文实践(听说)中掌握运用语文的规律(语感)。B.(语文教师在教学中)教学内容的呈现(含教学方法)应该主要是语文实践(活动),而不是讲解知识、灌输结论。因而,应该让学生更多地直接接触语文材料(如读课文),在大量的语文实践(活动)中掌握运用语文的规律(语感)。

不难看出,在语文教学层面,这句话的主语是"语文教师"。语文教师的教学工作包含两个方面,即语文课程内容选择和语文教材内容重构。如果语文课程专家提供了足够的课程内容(教什么的建议),如果语文教材专家所设计的教材内容(用什么去教的建议)足以使用,那么语文教师的主要工作是"选择"和"重构"。如果语文课程专家没能提供足够的课程内容,或者竟然没有提供,如果语文教材专家所编制的教材不足以使用,或者竟然没有提供"用什么去教"的建议,那么作为语文教学专家的语文教师就必须进而充任语文课程专家和语文教材专家,承担课程内容的设计和教材编制的工作。若是后一种情况,那么上述 A、B 两条将改变如下:

● 语文教学层面的备课阶段:C.(充任语文课程专家的语文教师在备课时所研制的)教学内容(课程内容)应该主要是语文实践(听说读写),而不是语文知识——因而,应该让学生更多地直接接触语文材料(如读课文),在大量的语文实践(听说读写)中掌握运用语文的规律(语感)。D.(充任语文教材专家的语文教师在备课时所创编的)教学内容呈现(教材内容)应该主要是语文实践(活动),而不是讲解知识、灌输结论—因而,应该让学生更多地直接接触语文材料(如读课文),在大量的语文实践(活动)中掌握运用语文的规律(语感)。

上面所讨论的种种情况,可以总结为下表:

途径 主语	语文课程内容	语文教材内容	语文教师	学生
含义一	与语文实践能力具有同一形态的听说读写实践。	与语文实践能力具有同一形态的听说读写实践,与"课程内容"重合。	所选择或所研制的教学内容主要是与语文实践能力具有同一形态的听说读写实践。	大部分时间进行与语文实践能力具有同一形态的听说读写实践。
含义二		也可以是与所要培养的语文实践能力不一定对应的活动。	所重构或所创编的教学内容呈现(含教学方法)应该是所要培养的语文实践能力有直接促进作用的实践活动。	大部分时间进行对所要培养的语文能力有直接促进作用的实践活动。

三、"语文实践"的三种类型

在"含义一"中,语文课程内容与语文教材内容是重叠的,语文教材的典型情况,是一篇篇精选的好课文、一次次作文练习、一回回围绕某个话题的日常口语交际模拟活动。比如,某部教材日常口语交际的"介绍"类,分别设计了如下"语文实践"的"话题"[5]:自我介绍、介绍朋友宾客、介绍我的家、介绍我的家乡、介绍我的一张照片、介绍我国的一个民族、介绍我国的一座城市、介绍一处名胜古迹、介绍世界名城、介绍一种动物等。

要培养(拥有)语文实践能力,"在大量的实践中接触大量的语文材料"是一条自然的途径,对有些学生来说,还可能是一条主要的途径。但问题在于途径对人的选择性。现在不乏具有语文天分的学生,对这些学生,应该在语文课程里提供尽量多的机会让他们自主地沉浸在所擅长的听说读写实践中,然而他们同样离不开教师的指导。问题在于什么样的教师能够指导,在何时指导,指导什么。让学生在游泳中学习游泳,这种处置方式实际上是使语文课程内容直接融化为语文教学内容,"教什么"全凭教师依学生所遭遇的具体问题和困难在教学现场产生,"教什么"得当与否几乎完全依赖语文教师的教学机智和对学生需要什么的判断能力。这无疑为优秀教师创造了广阔的空间,本质上也能产生最贴近学生听、说、读、写实情的语文课程内容。因此,即使对普通学生,如果教师足以依赖的话,我们也应该积极地支持以与语文实践能力具有同一形态的听说读写实践为主体的语文教学。然而要严防一窝子跟风,因为它有一个致命的软肋,那就是对语文教师个体的完全依赖。如果教师的语文能力和教学能力达不到可依赖的水准,如果教师没有足够的教学机智和判断能力,甚至根本就不能把关注点放在对学生听、说、读、写的实情关注上,那么就不可能产生适当的教学内容。

也许我们更应该关心普通的语文教师。当拿到一篇课文、一个作文题、一个日常口语交际的话题时,他们该怎么办?实际上又是怎么办的?也就是说,面对与语文实践能力具有同一形态的听说读写实践的教材,他们会如何行事?

一种情况是简单地让学生做模仿性的操练,比如"自我介绍"、"介绍朋友宾客"、"介绍我的家"、"介绍我的家乡",一路"介绍"下去;比如这星期一篇作文,下星期再写一篇作文,一路"写"下去。笔者曾经听过两堂小学语文课,四年级一节,五年级一节,四年级教师让学生"读出感情来",五年级教师也是让学生"读出感情来",而所谓的"读出感情来",除了不断地提出"读出感情来"的诉求之外,便是模仿教师的"表演"。五年级提出与四年级同样的诉求,证明四年级教学的无效;五年级教师还用四年级的一套,证明许多语文教师不知道"读出感情来"应该"教什么"。

实际上,在作文、口语交际这两个领域,不采用含义二的"途径",是不能也,非不为也。在知识开发相对丰富的阅读领域,语文教材所采用的,往往是与所要培养的语文实践能力不一定对应的实践活动。下面是某册教材《"诺曼底"号遇难记》选文后的"探究·练习"[6]:

一、文章中有两个"谜",请你解开。如有不同意见,可以展开讨论。

(1)哈尔威船长说:"必须把60人救出去。"文章指出:"实际上一共有61人,但是他把自己给忘了。"船长真的把自己忘了吗?

(2)哈尔威船长,他屹立在舰桥上,一个手势也没有做,一句话也没有说,犹如铁铸,纹丝不动,随着轮船一起沉入了深渊。哈尔威船长在沉没之前,就没有办法救出自己吗?

二、面对突如其来的撞船灾难,哈尔威船长是怎样沉着应变,最后以身殉职的?你能把这个动人的故事有声有色地描述给小学生听吗?

三、一条木船破了,舱里进满了水,单凭破船本身的浮力已承受不了一对夫妻和一个即将成年的儿子的重量,他们又都不会游泳,怎么办?远处有一条船正在驶来,但坐等获救是不可能的。试想象并描述当时的情景,设想一个解决的办法。

四、两人一组朗读课文第十六段以后"简短有力的对话",要读出语调、语气。

这是笔者随机抽取的一课。作为语文教材内容的四个实践活动,至少有三个与所要培养的语文实践能力不严格对应。本课所培养的语文实践能力主要属于阅读领域,而第一个活动是"解谜"以及讨论,第二个活动是故事转述,第三个活动是描述情景并寻求解决问题的办法,第四个活动虽然是朗读,但也不完全是与语文实践能力具有同一形态的阅读实践——两人一组朗读对话,似乎也不是所谓的"原生状阅读"。

很显然,上述活动都有特定的意图,它们对学生理解选文具有特定的作用,往往还潜藏着某种阅读的要领,即语文知识。也就是说,在教学活动中学生对"意图"、"作用"、"要领"处在"感"的状态,而教材的编撰者、教师对这些"意图"、"作用"、"要领"一般能够明晰地描述,而能够明晰描述一般意味着处在"语识"的状态。"语识"是与"语感"相对的概念,指对听说读写的一种理性反思能力[7],在本文中与"语文知识"同义。这样,在上面总结表中"含义二"的那个"语文课程内容"的空格,就要求我们相应地填入语识,即特定的语文知识。作为课程内容的语文知识,也就是对"教什么"的回答。或者这样表述,在含义二中,"教什么"的答案,是语文知识——通过活动(语文教材内容)去潜藏式地教语文知识。

看一个国外的例子。德国北威州完全中学《现代德语》第 7 册"说写综合训练"是以"描写:预备性练习"开始的[8]:

1. 人物描述游戏。全班准备四个分别标有名字、职业、形容词和动词的箱子,学生们各自将自己想到的名字、职业、形容词和动词分别写在纸上,投进相应的箱子;然后,要学生在集中了纸片的四个箱子里各任意抽取一张纸片,根据这四个数据构想出一个人物并发挥想象描述这个人物。

2. 触摸游戏。让三五个学生组成小组,各人将自己的笔、尺等学习用品保密地放进一只包里;然后,让一个学生蒙着眼在集中了各人用品的包里摸一物件,向本组成员描述该物件。

3. 摄影游戏。选两个同学,其中一人扮演"镜头",另一人为拍摄的"快门",先让"镜头"关闭(即闭上眼睛),"快门"说"开始","镜头"立刻睁眼,在一秒钟内,扫视一物体或情景,然后闭上眼描述自己的所见。

4. 观察。向窗外观察一分钟,之后描述自己所见的东西,再讲述观察时自己的内心活动情况。

5. 猜猜看。让一学生描述自己家中一厨房用具或五金工具,让别人猜是何物件。

6. 感知。教材画有三排魔方,每排六个,每块的呈现角度各不一样,让学生找出二、三排中的哪块魔方与第一排的哪块是一致的。

显然,这里的"人物描述游戏"、"触摸游戏"、"感知"等游戏活动,本身并不是语文的"课程内容"。之所以编入这些"教材内容",是通过此类游戏和活动使学生感受"描写"这一语文知识(课程内容)。或者这样说,学生可能会(该教材也引导)全身心地投入生动有趣的游戏活动中。由于没有直接提出"学习描写"的要求,甚至没有正面提出"描写"的概念,学生可能会(该教材也引导)把游戏仅仅当作游戏来玩。但是,教材编撰者以及使用该教材的教师心里明白,这些活动所反映、体现的,是"描写"这一语文知识。

对语文知识,有研究者区分出了"三个子系统"[9]:(1) 学生系统,由养成语文素养(含语文实践能力)所必需的最低量的知识构成。(2) 教学工具系统,师生在课堂教学中使用的概念术语。比如语气、语调、重音、停顿、发言、攀谈、问候、讲述、交谈、转述、语言修养、信息、表情、手势、交际场合、语境等。对学生而言,只要求能够在课堂上将这些术语作为交往的"话语"使用。(3) 教师系统,指一个语文教育专业工作者所应该具有的语文知识。大致有三个方面:第一,对教学工具系统的透彻理解;第二,对语文课程与教学的知识具有理性的认识;第三,语文课程的内容知识,即对"教什么"明晰把握,其中自然包括学生系统。"三个子系统"的划分,对我们理解"语文实践"极富启发性。

以"读出感情来"为例,要让学生达成"能用普通话正确、流利、有感情地朗读课文"这一目标,有多种途径。

(1) 课程研制者、教材编制者、语文教师不知道"读出感情来"需要"教什么",那么就像笔者听课的那两位教师一样,除了不断地提出"读出感情来"的诉求之外,便是要学生模仿教师的"表演"。在这种情况下,语文教师处于语感状态,学生也处于语感状态,尽管两者的"语感"并不一定同质。学生主要是通过模仿和"悟",即通过"读出感情来"这一与语文实践能力具有同一形态的朗读实践达到目标。

(2)"读出感情来"需要技巧设计,比如情调的把握、语速的控制、音色的变化、轻重音的体现、停顿和延续。如果课程研制者、教材编制者、语文教师知道这些知识,那么有两种途径:A. 将这些知识当作教学工具,通过这些术语来指导(点拨)学生如何朗读;B. 把这些知识或其中的一部分纳入语文课程内容。

(3)如果纳入语文课程内容,那么又有两条途径:A. 通过"含义一"的语文实践来教,设计能够让学生体悟的相应实践活动,进行潜藏式的教学;B. 把这些知识或其中的一部分,视为养成语文实践能力所必需的最低量的知识,进行明示式的知识教学。

(4)明示式的知识教学,又有多种途径,比如知识讲解(理论学习并应用于实践)、知识发现(从实践中归纳知识)等。实际上,潜藏式教学与明晰的知识讲解是一条连续线上的两端,中间有无数可能的选择。

　　　　潜藏式教学　　　　　　　　　明晰的知识讲解
　　　　――――――――教学连续体――――――――

从学生的状态来说,也有多种情况,比如:知识日后融化在语感中以至于说不出概念术语;用知识来引导自己的语感或语感伴随着明晰的知识;只知道知识而不能转化为能力;只有干巴的概念术语而不能理解知识。实际上,从融化为语感到只知道干巴的术语名称,也是一条连续线的两端,中间也存在着无数可能的结果。

　　　　融化为语感　　　　　　　　　只知道术语名称
　　　　――――――――知识学习的状态――――――――

很显然,偏向于左端的知识融化为语感、语感伴随着知识等,应该包含在上文所界定的"语文实践能力"之中。而偏向于左端的明示式知识教学,往往伴随或穿插相应的语文活动,有时还主要体现为语文活动,因而也应该包含在"语文实践"之内。

再举一个国外的例子。英国约翰·巴特编写的《英语》,教材的重点是第二部分的"阅读",计有"如何成为一个优秀的读者"、"读故事"、"读自传"等 10 个主题。"阅读故事"的主要教材内容编排如下[10]。

1. 从给出的四段文选,让学生研究一个故事四种不同的开头方法。
2. 让学生填写表格,摘出以上四段文选的细节。
3. 结合上述四个故事的开头和结尾,得出知识——说故事人的两个视点(无所不知的作者与第一人称叙述)和两种方式(用书信的形式与用游记、日记形式的讲述)。
4. 学生续写故事主角的日记两则。
5. 给出两篇选文,让学生分析故事的开头,并说明作者所选择的视点。
6. 讲解说故事人的其他决策:故事有哪些人物?故事在哪里发生?……故事打算从哪里开始,是按时间顺序还是采用倒叙?
7. 阅读欧·亨利的《两块面包》,分析作者采用的多种策略(编撰者在文后提出 7 个问题引导学生研读)。
8. 实践练习。(1)阅读科幻小说一篇,要求说明作者所采用的策略。(2)阅读童话故事一篇,要求说明其意义。
9. 出示一则读书笔记,讲解(故事的)"读书笔记"应包括的四项内容——对人物的看法、故事的地点以及对背景的看法、解释"作者的兴趣是什么"、优秀片段摘录。

综上所述,在语文课程中学生的"语文实践",至少有三种不同的类型:第一,带有自然学习性质的,与语文实践能力具有同一形态的听说读写实践。第二,潜藏着特定语文教学内容(语文知识)的,对所要培养的语文实践能力有直接促进作用的实践活动。第三,语识转化为语感的语文实践。

无论是从学理上还是从语文课程标准的文本语境看,"主要途径"应该包含上述三种类型的"语文实践"。至于在"主要途径"中更强调哪一类,则取决于某个语文课程研制者、语文教材编撰者以及语文教师如何作选择。笔者认为,原则上应该三花齐放、三元并呈,而作为现代意义的语文课程,更应该强调后面两类"语文实践"。当前某些对语文课程标准的解读,将"语文实践"狭隘地等同于和语文实践能力具有同一形态的听说读写实践,在张扬语文实践的同时,有意无意地贬斥语文知识,甚至将两者对立起来,这不利于语文教学的健康发展。在学理上辨明"语文实践"的含义,对语文课程标准的正确贯彻,对拨正语文新课程实施中所出现的偏差,具有重要的意义。

注释:

[1] 钟启泉等.《基础教育课程改革纲要(试行)》解读[M].上海:华东师范大学出版社,2001.

[2] 方智范.对文学教育问题的若干思考[J].中学语文教与学,2002(3).

[3] 倪文锦.初中语文新课程教学法[M].北京:高等教育出版社,2003.

[4] 方智范.关于语文课程目标的对话(三)[J].语文建设,2002(3).

[5] 教育部基础教育司.《全日制义务教育语文课程标准(实验稿)》解读[M].武汉:湖北教育出版社,2002.77.

[6] 洪宗礼.义务教育课程标准实验教科书·语文七年级(上册)[Z].南京:江苏教育出版社,2002.

[7] 刘大为.语文教学中的语感能力和分析能力[A]//刘大为.中国语文及人文素养教育[C].香港:香港教育学院,2001.

[8] 倪仁福.德国初中语文教材评介[A]//柳士镇,洪宗礼.外语文教材评介[C].南京:江苏教育出版社,2000:334-335.

[9] 刘大为.语言知识、语言能力与语文教学[J].全球教育展望,2003(9).

[10] 韩雪屏,等.英国语文教材评介[A]//柳士镇,洪宗礼.外语文教材评介[C].南京:江苏教育出版社,2000:72-73.

本章附录

[1] 黄伟.语文综合性学习的主题设计[J].语文建设,2003(8).
[2] 黄伟.语文综合性学习中的小组合作:意义、特征与实效[J].教育科学研究,2003(9).
[3] 尹晓军.语文综合性学习:变革教师的教学方式[J].中国教育学刊,2003(11).
[4] 钟晨音.语文综合性学习的评价方法[J].当代教育科学,2003(12).
[5] 林富民.语文综合性学习的课程定位和教学取向[J].教育评论,2004(5).
[6] 靳彤.论语文综合性学习教学模式的建构[J].四川师大学报(社会科学版),2006(1).
[7] 孙菊霞.由语文综合性学习这一概念引起的思考[J].课程·教材·教法,2007(1).
[8] 梁龙开."语文综合性学习"应坚持语文性[J].课程·教材·教法,2008(3).
[9] 靳彤.语文综合性学习再认识[J].课程·教材·教法,2008(10).
[10] 郭戈.研究性学习法述评——苏霍姆林斯基的教学思想[J].教育理论与实践,1986(6).
[11] 韦铧.中学语文研究性学习的误区及对策[J].广西教育学院学报,2003(2).
[12] 孔波.论语文研究性学习的潜质[J].当代教育科学,2005(2).
[13] 钱旭升.语文研究性学习研究综述[J].现代教育科学,2005(2).
[14] 缪爱明.高中语文专题类研究性学习实施的困惑及策略[J].中国教育学刊,2007(6).
[15] 萧天柱.中学课本"语文实践活动"研析[J].琼州大学学报,2002(6).
[16] 刘继魁.初中语文实践活动初探[J].四川教育学院学报,2006(6).
[17] 陈洪月.语文教学应回归生活——开展语文实践活动初探[J].阿坝师范高等专科学校学报,2006(9).
[18] 禹旭红.对语文实践走向课外的追问与反思[J].教育导刊,2009(3).

第六章 语文教学艺术与技术研究

- 构成语文教学风格流派的教师素质和修养(滕英超)
- 语文教学艺术风格探析(钱加清)
- 转益多师是汝师——语文教学艺术风格学习的有效途径(李建军)
- 关于建立语文教学技巧学的思考(万恒德)
- 语文教学中的教育智慧探析(洪维忠)
- 语文课堂有效教学何以实现——从语文名师教学机智的角度分析(曾毅)
- 从悟性走向智慧的策略研究——以语文教学为例(邵统亮)
- 信息技术与语文教学的整合(顾德希)
- 语文与网络语文教学关系的重新认识与思考(侯器)
- 浅谈多媒体技术在中学语文教学中的作用(刘东波 张东平)
- 本章附录

构成语文教学风格流派的教师素质和修养[①]

滕英超

每一位语文教师教学风格的形成都是有着他的自身契机和历史渊源的。借鉴文学、文章风格研究的理论,有研究者提出从高尚的师德、独到的教识、新颖的教法、精妙的语言、优美的教态、敏捷的思维、动人的情感等方面去探讨语文教学风格流派的成因;有研究者则认为,政治素质、道德修养、知识结构、能力水平、思维特点、教学方法、风度气质、师承关系以及教师的主观追求、所处环境等诸多因素是语文教学风格流派形成的基础。构成语文教学风格流派的教师素质和修养不是单一的,所以语文教师必须有意识地从多方面下苦工夫。

教师是人类灵魂的工程师。优良的政治素质和道德修养就是教师的灵魂。古往今来,凡是优秀的教师无一例外的都是品德高尚的人、坚持职业理想和职业道德的人。忠诚于人民的教育事业是教师的职业理想;热爱学生、以身作则和诲人不倦等是教师的职业道德。这些要求对所有学科的教师都是适用的,对肩负着多种功能的语文课教师尤为重要。一个教师如果没有无私的脱俗的爱心,就不会关心学生,就不会了解学生要学什么和学到了什么;教师与学生之间就无法实现感情的双向交流和心灵的呼应,就无法建立起教学过程的和谐美的氛围。这些都直接影响到教学效果,如果在这方面有欠缺,则何谈进行教学改革和形成教学风格呢?上海的语文特级教师于漪在总结自己的教学经验、分析自己的教学特色而写的一篇文章中就是以《爱的事业》为题的,在纪念她从教40周年的研讨会上,她的发言题目也是《爱的奉献》,都有一个"爱"字,可见对事业的执着和对学生的感情在她心目中的地位。青年教师亦如此。在全国中青年语文教师观摩活动中,我结识了几位教坛新秀,他们的教学各具特色,但热爱教师这一职业是他们共有的。山东省泰安市青年教师程翔,一次在课堂上朗读一篇学生作文,准备读完后让学生分析。突然,一个学生指出这篇作文是抄袭的。面对这突如其来的情况,老师没有去批评、指责抄作文的学生,却说:"这的确是一篇优美的文章,我以前没有读过。今天读了以后,就像喝了杯甘甜的美酒,真是美的享受。同学们听了也是美的享受。我们应该感谢这位同学为我们提供了这么一次难得的学习机会,让我们以热烈的掌声对这位同学表示感谢!"同学们的掌声打动了那位抄作文的学生,该生后来专门写了一篇感情真挚的文章,记叙当时自己的感受以及所受的教育。这感人的教育佳话,固然说明程翔老师已经具备了机智灵活的教育应变能力,但更主要的是让我们通过这件事感受到程翔老师对事业、对学生的一片爱心。老师的教育艺术、教育机巧……都是植根于对事业、对学生挚爱的深情之中的。"落红不是无情物,化作春泥更护花。"许多优秀教师的实践证明,教师的政治素质、道德修养、职业理想、敬业精神,像有人形容的那样:走火入魔的献身精神,对于教学境界的开拓和加深,对于教学风格的形成起着决定性的作用。

知识就是力量,知识就是财富。作为知识的传播者,教师的素质直接影响着国家的未

[①] 本文选自《沈阳师范学院学报(社会科学版)》1995年第1期,第80—84页。

来。时代在发展,科学技术突飞猛进,在知识总量急剧膨胀的同时,部分知识也在不断老化,这就要求教师必须广泛学习,深入钻研,建立一个科学的、高效的、适应时代发展的知识结构体系。语文是中小学开设时间最长、课时最多、内容最广、作用最大的基础学科。它的任何一个目标的完成都依赖于语文教师。语文教师是语文知识的传授者,是语文能力的训练者,是智力的开发者,还是思想品德的培养者。只有知识渊博的教师才能培养出知识渊博的学生。教师知识越渊博,学生在接受知识时付出的劳动、苦恼和花费的时间也就越少。这是一个反比关系。做为一个称职的语文教师,特别是要成为独具风格的语文教师,在知识的积蓄上,不但要有以语文知识为主的社会科学方面的"百科知识",还要学一点自然科学方面的"百科知识"。一位老教师上课"卡壳"的故事就很能说明这一问题。这是一位教学经验丰富、特别善教文言文的老教师,在讲《岳阳楼记》这篇他已教了一二十遍的传统教材时,有位同学在课堂上提出一个疑难问题,请求老师解答:"文章写的是'上下天光,一碧万顷'、'皓月千里'的好天气,而'皓'也就是白,按理说,银白的月光射在湖面上,经折射后,应该是白色,为什么却变成了金黄色,出现了'浮光跃金'的景象呢?"这位老教师对于这样一个他从来没有思考过的新问题,一时无法作出圆满正确的回答,只得尴尬地说:"这个问题涉及光学原理,与理解课文关系不大,不在课上解决,下课后再作研究。"下课之后,这位老师感到十分不安,立即向一位物理教师请教,才算把问题弄明白,后又对这个学生作了解答,学生十分满意。事后,这位老师感慨万分地说:"教了大半辈子,想不到还是个不完全称职的语文教师啊。要完全称职,还必须继续学习,特别要学点自然科学知识才行啊!"这种事情在语文课堂上出现并不奇怪,特别是当今教学改革中的开放型教学,学生思维活跃,什么奇怪的问题都可能提出来,有的要靠教师的机智来处理,有的光靠机智还不成,需要的是真才实学。一个知识贫乏、基本功不过硬的语文教师,是不可能完成语文学科的复杂而艰巨的教学任务的,更不可能在教学中形成自己独特的教学风格。

所谓能力,是指人们完成一定活动的本领。它包括完成一定活动的具体方式及其必备的心理特征。语文教学能力是一种极其复杂的心智活动,是一个多层面多因素的复合结构体,它包括敏锐的观察能力、丰富的想象能力、深刻的理解能力、很强的表达能力和组织能力。再具体一些分析:(1)观察力、想象力、思维力、记忆力等智力因素与动机、情绪、情感、意志等非智力因素是构成语文教学能力的心理基础。(2)中文专业知识、教育学、心理学、教学论、语文教法等教育专业知识及其他跨学科的各种文化知识,是构成语文教学能力的知识基础。(3)语文教学能力包括:听读说写等语文基本能力,分析语文教材的能力,了解学生的能力,设计教学方案的能力,设计板书和书写板书的能力,运用教学语言的能力,组织课堂教学的能力,指导课外语文活动的能力,评议语文教学的能力,考核语文成绩的能力,设计教具、使用现代化教学设备的能力等,这些构成语文教学的能力基础。

某种能力在某位语文教师教学风格的诸种构成因素中成为"主色"时,那么,这位教师的教学风格便具备了"能力型"的特点。比如,河南省周口地区商水县魏集有一位民办中学语文教师,叫李晓明,他的背诵能力是惊人的。1984年3月,在河南省周口地区中学语文教学研究会第三次年会上,这位刚满19岁、仅有五个月教龄的青年教师作了一次别开生面的教材背诵表演,面对专家、学者、地县领导和全体代表,熟练地背诵了初中语文第二册。不论课文难易长短,也不论文言白话,提一篇背一篇,点一段诵一段,指上句接下句,对答如流,朗朗上口。与会者无不惊叹,每背完一篇、一段,立即博得一阵热烈的掌声。他是在充分理解课文的基础上,反复朗读,做到发音准确,字字响亮,切实遵照原文,不掉字、不添字、不重复、不颠倒、不破词、不断句,读出恰当的停顿节奏、轻声重音、口气语调,因此不论是高声朗读,还是低咏恬吟,一闭眼,文章的形貌便会浮现脑际;他一气背下,来龙去脉,处处清晰。《古代英雄的石像》全文 3 500 字,又多是对话,背完,仅丢掉一个虚词"于是"。

表演是这样,平日教学呢?由于李晓明熟读课文,因此课堂上能熟练地口述、提问、释疑、检查作业,从不翻阅课本或备课笔记。学生在朗读或背诵时出错,他不仅能准确地纠正错字错句,甚至连某句话后面是分号,停顿时间稍长,某句话后面是叹号,要读出感叹语气等,也都能一一指出,常常使学生赞叹不已。在讲读教学的各个环节中,他运用准确、流利、富有感情的示范背诵,帮助学生养成了良好的背诵习惯,有些学生过去视背诵为苦差事,现在渐觉成趣,因此,背诵作业虽数倍增加,但学生都能按时完成,学得比较扎实。李晓明老师又不失时机地由朗诵过渡到默读、速读和跳读,教会学生读书,全面培养学生听说读写能力。1983 年期终考试,县教育局统一命题,以乡为单位组织监考评卷,他所教的普通班平均 72 分,超过重点班,居全乡第一名。

实践证明,语文教学风格与教师的思维特点也是相互联系着的。心理学家认为,思维服从于一般规律,但不同人的思维特点又各不相同。按照钱学森教授提出的思维科学理论体系,人的个体思维过程主要有三种形式,即抽象(逻辑)思维、形象(直感)思维、灵感(顿悟)思维。偏重于抽象思维的教师,其思维特点是逻辑严密,判断准确,善于概括和推理、分析和综合。在教学上,它是形成"理智型"艺术风格的基础。这种教学风格在课堂上往往表现为知识系统性较强,概念理论知识占比重较大的特点。而偏重于形象思维的教师,其思维特点是善于演绎和分析。在教学上,它是形成"情感型"艺术风格的基础。在课堂上往往表现出以情动人,或情理并举、互相渗透等特点。灵感思维强的教师,其思维特点是灵活、敏捷。在教学上它是形成"创造型"艺术风格的基础。在课堂上往往表现为能够积极思维,周密思考,应变能力强,正确判断,迅速作出结论。当然思维类型的"偏重"并不等于"单一",更多的人是"复合型"的,如上海市建平中学的程红兵老师便认为自己的思维类型是"判断型与情感型的复合"。

从事任何工作都要讲究方法,教学也不例外。教学方法是教师在教学过程中引导学生完成教学任务所采用的手段和方式的总称。它既包括教师教的活动方式,也包括在教师指导下的学生学的活动方式,是教的方法和学的方法的统一。我们知道,做为科学,只有一个客观标准,一个是非;1+1=2,谁都得这么教,而做为艺术,同一个科学内容、科学知识,可以有不同的教学方法,因为任何一种教学方法都是由人,即由教师来掌握和运用的,而教学方法又不是僵固的"模式""框架",教学也决不能"临摹""描红",而是一种创造,一种艺术。这样,我们便会发现一个事实:在不同的方法中,可以运用同样的方式;同一种方法,在不同的老师那里,又可以采取不同的方式。因此,教学方法的不同,便有不同的教学流派,也因此可以得出结论,教学方法和教学技巧是一个语文教师教学风格形成的基础之一。值得一提的是:在语文教学风格流派形成基础的诸种因素中,教学方法是至关重要的,许多风格流派的特征,就是通过教学方法体现出来的,如"讲派""练派""导派""发现法教学""茶馆式教学"等等。

气质是人的高级神经活动类型特点在行动方式上的表现,是一个人心理活动的动力特征。风度,包括人的美好的举止姿态。它们对于教师教学风格的形成也是有着影响的。人的气质实际上是有优劣之分的,而且是能够改变的,可以调节的。从古代希腊一直到今天,不少专家学者都认为气质包括四种基本类型,即忧郁质、胆汁质、黏液质和多血质。后来的心理学家又有两维度等学说,即认为:胆汁质和多血质是外倾性的,忧郁质和黏液质是内倾性的;忧郁质和胆汁质是高神经质的,黏液质和多血质是神经质的。我国的教师气质,从历史上看,大多是属于内倾型的,一般来说,他们的人格形象是神情严肃、冷静庄重、谨慎小心、不好交际的。这种格局的形成主要应从长期封闭的等级森严的社会制度和灌注式的教育体制中去找原因。在当今改革、开放、搞活、竞争的时代环境中,内倾型气质已经日益暴露出与时代特征、培养人才目标不相适应的缺点。有人认为新时代的教育应当是充满生气和活力、能够充分展示人的主体性的教育;新时代培养出的人才应当是性格开朗、积极主动、善于交际、勇于开拓的人。因此,新时代的教师应当以外倾型为主,尤其中小学教师队伍更应从内倾型为主逐渐向外倾型为主转变。这是社会和职业选择的需要。当然,外倾型气质也有其缺点。做为教师个人,应该有意识地自我调节,在向外倾型气质过渡中也要保留内倾型气质中有些好的心理品质。在现实中,确实有一些明显内倾型气质的教师,他们性情温和,不善言谈,课堂上往往用低音教学,很少表情朗诵,不能做绘声绘色的讲课。做为语文教师,这似乎是缺憾,但他们之中有的人教学实效并不差,他们同样能取得成绩,成为优秀教师,成为特级教师,在教学中形成自己独特的风格而蜚声教坛。原因之一,就是他们能够调节自己的气质,保留其内倾气质中好的因素,扬长避短,弥补自身的缺欠。在教改的大潮中,往往是内倾型教师首先接受"教是为了不教"这一教育箴言,首先承认"以学生为主体"的教学思想,首先实行变"讲"为"导""练"的教学方法。

　　师承关系也是形成教学风格的基础之一。一般初出学门、初登讲坛的教师其教学处于模仿阶段,往往是先生如何教,我便如何教;老师怎样讲,我便怎样讲。自然,先生是怎样的风格,学生也便接近怎样的风格;先生具备哪些特色,学生也容易具备哪些特色。特别是流派的形成,更与师承关系分不开。于漪老师在为自己的教学风格"画像"而撰写的论文中,首先谈的是师承关系。她写道:"教师,太阳底下最光辉的职业。我之所以热爱她,还得从四十多年前语文老师的一堂课谈起。那是初中三年级的时候,年轻的黄老师讲鲁迅先生的《故乡》。这位刚从大学毕业的老师课教得生动极了。……老师讲得那么传神,我们这些十四五岁的学生似乎也步入了文中描绘的境地。……老师分析得那么深刻、精辟,我被深深感动了,心中涌起了对教师的崇敬之情。……读高中时……一次我们的国文赵老师在课堂上大声朗诵辛弃疾的词《南乡子·登京口北固亭有怀》,老师朗读时头与肩左右摇摆着,真是悲歌慷慨,我们的爱国主义情感不禁油然而生,简直是充盈胸际。……教我们大学一年级国文的是名教授方令孺先生。……最使我们信服的是她的课'新',她对作品有她自己的看法、自己的见解,常常与众不同,不大说随俗的话。……"最后于老师说:"如果说有'师承'的话,以上可能就是。"不错,初中的黄老师、高中的赵老师,还有大学一年级的方令孺教授,就是他们的言传身教在她的身上培植下细胞,成为她教学生涯中有活力的基因。

　　师承有个人的,也有一代人的。比如关于教材教法的研究,有人就错觉地以为,是新中国成立后或"文革"后才有的。其实,早在半个多世纪以前,在我国就有一些很有理论价值的教学法专著问世了。仅以王森然(1895—1984)的专著《中国国文教法概要》一书中提出的教学原则的"四大主张"为例,就可见一斑。他主张实行"自动的"教学,反对"装罐头式"的教学;实行"经济的教学",反对"玩赏解闷式"的教学;实行"非战的"教学,反对无视平民疾苦、贵族式的教学。这些新鲜的做法、深邃的见解都来自那一代语文教育前辈的实践,今天已经并应该为我们这一代人所学习、借鉴、继承、发扬。从魏书生老师在培养学生自学能力的主张和实践中,不难看到陶行知、叶圣陶等教育前辈的影响。魏书生说过,他培养学生自学已经达到了"自动化"。这与王森然提出的"自动的"教学虽不是直接的师承关系,但也不能说成是完全的不谋而合。

除了上述形成教学风格流派的心理基础之外,教师的一贯教学思想和对于教学艺术不倦的追求等对于教学风格的形成也起着促进作用。虽然这种追求受到教学对象、教学环境和教学条件诸客观因素的制约,但仍显出极大的能动性,而且是形成教学风格诸因素中最活跃的因素。以上海市语文特级教师陈钟梁为例,他是新中国成立后成长起来的语文教师,50年代,从中学到大学,他接受的是正规教育,文化及专业基础知识全面而扎实,如同一个演员,他具备了唱、念、坐、打、口、眼、身、步的基本功。熟悉陈钟梁或听过他的讲课及报告的人都承认,他是个博学强识、思维敏捷、能言善讲、读写兼长的人。应该说,这些都构成了陈钟梁形成独特教学风格的良好的心理基础。除此之外,决定他的教学风格的还有他一贯的教学追求。他的一贯追求是什么呢?那就是"戏剧性"。他自幼受父亲爱好的影响迷上了戏剧,在学校里被称为具有戏剧性的人物。他考入师范学院,戏剧梦破灭了,但戏剧的爱好使他受益匪浅,成为他教学艺术中的一种追求。在教学设计中,他不是设置一个悬念,便是来一个"戏剧矛盾"或"戏剧插曲",使他的教学设计花样翻新,别具一格。难怪1980年《文汇报》撰文称他为"教坛新秀"时说:"致力于设计教学法研究,并且颇有成效。""戏剧性",也就是"生动性"、"情节化"、"创新精神",这种教学艺术上的个人追求,带动着形成教学风格的心理基础的诸种因素,在实践中不断发展,不断走向成熟,于是形成了陈钟梁那种"精雕细刻"的细腻而充满活力的教学风格。

俗话说:"根深叶茂,源远流长。"每一位有出息的语文教师都应该有意识地加强以上各方面的修养,不断提高自身素质,或使自己的教学早日形成独特的风格,或使已经形成的风格日臻完善。

语文教学艺术风格探析[①]

钱加清

教学艺术风格是教师的教学艺术达到高度成功时所具有的显著特点和重要标志。一旦风格形成，就意味着自己的教学臻于成熟和完美。当前，努力形成自己独特而鲜明的教学艺术风格，已成为众多语文教师的共同追求。

一、语文教学艺术风格的本质及特征

所谓语文教学艺术风格，是指教师在一定教学思想指导下，在长期的语文教学艺术实践中逐步形成的独具个性魅力的教学风貌，是教师在教学语言的运用、教学方法的选择、教学过程的安排及教学情趣、教学作风等方面所显示出来的较为成熟、稳定的教学活动特征的综合。

第一，教学艺术风格只能诞生于教师在教学过程中的创造性劳动，它既是教师创造性劳动的表现，又是教师创造性劳动的结果。因此，教学艺术风格与非创造性教学无缘。

第二，教学艺术风格是教师教学思想的直接体现，正如歌德所说："风格并非安装在思想实质上面的没有生命的面具，它是面貌的生动表现，活的姿态的出现，它是由蕴含着无穷意蕴的内在灵魂产生出来的。"如果说教学实践是磨砺教学艺术风格的运动场，那么教学思想则是教师形成教学艺术风格的指路灯。

第三，教学艺术风格是教师教学艺术成熟的重要标志。评价一个教师的教学是否已经成熟，最重要的一点，是看他在教学艺术上是否已经形成了自己独特的风格。教学艺术风格一旦形成，就会在教学的几乎所有方面表现出来，并且每个教师的风格都不会与其他人雷同。

第四，教学艺术风格的形成，直接影响着学生的个性发展和学习风格的形成。因为教学艺术风格是教师人格和个性特征在教学上的全面反映，而教学活动直接影响学生的发展。苏霍姆林斯基认为，教育是教师在学生身上"再现自己的一种伟大创造"。青少年学生模仿性强、可塑性大的特点，使得教师的教学艺术风格与学生的个性发展和学习风格的形成之间存在着较大的因果关系。

在理解语文教学艺术风格本质的基础上，还须进一步弄清它的特征。笔者认为，语文教学艺术风格具有以下特征：

1. 独特性

独特性就是教学艺术的个性化，它表现为教学艺术实践中的新颖、独到、别具一格。席勒曾说，最理想的风格就是具有"最高度的独特性"。因为每个教师都有与众不同的师承、教育、个性、学识、习惯以及生活际遇等，这种主体自身的独特性，就是决定了教学艺术风格之

---

① 本文选自《教育探索》2000年第8期，第54—55页。

花绚丽多彩的内在根源。而且教学艺术风格一经形成,就会在整个教学过程中都表现出其本质特征——独特性。

2. 稳定性

教学艺术风格一旦形成之后,这种风格的主导精神会在一个相当长的时间内保持不变,这是风格的相对稳定性。稳定性是教师教学艺术成熟的重要标志,教师的教学艺术只有具备了比较稳定的特点,才能形成自己的教学艺术风格。

3. 发展性

语文教学艺术风格的相对稳定性并不排斥发展性。因为教学艺术风格的相对稳定性并不意味着教师在教学追求上的故步自封、停滞不前,而是要求教师要在稳定中求发展。要不断学习别人,突破自己,完善个人的教学艺术风格。语文教学艺术风格的发展性可以从两个方面来理解:一是教学艺术风格的形成是一个逐步成熟的发展过程;二是教学艺术风格基本形成后,也处在发展变化之中。这种发展变化有两种形式,一种是表现形式或技巧的变化,这种变化样式不是质变,而是"万变不离其宗",还是原来的风格;另一种是风格的质的变化,即发展为另一种教学风格。

二、语文教学艺术风格的形成与发展

语文教学艺术风格是教师在教学实践中长期探索、学习、创新而形成的。在形成过程中,它受到多种因素的影响,并呈现出阶段性。

(一)影响教学艺术风格形成的因素

从整体来看,影响教学艺术风格形成的因素有内外之分。本文主要探讨影响教学艺术风格形成的内在因素。

1. 个性与人格特征

教师的个性特征表现为个人的兴趣、爱好、情感与气质等。教学过程不仅是知识的授受过程,更是师生情感交流和共鸣的过程;它不仅要使学生的智力得到发展,更要使学生的情意态度得到发展。这些都需要教师具有吸引学生的情感特征。教师的人格魅力是教学中最宝贵的财富。它不仅在很大程度上决定教师能否促进学生人格健康地发展,而且对调动学生学习的积极性与主动性,促进学生的学习进步有着重要意义。教师的个性特征和人格的差异,是形成各种不同类型的教学艺术风格的重要内在因素。

2. 认知结构

教师的认知结构主要是教师头脑里的知识结构,是指其知识的广度、深度、系统性和各类知识之间复杂而特殊的关系以及迁移性的强弱等。教师所具备的较为完善的知识结构中,除了要系统、扎实、深刻地掌握语文学科的专业知识和技能外,还应具备比较系统的相关学科的基础知识和比较系统地掌握教育学与心理学的有关知识,并能自觉灵活地用以指导自己的教学活动。知识结构的完善性为教师在课堂教学中旁征博引、深刻论证提供了基础条件,它是教师形成教学艺术风格的知识基础。

3. 思维品质

语文教学艺术要求教师的思维品质具有敏捷性、灵活性、感受性与创造性的特点。因为教师在教学艺术的创造过程中,时时面临教学对象、教学内容、教学环境的变化,教师必须具备优秀的思维品质并能在教学中得以充分发挥,才能恰当、迅速地调节课堂教学活动,求得最佳的教学效果。教师思维的品质与特点,对于形成不同类型的教学艺术风格,有着直接而密切的关系。

4. 教学思想

某种教学艺术风格总是在一定的教学思想指导下产生的。如果说教学思想是教学艺术风格的内核,那么,教学方法的选择、教学过程的设计等,就是教学艺术风格的较为稳定的外在表现形式,它是服从于教学思想的。就是说,教学艺术风格的形成是以教学思想为基础和前提的。

5. 语言表达

语文教师的教学语言对教学艺术风格的形成有着至关重要的影响。与其他学科相比,语文学科的教学语言有特殊性,它本身就是学生学习语言的示范,是培养学生听说读写能力的媒介。因此,语文教师尤其要注意语言的艺术。教学语言作为教学艺术性外现的基础,它与教学艺术风格是密切联系在一起的,有时,人们就是从教学的语言特点入手来分析或划分不同类型的语文教学艺术风格的。

(二) 教学艺术风格形成的过程

教师从初登讲台到最后形成独具特色的教学艺术风格,要经历长期的教学艺术活动的实践过程。

1. 模仿性教学阶段

模仿是一般艺术风格形成的最初阶段,也是语文教学艺术风格形成的起点。一种是现实中教学艺术的典范,另一种是平时所接触和熟悉的、对自己影响较深的教师的教学艺术。这一阶段的突出特点是模仿成分多,带有不成熟的"他人性",即从自己的教学中总能看到别人的艺术风格的影子,自己的东西还未确定下来。应当说,在教学之初模仿是必要的,但必须明确,模仿是手段不是目的。随着教学实践的深入,要不断增强教学的自立因素,缩短模仿期的时间,尽快向高一层次发展。

2. 独立性教学阶段

在模仿的基础上,经过自己的思考、加工,开始能用自己的语言和表达方式方法进行教学,能按自己的理解独立完成教学的各个环节,标志着进入了独立性教学阶段。独立性教学是教师教学艺术发展过程的关键阶段,它是教师形成教学艺术风格的前提条件。在这一阶段中,教师的个性化特征开始显现。通过积极的观察与思考,能将他人的优秀经验有机地融入自己的教学之中,别人的影子渐渐消失,自我形象逐渐建立。

3. 创造性教学阶段

在独立教学的基础上,从自己的个性特点出发,进行艺术创造,进入创造性教学阶段。这一阶段,教师教学的特点突出表现在教师对教学方法的改革与综合运用上,自觉探索和研究教学结构和方法的最优化,追求最佳的教学效果。在这一阶段中,教师创新与开拓意识的增强,使教学艺术水平不断提高,教学艺术真正发挥出其功能效应。

4. 有风格教学阶段

创造性教学形成的一些自己所独有的教学艺术特征在实践中逐渐稳定下来,成为一种经常、反复表现出来的格调、风貌,标志着教学艺术风格的形成,进入有风格教学阶段。这一阶段,教师在教学过程的各个环节、各个方面都有独特的、稳定的表现,使教学呈现出浓厚的个性色彩,成为一枝独秀的花朵,达到炉火纯青的地步,进入教学艺术的最高境界。

三、语文教学艺术风格的类型与特点

语文教学艺术风格的分类是语文教学艺术研究的重要方面之一。从目前的研究状况看,对此有多种认识和理解,这主要是由于人们划分的角度不同所致。语文教学艺术风格的基本类型有以下几种:

1. 典雅型

这种风格以庄重典雅、严谨不苟、蕴涵深远为特点。这一风格类型的教师能准确把握教材的重点、难点,教学老练娴熟;对学生态度严肃、和蔼;教学语言质朴;教学风度沉着从容;教学中能放能收,行止自然,稳健和谐,有一种很浓、很深、很远的审美感觉。

2. 新奇型

这一风格注重创新,其特点是形式新颖,灵活多变,具有很强的吸引人的魅力。

3. 情感型

这种风格的主要特点是感情充沛、热烈,具有很强的感染、震撼力量,师生关系融洽,教学配合默契。这一风格类型的教师强调教学中人的情意因素的作用,主张教学要以情感为基础。教师善于挖掘教材中的情感、形象因素,设置与教材相对应的情境,指导学生乐学;教学语言富有形象性、鼓动性、感染力,语言音色优美、和谐,声情并茂,课堂气氛热烈;对学生态度热情、真挚;教师性格开朗,风度潇洒。

4. 理智型

这种风格的特点是教学逻辑严密,结构严谨,每一教学环节都丝丝入扣,特别重视学生能力的严格训练。这一风格类型的教师强调教学是一个特殊的认知过程,主要目的是要使学生学习知识和技能,发展智力。他们善于挖掘教材中的知识因素,在讲解中归纳出知识要点;内容精确,逻辑性强;教学语言准确、规范;对学生态度平易可亲,能机敏地回答学生的质疑。

5. 诱导型

这种风格以勤诱善导、举一反三、点拨开窍为主要特点。这一风格类型的教师擅长灵活处理教材,从教材和学生实际出发,适时提出富有启发性的问题,引导学生深入思考,循循善诱,启迪思维;尊重学生意见,培养学生见仁见智的能力;教学语言精练、谐美,能画龙点睛,一语破的;教学风度挥洒自如,宽容和谐。

转益多师是汝师[①]
——语文教学艺术风格学习的有效途径

李建军

唐代诗圣杜甫有诗云:"别裁伪体亲风雅,转益多师是汝师。"他告诫后学:因循守旧是没有出息的,要善于从多方面学习,去伪存真,推陈出新。在教学艺术的形成过程中,我们同样需要"转益多师",自觉地进行学习、借鉴,这是教师教学艺术风格形成过程中不可或缺的一环。

一、用名师风范引领自己

"当我想不出题材来画时,就仿米勒的作品,这给我带来很大的快乐。"这是著名画家梵高的一句话。可见,成就再高的画家,起步阶段的学习提高总离不开"模仿"。

薛法根老师刚开始工作以后,上了一次"非常失败"的公开课,梵高的这句话让处在迷惘和不安中的他眼前一亮,他决定"依样画葫芦",向名师求教,学他们的一招一式。地处当时还比较偏僻的吴江盛泽小镇,哪里来的名师? 薛法根找来了李吉林、于永正等名师的录像带,一遍遍地揣摩,尤其是"素描作文教学代言人"贾志敏老师的课堂录像,更是成了他的当家宝贝,一盘录像带,他要看五六遍。贾志敏的课就这样被他搬到了课堂上。薛法根说:"我那时把贾老师的好多精彩语句都背了下来,不管三七二十一,能在自己课堂里用的,就在自己课堂里用。"[1]的确如此,他从录像中细心揣摩贾老师点拨、评价、激励等语言艺术的精妙之处,提炼作文教学的技巧和要领。渐渐地,他觉得自己有了底气,学生有了灵气。渐渐地,在实践中,他不仅得到大家的真传,而且有了自己的东西。

有些老师观摩名师教学之后,在课堂魅力的感染下,觉得自己也要成为名师,希望名师课堂上打造的那种鱼水亲和的场景、行云流水的教程、立竿见影的效果也能在自己的课堂上灵验,然而他们却满足于简单移植名师教案,"克隆"名师教法,"观而不摩",最终的结果只能是"画虎不成反类犬",神韵全无,表现拙劣。

语文教学艺术有其规律性的技巧,技巧的学习离不开模仿。"妙悟来自性灵,手腕则可得于模仿。"凡是艺术家要有一半是诗人,有一半是匠人。我们应该超越简单的模仿,不为名师所"圈住",带着自己的问题进行新的探索,达到一种"似与不似"的程度。完全不似,则丧失了教学艺术的普遍性;完全相似,则又丧失了教学艺术的主体性。

著名特级教师孙建锋曾这样说:"我们观摩名师教学之后的实践走向——不在于机械扮演名师上课,而在于羽化成名师上课;不在于单纯地表演名师的'教案',而在于领悟、谙悉、掌握、运用那些支撑'教案'背后的诸如'内容的前瞻性,活动的开放性,手段的民主性,风格的个体性,场景的人文性'等'脊椎性'的教学理念。设若如此,我们终将走出'教案'的樊篱,走向'教人'的境地。那时,我们所营造的课堂当是一汪沐浴灵府的深潭,使沉醉其中的每一

[①] 本文选自《中小学教师培训》2007年第9期,第43—45页。

个孩子都变得神清气爽、性情通达、才智清明。"[2]这应该是对学习名师者的一个忠告。

二、用广泛的阅读滋养课堂

语文教师教学艺术风格的形成离不开阅读,热爱读书应该是每一位语文教师必须具备的基本条件。语文教师在课堂所接触的文本,其意义就如同一颗多面体的宝石,正从各个不同的侧面折射出五颜六色的光芒。比如说苏轼的《题西林壁》:"横看成岭侧成峰,远近高低各不同。不识庐山真面目,只缘身在此山中。"就这么28个字,字面的意思是描述庐山的绚丽多彩,风采各异。象征意义可以表示正确认识事物,必须保持距离;伦理道德意义可以指处事待人不要偏执于一端。就这样一首短诗的意义,如果我们不读书,何以能理解得多、理解得深,又如何能引领学生提高语文素养,形成自己的教学艺术风格?

如果老师没有阅读得多,就很难对教材理解得深,也就难有个性化的教学设计,产生艺术化的课堂教学。窦桂梅老师教学《晏子使楚》,如果没有老师凭借自己的广博的识见引入,就不可能有主题教学的"广度"和"厚度"。在引领学生体会晏子受侮辱内心的感受时,采用移情体验的方式,让学生谈要是别人侮辱你,你会怎样?要是你是晏子,你会怎样想?让学生充分暴露自己的想法。如果仅止于此,我们恐怕难以感受到窦桂梅的这堂课与我们一般的课有什么区别,而窦老师在我们认为可以停下的地方再往前一步,引导学生读《胯下之辱》,比较晏子和韩信哪些本质的不同,让学生认识到韩信面对的是一个无赖对他个人的侮辱和欺负,他把这件事当做对自己的一个锻炼,所以他忍辱负重,后来成为一名将军。而晏子所面对的不只是对他个人的侮辱,而是对整个齐国的侮辱,而且他的身份是使节,他不能像韩信那样忍气吞声,而必须马上反驳。学生们从内心深处感悟到了晏子那种超越自己性格的沉着冷静、以大局为重的睿智。从这段教学中,学生不仅感受到晏子冷静睿智的人物形象,而且懂得了应该怎样做人,更懂得了怎样面对不同的对手来处理问题。如果仅此还不能说明问题的话,那么接下去,窦老师带领学生走出教材,从历史长河的角度再来看晏子这个人。她引用了一位外交官对晏子口才的评价和一位历史学家对晏子使楚整个事件的看法,把晏子使楚这件事和齐国的最后灭亡联系起来思考,让学生意识到一个国家要想真正赢得别国的尊重,仅靠个人的智慧是不行的,更需要国家的实力,让学生学会辩证地看一个人,让学生从对晏子的个人崇拜中走出来,感悟到了更多、更厚实的东西。

有了教师的读书,才有了教师的站得高、学生的看得远、看得深,也才有了激情下的思想的深度,即所谓的广度和厚度。

如今,有人把读书缩减为看"教辅资料"和快餐读物,把精神的追求异化为官能享受,把精神的价值缩减为实用价值,这样一种浮躁、功利的读书必然是一种肤浅的读书。要领略读书的快乐,必须摆脱这种功利的考虑,有从容的心境。也许有人会说,我读了不少高深的教育理论和优秀的文学作品,虽然自我修养上有了一些提高,但好像离一名优秀教师、一名有自己教学风格的语文教师仍然很遥远,这说得很对。语文老师除了要读书丰富自己的文化视野和学识素养外,还必须把握本学科的教学规律。如果不知道语文是什么,语文教学是什么,知识再丰富,认识水平再高,也很难产生富有个性的教学设计和灵活巧妙的课堂调节能力,真正教出自己的风格。

读书可以滋养我们的人生,丰富自己的文化素养,给教学艺术风格的形成提供"肥沃的土地"。同时,我们还要有对语文教学规律的认识和把握,这是教学艺术风格形成的"树根",

只有这两点巧妙结合,教学艺术风格之"树"才能"根深"、"枝繁"、"叶茂"、"硕果累累"。

三、用相关学科启迪智慧

语文教师理所当然是语文教学的"局内人",需要我们"入乎其内",直面教学中遭遇的问题,进行艰辛的思考和探索,体验教学生活的酸甜苦辣。但语文教师也要善于成为语文教学的"局外人","出乎其外",跳出语文教学的"圈子",徜徉于相关学科,汲取营养,借鉴相关的研究成果,以"局外人"的身份对语文教学进行审视、拷问和反思,从而不断梳理自己对语文教学的理解和认识。当然,这种"局内人"与"局外人"的身份,并不是僵化生硬的,有时候可以进行灵活的转化,从而使自己在不断的视角转换中促进智慧生成,不断产生新创意,形成自己独特的语文教学艺术风格。

浙江省青年语文名师盛新凤,作为"诗意语文"的探索者之一,她的课堂像一首诗,流淌着一种诗性的美。谈到自己的教学艺术时,盛老师说:"'三美'的主张是闻一多先生在新格律诗运动中提出的,它对我们构建审美化的语文课堂很有启示和借鉴作用。""'三美'是闻一多先生对诗的审美追求,也应成为广大语文教师的审美理想。"[3]她提出的"三美教学模式",首先是"音乐美,动态激情"。音乐是心灵的艺术,语文教学是一门塑造心灵的学科,它们共同打动人的心灵的东西便是"情",语文教师应该是"性情中人",善于抒情、煽情。课堂上怎样激发情感呢?她提出了导语激情、媒体激情、朗读激情等手段,努力找到情感的生发点、契合点,使教师、作者、学生的情感形成和谐共振。第二是"绘画美,全息整合"。闻一多提倡的是诗歌的绘画美,指的是诗歌应该富有色彩的美。语文教学也是追求绘画美的,教师在教学中要努力做到目标的整合、内容的整合、方法的整合、情感的整合、文化的整合等。比如说在方法上,既要整合语文本身的学习方法,如听、说、读、写、议、辩、体验、想象等,还要整合别的学科优秀的教学方法,跳出语文教语文。在教学内容上,要努力使课内与课外的知识点进行整合,做到课内带课外,课内外巧妙融通;新知与旧知整合,做到以旧引新,以旧释新,以新带旧,以新比旧,新旧融通,使学生头脑中的语言经过梳理、归纳后,达到有序化、条理化,有效链接,形成新的语言图式;诗文整合,"诗"是"文"的浓缩,"文"是"诗"的诠释,诗文各有自己独特的语言个性,诗文有效整合,能使各自的优势得到互补,使学生获得更大的语言信息量,同时有助于学生理解语言、积累语言。当这些方面集成、联系、左右贯通后,语文课就会呈现出一种多姿多彩的图画般的美丽。第三是"建筑美,巧妙融通"。语文教学中的建筑美,美在课堂建构,在流动中的起承转合。高明的教师如同一位出色的建筑师,会把他的房子设计得新颖别致、美观大方。她总结出了"先找到一个支点,再拉出一条线,最后画成一个圆"的课堂教学设计流程。整堂课的结构相互融通、首尾呼应,使一个开放的"圆"形成曲径通幽、别有洞天的意境。

他山之石,可以攻玉。盛老师没有照搬闻一多的"诗歌三美"理论,而是把其作为"诗意语文"教学观念和实践中的一个美学"因子",超越了一般语文教学理论视野,同时又具有鲜明的学科意识,从语文教学的角度进行了合理的引申和发挥,明晰了自己的追求目标,直接作用于教学艺术风格的形成,为语文教学园地增添了一枝散发出独特芬芳的花朵。

四、用"公开课"磨炼自己

教学艺术风格的形成离不开教师独特的课堂体验。教师的课堂体验是教师亲临教学的过程，又是教师反观内省教学记忆的历史过程，这种体验的丰富性使教学活动具有永不枯竭的精神想象力，教师的教学艺术风格也因此借助于教师的教学经验获得了创造性的保证。

教学具有一定的私密性，但又是一个需要交流、切磋的艺术。教师的舞台在课堂，教学风格的形成也只能是在课堂。一个追求自己独特教学风格的老师，应该勇于在课堂实践中磨炼自己的个性和风格。这种课堂不是一般的课堂，而是"公开"的课堂，是向同行、向专家、向自己开放的"常态"的研究性的课堂。区别于那些充满着"作秀"的"公开课"，它是一种"研究型文化形态"下的"公开课"。这样的"公开课"追求的不是鲜花和掌声，而是问题的诊断和智慧的发现。

这样的课堂是"原生态"的，"可能不够完美、不够精致，但却是具体的、丰富的，直观、感性和丰满的，而不是抽象的、概念化的、注解式的"[4]，它记录着教师教学的原初经验，这些经验具有无限的开放性和积淀性。教师在教学及其教学完成之后可以自由自觉地感受、反省这些原初经验，在对保留了原初经验的细节的推敲、商讨中，逐步澄清教学设计、实施过程中的种种混沌，揭示教学行为背后的教学理念、技巧、智慧，以及由此"暴露"出来的教学个性艺术特质，进行不断的"打磨"，从而拓展原初经验，使原初经验发生异变并获得新异的艺术审美经验，提升教学实践的品位和境界，促进形成自己的教学艺术风格。

综观当前活跃在小学语文教学舞台上的名师们，无论是老一辈名师于永正、贾志敏、支玉恒、靳家彦等，还是青年名师王崧舟、薛法根、孙建锋、孙双金、窦桂梅、吉春亚等，他们的成功无不得益于各种类型的"公开课"的磨炼。孙双金老师就坦言："自己是在数不清的公开教学中，千锤百炼成长起来的。"[5]这应该是大多数语文名师的教学艺术风格形成的成功经验。

当然，在教师的成长道路上，不可能所有的课堂都能对外"公开"，这就需要我们以对待"公开课"的心态认真对待每一堂课，把每堂课都上成自己的"公开课"，认真准备，认真授课，认真反思、琢磨，并经常写下自己的思考，记录下自己的成长轨迹。

我们不能说，有了这样的"公开课"就一定能形成自己的教学艺术风格，但是，可以断言，离开了这样的"公开课"一定不可能练就自己独特的教学艺术风格，成就一名有个性、有风格的教师。

著名美学家宗白华先生曾自喻自己的治学方法是"散步"，他说："散步是自由自在的、无拘无束的行动"，"散步的时候可以偶尔在路旁折到一枝鲜花，也可以在路上拾起别人弃之不顾而自己感到兴趣的燕石。"[6]就让我们在宗先生的指点下，在语文教学的舞台上不断锤炼、打磨自己，在不断的学习中推动教学艺术风格的形成，从而在语文教学的星空中留下自己的那一抹亮色。

注释：

[1] 薛法根.薛法根教学思想与经典课堂[M].太原：山西教育出版社，2005：14.
[2] 孙建锋.孙建锋经典课堂与创新设计[M].太原：山西教育出版社，2005：29.
[3] 盛新凤.盛新凤经典课堂与创新设计[M].太原：山西教育出版社，2005：4.
[4] 杨九俊.教学现场与教学细节[M].北京：教育科学出版社，2004：3.
[5] 孙双金.孙双金教学思想与经典课堂[M].太原：山西教育出版社，2005：238.
[6] 叶朗.美学的双峰[M].合肥：安徽教育出版社，1999：560.

关于建立语文教学技巧学的思考[①]

万恒德

一门学科的体系总是多分支的,语文教学的学科体系也必然是如此。苏联教育家苏霍姆林斯基已经注意到这个问题,他指出:"我认为教学教育过程有三个源泉:科学、技巧和艺术。谁要领导好教学和教育过程,谁就要精通教学和教育的科学、技巧和艺术。"[1]那么,以语文教学的实践来说,同样需要有三方面的学问:一是科学的,包括教育科学知识等;二是技巧的,主要是教育和教学的技巧;三是艺术的,即审美理想、情趣等。语文教学技巧是一门重要的学问,这是无可异议的。苏联教育家马卡连柯早就指出:"在我的实际工作中,对于我和对于你们这许多有经验的教师一样,是具有决定意义的。……如果没有这些技巧,那就不能成为一个好教师。"[2]作为一个教师,必须掌握各种教育和教学技巧,而语文教学技巧学却尚未真正建立,这无疑是语文教学学科建设和发展过程中必须引起注意的问题。

我国的语文教学源远流长。古今语文教学的丰富经验和理论对建立语文教学技巧学提供了可靠的基础。我国的语文教学,历代以来,创造、总结、积累了极为丰富的有关教学技巧的宝贵经验。新中国成立以来,特别是十一届三中全会以来,许多优秀教师在教学技巧方面各呈异彩,又有了很多创造性的发展,为探索和建立语文教学技巧学提供了可贵的实践经验。世界各国的语文教学在教学技巧方面也有许多可资借鉴的东西,我们如能对古今中外的宏富经验和理论加以整理、筛选与提炼,并以马克思主义、毛泽东思想为指导,上升到理论高度,就一定会探索出语文教学的完整体系,一种将批判继承与创造发展结合在一起,把理论研究与实践土壤融汇成一体,合乎当代语义教学规律的全新体系。

一、语文教学技巧学的建立是使语文教育和教学的理论"从抽象上升到具体"

"从抽象上升到具体"的方法是马克思主义哲学中一条核心的方法论原则。马克思的《资本论》就是运用这一原则的典范。马克思论述这条方法论原则时指出:"其实,从抽象上升到具体的方法只是思维用来掌握具体并把它当做一个精神上的具体再现出来的方式,但决不是具体本身的产生过程。"[3]按照马克思主义的观点,人们对真理的认识,总是开始于对客观现实的直观(即感性具体),然后通过思维抽象,最后达到思维的具体,这是一个"具体—抽象—具体"的辩证发展过程。具体和抽象在人的认识过程中是不可分割的两个方面,既是对立的,又是统一的,它们互相联系、互相渗透,并在一定的条件下相互转化,从感性的具体转化上升到理性抽象,再从理性的抽象转化上升到理性的具体,即思维的具体,这就是人们认识世界的科学方法。任何一门学科的发展,最初也总是经过感性具体上升到理性抽象,而

---

① 本文选自《盐城师专学报(社会科学版)》1990年第3期,第88—93页。

后才能逐步达到思维具体,由此表现出学科分支的多样化,学科内容的精细化、深入化。语文教学法这门学科也不例外。

从学科建设的发展趋向看,建立语文教学技巧学是语文教学法这门学科自身发展的必然逻辑,我们的语文教育学科,从新中国成立以来,经历了《中学语文教材教法》《中学语文教学法》到《语文教育学》的历史过程。从主导倾向看,语文教材教法课程侧重于运用教材一端,也涉及了语文课堂教学方法实际操作程序的传授及其经验的积累和总结,偏重于经验的实用性,而相对地忽略了理论的系统性。这是学科的浅层的抽象阶段。十一届三中全会以后,更名为"中学语文教学法",在中国教育学会语文教学法研究会理事会的倡导下,开始注意以马克思主义为指导,进行学科理论的系统探讨。在教材建设方面,出现了由几乎是十二所高校合编的《中学语文教学法》一花独放到百花争艳的动人情景。但还不能从"方法"深入、具体到"技巧"。近几年来,以朱绍禹先生的《语文教育学》为先导,从教育科学方面进行了探讨,形成了新的语文教育学的研究角度和架构,是学科建设向科学抽象发展、转化的征兆,是应予充分估价的。但是,任何一门科学理论的建立和发展,总不是单线独进的,其构成总表现出一种互补互衬、群星闪耀的复合结构。比如心理学,就其研究范围来说,即包括普通心理学、实验心理学、统计心理学、生理心理学、教育心理学、管理心理学、工程心理学、司法心理学、个性心理学、发展心理学、体育心理学、医学心理学、社会心理学、文艺心理学、商业心理学等分支学科,以政治经济学为指导,演化出多门类的业务化的形形色色的经济学,如工业经济学、农业经济学、商业经济学、外贸经济学、物资经济学、统计经济学、金融经济学、教育经济学、特区经济学以及家庭经济学等;以语言学为基础,派生出社会语言学、文化语言学、交际语言学、艺术语言学等。任何学科(母系统)的理论构架,为其分支学科(子系统)的发展规定了大致的理论领域;而母系统理论的科学性和完备性,又有赖于各子系统理论建设的正确和全面。忽略对母系统的宏观把握,子系统的研讨自然有局促狭隘之失;而忽略对子系统的具体研讨,母系统的立论也难免有浮华不实之弊。我们努力追求的是两者间协调健康的建设和发展。我们语文教育学科建设也走过了,并正在走着类似或相同的路径。从其发展的轨迹可以看出我们已先后编著了语文教材教法、各种文体教学法、语文教学论、语文教学能力论、语文教学方法论、语文教学心理学以及阅读学、朗读学、汉语口语学、语文板书学、语文考试学等,出现了落红缤飞的境界。这种现象是科学探索的客观过程,也是一种历史发展的必然趋势。实践表明,众多学科的出现为语文教育学的理论研究提供了丰腴的土壤,开拓了广阔的领域。因此,在深化学科理论研究、建立语文教育学科学体系的过程中,不仅应该,而且需要同步进行语文教学技巧学的研究和建立,使两者相辅相成,形成诸脉相通、多元互补、宏观研究与微观研究相得益彰的局面。当然,语文教育学及其各个相关学科都应坚持理论与实际相结合,但前者可侧重于理论的深化,而后者则宜侧重于应用的研究,并努力使之向思维的具体,或理性的具体上升、转化,两者互相配合,互相补充,这样对语文教育学和其他各分支学科的研究和发展都将是大有裨益的。

二、语文教学技巧学的建立是提高语文教师教育和教学业务素质与文化业务素质的必需

从培养合格的语文教师来看,建立语文教学技巧学是极为必要的。一个合格的语文教师必须具备较高的思想道德素质和文化业务素质。从政治思想素质来看,必须具有坚定正确的政治方向、一定的马克思主义毛泽东思想的理论修养以及高尚的道德情操。所谓文化业务素质,其中包括两个层面:一个层面是必须具备的知识结构,这应该是渊博、全面、不断更新提高,努力完善以适应时代发展的需要。另一个层面是必须具备的能力结构。这里可划分为两个档次:基本档次是具有将自己的知识水平较好地传达给学生的能力;较高档次是具有启发培养和发展学生积极的创造性思维的能力。基本档次以灌输的方式为主,较高档次以启发的方式为主。当然,知识结构与能力结构是二元互补的。技能结构的两个档次也是双向转动的,因为教师的价值和作用主要体现在人才的教育、培养上。从这个角度讲,掌握从事教育和教学的各种技巧与能力是至关重要的。但是我们面临的实际情况,则离这一要求还有较大差距。近年来,我们曾对一所师专毕业生的情况作了一些跟踪调查:基础知识较扎实,同时又有较好的教学技巧,效果较好的约占四分之一;基础知识较扎实,而不善于教学,缺乏必要的教学教育技巧的约占二分之一。基础修养和技能技巧都不够理想的只占极小比例。各地中学领导和教育行政部门普遍要求高师院校对学生加强教学教育技巧的系统训练,强化实践性、操作性的指导,在稳定知识结构的基本前提下,努力改善和提高技能结构,这是现阶段教育实践提出的新的要求,这应该成为我们师范院校合格学生培养规格中的一项具体而又重要的指标。

三、语文教学技巧学的整体构想

作为语文教育学的相关学科和辅助学科,语文教学技巧学的指导思想应该是以马克思主义、毛泽东思想为指导,以语文教育学的科学理论为依据,详细地占有历代以来中国语文教学和外国语文教学的丰富材料,并对这些材料进行周密的研究、系统的整理和科学的概括,形成语文教学和教育的技巧训练的完整体系,以提高培养对象的素质,优化培养对象的能力结构,适应社会主义现代化建设事业的需要。

语文教学技巧学的建立,无疑是为培养新时代所需要的人才服务的;新时代所需要的人才理应是把坚定正确的政治方向放在第一位。同时应用辩证唯物主义和历史唯物主义的方法来进行工作,指导研究。因此,必须以马克思主义、毛泽东思想作为指导思想。即离开了马克思主义的立场、观点和方法,我们就不能建立起具有中国特色、中国气派和当代理论水平的社会主义语文教学技巧学。

语文教学技巧学是语文教育学的相关学科和辅助学科,是语文教育学理论的丰富和扩展。因此,必须注意运用语文教育学的理论来指导实际操作,这样才能更好地切合教育原理,符合教育规律,收到点面结合、互补互衬的最佳效应。

语文教学技巧学有自身的理论知识体系,因为理论认识是形成实践技巧的基础。苏联著名教育家赞可夫指出:"理论知识是掌握自觉而牢固的技巧的基础。因此,掌握理论知识不仅不妨碍技巧的形成,而且恰恰相反,乃是形成技巧的重要条件。"[4]这就是说,理论知识与技巧训练是有机联系、不可分割的。理论研究的素材来自中学语文教学的丰富实践,而语文教学技巧的养成,则应主动、自觉地运用教育理论加以指导和提高。

语文教学技巧学的建立,不能凭空臆造,而应以历史的和现实的语文教学的丰富实践经验作为坚实的基础。[5]深刻的理论应植根于现实的土壤,而创造性的实践又离不开理论的指导。任何具有科学价值的新的教学研究都是建立在客观教学实际包括历史的和现实的实践经验的分析研究基础之上的。因此,我们应以马克思主义为指导,以语文教育学为依据,从社会主义现代化建设的要求出发,从培养合格的教育人才的实际出发,详细地占有语文教学技能、技巧训练的有关资料,进行分析、研究、整理、归纳,使之条理化、科学化,建立比较完整的语文教学技巧学的科学体系。

语文教学技巧学的建立,是对中国传统语文教学技巧的继承和发展。我国的语文教学,源远流长,具有悠久的宝贵的传统。从孔夫子到韩愈,到朱熹,从王夫子到梁启超,再到叶圣陶、朱自清,通过长期的实践,积累总结了丰富的经验,留下了极为珍贵的瑰宝。当然,由于时代的或阶级的局限,他们的教育经验、教育理论难免打上历史的或阶级的烙印,其内容不免真伪混杂,良莠并存。但是,我们如果能以马克思主义为指导,以先进的教育理论为依据,对它们加以批判的继承、科学的筛选,就一定能发现其合理的内核,吸取其民主性的精华,让优秀的遗产跨越时代的界限,而为当今社会主义现代化教育事业所用。

当今世界正处于知识迅猛增长的时代,当今中国正处于改革发展的洪流之中。语文教学如何适应这一崭新的形势,建立具有中国特色的语文教育体系,是一个急待解决的问题。为了求得理论上的发展,有的人主张从国外引进,注重研究国外的一些比较进步的教育学、心理学以及系统论、控制论、信息论等方面的理论,企望借以开阔眼界,求得新路。更多的人则越来越深刻地认识到研究我们民族的语文教学,应更多地发掘我们自己的民族瑰宝,即向传统教育索取和借鉴,试图从此打开一条通途。全盘西化,搞民族虚无主义,是完全错误的;抱残守缺,抱住过时的老传统不放,不愿意汲取世界上其他国家和民族的教育理论中对我们有益的东西,同样是错误的。正确的态度应该是:纵向继承与横向借鉴相结合,立足于教育的民族化、现代化,大胆而又审慎地吸收世界教育发展中的先进理论、先进经验,拿来为我所用。出发点和归宿点就是发展我国社会主义的教育事业。

譬如阅读教学,我国历代教育家都以阅读作为"穷理"的第一义,把读这一环节放在很突出的地位,以读为中心安排其他各个教学环节。他们把熟读、精思、背诵、应用四者结合进行教学活动,摸索、创造了不少行之有效的教学方法和技巧。圈点评注就是古人重视和采用的一种方法。清初的教育学家唐彪在《读书作文谱》中曾有所论述:"凡书文有圈点,则读者易于领会,而句读无讹,不然,遇古奥之句,不免上字下读而下字上读矣。又,文有奇思妙论,非用密圈。则美境不能显、有界限段落,非画断,则章法与命意之妙,不易知,有年号、国号、地名、官名,非加标记,则披阅苦于检点,不能一目了然矣。"[6]这段话说明了圈点的重要作用。如何圈点?清王筠说:"使学生圈之抹之,乃是切实工夫,工夫有进步,不妨圈起所抹,抹其所圈。不是圈他抹他,乃是圈我抹我也。"[7]他主张"一有所见,即写之书眉,以便他日涂改。"每次使用不同颜色的笔加以点评,使学生从中看出自己认识的提高和知识的积累,在讲到评注一法时,唐彪指出:"读书而无评注,即偶能窥其微妙,日后终至茫然,故评注不可已也。如阐发题前,映带题后,发挥某节,发挥某句,发挥某字,及宾主浅深,开阖顺逆之类'凡合法处皆宜注明,再阅时可以不烦思索,而得其中详意。读文之时,实有所得,则作文之时,自然有凭借矣。"[8]这段话不仅概括指出评注方法的意义,同时也简述了这一方法的技巧。

叶圣陶先生对传统教学中的导读、温课、吟诵等方法,有许多精辟的论述,对今天的语文教学也还是适用的。如对于吟诵的方法,叶老就曾给予充分肯定。他说:"吟诵就是心、眼、口、耳并用的一种学习方法。……现在国文教学,在内容与理法的讨究上比以前注重多了,可是学生吟诵的工夫太少,多数只是看看而已。这又是偏向了一面,丢开了一面。唯有不忽略讨究,也不忽略吟诵,那才全而不偏。吟诵的时候,对于讨究所得的不仅理智地了解,而且亲切地体会,不知不觉之间,内容与理法化而为读者自己的东西了,这是最可贵的一种境界。必须达到这种境界,才会终身受用不尽。"[9]

传统的语文教学和教育经验是历史的产物,既不全是精华,也非全是糟粕,但它和建立新的语文教学体系,不是相互对立的。我们在批判地吸取历史遗产,弘扬传统文化的时候,必须采取历史唯物主义的科学态度。任何国家、任何民族的新的教育文化,都不可能建立在文化荒漠之上。总结和发展传统教育理论中的合理成分,对我们今天的语文教学,特别是文言文教学是有借鉴作用的。其他如诵读教学、写作教学、识字教学以及启发思维、培养兴趣等方面,都有许多可资借鉴的技巧。我们如能加以整理、归纳,使之条理化,那就不仅能丰富我们教学的技艺,而且能考镜源流,加深对教学发展规律的认识,获取历史的启示和智慧。

在这改革开放的年代,我们当然要注意学习和借鉴外国先进的东西,但是这种学习和借鉴毕竟不能离开自己民族源远流长的、光辉灿烂的优秀传统。在马克思主义指导下,学习、借鉴外国先进东西的时候,应该尽可能把它们同中国几千年来的优秀文化传统、五四以来的革命文化传统和当代语文教育的丰富实践相结合,以至于消化吸收,融为一体,经过创造性的摸索、讨究,建立起具有民族气概、民族风格和现代意识、现代风貌相结合的语文教育学及其分支——语文教学技巧学。

语文教学技巧学也是对现实经验的总结和创新。新中国成立以来,特别是十一届三中全会以来,随着教育改革的深入发展,我们的语文教学已经创造、积累了丰富的教学技巧的现实经验,必须详细地占有、系统地总结并创造性地发展这些现实经验,这是语文教学技巧学赖以立足的现实的坚实基础。从当前的教学实际出发,我认为当前应着重研究并解决如下几个教学技巧的问题:教学语言技巧、教学结构技巧、教学启思技巧、教学板书技巧等。

语言是教师进行教学的基本工具。掌握一定的教学语言技巧,对实现教学目的具有十分重要的意义。苏霍姆林斯基指出:"教师的语言修养在很大程度上决定着学生在课堂上的脑力劳动的效率。我们深信,高度的语言修养是合理地利用时间的重要条件。"[10]教师履行传道、授业、解惑的职责,教师和学生之间进行思想的沟通、感情的交流,各种信息的传递与反馈、倾吐和吸收,都主要依赖于语言,以语言为最基本的工具。一个教师的教学语言是出神入化,还是拙讷平庸,是严谨流畅,还是稀松杂乱,对教学质量有着直接的影响。因此,必须切实加强教学语言基本功的训练,似宜包括如何做到文质兼备、情理相融、庄谐相济、疏密相间、抑扬有致以及如何字正腔圆、吐字归音等技巧性、科学性和艺术性等方面的内容。应该通过掌握教学语言的技巧,努力提高语文教师的语言修养。

教学结构技巧是当前教学实践正在努力探讨的重要课题。语文教学结构是由语文教学实践中许多具体因素和具体过程所组成的有机整体。语文教学的结构形式和其他各科教学的结构形式一样,都具有时间和空间两维结构系统相联系、相制约的辩证统一的整体特征。

它在教学的内容上,以时间为主要存在形式,反映为通过传递达到理解的纵向排列的组合系统;它在教学形式上,又以空间为主要存在形式,反映为学生、教师和教材三方面组成的横向排列的组合系统,两者彼此依存,紧密结合,在运动的过程中构成一个统一的整体。在进行教学结构设计时,一方面要考虑、解决好教学时间,即若干教学阶段或环节之间的彼此连接和交替,组合成合逻辑、有条理的结构系统;另一方面要考虑、安排好教学空间,即学生、教师和教材三个要素之间的联结和配合,组成一个立体交叉的结构系统,努力达到信息流量大、信息渠道宽、信息传递和反馈最灵敏、最迅捷的协调统一的优化结构。如何根据时、空两维系统相联系、相交错的特点,科学地安排教学过程和环节,使之前后有序,前后相因,有张有弛,张弛得体;有疏有密,疏密有致,有快有慢,快慢适度,使教学活动和谐而有节奏地进行。这里面有许多基本技巧问题,需要认真加以研讨和解决。

教学启思技巧,即教学中启发学生积极思维的技巧。这是任何一门学科的教师都必须学习和掌握的一种基本技巧。所谓启发,就是启迪和发展学生的思考能力,而思考力或思维力乃是各种能力的主要支柱。启发式教学的实质,就是把握教材的特点,按照学生生理和心理的特质以及认识事物的规律,有目的、有步骤地引导学生遵循一定的逻辑线索进行思维活动,逐步掌握文章的思路,理解文章的精神,触及问题的核心。"为学之道,思则得之;不思则不得也。"赞可夫说:"如果一个人深入思考所读课本的内容,那么,虽然他没有努力去记住材料,而材料却能很容易地印入并牢固地保持在记忆里。"[11]可见,启发思考是传授知识、培养能力、发展智力的关键一环,是各科教师,也是语文教师必须掌握的教学技巧。具体说来,似应侧重研究如下几种技巧:质疑问难的技巧,"比物丑类"的技巧,循序渐进的技巧,触发联想的技巧,求同存异的技巧,等等。

教学板书技巧,是研究语文教学板书设计和应用的学问。好的板书能够激发学生阅读的兴趣,促进学生积极地思维,帮助学生加深理解并牢固记忆所学的内容,是提高教学质量的有效途径。近年来,在板书的研究方面已经取得了很大成绩。贺修民的《语文课堂板书试探》、周水沛的《漫话板书格》,对板书的研究和应用就有许多新的创造。绍兴师专王松泉同志更提出了"板书学"的概念,并撰写了《语文板书学概说》及其与之相辅相成的《中学语文基本篇目导读图示全集》。这些,都为我们板书技巧的探究和完善提供了丰富的经验,我们应该对板书技巧的原理、原则、作用和方法进行系统的研究,广泛吸收中外有关板书研究的科研成果,如美国实验研究的"概要图示"法,苏联广泛采用的"纲要信号"图示法,王松泉的语文导读图示法,等等,进行系统整理、具体分析和理论概括,以推进语文教学改革,提高语文学习效率。

语文教学技巧学的内涵是十分丰富的,除了上述的内容,还有教学导读技巧、教学辅导技巧、作文批改技巧以及教学研究技巧等,而且其内涵的系统性、完整性和科学性,还有赖于我们在语文教学和研究的过程中逐步认知和完善。语文教学技巧学是一门实践性很强的应用学科,它将着重研究、综合应用哲学、教育学、心理学、语言文学、逻辑学、科学学以及美学等学科的有关知识,加强教学技巧训练,力求达到教学最优化的目标。这是培养合格师资的必要手段和有效途径。我们应该把它作为重要课题努力探索,以求逐步加以解决。

注释:

[1] 苏霍姆林斯基.和青年校长的谈话[M].上海:上海教育出版社,1983:4.

[2] 马卡连柯.我的教育经验中的若干结论[A]∥马卡连柯.论共产主义教育[M].北京:人民教育出版社,1979:405-406.

[3] 中共中央马克思恩格斯列宁斯大林.马克思恩格斯选集第二卷[M].北京:人民出版社,2012:103.

[4] 赞可夫.和教师的谈话[M].北京:教育科学出版社,1980:500.

[5] 毛泽东.毛泽东著作选读(上册)[M].北京:人民出版社,1986:500.

[6] 清·唐彪.读书作文谱.

[7] 清·王筠.教童子法.

[8] 清·唐彪.《读书作文谱》卷五.

[9] 叶圣陶.精读指导举隅·前言[A]∥叶圣陶.叶圣陶语文教育论集(上册)[M].北京:教育科学出版社,1980.

[10] 苏霍姆林斯基.给教师的建议[M].北京:教育科学出版社,2005.

[11] 赞可夫.和教师的谈话[M].北京:教育科学出版社,1980:82.

语文教学中的教育智慧探析[①]

洪维忠

一、智慧与教育智慧

智慧是个体生命活力的象征,是个体在知识、经验习得的基础上和一定的社会文化心理背景下,在教育过程和人生历练中形成的应对社会、自然和人生的一种综合能力系统。它是个体生存发展的一种品质、状态和境界。智慧在人们获取知识、经验的过程中经由教育的训练、引导而不断得到开启、丰富和发展。一个人对智慧的追求,伴随着生命的终结会自然结束。为了使追求智慧的行为延续下去,人类选择了教育,把他作为群体追求智慧的手段。因此,教育在人的智慧发展中发挥着不可替代的重要作用。只有智慧的教育才能培养出智慧的人才。

教育智慧是成功教育必备的一种内在品质,表现为教育的一种自由、和谐、开放和创造的状态。作为教育的一种内在品质,教育智慧应当渗透、内化于师生教育活动的一切方面,在教育实践中主要表现为教师对于教育教学规律的科学理解、把握和创造性应用的能力。它包括教育理智、教育意识、教育能力、教育艺术、教育机智等诸因素,是教育感性与教育知性、教育理性与教育悟性的统一。智慧型教师就是要能综合应用教育智慧内含的各种因素,使其最大限度地服务于教育教学目标。教师的教育智慧是教育科学与艺术高度融合的产物,是教师在探求教育教学规律基础上长期实践、感悟、反思的结果,也是教师的教育理念、知识素养、情感与价值观、教育机制、教学风格等多方面素质高度个性化的综合体现。

教师的教育智慧符合"以人为本"教育理念的要求,因为教育智慧可以使教育成为一项快乐的活动,使教师在快乐中工作,使学生在快乐中学习。如:教师对于突发事物的应激反应和机智的处理是一种智慧,可以产生快乐;对于事物的深刻认识和规律把握,在理智感上可以产生快乐;教师对学生无私的爱,对教育事业的责任感、使命感,对自己所从事职业的认同感,同样可以产生快乐;教师在长期的教育教学实践的体验和经验中形成的个人教学风格与艺术,使得师生在教育教学活动中都能体验到成就与快乐。因此,我们有理由让智慧回归教育,让智慧唤醒课堂,让智慧引领教师专业成长。

二、在语文教学中实践教育智慧

语文课程是充满智慧的课程,语文教学的过程就是老师带领学生超越知识、共同走向智慧的过程。在新课程全面实施的今天,教育对教师发展的模式、培养的人才规格及教师专业发展的方向都提出了全新的要求,实现语文教学的智慧化,人们更加关注教师的个性品质、

[①] 本文选自《安顺师范高等专科学校学报(综合版)》2006年第3期,第51—53页。

智慧,具备教育智慧的教师,注重于把每一节课都上成优质课,激发学生的学习兴趣,让学生感受探索的艰辛、体会成功的快乐,从而进一步树立远大目标。

　　首先,语文教师要善于把握语文教材中充满智慧的因素。如认真钻研教材,在课文的语言文字、内含的思想、写作方法艺术等方面下工夫。通过教学程序的设计、方法的运用、人格的影响等全面体现个性化教学,引导学生释放个性,让学生通过语文课的学习,学会用自己的眼光看问题,用自己的头脑思考问题,不盲从、不屈从、不歪曲,敢于大胆质疑、大胆发现、大胆表达自己的思想。

　　其次,在教育机智中体现教育智慧。智慧的教师在课堂上既能包容轻松愉快的心情,又能包容严肃认真的思想,能将知识的学习与发展的愿望连接在一起。具体的课堂教学是一个非常复杂的群体活动过程,随时都可能出现意外的事情,这就要求教师还必须具备良好的教育机智。所谓教育机智,就是把教育的原则性和灵活性巧妙结合,有效地处理教学突发事件,从而取得最佳的教学效果的能力。新课程改革要求教师不只是课程的执行者,而应该是课程的建设者、调适者,是课程实施中问题的协商者、解决者。因此,作为教师要在理念上加以改变,要在从培养知识人到培养智慧人上下工夫。教学机智包含于教育智慧当中,但绝非教育智慧的全部,教育机智不能替代教育智慧,否则,我们就容易把教育智慧的实践过程简单化,甚至偏离教育智慧的本质。如笔者在一次语文课上给学生讲解《孔雀东南飞》,讲到了那个著名的问答:有外国人问一位中国学者,为什么孔雀是东南飞而不是西北飞?中国学者灵机一动,随口答道:"西北有高楼。"正当我盛赞中国学者的机智时,有一位学生却向我提问:"老师,为什么是孔雀,而不是麻雀呢?"当时我确实没有想到学生会提这样的问题,备课时也不可能预先设计这样的问题,不过有那位中国学者的思路在前,我顺口答道:"乌鹊南飞,绕树三匝,何枝可依。"尽管知道这里利用同音字偷换了"鹊"与"雀",何况乌鹊也非麻雀,但学生不知就里,甚至啧啧感叹,当时我也不免自鸣得意,而且自以为这就是一种教育智慧。现在想来,这充其量只是一种教学应变而已,甚至连机智都谈不上,亦或是一种搪塞。《中国教育报》曾有一篇一位何老师的文章,题目就是《实践出来的教育智慧》,文章说,一天晚自习,何老师布置学生写作文,最后一排有个男生弓着背,伏在桌上,冥思苦想。10分钟过去了,别的同学写了一页多了,这个男生还只字未动。何老师走到后排,看着他说:"动笔写嘛,再想周公会来约你下棋的。"全班哄笑,这个男生也不好意思地笑了。这个时候何老师感到一丝灵感从脑中飞过,他给学生作了精彩的讲解:"作文是写出来的,想是想不出来的,写看写着你就会浸入其间,觉得有许多话要说,有许多理可讲,储存的素材就会一一呈现,精彩的论述溢于笔尖。所以,唯有写,才有好作文。"何老师这一番陈辞之后,教室似乎更静了。那位男同学也疾书起来。何老师说:"这不就是教育智慧吗?"何老师的灵感一现,的确起到了很好的作用,但是,何老师就此认为这就是教育智慧,也有以一斑而代全豹之嫌。可这其实也代表了老师们的一种普遍看法,那就是认为教育智慧是教师在教学活动中具有的解决突发问题、处理偶发事故的能力,强调的是其偶然性与随机性,是一种动态生成的应变能力,但是,应该说这只能是一种教育机智。

　　之所以会将教育机智当作教育智慧的全部,正在于我们只是从教育实践的角度来看待教育智慧,把教育智慧看作是教师素质在教育实践中的具体外化,这固然是出于提高教师解决教育实践中面临问题的能力之需要,但只能说是以偏概全。诚然,提升教师教育实践能力是一种迫切需要,可教育智慧绝不只是一种课堂上灵光一现的表现,不只是一种随机应变。

对教育智慧的认识,如果仅仅当作是一种教学机智,尽管这也可以说是一种能力的体现,但其本质上是一种被动的应对,要知道,智者千虑尚有一失,何况要做到教学的每一个环节都周到得无可挑剔并不容易,希望每节课上都有灵光闪现只是一厢情愿,麻雀非乌鹊,"这丫头不是那丫头",对教育智慧没有全面的认识,没准哪一天我们也会"绕树三匝,无枝可依"。因此科学求实的态度是积淀教育智慧的基础。明确了这一思想,在以后教授《孔雀东南飞》时,即使学生没有提出"为什么是孔雀而非麻雀"这一问题,我也会给学生提出来。通过查阅资料我明白了,古诗中常常以大鸟失偶来起兴,以"孔雀东南飞"作为全诗开头,不仅有"兴"的作用,还有"比"的隐喻。当然,以此为例并不是为了说明我的高明,实际上,在这样讲解之后,我也常常困惑于丰富知识与教学智慧之间的关系。据说老北大曾经有一位知名的文学教授,每次给学生上课都是先朗读一首诗,沉吟良久,然后高声喊出一个好字,接着又诵读一首诗自寻品味,再道出一声好。能为北大教授,可见其知识的丰富,但此种教学方式,却大可商榷。因此,知识不等于智慧,知识关注的是现成的答案,而智慧关注的是未知的世界,具有丰富的知识并非就是教育智慧,只能说是获得教育智慧的一种前提条件,如果我们将课堂,尤其是语文课堂,简单地定位于知识的传授,那教育智慧不过是知识传授的一种技巧而已,我们就只会受到爱因斯坦的讥讽:"现代的教育方法,竟然还没有把研究问题的好奇心完全扼杀掉,真可以说是个奇迹。"

第三,教育智慧只能在教与学的互动中获得。语文教育智慧不能像几何、数学、物理一样被传授,不是按照逻辑的形式过程来展现。它强调事物与情境的特殊性,真正的教育智慧产生于师生互动的教育,而不只是教学实践当中。只有创造性的教育实践才能使教师从重复性的教学中超越出来,才会获得教育智慧的源泉与支点,新课程改革本身也是在呼唤动态、创新的课堂。再上《孔雀东南飞》时,我已经不是简单地提出问题,而是列举出古代诗歌中以大鸟失偶起兴的例子,如《双白鹄》中"飞来双白鹄,乃从西北来。十十将五五,罗列行不齐。妻卒(猝)得疲病,不能飞相随。五里一返顾,六里一徘徊"、《别诗》中"有鸟西南飞,熠熠似苍鹰"等,让学生自己去琢磨体会,找出结论。"让教师成为研究者"是新一轮课改的口号,这里的研究必须是实践基础上的研究,研究的范围也不只是语文教材本身,还要包括教育对象——学生,教育智慧的获得,应该是在教与学的互动中通过教学实践、教学反思、教学研究等途径获得。

语文是一门充满思想、充满人文精神、充满智慧的学科,语文教育智慧的获得不仅要以丰富的语文知识为基础,还应以广阔的人文、社会背景为其重要的支撑。如果语文教学缺少了智慧、缺少了思想、缺少了人文关怀,只重视"双基",忽视引导学生运用知识去探究未知的世界,忽视学生创新意识和能力的培养,语文教育就更无智慧可言了。面对时代的挑战,语文教学必须超越知识,走向智慧。

语文课堂有效教学何以实现[①]
——从语文名师教学机智的角度分析

曾 毅

有效教学是新课程改革倡导的一种进步的教育理念,强调教学要以学生的整体发展为逻辑起点,不仅关注课堂教学过程中学生获得了多少知识,还关注学生的智力、心理、情感与态度等方面的和谐发展。具体反映在语文课堂教学上,有效教学就是"教师依据语文学科性质,设计三维教学目标,通过优化教学过程,促使学生自主学习,能够相对有效地发展学生的知、情、意、能的教学"。本文以教师的教学机智作为切入点,结合语文名师课堂教学经验,初步探讨如何实现语文课堂有效教学的问题。

一

语文教育是关于学生"全人"的教育,与学生个体生命生成密切相关。语文教学不是现存知识简单的、直接的传递过程,而是教师和学生之间生命交往和沟通的过程。语文课堂有效教学要求教师依据有效教学理念的指导,运用自己的专业判断在具体情境中作出专业决策。由于课堂教学情境总是处于不断变化之中,教师要想达成有效教学,其前提条件除了要求教学目标明确、教学内容正确、教学方法得当等因素之外,教师的教学机智也是极其重要、不可或缺的因素之一。

众所周知,教学机智是"那种能使教师在不断变化的教学情境中随机应变的细心的技能",它表现为教师对变化中的教学情境敏锐地洞察,能够依据教学目标、学生的具体需要和教学情境,适时灵活地运用各种教学方法,对意想不到的情境进行崭新的、出乎意料的塑造,在偶发事件当中捕捉教育契机,将看似不重要的事情转换使之具有教育意义。

研究表明,在影响教师课堂有效教学的因素中,教师的教学机智与有效教学密切相关。面对复杂、变化、多样的课堂教学情境,要使教学能够有效地顺利开展,达到预期的教学目标,教师就需要借助教学机智,准确地判断,恰到好处地应变。

二

名师往往是富于教学机智的佼佼者。他们的教学机智不是只针对某个教学问题或教学环节,而是艺术地贯穿于整个教学过程之中的。

1. 创设教学情境,激发学习兴趣与动机

课堂教学总是在特定的情境中进行的,其起始阶段犹如一篇文章的开头,须反复斟酌,精心设计。语文名师们特别重视教学情境的创设,善于结合课堂教学和学生学习的需要,灵活地、巧妙地营造各种良好的教学氛围,使学生的思维兴奋起来,产生对教学内容浓厚的兴

[①] 本文选自《教育理论与实践》2008年第7期,第7—8页。

趣和强烈的学习动机。例如,于漪老师在教学《春》时,她先是声情并茂地为学生描绘了一幅生机勃勃、春意盎然的画面,接着让学生齐声背诵《绝句》《泊船瓜洲》和《滁州西涧》三首诗,把学生的情绪很快激发起来。学生脑海里充满了春天的各种意象,为接下来的学习作好知识、情感等方面的准备。钱梦龙老师在教学《死海不死》这篇说明文时,先把一只盛满清水的大烧杯、一根玻璃棒、一把塑料匙子、一碟盐、一只鸡蛋放到讲台上。"这一举动让好奇的学生一下子涌到讲台四周,七嘴八舌地猜测起来。"接着教师和学生一起围绕"如何使大烧杯里的鸡蛋浮上来"这个问题做实验。在实验过程中,学生亲自领略到了"发现真理"的乐趣,并由此猜测和推断死海得名"不死"的原因。这堂课进行得十分顺利,在整个阅读训练中,学生的积极性始终是高涨的。

要想实现有效教学,就必须创设与教学相宜的情境。从两位特级教师的教学案例中我们可以看出,他们善于运用教学机智,多角度、创造性地营造了良好的教学情境,能够激发学生的学习兴趣和动机,使学生"披情入文",为实现课堂有效教学奠定了坚实的基础。

2. 把握"愤悱之情",启发诱导,相机点拨

"不愤不启,不悱不发,举一隅不以三隅反,则不复也。"(《论语·述而》)这是我国古代大教育家孔子精辟的教育思想。从教学心理学的角度讲,"愤悱"是学生学习时遇到疑惑不解的问题而欲求通达解决的一种心理状态,教学中学生只有处于"愤悱之情"时,他们的注意力、思维等方面才最集中,如果此时教师能够适当点拨、解惑,学生则能学得好、学得活,教学将会取得最佳的效果。

从语文名师的教学经验来看,他们善于切中学生的"愤悱之情",或启发诱导,或相机点拨,或淋漓尽致地讲授。例如,洪镇涛老师教学《药》一课,为了使学生理解小说的深刻意蕴,他精心设计了这样一个提问:这篇小说为什么取名"药"?学生对这个问题难以理解,回答不甚理想,课堂气氛变得有点沉闷。面对学生的困惑,洪老师欲擒故纵,提出了另一个问题:"写文章要围绕题目写,否则就是脱题,这篇文章是不是脱了题啊?"这个问题巧妙地引导学生回忆小说的情节和线索,使学生对小说取名为"药"有了粗浅的认识。进而,洪老师又将问题向前推进一步:"小说题目不仅仅是概括了情节和线索,它还有更深的寓意,请同学们深入思考。"在教师的启发引导下,学生的思维豁然开朗,大家纷纷说出自己的观点。以"点拨教学法"闻名于语文界的蔡澄清老师,在教学《一面》时,学生对于文中一句"那笑声里,仿佛带有一点'非日本'的什么东西"很费解,而这一句的理解对下文的学习又非常关键。针对这一疑难,蔡老师采用"迂回式"点拨,启发引导学生思考三个问题:文章写作的时间和背景是什么?文中提到的内山和鲁迅的关系如何?内山是什么样子的人?学生经过对这些问题的仔细思考,很快领悟了句子的真正意思:那笑声里充满了中日两国人民的友好情意,全然不像当时一般日本人(指日本军国主义分子)的笑声,作者是故意用"非日本"这样一种特殊修饰词来加以表达的。

可见,教师善于把握学生教学过程中的"愤悱之情",适时灵活地采用不同的方法对学生进行启发、引导,化解思维的疑难点,让学生真切地体会到学习过程中"山穷水复疑无路,柳暗花明又一村"的喜悦,这对于提高学习兴趣、促进思维发展十分重要。

3. 鼓励学生大胆质疑问难,发展创新思维能力

学源于思,思源于疑。疑是思之始,学之端。学生要学习知识,就得思考,而对所学的内容产生疑问则是思考的开端。有效教学不是要求教师把整理好的知识一股脑儿地灌输给学

生,而是要引导学生积极参与求知的过程,让学生用自己的头脑思考、辨别、分析、归纳,亲自获得知识。从名师的课堂教学经验看,善于鼓励学生大胆质疑问难也体现了教师的教学机智。例如,宁鸿彬老师在教学课文《分马》时,学生突然提出了一个意想不到的问题:"分马"这个标题不恰当。这个问题让全班学生哗然,进而议论纷纷。宁老师面对突如其来的变化,先及时表扬了学生:"你大胆地提出自己的不同看法,这很好!我很欣赏你所说的'我认为'这三个字。在学习过程中,就是要坚持独立思考,就是要敢于发表自己的独立见解。"接着鼓励大家各抒己见,充分讨论问题,下课时宁老师激动地说:"刚才这段时间,从对标题发表不同意见,到指出我的错误,可以看出,你们不迷信作者,不迷信编者,不迷信教师,坚持独立思考,并敢于发表自己的不同见解,这样做是完全正确的,是值得称赞的。"教师激动的话语打动了学生,他们的眼中也闪烁着激动的光芒。

从这个教学案例中我们得到一些启发:教师不是在所有的方面都能超过学生,当学生的积极性被调动起来以后,常常会产生很多意想不到的火花,此时,教师的教学机智表现为敏捷地抓住这些火花,让它在全班学生心中点燃。同时,教师应该不断鼓励学生深入思考,大胆地质疑问难,勇于发表自己不同于教材、教师的见解,并允许学生说错纠错、改变观点或保留自己的意见,这样才能有效地促进学生创新思维的发展。

4. 化解教学矛盾,促进教学相长

课堂教学往往不总是风平浪静、井然有序的,而是随时有可能会出现难以预料的偶发事件。这些偶发事件容易引起教学矛盾,导致师生对立。因此,教师教学机智更多地体现在灵活有效地解决这些教学矛盾上。

面对突发的教学矛盾,富于教学机智的教师能以冷静沉着的态度来关怀爱护学生的热情,能够用真诚坦率的气质、化险为夷的方法,妥善地处理教学矛盾,促进教学相长。例如,有一位年轻的女教师教学《从百草园到三味书屋》,当引导学生学到"美女蛇"一段时,一个男生怪声怪气地发问:"老师,世上有没有美男蛇?"说完他得意地看了看同学们,引起同学们的哄堂大笑。面对这种情景,年轻的女教师沉思片刻,说道:"这个同学天真好奇,问得有趣,但他问的思路不对,照此下去,还可以问,有没有丑女蛇和丑男蛇呢?要知道,作者的思路是在'美女'和'蛇'的对比上,'美女'指她迷人的外表,'蛇'是其害人的本质,'美女蛇'是比喻披着画皮的坏人。"在这里,教师没有因为学生的揭问对自己不尊重而斥责或反感学生,而是循循善诱,从现象到本质引导学生去思考,把学生的思路拉回正轨,既稳定了课堂教学秩序,又指导学生理解了"美女蛇"的寓意。

总之,课堂有效教学与教师的教学机智是密切相关的。语文界名师们已经为我们提供了如何运用教学机智去实现课堂有效教学的成功经验,我们应该认真学习、借鉴这些宝贵的经验,不断促进当前的语文教学改革,提高课堂教学效率。

从悟性走向智慧的策略研究[①]
——以语文教学为例

邵统亮

悟性,表现为一个人机智灵敏,充满活力,善于创新。从悟性走向智慧,是一种具有东方民族特色的文化心理现象。中国古代先哲早就注意到了"悟性"的存在。《礼记》提出了"格物致知"的命题,魏晋南北朝后,由于受佛家参禅悟道理论的影响,古代文人学士携禅悟诗,不少人提出"顿悟""了悟""颖悟""彻悟"的说法。随着知识经济时代的到来,人们越来越认识到,人的高下,到最后,往往不是由知识的多少决定的,而是由智慧决定的。而人的智慧既是天赋,更是教育出来的,与悟性的培养很有关系。

基于思维规律,进行语文学习悟性的培养

1. "理想化"的思维方式

也称为"格式塔法"。人的创造活动,无论是物质生产还是精神生产,是科学创造还是艺术创作,都是遵循着美的规律的,都是贯穿着理想化的思维方式的。"格式塔法"在语文学习的具体训练上,主要运用人们追求"完美"的心理,进行补白训练。古代诗话曾记载这样一件趣事:苏东坡等人偶读杜诗,见"身轻一鸟____"后一字残缺,于是几个竞相补字,有补"飞"的,有补"起"的,有补"疾"的,待找到原诗乃为"过",几人皆叹服。从这个故事中,可以明显看到填空式练习使人产生悟性的效果。因为在练习中要注意语境、驱遣想象,运用直觉和理性,充分调动"悟性"产生的各种因素。这种训练形式多种多样,可以补充诗文的艺术空白,可以补充省略的内容,可以为小说续写情节,从而促使学生悟性的产生。

2. 太极思维的智慧

太极思维代表着一种整合的至高境界,在语文悟性的开发中,占有至关重要的地位。这样的思维方式体现于文学批评便是将文学作品所有的各部分作为一个整体进行观赏,泯去读者与作者的界限,充分地投入,体会其精蕴,同时发挥自己的想象,加以理解,做出判断。这种思维表现在阅读中,就形成了以"比类""体味""涵泳"为主要特征的阅读方式,实际上也就是"整体直觉""整体感知"的阅读方式。

3. "两面神"思维

用辩证法的观点来解释,"两面神思维"的实质就是对立的统一。这种思维方式主要是从总结爱因斯坦、玻尔等人的科学思维特点而提出来的,因古代罗马时期朝两个相反视向的门神而得名。这种思维的特点是针对事物内部的矛盾因素和性质相反或差异较大的事物,抓住其内在联系进行整合并进而产生新的感悟。比如,有的研究论者认为歌德在《浮士德》中就十分纯熟而自然地运用了两面神思维方式,小说塑造了一系列对立的艺术形象,如天堂

[①] 本文选自《上海教育科研》2007年第12期,第82—83页。

与地狱、天帝与魔鬼、浮士德与靡非斯特、海伦与福尔基亚斯等。在这些对立中,明显地显示出了善与恶、成与毁、美与丑两极之间的对立与统一。同时,在这种显性层面的背后,还隐藏着隐性层面的东西——自身同质构成中的对立的矛盾。如魔鬼靡非斯特是消极、否定和恶的象征等。

4. 思维导图法

思维导图是英国心理学家、教育学家东尼·博赞发明的一种先进的思维工具,正被全球2.5亿人使用。思维导图的核心思想是联想和想象,结合全脑的概念,包括左脑的逻辑、顺序、条例、文字、数字,以及右脑的图像、想象、颜色、空间、整体等。通过心智绘图,不但可以增强思维能力,提升注意力与记忆力,更重要的是,能够启发联想力与创造力,有助于培养良好的思维习惯,开发大脑的潜力。比如,我们在作文的"四想"(想准、想开、想深、想巧)训练中、在多元解读的阅读教学中充分利用思维导图法。实践证明,这种科学的思维训练方法使悟性的生成由点到线、由线到网,有迹可循、有法可用。这种方法为众多的人所青睐也就毫不奇怪了。

基于汉语教学传统,培养语文学习的悟性

1. 积学以创新

朱熹曾提出过"渐"与"顿"的概念,所谓"渐"就是积累,"顿"就是贯通,"顿悟",即认识的深化。他给"顿悟"设下的前提条件是积累知识,渐久才能渐熟。"积学以贮宝,酌理以富才"(《文心雕龙·神思》),刘勰认为经过后天的长期努力,积累了丰富的学识,激扬了艺术的性灵,那么美妙的创造灵感就会在俄顷之间遭际,"晴空一鹤排云上,便引诗情上碧霄"。根据积累与创新的关系,我们提出把积累的材料分为"基本技能""语言""语文知识""文化""生活体验",而这些材料的积累还须通过学生"独立阅读"和"个性化学习"等途径,使整合与"感受鉴赏""思考与领悟""应用与拓展"相互作用,互为支撑,从而化为自己的血肉,成为自己的气象。

2. 静养生慧

苏轼诗所说:"静故了群动,空故纳万境",在静中想象与灵感借静境之助有如浮微云之似梦,落轻雨之依依,意识来去飘忽,云气迷蒙从而进入悟境、化境。清人唐彪把"主静"列为学基,他举瞿昆湖为例说,瞿昆湖幼习举业,任意胡做,十余年每试不利。一日偶读庄子"风之积也不厚,则其负大舟也无力"句,忽悟为文之法,遂调息凝神,闭目静坐三月有余,自后便觉清新流逸,迥然出群,屡试冠军。所以在语文学习中我们提出要保持一颗"平常"心的心境,淡泊宁静,过于追求考试成绩的功利化的语文学习会有害于智慧的生成。

3. 涵泳玩索

此说最早见于程朱理学著作,《朱子语类·性理》说:"此语或中或否,皆出臆度,要之未可遽论,且涵泳玩索,久之当有自见。"与他同代的陆象山也说:"读书切戒在慌忙,涵泳工夫意味长,未晓不妨权放过,切身需要急思量。"最难体会的是这"涵泳"二字,《辞源》释为"深入体会",《辞海》释为"沉浸",这两种解释结合起来最善:"沉浸在其中,细细体会。"这就要求我们在语文学习过程中想方设法把学生引入课文的情境,设身处地加以品味体会,久而久之必有所悟。著名特级教师于漪也说:"要反复诵读,把无声的文字变成有声的语言,读出感情,读出气势,如出自己之口,如出自己之心。"诵读这种最古老的方式,正焕发出新的魅力。

4. "问题"引悟

古人说:"君子学必好问。问与学,相辅而行者也,非学无以致疑,非问无以广识。"提出一个问题往往比解决一个问题更重要,提出新的问题,从新的角度去看旧的问题,本身就需要有创造性的想象力,也标志着悟性的萌芽。读书、生活要自觉培养问题意识。"问题式"教学是当前语文教学在克服了"满堂灌"之后运用较为普遍的一种形态,但必须研究开发有"悟性"价值的问题,问题过细、过大、过多、过难、过高非常有害,至于那种"满堂问"的形式则更是悟性的大敌。我们认为让学生自主探究、自我发现的问题最为珍贵,教师的"诱思"性问题才有意义。因此在使用课堂观察法进行课堂教学研讨时,我们最多地是研究课堂中问题的价值性和有效性的含量。

5. 比类启悟

作为我国乃至世界问世最早的教育学经典《学记》,对学习中的比类强调有加,指出"古之学者,比物丑类"的论断。意思是古代学习的人往往喜欢运用类同或类似的事物进行比类。《学记》的作者在阐明自己的教学主张时,也采用了博于比类的方法。"比类"的方法很多,都是启发觉悟的好方法,诸如对比、比较、比兴、比喻、比拟。这在语文学习中有很多的实例,即如比较法。可以用来比较的内容很多,如不同词语的比较、不同文体的比较、不同思路的比较、不同写作风格的比较、不同时代或国度的比较、不同思想观点的比较等。比较法有助于提高学生的观察能力、思维能力、想象能力、创造能力,还可使教学内容丰富,教学思路宽广,能开拓学生的思维空间,培养学生的想象和思维能力。

6. 触发生悟

所谓触发,"就是由一件事感悟到其他的事。你读书时对于书中某一句话,觉到与平日所读过的书中某处有关系,是触发。觉到与自己的生活有交涉,得到一种印证,是触发。觉到可以作为将来某种理论说明的例子,是触发。这是就读书说的。对于目前你所经验着的事物,发现旁的意思,这也是触发,这种触发就是作文的好材料。"(《文心》,开明出版社,1996:90)"用笔不灵看燕舞,行文无序赏花开",就是这个道理。

当然,没有灵性也就很难受到触发,袁枚在《遣兴》一诗中曾道出了诗人的主观"灵性"对捕捉、领悟、点化感性物象的决定作用:"但肯寻诗便有诗,灵犀一点是吾师,夕阳芳草寻常物,解用都为绝妙词。"主观的"灵性"与客观的"灵机"相互作用、相互沟通、相互感应,就产生了艺术构思中奇特的"神悟",即灵感现象。也就是说悟性发生在各不相同的心、各不相同的物,再加各种不同的心物交感条件下,这三者合起来就产生了悟性活动。茅盾一天在报上读到这样一条消息:浙东今年春蚕丰收,蚕农相继破产。这样一个颇为矛盾的报道,诱发了他的灵感的波涛,由此产生了著名的小说《春蚕》,文学史上这样的实例屡屡可见。我们在作文训练中运用"触发生悟"的原理正在进行课题研究,事实证明这是一条改变作文教学"高耗低效"现状的有益途径。

7. 体察语境

语境和语境的作用早在我国的传统语文学中就引起了人们的重视。唐孔颖达《正义》说"褒贬虽在一字,不可单书一字以见褒贬,……故经必数句以成言。"春秋笔法虽一字见褒贬,但必须有数句作为上下文,褒贬才能准确地显示出来,即"数句"是"一字"的语境。南朝刘勰《文心雕龙·章句》中说:"人之立言,因字而生句,积句而成章,积章而成篇。"他们都从字、句、章、篇的相互关系来说明上下文(语境)对话语意义的表达和理解的重要作用。从他们的论述中我们还可以看到,体察语境的途径有三条:一要注意上下文中相关词句,二要对上下文内容形成整体认识,三要熟悉相关的背景材料。这也是语文教学中启发悟性的三条必由之路。

8. 角色体验

叶圣陶先生说过:"作者胸有境,入境始于亲。"角色体验法是最直接的入境法之一。电影戏剧里,导演要求演员必须"忘我"、"投入",我们评价演员表演好坏的一个重要标准便是他们是否"入戏"。同样,在阅读中,我们如果进入文本,进入"角色",和作品里的人物同呼吸、共命运,那我们的言语品味必将是非常到位的。角色体验的关键点是情感体验,如果只是感知语言而不注入感情,那么语言便会因少了灵气而成了干瘪的文字躯壳。缺少情感,思维就不能深入,不可能产生具有语文这门学科特色的悟性。所以应该把注入感情与语言品味交织起来,努力走进作者的感情世界,用感情激起学生的共鸣,用感情引导学生的情感体验。情感体验的途径是生活体验,情感体验的过程实际上就是学生自主训练、自我感悟的过程,在这个过程中,学生能动地重组信息而后有所感悟、有所发现。

信息技术与语文教学的整合

顾德希

一、什么是信息技术与语文教学的整合

信息技术与语文教学整合,是"信息技术与学科课程整合"中的一个部分。信息技术与学科课程整合,包含两层意思:① 要用信息技术(包括计算机技术、网络技术、多媒体技术)去整合学科课程;② 信息技术既是整合的手段,也是"整合"好的课程的有机要素。这样的整合,是进一步实现教育现代化的历史进程。整合在它的初始阶段,可能与"计算机辅助教学"没有多大区别,但实质上两者很不相同。

信息技术与学科课程整合,最终追求的不是原来各门学科自身的完善。经过"整合",原来的学科课程将会出现崭新的面貌。以语文为例,整合后,语文教材将不再是现在这样的一套文选式教材,一学就是三年或六年,而完全可能整合成设置更合理、学生学得更有趣更有效的好几门课程。比如高中,为什么不能有一门40学时的古典文学鉴赏、一门25学时的当代文学讲座、一门30学时的语文基础知识、一门20学时的实用文写作、一门30学时的语言表达技巧、一门40学时的精读与速读?当然,具体的设置方案,要在经过充分"整合"、充分论证之后,才能够准确描述。这里只不过说明,在追求的目标方面,"信息技术与学科课程整合"和"计算机辅助教学"是很不相同的。

在信息技术的应用上,信息技术与语文教学的整合也与"计算机辅助教学"很不一样。不是谁辅助谁的,而是两者要逐渐融为一体。一方面,信息技术要广泛进入语文学科;另一方面,语文教学要广泛采用信息技术。这种信息技术不是强加的、附带的、可有可无的,它是与语文教学紧密融合在一起的,是提高语文教学质量不可或缺的有机要素。也就是说,"整合"是两者双向互动的过程。如果语文学科原来的一套东西纹丝不动,肯定只能和信息技术简单"拼合",或勉强"掺合";如果信息技术不屑于参照语文教学的特点,就会成为累赘,成为勉强"贴"上去的负担。所谓"整合",就是必须有所"整",而后才有两者的紧密融合。

作为汉语词汇,不可忽略"整合"中"整"这个语素。它包含了"调整""重整""整治""整改"等丰富内涵。用"整合"一词,比用"结合""组合"都更准确,因为它鲜明地体现了改革的召唤,强调了改革的力度。

"整合"昭示着这样的精神:在信息技术与学科课程这两方面都要下一番大气力,经过一番整治,使它们在新的水平上结合成一个整体——全新的课程体系。就语文学科来说,它意味着语文学科的一番重大改造。

这一改造,是从新视角出发的。它的出发点,是根据信息时代的发展,根据信息技术的

---

① 本文选自《中国远程教育》2002年第6期,第61—64页。

新条件、新手段所带来的可能性,重新审视语文学科,实现整体优化。它最终要解决的是全方位问题。从课程标准到教学内容,从教学方法到考试评价,都要在与信息技术的融合中实现改造(不是一般性的增补删改),从而"整合"为更合理的能力标准、知识系统和教学体系。当然,信息技术的应用,也会在这个过程中有所发展、有所创造。比如上网,在怎样使学生善于搜索、筛选、鉴别、处理信息等一系列问题上,在怎样更好地体现师生的"主导—主体"关系上,就都有不少值得研究的地方。

"整合",是一场面向未来而又立足于现在的教学改革。它不是简单盲目地否定以往语文教学中的经验,而是力求把语文教学中许多该做却难以做好的事情真正做好,是让过去一切宝贵的成果得到更好的继承发展,并真正实现共享。

视角是新的,条件、手段也是新的。所以,这一定是力度空前强大的一场教改,必须敢于创造,善于创造。比如说教材的改革,如果我们不是从纸制品的视角出发,而是从信息技术整合语文资源的视角出发,那么新教材就完全可能以全新的面貌出现(例如以经过严格审核的"资源库"为依托,以提供高质量咨询的网络服务为辅助)。那样,语文学科的教材实验一定会异彩纷呈。教材的调整、改造不仅更容易操作,教材质量也更便于受到教学实践的检验。又比如文字、词汇、语音、语法、修辞、文体等静态的知识系统,在基础教育阶段究竟怎样处理才更实用,讨论多年,莫衷一是。如果着眼于未来对语文学习的需要,与信息技术在不同层次、不同维度上进行多种方式的整合,以普适型"资源库"的形式提供给大家选择、实验,那么,这方面问题的解决一定会出现全新的局面。又比如学生在语文学习中的创见,常常是某种情况下的灵光一闪,闪过即逝。这原是语文教学中极可宝贵的资源,但以往限于多种因素,大多湮没;如果凭借信息技术改造师生互动的方式,那么这笔宝贵资源一定会对提高语文教学质量产生难以估量的巨大作用。再比如语文的考试方法和评价方式,如果充分利用信息技术,一定会创造出灵活得多、合理得多、有用得多的办法。

总之,这是与20世纪我们所曾进行过的语文教改既有千丝万缕联系、又跨越到一个崭新阶段的改革。语文教学面对的是未来的挑战,是信息时代的空前机遇,是对构建新课程体系的探索;语文教材面对的是空前广袤的视野,是空前扩展的丰富资源,是教学内容的选择和学生自主学习的创造所获得的空前便利的条件;语文教师面对的是课堂教学环境和教学模式都将在极大程度上被突破,是师生互动将在过去难于想象的同步、异步等多种方式下实现空前的优化。

这一改革,不会割断语文教学自身发展的历史,它只能在原有的基础上起步。但只有充分看到改革的目标、条件、方法都与以往的语文教改迥乎不同,步子才能真正迈出去,迈得高远。

信息技术与语文教学的"整合"不可能是一次性的简单操作。它在宏观构想上不可能一步到位,即使是上好一节体现"整合"精神的实验课也很难一次到位。它在实践中一定要经历不断纳新吐故、反复归整、逐步优化的较长时期。而且,因为它必将触及语文学科中某些沉疴痼疾,所以难度必然很大。但是,作为这场改革中坚力量的广大语文教师,所拥有的创造空间是空前广阔的。因此,只要肯钻研,善学习,既解放思想又脚踏实地,勤于总结,就一定能充分享受到"整合"成功的喜悦。

二、怎样开展信息技术与语文教学整合的实验

信息技术与语文教学的整合是一项涉及方方面面的系统工程,既要全方位着眼,又要一

砖一瓦,从点点滴滴的实验做起。

　　语文课程标准、语文教材、语文课程资源、语文教师继续教育、语文课堂教学、学生的语文学习、语文考试评价,这方方面面都可以实验,而且都不可或缺。试想:如果是没有充分体现"整合"观念的课程标准,能不能指导充分体现"整合"精神的语文教材的编写?如果没有充分体现整合的教材和教师培训,能不能使学科教学充分体现"整合"精神?当然,没有大量充分体现"整合"精神的课堂教学实践,要产生充分体现"整合"观念的课程标准和教材也不大可能。所以,方方面面都必须进行"实验"。

　　每个方面值得实验的项目都很多。比如,消灭错别字、掌握普通话读音,一直是老大难问题。那么,这一问题能不能通过信息技术的应用解决得好些?比如,学生作文中形象思维与抽象思维能力的开发,如果充分运用多媒体技术,会有怎样的进展?比如,作为提高语文能力重要基础的诵读,多年来一直很容易被忽视,那么能不能应用多媒体技术,把学生诵读质量来一个大提高?比如,语文能力的发展,与广泛的语文资源和丰富的现实生活联系得最为密切,那么,能不能凭借网络条件有效增强这方面的联系,从而为发展学生语文能力创造一些新模式?比如,语文能力是一种多维的能力,不同学生语文能力的发展趋向差异很大,这一直是语文教学难以因材施教的难题。那么,能不能借助信息技术使学生的个性差异得到更合理、更充分的发展?这些都是"教"和"学"方面专题性的、很值得实验的项目。

　　如果从大面积上看,与语文教师日常工作关系最密切、最直接的实验项目,大概是信息技术如何与语文课堂教学"整合"的问题。

　　目前,围绕语文课堂教学的整合,大致有两方面的实验。一是让学生凭借网络,或采集资源,或进行预习,或质疑讨论,或完成作业;二是在课堂教学中使用"课件"。这两方面的实验都很有价值,两者必须紧密结合起来。如果结合得好,语文教学的整合就展开了有力的双翼,一定会鹏程万里。两方面的实验都不容易。由于前者对学校硬件设施要求较高,所以使用"课件"的实验,目前要比凭借网络的实验来得更普遍些。因此,下面拟重点谈谈使用课件的问题。

　　"课件"是对教学资源的呈现方式、对学生语文学习的方式、对教师的教学方式进行优化处理的软件。有计算机、投影仪、大屏幕,再有这样的软件,就搭起了以信息技术支撑的教学平台,教师就可以在课堂教学中开展"整合"实验了。

　　软件制作中的"优化处理",实际上就是具体的"整合"。如果使用在"整合"上无所体现或体现得很蹩脚的课件,就不可能上出令人满意的"整合实验课"。因此,我们不妨把课件的设计当作信息技术与语文学科整合实验的一个"细胞",一个起点。接着是第二步——实验用课件上课,改进课堂教学。这里说"一个起点",并非说它是唯一的起点;"一人一机"条件下的网络应用也是重要的起点;怎样利用互联网,有效实施远程条件下的语文教学,同样也是个起点。但不管网络配置的条件怎么不同,只要是利用信息技术来持续开展语文教学,教师就不能没有"课件"。课件是使教学充分体现信息技术优势的重要凭借。

　　作为对课程资源和教学方式进行优化处理的"课件",有不同的类型。从"资源呈现"上看,有的重在学科知识的形象演示,有的重在抽象问题的直观表现,有的重在复杂内容的简明归纳,有的重在情趣意味的感性渲染。从"教学方式"上看,有的重在课堂上的演示,体现如何进行讲授;有的重在为课堂上的师生交互提供凭借,体现对学生活动的引导;也有的重在为学生自学提供便利。当然,也有综合性很强、类似"课案"的大型课件,兼有以上所说的几种特点。

作为进行教学活动的重要凭借,"课件"具有"素材"的性质。大一点的课件,也不过是若干素材的集成。它是按照一定的教学思想,利用信息技术优势,对课程资源和教学方式加以"整合"的半成品。它不代替教师在课堂教学中的创造。即使是非常优秀的教师为自己上课而设计制作的优质课件,也不能代替自己上课时的随机应变。所以"课件"绝不是教师课堂教学的替代物,更不是使课堂教学变得千篇一律的桎梏。它只是为在信息技术条件下如何提高课堂教学质量提供的凭借。下面我们以高中语文第四册《窦娥冤》的一个课件为例做详细说明。

1. 该课件整体结构

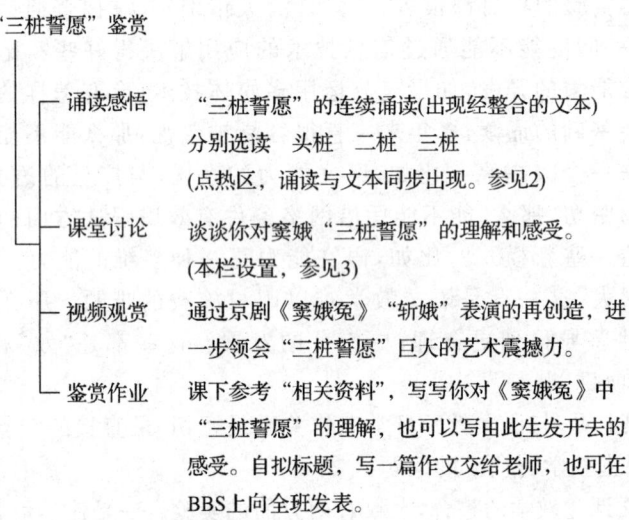

2. 诵读页面

[头桩誓愿]播放/暂停　二桩　返回

窦娥告监斩大人,有一事肯依窦娥,便死而无怨。

要一领净席,等我窦娥站立,又要丈二白练,挂在旗枪上,若是我窦娥委实冤枉,刀过处头落,一腔热血休半点儿沾在地下,都飞在白练上者。

不是我窦娥罚下这等无头愿,委实的冤情不浅;若没半点儿灵圣与世人传,也不见得湛湛青天。我不要半星热血红尘洒,都只在八尺旗枪素练悬。等他四下里皆瞧见,这就是咱苌弘化碧,望帝啼鹃。

你愿意诵读一遍吗?

([二桩誓愿][三桩誓愿]略)

3. 讨论页面说明

(1) 原文内容,想看看提示吗?(提示 1　提示 2　提示 3)

(原文显示与上面"诵读页面"基本相同,略。)

(2) 根据需要,可点击热区,层层进入。

提示 1:现实主义的创作方法

窦娥的悲惨遭遇反映了<u>怎样的时代、社会现实</u>?

鬼蜮横行,暗无天日　　↓

　　　(参见"相关资料"、"社会背景")。

提示2:浪漫主义的艺术手法
窦娥的誓愿反映了作者怎样的思想感情?
激愤难平,无力回天
　　　　　↓
　　　　(参见"相关资料""关于作者")。
提示3:联系关汉卿的精神气质,进一步展开联想
　　　　　↓
链接田汉话剧《关汉卿》中"蝶双飞"一曲的诵读。
　　　　　↓
　　　　播放/暂停/返回

蝶双飞
将碧血,写忠烈,作厉鬼,除逆贼,
这血儿啊,化作黄河扬子浪千叠,长与英雄共魂魄!
强似写,佳人绣户描花叶,学士锦袍趋殿阙,浪子朱窗弄风月。
虽留得绮词丽语满江湖,怎及得做干奇枝斗霜雪?(下略)

4. 视频放映,出现字幕

这个课件在教学中突出六个方面:① 把"三桩誓愿"作为教学重点,围绕这一重点设计了四部分内容;② 对课文做了如下处理:删减了课文中部分文句(杂剧中不便诵读的一些东西,如曲牌、动作说明、某些对白),把窦娥的重要道白和唱词连缀到一起;③ 安排了一些诵读的音频素材;④ 增加了京剧的视频素材,并配以字幕;⑤ 根据学生的一般认知规律设置了一个粗略的教学思路,安排了一些可以临时选用的链接,为课堂上的师生互动准备了一个"平台";⑥ 为鼓励学生进一步的研究性学习做了点设计,准备了一些便于调用的文本素材。

在相同的课堂教学时间里,凭借这样的处理,学生所获取的有效信息和他们对"三桩誓愿"所获得的感悟与认知,估计都会大大优于不使用信息技术的常规课堂教学。提供这些凭借显然不足以形成桎梏。这是因为,所设置的教学思路,仅仅是一种参考。先后的顺序安排,选用哪些素材,入选的素材怎样使用,对学生怎样相机启发引导,这一切都还有待根据课堂教学的实际情况进行创造。这就像一名优秀教师,即使写下一份详尽的教案,课堂上也不会照本宣科,甚至不排斥临时另起炉灶一样。但如果不利用信息技术进行类似上述的处理,即使是同一个教师来进行"三桩誓愿"的教学,效果也一定会打不少折扣。

"三桩誓愿"这个课件未必是什么"范本",不过是体现了一种教学思路。同是"三桩誓愿"的教学,可以创造出思路各不相同的许多课件。上面这个课件有几点是值得肯定的:一是它的确有利于解决教学中的重点和难点,能够反映提高教学质量的某些需求;二是体现了对开展研究性学习的探求;三是既为使用者搭起了利用信息技术优势的一个教学"平台",也为课堂教学实践中的再创造提供了广阔空间。总之,该课件在一定程度上反映了信息技术与语文教学的"整合点",即不是为了使用信息技术而使用。

我们相信,进一步在实践中检验并丰富语文"课件"的设计思路,不断丰富我们对"整合点"的认识,必将有力推动信息技术与语文教学整合的实验。

语文与网络语文教学关系的重新认识与思考[①]

侯 器

网络语文教学是依托网络资源和技术优势开展语文课堂教学活动的教学模式,其不仅带来了教学形式的更新,更带来了语文教学思想、教学观念和教学模式的革命。网络语文教学的开展必须遵循语文学科的特点,符合学生学习语文的一般规律,承担起语文学科的中心任务。

一、引言

近几年,随着网络技术的发展和中小学"校校通"工程的推进,网络语文教学悄然兴起。网络语文教学是依托网络的资源、技术优势开展语文课堂活动的教学模式。与传统语文教学相比,网络语文教学具有资源丰富、能突破时空限制和个别化交互便利等方面的优势,因此,网络教学的开展能大力提高语文学科的教学水平,为学生的发展提供一个方便快捷的学习平台。然而,凡事有一利必有一弊,在教学实践中我们发现网络在给语文教学带来前所未有的新气象的同时,也正在以前所未有的速度"腐蚀"着语文的"肌体","侵蚀"着语文学科的"特性",而面对网络教学这一全新的教学样式,很多教师在认识和操作方面正陷入一个无所适从的行为状态,这些都不能不令人忧虑。新时期,如何在充分发挥现代技术资源优势的同时保持语文学科的教学特性,确保语文学科教学任务的顺利完成不仅成为横亘在一线教师面前的一个迫切需要解决的实践操作问题,而且也是一个亟待澄清的重大的理论问题。

二、语文和语文学科承担的中心任务

早在20世纪60年代,语言学家吕叔湘先生就曾说过这样的话:一个从事语文教学工作的人,必须认清两个问题,一是认清他教的是什么,即认清语言和文字的性质;二是认清人们学会一种语文的过程。吕先生的这些话,至少能给我们这样的启示:要探索语文教学规律,先得明白"语文"本身的一些特点和规律,还得明白人们学习语文的一些特点和规律。换句话说,语文教学规律就"潜藏"在语文本身的规律和人们学习语文的规律之中。探讨语文学科的性质,要在上述这两个"认清"上下点工夫[1]。

首先,语文是怎样的一门学科?对此,尽管目前学术界还有不同的理解,但多数人都认可这样一个观点,那就是语文是培养学生言语能力的工具性学科。语文姓"语",语文教学的根本目的是培养学生以言语能力为核心的语文素养。作为学校教育中的一门基础学科,语文承担着特定的教学任务,即"培养学生理解运用口头语言和书面语言的能力"[2]。"如果说其他学科的教学都是以获得语言文字所载荷的内容知识为主要目的的话,语文学科则是要以学习语言文字如何来载荷思想内容为主要目的,这便是语文学科的个性之所在。"[3]当然,由于语言同时

[①] 本文选自《电化教育研究》2007年第6期,第79—82页。

又是民族文化的一个载体,本身是民族文化的重要组成部分,语文承载着大量的文化信息、民族精神以及人类共有的情感印痕,所以学生学习语言的过程又是学生积累知识技能、丰富情感体验、创造生成新思想的过程,是学生人化、社会化和人格养成的过程。语文性质的综合性决定了语文教育承担着多重教育功能,体现了语文教育目标的多元性和丰富性。

其次,要弄清语文学习的一般特点和规律。张志公先生说,"让学生在文章里走个来回",朱作仁先生的电化教育研究将传统语文教学经验总结概括为熟读、精思、博览、多作四点[4]。从我国传统语文教学经验和新中国成立后语文教改正反两方面的经验教训看,依据文本,让学生经历一个从语言文字到思想内容、思想感情的"双向"心理过程[5],进而引导学生广泛地阅读、写作、积累是语文学习行之有效的方法和途径(对言语能力尚待发展的中小学生尤为重要),因为只有这样学生才能真正走进作者,走进文本,更好地感知言语、体验情感、受到教育,体会文章用语的传神、布局的巧妙、情感的真切感人等,进而为他们奠定坚实的语言文化功底,为未来的发展打下丰厚的精神底蕴。

这里有两点必须强调:一是语文教科书的地位必须突出。新课程强调开发教学资源,尽管教科书并非唯一的课程资源,但教科书无疑是其中最为重要的教学资源。叶圣陶先生说"语文教本只是些例子"[6],但课文这个例子是经过精选加工的,它具备核心的价值观念和最基本的语言文字学习目标,因此作用不可小觑,地位无可替代。扔掉教材,舍弃文本,单纯追求课外资源及数量,必然会丢掉学生学习语言最为重要的教学资源,给语文教学带来难以挽回的损失。二是语文教学必须妥善处理好精读与略读的关系。语文新课程大力提倡信息技术与语文学科的整合,目的是逐步实现教学内容的呈现方式、学生的学习方式、教师的教学方式和师生互动方式的变革,以提高学生搜集处理信息的能力和信息时代学习的能力。这是信息时代语文教学的必然选择。因此,借助网络通过构建现代教学样式培养学生略读、浏览的能力和网上学习的能力固然十分重要,但应该明确精读能力是学生进行略读、浏览学习的前提条件,没有学生精读能力的提高,发展学生的略读浏览能力只能是一句空话。关于这一点,叶圣陶先生说得非常明确,他认为,语文教学的目的在于"阅读种种的书",但首先要养成学生阅读的好习惯,培养起学生精读的能力,也就是要使学生"能够按照读物的性质作适当的处理而已。需要翻查的,能够翻查;需要参考的,能够参考;应该条分缕析的,能够条分缕析;应该综观大意的,能够综观大意;意在言外的,能够辨得出它的言外之意;义有疏漏的,能够指出它的疏漏之处"[7]。学生年龄越小,学生精读能力的培养越为重要,这一点马虎不得。

三、网络技术和网络资源在语文教学中应用的优势简析

贫乏是语文教学的致命伤(张志公语)。无疑,随着我国基础教育课程改革力度的不断加大,课程资源的重要性日渐显现出来。现代课程论的普及让一线教师意识到课程资源开发的必要性和迫切性,意识到课程的适切程度制约着课程目标的实现水平,于是许多教师在广开资源"门路"的同时将目光投向了浩瀚的网络"海洋"。网络不仅给人们提供了百科全书式的信息资源,而且综合运用了语言、声音、图像、动画、视频等多种呈现方式,给人们提供了一个图文并茂、有声有色的数字化虚拟环境。超文本链接的方式、交互便捷的参与特性、强大的检索功能为语文资源的开发整合、语文教学领域的拓展和新教学模式的探索提供了一个更大的教学舞台,因此网络一经与语文结合,语文教学就呈现出全新的教学面貌,成为语

文课改的一大亮点。

网络教学带来的不仅是教学形式上的刷新,更带来了教学思想、师生关系、教学方式、教学手段的革命。通过采集、整合网上丰富的教育资源,通过给学生构建自主开放的语文学习环境,网络教学促使学生自主学习、个性化学习的形成和发育。数字化平台下学生协作学习、合作学习活动的开展调动了他们学习语文的积极性和主动性,培养了他们的合作态度和合作能力。基于网络师生参与的教学评价系统改变了传统的教学评价内容和评价方式,给以学生发展为中心的教学提供了强有力的支撑。总之,网络语文教学的开展促进了教学内容呈现方式、学生学习方式、教师教学方式及师生互动方式的变革,带动了教学系统的几个要素:学生、教师、教学内容的调整,给教学结构、师生关系等带来了一系列深层次变革,促进了以教师、教材、课堂为中心的传统教学结构向以学生为中心、以资源为核心、以合作探究为主要形式的新型教学结构的转变。同时,新型学习平台的构建真正归还了学生的学习权利。网络学习平台的构建"给学生提供了充足的学习资源和真正民主平等的互动交流环境,提供了服务于每个学生不同需求的高效的支持学习环境,满足了学生进行自主探究所需要的各种技术支持和心理支持,使他们真正具有学习内容的选择权、属于自我的阅读权、不受限制的表达自我观点和感受的发言权、自由选择学习伙伴并采用适合于自己的知识背景和学习风格的学习方式的权利,以及对自我学习和学习伙伴的评价权"[8]。有作者还从战略高度认为"多媒体技术是教育现代化的必然选择",应"重新审视多媒体教学的价值",要"将其提升到现代化教育理念的高度"[9]。这些都在一定程度上反映出教师对包括网络在内的现代教学技术的热切关注,也从一个侧面反映出现代教育技术对语文教育发展的巨大促进作用。

四、网络语文教学存在的问题及对策

如前所言,语文课终究是具有浓郁人文色彩的语言训练课(从学生的角度说就是语言学习课),诵读、感悟、积累和广泛的课内外读写应是语文学习最通常、最有效的方式。尽管学生搜集处理信息的能力也需要很好地培养,但语文教学还是应该以言语理解和能力培养为主。从网络语文教学的现状看,目前的网络教学突出存在以下几方面问题:

(1) 教学缺少"目标意识"和"语文意识":有些教师应用信息技术不考虑教学目标、教学内容和学生的学习需求,教学设计不考虑学生学习语文这一根本任务,不考虑语文学习的规律,教学为用信息技术而用信息技术,教学纯技术化的倾向突出。

(2) 忽视教科书文本的作用,盲目大量地引进课外尤其是网络资源,造成文本价值的丧失及教学信息的冗余泛滥,破坏了学生对课文的直接阅读,挤占了学生阅读课文的时间,增加了学生的学习负担。

(3) 过分强调学生"自主生成"和"自主建构",过分强调放手让学生网上"学习",教师缺少对学习过程的引导、组织和管理,教师的主导作用丧失。

(4) 缺乏对各种教学方式进行整合,一味强调教学方式的"现代化"。教学中用个别阅读代替教师讲授、网上浏览代替对课文的诵读、键盘敲击代替师生面对面的交流和沟通。这在教学方式"现代化"和"数字化"的背后很可能会造成学生情感的缺失与学习流程的复杂化。

针对网络语文教学中存在的问题,笔者有以下几点认识:

1. 应突出语言尤其是文本语言的学习

同CAI课件相似,网络教学能提供丰富多彩的画面、优美动听的音乐以及寓教于乐的

多媒体动画,可以给学生提供多感官的信息刺激,增加语文教学的生动趣味性,无疑,这些对丰富学生的学习表象,调动学生的语文学习兴趣,增强学生对知识的理解记忆以及培育学生学习活动中愉悦的情感体验都具有直接或间接的作用。尽管网络借助文字、图像、声音、动画、视频等多媒体信息能全面具体、直观形象地呈现各种阅读内容,但毋庸否认,撒开语言文字、通过图片录像等进入文本的学习与直接通过语言文字进入文本的学习是两种不同的语文学习策略,其对语文教学效果的影响肯定不同。语文教学研究表明,语言文字"是我们理解文章内容与作者思想感情的桥梁和渡口,而且理解内容和体会思想感情,始终离不开语言文字"[10]。借助图片等对理解文本固然能起到一定的辅助作用,在学生语言学习的初期甚至也起到很大的作用,但撒开文本(尤其是教材)的语文教学策略从总体上来说是不科学、不明智的,且长期依赖图片音像资料辅助语文教学会妨碍学生言语能力的充分发展。换言之,教师采用形象直观的手段辅助教学在中小学课堂固然必要,但那只不过是为了让学生更好地学习语言而调用的"手段"罢了,学习文本终究必须以语言文字学习作为突破口,必须通过"潜心会本文"(叶圣陶语)来完成,这一点不能本末倒置。过分地依赖图片等非文本材料,语文课就会变成"图画课"和"音乐课"或其他什么课,而唯独不是语文课。

2. 强化教学的"任务意识"和"目标意识"

比如,上"黄山奇松"课,仅让学生浏览图片、观看录像是远远不够的,教师必须思考应该怎样把教学锁定在让学生体会黄山奇松的美特别是感受语言文字的美这一主要目标上,要采取切实有效的措施实现这一教学目标(参考《黄山奇松》教学目标):① 学会本课生字,理解由生字组成的词语,会用"屹立""郁郁苍苍"造句。② 能正确、流利、有感情地朗读课文,能背诵课文第2自然段。③ 理解课文内容,感受黄山松的奇美,培养审美情趣,激发学生热爱祖国大好河山的思想感情。教学设计要围绕教学目标精心选取教学素材,选取恰当的教学方式和教学方法组织安排教学流程。教学中教师必须时时提醒学生语文学习的这一根本任务,紧扣语文学习这一着眼点和落脚点来实施教学,并时刻注意提醒学生关注"语言"、"语文"学习。只有这样才能将网络语文课上成有滋有味的语言训练课,上成学生喜爱的语言学习课。

3. 充分理解整合的含义,语文网络教学设计应在各种资源、教学方式的整合上下工夫

作为信息技术与学科教学整合的形式之一,网络教学设计应大力加强信息技术与学科教学在目标、内容和手段方面的整合。从目标上说,语文网络教学不仅要通过教学实现语文教育目标,还要把学生信息素养的培养作为重要的教学目标之一,要把培养学生默读、略读、浏览的能力与发展学生利用信息技术获取、加工、交流信息的能力结合起来,以促进学生素养的全面提升。在手段整合方面,应该明确信息技术的应用并不排斥传统的板书、课本阅读、教师讲解和实验操作,且各种手段的使用可以相辅相成、相得益彰,要着力通过手段的整合实现教学效益的优化。资源的整合电化教育研究应特别处理好教科书资源与课外资源尤其是网络资源。网络条件下的语文设计包括资源的辩证关系,一方面强调文本资源的教学主功能,包括教学策略设计、教学方法设计、教学组织形式设计和作用;另一方面大力倡导充分利用网上资源优势,加大知识材料设计、学生活动设计和学生学习环境设计对网上资源开发特别是整合的力度,加快构建开放等,不仅要求教师能熟练地使用计算机、熟悉网络,还要有自主的语文学习环境,以利于学生自主意义的建构。

4. 网络教学设计的重点应放在学生开放、自主、数字化学习平台的构建上

教育部颁布的《国家基础教育课程改革纲要》指出:"大力推进信息技术在教学过程中的

普遍应用,促进信息技术与学科课程的整合,逐步实现教学内容的呈现方式、学生的学习方式、教师的教学方式和师生互动方式的变革,充分发挥信息技术的优势,为学生的学习和发展提供丰富多彩的教育环境和有力的学习工具。"网络资源丰富,交互性强,因此网络教学可以为学生个性化学习提供一个崭新的平台。这是网络教学独特的教学魅力所在,也是网络课堂吸引学生主动学习的根本保证。因此,网络语文教学应以给学生构建开放、自主、数字化学习平台为中心,以此带动教学内容呈现方式、教师教学方式和学生学习方式的变革,促进以教师、教材、课堂为中心的传统教学结构向以学生为中心、以资源为核心、以合作探究为主要形式的新型教学结构的转变。

5. 网络语文教学需要更全面的教师素养作支撑

比较传统的语文教学,网络教学的开展带动了教师现代教学技能的提高,同时对教师教学素养的提高也提出了新的更高的要求。网络条件下的语文设计包括教学策略设计、教学方法设计、教学组织形式设计、知识材料设计、学生活动设计和学生学习环境设计等,不仅要求教师能熟练地使用计算机、熟悉网络,还要求教师能充分调动丰富的网络资源,具备较强的处理信息和整合资源的能力。具体来说,教师要能利用搜索引擎采集信息并用各种软件对信息进行分类归档整理;学会安排教学内容,教学内容既包括文本的形式、超文本的链接,还包括图片、录像、音乐、动画等多媒体呈现方式,以利于寓教于乐;精心安排师生互动方式,通过搭建留言板、BBS、E-mail等交流平台,推动师生互动,推动学生积极参与课堂教学;精心安排教学补充材料……总之,教师必须加快自身现代教学素养尤其是信息素养的提高,和学生们一起成长与进步,在学习中完成新时期一个现代教师素养的重新构建。

五、结束语

网络语文教学是语文在网络条件下教学模式的崭新尝试,只有遵循语文的教学特性、符合学生语文学习的一般规律、处理好教学中主导和主体的辩证关系,网络语文教学才能真正走上一个健康的发展道路。也只有这样,网络这种现代教学形式才能为新一轮课程改革、为语文教学和各科教学提供更优的现代技术支持。

注释:

[1] 顾黄初. 语文学科性质之我见[J]. 语文学习,1997(1).

[2] 袁微子. 小学语文教材教法[M]. 北京:人民教育出版社,1989:86-87.

[3]《小学语文新视角》编写组. 小学语文新视角[M]. 南京:江苏教育出版社,2000:69.

[4]《小学语文新视角》编写组. 小学语文新视角[M]. 南京:江苏教育出版社,2000:46.

[5] 杨九俊,姚烺强. 小学语文教学概论[M]. 南京:南京大学出版社,2001:107-108.

[6] 陈晓红. 阅读教学过程中学生的主体观——叶圣陶阅读教学思想浅谈[J]. 课程·教材·教法,2005(8):40-43.

[7] 陈晓红. 阅读教学过程中学生的主体观——叶圣陶阅读教学思想浅谈[J]. 课程·教材·教法,2005(8):40-43.

[8] 张广录. 数字化平台下的支持学习环境设计[J]. 中国电化教育,2006(2):63-65.

[9] 马振平,鲁雷. 多媒体技术与课堂教学现代化[J]. 中国电化教育,2005(7).

[10] 袁微子. 小学语文教材教法[M]. 北京:人民教育出版社,1989:17、86-87.

浅谈多媒体技术在中学语文教学中的作用[①]

刘东波　张东平

在网络技术快速发展的今天,如何在重视学科基础知识教学的基础上,切实利用具有强烈震撼力的信息技术实现教学手段的更新和教学效果的优化,强化对学生创造性能力的培养,这是一个任重而道远的目标。随着信息技术日新月异的发展,多媒体技术已步入课堂,它弥补了传统教学在创设情境、情感渗透、思维创新等方面的不足,以一种鲜明的特点、丰富的教学内容、生动形象的教学情境为特征的新型课堂教学模式,在新课程改革中显示出得天独厚的优势。

一、利用多媒体技术创设教学情境

新课改要求注重培养学生自主解决问题的能力,中学生的思维正处于形象思维向抽象思维过渡的阶段,抽象思维的发展很大程度上借助于形象思维。这就决定了他们必然对直观形象、色彩鲜明的事物感兴趣。多媒体的特点是图文并茂,能向学生提供形式多样、功能各异的感性材料,形象生动的动感画面、悦耳动听的音乐背景能把学生带进宽松愉悦的学习环境,从而为课堂教学营造一种浓厚的学习氛围,使学生以最佳的状态投入学习。

在课堂教学中可以充分利用计算机、多媒体、校园网和互联网资源把教师预先处理的视频、图像、文本资料等作为教师或学生的素材整合到课程内容之中。如《故宫博物院》一课引入课文时,利用多媒体技术介绍故宫建筑的精美和布局的完整统一,展现在那连绵错落的宫殿中珍藏的无数稀世珍宝更是和其建筑艺术一样闻名于世。学生们学习的兴趣立刻被激发起来,不少学生翘首凝望,不约而同地发出惊叹,对中华民族传统瑰宝的赞美之情油然而生。这样,多媒体把无声的教材内容变得有声有色,化静为动,带着学生进入课文的情境之中,学生的大脑皮层始终处于最积极、最兴奋的状态,很自然地步入积极思维的状态之中,自主解决问题的能力也就提高了。

二、利用多媒体技术理顺课文结构

中学语文基础知识的学习与信息技术的整合效果可以让课堂的内涵和外延极大地延伸。要使学生真正掌握课文文章的结构,理清思路是关键。

例如在讲解《中国石拱桥》一课时,可以先播放一段有关石拱桥的录像让学生欣赏,录像的前半部分要充分体现中国石拱桥的雄伟、古朴、巧妙绝伦,后半部分选择赵州桥、卢沟桥等几座有突出特点的桥介绍说明,在此基础上让学生了解我国桥梁建设取得的光辉成就,激发学生对祖国文化的自豪感和对勤劳智慧的劳动人民的热爱之情。在播放录像的同时配乐朗读课文,让学生在欣赏录像、聆听课文的同时思考几个问题:中国石拱桥的总体特征是什么?

[①] 本文选自《中国教育信息化》2007年第14期,第37—38页。

古代建筑师是怎样实现这个特征的?课文自然段之间是什么样的关系?欣赏完录像之后,检查提问,然后老师总结、分析、讲解课文,重点分析课文的篇章结构,使学生在录像画面的辅助下,很快理清课文的"脉络"。

三、利用多媒体技术解惑释疑

在新课标中学语文教材中,存在一些内容枯燥抽象的课文,如果只是教师口头讲解,只能使学生一知半解、被动接受。适时利用多媒体将课文中抽象的内容、教学的重难点化难为易,以最大限度地调动学生的感官去感知知识,便能增强语文教学的直观性、形象性和生动性,为释疑解难创设巧妙的突破口。改变以教师分析为主,学生被动接受的静止平面的教学方式,使平常的教学跳出时空的界限,学生迅速进入动态的教学环境,从而学得生动活泼、兴趣盎然。同时,课文的难点也在不知不觉中巧妙地化解了,新课改注重的能力培养便收到了实效。

例如在老舍先生的《济南的冬天》一文中,"济南的冬天是响晴的"、"响亮的天气,反有点叫人害怕"。句子中的"响晴"、"响亮"这两个词语比较抽象,难以用语言描述清楚。这时可利用多媒体技术动态地展示给学生,把晴朗无云、碧空万里的冬天的晴空惟妙惟肖地表现出来,给学生直观的形象,教师再稍作点拨,学生便茅塞顿开。这样,原来枯燥的词语立刻鲜活起来,本来不易于用言语解释说明的也变得一目了然,同时,学生也通过形象的、流动变化的画面充分地领略到了冬天里暖阳的美丽,并陶醉其间、回味无穷。

四、利用多媒体技术激发朗读情感

朗读是书面语言的有声化,具有移情、激趣、引起共鸣的作用。在新课改中,朗读能力的培养摆在了突出位置,运用传统的教学手段指导朗读,在情感的调动、情境的营造、意境的再现上都难以迅速使学生入情入境,但同时课文不是对语文知识的简单解说,而是综合运用字、词、句、段、篇、语、修、逻、文等知识的产物。课文的这一特殊性,容易导致教学的随意性和盲目性,要解决这一问题,必须切实依据课文前的"阅读重点"和"预习提示",以此统一教和学的目标,确保教学不偏离主航道。而多媒体技术可使课文的语言材料变成可感的声音,让课文中的语言表象和情感迅速渗透到学生心里去,从而使学生耳醉其音、心醉其情。借助信息技术尤其是教育软件、多媒体、因特网等手段,使教学打破时间、空间的限制,把所有有价值的汉语言文学知识丰富而形象地提供给学生,使语文教学内容生活化、时空立体化,每一个学生都参与到新知识的学习中来,起到事半功倍的效果。

此外,教师指导朗读时,还可利用多媒体技术的特效功能,对一些关键词语、优美段落进行闪烁、变色、放大等技巧处理,让学生反复品读、深入揣摩,从而提高朗读能力。

五、利用多媒体技术创新学生思维

当今社会是信息化的社会,要求学生学会大量地获取信息的能力,学会快速地处理信息的能力。但毋庸置疑,课堂教学所用的教材毕竟不同于网络信息,其内容精炼简约、系统规范,涵盖的信息量不可能太多。而互联网却可以给我们提供无限丰富的信息资源,能极大地充实学科教材的内容。因此,我们可以充分利用信息技术的优势,扩充教材内容,优化学科教学资源,加大学生信息量的获取,开阔学生视野。当然,这里的"扩充"和"加大"并不是数量上的简单累积,而应该是向着有利于培养学生创新意识、发散性思维和创造性思维的目标所做的一系列教学改革和创新。

在中学语文教学活动中,开发学生的创造潜能,培养学生的思维创新能力,已成为首要任务之一。因此,中学语文课堂教学要尽可能为学生提供展开丰富想象的机会,以开发学生的创新潜能。

多媒体进入课堂,使教学环境、教学思路以及教学方式均焕然一新。教学中,可以把课堂时空还给学生,给学生提供创新思维的感性材料和空间,唤起学生的兴趣,激发学生的创新意识,以促进学生的思维积极地开展,产生创新的火花。

总之,把多媒体技术有效地整合于中学语文教学中,具有常规教学手段所无法比拟的优越性,不仅能培养和提高学生的创新意识,更能提高教师的综合教学水平。信息技术的应用为语文教学提供了一个广阔的天地,为我们探索语文课堂教学提供了用武之地,在语文课堂教学中扮演着极其重要的角色。

本章附录

[1] 张德明.风格教学和语文教学[J].语言文字应用,1995(1).
[2] 赵雅文.浅论语文教学的风格追求[J].中国民族教育,2003(2).
[3] 邝志伟.语文教师的教学机智[J].江西教育科研,1994(4).
[4] 张进华.教学机智的方法在语文课堂教学中的运用[J].湖南教育学院学报,1994(4).
[5] 杜培秀,张金焕.教育机智——语文教师必备的教学能力[J].临沂师专学报,1998(2).
[6] 钱加清.语文教学机智的形成基础与运用原则[J].齐齐哈尔大学学报(哲学社会科学版),2000(6).
[7] 周英.语文课堂教学技巧浅议(作为附录)[J].中共郑州市委党校学报,2003(3).
[8] 张永新.语文课堂中的几点教学技巧[J].中国教育研究论丛,2005.
[9] 王永红.语文教学的语言技巧(作为附录)[J].文学教育(上),2007(2).
[10] 陈文明.浅论语文课堂教学机智的把握[J].漳州职业技术学院学报,2007(3).
[11] 黄芳.语文智慧教学刍议(作为附录)[J].文学教育(下),2008(12).
[12] 李安全.语文教学的智慧境界(作为附录)[J].名作欣赏,2009(22).
[13] 杨钊,张锋.运用现代教育技术,深化中学语文教学改革[J].渝州教育学院学报,2001(1).
[14] 易延坚.多媒体技术在中学语文教学中的应用[J].民族论坛,2004(4).
[15] 岳拥军.浅谈语文教学中适宜使用多媒体的教学内容和运用技巧[J].中国校外教育(理论),2008(S1).
[16] 唐帆.多媒体和网络技术在中学语文教学中的应用实践与探索[J].读与写(教育教学刊),2009(7).
[17] 卢辰东.现代教育技术优化中学语文课堂教学探析[J].今日南国(理论创新版),2009(10).
[18] 董怀儒.切勿走进中学语文多媒体教学的"死胡同"[J].安徽文学(下半月),2009(12).

第七章 语文教学学理研究

- 语文教学改革的哲学思考（童庆炳）
- 语文教育立足点的哲学审视——兼与余应源『语文教学的立足点在言语形式』商榷（朱丹）
- 图式理论与语文阅读教学（马笑霞）
- 语文学习结果的分类及其教学含义（姚夏倩 皮连生）
- 内隐学习研究对我国语文教学的启示（杨金鑫）
- 建立实际应用语言的知识系统——张志公先生对语文教学科学化的一个重要设想（顾德希）
- 程序化：知识定向与认知引导——语文课堂教学科学化试探（陈军）
- 需要『合作对话』，也需要『诵读感悟』（曹明海 史岩）
- 语文教育与文化精神的建构（曹明海 史岩）
- 关于阅读教学的文化学思考（潘冠海）
- 触摸语文教学中的文化温度（曹忠华）
- 形象思维与语文教学（温寒江 董素艳）
- 叶圣陶的语文思维教育观（卫灿金）
- 批判性阅读教学与批判性思维能力培养（潘家明）
- 本章附录

语文教学改革的哲学思考

童庆炳

目前进行的语文教学改革,随着新课标的陆续颁发,已经取得了进展。但是我认为语文教学改革的有力推进,还有赖于对于语文教学改革宏观的思考和微观的研究。没有宏观的思考,就事论事,我们还可能迷失方向;没有微观的研究,一味空谈,许多改革的措施也无法落实。宏观的思考与微观的考察是相辅相成的。本文是对于语文教学改革的哲学思考,属于宏观的讨论。

一、语文教学存在问题描述

在 20 世纪 80 年代初、中期,我常带大学本科四年级学生到中学实习,我听实习学校老师的课,听我学生的课,感觉到中学生学习语文的积极性不高,教师的教学水平很低,学生的学习水平也很低。学生们对语文课不感兴趣。何以造成如此局面?我想原因是多方面的。第一是教材问题。在教材中真正的"文质兼美"的佳作太少,尤其是新鲜独特的文学作品更少。编者过分考虑在名家中排资论辈,所选名篇几十年没有多大变化;同时时文太多,通讯报告啊、社论啊,占了太多的篇幅;再加上讲什么语法、写作知识,把学生学习的积极性活活地压制下去了。这样的教材学生读起来没有趣味,老师教起来也不起劲儿。第二是教法的模式化和学法的操练化。教师明明面对的是一篇不错的文学作品,却按照当时"教辅"资料的模式,讲字、词、句,讲段落大意,讲中心思想,讲写作特点,讲语法,一篇整体的作品被割得零零碎碎,更遑论如何把沁人心脾、豁人耳目的文学世界(对大量的文学作品而言)呈现在学生的面前了。这样,在课上,老师有气无力地讲,学生无精打采地抄;在课下,学生又要面对大量繁琐枯燥无益的练习,学习自然变成了一种操练。第三是语文学习的效率低下。教师出尽了力,学生也下了工夫,可学习语文变成了沉重的负担。学生学习的主动性、积极性严重受挫,其结果使学生的语文素质普遍较差,有的学生更是胸无点墨。第四,归根结底,是语文教学的指导思想出了偏差。在教材编写者和教师那里,语文成为纯粹的工具,五六十年代是"政治工具"论,80 年代开始是"语言工具"论。难道语文是一种工具吗?关于"政治工具",现在多数人以为不对了,就暂且放下不论。单拿"语言工具"论来说,现在坚持这一观念的还大有人在。在语文教学实践中占主流的做法也还是"语言工具"论的一套。有一点我一直很困惑,既然人们认为语文就是学习语言的工具,那么为什么又要在教材中选那么多的文学作品呢?经过我的观察,原来这些人不过是看重文学作品的语言。但是文学作品的语言是单纯的语言吗?那语言是一种没有思想感情、没有艺术韵味的空壳吗?我们是否可以把作品的语言拿过来而把作品的思想感情、艺术韵味舍掉呢?如果把作品的思想感情和艺术韵味排舍掉之后,学生还能不能进入五彩斑斓的艺术世界呢?如果我们不能把学生领入文

---

① 本文选自《语文建设》2003 年第 8 期,第 4—7 页。

学作品的艺术世界,学生还会对语文感兴趣吗?在学生对语文没有兴趣的情况下,我们又如何去调动学生学习语文的积极性和主动性呢?回答这些问题是另一篇文章的任务,我想就暂且打住吧。

1997年社会各界开始了语文教学改革的大讨论。讨论的结果之一就是教育部总结历史教训,借鉴国外经验,颁布了蕴含新理念的课标,培养学生"语文素养"的新理念提出来了。在新课标的指导下,多种新教材也先后推出,人们看到了黎明时分五彩斑斓的霞光,听到了令人振奋的号角。语文教学改革大有希望。但是语文教学就没有问题了吗?不,问题仍然很多。这就需要新的思考。

二、语文教学改革需要什么哲学根基

任何学科和专业都需要有自己的哲学根基;没有哲学根基的学科和专业肯定是不存在的。不论自觉不自觉,目前语文教学和教材中所反映的上述情况,肯定隐含了某种哲学方法论。今天我们正在进行的语文教学改革也需要哲学方法论的指引。那么,以前的语文教学的哲学方法论是什么?今天我们进行语文教学改革又需要什么哲学根基呢?

根据我个人有限的理解,从哲学的文化类型上说,现今世界上有两种哲学:一种是认识论哲学,另一种主要是存在论哲学。什么是认识论,什么是存在论,这纯粹是哲学问题。我这里不准备也没有可能把两种哲学讲清楚。我只是用举例的方式,简要地让读者了解这两种哲学的不同,以及它们跟语文教学改革的关联。存在论产生于古代。在西方,从古希腊的哲人赫拉克利特那里,存在论就开始萌芽,在他那里是作为哲学本体论提出来的。但后来衰落了,被新兴起的哲学认识论所取代。认识论哲学源于古希腊柏拉图和亚里士多德的传统,它的理论基础就是主体与客体的分离与对立。人是认识世界的主体,周围的世界则是认识的客体,其基本的理论假设是事物有现象与本质、个别与普遍、具体与抽象、感性认识与理性认识之区分,并认为通过现象可以认识本质、通过个别可以认识普遍、通过具体可以获得抽象、通过感性认识可以升华为理性认识;二元对立成为认识论的基本特征。认识论哲学的本质是知识论,人可以通过对周围世界的认识,通过对事实的分析与综合,通过逻辑判断、推理、证明和证伪等,获得一切知识,解决一切问题。认识论折射到文学问题上,就是模仿论(复制论、再现论、反映论)流行,通过模仿对象世界获得对对象世界的认识,典型形象就是通过个别认识一般的典范。所以西方文学理论的经典是模仿论和其后发展出来的典型论,它统治了西方文学发展达一千多年。认识论哲学发展的主要成果是西方现代科学技术获得突飞猛进的发展,从而给人类既带来无尽财富又带来无穷弊病。直到以科学技术主义为主要特征的工业的弊端终于给人类自身带来灾难时(如拜物主义、拜金主义以及环境污染、现代战争等),人们才开始怀疑认识论哲学是不是就是唯一的哲学。于是,所谓的存在论哲学应运而生。陀思妥耶夫斯基、尼采、里尔克、卡夫卡、雅斯培、海德格尔、萨特等作家、学者开辟了哲学存在论的新方向。与认识论不同,存在论主张以人为本,世界唯一的存在是人,而不是物。海德格尔说:"存在的东西叫做人。只有人才存在。岩石只是'有'而不是存在,树木只是'有'而不是存在,马只是'有'而不是存在,上帝只是'有'而不是存在……"[1]尽管各派的存在论有很大不同,但存在论以人为中心,关切人自身,则是共同之点。存在论抵制现象与本质、个别与一般、具体与抽象等二元对立的思路,认为东方尤其是中国古代文化的"天人合一""主客消融""物我两忘""物我同一""物我互赠""情景交融"等更符合人生存的要求。

在掌握世界的路径上，与认识论只相信事实、逻辑、判断、推理、证明、分析、综合等不同，存在论更相信人的感受、体会、自觉、体验、感兴、想象、领悟、意会等。在文学问题上，存在论摒弃模仿论，而主张显隐论。模仿论关心的是模仿得真不真，显隐论关心的是形象背后隐在的蕴含。在言语表达上，与认识论的言必尽意的看法不同，存在论相信人的世界博大而深厚，往往是言不尽意。

中国古代文化所隐含的哲学也可以说是存在论的故乡。值得庆幸的是这一传统始终没有中断。古代道家的"道"，就是一个存在论的根本。庄子的"与天地万物相往来"可以视为存在论的箴言。《庄子·秋水》篇中，庄子作为主体与鱼融为一体，知道鯈鱼出游之乐，主客体在这里达到了合而为一，这可视为海德格尔神往的"诗意地栖居"，可以视为存在论所追求的境界。"白云抱幽石，绿筱媚清涟"（谢灵运），"相看两不厌，只有敬亭山"（李白），"感时花溅泪，恨别鸟惊心"（杜甫），"春蚕到死丝方尽，蜡炬成灰泪始干"（李商隐），"野桃含笑竹篱短，溪柳自摇沙水清"（苏轼），"日暮北风吹雨去，数峰清瘦出云来"（张耒）……这些诗句可视为存在论的诗意范本。毫无疑问，认识论倾向于科学与技术，存在论则更倾向于人文的审美与诗歌。

特别值得注意的是，认识论和存在论对人的世界的提问与回答也是不同的。譬如，人的饥饿问题，认识论的提问是：人为什么会饥饿？其回答则是从人的生物机体需要的角度，即从生物学的观点来加以解释，在这解释中会有科学的实验、事实的说明，还有判断、推论、分析、综合、证明等。存在论的提问可能是：人在饥饿时的感觉是怎样的？其回答就无法通过判断、推论、分析、综合、证明等作出，必须是人亲自去体会饥饿，才能知道饥饿的感觉是什么样的，而这感觉对一个从未饥饿的人来说，连描述都是很困难的。更进一步说，对于同一事物，认识论和存在论的观点是不同的。认识论关注事物的"在场"方面，存在论则关注事物的"不在场"方面。假如遇到大江上刮风下雨，一个航运工人和科学家与诗人所言说的东西就大不相同。工人会说：风雨太大了，航行受阻，要耽误时间。科学家说：刮风下雨是气流运动导致的结果。而诗人杜甫则说："风起春灯乱，江鸣夜雨悬。"工人和科学家都关心"在场"的事物，可杜甫在《船下夔州郭宿雨湿不得上岸别王十二判官》这首诗中则关心着因为刮风下雨，不能上岸与他的朋友王十二判官相见，以至于他觉得在风雨里船上的灯不是在"摇晃"，而是"乱"。灯的摇晃怎么能说"乱"呢？原来是诗人心里乱，才觉得"灯乱"，"乱"是杜甫心里似有又无的说不清道不明的感觉，是"不在场"的。同样的道理，雨不过在"下"、在"降"、在"落"，怎么能说雨是"悬"着的呢？原来雨"悬"也是杜甫内在的感觉和体验，是隐含在背后的"不在场"。不难理解，工人的观点、科学家的观点都是知识性的、认识论的，而杜甫的描写则是诗意的、存在论的。作为读者，我们要读懂杜甫诗的意味，如果我们采用认识论的方法去读，无论你如何判断、推理、证明，根本读不懂他的"灯乱"与"雨悬"。

三、需要认识论，但更需要存在论

语文教学的观念，无论是"政治工具"论，还是"语言工具"论，在哲学上都属于认识论或机械认识论。

"政治工具"论不用多说，无非是把课文作为简单的"政治"载体，课文不过是传达某种"政治"信息的工具。这里所谓的"政治信息"，对语文教师和学生来说，就是客体。教师和学生则作为被动的主体，主体要认识这个作为"政治信息"的客体，而不管你是否理解或是否同意。所以在语文课中归纳段落大意和主题思想，就成为掌握"政治信息"的基本手段，其方法就是粗糙的或庸俗的认识论。

"语言工具"论方法上也是认识论的。认识论的主客二分势必把课文当成认识对象，而不是感受、体验和领悟的对象。当我们面对一篇优秀的文学作品时，当然有一个认识的过程，我们要了解它写了什么情和景，写了什么人物和故事，等等，也就是我们必须先读懂它，获得课文所传达的信息。在教学的这一个浅层面，我们所运用的是认识论。但是我们必须知道，获得课文的信息，读懂了，并不是语文教学的终结；我们必须强调说，这仅仅是语文教学的起点。为什么这样说？因为一篇优秀的文学作品，不论是诗歌还是散文，也不论是小说还是戏剧，对于读者而言不仅仅是它所传达的信息，更重要的是它所蕴含的情感、意义和韵味等。如果我们仅仅关注信息，那么你就辜负了对作品的阅读，对你来说，"真理空空如也"（海德格尔）。优秀文学作品的结构是多层的。假定说"意义1"是信息的话，那么"意义2"、"意义3"……就是信息背后的思想、情感和韵味。"意义1"是"在场"的，而"意义2"、"意义3"……则是"不在场"的。存在主义大师海德格尔分析过著名画家凡·高的作品《农鞋》。也许大家都熟悉凡·高画的"农鞋"：在一个田埂上面，摆着一双农鞋，那农鞋是厚重的，鞋面上到处都有泥土，似乎刚刚穿过。整个画面就是一双普通的农鞋。海德格尔分析说："从这双穿旧的农鞋里边黑黝黝的沿口，可以窥见劳动步履的艰辛。在这双农鞋粗陋不堪的、窒息生命的沉重里，凝结着那遗落在阴风猖獗、广漠无垠、单调永恒的旷野田垄上步履的坚韧与滞缓。鞋面上沾满了湿润而又肥沃的泥土。夜幕低垂，荒野小径的孤独寂寞，在这鞋底下悄然流逝。这双鞋啊！激荡着大地沉默的呼唤，炫耀着成熟谷物无言的馈赠，以及冬天田野休耕之寂寥中不加解释的自我拒绝。这双鞋啊，它渗透了农人的渴求温饱，无怨无艾的惆怅和战胜困苦时无语的欢喜，同时也隐含了分娩阵痛时的颤抖和死亡威胁下的恐惧。……"

海德格尔明显不是注重对"在场"的农鞋线条、形状、颜色、样式本身的分析，他所分析出来的这一些意义属于更加丰富的"不在场"方面，是通过分析者的感受、体验、领悟而想象出来的。更为重要的是，在分析家感受、体验和领悟这一瞬间，他已经设身处地地移情于农妇，与农妇融为一体。通过海德格尔的分析，我们所感受到的就不仅仅是那双农鞋，而是农鞋后面的"意义1"、"意义2"、"意义3"……这样的分析，由于不是单纯把传达信息，而是通过想象揭示"真理"，这就不能不引起我们的兴趣。其实，中国古代文论分析作品的方法，也不是认识论的，而是存在论的。大家都清楚唐代文论大家，要求揭示诗歌的"韵外之旨"、"言外之意"、"弦外之音"，揭示诗歌的"咸酸之味"，也是力求通过"在场"揭示"不在场"。文学性不在"在场"，而在"不在场"，只有"不在场"，才会引起读者的阅读期待，才能使读者进入作品的艺术世界，去享受那说不完、道不尽的诗情画意。这里，我想举一个中国现代诗歌的例子。艾青有一首题为《礁石》的诗：

> 一个浪，一个浪
> 无休止地扑过来
> 每一个浪都在它脚下
> 被打成碎沫散开
> ……
> 它的脸上和身上
> 像刀砍过的一样

>　　但它依然站在那里
>
>　　含着微笑,看着海洋
>
>　　……

　　这是艾青1954年写的一首短诗,完全可以进入中学语文课本。如果我们用认识论来理解这首诗,那么教师只是告诉学生,礁石是不动的,而浪花却是动的,浪花不断拍打着礁石,所以礁石像刀砍过的一样。这样的阅读或者讲解,诚然也能给学生一些知识和概念,但却不可能引起学生的兴趣。然而,如果我们不是这样阅读和讲解,而是告诉学生礁石和浪花只是"在场"的东西,文学的意味不在这里,而在礁石和浪花所构成的关系里,而且这里写的不是自然物,而是情感物,那么这情感物是什么呢?

　　这首诗的"意义1"是礁石与浪的关系,但这只是知识而已。诗的意味不在"意义1",而在"意义2":一个有钢铁般意志的人,是永远不怕风吹雨打的;"意义3":一个集体只要坚定不移,是能够战胜一切困难的;"意义4":一个国家只要众志成城,是不怕别的人欺侮的,也不怕自然灾害侵犯的;"意义5":一个民族只要有凝聚力,就会永远屹立于世界上的;还有"意义6"、"意义7"……如果有一个学生问:只要我有坚定的意志,那么什么样的干扰与困难也无法阻挡我达到我想达到的目标,对不对? 很对。因为你这个道理是从礁石与海浪的关系里领悟到的,你已经进入到诗歌的艺术世界中,你已经与礁石融为一体,你就是那礁石,你永远会记住这一课。这样去学语文,不但学到了语言和语言的运用,同时也获得那优美的、宏阔的、坚定的、刚强的、壮丽的、善良的……心胸。事情难道不是这样吗?

　　长期以来,语文课程不能引起学生的兴趣,不能调动学生学习的积极性,根本原因在于语文课本给予学生的大多是知识和概念,而不是生动形象和艺术意味,完全抽去了审美的欣赏,这怎么能不失败呢? 而导致失败的原因又与教学的哲学思想相关。我们过分相信认识论,而完全不相信存在论。对于数学、物理、化学等课程,以认识论作为教学的哲学方法论是完全正确的。但是在语文课程的教材和教学中,完全地采用认识论的哲学方法论就不够,甚至会产生技术主义的流弊,导致千篇一律、简单生硬、枯燥乏味。应该充分看到语文课程的独特性,语文课中有知识,但又不止于知识。语文课中知识、信息和应用的部分,应用认识论是可以的。然而,面对作为课文的大量优秀文学作品,面对作品中豁人耳目的形象和沁人心脾的情感和意蕴,教学的任务就不仅是做些词语的训练,而且还要引导学生深深地进入作品的迷人世界,这就必须要调动学生的感受、体验、自觉、妙悟、移情等心理机制,让他们为作品的情景所吸引,为人物所感动,或欢呼或流泪或高兴或痛苦,在鉴赏的高潮时刻,做到"天地与我并生,而万物与我同一"、"登山则情满于山,观海则意溢于海",阅读鉴赏主体与客体完全融合为一。这样的语文课必然会引起学生的学习兴趣,极大地调动学生学习的主动性,他们也必然会在感动、欣赏、玩味之余,觉得有情非倾吐不可,有话非说不可,表达与交流就像人呼吸空气一样成为自然需要。只有把学生调整在这种状况中,通过语文教学过程,学生的语文素养才能大大提高。

注释:

[1] W·考夫曼.存在主义[M].陈鼓应,等译,北京:商务印书馆,1987:223.

语文教育立足点的哲学审视[①]
——兼与余应源"语文教学的立足点在言语形式"商榷

朱 丹

在功能目标上拥有不同于他科教育的自身所"专",是单科教育屹立于课程之林的前提。这自身所"专",便是该教育的立足点。一科教育的立足点是研究、实施该科教育的着力点、中心点,必须清楚、准确、突出。然而,作为单科存在的语文教育,其立足点究竟在哪里,百多年来一直未能达成共识,以至于有学者认为语文教育尚未真正独立[1]。澄清语文教育的立足点,是语文课程建设的基本课题。本文将从哲学角度审视语文教育,探索其科学的立足点。

一、从课程性质看,语文教育的立足点应该在"文质相称"的语言运用

从哲学上说,事物的性质决定该事物的一切,是研究该事物的出发点。语文教育的性质决定语文教育的一切,自然也决定功能目标的自身所"专",即有怎样的语文教育性质观,就有怎样的语文教育立足点。性质观与立足点之间的这种关系,说明语文教育立足点的科学设置依赖于科学的语文教育性质观。

我国的现代教育观念和教育制度初步形成于 20 世纪 20 年代[2]。自那时以来,一直存在着对语文教育立足点的争论。有论者认为本国语文教学的唯一目的在于"养成有思想、有作为、有修养,在中等教育范围以内,有充分使用本国语文技能的新中国少年"[3],也即今日所谓的"育人",是为人文论性质观的折射。有学者认为,中学国文教学的主要目的在"养成读书思想和表现的习惯或能力",至于"发展思想,涵育情感",因为是"与他科相共的",所以"不必""详细规定","只大体说明好了"[4]。又有论者指出,"国文科重在传授知识的文字的运用的训练","重在形式表现方法的探讨"[5],是为工具论性质观的折射。20 世纪 60 年代以来,除去"文革"这一特殊时期,我国的语文教育一直为工具论主导,将课程的立足点置于语言形式,突出字、词、句、篇、语、修、逻、文等语言形式的教学,人文精神培育不足,沦为知识或技能性课程。于是,20 世纪 90 年代后期,人文论性质观被视为矫枉反拨的武器而受追捧,语文教育应立足于文化的熏陶、心灵的化育的思潮与工具论性质观发生了猛烈的碰撞。相持不下之际,新课标以折中调和的姿态提出语文教育的基本特点在于"思想内容与语言形式的统一",但未阐明"统一"的学理基础,导致了实践的困惑。语文教育的立足点依旧众说纷纭,游移难定。其间,有学者吸收语用学理论,提出语文教育的立足点在"言语形式"[6],虽从静态的语言教育变成了动态的言语教育,从语言知识教育变成了语言运用教育,但仍未脱开囿于形式的窠臼,留下明显的工具论性质观的印痕。史实证明,我国语文教育立足点近百年来摇摆不定的根子在缺乏科学、稳定的语文教育性质观。正是由于性质观存在问题,语文

[①] 本文选自《成都大学学报(教育科学版)》2008 年第 11 期,第 13—16 页。

教育始终未能找准自己的立足点。历史召唤着新语文教育性质观。

现代科学的进步催生了以"语文是介质",语文教育"是通过指导学生学习语言作品和参加语言运用(听、说、读、写、思)实践活动实现其教育目的的过程"为要义的介质论性质观[7],为语文教育拓开了新天地,为语文教育立足点的科学设置提供了坚实的理论基石。语文既为介质,思想就是介质与其中的"物质"完美结合的"言意场";语文作品就是这种"言意场"的外在表现——"言意体";语文运用就是实现这种完美结合,生成"言意场"(在内部)或"言意体"(在外部)的活动;语文教育便是引导学生学习如何实现介质与"物质"完美结合的过程。那么,其侧重点当然就不仅在"介质"本身,又不只是存在于介质中的"物质",而必然包括两者的"相称"。语言是与其中的"物质"结合后才成为介质的,语言介质与其中的"物质"紧密相连不可分割。"物质"是在与介质结合后才得以表现的,不同的"物质"也需要不同的介质作为"溶剂"。所以,不能孤立地研究"介质"或"物质",必须作综合研究;不能静止地研究"介质"或"物质",必须作运用的动态研究。就语文教育而言,对"物质"的关注,在于它与介质的关系,与"介质"的完美融合;对"介质"的关注,同样着眼于它与"物质"的关系,是为了更好地与"物质"相融合。说到底,语文教育所关注的不仅是"介质"、"物质"本身,而且包括"介质"与"物质"的合成,即"言意体"的生成。所以,从语文本体来考察,对语文教育来说,"文"与"质"同等重要,其立足点不仅仅在"文",也不仅仅在"质",而必定包括"文"与"质"的"相称",即"文"、"质"的和谐匹配。

二、从现代课程体系看,语文教育的立足点仍然在"文质相称"的语言运用

从系统论哲学来看,语文教育是整个课程体系的子系统。所以,对其立足点的考察,也就必然需要从整个课程体系着眼。

我国教育自古以来一直呈综合形态。语文教育与哲学、历史、政治、社会、自然、科技教育融合成一体,崇尚"文质相称",坚持"文质彬彬",以"衔华而佩实"[8]为美,是典型的文道一体的教育。这种综合形态的教育是科学不够发达、知识不够丰富的"幼年期"社会的产物。

19世纪下半叶,随着西方文化滚滚东进,传统的综合教育形态已经难以满足日益丰富的现代科学知识普及、传承的现实需要,受到传入我国的现代学校制度的冲击。在外国教育的影响与现代科学发展的双重驱动下,1904年初,清政府颁布"癸卯学制",将综合形态的教育解构成分科形态,将哲学、历史、政治、社会、自然、科技教育与语文教育分立成许多课程,开启了我国的现代教育。现代教育分成许多课程来分别教学不同的内容,是为了解决综合形态的课程难以应对各科知识迅速增加的难题,是为了更加系统、深入地教学各科知识,是为了更好地普及、传承知识,丝毫也不意味着语文教育中"文"与"质"的分离,更不意味着将语文教育的立足点置于"文"或曰形式——无论称之为语言形式,或是言语形式。现代教育体系的分工是相对的。将哲学、历史、政治、社会、自然、科技内容从语文中分离出来,绝不意味着语文教育不可再以这些内容为内容,而只是说语文教育中的这些内容可以不再系统,可以不必太专。

我国的现代课程体系是在西方科学理论的影响下形成的。在现代课程体系中,教育内容有一般内容和特殊内容之分。前者由各科共同承担教学。后者则主要由某一科独立承担教学,是这一科的自身所"专"。而这一科正因为自身所"专"的特殊内容,才有了独立成科的资格。这与我国古代的百科融于一体的综合形态的教育完全不同。在我国古代的教育中,

学习语文的过程就是学习哲学、历史等百科的过程,学习哲学、历史等百科的过程也就是学习语文的过程。这种交融状态的教育既不分科,也就不存在什么自身所"专",是所谓的"通识"教育、"通才"教育。及至哲学、历史等从语文中分离出去独立设科,语文为了获得独立设科的资格,也就必须具备自身所"专"。正是在这样的背景之下,语文的自身所"专"或被设定在了"思想内容"中,或被设定在了"语言形式"中。这种设定无视于语文作为"百科之母"的特殊性,将"文"与"质"割裂了开来。

语文之所以成为百科之母,是因为百科之"物质"都必须与语文这个"介质"结合,才能"成形"。所以,较之于其他课程,现代课程体系中的语文教育的特殊性不是专在"质",也不是专在"文",而在于言语与思维的密不可分的联系所导致的言语特点与思维特点的一致、言语内容与思维内容的一体,在于各科内容这个"质"都可以与"文"融合成语文教育内容,在于其以"文质相称"的"言意体"的生成为自身所"专"。事实上,离开"质",光谈"文",语文课就成了语言学课;离开"文",光谈"质",语文课又会成为政治课、美育课。只有准确把握语文教育的特殊性,紧紧抓住"言意体"这个核心,紧紧扣住"文质相称"的语言运用这个重心,语文教育才能真正独立于其他教育,才拥有了独立于课程之林的现实价值。所以,从现代课程体系来考察,语文教育的立足点仍然在"文质相称"素养的提升,在"文质相称"的语言运用。

三、从课程功能看,语文教育的立足点依旧在"文质相称"的语言运用

语文教育的基本功能在于提升学生的语文运用能力。语文运用是信息传递的过程,包括编码输出和解码接收两个向度。从"语文是介质"的本体论出发,这编码、解码其实就是推敲,通过推敲生成语文作品。因为,意成于言,言即为意,言生于意,意即为言,言意一体,不可分割;所以,推敲言即为推敲意,推敲意即为推敲言。推敲的过程就是言意生成、臻于"文质相称"的过程。所谓"只可意会,不可言传",是因为尚未意会清楚。意会清楚了,就能言传。所谓词不达意,是因为言者对词义的理解与公众对词义的理解不同,即言者的理解出离了约定俗成的意义。当言者推敲自己该"怎么说(写)"的时候,其实他还没有清晰的意;只要有了清晰的意,言也就同时找着了。意从模糊到清晰的过程就是言从不妥帖到妥帖的过程。语言生成的困难,实际上就是意义生成的困难。同样,当读(听)者推敲对方"写(说)的是什么"的时候,他还没有看(听)懂文本(话语)这个"言";只要他看(听)懂了"言"(是什么、怎么样),也就生成了"意"。所以,言、意是同时生成的,根本不存在什么言、意之间的转换。

需要说明的是,不同语种比如汉语与英语之间的翻译,也非言与意之间的转换,而是"言意体"之间的转换。这里的汉语或英语这个言,只是不同的符号、数码,不同的"介质",是用来与"意"这个"面粉"融合成面条这个"言意体"的"碱水"或"盐水"。转换不是发生在"面粉"与"碱水"或"盐水"之间,也不是在"碱水"或"盐水"之间,而是在"碱水面"与"盐水面"之间。

言意生成的推敲涉及输出和接收两个方面,也涉及词、句、篇等所有语用单位。由于言语意义的生成必须依赖语境,所以这种推敲又必然是一定语境中的推敲。如两军对阵,对方突然脱离阵地向后跑了。在编码输出时是用"撤退",还是用"溃退",就必须结合语境推敲才能决定。这推敲的过程必然是言意同步生成的过程、"文质相称"的过程。因为,无论是"撤退"还是"溃退",都已不仅仅是脱离阵地向后跑的意思了,而生出了"有组织地脱离阵地向后跑"或"被打垮而脱离阵地向后跑"的意思。茅盾之《白杨礼赞》究竟礼赞什么,也只有结合特定语境推敲,才能恰当地解码复原,达到读者生成的"言意体"与作者创造的"言意体"的重

合。这推敲解码生成答案的过程,也就是言意同步生成的过程。所以,无论是编码输出的能力,还是解码接收的能力,其实就是生成"言意体"的推敲能力,即"文质相称"的能力。所以,生成"言意体"的推敲能力,即"文质相称"的能力,就是语用能力。语文教育既以提升语用能力为己任,就理应将立足点置于"文质相称"能力的培养上。

四、从教学实践看,语文教育的立足点还是在"文质相称"的语言运用

语文教学离不开字、词、句、篇、语、修、逻、文,离不开编码输出、解码接收。从整体上看,无论字、词、句、篇、语、修、逻、文的教学,亦或编码、解码的教学,都是文质一体地进行的。就字词教学来说,光掌握音、形或光掌握意义,都不算掌握了这个字词;必须音、形、义都掌握了才算。就语句教学来说,也不能光学语法不管意义,或者光讲意义不谈语法,而必须"文质一体"地学习。因为语法错乱,意思就会跟着错乱;意思错乱,根子就在语法错乱。比如,"美国在二次世界大战中都发了横财",因为误用了数词,所以意思也就出现了混乱。要将意思理清楚,就必须将序数词"二"换成基数词"两"。"我们获得了崇高的胜利"之所以不通,就是因为"崇高"与"胜利"在意义上不相配,犯了词语误用的语法错误。就篇章教学来说,虽然为了教学的方便而常常分别从"文""质"两个方面谈,但谈"文"总是离不开"质",谈"质"也总是离不开"文"的,因为篇章本身就是文质合一的"言意体"。

《荷塘月色》第 1 段以"月亮已经升高了,墙外马路上孩子们的欢笑,已经听不见了"反衬内心"不平静"的强烈程度。只有从"文质相称"的角度,才能掌握这里所用的反衬手法,充分理解文章的蕴涵,深刻领会作者的匠心。如果撇开"文",只谈"质",那么就只能知道,前面是说"夜已深",后面是说"人已静",而无法理解作者为什么要写这"夜深人静"。这样的课就不是语文课。而要谈"文",也必须联系"质",只有说清楚此句与前后文字在意义上的联系,才能讲清楚什么是反衬及其在此处运用的意义。如果撇开"质",那么就连"文"也谈不了。或曰,这里学习的对象是反衬,联系意义只是为了说清楚反衬,因此,立足点还是在"文",在"形式"。殊不知,所谓反衬即是从意义上说的,离开意义何来反衬?更何况,这里讲反衬的目的正是在帮助学生领会意义!或曰,帮助学生领会意义是"社会语文"的目的,"学校语文"的目的在"获得言语形式运用规律、技巧及言语本身"[6]。笔者不禁要问,"获得言语形式运用规律、技巧及言语本身",其意义何在?难道不就在帮助学生领会意义?教育究竟是为了教给学生知识,还是教会学生运用知识解决问题?学校教育难道可以游离于社会应用之外?

解码接收如此,编码输出亦然。比如,写作教学就强调意在笔先,要求学生在运思上下工夫。所谓"意",就是文质合一的"言意场",将其用笔写出来,就是文质合一的"言意体",也就是语文作品。运思的过程就是文质合一的过程,就是生成得体的"言意体"的过程。运思过程涉及的立意、选材、组织、结构等所有方面,都是既关乎"文"又关乎"质"的,都以"文质相称"为指归。如:古有所谓"汝果欲学诗,功夫在诗外","世事洞明皆学问,人情练达即文章"。今有写好作文的"秘诀"——博览群书做杂家。对这"诗外""世事""人情"的体认,对这群书的理解,都是文质一体的"言意体",而非语言(或言语)形式。所以,语文教育的立足点理应在文质相称的"言意体"的生成,而不该在语言(或言语)形式。

无数语文名师的教学实践也说明了这一点。从段力佩的"读读、议议、练练、讲讲、实行有领导的茶馆式教学方式",到钱梦龙的"以学生为主体、教师为主导、训练为主线"的"三主"教学观;从宁鸿彬用创造理论指导学生运用创造性思维进行听说读写活动,到陈钟梁指导学

生自学文章、发现问题、提出问题、相互讨论、解决问题;从陆维椿"一课有一得"的能力训练,到魏书生的"六步课堂教学法";从刘朏朏的"观察——分析——表达"三级六步四十四项作文教学训练体系,到洪镇涛的"感受语言、触发语感——品味语言、领悟语感——实践语言、习得语感——积累语言、积淀语感"的语言学习模式;从于漪讲出"美"来、悟出"巧"来、点出"活"来、练出"实"来,到张孝纯对学生进行全方位整体训练的"一体两翼"大语文教学结构,虽然方法不尽相同,但无不重视学生的自主学习,无不强调语言运用,无不突出言语训练。这样的学习、运用、训练都非单纯的"语言形式"的学习,而是生成文质相称的"言意体"的过程。他们正是重视了、研究了、落实了"言意体"的生成训练,才获得了成功。

当然,强调语文教学"文"与"质"的不可偏废,并非是说教学时不可将"文"与"质"分解开来。在教学的某些具体环节、步骤上,"文"与"质"是可以分而治之有所侧重的。但在宏观上,"文"与"质"是密不可分无有主次的。分只是手段,决不能分而不合,决不能因为教学时的分解就误以为语文教育的立足点在语言(或言语)形式上。

五、结论

将语文的自身所"专"设定在"思想内容"或"语言形式",乃因忽略了语文作为"百科之母"的特殊性:以"言意体"——由各科内容这个"质"与语文符码这个"文"融合而成——的生成作为内容。语文运用就是在一定的语境中生成文质相称的"言意体"的过程。语文运用能力就是生成得体的"言意体"的能力。语文名师无不重视学生"言意体"生成能力的培养。科学的语文教学,无论字、词、句、篇、语、修、逻、文的教学,亦或编码、解码的教学,都是文质一体地进行的,都以"文质相称"为指归。从"语文是介质"的本题论出发,语文教育的立足点理应在于"文质相称""言意体"的生成,在于"文质相称"的语言运用。

注释:

[1] 余应源.为语文真正独立成科(课)而奋斗[J].北京:中学语文教学,2004(1).

[2] 孙培青.中国教育史[M].上海:华东师范大学出版社,2000:375.

[3] 穆济波.中学校国文教学问题[A]//饶杰腾.语文学科教育学[M].北京:首都师范大学出版社,2000.

[4] 朱自清.中等学校国文教学的几个问题[A]//饶杰腾.语文学科教育学[M].北京:首都师范大学出版社,2000.

[5] 宋文翰.一个改良中学国文教科书的意见[J].中华教育界,19(4).

[6] 曾洁,余应源."科学世界"语文教学科学化刍议[J].江西师范大学学报(哲学社会科学版),2003(4):68-69.

[7] 朱丹.语文性质需修正职教特色应落实[J].中国职业技术教育,2003(13):55-56.

[8] 刘勰.文心雕龙·征圣[A]//陆侃如,牟世金.文心雕龙译注[M].济南:齐鲁书社,1981.

图式理论与语文阅读教学

马笑霞

"图式"是由康德提出的一个哲学概念。20世纪初,格式塔心理学家们以及瑞士心理学家皮亚杰把图式概念引入心理学的研究。1932年德国心理学家巴特利特在《记忆》一书中又对"图式"进行了新的解释。后来,随着现代认知心理学的产生和发展,图式概念获得了更新、更丰富的含义。现代图式理论直到70年代后期,在计算机、控制论和信息论的理论深入到心理科学之中,使心理学中关于人类知识表征的概念发生了很大变化之后才出现,并被运用于研究阅读、理解等心理过程。

现代认知心理学家鲁墨哈特把图式称为认知的建筑块料(或"组块"),是所有信息加工所依靠的基本要素[1]。他认为图式理论基本上是一种关于人的知识的理论。所有的知识在头脑中都被安排到一定的单元中,这些单元就是图式。图式除了包含知识本身是怎样被表征出来之外,还包括这些知识如何得到应用的信息,也就是说,既包含一般的所谓反映着知识结构的认知结构,也包含着更为抽象的认知策略和一系列认知的框架。在教学过程中还包括教师的认知图式等[2]。现代图式理论认为图式具有可变性、结构性与主动性的特征,他们所使用的图式概念,其含义已经远远超出了巴特利特等先驱者所使用的图式含义。它对教师和学生头脑中认知图式的分析,特别是利用人工智能的方法来研究认知图式,是认知结构理论发展的一个新的阶段。现代图式理论的研究成果对于语文阅读教学来说,如何通过影响学生的认知结构,教会他们掌握阅读方法、提高阅读能力,具有指导意义。本文不揣浅陋,试加分析。

一、语文阅读是通过同化与顺应不断修正、丰富学生语感图式的过程

皮亚杰认为,儿童接受外界影响不是消极被动的过程,而是一个主动的与环境相互作用的学习过程。在这个过程中,儿童通过同化和顺应,导致个体内部图式——认知结构的变化,达到平衡[3]。鲁墨哈特也指出发展新知识(图式)的三种过程:增长、调谐和重构。前两种过程即是同化,后一种则是顺应[4]。具体到阅读来说,这是一种典型的认知过程。读物作为一种客体,负载着作者显露或隐蔽的见解、意愿而去影响读者这一主体。由于阅读的对象——语言文字仅仅是一些符号,某一字和词的含义不在于这些文字符号本身,而在于使用这些文字符号的人们在一定环境中对这些符号的理解。所以说,阅读活动是一种根据作者及其创作环境和文字的语法修辞特征进行"释义"的过程。"释义"时,需要阅读主体的过去经验背景中认知结构的各种思维组块参与作用,不然的话,就无法理解。现代认知心理学认为,人在阅读中会形成各种"思维组块",汇成有效的认知结构。当他面临需要解决的问题时,就会在已有的认知结构中寻找并检索与解决问题有关的思维组块,借以分析、对照、推

---

① 本文选自《教育研究》1997年第5期,第65—69页。

理,达成知识的沟通与运用,以此来解决问题。[5]也就是说,语文阅读是学生原有的认知结构(旧图式)与阅读课文中的新知识相互联系和作用,从而在学生头脑中构建新的知识结构(新图式),或者对原有的知识结构(旧图式)进行调整、补充、丰富和修正的过程。这是一个复杂的动态过程,是学生内部同化与顺应的功能性平衡的过程。阅读教学的主要机制就是教师启发、引导、帮助学生把新知识纳入或同化到原有的认知结构中,重建新的认知结构,达成对外界客体新知识的顺应,更快更好地修正、丰富学生的语感图式,这样才能在最大程度上激活他们的认识发展中的内部机制。

诚然,要把文质兼美的课文言语形式内化为学生的语感图式,并非是一朝一夕所能奏效的。因为阅读学习不像在白纸上画画,它要涉及学生的原有图式,他们总是以自身的经验积累来理解课文言语,而当新图式与原有知识经验发生冲突时,就要倾向于拒绝新的图式,以致同化大于顺应,甚至离开顺应,于是经常会出现以自我为中心的同化现象。比较常见的有以下几种情况:

浅表同化。阅读时只看言语的表层意思,浅尝辄止。例如,鲁迅的《药》中,描写夏瑜的母亲提着一个"破旧的朱漆圆篮"上坟。学生阅读时,根本不去注意形容"圆篮"的"破旧"与"朱漆"两个定语有什么更深的含义,实则失去了一个了解夏瑜的重要线索。这时,教师应该引导学生:像"圆篮"这么个日常用品都要"朱漆",如此讲究,说明夏瑜家里原是比较富有的,而现在已经破落了。接着,教师还要启发学生联系课文,寻找其他证据,比如从阿义要向夏瑜"盘盘底细",还有从夏三爷、夏四奶奶的称谓,从夏瑜名字中的"瑜"字等线索都可以看出夏瑜出自书香门第,他家原是一个望族。正因如此,他必定受过较好的教育,这正是他比一般老百姓更早接触新文化、新思想的基础,也是他能较早投身革命的基础。因为知识分子往往是一个沉睡社会最先觉醒的部分。这样的阅读就深入多了,能把作者隐含在字里行间的很多暗示都挖掘出来。

片面同化。阅读时只重视言语对象的认识内容,而忽视其情感内容。例如:鲁迅先生《秋夜》的开头:"在我的后园,可以看见墙外有两株树,一株是枣树,还有一株也是枣树。"学生读到这儿,往往感到这种重复是累赘,认为不如直接写"有两株枣树"更好些。当然,这样写完全可以,但是,通过这种推论性的言语形式,读者所得到的无非是在"我"的后园墙外有两株枣树这样一个判断所表达的事实,但是,因此也失去了作者所要宣泄的无限孤寂的情感因素。当引导学生读完开头,再接着读下面几句的时候,就会意识到作者把两株枣树分开说的缘由了。请看"这上面的夜的天空,奇怪而高,我平生没有见过这样的奇怪而高的天空",孤独、寂寞、无聊,这种难以摆脱的情绪,只能用"一株是枣树,还有一株也是枣树"这样重复、单调、令人感到失望厌烦的言语形式来表达,让读者从中直觉到作者所体验过的情感形式。这种言语形式与情感形式,在结构上具有相似性。作品采用什么样的结构形式,运用什么样的描写手法,当然有作家的艺术修养和艺术技巧问题。但归根结底取决于作者对生活的认识、体验与感受的深度,是审美情感介入的结果。这也是学生阅读时所要努力体会的。

错失同化。阅读时错误理解言语对象,出现同化离开顺应,即歪曲地同化的情况。比如,学生对恩格斯的《在马克思墓前的讲话》一文中"当做蜘蛛一样轻轻抹去"一句的理解常常出现偏差,有的学生认为表现马克思胸怀大志;有的说是心胸宽广;又有的则认为是宽宏大量等。这些似是而非的发言容易使其他学生的思维产生定势。他们没有认识到这句话写出了马克思不屑一顾的态度,表现了对资产阶级的蔑视之意。再比如,学生对《两小儿辩日》

的论争,有的赞成"车盖说",有的同意"苍凉说",他们都凭自身的经验,从课文言语中找根据来击破对方。事实上,"车盖"派犯的是视觉差的错误,"苍凉"派犯的是触觉差的错误,所以,他们有的都是一种错觉。但要深入了解太阳在不同时间距离地球远近的问题还要懂得很多的科学道理。教师要引导学生通过争论,然后再进行总结,把学生从经验性的描述提高到科学的理性思维水平,发展学生的思维能力。同时,孔子的"知之为知之,不知为不知"的实事求是的科学态度,对学生也是一种很好的思想教育。

疏陋同化。阅读时理解言语出现丢三落四或熟视无睹的现象。例如,鲁迅的《祝福》一文开头写"我"到了鲁镇,见到鲁四老爷时,他一见面就"大骂其新党。但我知道,这并非借题在骂我:因为他所骂的还是康有为"。在阅读时,学生很容易就从"大骂其新党"这句看出鲁四老爷立场的保守反动,可是对作者特地随后加上的一句"但我知道,这并非借题在骂我:因为他所骂的还是康有为"却不去理会,更不能从而得出什么结论。这种情况下,教师应该提醒学生细心体会这句话的含义,并且要特别注意"还是"意味着什么。经过点拨,学生才理会到,康有为后来已成了保皇党反对辛亥革命,早已不是"新党"而成了"旧党"了。在辛亥革命都已十多年之后还骂康有为是新党,可见鲁四老爷不仅仅是保守反动,而应该更进一步说明他是多么地孤陋寡闻、闭目塞听,又何等地顽固可笑,其讽刺意味就更加强烈了。

以上这些情况在阅读教学中经常碰到,在此就不一一列举了。那么,为什么学生不能正确地理解课文内容,出现种种以自我为中心的同化现象呢?根据图式理论,至少有以下三种原因:"(1)读者可能并不具有适合于该课文的图式。在这种情况下,读者就不可能了解课文的内容。(2)读者具有适合于该课文的图式,但是作者在课文中所提供的线索,不能使这种图式活动起来。在这种情况下,读者也不可能了解课文的意义。如果我们能够向读者提供更多的线索,读者就可能了解这篇课文。(3)读者可能发现对于课文的一致的解释,但是,这种解释并非作者的解释。这种情况下,读者将'了解'课文,但他将错误地了解作者。"[6]

那么,应该如何避免上述情况的出现,使学生内部的同化与顺应的功能性更有效地达到平衡,从较初级的结构"建构"成较高级、较复杂的结构呢?语文教师就应当对言语原来在学生心目中的样子与实际上的样子(当然这也是相对的)之间的差距心中有数,通过自己的教学行为直接影响(包括整合、重组和应用等)学生的认知结构,有的放矢地努力缩短这一差距,从而使它在新知识的学习和理解中发挥作用。

二、语文概念学习的认知图式及教学策略

概念是人脑对一类事物共同本质特征的反映。在心理学上,又将概念定义为具有共同关键属性的一类对象、事件、情境和性质。现代认知心理学认为,新概念与学生原有认知结构中的有关知识相互作用,构成有意义的学习,从而形成更进一步分化的认知结构,或称认知图式(简称图式)。其类型一般有三种:当新概念被吸收到原有的认知图式内,列入原有的知识系统之中,新旧知识结构就形成下位关系;当所学的新概念包含有原有认知结构中的几个已知概念时,形成上位关系;当新概念既不属于原有认知图式中的有关概念,也不将原有的特殊概念概括于新概念之中,此时形成同位关系。认知图式除知识的相互关系及其表征外,还包括概念如何被运用的信息。因此,指导学生正确构建语文概念图式,须着眼于两个

方面,既强调概念的理解,又重视概念的应用。由于词是概念的物质外衣,一般说来,一个词代表一个概念。下面我们先以特级教师钱梦龙教学知识短文《词义》为例给以分析。

师:今天我们学习知识短文《词义》。先拿一些东西给同学们看看,大家说说看。(手拿一本书)这本是什么书?

生:(集体)语文书。

师:(拿另一本书)这本是什么书?

生:(集体)英语书。

师:如果这两本书并在一起,你们叫它什么?

生:(集体)书。

师:说得范围小一点。

生:(集体)教科书。

师:(手拿一本词典)这本是什么?

生:(集体)词典。

师:它是不是一本书?

生:是书。

师:什么书?

生:(集体)工具书。

师:三本并在一起叫什么?

生:(集体)书。

师:对啦,语文书、教科书、书,词义所指的范围一点点扩大了。(拿几张报纸)这是一本书吗?

生:(集体)不是,是报纸。

师:为什么它不是书?

生:因为少。

生:一堆报纸也不能叫书。书是有封面的,报纸没有封面。

生:不一定,假如我有一本书,封面撕掉了,但总还叫它是书。画报也有封面,但就不叫书。

生:书是装订成册的著作。

师:(手拿一本练习簿)这不是也有封面吗?但就不能叫书。书是装订成册的著作,你大概是从词典上看来的吧?(该生点头)作为一本书首先要装订成册。同时还必须具备另外一个条件:是著作。书是装订成册的著作。这是"书"的定义。现在请你们给教科书下定义。

生:教科书是用于教学的装订成册的著作。

师:对!再请你们对语文书下定义。

生:用于语文教学的装订成册的书。

师:对啦!这里又多了一个限制成分。从上面的例子,我们可以发现一种现象。从"书"到"教科书"再到"语文书",它们的范围怎么样?

生:(集体)缩小。

师:那么它们的词义呢?是一步步地具体呢,还是一步步地笼统?

生:(集体)具体。

师：你们又发现了一种现象：范围越小，词义怎样？
生：（集体）词义越具体。
师：那么范围越大呢？
生：词义越笼统。

分析以上"书"的概念图式形成的教学策略有这样几种：

1. 运用直观手段，使学生获得感性认识

因为像"书"、"笔"、"灯"等这样的概念，是属于能通过观察获得的具体概念。在课堂上出示的语文书、英语书、词典、报纸、练习本等教具，起到直观的作用，学生通过对大量同类事物的具体比较、辨别、分析，有助于理解"书"这一概念。

2. 引导分析概念的特征

钱老师为学生提供反映概念本质特征的具体情境，再引导学生辨别有关概念的正反例证，通过充分的讨论分析，得出书这一概念的本质特征是装订成册与著作两点。这样，有助于学生将已识别的特征用语言给以清晰地表达和有序地储存于记忆之中。

3. 用语言表述定义

要求学生将与概念有关的本质特征组合起来，用语言加以概括，这一过程叫做"下定义"。下定义并不是用背诵概念名称来认识概念图式所蕴含的信息，而是要求通过对概念的完整定义，揭示与所属的同类事物和其他同位概念的关系，从而正确地运用概念。钱老师还结合实例，从概念内涵揭示的几个特征和涉及的外延入手加以引导分析，比较概念，使学生掌握的知识更牢固。

4. 在概念的应用过程中建立概念系统

学习心理学认为，一个重要的概念，是在概念的系统中形成和发展起来的，一个概念只有纳入相应的系统中，理清了自身的上位概念、下位概念或同位概念这些关系，新概念在原来认知图式中的位置就可确定，即构成了语文概念学习图式，才能很好地理解和运用概念。

此外，在阅读时，特别是在文言文的阅读中，常遇到一些近义词所表示的同类概念，比如表示"看"的近义词，在语文教材里就有 20 多个：瞰（前瞰大海）、察（察其举止）、望（望见廉颇）、觐（扶病入觐）、顾（顾野有麦场）、审（审堂下之阳）、案（招有司案图）、睨（持其璧睨柱）、观（臣观大王无意偿赵王城邑）、视（御史至山中视）、谒（属隶咸伏谒）、窥（数通使相窥观）、眺（远眺山下）、盼（下盼诸峰）、觇（惊起觇视）、视（目视项王）、瞠（忠烈乃瞠目曰）、瞻（胡瞻尔庭有县特兮）、睹（然睹促织）、眈（眈眈相向）。这些词分别从不同的角度，表达了"看"的不同情状。对于这类词应该仔细体会，抓住其特点，找出其细微差别，才能准确把握词义，确切领会古人行文命辞的苦心深意。

其实，在语文阅读中，遇到的大多数概念都是模糊概念。它所表示的概念的内涵和外延难以确定，具有不精确性、相对性和亦此亦彼性的特点。例如"理想"、"信念"、"价值观"、"正义感"等词，通过日常交往或文艺作品的描绘，一般人都知道这个词的含义是什么，但连大多数有文化知识水平的人也不能给它们下确切的定义。由于这些概念本身的含义模糊不清，教师也不知道如何检验学生是否掌握了这类概念，以至采取死记硬背的方法教这类概念，其结果只会徒然浪费学生的时间和精力。一般认为，这类概念不必字字求解、句句求通，主要是通过具体实例或情境进行教学，让学生能够列举有关概念的多个例证，同时辨别它们与邻近概念的异同。教给学生以意会—领悟法或语感—感受法进行大量阅读、快速阅读，从而获取知识,提高阅读水平。

三、发展和完善心理构建的功能

语文课本中的课文,类似数学课本中的例题,语文阅读为的是通过学习课文掌握阅读文章的方法,学课文是"举一",掌握方法是"反三"。所以,阅读教学仅仅培养学生"获取信息"的能力是远远不够的,还应该提高对已知信息的加工组合能力。认知心理学的一个重要观点是强调人的已有知识经验结构(图式)对他的行为和当前认知结构活动的决定作用。所谓认知学习,就是"学习者依赖自身的内部状态,对外界情境进行知觉、记忆、思维等一系列认知活动,导致认知结构发生变化的过程",实际上是对认知结构的组织和重新组织。所以,在阅读过程中,脑子里应该有个"类"的概念,要注意对事物按其不同角度的共性进行分类,即对已经理解掌握的新信息,与原来早已掌握的信息进行比较,判断它与旧信息中的哪些属于同一类,或找出新信息中某些信息的共同点,将其分类。总而言之,要善于把分散的信息,按其内在联系分别组成信息群,使其认知结构不断充实、完善和系统化。所以,教师要考虑如何影响学生的认知结构图式,使它在新知识的学习和理解中产生作用,发展和完善心理构建的功能。比如,让学生掌握一些汉字的音形义关系规律进行逻辑记忆,避免或减少出现错别字。有些字的韵母不同写法也不同,像很、狠、根、痕等字,读音的韵母都是 en,写法上都是"艮";而良、朗、郎、狼等字,读音韵母都是 ang,写法上都是"良"。另外,还有一些字的字音相同,写法不同,字义也不相同。如羡慕的"慕"从㣺(古写的心)、坟墓的"墓"从土、朝暮的"暮"从日、开幕的"幕"从巾、募捐的"募"从力等。又如在汉语中一词多义现象较普遍,它是由词的本义经过辐射、连锁或比喻的方式辗转进行,或相类、或相关、或相对引申发展的结果。例如"发",本文是射箭(万弩齐发),引申为出发(朝发白帝),发动(虞常等七十余人欲发),发作(会蒙病发),征发、调发(发闾左谪戍渔阳),打开(窃发盆),发现(安能发狼迹)等,这是相关引申的结果。还有古汉语中的一词多义性,是用同一个词改变其用法的方式来表示的。如"固"就相当于现代汉语中的"本来"(理固当然)、"坚决"(固辞不往)、"巩固"(必固其根本)、"顽固"(固不可彻)、"坚固"(自以为关中之固)、"肯定"(吾固曰:"非圣人之意也,势也")、"固定"(法莫如一而固)等七个词,它们或作副词或作形容词、动词等使用。对于以上种种平时散见于课文中的知识信息,加以自我整合和构建,形成系统化。这样学生获得的知识就不再是零碎的、孤立的、僵死的,而是成为系统的、有内在整合力的认知结构(图式),才能发挥知识的导向、增智、增殖和信息的四种主要功能,才能提高阅读的能力。

注释:

[1] D. E. Rumelhart. Schemata: The Building Blocks of Cognition[J]. 北京师范大学学报,1988(1).
[2] D. E. Rumelhart. Schemata: The Building Blocks of Cognition[J]. 北京师范大学学报,1988(1).
[3] 朱作仁. 朱作仁学科教学研究文存[M]. 福州:福建教育出版社,1993:40.
[4] 朱曼殊. 心理语言学[M]. 上海:华东师范大学出版社,1990:441.
[5] 朱作仁. 朱作仁学科教学研究文存[M]. 福州:福建教育出版社,1993:40、244.
[6] 张必隐. 阅读心理学[M]. 北京:北京师范大学出版社,1992:255.

语文学习结果的分类及其教学含义[①]

姚夏倩　皮连生

一、教学论发展的新趋势：把教学论建立在现代学习论基础上

由于心理学研究落后，传统的教学论一般建立在哲学和教师的教学经验的基础上。20世纪60年代末，由于反映课堂学习规律的学习论逐渐成熟，教育心理学中出现了一个新的分支学科——教学心理学。在西方教育理论界，教学心理学也被称为教学论。这种教学论不同于传统的教学论，它将教学目标、教学过程、教学方法、教学媒体的选择与运用以及教学组织形式等每一教学组成部分的理论阐述都建立在学习论的基础上。在这种教学论的指导下建立的学科心理学也就是符合时代潮流的学科教学论。

语文学科是中小学教育的基础性学科，近年来社会各界对当前中小学语文教学提出了诸多批评和建议。上海语文教学界发出了"语文学科建设须有理论指导"的呼吁（见1999年7月20日《文汇报》第5版）。自20世纪80年代中期以来，我们在中小学教学中作过一些教学实验研究和理论思考，深深感到，语文教学不缺优秀教师，也不缺好的教学经验，但大多数优秀教师甚至特级教师并不了解现代学习心理学和基于现代学习心理学的教学论。因此许多好的经验不能提升到现代学习论和教学论的高度。我们认为，我国语文学科教学理论建设的出路之一就是将我国语文教学的经验与现代学习论和教学论加以沟通，建立起符合时代潮流的语文教学心理学——一种崭新的语文教学论。

任何学科的教学论首先必须回答的问题是本学科的教学目标是什么？在传统教学论中，人们常常站在教的立场来讨论教学目标；在当代教学心理学中，大家一致站在学的立场来讨论教学目标。因此，教学目标便被合理地定义为预期的学生学习的结果。通过语文教学，我们预期学生在能力、情感和行为上发生哪些变化。只有把目标定义明确，大家取得公认的看法，语文教材的选编、教学方法的选择与运用、教学结果的测量和评价才有可靠的依据，所以本文从语文教学目标（即语文学习结果）的讨论开始建构新的语文教学论。

二、语文学习结果及其心理学分类

在心理学中，对人类学习结果最著名的分类是R. M. 加涅的分类。他把学生的学习结果分为言语信息、智慧技能、认知策略、动作技能和态度。现代信息加工心理学把认知、动作技能领域的学习都归结为广义知识的学习。然而在我国的语文教学中，学生的学习结果被归结为"文"与"道"和字、词、句、段、篇。本文的目的是希望将我国常见的提法与现代心理学中的上述分类加以沟通，从而使语文教学容易接受现代学习论和教学论的指导，逐步建构新

[①] 本文选自《教育研究》2000年第4期，第46—52页。

的语文教学论(或语文教学心理学)。

本文采用现代心理学的知识、技能、策略和情感(或态度)概念对语文学习结果进行分类。下面将讨论每一学习类别的定义、心理实质、行为表现以及测量方法。

(一) 知识

知识有广义和狭义之分。狭义的知识指陈述性知识,即能用言语陈述的知识。加涅的言语信息与陈述性知识同义。此外的知识概念是广义的,其心理实质指心理表征。认知心理学认为陈述性知识以命题和命题网络表征。其行为指标是"说出"、"陈述"、"说明"等。其测量方法是回忆或有线索的回忆。语文学习的结果之一是获得这种知识或言语信息。根据上述标准,语文学习的哪些结果属于知识呢?本文认为,我们常说的"文"与"道"中的"道"就是文章所陈述或隐含的道理。这里的道理凡是属于回答"是什么"或"为什么"问题的,或者要求学生用口头或书面陈述出来的,都属于知识范畴。中小学生学习的文章,不论是记叙文或说明文,总要回答是什么或为什么的问题。学生读懂了文章的内容并记住了这些内容便获得了知识,从而就懂得了道理。

除了文章内容知识之外,学生也会掌握许多语文知识,如拼音知识、字词(包括修辞)知识、句法知识、策略知识或段篇知识等。这类知识在小学很少,随着年级升高,知识学习的成分增多。如小学生会用被动句和主动句,但不知道什么是被动句和主动句,到了中学,学习了句子的主动式和被动式相互转换的知识(其中包括若干句法概念和规则)后,才懂得了被动句如何由主动句转换而来的道理。

在小学高年级和中学阶段,有时,为了让学生深刻理解课文内容,还需补教有关文章时代背景、作者生平与写作意图的知识。这时,学生习得的也是知识。总之,从测量的角度看,凡是要求学生回忆出来的学习内容都可以归入知识范畴。知识有属于文章内容的,有属于语文本身的和文章写作背景的。由于语文的工具性,在中小学阶段,语文应主要作为交际或获取知识的工具来掌握,语文教学的根本目的是培养学生正确应用祖国语言文字的能力。语文教学中的知识目标是辅助性的,它对语文能力的形成起支持作用。

(二) 技能

在现代心理学中,广义的技能可分为两类:一是动作技能(又称心因动作技能);二是心智技能(又称智慧技能或智力技能)。前者需要身体的肌肉协调才能完成;后者可以在头脑内完成。两类技能共同的心理实质是程序性知识,或者"如果……那么……"的产生式规则系统。其行为表现是回答"怎么办"的问题。所以其测量方法是提供问题或做事的情境,观察学习者的行为表现,或者根据被测者的行为表现,对他的办事能力作出推测和评判。

1. 语文动作技能

动作技能的本质是一套规则(或程序性知识),支配学生的肌肉协调。语文学习中的动作技能包括发音技能和书写技能。拼音、朗读中含有发音技能,它要求学生的听觉、视觉、口腔、舌头的肌肉协调。书写,尤其是用毛笔书写,要求手的小肌肉协调能力。由于在动作技能学习中包含规则学习,动作技能学习也不能离开智慧技能学习。动作技能的外显性使之易于观察和测量,语文动作技能的测量方法是观察学生的读音、朗读或写字的行为。

2. 语文智力技能

智力技能的本质是应用概念和规则去办事。智力技能学习具有层级性。从辨别——区分事物的不同点开始,至形成概念——认识事物的共同本质,将事物和现象归入一定的类别,再到应用规则办事。语文学习中的智力技能是什么呢?我们认为语文智力技能是应用语言文字正确表述自己思想的技能。在语文教学中,它们应落实在字、词、句、篇的掌握之中。

(1) 字词学习。字词学习虽然是比较低级的认知学习,但对其学习性质的分析却很困难,目前还无一个统一的理论对其性质作出明确解释。因为字词的学习,从音、形的记忆来说,基本上属于机械学习,是人为联想的建立。但形符和声符又表示意义,从这一点来说,它们又是有意义的学习。从知识和技能的划分来看,它们既有知识的特征,如要求记住每一笔、每一划,并要求精确回忆;同时也具有智力技能的特征,如字、词、音、形的识别属于最低级的智力技能——辨别。字词记忆的最终目的是为了用,所以应把它们归入智力技能学习的范畴。其测量的方法是听、说、认读、造句。

(2) 句子学习。句子学习的本质是在已有词汇的基础上获得理解和生成合乎规范的句子的能力。语文作为一种母语,两三岁儿童已经掌握口语,能进行正常交流。儿童总是先进行语言实践,到了中学阶段,才开始懂得语法道理。也就是先掌握语言技能,然后习得语言的知识。

句子学习作为中小学生的一项技能学习主要包括两项任务:一是在大量的语言实践中形成合乎规范的句子的语感。句子的语感可用句子图式来解释[1]。二是经过大量实践,包括背诵,建立句子中词语固定搭配的言语连锁。检测前一项学习的方法是造句、改错句、缩句、扩句,打乱的句子成分重新排序等。检测后一项学习的方法是选词填空、改错句等。

(3) 篇章学习。中小学生的语文教材是由单篇课文组成的。每篇课文都涉及文(字、词、句、段、篇)与道(课文内容知识)。如果在一篇课文中,学生已理解文章的内容,又理解其中的字、词和句,余下的学习任务是什么呢?那就是文章篇章结构的学习,包括提取文章的中心思想,给文章分段,分析文章的表述技巧,如立意与材料取舍、详写与略写、人物心理与动作描写等。这些学习的结果也属于智慧技能中的规则学习,但往往是高级规则学习。高级规则是在简单规则基础上形成的新规则,它要求学生有较高的分析与综合的能力。学生掌握高级规则的行为标准是"生成",如独立概括出文章的中心思想,给文章分段并概括出段意,根据要求写出短文等。根据学生"生成"的"作品"对其掌握高级规则这种复杂的智力技能作出评判。

此处应说明,对学生语文技能的评价,向来存在两种倾向:一种倾向是强调语文的规范性;另一种强调超越规范。前者强调语言文字使用的科学的一面,后者强调语文的艺术性一面。语文的科学性一面是可以有把握教会的,艺术性一面因研究较少,其教学规律尚不清楚。但是,其中的一个重要成分可能是认知策略。

(三) 认知策略

认知策略的实质是如何学习、记忆、思维的程序性知识支配了学生自身的学习、记忆、思维过程并改善和提高认知活动的效率。把认知策略分化出来单独作为一种学习结果,反映了心理学家强调学会学习的目标。心理学家和语文教学专家总结了许多语文学习方法,包括单词记忆方法、课文背诵方法、课文阅读方法、词汇积累方法、作文取材立意方法等。如果学生能在自己的学习实践中采用适合自己特点的方法,改进自己的学习,这种方法就成了学习者的认知策略。在此,认知策略与学习策略同义。语文学习策略可以从两种途径习得:一是学生自发形成某些学习策略,其中有的是高效的,有的是低效的,如"平时不烧香,临时抱佛脚"便是低效学习策略。二是由外界提供的,如心理学家总结出 SQ3R 阅读法,用此法训练学生,阅读前先浏览(S),再提问(Q),再读(R),再自问自答(R),最后回顾全文(R),结果学生的阅读效率有明显提高。元认知理论强调学习者对自己的学习能力、长处和短处的意识,并学会监督和调节自己的学习策略,所以认知策略的学习应与元认知训练相结合。

认知策略的内潜性给其测量带来了困难,因为认知策略是由程序性知识支配的,也是回答"怎么办"问题的。所以其测量方法是设计学习、记忆、思维问题的情境,观察学习者的行为表现及其作业,从中作出其所使用的策略的推测,也可以辅以学习者大声思维和口语报告等方法。

(四)情感或态度

语文中传授"道",同其他学科不同。一般不是说教的地陈述(论说文除外),而是通过故事、人物形象等文学形式暗示的。所以语文学习中往往伴随情感领域的学习(也称态度学习)。具体地说,可以从课文中学习做人处事的价值标准:课文中歌颂、赞美的人物可以作学生模仿的榜样;课文作者在文章中表达的情感可以引起学生的共鸣,达到陶冶情操的目的。必须把这一领域的"道"分成两个方面:一是道德,二是审美。也就是说,通过语文课进行道德教育和审美教育。多年来,美育未受到重视,过分强调语文课的德育功能,实在太片面。虽然德育和美育都属于情感教育或价值教育,但两者所涉及的价值标准是不同的。其学习过程的本质是外在价值标准的内化。内化可分为接受、反应、评价、组织和个性化五个由浅入深、由不稳定到稳定的层次。所以其测量方法在不同内化层次有所不同,但总的方法是观察学生的行为表现,看他们选择何种价值标准。

我们可以把上面的分类和行为指标总结为下表。

表1 语文学习结果的分类及其习得的行为指标样例

心理学中的学习分类	语文学习结果分类	习得的行为指标样例
知识(狭义)	● 拼音知识 ● 课文内容的理解 ● 字、词的理解与记忆 ● 句法与篇章结构的理解 ● 策略知识	● 说出声母和韵母各有几个 ● 听懂并回答与课文有关的问题 ● 听写生字新词;词语解释 ● 回答与句法、篇章有关的问题 ● 说出与记忆有关的策略
技能:		
智力技能	● 字、词的正确应用 ● 句式的正确应用 ● 段、篇结构的正确应用	● 字词在课文中再认,用词语造句 ● 用指定句式造句,改错句 ● 概括出自然段和逻辑段的大意 ● 用指定篇章结构写文章
动作技能	● 正确发音,流利朗读 ● 正确、美观、迅速地书写	● 字词出声音读,大声朗读 ● 用毛笔临帖书写

(续表)

心理学中的学习分类	语文学习结果分类	习得的行为指标样例
认知策略 （包括元认知）	• 选择适当的语文学习方法（包括字词记忆、阅读与写作学习方法） • 对自己语文学习能力，学习优、缺点的意识与控制	• 会做语文学习笔记，借此积累词语、写作素材 • 针对自己的特点和阶段学习任务制订自己的学习计划并努力执行
态度（包括品德与审美情趣）	• 接受课文中暗含的价值标准 • 受课文人物榜样的影响 • 受课文中情感的感染，形成积极情操	• 认同课文中的价值标准并用来评价人物 • 赞扬榜样人物的行为 • 自发地为他人做善事

三、用学习分类思想推动我国语文教学研究和改革

语文学科的研究和改革不外乎要抓三个环节：一是抓教学目标定位和用科学的方法陈述，二是抓达到目标的过程，三是抓目标的检测和评价。上述语文学习结果分类思想对语文学科教学研究和改革的三个环节都能提供具体指导。

（一）关于目标定位和科学陈述

语文教学之所以效果不好，最主要的原因可能是目标定位不当。这又反映在两个方面：一是教学目标设置中没有处理好"文"与"道"的关系，二是没有把可以观察和测量的学习结果作为教学目标。

根据上述语文学习结果的分类，语文教学涉及知识（狭义）、技能（含动作技能和智慧技能）、策略和态度。在认知领域只涉及课文内容知识，字、词、句、段、篇的听、读、说、写技能（智慧技能）和语文学习策略（认知策略）。现代学习心理学研究表明，知识、技能、策略和态度的学习互为条件。如果语文学习目标是字、词、句、段、篇的读写技能，那么课文内容知识、学习策略和学习态度便是读写技能学习的条件。如果把语文教学目标定在策略的学习，那么知识、技能和态度是策略学习的条件。学习心理学家还认为，学习条件还可以分必要条件和支持性条件。前一类条件是必不可少的，没有它学习就不能发生。后一类条件一般来说是对学习起支持和促进作用的，有了它学习能较顺利和迅速发生，没有它则并不意味着学习不能发生。在语文的字、词、句、段、篇的读写技能学习中，低级技能学习是高级技能学习的必要条件。课文内容知识和学习策略以及学习态度是技能学习的支持性条件。通过对各种学习条件的分析，我们便能从心理学角度解释"文、道"统一的思想。但就语文作为一种工具性学科而言，掌握字、词、句、段、篇的听、说、读、写能力是第一位的，掌握课文内容知识和道德价值或审美价值是第二位的或支持性的。有些学者主张把语文课的道德和审美教育功能放在首位。我们认为，中小学其他学科也有道德和审美教育的功能，不应把过重的道德和审美教育任务都揽在语文学科上。

我国语文教学理论的一个最大误区恐怕是不切实际地把短期语文教学目标定在所谓发展智力上。语文教学要发展的智力是什么？谁也说不清，于是就简单化地套用观察力、记忆力、想象力和思维力。然而根据现代学习心理学和教学心理学，教学目标是预期学生学习的结果。在学习结果分类里面根本就未提到所谓的观察力、记忆力、想象力和思维力。那么我

们设定的教学目标怎么与科学心理学接上轨？如果接不上轨，那么我国语文学科的教学研究将永远不可能有重大突破。下面试举两个例子。

一位语文教师根据老舍的《养花》一文，教学生应用因果句型。方法是在原句子中增减"因为"或"所以"等词。先让学生朗读（带点的词语是增加的）。

例一：师：<u>因为</u>我爱花，
生：<u>所以</u>也爱养花。
师：我<u>之所以</u>还没有成为养花专家，
生：<u>因为</u>没有工夫去研究和试验。
师：因为我只把养花当作生活中的一种乐趣，（要求学生朗读时加上"所以"）
生：<u>所以</u>花开得大小好坏都不计较，只要开花，我就高兴。
师：因为在我的小院子里，一到夏天，满是花草，（要求学生在朗读时加上"所以"）
生：<u>所以</u>小猫只好上房去玩耍，地上没有他们的运动场。

例二：师：因为在这种气候里，想把南方的好花养活，我还没有那么大的本事，（要求学生朗读时把课文里的"因此"改为"所以"）
生：<u>所以</u>我只养些好种易活，自己会奋斗的花草。
读完以后师生讨论。
师：第一节一共有几句话？
生：第一节一共有四句话。
师：这四句话，用的是什么句式？
生：这四句都是因果句。
师：这四句因果句，有什么不同？
生：第一句先说原因，后说结果，"因为"没有出现。第二句先说结果，后说原因，"所以"没有出现。第三、第四句，先说原因，后说结果，"因为"和"所以"都没有出现。

在这一教学片断中，我们应把教学目标定于何处呢？按某些理论家的说法是"训练逻辑思维能力"。按学习结果分类理论是掌握因果句型，属于智慧技能中的规则学习。前一目标大而空，无法检测。后一目标不但定位适当、具体、可以检测，而且也暗含了如何实现目标的方法（详见后文）。思维发展是通过掌握概念和规则实现的。空谈逻辑思维能力，而未把掌握句型概念和规则作为学习目标，实际上语文教学目标就落空了。

又如，据《文汇报》1999年6月上旬某日报道：上海市有12万中小学生参加了"比记忆、诵唐诗、增能力的擂台赛"。如果把该活动看成一种语文学习和教学活动，对此，我们的目标便有两种定位。按语文学习结果分类可以定位于：（1）把某些唐诗背出来，作为言语信息贮存于记忆中，以便将来进一步学习诗的写作和鉴赏；（2）记住许多广泛流传的诗句，以便在今后的讲话和作文中加以运用，使自己的语言增色（此为智慧技能学习）；（3）在背的过程中寻找适合自己的记忆方法（认知策略，此种策略可以迁移）；（4）受到诗人情感的熏陶。按传统的观点，目标定位于发展记忆力。该报道的作者称："诵读唐诗是增强记忆力的有效方法，而记忆力是人的重要素质之一，记忆力好，将有利于各方面的学习。"我们认为不能把背诵唐诗的目标定位于增强记忆力。因为此种目标不但失之过泛，而且没有科学的心理学依据。

因为如果"背诵唐诗能增强记忆力"的论点能成立,那么就不能否认背诵其他东西也能增强记忆力。什么东西都要背,那还了得!

在语文学习中,之所以需要背诵,这是由语文学科的特殊性决定的。一般而言,在数学和自然科学学习中,学生很少需要背诵。原因是在这些学科中,主要是掌握概念和规则,即所谓的"道"或"道理"。而且这些学科中的概念和规则是能精确定义的,应用时也很少有例外。在通过例子习得规则之后,例子不必记住。在语文学科中,主要目的是学文。中小学生要掌握约4 000个汉字和1万个词语,这些知识固然需要理解,也要靠反复背诵才能转化为技能。另外语言文字有许多固定搭配,属于言语连锁学习。连锁的形成也必须靠重复背诵。而且语言文字中许多概念和规则并不是十分精确的,不是记住了规则便能说话和写作。其中有许多例外,这些例外也必须牢记和能熟练运用。此外语言学习一般是先实践、运用,然后理解,因此背诵是不可避免的。以上理由是背诵的目的。知道背的目的以后,教师和家长就不会让学生盲目背诵。

目标定位适当以后,还应该用科学的方法加以陈述。关于目标陈述的方法请参阅有关著作[2],由于篇幅限制此处从略。

(二)关于达到目标的过程

我们主张用教学目标指导教学、学习和测评,这叫目标的"三个导向功能"。一旦用学习结果分类思想设定了教学目标,这类教学目标本身就暗含了目标实现的途径和方法。

例如上述例一的教学目标是掌握因果句式的用法,通过查阅表2,可知学习的性质是规则学习。如果学生的认知结构中已经有了类似的句子图式,则可以通过举例对原有图式加以修正或发展。这种教学速度快。如果学生认知结构中缺乏可以同化句式的有关图式,那么就应采用例一的规法教学,即先呈现若干因果句式的变式例子,然后引导学生思考,通过辨别、概括,归纳出因果句式的本质特征并形成用于支配自己造句行为的规则。

表2 语文教学中的智慧技能在字词、句子和篇章上的任务类型、学习性质以及相应的学习原理与方法

	任务	学习性质	学习原理与方法
字词	● 音、形的读、写,音、形、义配对 ● 词义理解	● 机械联想 ● 难下定义的概念学习	● 刺激反应接近、重复、强化 ● 从例子中感悟,在语境中学习
句子	● 概念、规则学习 ● 词语固定搭配	● 难下定义的概念、规则学习 ● 言语连锁学习	● 句子图式形成,如例—规法 ● 背诵、反馈、纠正
篇章	● 归纳中心、分段内容与表达形式等的理解与使用	● 概念规则与高级规则学习	● 先作单项能力训练,然后将单项能力组合成整体能力

在我国语文教学中已总结出"精讲多练"的原则。但由于缺乏学习结果分类思想,许多谈"精讲多练"的文章都谈不到关键点。如果用学习结果分类思想为指导,那么在语文教学中哪些地方该讲,哪些地方该练,哪些地方该想,哪些地方该背诵,便会明确得多。哪些地方该背上面已讲了,这里着重讲哪些地方该练。从学习分类观来看,动作技能、智慧技能和认知策略都必须通过练习才能习得。但是这三类能力的"练"都不同。读音或书写动作的技能练习是刺激和反应的多次机械重复,影响练习效果的最重要因素是教师提供练习结果的反

馈信息。智慧技能的练习不是刺激和反应的重复,而是心理学中所说的变式练习。如上述因果句式的教学就是采用变式练习。课文对篇来说都是变式例子,句子对句法规则来说也都是变式例子。世界上的任何个别事物或现象对于语词的概念来说都是变式例子。要形成语词概念,如"猫"的概念,儿童必须接触多个具体的猫,如白猫、黑猫、老猫、小猫的例子。要习得句法规则,学生必须先接触某个句子类型的例子,这里有刺激和反应的重复,但刺激和反应都在发生变化。而在变中有不变的东西,那就是概念和规则。我国语文教学理论提倡多练,有可取的一面。但可悲的是练习的结果未落实在概念和规则的掌握上,而是落实在所谓的观察力、记忆力、思维力、想象力上。那是形式训练说的余毒,必然加重负担而收益甚微。要提高语文教学的效益,必须把练习的结果落实在概念和规则的习得上,因为概念和规则可以广泛迁移,学习才学到了根本。这时教师的任务主要是设计与呈现变式例子,引导学生对变式例子作比较和归纳并可学生的归纳提供适当的反馈,思维的指导便渗透其中了。尽管语文技能和学习策略都应通过变式练习才能习得,但这两类能力的性质不同,"练"也有区别。此处不便展开,有兴趣的读者可参见《智育心理学》(人民教育出版社 1996 年版)第六章。我们也将有论文专门论述这两类学习的异同。

(三)关于教学结果的测量和评价

学习结果分类中还暗含了教学结果的测量和评价。因为学习分类的研究中不仅指出了不同类型学习的过程和条件,而且确定了测量各类学习的行为指标。例如加涅在其学习结果分类中已明确规定,掌握言语信息的行为指标是陈述(口头或书面陈述);掌握具体概念的行为指标是识别概念的例子;掌握定义性概念的行为指标是分类;掌握规则的行为指标是将规则应用于新情境(演示);掌握高级规则的行为指标是"生成"新的结论、设计方案或写出新颖的文章等;掌握认知策略的行为指标是选择并应用策略调控自己的认知活动;掌握动作技能的行为指标是执行动作步骤;掌握某种态度的行为指标是自愿选择某项行为或活动。

总之,用现代学习分类思想对语文学习结果进行科学分类将对我国语文教学研究和教学起显著的促进作用。

参考文献:

[1] 王小明.图式理论与句子教学[J].华东师大学报(教育科学版),1999(2).
[2] 皮连生.学与教的心理学(修订本)[M].上海:华东师范大学出版社,1997.

内隐学习研究对我国语文教学的启示[①]

杨金鑫

1967年对于认知心理学研究是具有里程碑意义的一年,美国心理学家Reber在这一年发表了第一篇以内隐学习为标题的研究报告——《人工语法的内隐学习》(*Implicit Learning of Artificial Grammars*),从此一个崭新的研究领域在认知心理学界展开。说这件事具有里程碑意义,不仅在于它开启了一个研究领域,更重要的是它聚焦了人类无意识的认知学习活动,并用设计精巧的实验方法不断地挖掘它的本质特征,使得人类对自身认知活动的理解更加深入、全面。三十几年过去了,内隐学习的研究一直保持着它的热点效应,并在众多心理学家的努力下,取得了长足的进步。内隐学习的研究成果不但深刻影响了心理学研究的各个领域,而且辐射到教育学、教育心理、学科教学论的研究和实践。本文以内隐学习的研究及其最新进展为切入口,以20世纪末开始至今仍余波未尽的语文教育大讨论为背景,探讨内隐学习理论对我国语文教育的启示意义。

一、内隐学习理论及其最新进展

(一)什么是内隐学习

通常情况下,当环境刺激以某种结构出现时,人们会试图了解和掌握这种结构,并有意识地利用这种知识对环境刺激作出适当的反应,这原本是无可争议的人类认知的一般原则。但是,Reber的研究表明,人们在没有意识到环境刺激潜在结构的情况下,也能了解并利用这种结构作出反应,这就是内隐学习的过程[1]。相对于问题解决、决策制定,以及信息的有意识的搜寻、检索等凡需要付出努力、采取一定策略来完成的外显学习而言,内隐学习中,人们并没有意识到控制他们行为的规则是什么,却学会了这种规则。内隐学习研究领域的界定通常有三个标准:第一个标准是内隐学习中获得的知识是意识不到的,至少被试对所学到的东西不能提供言语说明;第二个标准是被试学习的信息较简单的联想或频率计算更复杂。这一标准的选择是为了实用的目的,它允许内隐学习只包括那些涉及复杂信息的任务,但避免信息表征的偏见即内隐学习是产生抽象知识的无意识学习过程;第三个标准是内隐学习不涉及有意识的假设检验过程,而是作用于刺激的认知加工的伴随结果。

儿童并不了解母语的语音和语法的规则,却可以自如地生成合乎规则的言语形式,并能非常容易地辨别出哪些语音是不正确的,哪些话是不合乎语法的;我们即使不能清晰表述某个人的五官特征,却可以一眼就从茫茫人海中发现自己的一个朋友,而当你试图让他说出他依据的原理或规则时,他可能难以说清楚。这些都是通过无意识的学习完成的,虽然认知主体无法用语言描述他已经掌握的规则,可从他的外在反应和表现,可以推断出他已经掌握了

[①] 本文选自《课程·教材·教法》2002年第3期,第41—45页。

复杂抽象的规则。

(二) 内隐学习的特征

内隐学习有如下本质特征:(1)自动性:这是内隐学习最令人感兴趣的一个方面——人们能在没有有意识地努力去发现任务的隐藏规则或结构的情况下,学会在任务环境中对复杂关系作出恰如其分的反应[2]。(2)概括性:假定所需的内隐知识是抽象的,那么将其推广到所有深度相同结构的新情境中时,都与在类似的特殊记忆环境中的效果相等或更好[3]。(3)理解性:内隐知识并非不能被人们意识到,只是人们难以把它们完全地揭示出来,换句话说,内隐学习具有不彻底的理解性[4]。(4)抗干扰性,即低变异性:与外显学习相比,内隐学习不容易受次要任务、年龄、IQ和病理的影响[5]。另外,在一定条件下,内隐学习明显优于外显学习,即所谓的"内隐学习效应",这一点通过对人工语法的学习得到了实验的证明[6]。

内隐学习的研究之所以引人注目,就在于它可以不需要意识努力自动地发生,所获得的知识即使不能用言语表述也能有效地应用于类似的情境之中;内隐学习的研究之所以激动人心,就在于这种自动发生的学习效果,在某些情境下居然优于需要意识努力的外显学习效果。

(三) 内隐学习研究的新进展

如果内隐知识通常凭借内隐学习获得,那么是不是外显的指导就不起作用了?如果我们仍然需要外显的指导,那么什么样的方式更有利于内隐知识的获得?内隐学习和外显学习的关系究竟如何?这一系列的问题一直是内隐学习研究的基本理论问题。Berry的实验证实,有两个因素对外显的指导有意义:第一,规则的显著程度。如果规则明显,实施外显的指导会有所帮助——"寻找规则是有效的,如果你能够找到它";第二,对被试实施外显指导的具体情况。相应的实验研究表明,当提供的外显信息与被试从环境中获得的内隐知识的表征相一致时,越早向被试提供外显的指导,其效果越好;如果两者不一致,越早向被试提供外显的指导,效果则越差[7]。

内隐学习作为一种学习模式,也就是有机体的一种适应机能,它的存在和发展具有连续性。从种系发展的角度看,无意识的认知活动更为古老,也更为基础;从个体发生的角度看,自觉的、意识的认知活动也相对出现得较晚。内隐学习这种无意识的认知是客观存在的,但考察内隐学习时,不应,实际上也不能将它与外显学习割裂开来讨论,而应该看到它们之间内在的关系和机能的连续性[8]。

内隐学习还被应用到社会认知的研究领域,从社会信息加工的意识和无意识性可以将社会认知划分为外显和内隐社会认知两个方面。在社会认知过程中,虽然行为者不能回忆某一经验,但这一经验仍然潜在地影响行为者的行为和判断,这也就是所谓的内隐社会认知。在社会性信息的加工中,内隐记忆的贡献强于外显记忆的贡献[9],而且远期和近期的经验对内隐的社会认知加工均具有显著影响[10]。

(四) 内隐学习在教育领域的实践应用和成果

内隐学习在教学领域的应用研究尚不多见,但也取得了一些具有启示意义的成果。首先是在第二语言的学习方面,对于第二语言的学习一直存在两种观点:一是认为外语的学习应该遵循母语的获得方式,简单地暴露于标准语言之下应该足以产生充分学习;另外一种观点是外显知识是内隐知识获得的必要前提基础,因此,教学中应重视规则的传授。这一争论引发了许多心理学家对内隐和外显学习在外语学习中贡献的研究。Bialystok 研究发现,内隐知识在判断句子是否符合语法时起决定作用,但进一步分析不正确的句子时则需要外显的语言知识[11]。Scott 等人研究了法语语法学习,实验中他让外显组听规则和给出该语法结构的例子,让内隐组听含有同样语法结构的故事,结果发现外显组成绩显著好于内隐组[12]。总之,这些研究都支持了第二语言学习中的外显学习效应。其次是在自然科学的学习方面。樊琪的研究显示自然科学概念的形成和科学探索过程中的内隐学习与外显学习相比,两者效率十分接近,但内隐学习存在年级差异[13]。内隐学习存在年级差异表明,对于真实知识的获得和发展,已有经验发挥着一定的作用。

二、内隐学习理论对我国语文教育的启示意义

内隐学习的理论研究和实验证据不仅深远地影响了认知心理学界,而且对教育的固有观念产生了强烈的冲击。通常情况下,我们更加注意的是有意识的外显学习,对无需意识努力的内隐学习关注不多。而人类对高级规则的掌握、抽象概念的形成、社会认知、情感和人格的发展无不受到内隐学习的影响。人类的认知活动之所以能不断向纵深发展,主体对客体不自觉的认识和内部体验发挥着不可忽视的作用。

语文教学也是如此,如果仅仅重视规则化、逻辑化知识的传授和操练,如果只靠外显的学习方式去学习语文,是不符合人类的认知规律的,"少慢差费"源于此,学生的厌学源于此,"减负"无效也源于此。

1997 年 11 月,《北京文学》"世纪观察"栏目推出一组"忧思中国语文教育"的文章,在语文教育界甚至整个思想界都激起了轩然大波,一场关于中国语文教育的大讨论由此展开。于漪老师曾说,对语文教学的批评基本上伴随了她整个的教学生涯,几十年来,不批评的时候是少的,但如此大规模又影响深远的批评和讨论还是第一次[14]。四年过去了,这场讨论的余音尚存。内隐学习的研究对我国语文教育大讨论的很多焦点问题都有启示意义。

(一) 语文学习不可忽视内隐学习的作用

我国语文教学在基础教育阶段的主要目标是全面培养学生的听说读写能力,也就是要力图使学生成为规范自如地使用语言的人,而不是分析语言现象、挖掘语言规律的语言学家,所以要淡化语言知识的教学,培养学生的语感。

2000 年版初中语文教学大纲试用修订版中,在新中国的语文教育史上首次把"语感"作为教学目标提出:在小学阶段要"注重语言的感悟、积累和运用",初中阶段要"发展学生的语感和思维",高中阶段"重视语文运用能力和语感的培养"。语文教育改革的最终目标是能够提高学生的语文素质,语文素质的提高是一个全面综合的过程,而语感恰恰是对语言从形式到内容,包括语音、语义、语法、语用在内的综合的感知、领悟和把握的能力。

结合心理学家对内隐学习的研究我们可以很明显地看出,语感正是通过内隐学习获得的——人们获得语感的过程是自动的,即没有有意识地努力去发现语言结构的规则却可以在言语行为中准确地使用它们;语感获得后在以后的言语活动中进行推广时效果相等或更

好;人们对语感并非不能意识到,只不过难以完全地说明。从内隐学习发生和发展的角度看,它更加古老和基础,在人类的认知活动尤其是语言学习中处于核心地位。因而,我们不能忽视内隐学习在语文学习中发挥的重要作用。回顾我国传统的语文教育,"书读百遍,其义自见""涵泳""吟诵"的教学方法是有一定可取之处的,它通过对刺激材料的不断接触,形成虽不能言明却可以内在地指导言语理解和言语生成的内隐知识,本质就是通过内隐学习模式使学生获得语感。

如果语文教学的主要目标之一语感的培养和提高,其重要的心理机制是内隐学习的过程,那么我们在教学中为何不采取更为轻松的方式,让学生在更为自如、有效的环境中获得知识?通常依赖外显学习进行的科学知识的学习中,内隐学习都不逊色于外显学习,那么母语的学习中是否应更加多地关注内隐学习的特点,把培养学生的语感建立在扎实的科学基础之上?

(二)外显的指导和已有知识经验是语文能力提高的关键

迈向21世纪的今天,人类史无前例地面对着知识的飞速累积和发展。如果回归传统的语文教学模式,要想应对高效率的生活和学习节律,接纳不断扩展的信息和知识,几乎是天方夜谭。我们应吸取传统的精华,与现代科学研究的成果有机结合,才可能真正提高语文教学的效率和效果。

内隐的无意识学习是人类认知活动的基础,要着力发挥。但外显的有意识的学习是自觉的较高层次的认知,与前者不可分割。而且,外显知识有助于内隐学习效果的实现。语文教学的内容有模糊的一面,也有清晰的一面。最为基本的问题就是,哪些内容是可以不用直接言明的,即使学生不能清晰地解释也不妨碍他们的语言运用?哪些内容必须有意识地传授并让学生深入领会?该运用内隐的方式让学生自动获得的偏偏要采取外显的方式去有意识地传授,本该模糊的偏偏要弄清楚,造成语文教学的方式紧张生硬,非必要的"学科知识"的膨胀,加重了学生的负担,又无法取得良好的教学效果。与此同时,本应有意识地传授和弄清楚的又模糊不清,比如不同年级的学生应重点纠正的错别字有哪些?不同年级学生的听说读写能力状况究竟怎样?我们能否对不同年级的学生的语文水平进行量化的要求和考核?叶圣陶先生在20世纪80年代初就提出,对学生语文能力的项目、步骤等基本问题必须展开调查研究,不能总是心中无数。内隐学习的研究也揭示了外显指导的效果依赖于教师对学生已有知识状况的全面掌握。可当前的现状是对很多问题我们仍然是雾里看花。这样,所谓的提高学生的语文素质难免成为空话。

内隐学习存在年级差异表明,对于真实知识的获得和发展,已有知识和经验发挥着一定的作用。这又提示我们,学生的生活阅历和优秀文学作品的积累对语文学习同样重要。这是与"大语文"的教育思想并行不悖、殊途同归的。美国教育学家科勒涅斯有句名言:"语文学习的外延与生活的外延相等。"许多语文教师在实际工作中都感受到,学好和教好语文关键的是两方面:第一是广泛的阅读,第二是投入生活的海洋之中。语文所涵盖的内容,决不仅仅是字词句篇静态的知识,还涉及文化生活、科技进步等一系列动态的内容。反过来看,对后者的把握有助于对前者的领悟和运用。生活是语文的源头活水,语文一旦与生活联系,就马上生动活泼起来。因此,教师在传授知识、分析课文、训练能力的过程中,应有意识地联系生活,为学生拓宽学语文、用语文的广阔时空。重视语文实践活动,使语文教学与生活相连,课堂教学与课外活动互补,学生才能学得多快好省,才能不断扩大知识面,丰富情感,提高鉴赏力,使学生更加热爱生活和善于品味生活,真正走向学语文、用语文的广阔而丰厚的天地。

可以说,内隐学习是语文能力提高的主干,外显的指导和阅历经验的积累是语文能力提高的两翼,三者协同作用,学生语文素质的培养才能落到实处,才能振臂高翔。

(三)审美情感和人文精神的内隐获得

内隐社会认知的研究对语文教学中提高学生的审美素养和良好的道德情操、提升学生的人文修养都有启示意义。人类的社会认知有很强的内隐性,苍白的说教、强硬的干预比不上润物细无声的潜移默化的影响。所以,语文教材内容选择的意义决不仅仅在于选取一个例子来进行语言文字的操练,获得字词句篇、语法逻辑等语言知识,并以此提高学生的听说读写能力,更重要的是通过一篇篇文质兼美的文章感染学生,内隐地使他们获得完善的社会认知系统,春风化雨般地浸润他们的心灵。

诚然,语文教学无力也不应该挑起整个民族的道德教育、审美教育的重担。我们强调的是,内隐学习的研究成果为我们揭示出人类社会认知的特点,刺激的呈现、过去的经历会内隐地影响人的认知方式和决策判断。语文教学的人文性因素就体现在这里。因此,在语文教材编撰的过程中要对这个问题进行全面的考虑,以落实语文教学工具性和人文性并重的理念。

(四)内隐学习研究的思路值得借鉴

20世纪60年代末,由于反映课堂学习规律的学习论的逐渐成熟,把教学目标、教学过程、教学方法、教学媒体选择与运用以及教学组织形式等每一教学组成部分的理论阐述都建立在学习论基础上的现代教学论应运而生。当前,很多语文教育学者都发出"语文学科建设须有理论指导"的呼吁。我国的语文教学界有很多优秀的教师也不乏好的经验,但很多教师不了解现代学习理论和基于现代学习理论的教学论,致使许多好的经验无法提升到学习论和教学论的高度,也因此难于推广到更广阔的范围。面对当前实验和研究零散于语文教育体系中的状况,我们需要汇聚力量,形成语文学科的科学理论,从学科的性质、任务、教学内容、原则、方法、途径、手段到训练、评估、测试等均应在理论上做系统的追踪研究和实验,从中发现规律,才能提出令人信服的、使实践者明确的指导思想。内隐学习研究的技术路线值得我们很好地借鉴。

内隐学习的研究首先提出人类存在内隐学习这种无意识的认知模式,然后设计精巧的实验揭示它的本质特征,考查它与外显学习的关系、内隐知识和外显知识的联系,以及外显指导发挥作用的方式和效果,把一系列的问题不断深入挖掘下去。这种研究思路对我们的启示是:语文学习中有很强的内隐学习成分,那么就要研究语文的内隐学习的特点是什么,什么样的知识适合外显的学习,什么样的内容应发挥学生内隐学习的能力轻松自然地获得。如果语文学习要注意培养"语感"这类内隐知识,相应地我们就要弄清楚外显知识对培养语感有没有帮助,如果有,什么样的外显知识是语文能力提高的关键。语文教学中什么样的外显指导和何时使用外显指导更符合人类的认知特点,这些都等待我们去倾力探求。

注释:

[1] Reber, A. S. Implicit learning of artificial grammars [J]. Journal of Verbal Learning and Verbal Behavior, 1967(5).

[2] Reber, P. J. & Spuire, L. R. Encapsulation of implicit and explicit memory in sequence learning [J]. Journal of Cognitive Neurosience, 1998 (10).

[3] Maybery, Murray; O'Brien Malone, Angela. Implicit and automatic processes in cognitive development. Kirsner, Kim (Ed); Speelman, Craig (Ed); et al. (1998) [C]. Implicit and explicit mental processes (pp. 149-170). Mahwah, NJ, USA: Lawrence Erlbaum Associates, Inc., Publishers.

[4] Knowlton, B. J. & Squire, L. R. The information acquired during artificial grammar learning [J]. Journal of Experimental Psychology: Learning, Memory, and Cognition, 1994 (20).

[5] Seamon, J. G., Marsh, R. L. Critical importance of exposure duration for affective discrimination of stimuli that are not recognized [J]. Journal of Experimental Psychology: Learning, Memory and Cognition, 1984 (10).

[6] 杨治良. 记忆心理学[M]. 上海: 华东师范大学出版社, 1994:11.

[7] Dianne, C. Berry, Zoltan Dienes. Implicit learning — theoretical and empirical issues [M]. Lawrence Erlbaum associates Ltd, 1993.

[8] 吴国宏,李其维. 内隐学习的再解读——从认知发展角度的剖析[J]. 华东师范大学学报(教科版), 2001(3).

[9] 杨治良,高桦,郭力平. 社会认知具有更强的内隐性[J]. 心理学报, 1998,30(1).

[10] 周爱保. 过去经验对内隐社会知觉的影响[J]. 心理学报, 1998(2).

[11] Bialystok, E. & Ryan, E. B. A meta cognitive framework for the development of first and second languages kills [C]. In D. L. For r est-Pressley, G. E. Mackinnon & T. G. Waller (1986), Meta cognition, cognition, and human performance. Orlando: Academic Press.

[12] Scott. An empirical study of explicit and implicit teaching strategies in French [J]. The Modern Language Journal, 1989(73).

[13] 樊琪. 自然科学的内隐学习研究[D]. 上海: 华东师范大学, 2001.

[14] 江明. 问题与对策——也谈中国语文教育[M]. 北京: 教育科学出版社, 2000:12.

建立实际应用语言的知识系统[①]
——张志公先生对语文教学科学化的一个重要设想

顾德希

高效率地培养学生的听读说写能力,是语文教学现代化、科学化的迫切需要。应当建立实际应用语言的知识系统以适应这一需要,这是张志公先生 1984 年 4 月在一次语文教改座谈会上提出的主张。这一设想虽然是 8 年前提出的,但眼下仍有很大的现实意义。建立什么样的知识系统,用什么知识指导能力训练,当前仍是没有能够很好解决的大问题。

张先生关于建立"实际应用语言的知识系统"的主张[1](以下简称实用语言的知识系统),是针对中学阶段的语文教学提出来的。这一主张涉及三个问题:对语文课需要什么知识的再认识,什么是实用语言知识,语文教学为什么要建立这样的知识系统。

一、语文课究竟需要教些什么知识

张先生一贯反对语文教学中的"术语"过多,认为这在客观上会冲淡语文教学的真正目标,也容易引起认识上的混乱[2],但"实际应用语言的知识系统"却不折不扣的是一个新"术语"。在语文教学中各种"行话"名堂已经很多的情况下,张先生为什么又想出这样一个新提法?如果了解他对语文课知识教育的长期思考,就会明白这绝非一时神来之笔,更不是故意标新立异,而是他几十年不懈研究的结果。他认为传统语文教学忽视知识教育,而几十年来的语文教学在知识的范围、分量、深度等方面也并没搞清楚,对知识与能力关系的认识,有时简单化,有时"又仿佛无能为力"[3]。所以对语文教学究竟需要怎样的知识,实在有再认识的必要。建立实用语言知识系统,正是他对怎样使语文知识为语文能力服务反复再认识的真知灼见。

他反对"过分简单地要求学到一些知识必须立即化为技能",他认为"有些知识一旦知道了,就可以立刻或者很快转化为技能,运用起来;有些知识就没那么快,需要和其他有关知识互相作用起来,并且与有关的实践互相作用起来,经过相当一段时间才能逐步转化为技能,从不熟练到比较熟练,到很熟练;有些知识甚至在相当长的时间之内,见不出与技能发生什么直接联系,知识就是知识"[4]。也就是说,语文教学中的知识可以分两大类:一类与听读说写技能转化有比较直接的联系,其中虽有快慢之分,但总起来说,与技能操作有关;另一类与听读说写技能不一定有多少直接联系。这后一类知识不容忽视,因为它关乎学生开阔视野、丰富头脑、增进修养、提高认识水平。

但这里特别需要再认识的是前一类知识。语文教学必须有一套对训练语文能力给以有效指导的完备知识,绝不能像传统语文教学那样"始终处于一种自发的而非自觉的、凭朦胧的感觉和经验办事的状态,靠老师耳提面命,靠孩子们自己去体会、摸索"[5]。必须向孩子们

[①] 本文选自《课程·教材·教法》1992 年第 12 期,第 19—23 页。

提供系统的语言知识,并以之指导语言实践,提高实践的自觉性、准确性和质量水平,然后再认识,再实践,不断前进,不断提高。

但问题出在怎样确定一套语言知识上。语文教学曾引进语法、修辞、逻辑等知识,后来逻辑知识取消了,语法和修辞保存下来,又增加了文体、写作的知识,而且不断调整改进。这比传统语文教学忽视系统语言知识的教育,无疑是迈进了一大步,这是从无到有的一步,功不可没。也正是由于有了这些比较系统的语文知识,语文教师在教学过程中才更加重视如何给学生以知识去指导他们听说读写的实践活动。这在语文教学观念上也是一个飞跃。

但效果如何呢?张先生曾说过,自50年代汉语课本编成以后,他便很关心语法教学的效果。从学生方面的反映表明,语法知识的学习对他们读写能力的直接帮助主要只是两点:一是掌握复杂的长句子,二是改病句。这不能不令人失望。所以他在70年代谈到把逻辑学、语法学、修辞学运用于语文训练时曾说:"几十年搞下来,从语文训练的角度看,是否有些成效呢?有,但是不大。"[6]结论虽只五个字,但分量很重。要寻找更有效的知识,还得继续探索。张先生自50年代末隐隐感到这一问题,便从理论和实践两方面力图开辟新途径。对传统语文教学的深入反思和辞章学的研究倡导,反映了理论上的进一步探讨。70年代末到80年代初的大量论著[7],也反映了这方面的探讨。另一方面,他多年来一直强调语文教学中的知识教育一定要"精要、好懂、管用",这是他改革语文课知识教学的基本观点,既涉及教学方法问题,也涉及教材中知识体系的问题。张先生以此有力地推动了语文知识的教改实践,许多同志在实践中的创造,丰富了对语文知识的再认识。我个人也从中获益很大。

但知识教学低效率的问题仍然严重存在。比如描写的知识,并不是没有用处的,学会描写,说和写的表现力都会增强,阅读文学作品时鉴赏的眼光也会高明一点。但现在的情况是,有限的几种人物描写方法从初中一直讲到高中,只要遇到记叙文、小说,就一定要分清哪是肖像、哪是神态、哪是动作、哪是心理……尽管肖像描写和神态描写有时区别起来很难,也没太大必要,但也得要求学生去分。具体到一篇课文的分析,更是把这里用了什么描写、那里用了什么描写的问题一路问下去,似乎这些分辨明白了,思想内容也就明白了,而且这样做似乎就把思想内容和语文知识有机结合起来了。造成这种状况当然有教师方面的问题,但语文知识有没有毛病呢?是不是偏重了对语言表达方式的理论抽象,而忽略了学生读写活动中所需要具体完成的认识上的突破?"什么是描写"和"描写所表现的具体内容是什么",哪个更该看重?"什么是描写"和"怎样完成合乎实际需要的描写",哪个更该看重?现在被看重的似乎是前者,这大约是许多"语文知识"的共同弱点。这一弱点不克服,知识就脱离了实际,本来可以管用的知识也变得不"管用"了。脱离学生认识的实际需要,反复"砸"知识,结果一个"比喻"从初一"砸"到高三,学生仍然只能识别哪儿用了比喻,而不能准确说出某个比喻句的具体含义,这样的知识教学怎能有效率可言呢!

什么是指导听说读写的有效的知识,实在有待进一步研究。仍用"描写"为例吧,《谁是最可爱的人》的第二个事例,用了大量描写,分辨哪儿是什么描写对学生来说是没多大困难的,但学生却未必能对其中5次写到孩子的哭声给以有意注意,而作者这样写却是有意的。哭声就是马玉祥一连串果敢行动的命令,从这里入手,一下子就会使学生对这个事例的感受理解上升一个层次。所以这里不妨提出"要善于发现作品中反复出现的描写语句"的问题。在这里,这似乎是更实用的阅读知识。可惜许多这类有用的东西,在"语文知识"中尚没有明确的位置,只能让学生长期在是这种描写还是那种描写的分辨中消磨时光。

"低效"问题的解决不是短时间能奏效的。强调教师要改进教学方法是正确的,但过多责难教师是不合理的。因为恰当地活用语文知识,是涉及语文知识体系改造的大工程。正是基于这种现状,所以张先生明确提出建立实际应用语言的知识系统的主张。

张先生曾打过这样的比方:比如牛顿三定律等一些物理学经典的基础知识吧,很有用,但靠它却发展不了航空工业。必得在它的基础上建立起"流体力学"、"空气动力学"等许多门应用科学,才会有螺旋桨,才会有喷气式。他认为语言学的研究之所以对人们实际应用语言的能力尚不能发挥很大作用,就是还缺乏许多把基础理论和实际应用联系起来的"桥梁"学科。

辞章学是"桥梁"学科,实际应用语言的知识,就是中学生听读说写训练的"桥梁"。

二、实际应用语言知识的一般特征

张志公先生在提出建立实用语言知识系统时,特别明确指出:这"不是纯粹的语言理论的知识系统","不能把语文课搞成一门纯粹的知识课,而是以知识为先导以实践为主体并以实践能力的养成为依归的课"[8]。在这里,张先生强调了实用语言知识和语言理论知识的区别,强调了这是为听读说写实践服务的知识。所谓实用(实际应用)语言,也就是面对社会生活需要进行听读说写。听读是应用语言输入信息,说写是应用语言输出信息。在这种输入、输出的实践中,怎样给学生引路,使他们"输入"、"输出"的质量更高些呢?这就是实际应用语言的知识。张先生用"应用"二字,主要是为了突出实践性,即这里所讲的知识不是为呆读死记服务的,不是为"无病呻吟"的文章服务的,而是与生活、学习、工作实际密切联系的实用知识。所以,密切联系社会生活的实际需要,应是实用语言知识最基本的特征。

这种语言知识与纯粹的语言理论知识完全不同。它强调"用",也就是强调操作。所以实用语言知识应是一门操作性很强的知识。它包括对用眼、用耳、动手、动口的各种操作要求,有时还要与数量、程度、速度、准确度等方面的规定相联系。比如快速阅读的知识就是这样。但在眼、耳、手、口的操作中,核心是用脑。如何动脑,如何思考,是听读说写能力增强的关键。除了词汇量不够的问题之外,学生不会听、不会读、不会说、不会写的问题,大都可以归结为不会想的问题。只要善于把语言环境(包括广义和狭义)和语言运用结合起来进行思考,听读说写的绝大部分问题都可获得解决。学生的年级愈高,他们听读说写的活动对分析综合的思考水平的要求也愈高。所以,特别注重于对学生思维操作的指导,应当是实用语言知识的突出特征。

注重于指导学生的思维操作,就必须研究学生认识活动中的一般性弱点,研究学生应用语言听读说写时的特殊规律,而不是单纯研究语言本身的规律,也不是研究人们运用语言的一般规律。比如学生认识活动中的一般性弱点是在听读说写时分析能力不强,但只是一般性地讲学会分析是不行的,一定要结合学生特点,具体讲怎样分析词句的表层含义,怎样分析词句的深层含义,怎样分解一句话的几个要点,怎样把一个意思分别从几方面去理解,怎样分辨句与句、材料与材料间的关系,怎样分类,怎样分层次,等等。其中有的问题,是单纯研究语言自身规律的理论知识所不涉及的,比如分解要点、分别从几方面理解等;有的虽有涉及,但角度不同。总起来,大概可以这样说:实用语言知识所要回答的问题主要不是"是什么",而是"怎么办"。

实用语言知识注重科学性和可接受性的统一。不同年龄的学生在听读说写活动中所需要和可能完成的思维操作,其难度和复杂程度很不相同,有时只能讲相对的科学性,而不必追求高度的科学性。比如写作"要挖掘生活中最本质的东西","要挖掘材料中给人印象最深的东西","要挖掘人际关系中最感人的东西",这三种要求以第一种科学性最强。但在一定情况下,第二、第三种可能更容易被接受。这就必须仔细斟酌,科学性最强不一定就最好。也许先从后两种做起,到一定时候再用第一种会更好些。又比如前面说的《谁是最可爱的人》的第二个事例,是不是一定要提出"善于发现作品中反复出现的描写语句",提"线索"行不行?灵活性应当是很大的。因为指导思维操作的目的是引路,而参与学生的认识过程并促成其完成思维操作的因素往往是复杂的。太抽象、太死板、太烦琐,都容易窒息学生的头脑。所以实用语言知识,不科学不成,太"科学"也会不管用。张先生在一次谈话中说过"科学、少量、通俗、务实"八个字,比"精要、好懂、管用"多了两个字,突出了科学性和便俗致用统一的要求,这应看作是实用语言知识的又一特征。

实用语言知识应当是有序的,但不一定是很严格的序列。因为它是直接为听读说写服务的,听读说写的活动在语言上都可划分为词、句、段、篇四级单位。所以实用语言知识可大致以这四级单位为总序,每一级上又可由易到难地列出指导思维操作的若干知识点。比如"词"这一级,围绕词的思维操作,就可列出词的确认、词义的推断、辨明词的指代作用和概括作用、掌握词的特定含义、实词的选择和运用、虚词的选择和运用等若干知识点。每一点之下,还可包括若干项,比如实词的选择和运用就可包括怎样辨异和怎样选择两大项,每项以下又可分列几条具体方法,还可分附若干要求辨异或选择的词语。这些都围绕词这一级的思维操作,这些问题的操作质量,直接影响着学生听读说写中词语的理解和运用水平。句、段、篇三级具体的思维操作问题还有很多,不一一列举。这样看来,实用语言知识的序是完全可以理出一个清晰网络的。但在语文教学中,却又绝不能按照这样的序列安排教学活动,必须打乱它。因为在每一次听读说写的具体训练中,四级单位上的问题都会遇到,不管是信息输入(听读)还是信息输出(说写),词、句、段、篇的四级操作一般都要涉及。所以只能在每次的训练活动中人为地确定重点,依次分别突出某级的某几点,兼顾其他级的某几点。再根据年级的升高,循环往复,螺旋式上升,逐步完成对知识系统的几次全部覆盖。张先生在《关于改革语文课程、语文教材、语文教学的一些初步设想》[9]一文中对此曾有粗略描述,很有参考价值。这样看来,实用语言的知识序列又不是很严格的。

实用语言知识的教学,与语言理论知识的教学也是不大相同的。语言理论知识的教学,要求学生必须准确掌握知识概念。比如主语、谓语,如果概念不明确,就很难正确分析句子结构。实用语言知识的教学不一定如此。教师当然应力求把知识讲准确,但有时学生知其然不知其所以然也是可以的,他只要明确该怎么去想、怎么去做,形成某种思维定式就可以了。很多人能写一手漂亮的文章,但讲不清文章的写作知识,就是这种情况。因为许多实用语言知识的掌握,不一定需要理性程度很高,只要取得足够的经验,建立起有关的知识表象就能"管用"。

三、必须建立实际应用语言的知识系统

实际应用语言的知识,其实早就存在于人们听读说写的成功实践中,早就存在于许多有经验的语文教师的教学实践中,它经常表现为逻辑、语法、修辞、文体、写作等多种学科知识的灵活运用或综合运用,但它本身却没有被概括出来,没有形成完整的学科,所以它没有地

位,引不起重视。其实它才是中学生学语文所更需要的"桥梁"学科。没有这门"桥梁"学科,语文知识"管用"的问题很难得到较好的解决。而在教改实践中,着手建立实际应用语言的知识系统,则将为这门桥梁学科的形成创造重要基础。

建立实用语言的知识系统,意味着对现有"语文知识"的重新审视、系统清理,或留、或删、或改、或补。总之,以"实用"为准,做一番综合审理改制的工作。必须进行这项工作,否则分不清哪个知识是能够管用的,哪个知识是有用但却还管不了用的,哪个知识是暂不必让学生去用的。如果不认真鉴别,一概认为是"基础知识",去要求"迁移",这本身就是违反科学原则的。因为"迁移"是有条件的。比如"挖掘生活中最本质的东西"这项写作知识,要实现迁移,就必须要求学生具备洞察"本质"的抽象概括水平。如果不具备相应的水平,这项知识一定"迁"不动。而现在常见的情形是,有些知识和听读说写能力关系不大,却反复在那里"迁",比如前边提到的"比喻",造成大量反复低效的劳动;有些迁不动的知识也在那里"迁",造成无效劳动;而本来可以转化为技能的有效知识,却又付之阙如。所以,不对现有语文知识进行系统清理、重新审视,语文教学的科学化是难以实现的。

而也只有把实用语言知识理出头绪,建立较完备的系统,才可能实现语文教学的科学化。因为只有对用哪些知识指导技能培养才能切实见效的问题做到胸有全局,才有可能进行比较科学的试验,才有可能对知识教学的效果进行科学统计,才有可能克服盲目性,从而一步步改进方法、提高效率。语文教学的科学化与高效率是联系在一起的,凭经验办事是难以对效率做出准确分析的。不建立完备的实用语言知识体系,就无法结束凭感觉、凭经验办事的局面。当然,初步建立的实用语言知识系统未必是完备的,从不完备到比较完备必然要经历一个相当长的过程。

建立实用语言的知识系统,对语文教师队伍业务能力的提高将具有不容低估的意义。语文教师从高等师范院校中文系毕业,鲜有初当教师就能讲授得宜、训练得法的。原因就在于在大学学的都是基础理论性的学科知识,没学过实用语言的知识。他们要在积年累月的教学实践中去慢慢领悟,他们对实用语言知识领悟得愈多,他们的语文教学也才会愈受欢迎。这实在也是语文教学少慢差费的一个重要原因。因为对真正直接管用的知识逐渐有所悟,并不是轻而易举的。这本应是当语文教师必修的一门主课,但大学不开设,负责继续教育的部门也不开设,当好语文教师怎会不难上加难呢!

实用语言知识系统的建立,除了对现有语文知识系统应加以改造之外,还涉及基础知识(必要的基本理论知识、文化常识和大量词汇等)和实用语言知识的恰当安排,以及思想教育的全面安排等。而实用语言知识系统在教学中究竟采用怎样一种循环往复的序列,这又必须结合听读说写各项活动的全面安排来妥善处理。听读说写活动的全面安排究竟采取何种方式,教材是不是一定采用"文选"式的编写体例,这也是不妨重新考虑的。

总之,建立实用语言知识系统,反映了张志公先生从根本上对语文教学知识体系进行改造,以实现语文教学科学化的设想。这个设想是大胆的,又是充分尊重科学的;是极富创造性的,又是理论联系实际、完全从实际出发的。这个设想,是张先生语文现代化思想的重要组成部分,它将对语文教学改革产生巨大的推动作用,它将使语文教学完成从传统模式中脱胎换骨的改造,以适应科学化、高效率的未来需要。

注释：

[1] 张志公.张志公文集(第三卷)[M].广州:广东教育出版社,1991:33.
[2] 张志公.张志公文集(第三卷)[M].广州:广东教育出版社,1991:41.
[3] 张志公.张志公文集(第三卷)[M].广州:广东教育出版社,1991:97.
[4] 张志公.张志公文集(第三卷)[M].广州:广东教育出版社,1991:136.
[5] 张志公.张志公文集(第三卷)[M].广州:广东教育出版社,1991:19.
[6] 张志公.张志公文集(第三卷)[M].广州:广东教育出版社,1991:69.
[7] 张志公.张志公文集(第三卷)[M].广州:广东教育出版社,1991.
[8] 张志公.张志公文集(第三卷)[M].广州:广东教育出版社,1991:33.
[9] 张志公.关于改革语文课程、语文教材、语文教学的一些初步设想[J].课程·教材·教法,1984(6).

程序化：知识定向与认知引导
——语文课堂教学科学化试探

陈 军

最近，《语文建设》围绕"模式"问题展开了讨论，笔者以为，这是涉及是否该引导语文教学走科学化道路问题的"建设"之争。"模式"的内涵与外延很复杂，难以统一认识，不过，通过讨论，基本的东西还是可以抓到的。把"模式"视作"程式"，格式化、僵化起来，不行；把"模式"视作"程序"，讲规范化，则十分必要。从教学本质上讲，灵动与规范、艺术与科学，相辅相成，并不矛盾。笔者是实践者，无力对"模式"进行学术研讨，只结合当前有些语文课散而无序、过于开放的现象，谈点"程序化"的理由和操作上的认识。

一、语文学科特点与认知要求决定了语文教学的程序化

承认语文是一门学科，就得承认这门学科有它的系统化学科知识。承认它有学科知识，就得在教学中重视知识的价值，应用知识解决问题，发挥知识指导学习的功能。语文学科知识包括两个方面：一是概念性知识，属于客观上的指事称物方面的知识，如语言学上的基本常识；二是技能性知识，属于经验上的实践总结，如文章学、修辞学上的基本常识。这些知识是在语言实践中产生的，用到学习语文活动中来，当然能起到指导作用。知识本身有线索，应用也应有线索，因此，从程序上讲，这里明显有一条知识的序。遗憾的是，课标新教材逐渐淡化知识系统，课堂教学重感悟、重体验，不知不觉地也淡化了知识。

承认语文学习活动丰富多彩，而课堂教学又是语文学习活动的主渠道，就得承认这个主渠道有根本性、不可替代性，也就是基本认知的指导性。比如，教的过程必须切合认知论，遵循学生的认知心理；学的过程必须有一个科学的认知路线图。从程序上讲，这里明显也有一条认知发展的序。语文学习是基本的认识活动，认识活动就必然有从低级到高级、由简单到复杂等循环往复螺旋上升的程序。不依照程序教学，怎么行呢？遗憾的是，有些课在倡导自主学习时存在着散、松、乱之弊，无休止的天马行空般的讨论，似乎是"满堂闹"。

20世纪80年代末、90年代初，语文教学界对教学程序的研究比较深入，为什么在新课改推进之后，在强化自主学习、体验学习时却淡化语文学科的知识序、认知序呢？从内部分析，原因有二：一是语文学科知识本身及其教学处理确实还有问题。学科知识系统欠严密，有漏洞，语言学家在对它的讨论过程中有明显争议，这些学术问题也直接在中学语文教学实践领域反映出来；另外，中学怎么教，也发生了偏失，语言学家的成果，拿过来以后应该侧重于应用性学习，可偏偏我们代替语言学家来进行以传授知识为目的的普及性"讲座"，致使语文课变成了语言知识课。二是语文认知过程特别是认知结构还没有弄明白。学生学习新内容，一般要调用认知结构中的已有知识基础，形成新旧知识呼应，产生对话效果，但由于语

---

① 本文选自《语文建设》2005年第4期，第4—6页。

学科不同于数理化学科,新旧知识分界不明显,加之语文学习评价带有很强的综合性,因此,语文认知结构还有待于进一步探索。

问题是,不能因为我们在怎么教的问题上有偏失,就否定知识本身的价值;不能因为专家对语言知识系统有争议,就否定基本常识的存在;也不能因为语文学科认知的特殊性导致认知之序安排有困难就否定探索认知之序的必要性。我十分赞成个性化地、自主地学习语文。正是为了强化学生的自主地位,才更需要教学科学化,及早地促使学生应用知识根据认知程序学习语文。

二、知识程序定向,重在发挥知识的基础性教示功能

首先,要从教学论意义上认清知识的价值。教学是为了学习知识,学到的知识对于新的认识过程又产生酵母作用。知识是认识活动的定向工具。定向,是指教示与指导;工具,是指它在认识中发挥的支撑、凭借作用。这就是"知识就是力量"在教学论中的含义。正是因为知识具有认识的定向、教示作用,所以,它必定是能力形成的基础。我们说语文教学要教基础知识,不是指知识本身的特点,而是指这类知识在教学中的指导地位。现在,我们特别重视能力,这是完全正确的;但同时要深刻认识到,失去知识的支撑与教示,能力的形成就是一句空话。

其次,"知识程序定向"有其教学论上的基本含义。它不是单列知识线索,如编一套汉语知识课本,给知识本身排序;而是把知识纳入认知活动中,引导和促进学生在学习中应用。从这个意义上讲,就是为应用排序。知识本身是静态呈现着的,除了知识的生成有其层递、裂变等发展的特性外,产生的知识无须人为定向、排序。但是为了应用,就要作不同的考虑。第一,要选择,不是所有的知识都拿过来应用;第二,要定位,即解决什么问题要用什么知识,使知识与问题形成对应关系。因此,"知识程序定向"的含义就是"确定应用知识的思考方向"。一是考虑应用的时间,即知道什么时候用;二是考虑用什么知识来解决问题最为恰当;三是考虑如何用必要的知识来解决问题,即运用知识的策略与方法。这些,都是在教学过程中进行知识程序定向的基本要求。

第三,最重要也是难度最大的,就是在知识程序定向的教学实践中如何定向、如何安排程序。从实践角度来说,它主要包括两个基本环节:一是"教示性练习",二是"学术性理解"。学习,是由浅入深、由低级到高级、由简单到复杂、由表及里的认识过程,先"教示性练习",再"学术性理解",就是学习一篇课文的知识应用次序。那么,这两个环节又是如何选择、安排必要的知识,如何发挥这些知识的学习功能的呢?以下分开来说。

1. 教示性练习

教学一篇课文,都要布置学生预习,一般是圈点、勾画、抄记、诵读。其实,这里隐藏着很多问题。如圈点,圈什么点什么,学生是不大清楚的,年级越低越是不清楚,同学之间的圈点相差甚远。问题的症结就在于他们的知识基础不同。存在差异是正常的,关键是及时地缩小差距甚至要消除差距。圈点预习,是学习的起点。此时缩小差距,是很容易做到的。如果教师放弃,在后面的学习中,学生的差距将更大。所以在有经验的教师看来,群体学习课文时最应该缩小差距的时机就是"预习"。怎样缩小差距呢?办法就是"知识定向",具体做法就是明确教示性练习,也就是预习时提供知识,引起学生关注,设计"知识+问题+导向"这样的练习模式。比如预习朱自清的《春》,有两种练习要求,试作比较:

A. 阅读全文,找出你最喜欢的段落或词句,谈谈感受。

B. 比喻就是打比方,用一个事物作喻体来形容另一个事物(本体),好处是把本体描摹得更为生动。你能找出文中主要的比喻句吗?举三个例句,说出比喻的作用。

A是宽泛的,目的是放开来让学生自己去学,结果是五花八门,学习效果极不理想。B是有明确限制的,看起来是束缚了学生,但效果却很好。有人说,这不是僵化吗?学生的自主性在哪里?其实,预习起点时的这种"僵化",恰恰是为了学生后续学习的真正自主。因为真正的自主学习是在具备基本认知的情况下才可以实现的。这一篇课文的预习定向了,下一篇同类课文的预习就能自主了。定向是为了自主。

2. 学术性理解

预习之后,就是课堂讨论。讨论有两种:一是学生自己跟自己讨论,即所谓的沉思默想。这是十分重要的环节,可惜我们常常忽视,问题一提出,马上讨论。学生没有想好,怎么可能说得出呢?二是把内心讨论转化为班级群体间的交流。现在比较严重的问题是,讨论失去学术性,接近于"乱弹"。发言的准确性、依据性、严密性是课堂研讨的最重要因素。准确性,是指明确题意;依据性,是指以知识为判断标准和以文本为思考对象;严密性,是指分析有条理、推论合逻辑。其中最重要的,是以知识为判断标准并分析相关知识在文中的功能。一个语言学家欣赏朱自清的《春》,心中立即会跳出与文本相对应的知识并用来直接认读;实际上,这已不是一般的认读,而是用知识来鉴赏了。学生则不同,知识少,又是散乱的,又无如此思维品质,怎么办?教学的着力点就应是引导他们用知识来对应文本,形成科学的认知方式。必须指出的是,"学术性理解"是以"教示性练习"为前提的。前期打下了知识与文本对应认读的基础,课堂上的讨论就能保证质量,真正的思考高潮就会到来。

三、认知程序引导,旨在提高语文学习理性化程度

知识,是认识的指导性工具。认知,是心理运动过程,是学习活动的基本方式。知识与认知,从来就是相辅相成的。上文讲到知识教学中的关于文本的学术性理解,就是一种学习理性化的具体表现。但是认知程序的"理性化",则不仅是一种认知方式,而且,更重要的是对多种认知方式的科学安排。认知方式的科学程序,本身就能对学生的学习产生积极引导的作用。以下从三方面略作讨论。

1. 理性化的本质就是为了熏陶与习染

一谈到语文课堂理性化,有人就会说语文教学以情感熏陶为主,不同于数理学科以推理方式为主。其实,这是错解了"熏陶"。熏陶是从语文文本对学习者的影响与感染上来讲的;理性化,是从学习者对文本的解读上来讲的。熏陶不同于熏香,严格地说,不会自然产生。同读一文,有人感动,有人不感动,情况很复杂,其中理性化理解程度不同起关键作用。读透了,理解准了,共鸣产生了,熏陶才得以真正实现。只有披文入情,才得情感熏陶。文,是一道障碍,穿透文,才能感其情。

2. 理性化是课堂学习的特殊性所在

语文学习有自然学习与强化训练之分,前者宽松、自由,后者紧缩、严格。说古人学习如何涵泳,别忘了古人只学大文科,只学文学一类,而现在的学生一天八小时要学多门学科,时间紧了;另外,现在以班级授课制为主,学习内容有年级达标要求,基础教育阶段内的语文总学时也明显受限。这样就必然要求课堂上的语文教学必须根据任务要求,针对学生实际进

行强化训练。这里要强调的是,强化不是施压,不是野蛮操练;恰恰相反,强化就是科学化。行动科学了,效率就提高了,学习进步的势头就强劲了;战胜学习困难的方法与策略准确了,学习的自信心就增强了。这个意义上的"强化",就是学习能力的科学增强。要达到科学强化的目的,关键就是要搞清楚什么是"课"。课的本质,就是理性教示,使学生举一反三;举的这个"一"只有是概念化的、规律化的,才具有"反三"的功能。

3. 理性化的学习指标是有科学等级的

每节课都有任务,也就是每个学生上这节课都必须在原有基础上发展一步,完成发展性任务;新课的"新",不是课文面貌的新,而是学习任务的新。怎样落实并完成学习任务呢?笔者的体会是抓"六个环节,六级指标":(1)认读式认知。认读是浅认知,还未进入分析状态,如上文所讲的圈点、勾画、抄记等。在课堂教学中,这是一个起始环节,教师应以随机检查为主。(2)筛选式认知。进入分析讨论状态之前,要找到对象。对象既指文本难点、重点、疑点,也指所要完成任务的中心点。这个对象要靠师生双方共同选择与确认。教师起引领作用,学生起呈现作用,即在课堂上将学习障碍彰显出来。筛选式认知的第二层含义,也是最难的一点,就是"信息筛选"。把一段话的中心句、一句话的中心词找出来,这是字面上的筛选。此外,还必须学会文外之义、"弦外之音"的筛选。(3)联系式认知。一是与旧知的联系,新旧知识分辨清楚之后能搭桥引渡,学习更加有效。二是学习者主动把自己的认知与别的同学的认知联系起来,能够分辨异同,找出正误,学习也更有效。三是把不同课文联系起来。应指出的是,这里的联系不是比较阅读。语文课的特点在于学的是文本(即情境)而不是直接性知识。通常,文本相近,但思想、语言相异;思想、语言相近,而文本相异。这时的认知,不是比较文本的异同,而是寻找解读不同文本的相同的知识联结点。(4)推断式认知。由语言到思想,是第一层推断,叫披文入情;再由思想到语言,是第二层推断,叫因情解文。换言之就是,先搞清楚这篇文章写了什么内容,再在理解内容的基础上思考这样的内容为什么要这样表达。有不少语文课只走了第一步,比如教《苏州园林》,放一段录像,能直观地介绍文章写了什么。为什么要用这样的语文形式来写呢?文字表现与画面再现有何差异呢?这个问题的解决才能体现语文课的特点。(5)辨析式认知。这个环节是对上述四种认知的小结,通常是一节课的结束语。不过,传统教学的结束语是教师说出的,裁判一下学生的认知水平。其实,让学生来完成更有必要:辨析差距、辨析闪光点、辨析遗漏等,通过辨析,以求新的提高。(6)创新式认知。这是一个因势利导、水到渠成的环节,不是每节课都要完成的。有的课非得留出5分钟组织"创新",拓展开来,宏议一番,未免画蛇添足。当然,有了时机,必须抓住不放。总之,这六个环节组成了一节课的认知程序,体现了步步推进的特点。说是模式,可以;说是程序,也可,科学些而已。

需要"合作对话",也需要"诵读感悟"[①]
——语文阅读教学方式的文化社会学审视

刘忠华

语文课程标准明确提出:"积极倡导自主、合作、探究的学习方式","语文教学应在师生平等对话的过程中进行"。"合作学习"与"对话教学"作为一种新的教学理念已经进入课程政策文本。但是,现实的语文课堂教学还是"涛声依旧",合作、对话少,即便有,也大多为"伪合作"、"假对话",课堂教学还是授受式的多。在讲授—训练之外,学生的语文学习主要还是诵读自悟。有论者指出:在语文新课标里,语文学习方式的改革主要并不是体现在对合作学习、自主学习和探究学习的强调上。这种强调是一般性的,是各学科共通的,它们在语文教学中的适用性和适用程度也是可以商榷的。在语文新课程标准中,关于语文学习方式的改革主要体现在对感性学习的强调上,例如对"熏陶感染"、"体验"、"感悟"、"语感"的强调等[1]。显然,这其中有些将"合作学习"与"感性化学习"对立起来的意味。可见,从根本上而言,现实的语文教学特别是阅读教学还是重"诵读感悟"而轻"合作交流"的。

诚然,合作学习与对话教学,应该说都是先进的教学理念。那么,为何这些先进的理念没有被师生广泛认同和接受并转化为有效的教学实践呢?原因也许是多方面的,但是其深层因素,笔者认为,主要是社会文化的影响。另外,我们对"诵读感悟"与"合作交流"也缺少深刻认识。本文拟从文化社会学的角度对此作一些探讨。

一、中国传统文化:缺少"合作"与"对话"的基因

中国传统文化是以地缘、血缘关系构成的以宗法制度为基础的伦理型文化。这种伦理型文化强调以"孝"为核心来构建家族秩序,并由此引申出"忠君"思想。这种文化在家庭中讲的是儿子对父亲的绝对服从,在家族中对长者的绝对服从,在国家对君主的绝对服从,由此产生了森严的等级与秩序。当然,中国的伦理体系中还有一个重要特色,是"重家族轻个人,重群体轻个体,重义务轻权利"。虽然现在宗法制度早已崩溃,中国传统的伦理道德已经失去了存在的社会基础,但是作为观念形态的文化还在继续,这种等级制度造就的"服从意识"还处处存在[2]。同时,中国传统文化还讲究"敬老爱幼"、"尊师重道"及"贵和尚中"等。这样的社会文化基础势必导致学生在课堂上对老师的尊重和顺从,视教师所言为"天经地义",少有怀疑。学生即使有问题,老师也大多如"三味书屋"中的寿镜吾先生一样"不作回答且有怒意"。同时,中国社会长期的农耕经济也导致了人们自食其力、自给自足与不依不靠、不等不要的思想,表明中国传统文化中缺少"合作"的基因。正如梁漱溟先生曾指出的:"中国文化是以意欲自为、调和、持中为其根本精神的。"[3]换言之,在中国传统文化中,过于强调自我的力量,讲求自给自足、自我实现、自我满足、自我安慰、缺少合作的精神。这种文化基因使得国人天生不讲合作,不会共事,正所谓鸡犬之声相闻而老死不相往来。

[①] 本文选自《湖南师范大学教育科学学报》2009年第1期,第107—111页。

中国文化基因还深刻地影响到中国的传统思维方式。中国的传统思维方式侧重于"较早的主体意识和浓厚的情感因素";"重视关系(包括人际关系)而超过实体";"重视整体,尤其关注整体与局部的关系";"重视形象思维,善于将形象思维与抽象思维融会贯通";"偏向综合而疏于分析";"长于直觉思维和内心体验,弱于抽象形式的逻辑推理"等方面。而且,中国文化基因的上述几个方面是一个统一体,有着一致的"明显的阴性偏向"特征,"儒家强调宗法,重视家族血缘亲疏,在中国影响极大,这本质上是女性心理特点的显现"[4]。这种文化偏向,极易使人形成荀子所说的"虚壹而静"的主体心态,强调主体的内在认知,而不好辩论与争强。

中国传统思维中的重整体轻分析、重归纳轻演绎,还表现为讨论问题时只有结论,没有过程,缺乏论证和解释。这就很难有真正深刻的对话,因为对话必然有一个过程。

如此一来,课堂教学作为一种特殊的生活方式,受其母文化的影响,难得有"合作"与"对话",也就不奇怪了。

当然,也有论者从《学记》《论语》等中国古代教育类著述中梳理出合作学习的动机、目标、实施原则、方法等,提出"中国传统教育思想一直重视合作学习"[5],并认为孔子、孟子、董仲舒、郑玄等人的教学实践就是一种"合作学习"。我们认为,这是对合作学习的一种误读。合作学习作为一种教学模式,其基本思想是"平等"、"合作"、"发展"[6]。苏联"合作教育学派"的重点,即改革教学过程中的人际关系,要求废除传统教学中一切压制个性的教学思想、课程设置、教学方法、评价方式,因此被称为"人道的教育学"[7]。如果说孔子"有教无类"的教育中包含了"平等"的思想,那么到了董仲舒及其以后的时代,因为实行的是中央高度集权的专制制度,我们实在看不出还有什么平等的东西。真正的合作学习是一种"彼此关注、彼此支持、互相帮助、共同进步的合作性活动",这种学习活动,应该是在现代民主社会中的学校才可能发生。即使是孔子及其后学的思想,也有学者批评是"违反民主政治"、"违反平等精神"的[8]。可见,"中国传统教育思想一直重视合作学习"的观点是不够准确的。

至于《论语》中所表现出来的孔子及其弟子对有关问题的交流方式,作为"对话教学"的初始阶段,虽然也有情感的交流,但师道尊严却是没有放下的,在那个"天地君亲师"的时代,要孔子具备真正的师生平等意识,也是不现实的。因此,孔子与其弟子的对话,还不是现代教学论中所认为的在教学过程中主体之间以对话的形式表现出来的交往与互动,还是一种"训话"及顺从式的"听话"。

而魏晋时期较为盛行的名士"清谈",虽然在某种程度上带动了社会上的语言教育,但对于青少年的语言学习也大多限于家庭之中,且局限于少数人,对于学校语文教育的影响是非常有限的,更不能认为是一种教学对话。

二、中国传统学习方式:"诵读自悟"

中国传统教育理论中虽没有"学习方式"的单独探讨,也没有独立的语文课程,但是,自古以来,求学就要读书,读书就是受教育,而教学生读书的阅读教学几乎与教育同义。众所周知,中国古代的学校教育基本上是文史哲不分的,甚至人文科学、社会科学、自然科学也不分,学伦理、历史、哲学、学科学、技术,也就是学语文。语文教育始终是一身而数任的。鉴于此,南宋理学思想集大成者、教育家朱熹所论的读书方法,应该是中国古代学习方法尤其是语文学习方法(主要是阅读方法)的代表性论述。他的弟子将其概括为"朱子读书法"六条,即循序渐进、熟读精思、虚心涵泳、切己体察、着紧用力、居敬持志[9]。朱子虽也提出"读书始读,未知有疑;其次则渐渐有疑;中则节节是疑;过了这一番后,疑渐渐解,以至融会贯通,都无所疑,方始是学"的"无疑—有疑—解疑"过程[10],但是,也只是侧重于阅读个体的熟读自悟和自求,其中虽有探究,也是一种个人独立思考和独立行动的"个体性探究"[11],而非集思广益互相合作的对话式的"群体性探究"。在某些课堂上虽有师生互相"问难",但不是教学的常态,更多的是教师相机点拨,适当讲解,学生自己去阅读"体会"、"玩索"、"悟"出道理来,达到"豁然贯通焉"。再者,中国古代一般以"校程"定"学程",因"学"而"教","课程"即"学程"。这种"教"是从"学"出发的,"所谓'教'以督促弟子'习'业为主,可开讲,可不讲。在此背景下,教育实体内部,重在弟子自习,即读书、背书、写字、珠算、作文",即一切以学生的"学"为主。这种"学",自然包括学的内容和方法。古代实行个别教学,教学作为"教"弟子学的活动,以弟子自学为立足点,靠弟子自己"求"学与"求"教[12]。求学求教可以向老师发"问",但更多的要靠自己多读体悟。

中国人习惯于以感性直观的方式体悟人与世界动态的有机的联系,对世界的认识和把握带有综合性、宽泛性、灵活性、随机性、不确定性等特点。这种观照方式必然积淀在语言上,而汉语汉字反过来又逐渐固化了这种思维方式。因此,"熟读自悟"的语文阅读方式既与阅读主体的思维特点有关,更与阅读客体的特点有关。

如前所述,中国人的思维是重整体直觉的。这种"整体、直觉、取象比类"的汉民族主导思维方式,及以"比类"与"体味"为主要特征的"整体直觉"的阅读方式,"体现于文学批评便是将文学作品所有的各部分作为一个整体进行观赏,泯去读者与作者的界限,充分地投入,体会其精蕴,同时发挥自己的想象,加以理解,作出判断"[13]。可见,阅读主要是自己的事,是阅读主体深入文本,整体感知和直觉体悟的过程。

每一种民族语言都有自己独特的逻辑、组织、修辞方式和美学价值,汉语的特性即在于"以神统形"、"以言得意",是一种注重整体感受的动态的心理式语言。汉语言的整体性及心理流动性特点,要求阅读者必须用心体会,所谓"读书百遍,其义自见",文本意义的显现主要来自阅读主体的意会即自主建构。可见,汉语文的内容特点,决定了汉语文的学习方式。

三、语文阅读教学方式选择:传统文化和现代教育理念相互冲突与融合的结果

1. 专制式的传统语文课堂:除了教师讲授学生倾听和训练外,剩下的只能靠学生自读自悟

语文阅读教学方式是阅读教学中的一种认知方式和行为取向,也是一种语文生活方式。我们可以把语文课堂视为一个"场域"。按照法国社会学家布迪厄的分析,"场域"代表着各种不同的社会空间,它展示的是由不同的资本和权力所决定的处于不同位置的行动者之间的客观关系[14]。课堂教学就是在这样一个由空间分布、时间分布及师生交往方式所构成的特殊场域中展开,并且深受着习惯的影响。

空间分布主要是课堂上座位的安排。在我国,几千年来课堂里的座位都是清一色的秧田式布局,所有的学生都面向老师。这种空间分布是为了适应集体教学的需要,突出了教师的主导控制作用,但教师与学生群体之间的交往并非非常有效,师生间的交流几乎阙如,而且还极大地限制了学生个体间的人际交往。对于课堂教学的时间构成,有学者通过中英两国小学教师在课堂活动时间总体构成比较分析,发现中国教师很少与学生小组交往,而注重

与学生个体及全班学生交往,并将后者置于更优先的地位。中国学生的课堂互动时间虽然远多于英国学生,但绝大多数发生在教师与学生之间。在这样的时空分布所构成的场域中,很显然,教师在课堂上处于绝对的控制地位,导致师生交往的单向度运动,且大多以教师为主角展开,不利于创造一种共同参与的良好氛围,不利于调动学生的学习积极性,学生只能扮演"受抑性角色"[15],听从教师指令,以旁观者的心态参与课堂活动。

毫无疑问,我们的传统教学方式是中国传统文化的折射,表现出一种控制与依附的旧文化气息。这种专制文化背景下的语文课堂,教师维护严格的甚至苛刻的课堂秩序,即极端的课堂纪律,通过这种方式来确立所谓的教师权威,并死死地控制了课堂,也垄断了沟通。除了教师讲授、学生倾听和训练之外,剩下的(可能是文本最有价值的部分:言语意义、言语策略及文本的审美价值等)就只有靠学生自读自悟了。

2. 现代阅读与教学理念认为,阅读教学是一个"诵读感悟"的过程,也是一个"合作对话"的过程

语文课程标准指出:阅读教学是学生、教师、文本之间对话的过程,应让学生在主动积极的思维和情感活动中,加深理解和体验,有所感悟和思考。语文新课标在阅读教学中所倡导的取向是"感受性阅读"或"感性化学习"。阅读主体的感受,只能来源于所感受的对象(即阅读客体,实际上从对话角度看,它也是主体,因为对话只有在主体之间展开),是主客交融的结果。因此,"感受性阅读"既是传统语文阅读方式"熟读精思、虚心涵泳"的现代表达,也是现代阅读教学理念的体现。感受的前提,是触摸文本,是深入其间,也就是"涵泳"。涵泳强调主体意识的参与,如鱼之游水,沉浸其中,细细体味。只有视文为水,身心涵泳其间,才能从容体察和理解。涵泳的基本方法就是诵读,通过反复诵读激活学生已有的知识经验,进入文本,与文本展开交流,身临其境,心领神会。而"感受性阅读"的理论基础,就是本次语文课程改革引进的阅读和教学的新理念:"阅读教学是学生、教师、文本之间对话的过程。"这一命题包括:阅读是阅读主体与文本之间的对话过程;教学是师生之间对话的过程。它混合了"阅读对话理论"与"教学对话理论"两个命题[16]。阅读对话理论将阅读行为看作是主体间的对话与交流,阅读是一个读者与文本相互作用、建构意义的动态过程,"对话的过程是经验基础上的意义建构,是不断离散又聚合的推进式过程"。而合适的对话与交流,包括"倾听"与"言说"两个侧面。过去很长一段时间,我们的阅读"倾听"得多,"言说"得少。当然,这种"倾听"包括在"倾听"文本的基础上兼容了"倾听"自己的心声——"倾听"自己,实际上就是阅读主体与自我对话。所谓"自我对话","在通常意义上是指现在的我与过去的我的对话,也就是自我对过去所沉积的经验、历史、思想等的反思性理解",而且,"自我的对话不仅包括自我对过去之我的反思性理解,在与他人对话中进行反思性理解,还包括在这两种反思的相互作用中反思理解自我"[17]。自我反思,就是对自己之所以不同于他人的原因的探究和合理性追问。这种自我反思直指内心,实际上有些类似孔子所述道德修养中的"内省"及学习过程中的"慎思",即"学与思相结合";也是朱子所谓"精思、切己体验、省察"之意。

这种阅读方式内涵的相通性,实际上也体现了人类文化共有精神的内在联系。人类社会的文明史,就是一部阅读史。"我们每个人都阅读自身及周遭的世界,俾以稍得了解自身与所处。我们阅读以求了解或开窍。我们不得不阅读。阅读,几乎同呼吸一般,是我们的基本功能。"阅读作为人类的一种基本生活方式,从根本上而言,其精神内核是相通的,"对书籍(不管是卷轴、纸张或荧幕上的文字)的崇拜是文字社会的信念之一"[18]。中外阅读精神的

共通性，正是人类追求文明、民主、自由与发展的共同价值的体现。世界文化是多元化的，但又是相互影响的。因为相互影响，所以，其基本元素又是一致的。

教学中的对话，总是在一定的情境中展开。"对话情境是教学对话产生和维持的基本依托……正是对话情境把教师与学生的心灵沟通起来，把学生的既有经验与要探究、解决的新问题关联起来，把学生的理智与情感结合起来。"[19]理想的教学情境，既来源于生活——教师与学生的知识经验（用巴赫金的话说，即说者与听者共同的"统觉背景"），又超越于生活——它是基于教学文本的意义的建构。这样的教学情境，既有预设性、稳定性，又具有生成性、不确定性。在一个生成性与不确定性的教学情境中，需要师生之间的密切合作。所以，有效的课堂教学对话，正是师—生、生—生之间合作的结果。这种"合作"，要求老师必须以平等的身份与学生展开交流与讨论。没有平等的"合作"，"对话"是难以进行的。

阅读对话理论更多的是与教学对话理论相关联。从根本上而言，对话理论主要是作为维护权利的话语来使用的，即维护学生的"倾听权"与"言说权"。在语文阅读教学中，这两种权利的维护标志着学生学习主体性的真正回归，也是民主时代语文教育的真正苏醒，意味着一种新型师生关系的诞生，一种新的课堂秩序的出现。

3. 语文阅读教学方式应该是"诵读感悟"与"合作对话"的有机融合

教育既是使学生个体个性化充分发展的过程，也是使学生个体充分社会化的过程。"诵读感悟"更多的是指向阅读主体的内心，是学习者个体的一种内在反思与追求。在"诵读感悟"中，个体体验等个性化阅读得以实现。表面看来，合作对话是一种外向型学习，是个体与个体、个体与群体之间的沟通与磋商。在合作对话中，学生的社会化得以实现。而实质上，"教学对话往往就是在具体问题的解决中进行的。教学就是教师与学生合作解决学生发展问题的活动。学生的发展是学生的内在追求，也是教师的任务与职责所在，这样教师与学生就内在地联结在一起。这就是他们合作的基础所在"[20]。可见，不管是"诵读感悟"，还是"合作对话"，两者都是促使学生自我认同、自我发展与自我实现的，其最终目的，都是实现人的全面解放。

正是在这个意义上，我们认为，课程改革背景下的语文阅读教学，需要学生"诵读感悟"，也需要教师、学生与文本之间的"合作对话"。有效的语文阅读教学，是两者有机融合、灵活运用的结果。

注释：

[1] 李海林.语文课程改革的进展、问题及前瞻[J].语文建设,2006(3).
[2] 顾明远.中国教育的文化基础[M].太原:山西教育出版社,2004.
[3] 梁漱溟.东西方文化及其哲学[M].石家庄:河北教育出版社,1996.
[4] 刘长林.中国系统思维[M].北京:中国社会科学出版社,1990.
[5] 杨云萍.传统教育中合作学习思想及其现实意义[J].教学研究,2007(4).
[6] 冯大鸣.合作学习述评[A]//[美]戴维·W.约翰逊,罗杰·T.约翰逊.领导合作型学校[C].唐宗清,译.上海:上海教育出版社,2003.
[7] 陈心五.中小学课堂教学策略[M].北京:人民教育出版社,2000.
[8] 蔡尚思.中国传统思想总批判[M].长沙:湖南人民出版社,1981.
[9] 孙培青.中国教育史(修订版)[M].上海:华东师范大学出版社,2000.
[10] 顾树森.中国古代教育家语录类编(下册)[M].上海:上海教育出版社,1983.

[11] 吴康宁.课堂教学社会学[M].南京:南京师范大学出版社,1999.

[12] 陈桂生."教育学视界"辨析[M].上海:华东师范大学出版社,1997.

[13] 刘明今.中国古代文学理论体系·方法论[M].上海:复旦大学出版社,2000.

[14] 杨善华.当代西方社会学理论[M].北京:北京大学出版社,1999.

[15] 黄书光.中国基础教育改革的文化使命[M].北京:教育科学出版社,2001.

[16] 倪文锦.初中语文新课程教学法[M].北京:高等教育出版社,2003.

[17] 李冲锋,许芳.对话:后现代课程的主题词[A]∥钟启泉.多维视角下的教育理论与思潮[C].北京:教育科学出版社,2004.

[18] [加拿大]阿尔维托·曼古埃尔.阅读史[M].吴昌杰,译.北京:商务印书馆,2002.

[19] 张华.课程与教学论[M].上海:上海教育出版社,2000.

[20] 倪文锦.高中语文新课程教学法[M].北京:高等教育出版社,2004.

语文教育与文化精神的建构

曹明海 史 岩

新颁布的《语文课程标准》，同过去的语文教学大纲相比较有一个显著的特点，就是把语文作为一种文化的构成，揭示了语文课程的文化特性和文化功能，强调语文教育不仅仅是"知识获得的过程"，也是一个陶冶人性与情操、丰富学生的情感与精神世界、唤醒心智与灵魂、促进生命成长的文化过程，必须注重和加强文化精神的建构。这是一个全新的课程理念，是语文新课程性质观、价值观和功能观的核心思想与本质所在，是语文新课程与教学改革的基本主题，我们不可有一点忽视。因为在语文教育活动中，文化精神往往体现为教学主体的价值意向而带有明显的个体性与方向性，它决定着教学目标的确立，教学目标是教学主体追求的价值理想，又是教学主体教学行为的自我规范。教学目标的终极实现也就是教学价值的现实生成。而教学价值的定向选择与教学创造过程，都是依据一定的文化价值意识和文化行为规范才得以进行的，文化精神是语文教育价值取向、教学活动与行为、教学创造过程的智慧根基。在文化精神贫弱者那里，是不会开放语文教育的创新之花的。语文教育受文化精神的范导与制约，文化精神是语文教育创新与发展的基本条件。为此，本文就语文教育与文化精神的建构问题，试作初步的探讨。

一、语文教育文化精神建构的使命

在人类教育发展的历史长河中，语文教育与人类文化似血肉同构，融会成回旋激荡、奔突绵延的急流，传播、追寻和创造着人类的文化精神，为人类构造精神的家园——陶冶人性与情操、心智与灵魂，唤醒生命与智慧、主体性与创造力，从而促进生命的成长与个体发展，提升人生境界，培养人生能力。毋庸置疑，语文教育不仅仅是知识获得的过程，也是文化精神建构的过程。这个过程浸透着文化的精髓，包容着丰富、深厚的文化内蕴，充溢着滔滔不息的文化精神，具有鲜明的文化特质与文化功能。

语文教育作为文化过程，传播先进的人类文化，弘扬人类的文化精神，在进行文化精神建构的同时也建构自身，这既是语文教育活动的内质，也是语文教育活动特有的使命。语文教育活动既是一种文化的传播活动，也是一种文化的生产活动，它的一个基本职能在于人类精神——文化的发展方面，即文化精神的建构是语文教育活动的重要使命。语文教育活动的各种功能，诸如培养听说读写技能、提高语文素质、建构完整的精神世界和完满的人格等，都离不开人的发展这一语文教育的总的命题和终极目的。实际上，语文教育活动是以人为对象，建构人的完整性的活动，对人的塑造与建构，是为了人的生存与发展，是语文教育活动的根本宗旨。所以，文化精神的建构与人的主体性的培养，崭新的文化心理结构与人的创造精神和创新能力的发展，现代文化精神素质与人的自主性和个性人格的生成，是语文教育活

---

① 本文选自《山东师范大学学报（人文社会科学版）》2003年第6期，第121—126页。

动最本质的功能属性之一。

在21世纪知识经济和现代化建设时代,民族和人的现代化是最根本的问题,也是难度最大的问题。时代的发展要求民族自身的心理结构、文化精神无条件地接受改造。摒弃陈旧的传统文化观念,建构崭新的文化精神,是人的现代化对语文教育的选择,赋予语文教育活动的重要使命。它要求建立一种崭新的,现代先进的生产力发展、知识经济格局相协调的价值观念和行为系统。从改革开放以来,在对民族文化心理的反省与检讨进程中,随着批判理性的增长与开放,人们已经深刻认识到,现代化建设需要当代中国人在新的世界环境中与时俱进,学会生存,学会创造,敢于求索,勇于创新。否则是不可能以前所未有的创新精神和创造力来推动新世纪知识经济时代现代化建设进程的。因此,新世纪语文教育的重要使命,首先在于改造人的精神世界,以建构崭新的、开放的,与现代生产力发展、知识经济格局相协调的文化精神为立足点,力求使语文教育成为追寻和建构新的文化精神的过程。

需要强调指出的是,要想充分体现和发挥语文教育活动的这种文化特质和文化功能,关键的问题在于文化精神的主体自觉与自我建构。唯此,作为教学主体的教师和学生,才有可能用一种崭新而深刻的"历史—文化"观透视生活、社会与人生,观照时代、现实与未来。所以说,语文教育活动是一种特殊的文化传播与生产活动,教学主体承担的是文化的传播者和创造者的角色。这就要求教学主体不仅需要对人类和民族的文化进行积极的认同与选择,同时也要对语文教育活动所具有的文化功能、教学过程设计与教学操作艺术的文化特性充分自觉化。这样,通过自主选择来实现文化精神的历史整合,才能找到个人价值与社会文化的契合点,形成相对独立的文化意识,进入社会的精神层次。由此,教学主体也才能深刻地把握社会历史的运行轨迹和趋向,洞察时代的文化风貌,以自身的精神—文化创造来完成语文教育的使命。

二、语文教育文化精神的本质特征

何为"文化精神"?文化精神是"一种文化的特有精神,一种文化具有决定力的价值系统,由此价值系统所构成的文化模式在态度、评价及情绪倾向等方面表现出的精神品质"[1]。这就是说,文化精神即指一种文化中基本的、整合的、历史发展的价值观念和行为范式系统,它是在主体历史文化实践中形成的,内在于其整体精神心灵结构的价值观念、情操品质、行为范式的总和。就一个国家来说,文化精神作为民族文化的深层结构或思想基础,是民族文化的灵魂和精髓,聚合着各种文化的本质属性,是一个民族生存、延续、发展的重要支柱。

文化精神作为一种多元复合的结构系统,它具有多种复杂的内质特性。就其基本的构成要素来说,它在语文教育中主要体现为民族性、时代性、复合性等特征。

其一,民族性特征。语文教育是民族的母语教育。民族的母语是民族思想、民族情感、民族精神生活的历史记录,是一个民族的文化精神的写照。俄罗斯教育科学家乌申斯基就曾明确指出:"在民族语言照亮而透彻的深处,不但反映着祖国的自然,而且反映着民族精神生活的全部历史。人们一代跟着一代传下去,但是每一代生活的成果都保留在语言里,成为传给后一代的遗产,一代跟着一代,把各种深刻而热烈的运动的结果、历史事件的结果,信仰、见解、生活中的忧患和欢乐的痕迹,全部积累在本民族语言的宝库里。总之,一个民族把自己全部精神生活的痕迹都珍藏在民族的语言里。""本民族语言是一切智力发展的基础和一切知识的宝库,因为对一切事物的理解都要从它开始,通过它并回复到它那里去。"[2] 所以,从这个意义上说,语文教育实质上就是民族文化精神、民族思想情感的教育,语文教育活动的本质内容,就是学习民族语言与其所包容的民族文化精神,了解民族思想、情感和生活的历史。其实,许多国内外教育家都曾对语文教育中文化精神所具有的这种民族性特征作过论述,说明母语教育并非只是简单的文字或字母用法和段落、句读的问题,不是一种单纯的语言技术训练和技能教育,更重要的是母语所包容的民族思想和精神、民族情感与生活,是民族川流不息的生命。也就是说,一个民族的语言,其实质是一个民族精神、情感的载体,是一个民族思想、灵魂的符号,是一个民族生息繁衍的生命传递。

就我们的汉民族语言来说,它不仅是汉民族文化的载体,也是汉民族文化的构成。汉民族的文化精神主要是通过汉民族语言来传播和发展的,汉民族语言浸透着汉民族文化的精髓。如一个汉语言艺术作品,无论是一首诗歌、一篇散文,还是一部小说、一个剧本,无不都是汉民族优秀文化的结晶,充溢着特有的汉民族文化精神。"关关雎鸠,在河之洲。窈窕淑女,君子好逑。"这是我国第一部诗歌总集《诗经》中被历代人熟诵的名句。显然,它不仅仅是一种爱情的表达,更是一种古代文化道德准则和伦理观念的表达,即"淑女"要配"君子",美貌要与德才结合,推崇的是一种美与才、容与德并举的伦理规范和道德风尚。单就这首诗使用的名词来说,什么是"淑女"?什么是"君子"?不言而喻,"淑女""君子"显然不是一个少女、少男的概念,而是一个伦理道德的文化概念,它有着鲜明的文化内涵和文化特性,表现的是一种特有的民族文化精神。

值得注意的是,语文教育文化精神的这种民族性特征,不仅表现在语言客体的构成上,而且也体现在教学主体的语言创造活动中。因为每一个教学主体,无论是教的主体还是学的主体,无不都是从一出世就在民族文化的温床中接受馈赠。教学主体的文化精神愈有深厚的民族精神特征,对感受、捕捉民族文化心理和现实生活就愈敏锐,其穿透力也就越强。任何一个教学主体的价值观念、思维模式、情感模式、精神理念、思维特征及其表达方式,都因为与民族文化的深层关联而呈现鲜明的民族意味,民族性是他们的一种必然的、无需论证的品质。

其二,时代性特征。语文教育活动的内容来自广阔的社会生活,在一定程度上反映了人类文化精神世界的丰富性及其鲜明的时代特征。特别是社会的发展和时代的进步,往往制约着语文教育,要求语文教育必须顺应时代的潮流,与时代生活的节奏同步,反映时代文化精神的内在律动,表现时代文化精神的风貌和特质,从而为时代的发展和社会的需要服务,完成时代与社会赋予语文教育的特殊使命。

从语文教学主体来看,无论是作为"教"的主体——教师,还是作为"学"的主体——学生,历来是"时代文化精神的体现者"和"时代文化思想的表达者"。在任何一个时代,他们无不以传播其特定的时代思想、社会愿望、文化精神为己任。有人说,时代文化精神是无数个体精神理想、价值追求与取向的集中体现和凝聚。因此,常常处于一定时代文化思想前沿、备受时代文化精神召唤的教学主体,必然对之有更敏锐的感知、更深刻的自主把握,使自身更自觉、更有效地从时代精神中汲取营养,积蓄和拓展自我的本质力量,促进教学的主体性开放与创造性升华。其实,自觉传播时代文化理想与愿望,反映时代文化思想情感,开拓时代文化的疆界,弘扬时代文化精神,本来就是教学主体不可回避的职责。教学主体如果沉寂于封闭的自我世界中,离开时代生活,在个人的生活小圈子中"不闻窗外事",那么,就会因为

"小我"的枯竭、"见识"的狭窄而缺乏教学的创造力和生命活力。而只有时刻感应时代的大潮，与时代文化精神息息相通，才会开拓自己的教学思维、扩展教学视野和人文情怀，才会具有旺盛的教学创造力。不仅如此，时代文化精神的主体自觉，还有助于加强和拓展教学交流的渠道，在各种新的时代文化信息的接受中，逐步摆脱陈旧教学观念的束缚，摒弃落后的教学思维方式以及僵化的教学模式，使自身的文化意识不断地适应时代文化、社会生活的变革与发展，从而真正成为时代文化精神的"体现者"、"表达者"与"传播者"。当然，教学主体对时代文化精神的感知把握和表达传播，并非意味着离开语文教育的本体而去机械地认同某种时代政治、意识形态，更非"以道为主"，去做时代政治的传声筒，而是将时代文化精神融化在自身的教育观念意识里，渗透在语文教育的创造活动中。这就是说，教学主体主要是凭借自身敏锐的感受力和认识能力深入时代、社会、人生的底层，在沉稳的文化层面去感悟、理解和把握时代文化精神的本质与流向，将自身放置于时代文化精神的宏观背景中加以反思、拓展与确立，以此来获得自我意识、教学的思想观念和行为方式与时代文化精神的感应和同构。

从语文教育的历史来看，一直存在两种语文教育的价值观：一是语文教育的社会价值观，即认为语文教育的价值在于陶冶人性，促进人的全面发展。二是语文教育的育人价值观。其实，这两种价值观不应当是对立的，而应该是统一的，因为无论是社会价值观，还是育人价值观，都要适应特定的时代精神和文化观念的要求。语文教育是以人的培养为目的的，而人的根基在社会和世界。人在社会中生活，在世界中生存，语文教育必须在人与世界、人与社会、人与生活的关系中展开，即把语文教育根植于人与世界、人与社会、人与生活的关系之中，关注世界的发展，社会的进步与人类的生存命运。长期以来，我们的语文教育一直不能很好地适应社会与时代对自身的要求，封闭性的教育观念大多是关注语文教育"怎么做"的问题，而缺乏对前提"为什么做"的反思。语文教育、教学的名目繁多，但多数只是从不同角度来解释和设计语文教育过程本身，没有把语文教育置于"社会与时代"的世界之中，没有着眼于人与世界、人与社会的关系来探讨语文教育问题。应该说，这是一个重大的失误，它致使语文教育在"应试教育"的泥潭中不能自拔，背离了新世纪呼唤创新精神和创造力的时代精神潮流。

其三，复合性特征。文化在其历史发展和传播过程中，传统的与现代的、个体的与群体的、不同文化模式的冲突、撞击、融会是必然性的客观现实。这样，在语文教育活动中各种错综交织的、外在的文化信息通过教学主体感知器官、思维器官的同化、顺应过程，被纳入到自我文化构成中，形成复合多元的内在世界。复合因素的内在张力和交替呈现，使教学主体的文化精神系统就像一个多面体的魔方，以强大的文化潜能影响和支配着教学行为，使教学主体的教学价值追求呈现独特的品格。也就是说，这种文化底蕴的复合化，能够构成教学主体的教学个性与特色。如果对语文教学名师作些文化背景上的考察，我们便不难发现他们大多是文化的复合型——具有多种文化素质复合的教育教学专家。如特级教师于漪，不仅有着深厚的教育理论修养、渊博的学问造诣，而且还有着阔大的文学视界、宽广的人文情怀。因而，她以其独具的教学个性，凛然自成一家，成为语文教育界众所称颂的"情派"，构成了她那透射着人文关怀光辉的独异的教学风格。

文化精神的这种复合性特征，在语文教育中还表现在教材文本文化内蕴构成的多维性因素上。从语文教材文本文化内蕴的构成规律来看，那些具有美学价值的文本文化内蕴，大多是个体意识、时代意识与具有共性的审美意识的艺术复合，是个体情感和时代精神的渗透,历史意识和宇宙情怀的融会。这就是说,教材文本的文化内蕴,大都是潜存着个人、社会、历史、宇宙多种文化审美基因的染色体。

三、文化精神对语文教学活动的潜制约

任何时代的语文教育都是在一定的教学理念的支配和规范下进行教学创造的。"文道统一"、"以人为本"也好,"主体性教育"、"民主化教学"也好,在种种教学主张的背后所隐含的往往是教学主体文化精神的面容与风貌。例如,与以伦理道德为主导的文化精神相适应,在语文教育中就有"以道为主"的教学观念;与"以人为本"为主导的文化精神相适应,在语文教育中就有"主体性教学"、"个性发展"的教学观念。无论是哪种教育理念都与其背后深隐的文化精神有关联。这就是说,在语文教育活动中,文化精神和教育理念的选择与确立具有内在的一致性,文化精神对语文教育活动有着潜制约的作用。

第一,教学价值的选择与创造。教学行为的构成和展开基于教学主体教学智慧的控制。而教学主体的需要内涵和智慧根基,本质上是文化赋予的。教学主体文化价值意识的倾向性体现在教学行为中,促使教学主体对教学价值的选择与创造带有鲜明的定向性。在教学价值的生成建构过程中,首先体现为教学主体的价值意向,它带有个体性和指向性。其指向性决定着教学目标的创立。教学目标是教学主体价值意向、目的的对象化,具有预设性和假定性,它既构成教学主体现时的教学理想境界,又是教学行为的自我规范。教学目标的终极实现,也就是教学价值的现实生成。教学价值的定向选择与创造过程,往往是依据一定的文化价值意识和行为范式系统才得以进行的。例如,传统文化中以伦理为本位的价值倾向,就规引着语文教育的价值意向而选择教学目标,在教学活动中就很可能倾向于伦理道德价值;而如果是强调教学价值的个体本位、主体本位,那么,教学活动中就很可能倾向于行为本身对价值生命、精神人格的建构功能。

第二,教学风格的形成与流变。教学风格是教学主体智慧的充分发挥与创造的果实。民族的时代的文化是教学主体进行教学创造、形成教学风格的土壤。不管是愿意不愿意、自觉不自觉,每个教学主体都要承受本民族的生活方式、文化传统、风俗习惯、语言方式以及心理、性格、情感的熏陶与滋养,形成一双"民族的眼睛"和一定的民族心理素质,并进而成为教学主体精神世界中的"神韵"。在教学活动中,教学主体就会自觉或不自觉地将民族的、时代的"文化意识"烙印在教学目标、教学设计、教学过程、教学方法之中。教学主体的教学风格正是在内隐的文化精神的浸润中得以形成的。例如,在语文教学活动中,有的教师是"激情型",或是声情并茂的美读,或是饱含深情的讲述,或是画面场景的描绘,即教学是以情取胜;有的教师是"机智型",其表现是思维活跃、思路开阔,不依常规,寻求变异,在教学问点的选择、问题的解析或教法的运用等方面,常常是新意迭现,出人意料,富有创造性教学的活力,即教学是以智取胜。鲁迅先生在谈民族差异时曾经说:"法人善于机锋,俄人善于讽刺,英美人善于幽默",而中国人在思想、情感和行为方面,"更明朗、更纯洁,也更合乎道德"[3]。这正是不同文化传统、文化精神塑造力量的体现。其实教师教学风格的形成也是如此,教师的教学风格同样是民族与时代文化的投射与凝结,是个体不同的文化心理结构和文化素养的体现与反映。独创性是教学个性风格的主要特征,但若缺乏强大的文化精神能量,是不可能形成独创性教学风格的。民族的与时代的文化精神的流变,从根本上改变着教学主体的思维方式、情感方式、行为方式和个性情趣及其品性特点,所以,也必然导致教学风格的形成与流变。

四、文化嬗变:语文教学价值的选择

在人类社会历史的进程中,每一种文化形态都处在自我发展、自我完善,或被否定与摒弃、或得以扩充与强化的运动之中。文化的嬗变是多向度、多层面、立体化的,如幼弱与繁富的扩张、衰退与成长的延续、消亡与兴盛的变迁、传统与现代的碰撞、落后与先进的交接、陈腐与新质的更替、庸俗与雅致的转换、民族与外来的遭遇等。这些"文化的冲突"是时代、社会与文化自身发展的必然,由此,也使先进的文化形态、文化精神、文化生命从理想转变成现实具有了可能性。文化的嬗变能为教学主体的教育创新、教学创造活动提供外在的文化契机,也会焕发出教学主体新的价值需求与理想定向。也就是说,文化嬗变制造的各种"文化的冲突"情境及其深刻的自我裂变,会极大地影响和促使着教学主体进行自主性的价值选择,即重新建构语文教育的文化精神、确立自我的价值体系。

第一,唤醒主体个性的解放。文化的嬗变对教学主体价值选择的影响是巨大的,多层面、多维化的,它会促使其价值需求的更新、价值理想的转变,唤醒其主体个性的解放、理智的自觉和独立的自主性与创造机能,从而接受自身价值和意义的历史发展,重新确立自我的价值坐标系。

教学主体个性的解放,是语文教学创造活动的关键。个性,对教师来说,是教学的生命,没有个性的教师,往往就是缺乏创造性的平庸的教师;对学生来说,个性就是智慧,个性就是创造力,没有个性的学生,往往就是缺乏创造力的平庸的学生。文化的嬗变对教学主体个性的解放与发展有着重要的推动作用,它能够创造特有的文化契机与条件,促使教学主体打破原有的个性禁锢,摒弃陈腐的个性桎梏,从而为语文教学唤醒主体个性的解放,获得发展个性、建构个性的自由。

任何一个时代的教学主体,都既是传统文化的负载者、被塑者与体现者,又都是新型文化精神与理想价值的敏感者、向往者与追求者。文化嬗变中对传统文化的消解、重构和各种新文化思潮的相迭出现,会打破教学主体文化心理原有的浑然一体的状态,而代之以深刻的文化心理的冲突与裂变状态。各种强有力的文化心理的碰撞必然促使教学主体作出抉择,由此,也就迫使教学主体个性的解放与生成。在这个过程中,敏锐的体察、感受构成的文化心理冲突与碰撞,是教学主体个性觉醒的标志,深刻的价值选择的痛苦也往往由此而生。教学主体个性的解放和发展,正是经过痛苦的自我反省、剖析和重新确认的过程而实现的。所以说,这是一种个性的自我解放、自我建构,它使教学主体可以摆脱某些传统规则与僵化模式的桎梏,充分发挥个性与才华,进行独特的教学创造,进而在教学创造中得到自我价值的实现。由此可见,教学主体个性的自我解放是生成和强化教学动力系统的保证。

语文教育的历史说明,文化愈进步,社会愈发展,教学主体的意识与个性也就愈开放和发展,愈具有独立性、自主性和创造性。这就是说,正是通过不断的文化嬗变,教学主体的个性逐步从中裂变和解放出来,不断地获得个性发展的自由,个性建构的空间越来越广阔,自我的价值意识也越来越自觉。其实,人类文化嬗变与发展的历史,就是主体个性解放与建构的历史,主体个性的充分发展是人类文化发展和追求的最高理想。在文化嬗变中教学主体价值选择的核心问题显然就是个性解放和发展的自觉选择与确认。主体个性意味着自我的独立性、自主性和创造性,它要求的是独立地发展自我和自主地发现真理。从新时期的语文教育来看,凡是在教学探索与改革中卓有成就的教师,无不是有着鲜明个性和解放个性的老

师。他们的教学探索都是个性化的探索,他们的教学改革方案,无不以倡导民主教学——尊重个性、培养个性、发展个性,实施主体性教育和创新教学为鲜明的个性化特色。这就是说,他们的教学探索与改革成就,正是通过他们的主体个性的创造而结出的果实,主体个性是产生教学个性的内部条件,而教学主体个性的自觉、解放与发展,离不开文化的嬗变——社会文化思潮、时代文化精神的激发与导引。

第二,激发当代意识的自觉。当代意识,是在文化的嬗变中不断生成的。它是具有当代先进文化特征、要求改革与创新、开放与发展的代表时代精神潮流的文化思想意识。这种当代意识的主要特征是"正在生成性",即它是正在生成于当代文化嬗变中的动态意识,而并非是一个静态概念。随着时代科技文化和社会生活方式的变革与发展,它不断地更新其内质。当20世纪以其强大的反思力掀开最后一页,新世纪的曙光在群山背后生起的时候,多维化拓展和创造性思维已经成为我们时代精神的旗帜。这面旗帜所标举的当代意识,就是改革、创新、开放、发展。它是当代人生命意识、文化理想、价值观念的凝聚,是跳动着当今时代精神的一种崭新的开放性意识,是主体个性意识、独立自主意识和价值创造意识融合的一种自由精神。

当代意识的自觉,是教学主体建构的重要方面。与当今时代的节奏同步,语文教育的价值创造、理想追求和行为方式已经进入了新的时代。所以,教学主体当代意识的自觉,就意味着对传统教育的狭隘眼界和落后心理的不断突破,意味着与各种传统教学观念和僵化教学模式的彻底决裂。真正富有当代开放创新意识的教学主体,正是在这种文化的冲突和裂变中实现了自身由传统的人向现代人的历史性转变。如果不能实现这个转变,就会背离教学主体的当代使命。所以,当代意识的自觉,实质上是教学主体智慧的一条生命线,是教学主体具有教学创造力和生命活力的保证。

具体来说,在语文教学中,当代意识的主体自觉,至少有以下两个方面的作用与意义:第一,当代意识的自觉,能够拓展教学主体需求系统的深度与广度。教学主体的需求并非单纯是教学本身的问题,它涉及整个社会的政治文化、物质经济和生活方式。正如马克思所说:"对于一个饥肠辘辘的人来说并不存在事物的属人的形式","忧心忡忡的穷人甚至对美丽的景色也无动于衷"[4]。这里蕴含着深刻的社会文化原因。从这个意义上说,教学主体的需求实质上是在其整个"心理场"中产生的。因此,当代意识的主体自觉,可从根本上改变教学主体心理场的结构与功能品性。它是主体个性化的,但又与时代精神息息相关。它能促使教学主体意识空前地开放,积极地进行自主性的开拓与创造。这样,不仅在广度上使教学主体欲求阔大化和丰富化,而且在深度上也促使教学主体从狭小封闭的自我心理需求定势中解放出来,从而在时代文化的大潮中重新建构自身。第二,当代意识的自觉,能够变革教学主体的思维方式。语文教学本质上是一种思维活动,是教学主体依据特有的思维方式来进行的有组织、有程序、有目标的思维活动。因此,当代意识的自觉,能开拓教学主体的思维空间,变革教学主体的思维方式,促使其选择和建构富于时代感、创造性和个性化的教学科学化体系及与其相适应的教学形式。

注释:

[1] 覃光广等.文化学辞典[M].北京:中央民族学院出版社,1998:155.
[2] [俄]洛尔德基帕尼.乌申斯基教育学说[M].南京:江苏教育出版社,1987:157.
[3] 鲁迅全集(第5卷)[M].北京:人民文学出版社,1981.
[4] 马克思.1844年经济学——哲学手稿[M].北京:人民出版社,1979:46.

关于阅读教学的文化学思考

潘冠海

从文化学的视角来思考阅读教学,揭示其真实的文化定位,诠释与分析其内在的生成与建构,可以获得更多的启示。因为阅读教学并不只是单纯的技能训练,也不是死板僵化的技术,而是一种文化的实践过程。

一、阅读教学的真实文化定位与诠释

本文更多地是从静态和动态两个角度来认识文化。从静态意义上来说,文化主要是指一种与自然、天然相对立的人为的、人造的东西或人存在的状态及方式。即主要是侧重于人类社会实践活动的结果,而不是活动本身或过程。从动态意义上来看,文化可以理解为两个层面:一个层面是指一种合工具性的对象化活动或过程,具体表现为文化对人的教化、训练、加工的社会化活动或过程,使"自然人"转化为"社会人";另一个层面是指一种合目的性的对象化活动或过程,具体表现为文化作为一种人化的活动或过程,使作为人的人能成为真实意义的人。因此,结合静态和动态意义的文化,笔者认为文化着眼于人在自我实现的过程中实现全面、自由与和谐的发展,着眼于提高人的主体价值与意义,着眼于培养人的思维和能力。从这个视角的意义上,阅读教学就与文化有密不可分的联系。表现为阅读教学本身就是保存、传承和发扬文化的一种途径,阅读教学本身就是一个动态的文化生成过程。阅读教学的文化定位表现为学生语言的形成、思维的培养和情感的熏陶。

1. 语言的形成是接触和获得文化的首要路径

阅读教学促进学生发展最终要落实为学生语言的形成。阅读活动表现为由文到义,再到物的过程。具体来说,即阅读从作品的语言文字出发,沿着句、段、章、篇依次前进。从阅读的过程来看,是从感知语言符号起步的,实现书面语言向内部语言的转化,从文字系统中提取有组织的意义。然而,从人的社会性角度来看,语言是组成一个社会人文环境的基本因素,作为一种表意与交往的媒介,语言不仅是文字符号的识得、语法的运用,更重要的是它还蕴含了人的精神。正如有的学者指出的,"语言即人的本体存在","言语即人的实践活动的本体存在"。阅读教学的主要任务是引导学生通过语言文字作品的学习,学习人类的语言,进而形成学生自己的个体生命的语言。人要更好地参与到一定的历史和社会中,首先要凭借语言,打好文化的基本底子。只有学生拥有了语言,才能更好地接触文化、阅读文化、反映文化,获得接触和拥有文化的首要路径。

2. 思维的培养是提升文化品质的内在要求

阅读教学既是学生求知的重要途径,又是开发思维的很好手段。苏联教育家苏霍姆林斯基说:"积三十年的经验,使我确信学生的智力取决于良好的阅读习惯。"首先阅读教学能

---

① 本文选自《教学与管理》2007年第15期,第78—79页。

触发想象力。阅读教学中,以虚拟手法写成的文学作品,尤其是诗歌、小说等,学生在学习这些文学作品时,可以培养丰富的想象力。其次阅读教学能培养概括力和记忆力。那些中心明确、条理清晰的文章,在教学中精读,有助于抽象概括力的培养。通过阅读教学,培养学生良好的思维品质,尤其是发展学生的创造性思维。阅读课堂上通过对文本内容的概括、分析、领悟,力争使思维达到深刻、灵活、独创、批判和敏捷。

毋庸置疑,学习文化、感受文化,在手段上首先要借助思维,才有可能分清哪种文化可以选择。其次是在对待文化的态度上,要避免那种单一的被动接受倾向,自然要用到思维。没有思维的深刻性,就难以进入文化的深层;没有思维的灵活和敏捷,就难以提高获得文化的效率。同样,没有思维的独创和批判,就不容易对文化有所发扬。

3. 情感的熏陶是升华文化境界的最好途径

阅读教学通过语言的中介作用,使学生形成众多形象,促成情感态度的体验。语文教育要求全面提高学生的语文素养,教会学生做人,学会学习,学会审美。我们通常说的教书育人,一般来说有两种方式,一种是显性化的,另一种就是隐性化的。语文阅读教学在培养学生情感方面有着天然的优势。在阅读文本的时候,通过文本的语言文字对学生进行情感培养,给学生美的熏陶。通过体验、感受,再结合学生的表达与倾诉,让学生在与自然、社会、人、人类的认识中获得各种感情,陶冶情操,进而帮助学生树立正确的人生观、世界观,升华学生获得文化和对待文化的境界。诚然,阅读既是情感的,又是审美的,这已是语文教育界的共识。阅读教学的过程不仅实现着文化知识的传递,还要对学生进行情感的陶冶和人格的塑造,语文教材的文本内容离不开鲜活生动的生活,离不开生活中的七情六欲的人。像《荷塘月色》《琵琶行》等这样的文本就不仅只是课文内容的理解,还有诸如音乐、美术等文化因素的存在。教师要善于挖掘课文当中先进的文化精神,创设良好的学习情境,指导学生阅读和鉴赏,让学生感悟中外文化的博大精深。

二、阅读教学的文化生成与建构

阅读教学改革是一项难度极大的系统工程,至少包括两层含义:一是理念、意识层面上的,主要是理论基础和理论继承创新的问题;二是实际行为、落实层面的运作,主要是阅读过程中的突出问题和尖锐矛盾。这两层解决的质量如何、效果如何、风格如何,能够从不同程度上反映阅读教学改革的文化品格。具体可以从以下方面来看:

1. 作为文化经典的教学内容不能丢

中国当代的社会转型,从某种意义上说,是从计划经济时代的唯一、共同走向现在的多样和多元。知识性质的转变必然会动摇原有的文化知识基础,引发新教育理念,推动教育改革。"后现代知识性质对'权威主义'的解构和对'科学主义'的批判,每一个人都已成为整个社会、历史的知识网络中的一个环节,都有权力有可能对任何知识进行质疑、修正和反驳。"这样,在后现代主义知识观看来,没有什么东西是确定的、一成不变的,更没有绝对的权威。语文阅读教学也难逃后现代知识观的影响。经典文化的地位也受到不同程度的影响,阅读教学中经典文化内容的分量和精华受到一些冲击和颠覆。阅读教学要为青少年学生的精神打好底子,就应该聚焦在体现经典文化的内容上。"文化选择中既要考虑共同文化,又要考虑亚文化,首先把两者作为相对独立的部分,然后再考虑其融合的问题。"所以在选择阅读教学内容时要以"共同文化"为主,用"刚性"对待共同文化,确立水平基准线,再用"弹性"对待亚文化,增强文化的适应性和多样化。即在教学中以经典文化为主,又不排除亚文化的内容。因为从长远来看,那些流行的时髦的文化,只是暂时的,如果学生在大好的青春时光里花大量时间迷恋于此,无疑是不利于健康成长的。只有那些经典的文化内容才是学生学习语言的典范,对学生的未来才有积极的作用。

2. 坚持阅读教学的文化主体论

当代语文课程文化倡导文化主体论,目的在于消解传统的文化工具论。把原来塑造传承复制的课程功能丰富拓展为生成和发展。阅读教学也一样,并不是要教师带领学生复制教材文本内容,而是在理解文本内容、与文本对话的过程中发挥主体作用,生成和创造新的文化,从而获得自身的发展。近些年来,"人的解放"、"人的发展"、"人的自由"、"人的主体性"一度成为热门话题,其目的在于倡导发挥人的主体性和创造性。后现代主义文化思潮的建设向度体现在文化基频及思维方式的转换。阅读教学也要转换思维方式,有学者认为,长期以来我国阅读教学一直存在着不利于开发学生主体潜在能力的僵化模式。阅读教学中,学生不是阅读的工具,而是富有主体性、创造性的活生生的人。体现人的主体性和创造性的阅读教学重在以学生的未来发展为本,营造自由、自主的课堂气氛,在阅读的过程中形成学生自己的语言,培养具有自己思想的主体。

3. 关注具有文化关怀的语文教师的生存方式

语文教师的问题是当今语文课程改革的核心问题之一。它既是语文课程改革的重要内容,又是推进和落实语文课程改革的必要条件。语文教师是有思想的人,具有自己的精神,在语文课程改革中诠释着自己的使命,实现着他们的生存价值和意义。作为语文教师,"只有当其超越了把职业仅仅当作'活着'的境界时,才能变得有批判性"。今天,语文教师个人和集体之所以有些躁动不安,大多是因为其在当今社会背景下外在和自身的人文精神与文化关怀的沦落与丢失。首先,要在阅读教学中引导学生生成文化,语文教师首先要有深厚的文化底蕴和文化意识。其次在阅读教学过程中,要在教师、学生、文本、作者以及编者这个场域里实现对话,语文教师开放的文化视野和包容的文化心态是必不可少的。第三,语文教师能够不断地反思自身的成长,有文化自觉意识。即对自己身为人师的自我警策、自我激励、自我反思以及自我升华的过程,这也是教师生命自强的必然要求。若以一种超功利的态度对自身进行文化关注,找到内在的尊严与欢乐,就有可能做到超越眼前的功利化具体工作,深入更高的领域,语文教师既是学生语文学习的引导者,又是学生人生道路上的领路人。从一定的意义上来说,阅读教学中语文教师更是一种崇高的人类文化精神的化身,以优秀的思想文化教化学生,培养学生的道德品质,传播科学人文知识,启迪学生智慧,培育学生的美好心灵。

总之,阅读教学作为语文教育的重中之重,从文化学的视角来思考阅读教学,也是语文的本义。在阅读教学中,确立新的文化教学理念,以开放包容的姿态对学生的文化素养进行全方位的培养。唯其如此,阅读教学才能真正富有活力,才能肩负起阅读教学所承担的文化使命。

触摸语文教学中的文化温度[①]

曹忠华

随着语文课程改革的深入,人们逐渐摆脱了工具论课程观的束缚,认识到语文新课程不仅是技术性语言训练的工具,还应该是作为文化主体的存在。它承担的是文化建构的使命,汉语文课程能以其特有的汉语言魅力和内在的文化蕴涵及情感动力赋予个体生命以价值、尊严、自由和意义,赋予汉民族以向心力、凝聚力、感召力和创造力。

于漪老师也曾说:"世界上各民族的语言都是其本民族的文化地质层,他们无声地记载着这个民族的物质和精神的历史。学语言,必然与文化血肉相连。"(《聚焦在文化认同上》)因此,在语文教学中,如果我们不能挖掘出语言文字所构成的文化特征和意蕴,只将其作为简单的信息符号来处理,那么汉语丰盈的文化内涵、灵动的文化精神就会在语文教学中枯萎、流失。语文教学应该注重工具层面的文化探究、知识层面的文化传递、经典层面的文化积淀、精神层面的文化浸染和教学过程中的文化追求。

一、敞开文字背后的文化意义

汉字是记录汉语的书写符号,它书写了中华民族的历史,负载了光辉灿烂的中华文化。然而,当今的语文课堂,许多教师把学生当作了识字的"机器"、储存信息的"电脑",总是一味地告诉孩子们这个字怎么写,那个字怎么读,这个字不能多一点,那个字不能少一撇,学生只不过在死记硬背汉字的笔画组合。有些教师虽然已看到这种教学的弊端,也尝试着采取灵活多样的教学方式,如编儿歌、设计比赛情境等,但这些都忽视了汉字的表意性质,违背了汉字的构字规律,漠视了汉字本身所内含的鲜活的文化背景,学生的学习兴趣、学习效率可想而知了。

识字教学应该为学生敞开文字背后的那个意义世界,而且将汉字所反映的社会生活、文化精神给学生展现得越清楚,学生就越容易理解和掌握,越容易感受到汉字——这一"伟大事物"的魅力。

1. 图化汉字,溯源对照

唐兰先生曾有这样的说明:"文字本于图画,最初的文字是可以读出来的图画。"中国汉字中象形字约有两百多个,并且其大多为独体字。

在象形字的教学中,教师可充分运用象形字保留事物形态,表示意思的特点,把抽象的文字符号还原成图画。如在教学"口、耳、目、日、月、火"等字时,一位教师分别出示了口、耳、目、日、月、火的汉字、古字和图画。然后,引导学生通过观察事物和古字的联系,并把其配成对,一下子激发起学生识字的兴趣。每个学生都仔细观察,认真思考,伙伴间还展开了激烈的讨论。在孩子津津有味地看、兴致勃勃地找的过程中,学生不但认识了事物,观察了字形,

---

[①] 本文选自《教学与管理》2008 年第 23 期,第 34—36 页。

更了解了字义。又如一位教师在教学"森"字时,先出示了"山坡上、山坡下到处都是树"的图片,引导学生观察这是什么地方,观察山上都是树,左边都是树,右边也都是树,到处都是树,边观察边书写,最后在感受森林的同时,认识了"森"。枯燥的汉字也由此成了一幅幅生动的图画,一张张鲜活的场景。

上述两位教师运用了"溯源""对照"的方法,给学生大量、系统的直观刺激,使其在脑海中留下鲜明的印象,增强感性认识,培养了学生识字的兴趣。如此教学,绝对不是干巴巴地死记一笔一画,而是揭示汉字从图形到文字的演变过程,理解一笔一画的有理与合理。学生不仅学会观察,学会思维和创造,更是发自内心地感受到祖先创字之巧妙。这种乐趣已经不仅仅是图画、游戏形式上的肤浅趣味,而是融入思维、智慧的一种动脑、顿悟的高级智趣。

2. 揭示字理,因形解义

我们且看干国祥老师教"截"字的过程:

他先在黑板上写出"土戈"合成的外框。填上"木"字,学生都认识,"栽",栽种,与"木"有关;填上"衣","裁",裁剪,与"衣"有关;填上"车","载",运载,与"车"有关。再在里面填上"隹",学生不认识——认得"截"不认识"隹"。这个时候,就显现出干老师深厚的文化底蕴,他告诉学生:千万不要认为这是"住"字多一横,其实我们早就认识这个字了,在"鹤""雁"这些字里,"隹"字读"zhuī",意思是短尾巴的鸟。也就是说,我们可以用它表示两个意思,一个是鸟,一个是短。"一截"表示不长,"截断"表示将长的东西截成短的。紧接着干老师又进行了"链接",他说:"这只短尾巴的鸟还飞进了课文的另外一个字里,把它找出来。于是学生雀跃地找到了"雀跃"中的"雀"。干老师问:"雀"字上面是什么?学生说是"少"。那下面是什么?学生不能回答了。一会儿,就有学生醒悟过来,认为上面是个"小",下面是"隹"。"雀"的意思出来了:小的短尾巴鸟。

最后干老师深有感触地说:"不需要维持纪律,不需要用星星与小红花作为诱饵,甚至没有可以让他们放松的游戏,整整一堂课,孩子们的注意力却高度集中。这也就是我经常提到的,教学必须'展现伟大事物本身的魅力'。"

3. "串烧"汉字,举一反三

汉字的构字具有一定的规律性,识字教学可以遵循汉字构形原理,引导学生举一反三,触类旁通,形成并提高识字能力。

如教学"祭"字。"祭"的上部是"手拿鲜肉",其中下面的"示"是个象形字,其甲骨文很像我国上古人所崇拜的"灵石",灵石上放置祭品,示于光天化日之下,给鬼神看并享用,所以后引申为"给人看"、"表示"等。所以合起来,"祭"就是"手拿鲜肉举行祭祀之礼,向祖宗、神灵表示自己的心意"。因此,在汉字中凡由"示"字所组成的字大都与崇拜、祝愿、鬼神、祭祀有关,如"福、祝、祖、祈、祷"等字,如果学生掌握了这样的规律,他们就不会将"礻""衤"混淆在一起,也不需要去死记硬背什么时候该加一点,什么时候又该减一点。

二、以文化的视角解读教材文本

从现代课程观念来看,课程不再仅仅是一门组织好了的学科,还应该是社会生活和历史经验的总和,课程的知识也不再仅仅只是专业性的,还应该包括与课程相关的其他知识。课程对学生的造就和影响不再仅仅来自教材本身,还来自由教材的内涵和外延共同组成的文化圈,来自由教材与教材相加产生的联动效应。曹明海、陈秀春在他们的著作《语文教育文化学》中也说:"语文教材特别是那些文质兼美的经典性教材文本都是人类优秀文化的结晶,如果看不到它的文化内涵,不能充分挖掘它的文化意蕴,语文教材的功能和价值就无法得到充分体现。"

阅读是作者、读者和作品之间灵魂的拥抱、心灵的对话。教师对文本的解读必须具有开阔的视野,并以其为背景固本寻源,对每一篇文章都做出丰厚、融通、开放的解读。这样的解读,不仅是对文化的深入、顺应和皈依,而且还能让课堂教学思接千载,丰富灵动,使学生自然而然地产生对民族文化的虔诚和向往。

1. 管窥文本背后的文化背景

全国赛课一等奖获得者王自文老师在解读《古诗两首》时,以其深厚的文化底蕴和宽阔的文化视野,洞察了《题临安邸》《秋夜将晓出篱门迎凉有感》两首古诗的内在联系和同构本质。于是,以诗人"忧国忧民"之情怀为主题,将三维目标、三首古诗有机地整合为一体。其中精读的两首古诗,"用遗民之泪浇权贵之醉,让人心酸;以权贵之醉衬遗民之泪,让人悲愤"。这种形象、情景、氛围的文化温度强烈反差,把师生带入了那段不堪回首的历史岁月,经受了一次刻骨铭心的精神洗礼。而补充的《示儿》一诗"则从时空的比照上,产生了另一种发人深省的艺术效果。一年又一年、苦盼再苦盼,一次次希望化为一次次失望,一次次失望又燃起一次次希望,然而一直到死,诗人盼来的依然是山河破碎、遗民泪尽。这种时间上的纵向对照和空间上的横向比较,大大拓展了古诗解读的文化背景、丰厚了古诗解读的文化底蕴"(王崧舟语)。

如此教学,教师站在文化的制高点,以文化的眼光审视文本,透过语言文字管窥文本的文化背景,并以此为基点铺陈预设,则文本背景得到扩大化,文本内涵得到文化化,学生的学习基点得到放大,感悟的层次得到提升,师生便能在大气和谐的语文课堂中充分张扬文化意味,在文化浸润中获得生命成长。

2. 揣摩文本中的言语智慧

古人把读书时的品味揣摩比喻为春雨润花、清水溉稻、鱼入水中,可见唯有全身心浸染于语境之中,方能知其意、得其趣、悟其神。文本的言语智慧并不是直露的,而是隐含在文本之中的。因此,老师首先就要对文本进行深度解读,通过自己对文本意义的"自然雕琢",将文本中的言语智慧唤醒。

在《冬阳·童年·骆驼队》一文中,作家林海音用朴实纯真的笔调、梦境般的语言,把我们带到一个特定的环境中,去看一个孩子童年的侧影。其中的情和景,既清晰又朦胧,冬阳下的骆驼队以及骆驼脖子上的铃铛,甚至是骆驼的咀嚼,都是作者难忘的记忆,在淡淡的回忆中,童年是如此妙不可言。吕慧樱老师在教学伊始,引导学生回忆自己的童年,而后过渡到林海音的童年,请学生通过题目中的三个词——"冬阳""童年""骆驼队"想象画面,学生描绘的画面色彩斑斓、精彩纷呈……从走进自己童年的记忆,到走进作者童年的记忆,自然地过渡到文本,既实现了文本文化层面上的铺开,又给文本研读打开了新的天窗,实现了与文本的深入接触。

上述案例,老师向文化层面进行了探寻,让安静甚至空寂的文字变成了生动的精灵,使学生在潜心涵泳文本中充分感悟民族文化的旨趣。这样,文本的现实意义得到了体现,文化内涵也得到了延伸和丰富,课堂进入了一个美妙的境界。

三、引领学生充分进行文化实践

1. 仿真课题

这是一种基于逼真的情境的学习方式,即由学生根据主题选择研究小课题进行研究性学习。如一位老师在教学《林冲棒打洪教头》后,开展了"走进水浒"系列学习活动。学生根据自己的兴趣自由选择研究的主题,如:水浒人物的外貌与性格的研究;水浒人物别名的来源;从歇后语看水浒故事……然后由个人或学习小组制订研究方案,开展研究。学生有的阅读《水浒传》,有的欣赏《水浒传》电视剧的精彩片段,有的学习《水浒传》书评,有的搜集了有关水浒的歇后语、人物雅号等,再利用一节课的时间围绕水浒文化进行了多种形式的交流,最后在老师指导下学习写简单的研究报告。这样,一个课题研究就是一次文化实践,学生投入其中,收获颇多。

2. 读书交流

文化视野中的语文教学,显然不能囿于文本,应把学生引入母语的"王国",让学生去阅读经典,在那个忘我的精神家园里,在那片让心灵栖息的树林中,咀嚼语言的滋味,触摸语言的体温,玩味语言的意蕴。

在教学过程中,我们可以结合教学内容经常性地向学生推荐经典作品,如《三国演义》《草房子》《让太阳长上翅膀》等,再通过读书交流课,由教师指导选读或全读,从整体着眼进行诵读训练,从完整的作品中反复体味、咀嚼文章思路的流转和细微情感的变化,感悟其中蕴涵的博大思想。学生浸染其中,身上的"文化味"当然会日渐浓郁,与此同时,中华民族文化的根也深深地扎在了他们的生命土壤之中。

在经济浪潮和全新的文化媒介的冲击下,传统文化被越来越多的浅文化、伪文化、快餐文化、粗俗文化甚至垃圾文化削弱。历史剧的戏说、文化的娱乐化也深深地影响着校园。有些学生甚至把英语奉为圣经,却对祖先遗留下来的诗词歌赋嗤之以鼻……让学生认同祖国的文化,热爱祖国的文化,这应该是我们每一个语文教师的梦想。那么,就让我们用自己的智慧与执着,撑起一支"长篙",向语文更深处漫溯,我们一定能"满载一船星辉,在星辉斑斓里放歌"。

形象思维与语文教学

温寒江　董素艳

多年来,如何提高语文教学的效率,一直是许多专家和广大语文教师所关注的问题。不少教师为此进行了多方面的改革与探索,取得了一定的成效。然而,从总体上看,效果仍然不能令人满意。语文课枯燥、乏味,费时多、效果差的现象,还比较普遍地存在着。我们的"开发右脑,发展形象思维的教学实验与研究"课题组,经过研究认为,提高语文教学质量的关键之一,在于重视发展形象思维,并且把形象思维与抽象思维有机地结合起来。课题组在6所小学和3所中学进行了发展形象思维的语文教学实验,取得了明显的效果。现在把语文教学实验中的几个理论问题的初步研究阐述如下。

一、思维与语言

语言是人们用来表达思想意识,进行交往的工具。交往是相互的,个人的思想认识要让别人知道,就要用语言把它说出来或写出来,也就是表达(传达)出来;而要了解别人的思想认识,就要通过听读来接受别人的信息(语言等)。所以运用语言通过听、读、说、写就能达到相互交往的目的。

在认识活动中,当人们听别人说话、讲演,阅读别人的文章时,这些外部的信息(语言、文字)经过人的感官内化为思维,通过思维活动才能加以理解。思维是在大脑中进行的。当一种思想观点在头脑中形成要表达时,又要把思维外化为外部的活动,用说、写或其他方式表达出来。所以思维与语言的关系有两个方面:一方面,语言经过听、读内化为思维;另一方面,思维的结果通过说、写用语言表达出来。即:

$$\text{听、读} \xrightarrow{\text{内化}} \text{思维} \xrightarrow{\text{外化}} \text{说、写}$$

可见,听、说、读、写是同思维紧密联系着的,思维起着关键的作用。思维既然这样重要,为什么语文教学中没有突出思维的培养与训练呢?我们认为问题在于对语文教学中"思维"的认识。

语文教学存在两种思维,即形象思维和抽象思维。教材中的文学作品(记叙文体),作者主要用形象思维,即用形象材料、表象来思维。高尔基说:"艺术作品不是叙述,而是用形象来描写现实。"就是说,文学艺术作品通过人物、情节、环境所构成的一幅幅活生生的社会生活画面来反映生活的本质。毛泽东同志在《给陈毅同志谈诗的一封信》中,谈到形象思维,他说:"诗要用形象思维。"还有教材中说明事物的形状、构造、类别、关系与功能的说明文,主要也用形象思维。而议论文以及说明事理的说明文,则主要用抽象思维(逻辑思维)。

这两种不同的思维方式,与语言的关系具有不同的特点。通常我们说,语言是思维的物

---

① 本文选自《教育研究》1996年第11期,第71—75页。

质外壳,"是思维得以实现的工具,是思维存在的形式和表达思维的形式。"[1]这里指的是抽象思维。它是以词语、概念、数字作为材料来思维的。人们通过听、读接收外部信息后,运用语言进行分析综合和判断推理,从而掌握事物的本质。这时思维是以语言的形式(内部语言)存在的。表达时,人们用内部语言进行思维,然后转化为外部语言(口头语言、文字)传达出来。

形象思维是用形象材料、表象来思维的。形象思维的产生,既可以通过感知、观察产生的表象进行加工改造而形成,也可以通过听、读、艺术欣赏唤起过去的经验(表象),对这些表象进行加工改造成为思维。形象思维是以表象的形式存在的,所以它的产生和存在是非语言的。人们表达形象思维,可以采用语言的、图像的、艺术的等多种形式,语言是其中一种重要的方式。用语言表达形象思维,要把头脑中的表象、画面转换为语言,用语言表达出来。对此,需要做一点说明,当我们见到一些常见的情景,语言往往脱口而出,似乎人们可以用语言来进行形象思维,其实是人们从幼儿开始学说话、识字时,就把形象(表象)和语言紧密联系在一起的缘故。从这个意义来说,一些形象思维在头脑中既可以表象的形式存在,也可以语言的形式存在。然而,对于一些比较复杂或陌生的情景,人们头脑中先有画面、情景,而后用语言表达出来的情况是明显的。生活中还有许多形象的东西,如人的面孔、不规则的几何体等,用语言是难以表述的。

由此可见,抽象思维与语言的关系是直接的,可以说怎样想,就怎样说、怎样写,思维训练与语言训练基本上是一致的。而形象思维则不同,它是用表象来思维,用语言来表达,思维与语言一般是不同步的。由于形象思维是语文教学内容的一个重要组成部分,是语言表达的基础,因此,既要重视形象思维的训练,又要重视语言表达的训练,而且把两者的训练统一起来。目前的语文教学没有区分这两种思维,忽视了形象思维与语言关系的这些特点,忽视思维的培养与训练,其结果是必然影响对文章(主要为文学作品)内容的领会与语言、结构的分析,影响教学过程的模式与听说读写的训练,最终影响语文教学的质量与效果。这就是语文教学存在问题症结之所在。

二、内容与形式

文章的内容与形式是同思维与语言密切联系着的。文章的内容是写什么的问题,是思维的结果;文章的形式是怎样写的问题,是思维的表达形式。不同文体的思维方式不同,其内容与形式的关系不同,因而教学过程的特点、模式也不同。

教材中的议论文及说明事理的说明文,主要运用抽象思维,文章的思想内容(论点、论据)和表达的形式(语言、结构)是一致的。学生学习这类文章,经过初读课文,在理解字词的基础上,与已有知识联系起来,通过分析、概括和判断、推理等思维活动,达到理解文章的目的。当然,学习这类文章,若能适当地结合运用形象思维,就能把抽象的概念、理论,讲得生动具体、深入浅出和易于理解。毛泽东在《矛盾论》一书中讲矛盾的特殊性时,用《水浒》中三打祝家庄的故事,把辩证法讲得生动又深刻。马克思在《资本论》一书中插入的文学故事和文学引语就有三千多个。

教材中的记叙文,包括文学作品,其内容(主题、人物、情节、环境等)是两种思维的产物,既有抽象思维(主题的形成),又有形象思维(人物、情节、场面等生活画面的构思),后者是主要的。作品的内容通过一定的结构、语言、韵律、体裁等形式表现出来。这里,作品的内容与形式是有联系又有区别的。学生学习这类文章，与前一类文章不同，在感知语言与文章结构的基础上，通过再造想象，在头脑中形成文章所描绘的生活画面，从画面中的人物、情节、场面去领会文章内容；然后结合形象分析文章的语言、结构和写作方法，从而掌握全文。学生掌握这类文章要注意以下几个特点：

第一，人们的认识活动（思维活动）都是以已有经验、知识为基础的，没有这种基础，也就没有思维活动。当学生感知文章文字以后，进行联想、想象思维活动的基础是他们头脑中经验、表象的积累，而经验、表象的积累主要来源于生活与观察。所以体验与观察是学习语文的重要基础。

第二，文艺理论指出，"（艺术）形象思维是一种被情感所激发和加强了的认识，一种把情感通过形象体现出来的思维活动"[2]。领会文章内容必然伴随一种情感活动。

第三，先对文章内容有所领会和感受，而后对其结构、语言进行分析而不是相反。对其结构、语言、主题思想的分析又会加深对文章内容的领会和感受。下面我们作进一步的阐述。

（一）观察是学习语文的重要基础

观察是一种基本的认识活动，经常用于人们的社会活动、科学研究和日常生活之中。同一般认识活动一样，观察过程也有感性认识与理性认识之分。

一般情况下，人们初次观察或表面的观察，只看到事物的现象，获得对事物的表面的、片面的、非本质的认识。这种观察是一种知觉，属于感性认识，日常大量的观察属于这一种。

当人们有计划、有目的地深入地观察，抓住了事物的本质特征和规律性的联系，这种观察属于理性认识，是一种思维活动。通常说的观察力属于这一种。为什么说是一种思维活动呢？人们多次深入地观察某一事物时，总是把这次观察的结果，同过去多次观察获得的表象不断地比较、补充、修改和概括，去粗取精，去伪存真，由此及彼，是对表象的加工改造，所以是一种思维活动。例如：一个多年未见的朋友，见面时一眼就认出他来，这是因为"某人留在我心中的形象，是从他的多方面和他所处多种情景中摄取出来的精华，是不断对他的原形中某些典型特征突出、放大和修改后的产物"。从这个例子可以看出，如果只有观察而没有有关表象的积累及其比较、概括，就没有思维活动，也无从认识事物的本质。

我们阅读文章时也有类似的情况。当我们感知一句或一段话时，必须联系一系列已有经验、知识，加以综合，才能达到理解的目的。如我们读"直角三角形斜边平方等于其余两边平方之和"这个命题，先要理解其中各个概念的含义，然后加以综合才能理解整个命题。如果只有感知而无过去知识的参与，也就没有思维活动。同样道理，如果只有一次观察，没有过去表象的积累，没有对这些表象的加工改造，就没有思维活动。

由此可见，表象的积累愈是丰富，观察则愈能深入，能"看"到的东西就愈多。一般说来，深入的有目的的观察，首先是形象思维，观察力乃是一种以形象思维为主的思维能力。但应指出，在许多情况下，观察是两种思维的结合。例如，观察要有目的、有计划地进行，在观察过程中分清主次，进行分析综合等，则属于逻辑思维。有时是两种思维交替、交织地进行，如作家深入生活有了丰富积累之后，一方面通过集中、提炼产生主题思想，用的是抽象思维；另一方面，从丰富的积累中通过构思形成人物、环境的形象与典型，用的是形象思维。在构思过程中，随着主题的不断深化，故事的轮廓、作品的系列形象逐渐形成，主题和形象是融合在一起的。又如我们对一事物的考察、观察,既要把握它的形态、结构、性质,又要分析综合它的性能、特点和规律,这里既有形象思维又有抽象思维,显然这两种思维是互相渗透、交织,以至融合在一起,很难把它们截然分开。

观察对于语文教学的重要意义在哪里?观察力是学习语文的重要能力,通过观察获得丰富的表象积累,是阅读与写作的一个重要基础。学生阅读课文思维活动的产生必须有表象的积累。学生根据课文的描述对自己头脑中的表象进行加工改造(表象的重新组合、联想、想象),有了这种思维活动才能领会课文。如果没有与课文有关的表象积累,学生即使阅读了课文,也难以产生文章描写的形象、画面,也就难以领会课文的内容。表象的积累对于低年级儿童尤为重要。他们生活经验少,教材中有些课文内容距离学生生活较远,学生头脑中没有这些表象;有些课文内容学生虽然有过类似的经历,但是由于他们不注意观察,头脑中的表象也是模糊的。所以学习语文,观察是一个重要基础,教师要有计划有目的地指导学生观察,培养观察能力和观察习惯,不断丰富头脑中的表象积累。

学生写作也离不开观察。学生写作的内容从何而来?一般认为,通过阅读,用阅读来丰富充实自己的思想和写作内容。"读书破万卷,下笔如有神",说的就是这个意思。诚然,阅读是学习写作的一个重要途径,但是,通过阅读来充实写作内容是间接的。对于低年级的儿童来说,他们阅读的文章少,从中学到的东西是有限的。这就是学生写作时往往感到没东西可写的原因。然而,通过观察,丰富表象的积累,并从中学会构思写作的内容是直接的,是符合儿童认识规律的。所以观察与生活是儿童写作的主要来源。儿童写作应从观察开始,把观察与说话、写话结合起来,把内容与表达结合起来。

(二)语文教学的情感因素

语文课的情感因素是多方面的,其中就课文来说,它的情感也是很强的,特别是文学作品。文学作品是社会生活在作家头脑中反映的产物,它是以社会生活的真实性为基础,经过作家的概括提炼,创造出来的艺术形象,用以表现生活中某些本质的东西。这个反映既是作家对生活的认识,也包括作家对生活的评价。作家写作时,写什么、怎样写,必然渗透着他对所描写的生活的评价,是有一定倾向性的。

情感是客观事物是否符合人的需要、愿望与观点而产生的体验,也是对现实的一种反映。它所反映的不是客观事物本身,而是反映主体与客体的一种关系。那么,情感是怎样产生的?美国认知派心理学家阿诺德认为,情绪与个体对客体的评价相联系。情感不是直接对客体的反映,而是客体经过主体的评价以后才折射产生情感的。情感产生的公式是:情境→评价→情绪。所以作品中的情感来自对生活的评价。作家创作的艺术形象既然反映他对生活的认识与评价,因此,艺术形象在表达作家的思想认识时,同时表达了他的情感。作家把他的思想情感都附于艺术形象中,这就是文学艺术的形象思维活动始终伴随有情感上的激动的原因。正是由于文学作品中强烈的情感,而使作品富有魅力,扣人心弦。文学作品中这种思想与情感的融合、情与景的交融,是文学艺术形象思维的一个重要特征。因此,文学作品教学中的情感,不是可有可无的,而是其中不可分割的重要组成部分。

议论文和说理的说明文在社会科学的理论思维活动中也往往富有情感性。马克思指出:"批判不是理性的激情,而是激情的理性。"[3]在自然科学的理论中,则常常隐含着科学家丰富的想象力和美感直觉,也是富有情感的。20世纪末,对迈克尔逊以太漂移的否定的实验,爱因斯坦说:"我总认为迈克尔逊是科学中的艺术家。""迈克尔逊的地球转动实验是多么美丽呀!"[4]然而,抽象思维过程中的情感和形象思维过程中的情感还是有区别的,一般前者不如后者强烈。这是由于抽象思维是左脑的功能,形象思维主要是右脑的功能。"大脑两半球情绪深度不同的原因,可以在其不同的基本组织中找到。右脑以一种更为原始和直接的方式对感觉信息作出反应,因而感情仍保持着快速和力量。在左脑中,感觉输入需要先翻译为词的形式,因而失去了大量的情绪价值。"[5]

语文教学中丰富积极的情感,是我们激发学生学习和热爱祖国语言的感情,培养健康高尚的审美情趣和培养完善人格的重要基础。

三、语文教学过程的模式

教学的各项目的任务,是通过教学过程去实现的。语文教学(阅读教学)过程的任务是:在感知教材的基础上,通过思维活动理解文章内容及其表达方法,进行听、说、读、写的训练,使学生获得扎实的语文基础知识与技能,发展形象思维与逻辑思维能力,提高思想道德素质。显然,无论对文章的理解或听、说、读、写的训练,思维都起着十分重要的作用。由于不同文章的思维方式不同,其内容与形式的关系不同以及学生认知结构不同,语文教学过程的模式应该是多种的。传统语文教学的弊端,就在于忽视了不同思维的特点,采用单一的教学过程模式,即感知—理解(分析、概括)—巩固、练习。这是语文教学枯燥乏味、费时多效果差的一个重要原因。

前面阐述过,对于议论文一类文章,文章内容与表达方式是一致的,教学过程中对内容与表达的分析、概括也是同步的,教学过程采用上述的模式,一般地说是正确的。但语文教材中大部分为记叙文(文学作品),而这类文章的教学模式应与前者有所不同,它的模式一般为"感知—理解(想象、感受—分析、概括)—巩固、练习"。其中理解过程分为想象、感受与分析、概括两步,是主要不同点。对记叙文的教学过程,我们结合实验教学的经验阐述如下。

(一)感知

感知不仅包括直接感知书面材料(初读课文,扫除文字障碍)和直观形象材料,而且包括以前的经验材料(知识、表象)。感知是否充分,直观材料有无必要,要根据它是否能为开展思维活动、理解课文打下良好的基础。如果课文描述的内容是学生所熟悉的、一些常见的情景,直观材料的必要性不大;如果课文内容对于学生来说是陌生的,学生没有或缺乏有关经验与表象积累,则必须用直观形象的材料充实学生的感知(视觉的、听觉的、触觉的等),丰富学生头脑中表象的积累。为了丰富充实学生的表象积累,实验教师根据学生的年龄特点和生活经验,采取了多种做法:

(1)创设教学情景,根据所描写的典型环境,运用幻灯、绘图、挂图、剪贴画、教具等,布置教学环境。如小学讲授《荷花》一课时,课堂呈现一幅色彩淡雅、姿态各异的荷花图,教室的一角点燃一支花香型熏香,随着轻缓流畅、曲调优美的音乐,缕缕清香徐徐飘出。这种特定氛围的教学情境,为学生的再造想象充实了表象材料。

(2)运用电教手段,让学生观看电影、电视剧的录像片和课本剧教学片等。如小学讲《十里长街送总理》一课时,由于学生对课文所写内容比较陌生,教师为学生播放了当年十里长街送总理的实况录像,这种精心营造的与教学内容密切相关的气氛与环境,把学生带到了那个令人心碎的年代。学生亲眼看到了百万首都群众冒着严寒在长安街两旁为周总理送行的悲壮场面,亲耳听到了首都人民哭总理的悲恸声音,情不自禁地进入了课文所描述的感情氛围之中。

(3)让学生直接观察实物,参观现场。初中讲《杨梅》一课,北方学生极少看过杨梅,教师特地买来杨梅发给每个学生,不仅让他们观察杨梅的形与色,还让学生用手去摸一摸,用舌去舔一舔,用嘴去尝一尝。这样,对杨梅"惊异的形状"、可爱的颜色、甜美的滋味以至"细腻柔软"给人以"甜蜜感觉"的小刺,都有了具体的感受。

(二)想象、感受

充分的感知,为学生开展形象思维准备了条件。在感知的基础上,教师生动、形象和有感情地朗读,或根据课文绘声绘色地叙述,唤起学生头脑中原有的和新的表象,按照课文的描写,对表象不断地进行加工,产生种种联想和想象,使课文中描写的形象、画面,在学生头脑中渐渐地清晰、具体、鲜明起来,使学生有身临其境之感。这就是学生再造想象、领会文章内容的过程。对于某些特定的内容,为了帮助学生根据课文开展形象思维,获得清晰、准确的形象,实验教师进行了多种尝试:

(1)进行表演或游戏。例如,小学讲《赶集》一课时,在学生学习课文的基础上,对课文第二段表现集市上热闹的景象,让学生通过表演再现出来。学生三人一群、两人一伙扮成买卖双方,卖物的吆喝声,买物的询问、讨价和欢笑声连成一片,把集市一派热闹的景象再现于师生面前,打破了以往的教学模式,发展了他们的想象力。又如中学《美猴王》一文中有这样一句:"你看他瞑目蹲身,将身一纵,径跳入瀑布中……"。教师让几位活跃的学生分别到台前演示,从中挑出将"瞑""蹲""纵""跳"这几个动词表现准确、充分的动作,使学生形象地体会到文章用词的贴切。

(2)把课文描绘成图。引导学生根据对课文的理解,展开丰富的想象,将自己构思的图形画出来。如中学讲《中国的石拱桥》一文,教师让学生依照文章的说明画出赵州桥的图形。学生画出的图形有几种,这时再引导学生进一步阅读课文,加深理解,选出正确的图形。

学生学习文学作品的过程,伴随有情感活动。当朗读课文唤起学生以往类似的经历产生种种联想与想象时,同时唤起与形象记忆联系着的情感体验,这是阅读课义情感的主要来源。这种情感也可被课堂的教学情景所激发,被教师有情感的朗读、描述所感染。这时,情和景是交织在一起的。由于文章的内容不同,学生个人的阅历不同,文章所引发的情感体验,有的强烈,有的轻淡,它贯穿于整个学习过程,使学生置身于一定情感的氛围之中。它不仅增加了学生学习语文的兴趣,也使学生更好、更加深入地领会了文章的内容。如朱自清的《背影》,选材平凡,语言朴实,也没有生动有趣的情节,以往学生学习这篇课文,难动真情,体会不深,甚至有的学生对这篇名作不以为然。实验课中,先让学生看了课本剧教学片,剧中演员带着强烈感情的朗读,把朱自清对父亲真挚深沉的爱表现得淋漓尽致,具有强烈的感染力,立刻把学生带入了特定的情感氛围之中,联想到自己与父母之间的感情,唤起了他们的情感体验。这时,学生特别能够对那些平淡之中见深情的语句有深入的理解,仿佛亲眼看到朱自清的父亲艰难地爬上爬下为他买橘子的情景,每一个细节动作都没有放过。

（三）分析、概括

对文章的分析、概括，既可使学生加深对文章内容的理解，又可使学生从中学习文章的表达方法，这是阅读教学与一般阅读不同的地方，是语文教学的主要环节。根据记叙文的特点，语言的分析应着眼于语言如何形象、准确、精炼地表达文章所塑造的典型形象和具体事物，因此，这种分析是结合形象的分析，是两种思维的结合，而不是离开形象的"讲深讲透"。篇章结构的分析，重点为归纳段意和概括中心思想，掌握文章的主题思想，主要用抽象思维。整个分析、概括过程，要指导学生"多比较，多揣摩，多体会，多归纳"（叶圣陶语）。

"多比较"就是在分析课文时，指导学生比较近义词和意思相近但表达方式不同的句子，通过分析异同，领略作者遣词造句的匠心和作者精妙的思路，不断增强学生的语感。

"多揣摩"就是指导学生学会思考问题的方法，揣摩词句的内涵，领会作者的言外之意，学习作者用词造句的技巧等。如课文《多收了三五斗》的结尾，"第二天，……镇上便表演着同样的故事。这种故事也正在各处市镇上表演着，真是平常而又平常的。"教学时让学生细细研读，并通过联想和想象，从中悟出文章的深刻思想内涵和作者的用心。

"多体会"是指让学生体验课文蕴含的思想感情（也就是作者写作时的思想感情），通过再造想象和词、句、段、篇的分析，使其受到高尚情操的熏陶，也是鉴赏能力的培养。如《菜园小记》一文，文章描述了种菜和管理菜园的乐趣。文章充满诗情画意的描述，表达了作者对劳动的由衷赞美。如果学生没有类似的生活经历，没有把劳动作为一种享受、一种乐趣的那种体验和思想境界，就很难理解作者的情感。教师分析课文时，要帮助学生缩短与作者在思想感情上的距离，促使他们在感受美的过程中，产生创造美的欲望与要求。

"多归纳"就是指导学生归纳段意、中心思想，总结写作特点等，从中获得知识，发展逻辑思维能力。

（四）巩固与练习（略）

综合以上所述，语文教学（记叙文）过程，是一种形象的、生动的、富有情感色彩的两种思维有机结合的过程。我们发展形象思维的语文教学实验课，课堂生动活泼，学生爱学，教学效果好，从根本上改变了语文课那种枯燥乏味、教学效果差的局面。

注释：

[1]《中国大百科全书》编委会.中国大百科全书·哲学卷[M].北京：中国大百科全书出版社，1987：830.

[2] 十四院校《文艺理论基础》编写组.文学理论基础[M].上海：上海文艺出版社，1981：235.

[3] 十四院校《文艺理论基础》编写组.文学理论基础[M].上海：上海文艺出版社，1981：236.

[4] 许良英，范岱年.爱因斯坦文集(第一卷)[M].北京：商务印书馆，2009.

[5] T.R·布莱克斯利.右脑的奥秘与人的创造力[M].北京：国际文化出版公司，1988：117.

叶圣陶的语文思维教育观

卫灿金

叶圣陶先生(1894—1988)是我国当代最受敬重的一位语文教育家。他的语文教育思想影响了近一个世纪的中国语文教育,并将对中国 21 世纪语文教育的发展产生积极的影响。为了继承和发扬叶圣陶先生的语文教育思想,近 20 年来,人们从各个方面开展了对叶老语文教育思想的研究和实践,取得了丰硕的成果。新的世纪需要建立具有中国特色的语文教育理论新体系,叶老的语文教育思想将是我们取之不尽的精神财富。继续加强对叶老语文教育思想的研究和实践,仍将是我们当前和今后的重要任务。

本文所探讨的是叶老的语文思维教育观。认真研读叶老这方面的著述就会发现,叶老在 20 世纪初就对语文学科的思维教育有着许多令人叹服的论述,可以说他是一位最早意识到语文学科应该重视思维教育的先觉者。在近一个世纪里,他的语文思维教育思想不断发展,形成了丰富而系统的语文思维教育观,成为他整个语文教育观的一个重要的、有机的组成部分。我们可以从六个方面对叶老的语文思维教育观进行阐述。语文教学的观念:须认定国文是发展儿童心灵的学科;语文教学的目标:训练思维,训练语言;语文教学的原则:语言训练与思维训练同时并举;教学方法:愤悱启发,举一反三,开启智慧之门;阅读教学:从课文受到思维训练,养成思考的习惯;作文教学:作文为思考的练习,目的在于养成良好的习惯。限于篇幅,这里讲述阅读教学、作文教学两部分。

一、阅读教学:从课文受到思维训练,养成思考的习惯

阅读教学和写作教学是语文教学的两个重要组成部分,语文课要实现训练思维的目标,主要是由阅读教学和写作教学来实现。叶老对阅读教学的思维训练主要有以下几方面的论述。

(一)阅读训练的基本功:要弄清作者的思路

阅读能力包括阅读的感知能力、理解能力和鉴赏能力,而理解能力是核心。叶老认为,所谓理解,最主要的是能够理解作者的思路。叶老说:思路,是个比喻的说法。思想从什么地方出发,怎样一步一步往前走,最后达到这条路的终点,都要踏踏实实摸清楚,这就是注意思路的开展。(论集/ 545)看人家的文章,把他的思路弄清楚,主要的意思也就弄清楚了。(论集/ 692)他说:"就文章本身而言,了解文章里作者思想发展的途径最为切要……了解了这个,你才跟作者合得拢在一块儿,你才有接受它,信从它,欣赏它,感受它,辨正它,批评它的资格。"(论集/ 208)他在《语文教学二十韵》中说:"作者思有路,遵路识斯真。"(文集/ 1/ 630)所以,学生的阅读理解能力,主要地也就表现为能否真正理解文章作者的思路。阅读理

---

① 本文选自《课程·教材·教法》2002 年第 2 期,第 26—29 页。

解能力的训练,主要地也就是训练学生能够看明白作者的思路,这可以说是阅读训练的基本功。正如叶老所说:

看整篇课文,要看明白作者的思路。思想是有一条路的,一句一句,一段一段,都是有路的,这条路,好文章的作者是决不乱走的。看一篇文章,要看它怎样开头的,怎样写下去的,跟着它走,并且要理解它为什么这样走……这些就叫基本功。练,就是练这个功夫。(文集/ 3/ 189)

(二)阅读教学的任务:凭借课文训练学生的思维,养成思考的习惯

教学生理解文章作者的思路,既是理解整篇文章的需要,也是借以训练学生思维的需要。阅读教学的任务,就是凭借着课文训练学生的思维,逐步养成良好的思维习惯。叶老说:"教语文的一项很重要的任务就是训练学生的思维,训练思维的材料就是课文。一篇篇的课文都是作者动了脑筋写出来的。在学习一篇文章时,就要学习作者是怎样动他的脑筋的,看作者是怎样想和怎样写的。教师一方面给学生指点和引导,一方面督促学生练习,这就是训练。"(文集/ 3/ 177)

语文教科书中的一篇篇课文,都是编者精选的名篇和范文,这些课文不仅是语言的典范,而且是思维的典范。我们凭借着一篇篇的课文进行训练,让学生看作者是怎样想和怎样写的,也就学到了作者思维的经验,获得了思维的能力。在能力和习惯的关系上,叶老认为无论哪一种能力,只有达到习惯成自然的地步才算有了那种能力,因而他特别重视习惯的养成。阅读教学中的思维训练,就是要通过对作者思路的分析理解训练学生良好的思维习惯。他说:"要达到彻底了解,得用分析的工夫,辨认作者思想发展的途径,这个工夫同时就训练了咱们的思想习惯。"(论集/ 210)又说:"读课文当然受到种种教育,得到种种知识,同时也从课文受到思考之训练。各篇课文不同,但是有相同之点,思想必然有一条路径,一步步进展。……咱们教的时候如果给学生指点清楚,真能使学生领会,则学生每读一篇即加深一回印象,其思考习惯即于无形中受到影响。"(文集/ 3/ 453)我们应该通过这样的反复训练,使学生逐步养成良好的思维习惯。

(三)阅读教学的宗旨:引导学生把一篇文章的思路摸清楚

阅读教学如何教?叶老有一句名言:能够引导学生把一篇文章的思路摸清楚,就是最好的语文老师。(论集/ 692)

阅读教学,对学生来说,主要是能够理解作者的思路;对教师来说,则主要是能够引导学生理清楚作者的思路。正因为理解作者的思路是阅读理解的实质所在,所以叶老把能够引导学生把一篇文章的思路摸清楚的教师称作"最好的语文老师"。那么,教师怎样才能引导学生摸清楚作者的思路呢?一是要引导学生从句与句、段与段的关系去揣摩作者的思路。叶老说:"要把作者的思路摸清楚,先要看一句跟一句怎样联系,再来看段,一段跟一段怎样联系,一段一段清楚了,全篇文章也就清楚了。"(论集/ 692)二是要引导学生运用分析的功夫,通过用心地分析、比较、演绎、归纳、涵泳、体味,去辨别作者思想发展的途径。三是要在学生不易领会的地方给以指点和引导。叶老说:"我之意见,教师引导学生用心阅读,宜揣摩何处为学生所不易领会,即于其处提出问题,令学生思之,思而不得,则为讲明之。"(论集/ 731)在阅读教学中,教师先自己理清作者的思路,再揣摩学生不易领会之处,然后引导学生

运用分析的功夫自己去摸索作者的思路,只在不易领会的地方给以指点和引导,这也就是我们平时所说的"思路教学"。

二、作文教学:作文为思考的练习,目的在养成良好的习惯

作文教学不仅在语文教学中占有重要地位,而且也是语文教学的难点所在,正因为如此,在叶老的著作中作文教学的内容占有很大的比重。下面我们从作文教学相关的几个主要环节上研究一下叶老的思维教育思想。

(一)作文教学的目的:练习说话,练习思想,学会表达自己的思想感情

作文教学,首先应该搞清楚写作的实质是什么,学生为什么要练作文。叶老1946年写过一篇《习作是怎么一回事》,他说:无论什么人都有意思情感,随时都有把意思情感发表出来的需要。发表可以用口,可以用笔,比较起来,用笔的效果更大。因此,人人都要学习用笔发表,人人都要习作。"习作就是练习说话,也就是练习思想,把那结果写出。"(文集/3/401、402)1958年在《和教师谈写作》一文中又解释说:"写东西是怎么一回事呢?无非把所见所闻所思所感想一想,想清楚了,构成个有条有理的形式,用书面语言固定下来。"(文集/3/446)1961年在一封复信中说:"命题作文,不仅练笔,实为训练脑筋。"(论集/716)1962年在《作文的练习》一文中说:"作文为思考之练习,目的在养成良好之习惯,以应实际需要。"(文集/3/453)1981年又在《从出题到批改》中说:"让学生练习作文,最主要的目的是要他们学会表达自己的思想感情的技能。"(文集/3/465)从叶老的这些论述可以看出:写作,就是为着把自己的思想感情用书面的语言表达出来,这是生活实际的需要。写作,就是练习说话,练习思想。学生练作文,最主要的目的就是为了学会运用书面语言表达自己思想感情的技能,养成良好的语言习惯和思维习惯。

(二)作文前的准备:观察、推理、判断有条有理

叶老非常重视学生作文前准备功夫的养成。他认为,作文教学不能只考虑作文的法度、技术问题,而不去管文字的原料——思想、情感的问题。思想、情感虽然是生活里的事,但这是作文的根本。叶老在《作文论》中就指出,作文教学必须重视学生生活的源头,在实际生活里训练思想,培养情感。应该让学生有意地接触外界的事物,能够对外界的事物常常持一种观察的态度,以此提高学生的观察能力和认识能力。(文集/3/302)1951年他写了一篇《拿起笔来之前》的文章专门谈作文前的准备功夫,这种准备功夫就是要学生在实际生活里养成三种良好的习惯,即"养成精密观察跟仔细认识的习惯"、"推理下判断都有条有理的习惯"和"正确的语言习惯"。(文集/3/408、409)叶老说,这些习惯"如果养成了,对于写文章太有用处了"。从观察和思维来讲,如果平时心粗气浮,对于外界的事物,见如不见,闻如不闻,也就说不清所见所闻是什么。有一天忽然为了要写文章,才有意去精密观察一下,仔细认识一下,这样的观察和认识,成就必然有限。如果平时想心思没条没理,牛头不对马嘴,临到拿起笔来,即使十分审慎,订计划,写大纲,也不能保证写成论据完足推阐明确的文章来。(文集/3/413)

（三）命题：题意所含必学生心所能思

因为写作是用来表达自己思想感情的，所以叶老说："定期命题作文，原是不得已的办法。"（文集/ 3/ 370）只是因为学生"初学作文，意在练笔"，于是才定期命题作文。（文集/ 3/ 287）正因为如此，除命题作文外，叶老鼓励学生"自己还要作文，作自己要作的题目"，以便把生活和作文结合起来，使作文真正成为生活的一部分。（文集/ 3/ 333）

但命题作文又毕竟是学生作文的一种主要形式。命题作文的首要环节就是教师命题。就教师命题的问题叶老大致谈了两方面的意见：一是题目应该切近学生生活的范围，使学生觉得确实有话可说，甚至感到非说不可。二是题意应该切近学生认识的范围，应该具有思考的价值。叶老曾对"题目"作过一个诠释，他说："题者何？思考之范围也。"所以教师命题"最不宜以尚在朦胧状态而思之亦想不清楚者为范围"。（文集/ 3/ 454）他在《对于小学作文教授之意见》一文中说：

苟题意所含非学生所克胜，勉强成篇，此于其兴味及推理力摧残殊甚。是以教者命题，题意所含必学生心所能思。或使推究，或使整理，或使抒其情绪，或使表其意志。（文集/ 3/ 288）

为了不限制学生自由思考，叶老不赞成教师将自己对题意的理解告诉学生。他认为，这样做势必会使学生的思路受到限制，其效果充其量不过是复述教师的看法而已。更有甚者，学生未能理解教师所讲的题意，于是强为凑合，出现通篇文章变无理为有理，或自相矛盾的情况，这就丧失了题目的思考价值。（文集/ 3/ 288）

（四）批改：就学生所思考而思考之

教师批改是作文教学的又一重要环节。教师如何认识批改工作的性质，如何评价学生的作文，又应该如何进行批改，这是在认识上应该解决的几个问题。

教师批改是怎么一回事？叶老回答说：

老师之改为何如事？即就学生所思考而思考之，察其是否完整、条理、准确。就根本说，在于察其思考，就形式说，则察其语言文字。——老师为之改，即帮他想清楚，也就是帮他说明白，改就是这么一回事。（文集/ 3/ 455）

所谓改动，实际是改学生的思维，是帮助学生把那些想得不完整的地方改正过来。（文集/ 3/ 180）

从叶老的这两段话可以看出，批改就是要从文章的语言文字看学生是怎样想的，是否想得完整、有条理、准确。通过批改，帮助学生把想不清楚的想清楚，说不明白的说明白。我们不少教师往往把作文批改只看成是语言文字的事，而忽视了学生的思想认识和思维。叶老说："修改非语言文字之事，实为思想认识之事。……改动者固为语言文字，推其根源，则思想认识有异于初时之故也。"（文集/ 3/ 513）这也就是说，在形式上改的是语言文字，而实际上改的是思想认识，改的是思维。通过批改，帮助学生学会认识、学会思维、学会说话，这才是批改的目的所在。

应该如何评价学生的作文？叶老认为：

觇学生作文之进步与否，当视其推理能否正确，抒情能否绵美。果日累月积，思想益正确而完善，情感益恳挚而缜密，即可断定为确有进步。（文集/ 3/ 289）

正因为语言文字上的问题,实际上反映的是思想认识的问题,所以评价学生的作文就不能只看语言文字的优劣,而忽视思想认识上的问题。叶老批评过那种只看作文的语词是否华丽典雅,文篇是否峭拔波折的唯形式倾向,认为这是舍本而求末。他主张评价学生的作文,应该从根本上看推理能否正确,抒情能否绵美,这是判定学生作文进步与否的主要标准。

应该如何批改作文?从思维方面看,叶老主要讲了如下几点:一是要"就学生所思考而思考之",(文集/ 3/ 455)"想清楚了再改动"。(文集/ 3/ 180)因为改动实际上就是改动学生的思维,修正学生的思想,所以批改要从学生的思维和认识水平出发,要考虑学生为什么要这样想,想清楚理由再改动。叶老不主张把学生的文章大段大段地勾掉抹掉,再大段大段地替学生说话,以自己的思维代替学生的思维,以自己的思想认识代替学生的思想认识。二是要使学生了解为什么要这么改。叶老说,必须想种种办法使学生注意和了解他的作文为什么要这么改。如果学生对改过的地方毫不理会,那么辛辛苦苦的批改工夫就白下了。(文集/ 3/ 180)改一次作文,总要使学生多一次的了解,才算不白费工夫,才算于学生有益。(文集/ 3/ 396)所以叶老说:无论全班改,轮流改,重点改,必须使学生真正明晓教师的用意,且能用之于今后的实践,才能说是有效。(文集/ 3/ 495)三是要"着重在培养学生自己改的能力"。叶老说:"改"与"作"关系密切,"改"的优先权应该属于作文的本人,所以作文教学要着重在培养学生自己改的能力。(文集/ 3/ 209)同时,在校作文有老师改,出了学校没有老师改,所以必须养成学生自己写完自己检查修改的习惯;教师改的目的即在于帮助学生能逐步做到自己改,最后阶段则达到可以少改甚至不需要改。(文集/ 3/ 455)

从以上论述可以看出,叶老基于对语文学科语言和思维辩证关系的基本认识,从语文学科的性质到语文教学的目标和语文教学的原则,从阅读教学、写作教学到语文教学的方法,全面而系统地提出了语文思维教育的思想,这些思想构成了他完整的语文思维教育观。我们应该从中认识到语文学科语言和思维辩证统一这一根本特征,既重视语言教育,也重视思维教育,将两者有机地结合在一起。目前的素质教育和创新教育对语文教学提出了更高的要求,我们应该更充分地发挥语文学科思维教育的功能,为培养创新型的人才做出努力。

批判性阅读教学与批判性思维能力培养

潘家明

当今基础教育改革强烈地呼唤着培养学生的创新能力,高等教育也疾呼培养创新型人才,因为"创新是一个国家进步的灵魂,是一个民族兴旺发达的不竭动力"。江泽民同志的这一论断深刻地揭示了当今世界发展的本质。他还指出:"创新,最根本的一条就是靠教育,靠人才。"由此可见,培养学生的创新精神和创造力是多么的重要。创新离不开创造性人才,创造性人才离不开创造性思维。只有创造性思维,才有创造性成果,也只有创造性成果,才具有创造性价值。这是一个极浅显的道理。而创造性思维能力的提升又自然离不开批判性思维能力的培养。这样一个逻辑推导,恐怕也是不容置疑的。

关于批判性思维,从20世纪70年代开始,它作为美国教育改革运动的焦点而出现,80年代成为教育改革的核心。而与此同时,我国教育改革所提出的"素质教育",也与这种思潮存在着一定的联系。作为思维科学中的一个概念,对它的解释,学术界有许多不同的说法。有学者从逻辑取向和非逻辑取向两个方面作了阐释和梳理,并且论述了它的历史发展过程[1]。作为教育科学中的批判性思维能力这一概念,同样也是众说纷纭。比较简练而明确的说法是:批判性思维能力是指一个人对事物及其关系的判断能力,包括评判力、识断力、鉴赏力和审定力等[2]。在教育学领域中,学者们大多是从本学科宏观上来研究批判性思维能力与创新能力培养的。这种研究在20世纪初形成了一个高潮,产生了一些颇有见地的研究成果。而单从语文批判性阅读教学与批判性思维能力培养的角度作研究的,似乎还不多。本文试图结合当前语文课程改革对阅读教学的要求,谈谈批判性思维能力的培养问题,从而达到提高阅读教学的效率,为培养创造性人才而寻找一条途径。

新的高中语文课程目标要求学生"养成独立思考、质疑探究的习惯,增强思维的严密性、深刻性和批判性",要求学生在阅读与鉴赏中"学习探究性阅读和创造性阅读,发展想象力、思辨能力和批判能力"。由此可见,新的课程标准已把批判性思维的培养作为阅读教学的一个重要目标。批判性思维不是与生俱来的,而是需要后天培养的。在阅读教学中,学生批判性思维的培养是有法可依的。

一、在语文阅读教学中,要消除学生迷信权威的心理定式,为学生创设批判性思维的学习环境

要培养学生的批判性思维,首先要进行阅读批判的心理准备,而学生要具备阅读批判的心理,就要消除迷信权威的心理定式。长期以来,我国的传统文化、教材与教师的权威以及应试教育等诸多因素,造就了一大批唯书唯师、缺乏创造个性的"小绵羊"。教师讲授的都是无可置疑的教材知识。教材是经专家制定的在全国统一实施的蓝本,教材是"圣经";教师成

---

① 本文选自《教育探索》2009年第3期,第121—123页。

为"牧师",教学只能遵从复述,不能质疑创新;学生缺乏批判的态度和怀疑的态度,因此,批判性思维从小就被千篇一律的固定答案而扼杀了。这样的例子在此不多举。批判性思维能力的培养离不开怀疑精神和批判态度。朱光潜在《谈美书简》一文中说:"所谓持'批判的态度'去读书,就是说不要尽信书,要自己去分判书中何者为真,何者为伪,何者为美,何者为丑。"因此,在阅读教学中教师应引导学生多问自己:"我"对作品有什么看法,"我"的判断和作者有什么不同,"我"的疑问有什么独到之处,等等。学生不仅从阅读中吸收性地学东西,更重要的是,从阅读中批判性地学东西。这种批判包括两个方面:一是对读物的批判,二是对自己认识局限性、片面性的批判。通过正确利用批判性思维,把自己的思考逐步引向深入、辩证,引向创建。正如德国教育家所主张的,批判后要拿出自己的建设性意见或设想,破而后立,有破有立,方属完美。

在传统的课堂阅读教学中,教师往往为了维护知识的权威性和师道尊严,过分讲究知识的完整性、唯一性和课堂纪律的有序性,对学生实行知识控制和纪律的专制,有意识地限制学生在教师预先准备好了的所谓标准答案范围内讨论问题,视学生的质疑和提问为挑战或扰乱课堂纪律,甚至讽刺、挖苦学生,使得学生不敢思、不敢言、不敢问,从而使学生的思、言、行等活动时时都处于被压抑状态。在这种状态下,学生的思维几近停滞,哪里还谈得上什么批判!有这么一个教例:一位青年教师讲授秦牧的散文《土地》,当讲到文中"骑思想的野马奔驰到很远的地方"、"收起缰绳,回到眼前灿烂的现实"两句话时,突然有一位学生问道:"老师,既是野马,何来缰绳?"这一下使毫无思想准备的教师一时张口结舌,支吾半天。最后,显得非常不耐烦地说:"你少钻些牛角尖儿,你的学习成绩还会好些吧!"教师的回答使这位学生非常难堪,学习兴趣全无[3]。这种不能容忍学生提出超出自己预想范围的批判性问题的做法,严重地挫伤了学生独立进行批判性思考的积极性,使学生变得越来越谨小慎微、谨遵师道,只能一味地被动接受而已。阅读教学中这种忽视批判性思维的后果会是怎样的呢?学生形成了被动听讲、理解和接受的惯性,缺乏主动思考,宁可相信教师的绝对权威,而不相信自己的质疑和判断。一旦给以独立从事评判的机会时,他们就变得无所适从。

后现代教育学者美国的多尔曾指出,教学中"教师的作用并没有被抛弃,其权威依然存在,只不过权威已不是外在于情境,而是转入情境之中,教师成为平等中的首席。在这一框架中,教师不再是解释者、他人价值的强加者、外在的专制者,而是对话者、转化者、内在于情境的领导者。该情境的形成需要构建良好的学习共同体,展开带有批判性的对话,'把思想抛入每种可能性的集合中',成为没有人拥有真理,但每个人都有权利要求被理解的迷人的理想王国"[4]。

我们还可以看一个关于写作的教例:某小学语文作文课上,教师布置了学生写"春天",一位学生写道:我不喜欢春天,春天总是下着淅淅沥沥的小雨,春天总是使人昏昏欲睡,春天容易滋生细菌,使人经常感冒;春天不像夏天那样使人激动,也不像冬天那样有雪可观,所以我更喜欢冬天……结果教师给学生的评语是:"胡说八道,神经病!"学生这种求异思维为什么就不能为我们接受呢?难道非要按同一模式写下同一种答案不可吗?学生的创造思维就这样一点点被扼杀。还有一次小学语文考试,评卷教师为一个答案而争论不休:雪融化之后是什么?标准答案是"水",可有学生写上"春天",多么富有想象力的答案!可学生的发散思维被教师无情地打了叉,没分。像这样的案例还可以举出很多。由此可见,要培养学生的批判性思维,我们还得有批判性思维的教学环境,更需要具有批判性思维能力的教师。

二、在课堂阅读教学中,培养学生阅读批判的习惯

阅读批判是从阅读反思起步的。要引导学生进行阅读反思,其着力点在于超越作品和作者,发表与作品、作者相异或相反的见解。受思维定式及传统文化观念的影响,在长期的教学过程中,中学语文教师往往只满足于将书本知识或教参上的解释传授给学生。学生往往也只去记住书本上的现有结论,而不敢或不愿对其"原说"加以评价、分析或怀疑。这是造成学生死记硬背能力强,求异、批判、创新能力差的一个重要原因。长此以往,学生的批判能力得不到发展,创造力也遭到了扼杀。在这里也可以举一个教例,北大教授乐黛云在美国做访问学者时碰到这样一件事:课堂上,教师正在讲授赵树理的《小二黑结婚》,一个美国学生说,她最喜欢的是三仙姑,最恨的是那个村干部。"因为三仙姑是一个无辜的受害者,她有权追求自己喜欢的生活方式,她喜欢搽粉,爱打扮,招惹谁了?但三仙姑却总是受到社会环境的歧视和欺压,这不公平。而那个村干部,连别人多搽点粉都要过问,完全是多管闲事……"乐黛云对这位女生的回答不禁愕然,她想赵树理在天之灵倘若有知,也绝对想象不到这个美国女孩对他作品中的人物竟会有如此的解读,因为这位美国女孩将作家渗透在作品中的价值观完全颠覆了!但是,乐黛云教授却不得不承认这个美国女孩言之有理[5]。我们说,由于文化价值观的差异,对文学作品有不同的解读是很正常的,但是我们又不得不为这位女生的批判性思维而叫好。我们的语文教师应该从这里得到启示。批判性阅读,就是有创见的阅读,要容许学生"犯错误",即使是对文本意义呈现"异态"接受,但这种思维方法也是应该值得肯定和学习的。否则,我们的想象力就会枯萎,我们的创造力就会衰竭。创新从来就是建立在对旧有思想或事物的批判基础之上的。在创新的过程中,批判性思维可以起到导航和护航的作用。

所谓批判性阅读,就是对作品或文本有自己独立的见解,不人云亦云,不承袭旧说,不迷信权威,甚至可以怀疑权威。比如,高中课文中有一篇朱自清先生的散文名篇《绿》,作者将梅雨潭的绿作了拟人化的细腻的描写,将这一景色与北京什刹海的绿、杭州虎跑寺的绿作对比,突出梅雨潭绿得可爱。文学史上名家和权威对这一分析早有定论:文章的主旨是"表达了作者热爱生命热爱大自然的感情"。但有学生却做了这样的解读:在当时正值青春年华的作者心中,梅雨潭的"绿",其实已幻化成、或者说已升华为一种至真至纯至美的象征,它带有鲜明的女性色彩,所以作者称它为"女儿绿",并连用几个女性的"她"字来称呼它,因此,这篇作品也可以看成是对理想中的女性美的深情热烈的讴歌。这种解读是不是也可以接受呢?这就是一种批判性阅读,也可以说是一种批判性思维。文学作品的阅读就是需要这样的多元解读,这也是文学艺术的本质所在。

批判性思维是由批判性思维技能和批判精神两方面要素构成的。阅读教学中要注重培养学生的比较、分类、分析、综合、抽象和概括等基本思维能力,同时还要培养一些特定的批判性思维技能。综合国外专家的分析,这些技能可以概括为下列八种[6]:(1)抓住中心思想和议题;(2)判断证据的准确性和可靠性;(3)判断推理的质量和逻辑的一致性;(4)察觉出那些已经明说或未加明说的偏见、立场、意图、假设以及观点;(5)从多种角度考察合理性;(6)在更大背景中检验适用性;(7)评定事物的价值和意义;(8)预测可能的后果等。概括地说,进行批判性思维就像评论家和法官那样进行审、查、判、断。批判精神就是有意识地进行评判的心理准备状态、意向和倾向。它要激活个性的批判性思维意识,促使个体朝某个方

向去思考,并用审视的眼光来看待问题。具体来说,它包含下列六大要素[7]:(1)独立自主;(2)充满自信;(3)乐于思考;(4)不迷信权威;(5)头脑开放;(6)尊重他人。由此看来,批判性思维能力的培养是可以通过批判性阅读来实现的。

三、在批判性阅读教学中培养学生批判性思维能力的策略

1. 宽容学生对文本的"异态"接受是培养批判性思维的基础

在阅读的过程中,读者与作品的关系总是表现为双方意义认识的双向运动和交互作用。一方面,作品所显示的意义,作者对生活的认识和态度,总要积极作用于读者,通过情感的或逻辑的力量让读者去赞成它、同情它、接受它;另一方面,读者又不是被动地接受或顺从,而是要从自己的立场、观点和价值标准出发,对作品给自己的影响和效果做出能动的反应,或者赞成,或者反对,或者同情,或者接受,或者排斥。这种能动反应的理性化,便是对作品的批判。

从广泛的意义上说,读者对作品所做出的任何反应或议论,就其性质而言,都是一种批判。因为学生是存在差异的,知识、能力和环境对于学生而言直接影响着阅读的效果,多元解读是阅读的正常表现,教师要允许学生"犯错误",也许正是这种"错误"包含着创新的因子,也许正是这种思维才是创新的动力。

2. 教师在教学中激疑是训练批判性思维的前提

阅读教学中,通过激疑披露文章隐含的疑点,引导学生的求异思维,触发学生由此及彼的联想,进而训练其思维的广阔性、批判性,培养创新能力。如杜甫的《江畔独步寻花》诗句"留连戏蝶时时舞,自在娇莺恰恰啼",诗眼就在"时时""恰恰"两个词,而这两个词对中学生来说又是很难讲清楚的,如能营造一种良好的思辨氛围激发学生的兴趣或好奇心,就会收到意想不到的效果。这个时候,教师可以先列举一些前人的解读,然后结合中学生"喜探究""不服输"等心理特点进行激疑即发问:前人都说"时时""恰恰"如何精妙,你们是如何看待的?理由是什么?最后,教师进行点评,注意是"点评"而不是"统一"。对于一些课文的解读或论断,还可以让学生"反弹琵琶":《项链》一文批判了资产阶级的虚荣心,请对这种说法予以批判;《雷雨》中周朴园对鲁侍萍的感情,你认为怎样?勤奋一定能出人才吗?请阐述自己的观点。在学生各式各样的回答中,既交流了思想,又探讨了前人的各种不同解读,不仅能拓宽学生的知识面,而且还能训练学生的批判性思维。

3. 教师在教学中教给学生质疑的方法是建立批判性思维的核心

教师要为学生指点质疑的路径和教给质疑的方法。根据语文阅读教学的特点,应点拨学生从多方面、多角度去发现问题、提出问题。尝试着从题目上质疑,从课文的词句内容上质疑,从感情基调上质疑,从课文内容的前后联系上质疑,从文章的写作意图、安排、方法等方面质疑,从语言运用上质疑,从故事的情节上质疑,从某些看似矛盾但又合情合理的地方质疑,等等。教师在培养学生常规方法的同时,还要注意培养学生的求异思维、逆向思维。要指导他们学会打破常规,沿着不同的路径思考问题,将所学知识系统起来,增强他们的思维逻辑性及迁移能力,使他们能针对不同的问题对症下药,随机应变,从多侧面、多角度提出问题。

4. 教师在教学中释疑的目的是培养学生批判性思维

教师的释疑能否培养学生的批判性思维能力,还取决于其自身是否是一个具有反思能

力的教师。教师通过反思可以发现自己对阅读对象的新见解、新观点,可以把阅读教学提升到一个新的高度。

教师的释疑,就是通过各种各样的路径,使学生达到关注社会、贴近时代、感悟语文的目的。教师要大胆地放下教参,走出教室,与学生一起走进阅览室、图书馆和书店,善于从电子读物、网络上获取知识和信息,参与社会活动,进而获得解决问题的钥匙。

总之,阅读教学是中学语文教学的主要内容和重要方式,也是培养学生思维能力的重要手段。开展批判性阅读教学,养成学生批判性反思的习惯应该成为语文教学的一个重要目标,为成就创新型人才承担学科职责是语文教师的理想和追求。

注释:

[1] 王源生.关于批判性思维[J].求索,2004(7).
[2] 甘和平.语文创新教育与批判性思维能力培养[J].语文教学与研究:教研天地,2001(9).
[3] 杨玉军,王惠.面对学生的发问[N].中国教育报,1998-5-12.
[4] 汪霞.课程研究:现代与后现代[M].上海:上海科技教育出版社,2003.
[5] 张弛.语文教育人文论[M].杭州:浙江教育出版社,2006.
[6] Dembo, M. H. Applying Educational Psychology (5th)[M]. New York:Longman,1994.
[7] 刘儒德.论批判性思维的意义和内涵[J].高等师范教育研究,2000(1).

本章附录

[1] 黄文贵.现代西方语言哲学与语文教学观念的变革[J].内蒙古师范大学学报(教育科学版),2005(1).

[2] 魏本亚.语文课堂教学预设与生成的哲学思考[J].徐州师范大学学报(哲学社会科学版),2007(6).

[3] 李炜.从海德格尔文艺观之一看传统语文教学[J].喀什师范学院学报,2009(4).

[4] 余国源.语文导读中"导疑启问"的心理学分析[J].西南师范大学学报(哲学社会科学版),1997(5).

[5] 关文信,张向葵.运用认知图式思想指导语文阅读教学[J].吉林教育科学·普教研究,1998(2).

[6] 丁玲.从言语连锁看语文教学中的背诵[J].山东教育科研,2000(6).

[7] 王铭.运用元认知理论——提高语文阅读教学效率[J].首都师范大学学报(社会科学版),2002(增刊).

[8] 何先友,莫雷.篇章阅读迁移的机制——从字词和内容两种表征模式谈起[J].华南师范大学学报(社会科学版),2003(2).

[9] 刘永康.直觉性理论与语文教学[J].四川师范大学学报(社会科学版),2007(2).

[10] 刘菊芳.系统论与语文教学[J].沈阳师范学院学报(社科版),1994(1).

[11] 许书明.协同学与语文课堂教学整体优化[J].四川师范大学学报(社会科学版),2004(4).

[12] 靳健.控制论与语文教学方法[J].西北师大学报(社会科学版),1995(3).

[13] 杨晋夫,范蔚.全息理论在中学语文阅读教学中的运用[J].教育探索,2009(9).

[14] 肖建民.魏书生语文教学改革的社会学观[J].江西教育科研,1996(1).

[15] 宣迪淼.如何构建语文课堂教学的有效互动平台[J].延边教育学院学报,2008(3).

[16] 刘国莲.弘扬人文精神提升文化品味[J].北京工业职业技术学院学报,2004(2).

[17] 曹明海.论语文教育的文化特性与情致[J].山东师范大学学报(人文社会科学版),2005(1).

[18] 张文哲.文化价值理念——语文阅读教学的新视角[J].当代教育科学,2008(24).

[19] 熊成钢.中学语文教学应训练直觉思维以培养语感[J].天津师大学报(社会科学版),1997(4).

[20] 王静悦.浅谈在语文教学中如何培养学生的创新思维能力[J].教育探索,2002(1).

[21] 冯迪.信息技术与语文课程整合培养学生创新思维能力的研究[J].中国电化教育,2004(1).

[22] 王培.在阅读教学中培养学生的创造性思维[J].教育与职业,2009(23).

第八章 中国大陆、台湾、香港的语文教学与国际比较研究

- 中国大陆、台湾、香港语文教育目标比较（陈菊先）
- 我国大陆与台湾高中语文『文化类』选修课程的比较（陈黎明 王明建）
- 国学教育传统的理性固守——以台湾地区为中心（吴丽仙）
- 西方国家语文教育发展的三种模式（倪文锦）
- 中英初中语文教材综合性言语实践活动评介（李大圣）
- 新课程背景下中美阅读教学比较（周立群）
- 本章附录

中国大陆、台湾、香港语文教育目标比较[①]

陈菊先

教什么、怎么教,与学什么、怎么学,这是语文教育的两大基本问题。它们相互制约,互相影响,都以教学目的为转移。教学目的在语文教育中处于首要地位。教学目的是主观的、观念性的东西。一方面,它作为观念形态存在于教学的全过程;另一方面,它是师生在教学实践活动进展到某一阶段所要创造的对象。这个创造的对象,既要符合一般性的教育目标,也要符合具有特殊性的语文教学目的,使语文教育过程成为共性和个性的统一过程,成为沿着教书育人方向行进的过程。这里仅论述中国大陆、台湾省及香港特别行政区(以下简称大陆、台湾、香港)的语文教育目标,并作出比较。

一、大陆语文:教学目的的基本特征

语文教育着眼于变革语言主体的语言行为模式,包括语言主体的外在语言行为和内在的思维与情感等心理品质。语文教育如果不能引起上述语言行为的内外部变化则很难形成高水平的语文能力,语言作为负载文化信息的交际工具的使用就处于低水平层次,因此语文教育的规格,其内容不是单一的,而是多元的,由多元要素组成。这些多元要素作为系统存在于语文教育的各方面、各阶段和各个层次,因此语文教学目的具有多元共生性的个性特征。如下列初高中语文终端教学目的的表述即是证明。

九年义务教育全日制初中语文教学目的:"在小学语文教育的基础上,指导学生正确理解和运用祖国的语言文字,使他们具有基本的阅读、写作、听话、说话的能力,养成学习语文的良好习惯。在教学过程中,开拓学生的视野,发展学生的智力,激发学生热爱祖国语文的感情,培养健康高尚的审美情趣,培养社会主义思想品质和爱国主义精神。"

全日制普通高中语文教学目的(供试验用):"高中的语文教学,要在初中的基础上,进一步提高学生正确理解和运用祖国语言文字的水平。要对学生进行有效的语文训练,指导学生学好课文和必要的语文知识,使他们具有适应实际需要的现代文阅读能力、写作能力和听说能力,具有初步的文学鉴赏能力和阅读浅易文言文的能力;掌握基本的学习方法,养成自学和运用语文的良好习惯,具有分析问题、解决问题的能力。在教学过程中,指导学生进一步开拓视野,增长知识,陶冶情操,发展智力,发展个性和特长,培养学生热爱祖国语言文字,热爱中华民族优秀传统文化的感情,培养健康高尚的审美情趣和一定的审美能力,培养社会主义思想道德和爱国主义精神。"[1]

上述两则教学目的分别为初高中的终端教学目的,又称为总目的,属于长远规划目标。两则教学目的高度概括,用了浓缩的语言进行了定性的表述。其科学之处:(1)都是根据语文学科的性质,从文和道两方面提出语文教学目的。从"文"看,都有正确理解和运用祖国的

[①] 本文选自《华中师范大学学报(人文社会科学版)》1999年第3期,第150—154页。

语言文字,以及培养读、写、听、说能力的目的;从"道"看,都有在教学过程中育人的任务。(2)注意了语文学习的衔接性,也注意了初高中语文水平的差异性,其要求符合学龄段的特点。如在听、说、读、写的能力要求上,初中达到"基本"即可,高中则要求"具有适应实际需要的现代文阅读能力、写作能力和听说能力"。除此之外,高中还增加了下列要求:①"具有初步的文学鉴赏能力和阅读浅易文言文的能力";②"掌握基本的学习方法";③"养成自学和运用语文的良好习惯";④"具有分析问题和解决问题的能力"。这里,在能力项上,初高中都呈多元性,但高中项多于初中项,且初中只要求"基本具有",高中则要求"基本具有"和"具有",这两种表达都是模糊而不确定的。如教学目的首句,初中表述为"在小学语文教育的基础上,指导……";高中为"要在初中的基础上,进一步提高……"对初高中教学的这一要求体现了语文能力螺旋发展的规律。(3)根据学生学习规律和成长规律拟定教学目的。根据学习的规律,初中强调"养成学习语文的良好习惯",高中则强调"运用语文的良好习惯"。根据学生成长的规律,初中强调培养"健康高尚的审美情趣",高中则还强调了培养"一定的审美能力"。(4)突出了语文学科育人的特点——育人任务必须要在教学过程中完成,即潜移默化,点滴入心。在价值取向上都强调培养学生热爱祖国语文的感情,培养社会主义思想道德和爱国主义精神,高中则还强调陶冶情操,发展个性和特长,以及热爱中华民族优秀传统文化的感情等。

综上看到,语文教学目的是语文教育培养人才的语文质量规格,它区别于非语文学科的规格,独具语文教育的"个性"特征,成为表征语文教育活动特征的范畴。其教学目的,有知识和习惯的,有能力和智力的,也有品格和情感的,呈现出语文教育规格的多元性。这些目的中,课文是凭借,语文知识和语文学习方法,以及语文习惯是基础,智力和语文能力是核心,品格情感是动力机制。在教学过程中,它们通过系统作用呈现出多元共生性的语文教学目的的"个性"特征。

语文终端教学目的的确立,为教学计划提供了出发点和落脚点。所谓出发点就是说,教学目的的存在成为确立教学内容,设计教学,进行语文行为训练,帮助学生实现语文学习预期目的的质量规格标准。所谓落脚点就是指一个个预期目的不断转化得到实现,最后量变为终端教学目的的质量规格要求。从起始年级的出发点走向毕业时的落脚点,跨度有"六三制"的,有"五四制"的。如何才能符合终端教学目的的质量要求呢?这就涉及语文教学目的的结构性问题了。

语文教学目的的结构性,指语文教学目标体系的结构关系。它是终端教学目的得以实现的保证条件,因此它也表征着语文教育目的的个性。从现行的语文教学大纲、教材,以及改革型的教材看,其目标结构模式一般有纵式、横式、纵横交叉三种。

纵式结构目标体系是将终端教学目的分解为一系列任务的活动。终端目的以下是学段目的、学年目的、学期目的、单元目的、课文目的、课时目的。课时目的的到位支持课文目的,课文目的的落实支持单元目的,单元目的的完成支持学期目的,学期目的的达成保证学年目的的实现,学年目的的达标则最终保证了终端目的的实现。这些教学活动揭示了终端目的和其他系列目的的种种联系,抓住这个联系进行序列教学就可以使教学做到步步落实,产生累积效应。

横式目标结构分为认知目的、情感目的和技能目的。各目的下有分目的,分目的下有子目的(如下表)。分目的中,前两类目的属于层级关系,后一类目的属于并列关系。

认知目的	情感目的	技能目的
识记	感受	阅读
理解:了解、分析、概括	共鸣	写作
运用:简单运用、综合运用、创造性运用	领悟	听话
评析:欣赏、鉴别、评论	个性倾向	说话

上述纵式目的和横式目的,形成纵横交叉结构,组成了语文教学的明细规格,这些规格有主有从,前后联系,协调发展,螺旋提高。这些规格在逐级逐层、多方面落实的过程中,使教学目的具有明显的序列性、层次性、形成性和规格性的特点。这样,当教学目的进入教学活动之后,就使教学活动"带有经过思考的、有计划的、向着一定和事先知道的目标前进的特征"[2]。因此,在实施过程中要求事先有计划,事后有检测和评析。

教学目的的上述特点启发了人们的思维,有志者立足我国国情,在广泛借鉴现代教育科学研究成果的基础上,进行了"目标教学"改革实验,形成了一个首尾相应的目标流程。这种目标教学有利于改革差校、差班、差生的语文教学,使语文教学做到面向全体学生。

教学目的的改革,有的还从信息论的角度,根据学生个体成长的特点,提出按语言的处理信息功能和调节活动功能来确立阶段教学目的。实验者认为,儿童进入小学后,其主导活动由游戏转向学习书本知识,对书面信息的概括和交流逐渐成为他们语言的主要功能。字、词、句、篇的知识技能是儿童的认识对象,故应着重发展语言的概括信息功能和表达真情实感的功能。小学生升入初中后,人与人之间的联系成为他们的主导活动。学生除学习教科书之外,生活圈子扩大,要求积极参加各种课外、校外活动和团、队活动。学会根据不同场合和不同对象,确立不同的表达方式是初中生语文学习的任务。因此,应着重发展他们语言的个别影响功能。进入高中后,职业定向活动逐渐成为学生的主导活动。这时必须让学生系统地学习国内外文学名著,从语言文字入手理解作家的思想感情,提高观察能力,丰富审美感情,形成正确的人生观,故着重发展语言的自我教育功能和创造功能是这一学段的任务。这一实验是有理论基础的,既体现了语文学科的性质,又体现了能力产生于活动的心理学原理,是值得称道的。

综上所述,具有法制性的终端教学目的确立之后,其下属各层次的子目可依据相应的理论作出百花齐放的改革实验,殊途同归于终端教学目的的质量规格,而对教学目的的多元共生性和目标体系结构性的"个性"把握,将有助于教学游刃于纵横交叉的目的体系中,进而层层达标,走向教学的落脚点。这其间,语文教学全过程始终要沿着教书育人的方向行进,通过语文教育塑造出具有高语文素质的"四有两热爱两精神"的创造型的语文学习者。

二、多元取向:不同地区教学目的个性比较

从上文我们看到了大陆语文教学目的的多元共生性和结构性的特点,下面我们再看看香港和台湾的语文教学目的的"个性"特征以及与内地相比较的异同点。

首先看香港的语文教学目的。香港的语文教学目的分为两方面:(1)培养学生阅读、写作、聆听、说话和思维等语文能力,提高学生学习本科的兴趣,并使学生有继续进修本科的自学能力。(2)借着本科的教学,启发学生的思想,培养学生的品德,增进学生对中国文化的

认识,并加强学生对社会的责任感[3]。

另外,香港还推出了一个"学习目标及目标为本评估"的实验。这一实验"以学生为本位",为学生拟订学习目标,并根据所拟订的学习目标来评估学生的学习表现。所以学习目标包括三类,纵向顺序为:总目标——四学习阶段分项目标——四学习范畴学习目标(阅读、写作、聆听、说话)。在其规定下,要求既注重读、写、听、说基本能力的均衡训练,又要指导学生掌握五种基本认知方法,形成五种基本的认识能力。这五种基本的认识能力包括思考能力、增进知识能力、学会学习能力、解决问题能力,以及传意能力。为达到这一目的进行了相关研究。如常用字词应用的分析问题,听、说、读、写能力训练序列问题,认知能力发展层次问题,语文应用需求问题,自学能力训练问题,语文有效应用问题,等等。为达到这些目的,对一些问题作了强调,突出的有下面三个方面:

1. 掌握语文特质与学生认知能力发展相结合

这是现代语文教学的特点,是教师和学生都要面对的问题。只有充分认识中国语文特质的教师,才可以借助这些特质,去帮助学生达到学习目标,去发展学生的认识能力;也只有认识中国语文特质的学生,才可以凭借其中的一些特质,去达到自己的学习目标,去发展自己的认知能力。

2. 增进知识能力,要求有对文化的认识和反思及反思能力

认识文化并不只限于了解和记忆。要对文化有较深切的认识,就得要有文化的反思。通过观察、理解、思考和讨论的过程,学生不但可以增强自己的认识,而且也可逐步发展自己的增进知识能力。经过思考的文化认识,才会有助于学生认知能力的发展,同时也会有利于认识的巩固。文化应包括民族文化(传统文化)与社会文化两部分,否则不但会有碍口头语和书面语的理解和表达,而且在语文应用方面,也会与现代生活脱节。因为母语学习和外语学习不同,外语学习往往视作工具语,母语学习应该有更高层次的考虑,既不能忽略语文的交际工具性,又要兼顾其中的思想性、知识性和艺术性。以知识为例,知识是语文的养分,学生需要的不仅仅是字、词、句、段、语法、修辞、文体等方面的语文知识,同时也包括民族文化和社会文化的知识。要真正提高学生的语文能力,光靠一般的语文知识是不够的。

3. 强调以学生为本位的需求,因此特别重视自学习惯和自学能力的养成和发展

有自学能力的人,如果没有自学习惯,久而久之,他的能力就会衰退;有自学习惯的人,才能保持他自己的自学能力,不断提高自己自学能力的层次。自学习惯,包括查检工具书和参考书的习惯,专心读书的习惯,思考提问的习惯,发言议论的习惯,摘录笔记的习惯等。自学能力,包括独立、正确地使用工具书和参考书的能力,独立辨析和推敲字、词、段、篇的能力,联想、想象、推理的能力,默读、速读、跳读等的能力,分析各类文体篇章的能力等[4]。

由上看到,香港的语文教学目的也是具有多元性和结构性的,而他们的"学习目标及目标为本评估"的重要特色是为语文科拟订学习目标,使语文学习规格明细化,这样就使不同程度的学生有了共同的学习方向和要求,能展示每一个学生不断提高的学习能力,亦有评估学习表现的尺度,使他们朝着既定的学习方向前进。

下面我们再看台湾的语文教学目的。台湾人文及社会学科教育委员会就台湾现行的语文教学目的进行了字斟句酌的修改,形成了下列研究目标。

初中国文(语文)教学目的:(1)指导学生继续由国文学习中体认中华民族文化,以培养伦理观念、民主风度、科学精神,激发爱国思想。(2)指导学生由国文学习中培养积极创造

之思考能力。(3)指导学生继续学习标准"国语",增进听、说及讨论之能力,并养成负责之观念与良好的风度。(4)指导学生学习课文,明了语文之特质,增进阅读能力与写作技巧。(5)指导学生阅读有益身心之课外读物,提高欣赏文学作品之兴趣与能力。(6)指导学生明了国字之结构,以正确的执笔姿势及运笔方法,使用毛笔书写楷书与行书,培养欣赏书法之能力,陶冶高尚之情操。高中国文(语文)教学目的:(1)指导学生由国文学习中加强伦理道德之观念、民主科学之修养、明辨是非之能力以及爱国淑世之精神。(2)指导学生由国文学习中培养其坚毅恢宏之意志、积极进取之态度及高瞻远瞩之胸襟。(3)指导学生由国文学习中体认传统文化之精华,明了中国文学及学术思想之流变。(4)指导学生研读语体作文,提高其阅读、欣赏及写作优秀作品之能力。(5)指导学生精读文言文,提高其阅读、欣赏、钻研古籍及写作文言文之能力。(6)指导学生由国文学习中,学习语言论辩、表述意见之能力。(7)指导学生熟悉常用应用文之格式与作法,以提高正确写作之能力。(8)指导学生临摹楷书及行书等碑帖,以增进其鉴赏及书写之能力。[5]

台湾教学目的,依其内容,初中分两类,高中分三类,其间相近的两类为:(1)"育人"目标,初高中目标1、2属此类。(2)"能力培养"目标,初中目标3、4、5、6和高中目标4、5、6、7、8属此类。高中多了一类"知识探求"目标。中华民族传统文化内涵博大,优美而精深,而古典文学及学术思想又是中华民族传统文化中最优秀的部分,亦是中华民族闻名于世的珍贵遗产,其孕育、形成、发展、演变的情形,受过高中教育的青年应具有简明的认知,故拟订了目标3。

上述我国大陆、台湾、香港语文教学的目的也是不同社会制度下的产物,它们的相同之处也就各有侧重。就"道"而言,大陆在"道"的内涵上较台港的宽泛,用语概括,注意了语文学科在弘扬人的个性中的功能。在处理文道关系上,大陆的表达,不是重道轻文,或重文轻道,也不是文道并重,更不是文道割裂,而是强调在语文教学过程中实现"道"的内涵。台湾把"道"列为教学目的条文之首,似乎有点重"道"。香港把"道"单列,强调"借着本科的教学"进行,比1978年制定的香港语文课程纲要中的教学目的,在文道关系的处理上大大前进了一步。众所周知,每门学科都有"育人"的任务,而语文学科的育人正是通过正确处理文道关系来实现的,这是语文科区别于其他学科的本质所在。就"文"而言,两岸及香港的教学目的都注意了智能的培养,提法有相同的,有交叉的,也有不一样的。读、写、听、说,三家都提到了。思维能力,也都提到了,只是侧重点和提法不一。大陆的包含在智力开发中,台湾的强调培养积极创造之思考能力,香港的则把思维作为语文能力的组成部分提出,而在"学习目标"中又特别强调了认知能力的培养。香港的这种看法颇有科学依据,值得重视。另外,港台基于"根"在中华,特别强调中国传统文化的学习,台湾还强调了中国学术思想和书法的学习与掌握。这些提法未离开语文学科的特点,值得大陆借鉴。

由上看到,中国大陆、香港、台湾语文教学虽有相异之处,但所拟教学目的却都具有多元性的个性特征,即都能从语文学科的性质和特点以及本地区的实际出发,从文道两方面作出主次分明的多元概括,其目的列举涵盖了语文知识、技能、智能,以及学生个性发展,包括心理的、社会的不同层面。其中读、写、听、说能力都被列为语文教学的四大主体内容。这是具有世界趋势的一步。过去,我国传统语文教学受科举制度影响,仅凭几篇文章决定取舍,在相当长一个时期内,语文教学目的都集中在提高写作能力上,以后又集中在阅读和写作上。解放初期,在语文课本的《编辑大意》中曾写道:"语文教学应该包括听、说、读、写四项,不可偏轻偏重。语文课本的作用,在使学生阅读各种文章的范例,并且从阅读中同时养成听、说、读、写的能力。"但是,由于条件尚未成熟谁也没执行过,直到80年代后期才引起了重视。现在,中国大陆、香港、台湾在近期的语文教学大纲中不约而同地强调了这四大主体内容。这是具有时代眼光的。

目前,世界上对语文教学目的的研究,不仅从语言、文学的角度重新认识,而且还从心理学、教育学、社会学以及人才学等方面进行多角度的探讨。一般研究认为,语文教学的首要任务是培养和发展学生的语文能力,而发展学生的思维能力是语文教学的重要任务,道德教育、感情熏陶则是语文教学目的中不可分割的组成部分。他们将语文能力、思维能力、思想感情教育三者的关系,用"首要""重要""不可分割的组成部分"等词语揭示得很清楚。

总之,从上面多种语文教学目的的展示比较,不难看出语文教学目的的多元性特征,实际上是一种主从多种关系的有机融合。语文教学目的的结构性特征,大陆强于香港,台湾最弱。大陆则在素质教育思想指导下,还特别注意到了语文教育目标的共性和个性的研究,以期语文教师能在这一教育思想的统领下进行创造性的教学,培养出适应21世纪需要的创造型人才。

注释:

[1] 中国教育改革和发展纲要[N].中国青年报,1993-2-27.
[2] 马克思恩格斯选集(第3卷)[M].北京:人民出版社,2012:516.
[3] 中国语文科中一至中五课程纲要[S].香港:香港政府印务局,1990:9.
[4] 中国语文教学与"学习目标及目标为本评估"——本港中国语文教学的处境与归趋[A]//李学铭.语文与语文内容国际研讨会论文集[C].香港:香港教育署,1993.
[5] 教育目标研究报告[R].台湾:三民书局,1987.

我国大陆与台湾高中语文"文化类"选修课程的比较[1]

陈黎明 王明建

我国大陆自1986年实行九年义务教育以来,先后两次颁布高中语文教学大纲。2002年再次对原有教学大纲进行修订,并于2003年又以"课程标准"取代"教学大纲"颁布了《普通高中语文课程标准(实验)》(以下简称大陆《标准》),拟于2007年秋全面实施。台湾地区自1968年实施国民教育以来,先后三次颁布高中语文课程标准。2001年再次对原有课程标准进行修订,并于2004年以"课程纲要"取代"课程标准"分别公布了包括《普通高级中学选修科目"论孟选读"课程纲要》(以下简称台湾《纲要》)在内的高中语文必修课程与选修课程的课程纲要[1],拟于2006年实施。

我国大陆与台湾阻隔多年,虽然由于政治制度不同,文化与意识形态的价值取向不同,两地对语文课程改革的规范和要求也有着比较大的差异,但两地又毕竟同宗同源、同文同语,两地的课程文件都反映了对中国人学习汉语文基本规律的认识,借鉴台湾语文课程文件的优点,对促进大陆语文课程建设具有重要意义。因此,本文拟对我国大陆2003年《标准》和台湾2004年《纲要》的选修课程进行比较,借以分析两地高中语文选修课程的特点与异同,揭示两地对汉语文教学规律的认识,探讨台湾高中语文选修课程对大陆语文课程建设的启示。

一、两地的选修课程

大陆《标准》的选修课程设计为五个系列:诗歌与散文、小说与戏剧、新闻与传记、语言文字应用、文化论著研读;台湾《纲要》的选修课程设计为四个科目:区域文学选读、小说选读、论孟选读、语文表达与应用。可见,在内容上两地的选修课程都涉及了文学、文化、语言应用等三类内容。大陆《标准》的"诗歌与散文""小说与戏剧""新闻与传记",台湾《纲要》的"区域文学选读""小说选读"都属于文学类;大陆《标准》的"文化论著选读",台湾《纲要》的"论孟选读"都属于文化类;大陆《标准》的"语言文字应用",台湾《纲要》的"语文表达与应用"都属于语言应用类。限于篇幅,下面分别从课程目标、教学建议、教学评价、教材编写等方面简要介绍两地"文化类"选修课程的异同。

1. 课程目标

大陆《标准》和台湾《纲要》分别以四条和三条对这一部分进行表述,其具体内容参见表1。

---

[1] 本文选自《江西教育科研》2006年第11期,第54—56页。

表 1　我国大陆与台湾"文化类"选修课程的课程目标

大陆《标准》	台湾《纲要》[2]
选读古今中外文化论著……培养科学精神……	研读论语、孟子文化经典教材,培养学生社会伦理之意识及淑世爱人之精神。
关注当代文化生活……关注现实生活和社会发展……学习当代社会生活中的问题和中外文化现象作分析和解释……	吸取古人深思、反省之生活智慧,并落实在日常生活上;配合现代思潮,以达新旧传承之目的。
有侧重地进行探究学习……学习运用科学的思想方法发现问题、分析问题和解决问题。	

由表 1 可见,两地课程目标的相同点在于都注重传统文化与当代生活的结合。不同点在于大陆《标准》侧重对当代精神和探究学习方法的学习,台湾《纲要》侧重对传统文化的继承。

2. 教学建议

大陆《标准》以三段文字、台湾《纲要》以四条对此部分进行表述,其具体内容如表 2。

表 2　我国大陆与台湾"文化类"选修课程的教学建议

大陆《标准》	台湾《纲要》
应指导学生通过阅读论著……学习深究文化问题的方法,提高认识和分析文化现象的能力……引导专题探究,重在培养学生的探究意识和探究能力,让学生体验探究过程,学习探究方法……	
阅读文化论著……对其中的主要内容或观点进行讨论,不必面面俱到……引导学生自行钻研、相互探讨,必要时教师可作适当讲解。	讲解与讨论并重,每节预留适度时间供学生发问和互相讨论。
	结合相关的趣味事,增加学生学习乐趣。
应积极开发和利用本地文化资源,引导学生联系生活实际和社会现象考察文化问题……	
	本科教学应与国文、历史、公民与社会等科密切联系,以加强其效果。

可见,两地的教学建议有同有异,其具体表现在以下几个方面:首先,两者都强调"讨论式"教学,但台湾《纲要》同时也重视讲解,大陆《标准》则更多地强调学生的自主能力;其次,大陆《标准》还强调对探究性学习方式的学习和本地文化资源的开发与利用,台湾《纲要》则强调了学生的学习兴趣和本科教学与其他科目的联系。总之,大陆《标准》侧重"学",台湾《纲要》侧重"教"。

3. 教学评价

大陆《标准》以两段、台湾《纲要》以三条文字对这一部分进行表述,具体内容参见表 3。

表3 我国大陆与台湾"文化类"选修课程的教学评价

大陆《标准》	台湾《纲要》
考查学生是否认真研读经典原著,对论著内容的理解和观点的把握是否正确,能否借助注释、工具书、参考资料自主学习……还应考查他们的阅读兴趣和文化视野;评价中应对学生的探究意识、参与程度、探究方法及探究结果进行综合考虑。	评量内容可依学生不同能力提升之需要而斟酌。
也应兼顾学生在参加研讨会、报告会、讲座、调查考查等活动中的表现。	特别重视学生在课堂的口头报告与讲座的情形。
	成绩之评量,包括日常考查、平时作业、单元习作练习……评量方法爱用口试、笔试。

由表3可知两地教学评价的同异之处为:首先,大陆《标准》着重表述"评价什么"即评价内容,台湾《纲要》着重表述"怎样评价"即评价方式;其次,大陆《标准》特别重视学生的探究意识、参与程度、探究方法等自主性学习,台湾《纲要》在这方面不明显;最后,两者都注重对学生在讨论等类似活动中表现的评价。

4. 教材编写

大陆《标准》的"教科书编写建议"部分共有十条,前八条旨在说明教科书的编选原则。后两条分别对必修课教科书和选修课教科书的编写提出建议。台湾《纲要》的"教材纲要"包括"教材编选"和"教材内容"、"实施方法"部分也涉及了教材编写的建议。两者的具体内容参见表4。

表4 我国大陆与台湾"文化类"选修课程教材编写

大陆《标准》	台湾《纲要》
教科书编写应以教育科学理论为指导,充分体现时代特点和现代意识……	编写教材时……并注意教材内容应具时代性与前瞻性。
教科书要适应高中学生身心发展的特点,符合语文能力形成和发展的规律……	选文应顾及当代思潮,并切合学生之学习兴趣与吸收能力。
教科书应突出语文的特点……有利于学生自主、合作与探究的学习……	
教科书的体例和呈现方式应该多样化,避免模式化……教科书应具有开放性……	应配合教学节数,编选适量教材;每课选文宜附有简明之注释、章旨、问题与讨论等。
	简介孔丘、孟轲之生平事迹;概述《论语》、《孟子》两书;先讲授《论语》,后讲述《孟子》;选文应呈现孔、孟主要思想,并顾及当代思潮。

由表4可见,两地教材编写的相同点在于:首先,都强调教材内容的时代性。其次,都强调教材编写要适应学生身心发展的特点。不同点在于:首先,大陆《标准》强调教科书编写的灵活性和开放性;台湾《纲要》强调教科书课程改革编写的系统性和规范性。其次,大陆《标准》对教材编写内容涉及较少;台湾《纲要》涉及较多,且具有很强的可操作性。

二、对大陆语文课程建设的启示

1. 课程文件的名称由"标准"改为"纲要"

在现代汉语中"标准"一词的含义是"衡量事物的准则"[3],也就是说标准是人们衡量事物所必须遵守的原则;"纲要"一词的含义是"提纲"或"概要",也就是说纲要就是某一方面内容的基本点[4]。两者相比,"标准"具有很大的规范性和规定性,是人们必须遵守照办的;而"纲要"则具有很大的弹性,人们在遵守基本要求的前提下可以对相关事物作灵活的处理。为了更好地实行三级课程管理精神,给地方和学校、教师以更大的实施空间,我们大陆的课程文件应当由"标准"逐步走向"纲要"。

2. 独立编制选修课程标准

独立编制选修课程标准能够提高选修课程的独立性,扭转"重必修轻选修"的习惯和意识。以往的教学大纲虽也设有选修课程,如1996年的《全日制普通高级中学语文教学大纲(供试验用)》,但在实施中形同虚设,其重要原因之一就是把对必修课程与选修课程的要求进行综合编制和印刷,且总是把对选修课程的要求放在必修课程之后,这种表述策略无形中强化了"重必修轻选修"的习惯和意识。

3. 增强《标准》的可操作性

可操作性是课程文件向实践转化的最直接的保证。课程文件作为教学实施、教材编写、教学评价等方面的依据,具有原则性,但更应把这种原则性渗透在具体内容之中,从而形成课程文件的可操作性。通过两地选修课程的比较可以看出,大陆《标准》侧重进行"应该怎样"的原则性阐释,而缺乏"怎样做"的操作性步骤,台湾《纲要》则相反,它没有用大量的文字阐释"应该怎样"而是重在阐释"怎样做"。

4. 增加对教学评价方式的阐释

教学评价建议应该是评价内容与评价方式的综合建议,或者说,教学评价建议不仅要建议评价什么,还要建议如何评价。如仅建议评价内容,就不可能改变虽评价内容多样,评价方式却单一、僵化的状况。大陆《标准》在"评价的基本原则"方面虽然提出了"评价应根据不同的情况采用不同的方式"的评价原则,但没有对各种评价方式进行全面的阐释,只是以举例的方式列举一二而已。在"选修课程的评价"中,它根本上就忽略了对评价方式的表述,而致力于评价内容之小。台湾《纲要》对评价方式的论述则较多。比如它提出"成绩之评量,包括日常考查、平时作业、定期考试等方式"等。

5. 进一步细化对教材编写的要求

教材是承载课程内容的平台之一,是某学科课程内容区别于其他学科的最显性保证。大陆《标准》的"教科书编写建议"仅有十条原则性的宽泛表述,且把必修课程与选修课程的教材编写建议融在一起,几乎成为《标准》的最次要部分。当然,大陆《标准》的设计有利于教材编写的开放性、灵活性,实现教材编写的百花齐放。但是,语文教材再百花齐放它还应是"语文"教材,而不应是政治、历史、数学等教材,而使它还是"语文"教材的途径就是在"教科书编写建议"部分加强对具体的"语文"的东西进行阐释和要求。

并且,无论是在理论、经验,还是在操作性步骤上,选修课教科书的编写都是无法同必修课教科书相提并论的。因此,在课程标准或纲要中给予两者同样的指导是不妥的。在没有可资借鉴的选修课教科书的情况下,课程标准更应对此进行详细的指导。这既能体现对选修课程的重视,也利于选修课程的顺利实施。

注释:

[1] 台湾"教育部"——"中教司". 高级中学课程标准及纲要[M]. 2005-9-1.

[2] 台湾"教育部"——"中教司". 普通高级中学选修科目"论孟选读"课程纲要[M]. http://www.edu.tw./EDU-WEB/EDU-EGT/HIGH-SCHOOL/EDU2359001/tempclass/docs/B01-3.doc.

[3] 中国社会科学院语言研究所词典编辑室. 现代汉语词典[M]. 北京:商务印书馆,1996:42、324.

[4] 中国社会科学院语言研究所词典编辑室. 现代汉语词典[M]. 北京:商务印书馆,1996:42、324.

国学教育传统的理性固守[①]
——以台湾地区为中心

吴丽仙

台湾地区国学氛围浓厚。去过台北的人,都会被那些源自四书五经的街道名称,如忠孝路、仁爱路、信义路、和平路等所吸引。在台湾地区,城市的路面上平铺着中国的传统文化,使用了几千年的繁体字是台湾通行的汉字,每年孔子诞辰,岛内孔庙都要举行祭孔盛典,社会名流经常举办诗歌雅集、吟诗诵经。在台湾的文学作品中,古典诗词俯拾即是。这一切,与台湾地区60多年来对国学教育传统的固守紧密相关。这种固守不是对中国传统文化盲目、消极的维护,而是理性的,是台湾民众文化寻根的体现,是一种精神意义上的回归。

对国学教育传统的固守,是台湾社会转型的客观需要,是台湾民众共同的文化皈依,也是台湾社会稳定与发展的重要保证。日据时期,日本确定南进政策之后,开始在台湾开展皇民化运动,推行了一系列强制同化的文化政策,如禁止说"国语",强制说日语、穿和服、住日式房子;废汉姓改日本姓氏;摒弃原有的民间信仰和祖先牌位,改信日本神道教并参拜神社等。中国传统文化在台湾受到强力冲击,处于弱势地位。"一些人从深层文化方面受到日本的影响,成为'日本化的台湾人'"[1]。1945年台湾光复,民众的民族情绪高涨,"原先曾被禁止过的传统文化就成了他们表达民族情绪的一种最好的方式"[2]。由于长久以来与祖国大陆分离,台湾民众深切体会到传统文化的重要性,产生强烈的文化向心力,积极开展了"中国化"、"把我们的母语抢回来"等活动。面对殖民文化遗存,台湾行政长官公署公布了"培养民族文化"等内容的五大教育政策,并在民族方言(闽南话)的基础上全面推行"国语"(普通话)运动。自此,台湾开启了对国学教育传统的固守历程。1949年,国民党退台。为了巩固统治基础,统一思想,清除殖民文化残余,以期"反攻复国",国民党当局非常注重中国传统文化在台湾的传播,竭力将儒家文化作为统治台湾的思想基础,在全台湾实行"民族主义"的伦理教育。即以民族主义为基础,"以伦理为出发点,来启发一般民众的父子之亲,兄弟之爱,推之以邻里乡土之爱和国家民族之爱"[3]。当局给全岛学校定下的共同校训就是"礼、义、廉、耻",一时间几乎所有学校的墙上都刷写着"忠孝、仁爱、信义、和平"。20世纪50年代后期开始,随着台湾经济的不断发展、西方文化的大量涌入,国民党执政制度的缺陷日益暴露,台湾地区问题层出不穷。道德败坏,贪污腐败,色情、赌博、吸毒盛行,工商界"虚假狂"现象严重,犯罪率急剧攀升。一些知识分子提出了"全盘西化"的文化论调。如白先勇所言:"我们现在所处的,正是中国几千年文化传统空前巨变的狂飙时代……我们的传统价值已无法作为对人生信仰不二法门的参考。"[4]世风日下的社会现象,引起了民众的强烈不满。改良社会风气、充实国民精神生活、提高社会道德水平迫在眉睫。台湾当局为寻求文化上的生存空间,以中华文化"道统""正统"自居,于1966年借大陆发生"文化大革命"之机,在全岛发起

[①] 本文选自《教育评论》2008年第6期,第119—122页。

了"中华文化复兴运动",希望借此"在社会范围内用传统伦理道德四维八德来规范民众,'使国民生活合理化、现代化,恢复固有道德',使'国民能宏扬成仁取义之传统美德'"。[5]这一运动一直延续至80年代末,影响深远。台湾文化界、学术界人士对此进行了深入的讨论和反思,固守国学教育传统已然成为台湾民众的共识。

在这一过程中,台湾当局出于特定的政治意图,始终把国学教育摆在十分重要的战略地位,实行了一系列有利于发展国学教育的政策措施,在客观上起到了重要的推动作用。

1946年,台湾行政长官公署宣布成立"台湾省国语推行委员会",主管台湾的国语推行任务,并在各县市分别成立国语推行所。为解决师资匮乏问题,"教育部"一方面从大陆院校引进国语工作人员,另一方面命令台湾大学在文学院附设二年制国语专修科,后改由台湾"省立师范学院"接办。1948年,《国语日报》在台湾发刊,报纸用注音铅字排印,内容注重社会教育,取材适合教师与学生多方面的需要。除为"国语"教师与"国语"推行工作者发表心得、疑难讨论提供园地外,还编印古今文选,随报附送;经常刊登适合中等以上学校学生和一般社会人士阅读的"国语"教材。1959年,《国语日报》成立"国语教育服务部",协助各界解决"国语"教育问题。《国语日报》自成立以来,每年在台湾举办学童"国语"比赛、读报比赛、各项专题征文比赛、演说比赛等活动,都取得了良好的成效与影响。1958年,台湾"教育部"颁布了《各级学校加强国语教育必办事项(关于教学方面)》《各级学校加强国语教育参办事项(关于练习方面)》《社教机关加强国语教育应办事项》,对台湾各级学校,包括国民学校、中等学校、职业学校、师范学校的"国语"教学、练习以及社教机关所开展的各项"国语"活动进行了详细的规定。1959年,台湾地区成立"国语推行委员会"。1970年,台湾当局颁发《加强推行国语运动办法实施要点》与《加强推行国语办法》。这些实施细则的推行,促进了"国语"在台湾的全面普及,为国学教育传统的固守奠定统一的语言基础。

在学校教育方面,"中华文化复兴运动推行委员会"明确提出青年是教育的主要对象,推行文化复兴运动工作的重点是指导青年的生活与行为实践。台湾当局制定了《复兴中华文化青年行为实践运动推行办法》与《青年生活规范》。同时,在台湾各大专院校成立100多个中华文化复兴运动推行委员会分会,举办巡回文化讲座、"复兴中华文化"论文竞赛、学术座谈会等活动,宣传国学教育。在具体的教学实践上,从小学起就开始加强对学生的古文训练和中国传统思想文化的熏陶,从课程安排到教材编撰,国学教育都占有很大的比重。在台湾小学生每周40个小时的课程安排中,语文、历史、公民道德等,与国学相关的课程几乎占了一半左右。从小学二年级开始,每个学生还必须学习用毛笔写作文,每周1~3篇。初中学生每学期学习15~18篇国文课文。其中,文言文比例占了将近50%。高中则采用三种国文教科书:《高中国文》《中国文化基本教材》和《国学概要》,这套教材在台湾沿用了40多年。《高中国文》类似大陆的《高中语文》课本,《中国文化基本教材》的内容包括《论语》《孟子》《大学》《中庸》等国学经典。这两种教材是台湾高中三学年六学期每个学生必修的语文科目,要求学生逐章逐节背诵、默写这些国学经典,并且进行考试。高二分文理科后,文科学生还必须选修《国学概要》,主要内容是关于国学的一些基本知识,如对《四库全书》经、史、子、集的概要性介绍等。各高校中文系设立了相当系统、齐全的学科门类,一些冷门学科如音韵学、训诂学等也有一批学者与学生在研究。经过努力,台湾地区已形成小学、中学、大学相对接的、较为完整的国学教育体系,固守国学教育传统成为台湾学校教育的一个重要方面。

在社会教育方面,有关方面鼓励设立民间文化学术研究机构。通过举办文化讲座、协助青年实践伦理道德、举办"向青年介绍一本爱国孝亲的好书"征文比赛、出版文化书刊、举办中华文化复兴展览等活动,在台湾民众中传播、弘扬中国传统学术文化。台湾"学术研究出版促进委员会"组织了对中国古代文化典籍、思想著作的整理工作。1972 年至 1989 年间,编辑出版了《尚书》《礼记》《论语》等 35 种古籍的今注今译,主编出版《中华文化概述》《中国历代思想家》《中国史学论文选集》《中华文化丛书》等书籍。自 1968 年开始,"中华文化复兴运动推行委员会"先后主办了 11 类文化讲座,每月举行一次,邀请专家学者主讲。1976 年至 1992 年,主办了约 4 749 场讲座,有 190 万人次参加。在 1970 年至 1980 年间,出版了 300 多种文化讲座专集等,发行量达 200 多万册[6]。这些文化宣传举措,在台湾民众中产生广泛影响,促进了国学教育在台湾社会的扎根与普及。为了提高国民道德水平,"中华文化复兴运动推行委员会"于 1968 年 5 月、1970 年 10 月,先后颁布了 96 条《国民生活须知》与 79 条《国民礼仪范例》并通过各级分支机构、社会部门做了大量的推广、宣传工作。两者以中国传统儒家礼仪作为行为规范标准,对台湾民众的衣、食、住、行、言等生活各方面细节作了相当详尽的规定,将国学教育渗透到民众的日常生活之中。

在家庭教育方面,当局先后颁布了《儿童福利法》(1973)、《中央妇女工作会齐家报国运动实施办法》(1977)、《未升学未就业青少年辅导工作要点》(1982)等政策法规,倡导在家庭教育中融入中国传统伦理道德教育,"把孝悌、亲和、举家报国作为家庭教育之重点,秉承传统文化"[7],促使青少年形成传统的教育观、伦理观和价值观。20 世纪 70 年代以来,台湾广播、电视、报刊等大众传媒积极推动家庭教育的文化建设。如公开征选家庭教育电视及广播剧本,制作成社教节目播放;邀请台湾师大等院校的教授在教育电台讲授"家庭教育"课程;编印《家庭教育》范本,制成教育影像及视听教材发行;在各县市青少年辅导中心开展"张老师"咨询服务,通过电视、电台播放《张老师时间》节目等。在对家庭教育进行专业指导的同时,大力宣传忠孝、仁义、孝悌等儒家思想,取得良好的社会反响,使台湾的家庭文化充满了传统的儒家色彩。

当局通过多渠道、多途径在全地区全面推广国学教育,促成学校、家庭、地区三者的有机结合。经过多年的努力,台湾地区自上而下形成了对国学教育传统的固守观念,国学教育在台湾的影响深入人心。20 世纪 90 年代后,随着台湾地区"文化台独""去中国化"浪潮愈演愈烈,台湾民众表现出对国学教育传统的固守更加明显,在他们之中形成了固守国学教育传统的统一战线。

一批对国学情有独钟的知识分子,在对国学教育传统进行理性固守方面发挥了积极作用。1990 年,社会人士林琦敏出于对国学的执着,在台湾成立了"华山书院",聘请国学名师讲授四书、五经、老庄、佛典等课程,免费让社会人士前来听讲。1994 年,在"华山书院"下设"读经推广中心",专门协助王财贵教授推广儿童读经的教育理念。王财贵教授是国学大师牟宗三的弟子,他在台湾率先发起"读经运动",传承国学教育。这一运动得到南怀瑾等知名人士的倡导和支持。"读经",即诵读中国传统文化经典。王财贵教授把经典分为四个层次:最高层次是《论语》《孟子》《大学》《中庸》;第二层次是《易经》《诗经》《老子》《庄子》;第三层次是古文、唐诗、宋词、元曲;第四层次是《三字经》《千字文》《千家诗》等。他倡导教育要从读经开始,从儿童开始,提升青少年的文化修养,使他们以健全的人格、道德和智慧投身于社会。目前,台湾已设立了 500 多个儿童读经班,许多教师到读经班当起了志愿者。2004 年底,民进党当局在拟出台的《高中九十五年新课程纲要》中,把文化教材改为选修,削减国文时数,降低文言文比例,这些措施在学术界、教育界引起了强烈的争议。联合报发表了《高中国文文言文比重大缩》《杜言古道西风瘦马和台湾无关》《胡适白话文无古文底哪写得出》等文章,对此展开了激烈的批评。2005年1月,诗人余光中、"中研院院士"许倬云等人发起成立了"抢救国文教育联盟",举办了"不能让孔子哭泣"等活动,痛批当局的"去中国化"政策,强烈要求"教育部"增加"国文经典教材",恢复过去的"国学强势竞争力"[8]。

台湾民间成立了许多文化基金会和学术团体,如"中华经典研究学会"、台中读经推广学会、崇正基金会、崇仁文化教育基金会等。这些民间文化团体通过举行各种文化活动,推动了台湾社会国学教育的传承和发展。"中华文化复兴运动总会台湾分会"本着复兴传统优良文化的宗旨,从2000年开始,连续举办了九届"全国经典科段总会考",在台湾24个县市均设有考场,是台湾最具规模的儿童读经评鉴活动,参加会考的人数、及格率逐年递增。2007年,"中华经典研究学会"在台中举办了"万人齐诵礼运大同篇"和经典会考活动。其宗旨是培养儿童、青少年及社会人士研读古圣先贤经典,启发潜能,养成勤学读书的风气,知书达礼、爱己爱人的情操。同时,鼓励儿童、青少年背诵并体会中华传统文化的智慧结晶,鼓励社会大众共同研读经典、效法先贤礼仪,提倡孝道。社会人士、各大专院校、高中、初中、小学、幼稚园均可报名参加。考试科目包括《三字经》《千字文》《百家姓》《弟子规》《孝经》《论语》《大学》等23部国学经典。

应当指出的是,在对国学教育传统进行理性固守的行列中,不少学生家长立场坚定,表现积极。在台湾,许多家长都认为政治是一时的,文化才是永久的。他们重视对孩子的国学教育,并且积极地参与其中。"台湾有很多上班族,每天朝九晚五的辛苦工作,但是,有许多人在早上9点上班以前,会不辞劳苦地作为学校请来的'爱心爸爸'、'爱心妈妈',义务到幼稚园和小学教孩子诵读,给孩子们讲故事,使孩子们能够更好地了解他们正在诵读的经典作品。"[9]此外,家长们每周还带着孩子去参加各类读经班,通过言传身教,为孩子打下良好的国学基础。

自1945年起,国学教育在台湾地区从没有中断过。台湾社会一直固守着国学教育传统,但并不是对传统文化盲目、消极地维护,而是体现出了理性的特征。从固守的目的来看,重在突出道德教化功能。蒋介石认为,"中华文化复兴"的"复兴"二字要义在于"复"是恢复固有已失之潜力,所以其义乃在"复生";而"兴"是创造其与时代俱进之活力,其义乃在"发扬"。复兴文化,就是要提高民众的品德修养[10]。从固守的实践来看,台湾当局有计划、有步骤地一步步推进,提供了相当详尽、完善的实践规范与指导。面对多元文化的社会环境,台湾社会在固守国学教育传统的同时,也形成了自觉的现代意识,能够在对中国传统文化认同的基础上,充分吸收西方思想文化,灵活地予以融会贯通。

台湾地区对国学教育传统的理性固守,促进了中国传统文化在台湾的扎根,实现了文化的全面复兴,提高了民众的文化素质与道德水平,维护了台湾社会的稳定,加快了台湾的民主化进程。如余英时所言,"每个民族都有文化传统,文化是不可能灭绝的。而一个国家的兴盛只靠科技、经济那些立竿见影的东西是不够的,还需要人文修养的部分。台湾地区保存的是相当原始的中国文化,儒家在台湾的影响力很大,这也是台湾后来以极小的代价实现政治转型的重要精神资源"。

台湾地区经过60多年对国学教育传统的理性固守,已形成一个较为完善的国学教育体系,其作为一个成功的文化范例,对大陆目前兴起的"国学热"提供了有益的启迪。

海峡两岸共享一个世代更迭的共同文化，同宗同源，血脉相依。台湾地区对国学教育传统的固守实质上是对中国传统文化的固守，体现了台湾民众文化寻根的渴望，是一种精神意义上的回归。台湾国学教育的实践源于中国源远流长的传统文化，两者之间具有深刻的内在关系。早在20世纪初，梁启超、章太炎、邓实等近代学人倡导的民族文化自觉思潮，便将"国学"一词展示在国人面前。"国学"原意为"在国城中王宫左之小学也"，即国家兴办的专为教育贵族子弟的学校。近代"国学"，则是在西学东渐这一特殊的历史文化转型背景下提出的，是中国学术面对现代化的一种回应。"国于天地，有与立焉"。章太炎在《国学讲习会序》中说道："夫国学者，国家所以成立之源泉也。"邓实在1906年撰述的《国学讲习记》中指出，"国学者何？一国所有之学也"。每个国家都有自己的"一国之学"，但是，只有中国用"国学"这样一个明确的专有术语来命名，而且已发展成为一门独立的学科，这说明了中国"国学"的独特性及对民众的重要性。什么是"国学"，至今学术界仍是众说纷纭，莫衷一是。但是，从开放、发展的视角，结合台湾国学教育的历史进程来理解"国学"，我们认为"国学"应包括以儒学为主体的中国古代所有的传统学术文化，具有整体性、传承性、包容性与时代性，它体现了中华民族特有的民族精神与思维方式，是海峡两岸民众共有的文化遗产。由此，我们认为，推行国学教育，是海峡两岸教育界共同的历史任务。

注释：

[1] 黄新宪.传统文化与台湾教育[J].上海教育科研，1993(6).

[2] 王耀华.近50年台湾传统文化的流变[J].福建师范大学学报(哲学社会科学版)，1995(2).

[3] 郭为藩."中华民国"开国七十年之教育[M].高雄：台湾广文书局，1981：68.

[4] 白先勇."现代文学"的回顾与前瞻[J].台港文学选刊，1986(1).

[5] 李厚刚，洪明.浅析台湾"中华文化复兴运动"[J].华中科技大学学报(人文社会科学版)，2002(1).

[6] 孙德玉.传统文化影响下的台湾家庭教育[J].安徽师范大学学报(人文社会科学版)，2002(3).

[7] 李素真.我们正在写历史——"抢救国文教育联盟"成立因缘[J].(台湾)国文教学，2005(3).

[8] 唐维红，岸文.在台湾看中华传统文化[J].台声，2007(1).

[9] 教育部教育年鉴编纂委员会.第四次"中华民国"教育年鉴[M].台北：台北正中书局，1976：985.

[10] 周为筠.在台湾——国学大师的1949[M].北京：金城出版社，2008.

西方国家语文教育发展的三种模式

倪文锦

在当今世界,语言都是民族的语言,文字都是民族的文字,任何一个民族的语文文字都不仅仅是一个符号系统或交际工具。一方面,语言文字本身反映了一个民族认识客观世界的思维方式;另一方面,民族文化也附着于语言文字得以继承和发展,因而任何一个民族的语文教育都承担着继承和延续本民族文化的任务。所以,我们探讨一个国家或民族母语教育的发展就不能忽视该国家和民族的文化特征。从西方国家语文教育发展的历史加以考察,其发展轨迹大致可以分为三类,即以英国为代表的西方古典模式、以美国为代表的西方现代模式和以日本为代表的东西方混合模式。

一、以英国为代表的西方古典模式

这里讲的西方古典模式,大而言之,主要是指西欧国家的传统语文教学。从历史上看,英、法、德、意等西欧国家的传统语文教学是资产阶级上升时期的产物。文艺复兴运动不仅给文学艺术带来了极大的繁荣,也使教育发生了急剧的变革。如果说西方中世纪的语文课程只是基督教会的一种工具,教材以宗教教条为主要内容,那么文艺复兴之后,人文学科的兴起,使语文尤其是古典语文盛极一时,扮演了人文主义课程的主角,在学校教育中处于中心的地位。当时的教学目的虽有让学生接受现实主义精神的感染,抵制中世纪腐朽的教会意识的一面,但主要是为了让学生从小接受古典文学的熏陶。语文课主要把古代诗人和散文作家的作品作为榜样来改善学生的口头语言和书面语言。只有在那些专门为劳动人民子女设立的学校,如英国的现代中学、法国的技术中学、联邦德国的初级中学和中间学校等才不设立古典语文学科。

随着科学的不断发展,学科的课程设置也逐渐增多,原先的文法科开始分化为文法、文学和历史三科,以后又发展为语言与文学科。资本主义进入垄断时期以后,各国的语文科逐步形成了一套带有民族特色、比较适合本国国情的教学和教学体系,但教学的主要目的始终是文学熏陶和道德教育。英国的文学教材把分析作品的创作手法和作家的艺术风格放在重要的位置,并且重视作品的道德基础。法国传统语文教学同样如此,入选教材的作品大多为内容博大精深、文采斑斓绚丽的语言艺术的名家名篇,其根本目的是对学生进行古典人道主义教育。德国的传统语文课也偏重于文学作品的阅读和欣赏,而且以文学史为序,系统地讲授作家作品。

西欧国家的传统语文教学无疑旨在为当时的统治阶级培养人才作好思想、道德、情感诸方面的准备。当时确信,这样的语文教学对培养政治家、文职人员、行政干部和律师等具有无可置疑的长处。这种状况反映了当时的知识价值观仍没有跳出人文主义的认识范畴。这

---

① 本文选自《全球教育展望》2001年第4期,第49—55页。

正如19世纪英国的著名教育家斯宾塞在《教育论》中曾尖锐批评英国古典中学课程的非实用性时指出的那样,学校只把那些装饰性的知识放在第一位,"所考虑的不是什么知识最有真正的价值,而是什么能获得最多的称赞、荣誉和尊敬,什么最能取得社会地位和影响,怎样表现得最神气"。这完全是由绅士教育的目的所决定的。

除此之外,由于以语法、修辞为代表的西方经典语言学科导源于欧洲,于19世纪基本定型,所以在"二战"以前欧洲国家的语文教学与"文学"并行的还有"语言",并且各有自己的明确的教学目标,分别组成教学系列。"文学"以选篇(包含大量节选)为主要形式,重视经典名著,注意使学生获得必要的文学修养和比较系统的文化常识。"语言"则以语法知识为主体。

具体而言,以英国为例,"英语"一词在英国有两种含义,一是仅指英国语言,二是兼指英国语言和文学。英国中小学开设的英语课,包含语言和文学两个方面。直到1904年,英国的教育部才明令全国的中学开设英语课。出现这样的局面并不奇怪,因为在19世纪以前的英国,如同在欧洲其他各国一样,重视的是拉丁语以及希腊、罗马的古典传统,而本民族的语言、文学则被认为是世俗的东西。语文课在世纪之交进入学校,其实是新的中产阶级地位上升的结果。

据学者研究,从20世纪初到50年代的半个世纪里,英国的语文教学带有浓厚的贵族教育的影响,普遍存在着五大弊端。

一是袭用古典。当时认为,只有用研究希腊、罗马的古典方法来研究英国语文,才能显示出英国语文的地位。在这一思想的指导下,一切都以袭用古典研究的方法为能事。教材被当作训诂研究的材料,名作被肢解成语法和词源考释的练习,文学史变成作家、作品和发表日期的目录。古典病中最典型的是语法,英语被硬塞进拉丁语法的框架。当时最著名的英语语法书——《纳氏文法》,就把英语当作像拉丁语一样静止的、死的语言,从而规定了一系列烦琐的、必须遵循的规则。修辞则是开列一长串的"修辞格"。学习修辞就是一一指出文章中所包含的修辞格,认为语法、修辞及作诗法是学好写作的前提。

二是崇古。这里的"古"指的是古英语。古英语是一种已经没有生命力的死的语言,然而一度曾相当时髦。由于19世纪欧洲历史比较语言学方面的进展,推动了英语历史语言学的研究。有人甚至认为只有重视古英语的地位,英国语文才会在学术上真正受到尊重,因此不仅研究生、大学生把古英语作为研究课题,中学的高级证书课程也列入了古英语的内容。而且在中学课堂里,古英语热逐渐演变成了大讲英语发展史知识。

三是鼓励模仿。这是指作文教学。一方面是鼓励学生抄袭、模仿、重写。抄袭是大段大段抄写名文,据说抄多了可以提高写作水平;模仿指模仿名作;重写是教师念一段文字后,学生尽量按记忆把它重写下来。另一方面强调命题作文,不仅作文题陈陈相因,连提纲都往往早已拟就(有的出自课本编者,有的出自教师)。学生的任务只是按提纲扩展成文。更有采取"双重翻译法"来教作文的,教师或教材编写者把一段文字(往往是名文)摘要编成提纲,让学生按提纲扩展成文,再把学生的作文与原文作对照比较,找出"差距",以利提高。这类作文教学法的特点是完全抹杀了学生新鲜活泼的思想,硬把儿童当作小大人,从小就写大人一样的文章。

四是片面强调载"道"。文学作品不是作为文学本身,而是首先被用作道德说教的材料。学生阅读的东西必须包含"优秀的活动",学生的作品则应反映"高尚的情操",否则就没有价值可言。有的学校甚至规定某一年专学反映爱国主义的作品,某一年专学反映助人为乐的题材,等等。这种做法,实质上也是用成人的规范去限制学生。由于不把文学作品当作文学来学,而模糊了语文课与其他学科的关系,语文课甚至成为其他学科的附属品。

五是过于重视语法。由于受拉丁语学习的影响,过于重视语法,认为语法是训练逻辑能力的手段。而语法的内容则是烦琐的分析,从词到短语到句子,从简单句到复杂句,甚至搞莎士比亚作品的语法表解。作文则完全被语法所左右,作文成了测试语法的手段。教师批改作文,重视的是拼写错误、标点错误、时态呼应等,而根本不在乎学生写的是什么,"语法是作文的基础"成了普遍接受的命题。

英国传统语文教学的另一个特点,就是文学中心论。20世纪20年代以前,英国的语文教学曾经是"语言",尤其是语法的一统天下。英国文学从20年代才开始真正进入语文课范围,但由于古典病的影响,文学始终是语言学的附庸,充斥的是与文学欣赏本身无关,而又大量要求学生死记硬背的注释、考证、作家生平等内容。只是到了40年代,情况才起了变化。一是拉丁式语法教学被越来越多的人所摒弃,二是新批评主义的提出,改革了整个文学研究和学习的方向,从传记、历史、语法方面转到了文学欣赏方面,强调作品的风格、作家的创作意图、作品的艺术结构、象征意义或讽喻意义等,文学一跃而取代语法在语文教学中占了中心地位。这一传统一直维持到60年代。

然而在现当代,西欧各国长期形成的语文教学传统却遭到越来越多的本国教育工作者的怀疑和反对。前法国教育部中学总学监皮埃尔·克拉腊克在《法国语文教学》一书中说:学习本国语言不是为了成为文人学者,不是为了口才出众或成为一个天才的作家。法国语文界的许多教师对法国传统语文教学中以文学教学为主的局面也感到不满,认为那种以为法语教学的活力仅仅在于传播古典人道主义价值观的观点是不全面的,教材只选名家名篇是不适当的。他们还指出:法语课不是一门知识课,不应该成为一门记忆课,而是一门口、笔语表达和思维训练课。不要把文学作品看成崇拜的对象,而应该作为练习说写的材料。在教材方面,他们主张扩大阅读范围,凡社会上流行的阅读教材都应让学生有所接触。这些意见在新的语文教材中已得到反映,从阅读的种类看,有书籍、报刊、信件、文牍、律令、广告、说明书等;从内容看,包括政治、军事、经济、科技、文学、历史等许多方面。英国前教育大臣约瑟夫在谈到课程改革时也曾强调,学生所学的知识和技能,无论达到什么样的深度,都应与现实相关联。英国语文教育界也认识到文学课程的大纲应该接近生活,并且这种观念正日益得到加强。联邦德国于70年代否定了文学课统治阅读教学的做法,并指出:传统的语文教学过于偏重知识教学忽视学生实际语言能力的培养,学生如同鹦鹉学舌一样生吞活剥、死记硬背,不会灵活运用知识。语言教学过于繁琐,从语言规则到时态变化、句子结构等包罗万象,而对学生纠正语法错误却作用不大,教学进度也不适应现代社会的节奏。总之,西欧各国对于只讲思想熏陶,不讲实际运用的语文教学观念已普遍感到不满。

由此可见,西欧国家,尤其是英国,语文教学的发展主要经历了由重视文学熏陶和语法教学,而逐步走向重视语言的实际运用。

二、以美国为代表的西方现代模式

美国文化导源于欧洲,又由于自身的历史条件而形成与其文化母体不同的哲学观念和教育思想。在这种教育思想观念的指引下,其母语教学衍变为"阅读"和"语言"两科。各州教学与课本虽然存在着差异,但有着以下的共同特点:注重实用性,语言教学吸收现代语言学的成果,选文以"时代"为主,其内容向社会生活各方面拓展;重视儿童和青少年的兴趣和心理特征;提倡个性发展,开设了大量选修课。

美国主要是由欧洲移民组成的国家。自独立以来,要使来自不同国家、不同民族的人民美国化,英语乃是学校课程中主要的必修科,而其他学科,包括数、理、化、生都可以是选修科,语文教学的重要在美国由此可见一斑。工业革命开创了学校教育面向社会现实生活的先河,从这个意义上讲,杜威的"学校即社会,教育即生活"在某种程度上反映了社会大工业生产对学校教育的要求。美国在"二战"之前博采西欧各国之长,并能根据本国的实际进行独特的创造。他们把准备就业作为办学的根本目标,强调培养学生适应社会生活的能力。因此,美国的语文教学把报纸、杂志、各种单行本作为重要的教学资料,甚至把目标、图表、时间表、新闻栏等都作为教材。他们强调培养实际有用的读书能力,反映在教学上,教师以一定的生活需要为主题组织单元教学,进行听、说、读、写的训练,简称"单元学习"。有人将它与学科单元相区分,称之为"生活单元"。很显然,"二战"前美国的语文教学比西欧一些国家要进步得多。

50年代,苏联第一颗人造卫星上天,震惊了美国朝野,因此从50年代末开始,美国进行了大规模的教学改革。如果以50年代实施"国防教育法"的课程教育改革为第一次教改(这次改革使科学课程得到了前所未有的重视),那么第二次教改则是60年代以布鲁纳为代表的课程改革。这次改革将英语、历史、公民等学科列作改进课程。通过改革,人们越来越清楚地看到过去的教学虽有成功的一面,但由于忽视了系统知识的教学,只注意教学的近期效果,学生的英语基础知识贫乏,缺乏起码的读写能力。有些美国学者甚至认为,美国在教改中"新三艺"(数学、自然科学、外语)成效不大,缺乏英语教学,特别是写作教学的支持是原因之一。70年代的第三次改革他们提出了"恢复基础教育"的口号。课程改革的目标之一就是针对以往改革忽视读、写、算基本技能的训练,提出了提高阅读、写作和数学教学水平的要求。这次改革强调:在小学阶段,学校教育要将主要精力集中于提高阅读、写作、数学教学水平。在中学阶段,则将主要精力集中于英语、自然科学、数学和历史。70年代以后,课程改革仍是美国教育改革的中心,美国人民要求改革语文教学的呼声日渐高涨,各种改革设想不断付诸实施,英语被列作需要加强之列。

80年代,美国的调查发现,人民的文化水平普遍下降。针对公民文化水平普遍下降,出现了教育危机与文化素质危机,美国进行了第四次教育改革。据1983年"国家高质量教育委员会"发表的教育报告——《国家在危急中:教育改革势在必行》称:根据最简单的日常阅读、书写和理解测验,约2 300万美国人是半文盲。少数民族青年中的半文盲者可能高达40%……大学入学委员会的学术性向测验(SAT)表明,从1963年至1980年的成绩实际上年年下降,语文平均分数下降50多分。约有40%的青年不能从书面材料中作出推理判断;只有五分之一的青年能够写有说服力的文章。美国海军的新兵中四分之一的人阅读水平不到九年级。有的美国学者认为:以往每一代美国人都曾在教育上、在读写能力上并在经济成就上超过了他们的家长。一代人的教育技能不超过、不等于甚至达不到家长的教育技能,这在我们国家的历史上还是第一次。为了扭转这种尴尬的局面,该报告提出了新的基础课程,即英语、数学、自然科学、社会科学和计算机。其中英语课程在所有课程中占的比例最大,一些州规定高中学生必须修满四年方可毕业。90年代,以布什总统颁布的教育法令"美国2000年教育战略"和克林顿政府批准通过的"2000年目标:美国教育法"为标志,美国又进行了新的教育改革。尤其是"2000年目标：美国教育法"，提出继续加强上述五门新的基础课程，并增加外语和艺术两门核心课程，引发了美国教育改革的新高潮。该法令还规定，到2000年，要大力提高全体学生的推理能力、解决难题的能力、应用知识的能力、写作的能力和进行流畅交流的能力。这就清楚地表明英语课程不断得到加强的趋势，它从一个侧面说明，语文教育对人一生的发展具有重要意义的认识已被人们所广泛接受。

众所周知，美国的语文教学是最重"实用"的，但它并没有放弃文学教育。早在1982年10月，"美国全国英语教师理事会"曾通过一份题为《英语的要素》的文件。文件认为，学习英语包括语言知识本身，即学习作为基本的交际手段的语言应用，以及在对文学中所表现出来的语言艺术的欣赏。可见文学教育仍是美国语文教学中的重要一环。文件认为，文学是人类想象的文字表达，是人类经历的一面镜子和一种文化借以自我传播的基本方法。阅读和研究文学作品能使学生开阔眼界，使他们身临其境般地阅历一些地方、人物和事件，增加他们对日常生活的情趣和探索，从而给学生的生活增加一个特别的天地。即便是小学的语文教材，文学的素材也非常丰富。以麦克格劳—希尔公司麦克米兰分部1997年版《通往独立阅读之路》四年级教科书内容为例，它标明了每一篇课文的体裁，其中，传说与童话占32%，小说占21%，信息小说与幻想文学占12%，文学素材的课文总量占整册教材的65%。事实上，美国的许多学校将语言课程称为"语言艺术"。不仅如此，一些地方开设的英语课的种类多达几十种。最新资料显示，如威斯康星州麦迪逊公立中学的高中英语课开有28种，计有写作、新闻、语法、文学、科幻小说、电影、戏剧、演讲等。文学还分现代文学、当代文学、英国文学、美国文学、欧洲文学等。新泽西州海兹雷特市莱瑞顿高中（四年制）1997—1998年度开设的英语课是：

9年级：英语1（快班）、英语1、英语/新闻1、基础英语1；
10年级：美国文学快班、美国文学、美国文学基础；
11年级：英国文学快班、英国文学、英国文学基础、实用写作（10年级、11年级可共选）；
12年级：文学风格基础、大学英语快班、英语4、英语4快班、有效交流。
英语选修课：
戏剧入门1（供9、10、11、12年级选修）
戏剧2（供10、11、12年级选修）
新闻2（供10、11、12年级选修）
SAT应试（供10、11年级选修）

由此可见，文学教育在今天的美国也受到高度的重视，因此我们是否可以说，美国语文教育的发展历程走的是与古典模式相反的道路，即由注重语言的实际运用开始，逐渐走上加强基础和文学教育的道路？

三、以日本为代表的东西方混合模式

日本在"二战"结束时，经济凋敝，民不聊生，但时隔数十年，已发展成为资本主义世界的第二经济大国，其中教育为经济发展提供了合格人才是个关键因素。讲日本的语文教育是东西方混合模式，主要基于两点理由：一是日本的语文教学既有学习和吸收西方教学经验的一面，又有根据本国母语教学的特点，坚持本民族特色的一面。二是日本在政治上、经济上

虽属于西方世界,但东方的地理位置和历史上曾受过中国文化的影响,也使它的语文教学具有许多与西方截然不同的特点。

战后的日本,效仿美国曾成为一时的狂热。国语教学完全移植美国经验主义的阅读观念,强调培养对实际生活有用的读书能力;在教材观上,把教材视作学习的媒介,而不是学习的内容,主张"用教材教",而不是"教教材";在教学方法上则完全采取综合的"生活单元"教学。这种状况大概持续了10年之久。它打破了传统的"教科书中心"模式,注意语言经验的积累,具有积极的作用,但忽视语言能力的全面培养和系统语文知识学习的致命弱点,也不可避免地导致学生国语水平下降。因此,日本语文教育界进行了多种改革的实验,并确认:单纯为培养实际运用能力而进行的语文教学也不能满足现代社会的需要。

70年代后,日本舆论界强烈呼吁对"战后教育再检讨"。国语科新大纲的修订,终于打出了"语言教育立场"的旗帜。1977年,前国语研究所所长岩渊悦太郎指出:"必须提高儿童语言本身,增加词汇,使其自觉地认识语法。如果只考虑运用,儿童便自然而然地提高语言能力的话,那么单在社会生活中提高语言能力就可以了,但是学校教育必须有计划地进行,尽可能早一点使儿童正确地掌握语言并形成能力。"日本的教育课程审议会的会议文件《改善的基本方针》关于中小学国语教学也明确指出:"教育内容在精选基本事项的同时,应进一步明确语言教育的立场以求表达能力的提高。"这一文件概括了70年代新大纲的三大特点:第一,体现了课程改革的总方针是"充裕和充实的"精神;第二,强调了系统地进行语文基础知识的教学,以"语言事项"作为教学大纲的一项重要内容而加以强调;第三,适应了情报社会的需要和国际上所谓"表达世纪"的发展趋势。新大纲教学结构分为一事项(语言事项)、两领域(表达和理解)。前者着眼于教授语言规律和法则,是基础和武器;后者着眼于提高实际语言能力,即理解和表达能力,是应用和终极目标。两者既有区别又有联系,它们相辅相成但不能互相代替。按语言行为的活动形态划分不同领域,以提高生活的语言能力为主要目标,以授予语言经验为基本原理,可以说是抓住了语文教学的要旨。

一般认为,战后日本的教育为了适应经济的发展,改革的速度较快,大致每10年就改革一次。这种情况基本上与美国相类似。如果说20世纪50年代的国语教育是"以生活为中心",那么到了60年代则主要代之"以系统学习为中心",即"以知识为中心"。70年代以后,有些日本学者认为已由"知识中心"进入了"以探求为中心"。80年代,日本教育课程审议会又提出了改善国语教学的基本方针:通过小学、中学、高中的教学任务,更加重视作为语言教育的国语教学,使学生热爱国语、尊重国语、关心国语。从这一基本观点出发,认为应将有关口头语言、文字语言的表达及理解的基础知识、基本内容作为教学内容,并为适应社会的发展而培养学生的表达能力和正确理解对方的立场和观点的能力。同时,培养学生的思考能力、想象能力和语言感觉。所以在改善国语教育方针的指导下,80年代日本的国语教育取得了长足的发展。1996年8月,日本教育课程审议会接受了文部大臣关于各级各类学校课程标准改善的咨询,由此拉开了新一轮教育课程改革的序幕。1998年6月,该审议会发表了汇总报告,在此基础上文部省于1998年12月颁布了中小学"学习指导要领"(相当于我国的教学大纲)。这次教育课程改革的基本视点是,提出了"各学校要在宽松的环境中展开教育活动,培养学生们的生存能力"。因此,"以生存为中心"也许能概括90年代日本课程改革的本质,反映了面对未来世纪的挑战,该国的教育迅速与时代同步的特点。

此外,日本的国语教学还有一个与众不同的特点,即除了日语的教学之外,还有汉字、汉语的教学。例如,文部省1998年12月颁布的《中学校学习指导纲要》(2002年4月全面实行)中的《初中国语教学大纲》,在第一学年的"语言事项"中关于汉字的指导就作了如下规定:

(1)增加小学学习指导要领第2章第1节国语各年级汉字配置表所列汉字,另外的常用汉字要能读250—300字。

(2)能在文章中书写和使用各年级汉字配置表中的900个汉字。

关于汉字书写的指导,大纲规定:"书写时注意汉字楷书与假名的搭配关系,并理解以汉字行书为基础的书写方法。"

在第二学年,"除了增加一年级学过的常用汉字量,另外的常用汉字要能达到300—350字";"能在文章中书写和使用各年级汉字配置表中的950个汉字"。第三学年,"除了增加二年级学过的常用汉字量,另外的常用汉字大致能读";"能在文章中书写和使用各年级汉字配置表中的所有汉字"。关于书写,"要理解汉字楷书、行书及与之糅合的假名的书写方法,写得快而且易读"。关于"阅读的内容指导"中的古典作品的指导,大纲要求"奠定学生对古典的古文和汉文的理解基础,养成爱好古典作品的态度,加深对我国文化和传统的关心"。

在1999年11月颁布的《高中语文学习指导纲要》(2003年4月正式实施)中,除了继续要求"熟悉常用汉字的读法,能书写主要的常用汉字"之外,对古典文Ⅰ、Ⅱ提出了以下目标:培养(提高)理解、鉴赏日语古典文和汉语古典文的能力;拓宽(加深)对事物的认识、感受,通过阅读古典作品,树立创造丰富人生的态度。在教材方面则要求"应在日本的古汉语文章,必要时也可采用近现代的文言文或汉诗等"。在内容的处理方面,要"有助于加深理解日本与中国等外国文化之间的关系"。对古典文的讲解,纲要规定的目标是:"通过理解、鉴赏日语古典文和汉语古典文,加深对日本文化和传统的关心,培养爱好古典文的兴趣。"在内容方面,要求"理解日语古典文、汉语古典文中的词句含义和用法,欣赏其特有的表现手法",以及"阅读古典作品,思考日本文化的特征及日本文化与中国文化的关系"。

众所周知,汉字是由整体象形文字发展而来的以形符、意符的会意组合占多数的方块字,它使词的构成具有很大的灵活性,同时也促进了语言风格的多样性。所以,我国的语文教学十分注重剖析作品语言的深层含义和作者语言的锤炼。另一方面,以整体综合见长的东方文化不同于以细节分析居优的西方文化,它强调有头有尾、起承转合、层次分明、前因后果,所以我国的语文教学一直以"文章赏析"为核心。这些特点不能不对日本的国语教学,尤其是古典文的教学产生影响,因此日本的语文教学存在东西方混合的因素也是不可避免的。

在处理语言与文学的关系问题上,无论从教学内容还是考试内容看,日本较少西方古典模式和西方现代模式那样的偏颇,它一方面强调提高学生综合运用语言的能力,另一方面在阅读内容上安排了许多文学性文章(尤其是高中,课文大多是文学作品以及有定评的评论文章),反映出语言的实际运用和文学熏陶并重的教育理念。

综上所述,以英国为代表的西方古典模式的发展历史,清晰地呈现出一条由文学熏陶到语言实际运用的运动轨迹。文学教育、情感熏陶曾经是文艺复兴以后欧洲语文教学的主要目标,并且历时几百年。时至今日,它不仅没有被各国语文界彻底抛弃,而且经过短暂的沉寂后又重新受到了青睐。目前大家普遍认为它是语文教学目标中一个不可分割的组成部分,所不同的是,以前这种教育和熏陶是由"绅士教育"的目的所决定的,而今天则是为人的和谐发展所必需的。

语文教学重视语文的实际运用无疑是历史发展的必然趋势,但是教学实践也证明,那种单纯培养语言实际运用能力的语文教学同样不能适应现代社会的需要,以美国为代表的西方现代模式便是例证。因此,怎样认识文学熏陶与语言实际运用之间的关系,成了各国语文教学中的一个带有普遍性的问题。其中,以日本为代表的东西方混合模式坚持语言的实际运用与文学熏陶并重,并较好地处理基础与应用,现代与古典的关系,使语文教学较少波折。上述西方国家语文教育的三种模式,走的虽然不是同一条发展道路,但殊途同归,它们最终都努力走向语言与文学、语言实际运用与语言规律、语文教育的近期效果与长期效应的高度融合。

中英初中语文教材综合性言语实践活动评介[①]

李大圣

由知识系统转变为训练系统,由范文讲读转变为言语实践是汉语语文课程教材结构的两大发展趋向[1]。语文学科固然要讲授一些必要的知识,但讲授知识的目的却在于更有效地培养语文能力,训练学生掌握适应特定语言环境和交际任务的言语技能,这也是各国母语课程和母语教学的首要任务。在母语教材中,能够把听的、说的、读的、写的自然地关联起来,就是综合性言语实践活动。

一、《牛津英语教程》中的"专题"是综合性言语实践活动的典型

《牛津英语教程》(The Oxford English Program)是英国 20 世纪 90 年代出版的三套综合性教科书之一,它是为第三学龄段(11—14 岁,相当于中国初中阶段即七年级至九年级)编写的,是义务教育阶段的高年级读本,由约翰·西里(John Seely)、弗兰克·格林(Frank Green)和戴维·基物恩(David Kitchen)合编,牛津大学出版社 1990 年版[2]。这套教程共分三册,每册又有 A、B 两部,A 部是文学种类,B 部是语言应用活动。在第 1、第 2 册的 A 部中,有 10 个单元专门编制了特设资料,以"专题"命名,其题材内容和体裁形式十分丰富,每篇材料都配有许多彩色插图或图表,都要求学生从事多种言语实践活动,如组织小组、制订计划、编故事、写剧本、写说明书、写日记等[3]。

下面举《我们在岛上的生活》和《新产品上市》两个"专题"为例,分析"专题"的基本特征,同时阐明视它为典型的综合性言语实践活动的原因。

(一) 情境性

情境就是一种情形,一种氛围,还曾被称为是"一组刺激"。"有意识地模拟设计一些实际生活中常常存在的情境,以便有目的地训练某些技能和心理适应能力,这是心理学中经常应用的一种方法。"[2]将心理学知识恰当地运用到教学中又恰恰是当今世界各国的前沿研究课题。人与人之间的交际不是在真空中进行的,而是在特定的时间、地点和背景之中,为了完成特定的交际任务而进行的。情境为学生提供了现实的话题,使学生的言语活动具有了共同的依傍,从而解决了"说什么"的问题。《我们在岛上的生活》提供的是虚拟情境,凭借 25 幅彩色图画和别出心裁的语言描绘,在学生脑海里展现神秘的岛和岛上的刺激性冒险活动;《新产品上市》则更多地需要学生实地调查、分析和统计,让养尊处优的学生了解商品经济竞争的残酷。传统的授受式教育活动给学生一种"距离感",表现为师生之间、学生之间、学生与教学内容之间的隔膜。情境活动则可以解除这种隔膜,如《我们在岛上的生活》让学生为解决选伙伴、择装备、战胜自然困难等问题共同努

[①] 本文选自《课程·教材·教法》2004 年第 8 期,第 84—88 页。

力,消除了学生间的淡漠关系,缓解了师生间的紧张对话气氛。提供情境也能激发学生的探究动机,《新产品上市》把"人们需要准备什么""人们要吃什么"和"广告怎么编写"等疑惑摆在学生面前,自然而然就产生探究的冲动。情境教学利于优化心理素质,通过《我们在岛上的生活》的探究,能提高学生遇到自然困难时的承受能力和及时解决问题的能力。情境还为学生提供了成功机会,让学生以旅行家(如《我们在岛上的生活》)、科学家、地质学家、经济管理者(如《新产品上市》)等特定身份学习并发现自然之美和自己表达力的进步[4]。具体的情境当然也给学生带来了无穷的乐趣,因为"专题"切入学生的现实生活,正如日本学者三原征次所指出的:"教材化是一种生活化,但并不是生活教育或生活经验的学习。这种思想的实质乃是期待在生活单元中培养各种态度。然而态度不能改变生活,使生活前进的不仅是态度,还有知识、技能及伴随而来的能力。"[3]《我们在岛上的生活》并不直接说明在孤岛上生活与居住的困难艰辛,也不教条式地教育学生要与人沟通合作,但那些别具匠心的图画和问题让学生意识到与人协作的重要性,激起他们战胜困难的勇气。《新产品上市》不仅传达了商品经济的相关知识,还让学生学习社会调查、产品包装、广告词写作等技能,无形之中培养了学生竞争的勇气,体验了创造的愉悦。

(二)创新性

创新意识与好奇心、求知欲、责任心、怀疑感等心理品质密切相关。《我们在岛上的生活》很容易激起学生认识岛的好奇心和能否居住在孤岛的怀疑感;《新产品上市》能唤起学生寻求商品经济知识的欲望以及争取竞争成功的责任感。"创新教育是教育的真谛","实践性是创新思维的特征之一,实践是创新的基础,创新思维产生的观点、方案、计划只有在实践中才能得到检验"[5]。《我们在岛上的生活》与《新产品上市》都要求大量的写作与交际,更需要深入社会实践,有利于培养学生的创造精神。学生特别是义务教育阶段的学生,他们创造性的思维能力与表达能力,都是在各种活动中表现出来的,也是在活动中发展的[6]。不管是《我们在岛上的生活》的写日记、述说选伴原因,还是《新产品上市》中的广告宣传、新闻稿写作,都是为了发掘学生多方面的创造潜能。

(三)综合性与合作性

"语言与人的认知乃至整个心理活动、文化都有着相互联系、相互作用的辩证关系,因此应当说语文教育最具有综合性"。[7]这里的"综合性"指的是在一次言语实践活动中,需要综合运用多学科知识、多方面技能并且与思想品德、文化修养、人格养成有机结合。比如《我们在岛上的生活》这个"专题"设计"对学生的教育和训练是多方面的。首先,在虚拟的情境中,充分发挥了学生的思考力和想象力;其次,它可以极大地激起学生独立生活的创造冲动和克服困难的冒险精神以及与他人合作的集体主义道德情感;再次,它有效培养了学生各种阅读技能,如从图文中提取和加工信息,分析主次关系、制表、绘画、提要等;最后,在规定情境中,训练了学生写日记、写说明书、编订计划、扮演角色等多种说写和表达的技能方法"。"专题"的综合性特征要求学生必须运用已有的地理、天文、动植物、民俗、方言等多方面的知识,这必然涉及合作问题,即"在教学中采用小组的方式以使学生间能协同努力,充分发挥自身及其同伴的学习优势"[8]。开展《新产品上市》这个活动,首先要进行市场调查,包括市场上需求的食品调查和人们对食品需要的统计;然后要求数据分析以选定生产什么样的新食品(食品中含什么营养成分及各自的比例);接着就是商品生产和包装设计;最后要发动新闻媒体做广告宣传以成功地推销新产品。这一系列活动要运用统计学、经济学、广告学、美学等知识,只有分组进行、分工合作,才能保证活动顺利开展,从而养成学生主动参与,在实践中学习、在合作中学习的良好品质,培养协调能力和团队精神。

从以上特征来看,"专题"的本质就是综合性言语实践活动,它体现了言语实践活动的精髓,是言语实践活动的高层次表现,也是听、说、读、写、思维、想象和创造等实现有机整合的最佳方式。

英国把"强调主体的言语实践活动"作为语文教材的第三个编辑方针,明确指出言语实践活动的知识和技能要求,除了听说、阅读、写作之外,还有信息加工和解决问题的能力。《英国国家课程·英语》大纲对5—16岁学生的英语水平作了一般性要求,包括:

(1) 培养学生口头和文字的熟练交际能力以及良好的听力;

(2) 为了能充满自信地参与公共文化生活或工作,学生需要一口流利的标准英语,必须写出准确、流畅的文章,需要良好的阅读能力;

(3) 应给学生提供机会发展自己对标准英语的理解和运用。

而且,他们还分阶段地规定了教学内容和应达到的"标准",明确规定第三学龄段学生应遵循一个听、说、读、写综合大纲来发展各项能力,该学龄段的英语教学要求包括:

(1) 鼓励学生广泛阅读,使其成为独立的、作出积极反应的具有热情的读者;

(2) 提供机会指导学生参与讨论,使其依据听众和活动的不同调节自己的语言,在不同语境中进行说的练习;

(3) 鼓励学生对各种目的的写作充满信心,建立自己鲜明的具有独创性的写作风格。[9]

"专题"正是适应听、说、读、写、思维和协作等多方面整合要求的综合性言语实践活动,体现了英国语文教科书的编辑方针和英国语文课程大纲要求。

以"专题"形式出现的综合性言语实践活动能够适应初中生活泼、好动的特点,且寓教于乐,它自出现后在英国语文教育中一直发挥着不可替代的作用。中国语文教材编写者受此启发,逐渐认识到教给初中生各项知识,最终是为了培养学生运用语言的能力,而不在于获取语文知识本身。为此,教材编者不断加大了教材中言语实践活动的设置比例,积极致力于综合性言语实践活动的设计与开展,这又主要体现于2001年经全国中小学教材审定委员会初审通过的《义务教育课程标准实验教科书·语文》。

二、人教社2001年版初中语文新教材中的综合性言语实践活动

我国传统的语文教材基本上都是"文选型"教材,即以所选范文为主体的教材类型,这类教材以师授生受为主要特色,学生无法以听、说、读、写的主体身份进行言语实践活动。柳斌就曾提出"能否改变一下这种单一的模式?是否也可以考虑把语文教材的着眼点放在增强学生的语言表达上,大力加强语言实践活动,而课文知识则围绕为语言实践服务来编写呢?"[10] 在新中国成立的十几年中,大多数初中语文教材都忽视语文能力的训练。直到1963年,才在初中语文教学大纲中提出了语文的工具性质,认识到语文教材要致力于培养学生的读写能力,这在1963年编写的语文教材里有所体现,但当时并没有被大多数人理解。到了1986年的初中语文教学大纲,在培养读写能力之外,增添了培养听说能力的要求,真正把听

说读写能力训练放到前所未有的重要地位。20世纪90年代初,不少学者进一步增强了加强言语实践活动意识。列语文课外活动为正式教学内容的是1992年的《九年义务教育全日制初级中学语文教学大纲》以及根据此大纲编写的多套初中语文教材(除人教版外,北京、上海、广东、广西、辽宁、河北、四川、江苏、浙江等地都有初中语文教材出版并试用),但这些教材中的言语实践活动是常规的语文实践活动,即听、说、读、写的单项训练,把听、说、读、写四项能力割裂开来,或者重读写、轻听说(如上海H版初中语文课本);或者重各项训练的系统性,轻听、说、读、写四种能力的整合(如北师大四年制初中语文课本和四川省九年制义务教育初中语文课本试用本)。从机械的单项训练到有活力的综合实践经历了一个艰难而曲折的过程,其转变轨迹可以从1902年开始试用的多套教材到人教社2001年版新教材的变革上窥见一斑。具体又从以下两个方面体现。

（一）课后练习设计的变化

1. 题量减少

很长一段时间,语文课陷入"题海"的"汪洋"之中,学生借助机械做题以完成"双基"目标,因而只重视书本知识甚至死记硬背,割裂了语文教育与社会生活的广泛联系。同时也忽视了语文能力的形成规律:学生听说读写能力的形成,主要不是靠掌握语言知识,而是靠语言实践,在听说读写的实践中,感受—领悟—积累—运用[11]。90年代开始的语文教育改革,大力提倡教材编写要简化练习题量,教学中要减少习题训练。进入21世纪,《九年义务教育语文课程标准(实验稿)》明确地提出"少做题、多读书"的主张,新的语文教材的编写力图体现这一思想,每课练习题一般为2—4道题。例如,人教社1999年版初中第一册《皇帝的新装》一课课后共有8道题,到2001年版七年级上册中,此课的课后练习只有3道题。题目并不是被机械地删减或替换,而是按照整体感知、文笔精华、延伸拓展三方面设计的。练习题量的减少,把学生从过去练习题的"汪洋大海"中解救出来,让他们有更多时间开展语文实践活动,有更多精力关注社会,在更宽的领域学习语文。

2. 题目创新

仔细与以往初中语文教材作比较,细心者会发现人教社2001年版新教材不再把课后习题命名为"思考题"或"练习",而是改为"研讨与练习"。这蕴涵着全新的课程理念,改变过去把课后题布置为家庭作业的做法,通过师生合作、学生互助、进行多样化探究以共同解决问题,从而实现师生观和学生学习方式的重大转变。

3. 视野拓展

表现在2001年版新教材的课后练习增加了拓展性的题目,从课内所学出发,引导学生把语文学习的触角向课外延伸。20世纪90年代的课后练习题很少有"资料库"与"图书馆"字样,几乎没有"网络"一词,到人教社2001年版新教材里,这几个词语开始高频率出现。如七年级上册第二单元《我的信念》一课第三题是"课外阅读艾芙·居里的《居里夫人传》,并搜集与居里夫人一样的科学家的资料,课外经过梳理后存入自己的学习材料库"。七年级下册《真正的英雄》课后的练习为"上图书馆或利用互联网查找资料,了解'挑战者'号航天飞机失事的一些情况,与同学展开交流"。《邓稼先》一课课后练习是"从图书馆查找,从网络上检索关于邓稼先及我国'两弹一星'科学家的资料,分别为他们写小传,然后全班出一期题为'星光闪耀'的墙报"。这些题目打破练习囿于书本的局限,走向图书馆和网络领域,提供给学生更多接触新事物的机会和实际操作的条件,也使学生的学习视阈不断地得以拓展。

这些新练习均可视为中小型的综合性言语实践活动,当然,独立设置的"综合性学习"板块更为典型。

(二)教材的框架变革

江明在《初中语文教材综合评价》一文中总结了20世纪90年代初到1996年12套教材的总体框架特征[12],归纳起来,呈现以下特点:都采用教学单元的形式;单元编排经历了以文体(记叙、说明、议论)为序,到以训练阅读能力与表达能力为主线,再到联系生活安排逐步渐进的能力训练三个阶段。从另一个侧面看,20世纪90年代的语文训练大多是读、写、听、说的单项训练,而且侧重于阅读能力和表达能力(多指书面表达能力即写作能力)。但各套教材比起以前,都更加重视能力训练,更注意落实大纲对能力的要求。只是对听、说、读、写四种能力训练的组合方式不同,或者四种能力并重,四项训练齐头并进地出现;或者在某个单元有所侧重地进行某种能力的训练,但在实现多种能力整合方面有所欠缺。直到2001年6月由人民教育出版社出版的《义务教育课程标准实验教科书·语文》问世,这一欠缺才得以弥补:与《牛津英语教程》中"专题"有异曲同工之妙的综合性言语实践活动的设计和开展正式出现,主要体现于该教材的"综合性学习"板块,具体又分为"写作·口语交际·综合性学习"板块和"综合性学习·写作·口语交际"板块。下面是七年级上册中的"综合性学习"目录和该教材的框架结构:

1."综合性学习"目录

第一单元	写作·口语交际·综合性学习	这就是我
第二单元	综合性学习·写作·口语交际	漫游语文世界
第三单元	写作·口语交际·综合性学习	感受自然
第四单元	综合性学习·写作·口语交际	探索月球奥秘
第五单元	写作·口语交际·综合性学习	我爱我家
第六单元	综合性学习·写作·口语交际	追寻人类起源

2. 框架结构
- 阅读
- 综合性学习
- 课外古诗词背诵
- 名著导读
- 附录

从目录我们可以看到"写作·口语交际·综合性学习"与"综合性学习·写作·口语交际"是交替安排的,都把听、说、读、写自然地融为一体,尤其把写作与口语交际渗透于综合性学习中,但两者也有微小区别:前者的中心内容是对写作与口语交际两个能力点的培养(如第三单元要求口头描述景物并写下秋游感受),其后没有参考资料、参考书目或网址;后者则突出学生在学习过程中的探究性,并附有大量的参考资料、参考书目和网址,重点培养学生搜集资料、筛选信息和研究问题的能力,它需要师生间更多的帮助与合作。如第二单元中的"漫游语文世界",它要求搜集家庭、校园、社会运用语言文字的情况,仅靠一个人的努力当然是不够的,师生必须紧密配合、共同努力,才能搜集到足够的资料以供筛选和归纳。

该教材仍然以单元形式编排,框架里把"口语交际"独立于"阅读"和"写作",从而注重口语交际能力的培养,扭转了从前偏爱读写能力的倾向,而且把"写作"、"口语交际"和"综合性学习"编排在一起,辅以大量的参考资料、参考书目和网址,体现了综合性言语实践的情境性与趣味性、创新性、合作性与综合性。下面摘录第一单元"综合性学习"的具体内容。

这就是我

下列三项活动你可以任选一项,做好准备鼓起勇气,站在全班同学面前说说自己。如有条件,还可以运用图片、音像资料、个人作品展示等多种形式展现自己的风采。全班同学渴望了解你呢,你尽管大方地说。

一、自我介绍

生活翻开了崭新的一页。令人憧憬的中学校园接纳了你,许多陌生的同学将与你同窗三年。你一定想尽快地让同学和老师认识你、了解你吧,那么,就用你的笑语、你的歌声、你的幽默、你的智慧,真诚地把自己介绍给大家。参加班里的自我介绍活动,让大家了解你。

二、推荐自己

来到新的学校,新的大集体就是新的大家庭。这个"家"的每一个新成员都可能思考这样的问题:我能为这个"家"做些什么?你可以想一想,这个"家"中还有哪些事情需要做;你可以了解一下,有哪些学生社团还在招聘新成员。你不妨根据自己的特长和爱好,拟一份简明的发言提纲,在一定的场合,大大方方地推荐自己。

三、模拟面试

一家刊物组织学生记者团,准备从在校学生中招聘一批小记者。被聘任的同学不但有机会接受专门培训,而且将有组织地深入社会进行调查采访,小记者采写的文章还可以在刊物上优先发表。机会等着你,你一定想一试身手。那么,就请准备参加该刊物上午举行的面试。在班里组织一场模拟面试。

通过这次活动,每个同学都认识了新同学,也更了解了自己。以"这就是我"为题,写一篇500字左右的作文,尽量写出自己的个性。

以上活动需要人人参与说和写,需要听其他同学的发言,还需要读有关材料。它无疑也是综合性言语实践活动,只因为这是初中的第一次"综合性学习"活动,设计得比较简单。还可以参看第四单元的"探索月球奥秘"。

三、我国开展综合性言语实践活动的意义

从前面两部分可以看出,中国语文教材改革吸取和借鉴了英国语文综合性言语实践活动的经验,经过多年探索和实践,为初中语文教材开辟了新天地。"综合性学习"板块虽然比《牛津英语教程》中的"专题"晚了十年,但毕竟出现了。它的出现为初中语文教育注入了生机与活力。

首先，综合性言语实践活动，改变着学生的生活方式。开展综合性言语实践活动意在实现语文与生活的沟通、学生与文化的亲密对话、语文接受学习与探究学习的并驾齐驱。以往，学生被听讲、笔记、死记硬背、做题、应考等被动学习方式主宰着，综合性言语实践活动鼓励学生自主选择并积极尝试多样的学习方式。例如，结合语文学习，观察大自然和社会，书面和口头表达自己的心得；策划简单的校园和社区活动，通过讨论分析写出活动计划和总结；对周围事物保持好奇心，从学校、家庭和社会生活中发现研究课题，制订研究计划，寻求他人帮助，利用各种资讯手段获取信息，参与实践，撰写研究报告等。以丰富多样的学习方式构建充满生机与活力的语文学习环境，使学生真正成为语文学习的主人，这既是学习方式的变革，也是学生生活方式的根本改变。

其次，综合性言语实践活动改变着教师的教学方式。综合性言语活动，面向生活，不拘泥于教材，不局限于课堂，充分发挥着学生学习的自主性，是一种"教师低控制度"的活动。它不以传统的学科界限框住学生对学习内容的选择与重组，不以有限的结论锁定无限的对话进程，不以统一的评价标准"整合"多样化的学习个体。综合性言语实践活动依然强调教师参与，如言语示范、范本示例、观察指导、提供帮助等。在综合性言语实践活动中，教师更注重个别化的学习，具体体现为学生学习活动的个别化处理、教学重心从"倒筐倾篓"变为"画龙点睛"、教师的教育敏感与教育机智在学习活动中体现。另外，在综合性言语实践活动中，教师更需要合作意识，包括教师间的合作、师生间的合作、与家长的合作、与社区的合作、与专家的合作等[13]。

最后，综合性言语实践活动有利于语文学习资源的开发和利用。"语文课程资源包括课堂教学资源和课外学习资源，例如，教科书、教学挂图、工具书、其他图书、报刊、电影、电视、广播、网络、报告会、演讲会、辩论会、研讨会、戏剧表演、图书馆、博物馆、纪念馆、展览馆、布告栏、报廊、各种标牌广告等。"综合性言语实践活动最大限度地利用这些资源，开拓学生的视野，教给学生"学会学习、学会生存、学会发展、学会做人"的本领。如果能建立起记录活动成绩的评价型档案袋，还将在很大程度上增强学生的自信心[14]。综合性言语实践活动为网络教学提供了新的机遇和挑战。

综上所述，开展综合性言语实践活动是提高母语教学水平的有力措施，这既是一条必由之路，也是一条崎岖之路。

注释：

[1] 韩雪屏.深入研究母语教材的结构原理[A]//柳士镇,洪宗礼.中外母语教材比较研究论集[C].南京:江苏教育出版社,2001:237-238.

[2] 韩雪屏,邓洪.英国语文教材评介[A]//柳士镇,洪宗礼.外语文教材评介[C].南京:江苏教育出版社,2001:22、44.

[3] 朱绍禹,庄文中.国际中小学课程教材比较研究丛书(本国语文卷)[M].北京:人民教育出版社,2001:152、155.

[4] 马樟根,吕达.李吉林与情境教育[M].北京:人民教育出版社,2000:190-200.

[5] 朱永新.创新教育论[M].南京:江苏教育出版社,2001.

[6] 卢杨,郑国民.国外母语创新教育及其启示[J].基础教育研究,2001(4):14-15.

[7] 岳晓东,龚放.创新思维的培养形式与创新人才[J].教育研究,1999(10):9-16.

[8] George M. Jacobs, Michael A. Power. The Teacher's Sourcebook for Cooperative Learning:

Practical Techniques, Basic Principles and Frequently Asked Questions [M]. Gorwin Press, 2001.

[9] 郑国民. 英国国家课程·英语[A]. 杨炳辉, 译//柳士镇, 洪宗礼. 中外母语课程标准译编[C]. 南京: 江苏教育出版, 2001: 243 - 271.

[10] 柳斌. 义务教育教材建设问题[A]//柳斌. 中小学课程建设资料汇编[C]. 北京: 人民教育出版社, 1990: 79.

[11] 洪镇涛. 构建"学习语言"语文教学新体系[J]. 课程·教材·教法, 1998(3): 19 - 22.

[12] 中外母语教材比较研究课题组. 汉语文教材评介[C]. 南京: 江苏教育出版社, 2001: 195 - 196.

[13] 李海林. 言语教学论[M]. 上海: 上海教育出版社, 2000: 168.

[14] Johnson Bil. The Performance Assessment Hand-book (vol. 1) [M]. Eye on Education Inc., 1996.

新课程背景下中美阅读教学比较

周立群

中美阅读教学的比较研究这些年来颇受人们的关注,并取得了较多成果。我国这次语文课程改革,就是吸收了国外尤其是美国的许多先进教育思想和教学理念。具体而言,两国都把阅读教学放在一个非常重要的高度来认识,都强调了阅读的教育价值;都强调学生是学习的主体,要彻底改变以教师为中心、以教材为中心、以课堂为中心的教学模式,以及灌输式、填鸭式的教学方法;都重视在阅读教学中学生的个人体验和创造性阅读,积极倡导自主、合作、探究的学习方式;都重视阅读教材的建设,强调课内阅读与课外阅读相结合,阅读与生活相结合,阅读在各学科中的渗透。但由于中美有着完全不同的语言、文化及教学传统,在新课改下的我国阅读教学和美国的阅读教学相比,在许多方面呈现出明显的差异。

一、在价值取向方面,中国重"精神追求",美国则重"生活需要"

首先,从培养目标来看。语文课程标准提出了培养学生的语文素养和人文精神。这应该说既与中国传统语文教学要求"文道统一"的教学原则一脉相传,又与当前教育发展要求培养学生的综合素质相吻合。但在实际的实施中,由于课程标准对语文素养和人文精神的阐述非常笼统、抽象,使得试图摆脱应试教育阴影的阅读教学,很容易误导中小学语文教学走向另外一个极端,即由枯燥、烦琐的字词句段分析走向抽象、空泛、神秘,或贴标签式的主题思想和艺术特点分析。当然,新课程提出了"阅读教学要面向生活",但由于仅把它作为一种教学的手段或策略来看待,并没作为教学的目标来设置,所以势必导致语文课程培养目标的模糊抽象及不可操作性。美国也重视对学生人文精神的培养和思想道德的教育(他们称为"完人教育"),但它把这个较为抽象的目标具体分解为"自我控制教育"、"协作教育"和"对社会的贡献的教育",并把语文课程的基本面向定位在"以发展学生的实际交际能力为目的"。在他们看来,"一个人阅读水平的高低,决定他们知识总量的多少,知识总量的多少决定他们工作质量的优劣,而工作质量的优劣,则决定他们薪金数目的多少。因此阅读能力能够转化成一笔经济财富"[1]。进行认知思维训练、语言行为训练、阅读方法的训练和适应社会生活需要的训练是美国阅读教学的重要内容,也是重要的培养目标。其培养目标比较具体,可操作性强。

其次,从教材的角度来看。中国的阅读教材历来讲求"文质兼美"、"情文并茂"等,重视文章的思想内容和语言形式的结合,文学作品占有相当的比例。尤其是语文课标下的语文阅读教材中,文学作品所占的比重越来越大。美国也很重视文学作品在阅读教材中的比值,但也注重非文学作品,那些与现实生活和实际应用相关的内容越来越多地出现在教材中,"其中许多是反映当代社会问题的文章,如《家庭遭遇》《婚姻先修班》等都是反映美国社会已

---

① 本文选自《现代教育科学》2008年第3期,第40—42、6页。

经存在和可能出现的问题。还编选了具有相当实用价值的材料,比如,如何阅读统计表、时间表、地图、字典、短语集、图例、竞赛规则、序言、食谱、处方等"[2]。应注意的是美国没有统一的语文教材,也不像我国语文教材一样是综合编写型的。美国的语文教材大多分为写作、文学、阅读、语言艺术等,这就使得他们的教材在发展学生的功能方面更加贴近生活、贴近学生实际。

二、在教学策略上,中国重视"教"的方法,美国重视"学"的方法

中美阅读教学都很重视朗读、默读、背诵等阅读方法和技能的培养。但我国除此之外,似乎不见其他的阅读方法在阅读教学中广泛运用,更多的是强调老师怎么导入、提问、引导、分析、板书、课件制作等"教"的方法。语文课标这次提出了"浏览"、"略读"、"猜读"、"速读"等阅读方法,但从实验的两年来看,在实际的阅读教学中这些方法并未广泛实践。也许是应试教育特别是高考、中考的影响,以至教师不敢或不屑对学生进行这样专门的阅读方法的训练。许多老师要求学生背诵也往往是因为高考、中考要求默写。所以,即便是新课程改革明确提出教学方法的转变是这次课程改革的重要理念和主要目标,但摆满书店的还是"新课程下老师应该怎么教"之类的书,指导学生如何自己阅读的书刊则寥若晨星。美国的阅读教学,在小学阶段根本就找不到以讲读文章为主的阅读(讲读)课。美国小学的阅读教学就是让学生自己去阅读,每天有一个小时让学生进"阅读作业室"进行自主的阅读活动。在这一个小时里,教师一般安排10—15分钟进行阅读指导,称为小型课。在中学阶段则一般分为精读课和泛读课,精读课类似于中国的讲读课,泛读课则只是给一些书单,让学生自己阅读,而且美国更重视学生的泛读。阅读的方法则多姿多彩,对学生阅读的技巧训练也形式多样。如根据阅读目的分类,可分为搜寻与浏览;学习与研究;欣赏与评价;创造性阅读;消遣性阅读等。根据阅读的方式,可分为朗读、默读;通读、跳读、倒读、楔入式阅读、交叉式阅读;说读、笔读;初读、预读、复读;精度、泛读、快速阅读。还有一些特殊的阅读方法,如 SQ3R 法、科学扫描法、5W+1H 法等。美国的阅读方法主要是根据阅读的目的和阅读的材料来确定阅读的方法,讲求的是实用和有效。

三、中国重视传统文化的熏陶,美国重视对世界文化的了解

中国有着五千年的灿烂文明,"教材注重继承并弘扬中华民族优秀文化,有助于培养学生的民族自尊心和爱国主义情感"。因此,中小学阅读教材里就有了美国阅读教材里不可能有的一种文体——文言诗文。从 20 世纪初语文单独设科开始,到现在语文课标的颁布试验,文言诗文作为一种独特的文体牢牢地占据着语文课堂。学好文言文,继承和发扬中华民族的优秀传统文化无可非议。然而,语文课标也提出:"关心当代文化生活,尊重多样文化,吸取人类优秀文化的营养。"这就要求语文教学,既要重视传统文化的熏陶,又要广泛吸收世界各国、各民族创造的优秀文化,才能创造出新的、与时俱进的民族文化。但实际上,在所有新教材中,反映世界多元文化的篇目比较单一,其作者大多是欧美几个发达资本主义国家的,而反映其他亚非拉和欧美国家或民族文化的篇目很少或根本没有。

美国也很重视通过自己国家的历史和文化对青少年的教育,但她毕竟是一个仅有两百多年历史的移民国家,其文化和历史的深度、厚度是远远不能和中国相比的。因此,历史决定了她必然选择多维反映现实生活和世界各地文化的阅读教材。如加利福尼亚州的《公立

学校英语课程标准》的阅读教学就有这样的内容:"理解来自世界各国的经典童话、神话、民间故事、传奇和寓言的基本情节","分析一篇文学作品,显示它如何反映文化遗产、传统、态度和作者的信仰"。在他们的教材里,有集中反映美国文学的,也有反映世界各地文学的文学名著。如莎士比亚的戏剧、托尔斯泰的小说、安徒生的童话、阿拉伯和古希腊的神话传说等;也有诸如"《东方与西方》《日本的农业》《香蕉生长在伊斯兰》《布法罗的舞蹈》等反映异国人情、异域风景的文化著作"。

四、中国追求教学结构的完整,美国注重一个多元素的开放过程

中国的阅读教学过程一般分为三个层次,即一个单元的阅读教学过程、一篇课文的阅读教学过程、一节课的阅读教学过程。从单元教学过程来讲,无论是以前以文体组织的单元还是新课程下以主题组织的单元,其阅读教学大都包含了单元概述、每篇课文的阅读教学、单元总结"三部曲"。一篇课文的教学过程则"都不能逾越以下五个环节,这就是:(1)认读;(2)了解课文大意;(3)对课文内容做种种划分,以达到深入理解;(4)对课文内容进行总结和扩展;(5)总结课文练习、留作业"。一节课则由导入、展开、结束三个阶段组成[3]。一堂课从上课铃声一响开始导入到下课铃声响起结束,整个45(或40)分钟应该完成"教学蓝本"——教案或教学设计预先设计好的每一个教学环节。这就反映了中国阅读教学过程的连续性和阶段性,整个阅读教学过程构成一个目标明确、脉络分明、第次科学的教学和训练体系,课堂结构的骨架由有经验的教师构建,即时教学效率高。

美国的阅读教学过程是一个包含了多因素,各因素之间相互联系、相互作用的大系统。如人的因素,包括教材的编辑者、出版者,家庭成员、教师学生;物的因素,如教材、大纲、阅读使用的辅助工具;学科因素,如语言学、心理学、文学、生理学等。因此,其阅读教学可理解为某一核心课题的教学过程。在教学一篇课文时,要注重以下几点:(1)对课文的整体观察,包括标题、插图、图表、段落、作者、出版社,并预测它的内容和写作目的;(2)浏览全文,检测猜测是否正确,然后自己提出有关课文内容的问题;(3)较慢地、仔细地再读课文,解答自我检测的问题。一节课的教学过程既存在着和中国差不多的一个相对稳定的教学环节:课前准备,阅读文选,以选文为基础的补充作业;又有适合于不同课文和不同阅读目的的阅读方法的综合使用而形成的开放过程。特别是合作学习、研究性学习、发现教学法等教学方法在课堂上的广泛运用,课堂结构往往不能预先设定,大多为学生的学习活动而左右,显得较为自由松散,即时效率不高。但由于课堂结构的骨架是师生共同构建的,学生的主体性得到充分体现,学生学习延时效果好,学生学习的迁移能力强。

五、中国是"去问题教育",着重培养学生的求同思维;美国是"以问题为纽带的教育",着重培养学生的求异思维

中国和美国都很重视在阅读教学中培养学生的思维能力,但中国的阅读教学目标重在培养学生对读物客体的精确理解和背诵积累上,其思维模式是认同或接受读物;美国的阅读教学目标则重读者对读物的反应、鉴别、批评和评价,"以自己的反应和读物的文学特点为基础,用批判的眼光去评价文学作品"[4],其思维结构是发散的、求异的。

中国很重视启发式教育,但在实际中却是人们所公认的满堂灌和满堂问,结果是导致思维的简单化和单一化。袁振国先生把这种满堂灌和满堂问概括为"去问题教育",就是"学生

没有问题走进教室,没有问题走出教室"。学生上课之前,往往是首先等待老师提出问题、布置任务才开始思考问题,直至最后一一解决、回答了老师提出的问题。大家的意见一致了,问题就解决了,教学任务也就完成了。

美国认为阅读是读者连续不断的思考过程,阅读训练实际上是对读者的思维训练。他们把对学生思维的训练分为三个主要范畴:创造性思维、逻辑性思维和批评性思维。在具体的阅读方法中,许多也是直接训练思维的,如带问题阅读、预测性阅读等。在这次语文课标中提到的"阅读期待、阅读反思和批评"等,就都是借鉴了美国在阅读中培养学生思维的做法。遗憾的是我们在借鉴时,只借其名,未知其实,以至"教师们读了感觉似懂非懂"[5]。具体到美国的一堂阅读课的教学来说,美国认为学生总是充满好奇和疑问的,在他们走进教室的时候,就有了满脑子的问题,老师在帮助他们解决问题的过程中,再有意通过情境、故事、疑问、破绽等激发学生更多的问题,并启发他们进行思考、引导他们进行探究,并把这些问题带到他们的课外学习乃至生活中去,从而极大地调动了学生在生活中的问题意识,有效地促进了学生创新能力的发展。

六、中国阅读教学的承担者主要是学校和家长,美国的阅读教学则政府和社会参与力度大

美国在经历了 60—70 年代的"语文糟糕年代"之后,美国政府把提高学生阅读水平当成了整个社会的事。1969 年,美国教育专员 J. E. Allen 发表公告,呼吁美国公民和儿童都要认认真真享受自己的"阅读权力"。到 20 世纪 70 年代中期,政府成立了"阅读权力办公室",以促使学校、家庭、社会对儿童阅读的关心。特别是在 20 世纪末的 1997 年 10 月 21 日,克林顿总统作了"美国阅读动员报告"。报告说:"我们要加倍努力,确保每个孩子三年级末能独立有效阅读,为达到这一目标,美国阅读挑战行动将动员全国所有资源——学校、图书馆、教会、大学、大学生和年长公民",他们将与老师和父母亲一起教我们的孩子阅读。接着教育部发布《怎样支持美国阅读挑战》,号召每一个美国人通过个人的和职业的努力帮助孩子读,并对各阶层、各团体提出了具体要求,如对父母的要求有"每天要和孩子阅读或相处 30 分钟","通过读报、杂志、书籍给孩子树立好的榜样"等;对家庭其他长者或邻居的要求有"成为你家庭、邻里的学习伙伴或阅读辅导,志愿为孩子每周辅导阅读 30 分钟,至少 8 周"等;对社区、文化或宗教组织的要求有"与孩子分享你认为正确描述你们组织所参与活动的书籍,为孩子们保持一个描写竞争的文章,让他们知道'阅读怎样改变人的生活'"等;对高等院校的要求有:"为社区成员和父母提供怎样成为有效的阅读的伙伴的训练","鼓励大学生通过联邦勤工俭学参与美国阅读挑战,政府发给 100% 的工资"等。到 1999 年上半年,1 000 所大学院校积极参与了这一行动,几千名阅读训练人员为社区培养阅读辅导者,几百个组织——宗教团体、商业机构等参与到了美国阅读挑战行动中……

由于中国以前对阅读的理解仅仅局限于它是语文能力的一种,尚未把阅读能力看作人们赖以工作、学习乃至生活的一种手段。所以,我们的阅读教学也仅仅是一种学校和家庭的现象。1997 年的一场"语文大批判",就很明晰地告诉了人们这一点:语文教师身系语文(阅读)教学成败之关键。人们除了从考试制度进行反思外,大都把语文教育不理想的责任归咎于学校、语文教师。社会对阅读教学的成功与否总是持一种旁观者和批判者的态度。更让人奇怪的是阅读理论的研究者往往和阅读教学的实践者(教师)成了要么老死不相往来、要么互相指责的

冤家对头。语文课标此次强调了语文课程的社会性和实践性,但具体到阅读教学如何有效地整合社会的力量以提高学生阅读的能力和水平,未做可操作的建议,再加上语文课标面对的仅是广大的教师,所以,社会参与阅读教学的力度肯定也是有限的。

七、中国对如何进行阅读教学的探索较多,但对阅读理论的研究尚处于起步阶段,美国则对两者的研究都比较深入广泛

阅读教学是对阅读的"教"和"学",因此,首先应解决的是阅读是什么、为什么要阅读,其次才是要解决怎样阅读等问题。由于我国以前的教学仅仅停留在如何"教"上面,所以对个体(学生)应如何阅读、为什么要阅读关注甚微。有限的几本有关阅读基本理论的著作如王继坤的《现代阅读学教程》、曾祥芹的《阅读学新论》也是近几年才出现在书架上,且尚未成为教师进修或高师的教材。我国对阅读理论的研究起步较晚、积累不够,所以许多方面只好照搬国外的阅读理论。近些年可谓"百家争鸣""百花齐放",如"新概念阅读""研究性阅读""个性化阅读""语感阅读""自主阅读""快速阅读""互动性阅读""网络阅读""扩展性阅读""整体阅读"以及语文课标提出的"对话阅读理论"等,但由于许多新的阅读理论因吸收和积累不够而显得单薄和经不起推敲,同时,理论和实践脱节,许多理论最终难以付诸实践和接受实践的检验,理论建构成为空中楼阁,缺少实际应用价值;有些实践研究因缺乏相应的理论指导而最终只能停留在经验的总结上[6]。

美国早在20世纪初就有了对阅读的专门研究,并一开始就广泛地与心理学、语言学、生理学、教育学等学科联系起来。1915年格雷(William S. Gray)发表了统一朗读试卷,对阅读测试起了标准化和统一化的作用。格雷至今被尊为美国阅读研究的创始人。以美国著名阅读专家史密斯女士(Nial Banton Smith)为首的大批学者致力于研究如何通过加宽视野,减少眼球停顿,以加快阅读速度。这就成了后来的快速阅读法(fast reading)、跳读法(scanning)、略读法(skimming)。80年代,阅读理论的研究引起了社会的高度重视,各种理论也应运而生,这也为其后美国的语文教育乃至整个教育改革起到了很大的推动作用。如探讨读者背景知识对课文理解的作用的阅读理论(schema theory);培养学生自我监督能力(元认知能力 metacogntion),提高学生阅读能力的理论;整体语言教学(whole language)理论;罗森伯拉特(Rosenblatt)的读者作者互相作用、共同达成阅读理解的理论(transactional reading theory)等。

总之,根据我国语文教育的特点,总结美国阅读教学的经验和教训,可以使我们清楚地认识在我国目前的阅读教学改革中,该学习美国阅读教学哪些东西、借鉴哪些东西,以便让我们的阅读教学朝着更为健康、科学的方向发展,真正形成有自己特色的阅读教学。

注释:

[1] 曾祥芹,韩雪屏.国外阅读研究[M].郑州:河南教育出版社,1992:44.
[2] 朱绍禹.美日苏语文教学[M].长春:吉林文史出版社,1991:32-33.
[3] 王世堪.中学语文教学法[M].北京:高等教育出版社,1995:152.
[4] 陈家尧.对义务教育语文新课标修订的几点思考[J].语文建设,2003(6).
[5] 倪文锦,欧阳汝颖.语文教育展望[M].上海:华东师范大学出版社,2002:285.
[6] 孙亚杰,徐云知.近十年阅读教学研究综述[J].课程・教材・教法,2003(6).

本章附录

[1] 韩艳梅.大陆"语文课程标准"与台湾"语文课程纲要"之比较研究[J].教育科学,2003(3).

[2] 陈黎明.我国大陆与台湾义务教育语文课程文件比较研究[J].比较教育研究,2003(10).

[3] 王晓霞.国外及港台地区初中语文教材选文标准观比较研究[J].广西民族大学学报(哲学社会科学版),2004(3).

[4] 张聪慧.从助读系统和练习系统看教材编写的特点——台湾版"国文"与人教版"语文"的比较[J].语文建设,2008(10).

[5] 李锦芳,王怀榕.国外和中国港澳台民族语文政策及经验教训[J].广西民族大学学报(哲学社会科学版),2009(3).

[6] 何文胜.两岸三地初中语文课程改革与教材建设总论[J].全球教育展望,2009(9).

[7] [荷兰]范登堡,仇志群.台湾语言现状的初步研究[J].中国语文,1994(4).

[8] 王培光.从语言教学观点论台湾中学的教学语法[J].语言文字应用,1997(4).

[9] 唐燕儿.台湾的远距离华文教育[J].比较教育研究,2001(12).

[10] 张玉燕.批判性思考与语文教学[J].课程与教学季刊,2004(2):41、56.

[11] 赵会可,李永贤.台湾语言文字规划的社会语言学分析[J].山西师范大学学报(社会科学版),2005(6).

[12] 吴凤平,刘彩祥.香港中学新诗教学的跨学科学习——现象图示学分析[J].语文建设,2008(12).

[13] 王春燕.透视当前的台湾"国文"教学[J].语文月刊(学术综合版),2009(6).

[14] 俞约法.苏俄语言学习理论研究评介[J].语言教学与研究,1993(3).

[15] 田惠刚.新加坡的华语规范化和华语教学[J].语文建设,1994(1).

[16] 张孔义.西方阅读教学中有关提问的心理学研究[J].心理发展与教育,1998(1).

[17] 张孔义.西方中小学阅读策略教学研究评述[J].外国教育研究,1999(4).

[18] 程顺芝.略说中俄语文教学[J].课程·教材·教法,1999(6).

[19] 陈铮,刘电芝.西方关于学习困难学生的阅读理解策略教学研究[J].中国特殊教育,2003(3).

[20] 姚梅林,赵丽琴.整合性的语言教学艺术——美国学校读写教学概观[J].语文建设,2005(5).

[21] 刘永兵,吴福焕,张东波.新加坡华语教学课堂初探[J].世界汉语教学,2006(1).

[22] 王晓平,胡娇.提高阅读兴趣的教学策略研究——国外关于阅读兴趣的研究给我们的启示[J].江西教育科研,2006(2).

[23] 缪佳芹.中美中学语文教材研究综述[J].教育探索,2007(3).

[24] 王晓平,胡娇.西方阅读教学模式及其发展评述[J].江西教育科研,2007(6).

[25] 徐雪瑛.新加坡华文教育述评[J].外国中小学教育,2009(11).

第九章 语文教育专题研究

- 关于语文教学中科学性与艺术性问题的探讨（张志公）
- 提倡五个结合（刘国正）
- 提高语文教学效率的途径（宁鸿彬）
- 简论语文点拨教学法的要义与操作（蔡澄清）
- 从『基本式教学法』到『语文导读法』（钱梦龙）
- 民族的科学的大众的语文教育观——叶圣陶语文教育观探析（任苏民）
- 谈素质教育背景下的语文课堂教学改革（于漪）
- 循故求新 激浊扬清——再论『新语文教育』（韩军）
- 中学语文教学几个问题的探讨（王世堪 章熊）
- 阅读经典：提高学生语文素养的必由之路（倪文锦）
- 语法教学与语感培养（蔡伟 张先亮）
- 提高文体素养：语文教学的当务之急（黄伟）
- 本章附录

关于语文教学中科学性与艺术性问题的探讨①

张志公

教学是一门科学,又是一种艺术。任何一门学科成功的教学,都是高度的科学性和精湛的艺术性相结合的成果,语文教学尤其是这样。

什么是科学性呢?所谓科学性,就是对那些表面上看起来仿佛杂乱无章的现象,经过发掘、整理、分析、研究,找出条理和规律,并且用这种规律去指导从事有关工作的实践活动。世界上的任何事物都有它的条理性和规律性,只是人们对它认识不认识,认识到什么程度的问题。语文和语文教学也不例外。语文这个东西,同人们的生活关系十分密切,人们往往觉得是在不知不觉之中就学会了的,仿佛其中没有什么规律可言。实际上这是一种错觉,也反映了过去我们对这个事物缺乏研究。从清末废除科举、兴办学校起,恐怕在各门学科之中,语文一直是很不成功的一门。许多问题,上百年来、几十年来,都没有解决。原因就在于,对这门学科始终缺乏研究,而正好是这门学科特别需要研究。兴办学校一开始,无可讳言是参考甚至抄袭了日本的或者西方的办法。普通教育阶段的大多数学科,无论是在哪一个国家、哪一个民族,学法上是有共同性的。比如,学数学,总得学加减乘除、小数分数、开方乘方,如此等等这一套。自然科学的以至社会科学的各门学科,大体上都是这样。因此把别的国家的办法搬来使用,不是完全行不通的。像我这样年岁的人,小的时候学数学、物理、化学,就是用的外国课本。那种办法反映了当时半殖民地社会的特点,当然不足为训。但是它也说明,拿上别国的课本来学习,不是绝对不可以的。独有语文不行。这门学科的特殊性很大,有很显著的民族性。各个民族的语言,相互之间有许多差异,尤其是像汉语,同其他的一些主要语言在整个体系上是很不相同的。我们的文字更是一种特殊的文字,同其他一些主要语言的文字都不一样。这种语言、文字有它的特殊性,学习这种语言、文字的途径,也就有它的特殊性。别的任何一个国家都没有给我们准备好我们中国人学我们中国语文应该采取的办法或方案,要靠我们自己去探索。可是由于过去半封建、半殖民地社会造成的局限,不可能进行广泛深入的科学研究工作。中国语文有许多独特的问题。比如在汉语里怎样把词组织成句子和段落篇章,都有它自己的特点。汉字是一种独特的表意文字,这种文字从学习的角度说,有有利的一面,但是在开始的阶段,相当长的时期内有很大的困难。文字的重要性是很大的。进入学龄期之后,掌握文字的能力,对于进一步学习语言、运用语言关系很大。像这样一种文字,用什么样的方法来教来学是最好的呢?几乎可以说,两千多年以来,我们一直在设法解决这个问题。历史上曾经摸索出一些经验,例如大家熟知的所谓"三、百、千"。为什么会有那么一类教材,而且很多,并且长时间地用那种方法呢?就是因为那种方法在一定程度上符合了汉语、汉字的特点,用那种方法学习起来比较方便。但是不够,那种方法最大的局限性就是它忽视了语言的训练。它解决文字的问题有一定的效果,里边有一些合理

---

① 本文选自《天津师院学报》1979年第2期,第80—84页。

的因素,有一些很可贵的经验,但是又有缺陷。怎么样利用这些传统经验,这些经过实践证明是有效的、合理的因素,而又能够弥补它的缺陷,这是一个急需研究的问题。已经有了以黑山和景山学校为代表的集中识字的办法,以斯霞同志为代表的分散识字的主张,以及其他折中的方案,都能解决一些问题,也都还有进一步研究改善的余地。再比如,我们还有一个独特的问题,就是文言文问题。这也是世界各主要国家、主要民族所没有的。多少年来我们一直在研究这个问题,因为我们许多世纪的珍贵文化遗产是用这种书面语言记载下来的,在历史上有很大的功绩,在当前也还有它的用处,不能一下子完全抛开它。但是,它又是一种同口头的实际语言完全脱节的东西。怎么样的教法,怎么样的学法,学些什么,学多少,怎么学,才有助于学的人掌握现代语言,又能够有助于他们去接触传统的有用的东西,使它不会产生相反的作用,就是说,耗费很多的时间和精力,并无助于学习现代语言,甚至于对学习现代语言产生干扰作用,而又没有能够使学的人具备了解和研究文化遗产的能力。这又是一个很需要研究的问题,不是随随便便拿一些文言文来,让学生看一看,听老师翻译成白话,就能管用的。有主张多教文言文,甚至主张中学里全部教文言文的;有主张少教文言文,甚至主张中学完全不教文言文的;有主张白话和文言分开教学,不要穿插在一起的;还有许多别的主张。光是结论式的主张不够,需要进行更切实深入的讨论和研究;光是孤立地就文言文论文言文不够,需要联系一些有关的问题来考虑;光在屋里"坐而论道"不够,需要实地试验。从教育学、心理学的角度来处理语文教学问题,我们更缺少研究。比如说,学前期的幼儿和儿童,学龄初期、学龄中期、学龄后期各个不同阶段的儿童、少年、青年们的语言是怎样发展提高起来的,他们在语言方面有哪些潜力,用什么样的方法可以更好地发挥他们的潜力,使他们提高更快一些,掌握更好一些,我们还说不出多少道理来。再有,语言教育从来是一种综合性的教育。教幼儿、儿童、少年学习语言,同时也就对他们进行了思维能力的训练,进行了思想品德的教育,等等。在语文教学里怎样把语言训练、思维训练、思想教育的关系处理好,我们也还没有搞得很清楚。许多年来,语文这门功课一直搞不很好,简直成了"老大难",一个重要原因就是对这门功课缺乏科学研究。加紧把这种研究工作开展起来,逐步对语文教学这件事得出一些带有条理性、规律性的认识,根据这样的认识去设计教学的方案,才能够使我们的教学工作减少一些盲目性,多一点条理性和科学性。这样,教学的效率就会逐步提高,并且经过教学实践的检验,认识会逐步加深,对教学规律的掌握会越来越好,教学方案会不断调整、充实,逐步完善起来。

　　教学的科学性从教学的内容以及这些内容的安排组织上反映出来,具体地说,首先从教材中反映出来。同时,也从教学工作中反映出来。就教学工作来说,科学是基础。但是,仅仅有科学性是不够的,还需要有教学艺术。同样的一个字、一个词、一个句子、一段话、一篇文章,教学得法,可以用比较少的时间得到比较大的效果;反之,不得法,要花费比较多的时间、比较大的力量,而收到的效果不大。可以认为,教学工作对艺术性的要求是很高的。但是,不能认为教学仅仅是艺术性的体现。就连艺术性最强的东西,比如绘画、音乐,也是离不开科学的。画一张画,不是要讲究透视、讲究远近比例吗?画一个人,不是要讲究身体各个部分合乎比例、合乎生理构造吗?这些就是科学。我们传统的画家虽然不讲"透视学",不讲"艺用人体解剖学",但从绘画的实践中逐渐摸索到了这方面的道理。音乐的"和声学"等,也是科学。即使纯粹属于艺术范畴的东西,尚且有它的科学基础,基本上属于社会科学领域的语文教学工作怎么能不以科学为基础呢?但是刚才说过,光有科学性,没有良好的教学手段,也就是缺乏教学艺术,仍旧会使教学失败,至少不能取得理想的效果。

什么是教学的艺术性呢?艺术性用最通俗的话来说,就是具有一定独创性的一套方法。不仅教学有教学艺术,打仗还有军事艺术,作领导工作要有领导艺术,这些所谓的"艺术",都是指有特点的一套有效的方法。

语文教学的教学艺术问题,也是迫切需要研究的。传统的语文教学,不讲什么艺术性,其结果是两种现象:一种是毫无教学艺术可言,老师呆讲,学童呆听,用打戒尺、罚站以至罚跪等种种惩罚手段强制学童呆读、死记、硬背。另一种是有些教学艺术,但是说不出个所以然,叫作"一个将军一个令,一个师傅一个磬","运用之妙,存乎一心","可意会不可言传"。这两种现象延续到办了学堂,设置了"国文"课,一直到20世纪40年代,实质性的变化很少。本来,教文言文,倒也用不着多少教学艺术。反正,读的东西学生不懂,老师用白话翻译翻译,把生字、难句、成语、掌故解说解说,全文逐句逐段地串述一遍,那时候也不讲究"分析",学生大体听懂文义之后自己去读读背背就是了;作文写文言,无非是模仿套用,比着胡芦画瓢,老师看了,把太不通的地方改改,圈圈点点,写个批语,也就完事了。总之,关于语文课的教学艺术,我们的底子也是很薄的。新中国成立三十年来摸索出了一些路子,系统深入的研究还很不够。怎样用最少、最精练的语言,使学生理解得尽可能地清晰、充分,这是教学艺术中的一个重要问题。教学首先要学生理解所学的内容。怎样使学生理解他所学的内容呢?不能靠烦琐的、不必要的、累累赘赘的讲解、分析。能用一句话说清楚的,不用两句;能用一小段话说清楚的,不用长篇大论。甚至能不用语言来解说的,就不必硬去解说。其他学科,演示是一个重要的教学手段。语文其实也可以充分运用"演示"的办法。在语文教学中,主要任务是教学生学好现代语言,能够运用现代语言。现代汉语是学生的母语,他从小就生活在这种语言之中,长时间地使用这种语言,一直到学龄初期,开始学习书面语言,书面上用的也是现代语言。教材的内容,学生真正完全不理解的,特别需要讲解的东西是很少的。教材里选的,用现代语写的散文、故事、小说、诗歌等,好的朗读恐怕是最有效的教学手段。朗读得好,足以使学生理解其内容,并且体会到其中的感情色彩等。在语文课上,对话、朗读和其他学科的演示(包括看实物、看标本、看图片、看教师在实验室里操作,等等)具有十分相似的作用。学生自己能够基本理解的东西,我们再用许多话去解说,所收到的效果与我们的愿望恰恰相反,不仅不足以帮助学生更好地理解,反而会使学生厌倦,以至于削弱了他的理解。就连一些写得好的、比较浅近的古代诗词和现代人写的旧体诗词,也是这样的。读往往比讲的效果更好,当然不是说完全不要讲解。怎样用有效的、有针对性的方法,使学生的思想有所动,从而既能理解又很容易地把他们所理解的东西记住,这是教学艺术的又一个方面。无论是小孩或者大人,凡是对自己思想有所触动的事情,最容易记住。自己的思想无所动,就不容易记住,仿佛过眼云烟,飘过去了,没有在思想里留下痕迹。有针对性,就是符合所教对象的实际;有效,很重要的一点是既有所启发而又留有余地。据报道,我国一个京剧团到国外演出,主要剧目有《三岔口》《拾玉镯》《雁荡山》《火凤凰》等。精湛的京剧艺术,使观众为之倾倒。《三岔口》,演员一句都没唱,也没讲,只凭几个动作就使观众明白,这是一场深夜的摸黑格斗。明明舞台灯光那么亮,却使人觉得是在漆黑的夜里,心情和剧中人物一样的紧张。《拾玉镯》,女演员在空荡荡的舞台上,只凭动作和表情使观众不仅知道她是坐在自己家门口做针线——绣一只鞋,还知道她正在等她妈妈回来,心里很焦急。一会儿,天晚了,她把在门外空地上跑着玩的群鸡赶回门槛边的一个鸡窝里。她手里没有针、没有线,台上没有门槛、没有鸡窝,更没有不听话而乱跑的鸡,可是观众好像分明看见了这些东西,并且比看见真实的东西效果更好。观众被唤起的想象可以自由驰骋,不受过多实物的拘束,而他们的想象又是在演员表演的启发下进行的,不是漫无边际的。演员用他们的表演启发观众,又给观众留下充分的余地去发挥各自的思考和想象能力。观众的思想被触动了,于是他不仅理解了剧情,并且在脑子里留下深深的印象,记住了。京剧艺术善于把观众的思想动员起来,让它活动,让它思考、想象,使观众成为积极的成员,和演员共同创作这出戏,而不是呆呆地、完全被动地看演员表演,这个特点应当对研究教学艺术有很大的启发作用。怎样用最有效的办法,使学生把所学的东西吸收进去,成为他自己的活的东西、能够运用的东西,这也要求有一定的教学艺术,与前边说的两个方面有密切的联系。缺少了这种艺术性,后果就是,学生有可能记住一些知识,也有可能掌握一些技能,然而都比较死,没有很好地消化、吸收,没有成为活的知识、纯熟自然的技能。生动地结合实际,可能是一个要点。照我的经验,有不少在小学、初中学到的东西,到现在不仅记得很清楚,而且还时常运用,这些东西,往往当年学的时候就是结合了实际的,其结合法是很生动的,不是生硬、枯燥的。比方,一摞书,我想把其中靠下面的一本抽出来,怎么办呢?不必把这本书上边的那一摞搬下来,省事而可靠的办法是,捏住这本书的一头,用力很猛地一抽,就可以抽出来。如果轻轻地、慢慢地拉,就拉不出来,在它上面的那摞书也跟过来,或者被拉倒了。这是我初中时候学物理学到惯性时学会的,到现在还时常运用。是不是可以认为我知道的这点知识、这点技能是活的,已经成为我的东西了?不记得是哪一位老师在哪一节课上教给我的了,可我一直用着它。我想,大概当初教我这个知识的老师是有点教学艺术的。怎样使学生爱好所学的东西,对学习有兴趣,而又不迎合迁就,这大概也得要点教学艺术。教学艺术表现在最大限度地调动学生学习的积极性。那么很重要的一点,就是要引起学生对所学东西的爱好和兴趣。学习是一种艰苦的劳动,不能搞兴趣主义。但是,总要尽量地减少学生的学习负担,不能使学生感到学习是一件苦事,或者是一件很没意思的事。要尽我们所能引起学生对所学东西的爱好和兴趣。我们现在常常抱怨学生"重理轻文"。怎么才能不"轻文"呢?如果他感到语文很好,学起来很有意思,学了很有用,他就不会那么"轻"它了。不"轻",就会学得更好;越学得好越有兴趣,越不"轻"。只是,引起爱好和兴趣不能靠迎合迁就。现在学生中间并不是没有低级趣味的。"四人帮"对青少年的毒害很深,低级趣味就是受了毒害而产生的。低级趣味能够迎合吗?当然不能。对付不正确的东西不能靠惩罚,但是要矫正。怎样矫正呢?最有效的办法是拿正确的、好的东西去取代它,排斥掉那些坏的东西。怎样才能使正确的、好的东西起到这个作用,能够把不好的东西排斥掉呢?必须使学生对好的、正确的东西产生兴趣和爱好。这就要求教学艺术。我们平常说,在语文教学中要用好的东西对学生进行感染熏陶、潜移默化。能够做到这一点就是很高的教学艺术。如果他对所接触的东西,对你给他的东西没有兴趣,不喜欢,他能够受到感染熏陶、潜移默化吗?当然不能。他要排斥,他要拒绝。这同前边说的那几点是密切相关的。烦琐的教学、缺乏针对性的教学、刻板枯燥的教学,都会削弱学生对这门功课的兴趣和爱好的。

　　以上只是举例式地提了几点。教学艺术涉及的绝不止这么一些。究竟有哪些重要问题,我也说不清楚,有待大家共同探讨。就是上边这些,说起来好像也都是一般的原则,很不具体。教学工作正是要把一般原则具体化起来。而且,也只有在工作实践中才能够具体化起来。公式,谁也开列不出。讲某篇课文或者某项知识,用多少话才是最少、最精炼的,多于此就是烦琐的,谁也说不出个数目来。这只能在教学实践中去灵活运用。只有在教学实践中,在教学第一线的教师们才能真正找出实现这些原则的具体办法来。把实践中那些行之有效的办法有意识地整理、总结,就会逐渐对语文学科的教学艺术了解得更深入些。艺术性是有独创性的,所以,因人而异,可以百花齐放。然而艺术性也并不是从心所欲、没有规律、没有章法可循的,不是"只可意会不可言传"的。艺术性也有它的条理,有它的规律。说来说去,艺术性和科学性是不可分的,是相互为用的,特别是在语文教学中,这一点非常重要。

提倡五个结合

刘国正

这篇文章试图探讨怎样把中学语文教学既搞得扎扎实实,又搞得生动活泼。我以为,"五个结合"是值得重视和提倡的。

一

在语文教学的改革中,要加强语文的基本训练。几年前,我们曾经作过一次比较系统的调查研究。在几个省市召开了五十多次座谈会,接触了四百六十多位中学、大学师生和社会人士,研究了几百份学生的作文和测验卷,事后写成了《中学语文教学的现状和设想》一书。在那以后,其他单位也进行了类似的调查。不同的调查不期而合,都说明学生的语文基本功差,是一个突出的、普遍存在的问题。说话、写字、用词、造句、谋篇都存在不少问题,方言地区的学生不会说普通话的现象尤其严重。如何加强语文的基本训练,使中学毕业生的语文基本功普遍达到合格的程度,这是个长期以来奋力以求而没能很好解决的问题。

当前语文教学的改革,要从实际出发,下大力气解决这个问题。这个问题解决得好,改革就见成效;解决得不好,改革就不能算是成功的。这个问题所以长期存在,原因是多方面的,这里只谈谈语文教学本身的问题。

二

加强语文基本训练,要强调勤学苦练。语文基本功不是轻易可以学到手的,非下苦功不可。语文是一种工具。一般地说,一种工具的掌握,不仅需要获得一定的知识,而且需要获得运用这种工具的能力(技能和技巧)。从知识到能力,往往需要一个艰苦磨炼的过程。有一些工具,不具备足够的知识,只靠艰苦磨炼,也能获得运用的能力;但反过来说,任何工具,只具备知识而不去实地进行操作,都是不可能获得运用能力的。

语文这种工具又有其特殊性。语文是用来摹写纷繁复杂的客观世界、表达千差万别的思想感情的一种交际工具。由它所反映的对象的复杂性所决定,它的操作技艺也是复杂的。虽然人们除了哑子以外都会说话,会写的也越来越多,但要说得好、写得好却很不容易。简言之,掌握语言,是一种科学,也是一种艺术。越是涉及艺术的东西,艰苦磨炼就越加重要。别林斯基说:"任何天才,不经过艰苦不断的劳动,不经过最使空想家头痛和懊恼的最初纯物质的和机械的劳动,就无法精通任何种类的艺术。"艺术的领域很广,如绘画、音乐、书法等。大家熟悉的打排球的技艺,大约可算是一种科学也是一种艺术吧。我们的女子排球队达到连冠全球的水平,自然有科学的理论作指导,但是也经过了怎样艰苦卓绝的训练啊!她们给了我们宝贵的启示。古今许多杰出语言大师的经验也说明学习语文是要经过艰苦磨炼的。

---

① 本文选自《课程·教材·教法》1986年第1期,第41—44页。

杜甫说:"读书破万卷,下笔如有神";欧阳修说:"勤读书而多为之,自工";鲁迅强调多看和多练习的重要性,他自己的藏书就在万卷以上;晋朝的才子陆机二十岁所作的《文赋》,透彻地说明了作文的道理,他认为作文之道,"非知之难,行之难也"。这些经验谈,更给了我们宝贵的启示。

经过勤学苦练才能获得运用语文的能力,这可以算作学习语文的一条规律,语文教学的改革只能驾驭它,例如研究如何以较少的力量获得较大的效益,但不能从根本上否定它。有这么一些想法,认为语文教学的改革应该使学生轻而易举地获得基本功,或者认为应该不把语文基本功差看作一个问题,学生的智力发展了,语文基本功自然也就好起来了;而强调加强语文基本训练反而不利于发展学生的智力。这些想法是不符合语文教学的实际的。不错,改革是要打破旧的呆板的一套,使学生学得生动活泼,但学习语文毕竟不是一件轻松的事。至于开发智力,是恰恰要以扎实的基本训练为基础的,训练得法,恰恰可以促进智力的开发,两者是不矛盾的。

三

改革中要解决的问题,是如何把基本训练搞活。进行语文基本训练有两种截然不同的教学思想和方法,一种是注入式,另一种是启发式。注入式的特征是:不注意学生的兴趣和爱好,不注意学生的年龄特征和负荷能力,不启发学生积极思考和学习的主动精神,不强调学生自己动脑动手动口,只是一味地把知识嚼烂了往学生的肚子里填。这种教学思想和方法在我国由来已久,是我国传统教育中的糟粕部分。启发式的特征与此相反,它十分重视学生的兴趣和爱好,十分注意学生的年龄特征和负荷能力,十分注意启发学生的独立思考和主动精神,十分强调让学生自己动脑动手动口。教师的主导作用是在以学生为主体的前提下实现的。这种教学思想和方法也常见于我国古代优秀教育家的言论和实践。伟大的教育家孔夫子就是以"循循善诱"受到弟子的称赞的。在《论语》的"子路、曾皙、冉有、公西华侍坐"里,启发式得到十分生动的体现。这一堂"课",孔夫子的问话是和蔼可亲的,学生们的答话是活泼的、自由的。甚至于一边问答,有的学生在一边可以鼓瑟。叶圣陶先生有一首诗以儿童学步为喻,生动地说明了语文教学运用启发式的特点,不妨抄录如下:"学步导幼儿,人人有经验。或则扶其肩,或则携其腕,惟令自举足,不虞颠扑患。即而去扶携,犹恐足未健,则复翼护之,不离其身畔。继之更有进,步步能稳践,翼护亦无须,独立颇利便,他日行千里,始基于焉奠。似此寻常事,为教倘可鉴。"

两种教学思想和方法,有两种不同的结果。运用注入式,虽然也能获得知识和能力,但是会禁锢思考,闭塞智慧,使头脑变成知识的堆栈,甚至损害青少年的健康,是很有害的。运用启发式,不仅能获得知识和能力,而且能启发独立思考,培养自学能力,使学生能够由此及彼,举一反三,越学越聪明。要培养学生具有开拓性的素质,注入式必须抛弃,启发式必须提倡。

四

实行启发式,不仅是课堂教学的问题,还牵涉到一整套教学思想和方法。要言之,就是要实行五个结合:(1)要把语文教学同学生的生活结合起来;(2)要把语文教学同学生的知识结合起来;(3)要把语文教学同学生的爱好和特长结合起来;(4)要把语文教学同学生在一定条件下思考问题的兴奋点结合起来;(5)为了实现上述四个结合,还要把课堂教学同课外活动结合起来。这样的语文教学才是活的语文教学,这样的语文基本训练才是活的语文基本训练。

语文基本训练,一是吸收(读和听),一是表达(写和说),都需要这五个结合,侧重点自然有所不同。

同成人比较起来,学生的生活经验和知识积累都是很不足的,但是应该承认,中学生并非一张白纸,他们已有了一定的生活经验和知识积累,而且这种经验和积累在急剧地增加着。这是进行语文教学极为宝贵的凭借,抓住这一点,就可以使全局活跃起来。就表达训练而论,学生说话和作文,常苦于无话可说、无文可写。巧妇难为无米之炊,真的没有米下锅吗?不是。他们身边就有两个宝库,一个是生活的宝库,一个是知识的宝库,只是因为他们不得其门而入,或者没认识到原来那些就是宝贝。老师的任务,是帮助他们打开他们自己的宝库,指导他们认识这些宝贝的价值。学生一旦找到了这些宝贝,他们运用语言的能力是会突飞猛进的。

青少年的生活天地里有幼稚的幻想也有大胆的追求,有笑声也有眼泪,同样是丰富多彩的,取来作为表达材料的东西是很多很多的。华师一附中初中学生谢晖,课外练笔写了一部自传,叫作《我小时候的故事》,已经写了一万多字了,才写了一半。我看过已写出的部分,文从字顺,活泼有趣。这是一个突出的例子。我曾亲自辅导过一个学生,为他打开生活的宝库之后,他拿起笔来不再感到无话可说,而是说起来欲罢不能了。为学生打开生活的宝库,首先是端正学生的写作态度,不少学生总是认为,说话是一回事,作文是另一回事;生活是一回事,可以写入作文的材料是另一回事。作文是要端起架子来用堂皇的或者华丽的辞藻写一些高深的或者新奇的东西,日常生活中的见闻是不能登"大雅之堂"的。如果引导学生改变这种看法,认识到作文不过是用普通话写日常生活中有意义的东西,那么,他们马上会发现,堆积身边的瓦砾原来都是晶光四射的宝石,作文的材料并不需升天入地去搜求,而是唾手可得的,是教给学生观察生活和从生活中提取材料的方法。在这方面,刘朏朏和高原两位同志已经积累了很好的教学经验,可供参考。

表达是要求学生运用自己生活中的材料,吸收(即读和听)则不同。既要指导学生阅读一些与他们生活切近的东西,以便于他们接受,又要指导他们阅读一些他们陌生的东西,比如古代的、外国的、异地的,以扩大他们的生活视野。

青少年的心田里已经有了一个知识的小仓库,这是他们表达材料的另一个重要源泉。中学生已经有了社会科学和自然科学的一些基础知识,而且他们的求知欲很强,像海绵一样不断地吸收着新的知识。怎样用语言来表达他们已经和正在获得的知识,他们是非常感兴趣的。从他们进一步从事学习和工作的需要来说,从生活中汲取材料从事写作的机会是比较少的,运用知识资料从事写作的机会倒是多的。因此,训练这方面的表达能力是十分必要的。比如,有的学校组织学生进行社会调查,学生在调查中积累了大量的新的见闻,也就是新的知识,然后指导他们按照一定要求把这些新的知识表达出来,或作讲演,或写调查报告。再如,有的学校就某一专题(某种植物的栽培、某种动物的生态、某种机器的性能等)指定学生阅读一批书面资料,然后指导他们按照一定的要求写成说明文。这些都是很好的方法。

指导学生运用知识进行表达训练,同阅读训练有密切的关系。在阅读中要训练学生具有下列能力:(1)运用工具书的能力;(2)按照一定的要求查找有关资料的能力;(3)在阅读中采取一定的方式记录有关资料的能力;(4)对有关资料进行分析和综合的能力。有了这几种能力,才能够正确地和顺利地运用有关的知识进行表达。

结合学生的爱好和特长,是一件复杂的事情。中学是打基础的阶段,一方面要求学生在各方面都达到合格的水平,另一方面又要适当满足学生发展特长和爱好的条件。就语文课说,一方面要普遍地进行语文基本训练;另一方面又要因材施教,结合学生的爱好和特长。应该承认,中学阶段,青少年资质上的差异已经开始显露出来了,有的爱好理科,有的爱好文科,而且同样爱好语文,也还不尽相同,有的爱好小说,有的爱好诗歌等。特长往往由爱好而来,但有时爱好不等于特长。应该怎样对待学生不同的爱好和特长呢?这里有两种不同的态度:一是劝阻,告诉他们中学是打基础的阶段,用心上好语文课就够了。什么小说,什么诗歌,应该暂时放下,等以后再说。二是因势利导,给他们吃一点小灶。我是赞成后一种态度的。开小灶,在课外活动中有广阔的天地,下面还要讲到。文学领域也跟科学领域一样,有些有成就的人小时候就显露出特异的才华和确定了专攻的方向。我们不仅要着力于培养通才,还要注意发展少数学生的特异才能。我国大有成就的文学家不是太多了,而是太少了。

结合学生在一定条件下思考问题的兴奋点,是又一个值得注意的问题。在一个时期内,在一定的条件下,往往出现青年人最关心的事情,这些事情使他们思考,使他们激动,吸引他们全部的注意力。一次重大的事件,一个扣人心弦的电影,乃至一些日常生活的变化,都可能引起学生的关注。教师要摸到学生的脉搏,及时掌握这方面的信息,使语文基本训练尽可能同学生的兴奋点结合起来,这样做,能充分调动学生的积极性,事半功倍。例如有一阵子可否穿时髦服装的问题曾经引起学生的关注,有的老师抓住这个问题,让学生展开辩论,进而指导他们写驳论性的评论,收到很好的效果。语文教学是有一定的顺序和计划的,但不要把顺序和计划看得过死,应该灵活运用,以结合多变的实际。

为了很好地实现以上几个结合,还要把课内和课外结合起来。就当前情况看,进行语文教学仍然要以课堂教学为主,但是只有这一种方式是很不够的,还要大力提倡课外活动,使课内外结合起来。开展课外活动要注意以下几点:(1)要在教师的指导下由学生自己比较独立地活动;(2)不加重学生的负担;(3)要允许学生自由选择参加。迄今为止,行之有效的活动方式至少有以下一些:课外阅读,课外练笔(日记、周记、投稿、办报),演剧,朗诵,讲演,辩论,收集资料,学习书法,参观访问,社会调查等。有的学校结合社会调查进行作文教学,取得了好的效果。这里,我想着重谈谈课外练笔的问题。几年来,我看过一些学生的练笔作业本,都是干净整齐,书写工整,有的还自配插图,说明学生对于这项作业是很喜爱的,教师也反映,练笔的效果很好。我以为,练笔至少有这么几条好处:(1)初步解决了学生要多写与教师要少改这个长期存在的矛盾;(2)学生写自己的所思所感所见所闻,易于调动积极性,可以补充命题作文的不足;(3)有利于养成学生良好的写作习惯;(4)可多可少,可长可短,灵活多样,不至于加重学生的负担。课内作文和课外练笔相配合,组成一个完整的写作训练体系。这种做法值得提倡。

这五个结合的精髓是教学结合学生的实际。只有这样,语文基本训练才能搞活,而不至于囿于八股式的老套。只有这样,教学才是真正的启发式,否则,"满堂灌"固然不好,把"满堂灌"改成"满堂问",也不会有多少启发性,也不能算是启发式。

实行这五个结合,教师有个深入地了解学生的问题,比之单纯地抓语言文字要多花费许多气力,但在这方面花费气力是非常值得的。教师如果有兴趣,不妨试一试。

提高语文教学效率的途径[①]

宁鸿彬

提高教学效率是教学改革的一条重要标准。教学改革的成败怎样判断，一堂课的优劣怎样衡量，一位教师教学水平的高低怎样评价，当然其标准是多方面的，而视其教学效率如何是其中重要的一项。所谓效率，就是单位时间内完成的工作量。所谓教学效率，就是教学单位时间（通常指一节课）内完成的教学工作量，通常指把学生教会。显然，在不增加教学时间的条件下，使学生学到的知识更多，学到的本领更多，当然是执教者教学水平高的体现、课堂教学出色的体现、教学改革成功的体现。

讲求效率是课堂教学的高境界。每一位教师都力求使自己的学生获得好成绩，但途径并不相同。有靠加班加点的，也有靠精讲精练的。结果是，加班加点者，其学生叫苦不迭；精讲精练者，其学生轻松愉快。显然，学生负担轻，教学质量高，才是课堂教学的高层次效率，才是课堂教学的高境界。

提高课堂教学效率的一个重要方面就是要解决教什么的问题。

语文课教的是教材，也就是语文课本。教师首先要搞清楚语文教材的特点。现行的几套语文教材，都是文选式教材。全套语文课本主要由一篇篇文章组成，再辅以少量的语文知识短文、课前的阅读提示和课后的练习。这样的语文教材教什么呢？如果认为把每篇课文的思想内容和形式特点给学生讲懂教会就算完成了教学任务，显然，这种认识是不全面的、不深刻的。因为"教材无非是例子"，入选课本的一篇篇文章，是提供给学生学习的例文。所谓例子，就是用来帮助说明或证明某种情况或说法的事物。那么作为例文的课文，是用来说明或证明什么的呢？那就是蕴含于课文之中的语文知识和作者运用祖国语言文字的方法。由此看来，讲解一篇课文，不仅要把课文的思想内容和形式特点给学生讲懂教会，而且更重要的是，通过课文向学生传授语文知识，培养学生的读写听说能力。简言之，语文课就是教会学生读写听说。

读写听说的内容十分丰富，涉及面也极为广泛。这就需要在教学时做一番取舍，把学生最需要的东西教给他们。这是一层意思。还有一层意思，就是教什么效率最高。换句话说，就是教什么才能够纲举目张，使学生举一反三，收到事半功倍的效果。

如上所述，教读写听说，既要考虑教学生最需要的，又要考虑教事半功倍的，这就需要以下几方面的努力。

一、讲规律，教方法，传习惯

讲规律就是给学生讲授具有规律性的知识。什么是规律？规律是事物本身固有的必然本质联系和必然发展趋势。规律具有重复性和普遍性，只要具备一定条件，某种合乎规律的

[①] 本文选自《课程·教材·教法》1996年第7期，第27—31页。

情况就必然出现。因此,给学生讲读写听说的规律,才是讲到了点子上,讲到了根本上。这样做,才会出现一以当十、一举多得的局面。

在语文教学中讲规律,除了讲读写听说自身的规律之外,还要讲理解、记忆和使用读写听说知识时的各种规律。学生掌握了这些规律,就如同掌握了点石成金之术,就可以花费较少的精力取得较多的收益。可见,给学生讲规律,的确是提高课堂教学效率的一项根本措施。

教方法,就是向学生传授领会知识的学习方法、巩固知识的记忆方法和运用知识的操作方法。方法是解决问题的门路和程序。方法可以引导人们沿着正确的途径去认识世界和改造世界。做一件事,在其他条件具备的情况下,方法便是决定因素。掌握方法和不掌握方法,其情形是绝对不一样的。一个人去划船,先是在原地打转,就是不往前划行,后来改变了划桨动作,那船就乘风破浪快速前进了。一位颇有名气的京剧演员,有一句唱词怎么也唱不好,经一位名家指导以后,调整了发声和呼吸,一下子就唱得字正腔圆了。这两个事例都说明掌握科学方法是何等的重要!

学语文也是如此。读有读的方法,写有写的方法,思维有思维的方法。不掌握阅读方法,就不能确切、全面、深刻地理解作品的内容和形式;不掌握写作的方法,就不能准确、鲜明、生动地表达自己的思想和感情;不掌握思维的方法,就不能快捷、周密、深远地认识主观世界和客观世界。可见,掌握读写听说和思维等的方法,可以把语文学得更快更好。如果说语文教学也有什么捷径的话,那么教方法便是捷径之一。

传习惯,就是把学习和运用语文知识的良好习惯传给学生。所谓习惯,是经过长时间逐步养成的,一时不容易改变的行为、倾向或风尚。习惯最大的特点就是具有稳定性,习惯一经形成就很难去改变它。正因为如此,把学习和使用语文知识科学的良好习惯传给学生,是非常有意义的。其意义就在于使学生终生受益。

传习惯还有一层重要意义,就是有意识地帮助学生把运用语文知识解决实际问题的行为及运用教师传授的方法进行语文实践活动的行为变成自觉的习惯。具体来说就是:凡使用频率高的、有价值的语文知识和应用范围广的、行之有效的方法,教师就要千方百计创造条件,安排学生反复运用它们。久而久之,学生运用这些知识和方法解决实际问题的习惯就形成了。今后再遇到此类问题,学生就会自觉地、熟练地用这些知识和方法去解决问题。到那时,教师传授的知识也好、方法也好,已经变成了学生自己的、使用自如的能力了。而培养学生的语文能力,正是语文教学的根本目的。这才是实实在在的高效率。

下面是一个讲规律、教方法、传习惯的教学实例。

上课伊始,教师宣布所讲的课题是《分马》。而后提出本文的作者是周立波,要求学生默读"预习提示"的前两行,读后指出这两行文字是从哪几方面介绍作者的。

学生认真地读着这两行文字:"周立波(1908—1979),现代作家,湖南省益阳人。主要著作有《暴风骤雨》《山乡巨变》等"。经几名学生互相补充,最后一致认识到,这是从作者是谁、什么时候的人、什么地方的人、对他怎样评价、代表作是什么五个方面介绍的。

教师在肯定了学生的看法之后指出:简单地说,这是从人、时、地、评、作五方面介绍作者的。这既是介绍作者通常要涉及的内容,也是同学们记忆重要作者的五个要点。他还叮嘱学生记忆本文的作者是这五个要点,记忆其他重要作者时,一般也是这五个要点。

然后,教师告诉学生,这是一篇小说节选。小说是以塑造人物形象为中心的一种文学体栽,阅读小说主要是理解人物形象。接着,教师请学生读课文,并且提出要求:(板书:____的郭全海)在"郭全海"之前填补恰当的修饰语。

读课文之后,学生相继发言,填出了"关心他人胜过关心自己"、"起模范带头作用"、"助人为乐"、"爱党爱民"、"先人后己"、"大公无私"等一系列修饰语,并且一一引用课文做了说明。

教师对学生们的发言表示满意,指出:同学们对郭全海这个人物已经有了比较全面和深刻的认识。

接下来,教师再次强调阅读小说的重点是理解人物形象之后,请学生浏览一下课文,然后说说这篇课文总共写到了多少人。

学生翻看课文以后,提出本文写到了10个人、14个人、18个人、22个人等。最后发言的一名学生指着课本的原文说本文写到了"三百来户"人。这个说法得到了师生们的赞同。

此时教师说:既然阅读小说主要是理解人物形象,本文又写到了三百来户人,写了这么多人怎样阅读呢?几名学生提出了几种一般的阅读方法之后,教师告诉大家:"这是我今天要教给你们的一种阅读方法——在阅读写众多人物的作品时,可以采用分类阅读法(板书:分类阅读法)。下面就请大家看看,本文写到的人物可以分为几类?"

有人说分三类,有人说分两类,也有人说分四类。各有各的理由,各有各的根据,谁也不能说服谁。

这时,教师对大家说:"同是一篇课文,同是研究人物的分类,为什么你们的看法有这么多种呢?原因是我没有事先把分类的标准告诉你们。你们依据的标准不同,所以分类的结果也不一样。请大家一定要记住,分类首先要明确分类的标准(板书:明确分类的标准)。下面,请同学们以思想觉悟为标准,看看本文写到的人物可以分为几类。"

学生纷纷举手发言,一致赞同把本文写到的人物分为"广大群众"、"积极分子"、"党员干部"三类。但在老孙头的归属问题上却有争议。

出现这种情况,是教师预料之中的事。于是他顺势提出:请同学们引用课文说说老孙头到底属于哪一类。

学生们各抒己见。有的说老孙头属于积极分子;有的说老孙头属于广大群众;还有的说老孙头是落后分子,应该再增加一个类别。发言的学生都引用课文证明自己的观点,说得有理有据。

这又是教师意料之中的事。于是他告诉学生:判断一个人物先进还是落后,不能简单地以某些言行举止为依据,一定要注意以下三点:第一,判断人物的先进与落后,不同历史时期有不同的标准(举例说明,略)。第二,在人物的种种表现中,一定要区分主流和支流(具体解说,略)。第三,要从人物实际情况出发,做到具体人物具体分析(具体解说,略)。言毕,教师边小结边板书:1. 不脱离人物生活的年代。2. 区分主流和支流。3. 具体人物具体分析。

经过老师这一番指点,学生立刻统一了认识,把老孙头划入"积极分子"类。教师对老孙头这个人物做了小结之后强调指出,上述三点不仅仅适用于老孙头,也适用于其他人。今后再分析理解人物形象的时候,要注意运用。

……

通观上述教学实例,可以明显地看到,"讲规律,教方法,传习惯",在这篇课文的教学中有明显体现。教师教给学生怎样阅读介绍作者的"预习提示",教给学生怎样阅读写众多人物的作品,教给学生怎样分类,教给学生怎样分析评价人物。这些做法有的重在讲规律,有的重在教方法,有的两者兼而有之。如果学生今后遇到介绍作者的文章时这样做,遇到写众多人物的作品时还这样做,遇到分析评价人物形象时又是这样做,一课如此,课课如此,久而久之,这样做的习惯就逐步养成了。到那时,学生就扎扎实实地掌握了这些知识,并且具有了较强的能力。这样进行教学,并没有多花费教学时间,甚至还有所减少,而教学效果却十分显著。由此可见,讲规律、教方法、传习惯,确实是提高教学效率的一项重要措施。

二、巧妙设计,精讲精练

提高教学效率的另一个方面是解决怎么教的问题。我在教学中的做法是巧妙设计,精讲精练。

在进行课堂教学之前,精心设计教学方案极为重要。设计得巧妙与否,直接关系到课堂教学的简与繁、难与易、顺畅与阻塞、生动与枯燥。简言之,就是关系到教学的成功与失败。一份好的教学设计实施于课堂教学时,可以使学生在轻松愉快的教学活动中,不知不觉地把知识学懂,把本领学会。反之,学生就要在课堂上艰难苦度。

在进行教学设计时,必须考虑怎样化繁为简,怎样变难为易,怎样变枯燥无味为生动活泼,只有这样才能省时省力地把学生教懂教会。为此就必须开动脑筋,想方设法,反复推敲,勇于创新。

例如,《人民解放军百万大军横渡长江》这篇课文是不大好教的。由于这篇课文篇幅较短,一般只能用一个课时进行教学。而在这短短的一课时之中,既要教这篇课文本身的内容和形式,又要教有关新闻的一系列基础知识,确实是时间紧、任务重。先讲新闻知识后讲课文吧,时间不会节省;先讲课文后讲新闻知识吧,也不轻松。怎样教才能又好又快呢?请看下面的教学实例。

教师宣布上课,提出并板书课题。在读课文之前,教师向学生布置了如下任务:读课文之后,请用三种方式表述课文内容:(1)用一句话或一个短语说出这则新闻的内容;(2)用一小段话说出这则新闻的内容;(3)用一大段话或几小段话说出这则新闻的内容。

读课文之后,教师请两名学生回答问题。结果这两位同学回答得完全一致。用一句话或一个短语表述时,他们都是用的本文的课题;用一小段话表述时,他们都是用的课文的前两句话;用一大段话或几小段话表述时,他们都是述说的全文大意。而且,对这两名学生的回答,全班学生一致赞同,毫无异议。

教师对此表示满意,接着告诉全班学生:用一句话或一个短语,最简洁、最鲜明地把所报道的内容告诉人们,这就是新闻的"标题"(板书:标题)。用一小段话,简要地、概括地把所报道内容的梗概在新闻的开头部分告诉人们,这就是新闻的"导语"(板书:导语)。用一大段话或几小段话,具体地、翔实地把所报道的内容告诉人们,这就是新闻的"主体"(板书:主体)。标题、导语和主体,是一则新闻通常所不可缺少的组成部分。学生频频点头,顺利接受。

这个教学实例,生动地说明了教学设计的重要作用。这一教学设计有两个关键:一个是要求学生用那三种方式表述这则新闻的内容;另一个是在学生初读课文之前,向他们布置这个任务。这样,这一教学设计的实施,就会达到如下几方面的目的:第一,调动学生初读课文的积极性。因为不认真读课文,就难以完成教师布置的任务。第二,促使学生初步理解课文,否则就不能用三种方式表述课文内容。第三,进行既有分析又有综合的思维训练。第四,进行口头表达训练。第五,通过学生发言,作一次课堂调查,了解学生初读后对本文理解的程度,以确定教学的起点。

以上五个方面的意图,一般说来,只要教师安排学生带着任务去初读课文,便可以实现。而本文的上述教学设计还另有用意。第一,把安排学生整体感知课文和讲解新闻的文体知识合二为一,使教学过程化繁为简。第二,安排学生用三种方式表述课文内容,为讲解文体知识作了感性认识的准备,以分散难点,变难为易。

这个教学实例,生动地说明了搞好教学设计的重要作用。这是提高教学效率的重要手段之一。提高教学效率的又一个手段,便是精讲精练。

50年代末、60年代初流传过一个口号,叫做"精讲多练"。意思是在一节课之内,要讲得精一些,练得多一些。这个口号无疑是正确的。可是,随着时间的推移,传来传去,就走了样。首先是把"在一节课之内"这个前提传丢了,于是就变成了没有时间限制的任意行为。其次是把"精讲"二字淡化了,突出强调的只是"多练"二字。这样一来,就形成了早晨读、晚自习、节假日加班、寒暑假补课的不讲效率的局面。

要提高教学效率,就要提倡精讲精练。精讲精练不是少讲少练。讲得少了,练得少了,但脱离了教材和学生的实际,不能教会学生,完不成教学任务,这是不行的。那么讲多少练多少才算是精讲精练呢?精讲精练一般是不能量化的。因为教师的水平不一,学生的程度不等,教材的难易不同,很难用讲练时间的数量表示精讲和精练。

那么,什么叫作精讲精练呢?所谓精讲,就是以完成教学任务和学生的实际水平为依据,以科学的艺术的教学方法为手段,作要言不烦的适度讲解。所谓精练,就是以完成教学任务和学生的实际水平为依据,以科学的艺术的训练措施为手段,作典型而有针对性的适量练习。

精讲精练有以下几个要点:一是内容精要。即抓住教材的精华和要点,作具有针对性的讲和练,练习还应具有典型性;二是方法精巧。即讲重在力求化繁为简、变难为易,练重在力求一举多得、以少胜多;三是语言精炼。即讲解的语言和练习的表述,都要做到要言不烦、一字千钧;四是适度适量。即讲和练难易要适度,多少要适量。以上四点,简言之,就是"三精两适"。

关于精讲,上文提及的教学实例已有体现,不再赘述。下面是一则重在精练的教学实例。

《夜走灵官峡》一文中有"纷纷扬扬"一词,讲课中教师已引导学生领会其意,即物体多而杂乱地落下。讲解课文之后,教师安排学生用"纷纷扬扬"做口头造句练习,要求是内容不同的句子造得越多越好。于是学生作答道:

1. 数九寒天,冷风刺骨,鹅毛大雪纷纷扬扬,给大地披上了银装。
2. 四月时节,春风拂面,万物复苏,柳条变成了绿色。这时,校园里到处是纷纷扬扬的柳絮。
3. 在公园里,当一株株桃花开败的时候,风一吹,那花瓣纷纷扬扬落了一地。
4. 秋天到了,天气渐渐冷了,树上的叶子也变得枯黄了。一阵秋风刮来,树枝在空中摇动,那枯黄的树叶纷纷扬扬落了下来。

接下来，又有几名学生把"纷纷扬扬"用于碎纸片、粉笔灰、鸡毛、肥皂泡等物体，依次做了口头造句。

教师对这些造句作了肯定之后，安排学生就以下两个问题讨论总结：一是所说的这些纷纷扬扬的物体的共同特点是什么；二是这些物体多而杂乱地落下时，是怎样落的。经简短的讨论研究，师生共同得出了结论：这些纷纷扬扬的物体的共同特点是体轻，它们落下时是飘落。最后教师问学生：什么叫做"纷纷扬扬"懂了没有？怎样使用这个词会了没有？学生一致作出了肯定的回答。

这个教学实例是讲还是练，恐怕不易判定。因为讲中有练，练中有讲；讲是练的前提，练又为进一步讲作了准备。在这里讲和练已经浑然一体了。这样的课堂练习，既通过学生的语言实践，加深了对词语的理解；又通过学生总结自己的语言实践，获得了具有规律性的认识，从而掌握了该词语的使用方法。试想，这样讲练，这个词语还需要再作反复的复习和练习吗？教学实践证明：这样的教学效果是很好的，课上一举多得，课下没有负担，取得了教学的高效率。

提高教学效率的途径是广阔而多样的，以上所述只是其中之一二。随着对语文教学客观规律认识的不断深化与完善，一定会探索出更多更好的新途径。

简论语文点拨教学法的要义与操作[①]

蔡澄清

语文点拨教学法是我在1982年《语文教学通讯》第2期发表的《重在点拨》一文中提出来的。十多年来,我陆续写过许多文章研究这个问题。但是,经常还有一些同志向我提出有关问题,要求给予回答。为此,就其中的两个问题谈谈自己的看法。

一、关于点拨教学法的要义

究竟什么是语文点拨教学法?

"点拨"一词,普通得很,古已有之,其义无非就是"指点,指点"的意思,现在大家也经常用它。作为一种教学方法,我在过去发表的文章中是这样界定它的:"所谓点拨,就是教师针对学生学习过程中存在的知识障碍、思维障碍与心理障碍,运用画龙点睛和排除故障的方法,启发学生开动脑筋,自己进行思考与研究,寻找解决问题的途径与方法,以达到掌握知识并发展能力的目的。所谓'点',就是点要害,抓重点;所谓'拨',就是拨疑难,排障碍。这种点拨,是根据学生在学习过程中的心理特点及其活动规律,适应培养能力、发展智力的实际需要,在教学过程中,教师针对教材特点和学生实际需要,因势利导,启发思维,排除疑难,教给方法,发展能力。它是运用启发式引导学生自学的一种方法。"[1]

对这个界定,我是从三个层面来理解它的:

第一,从宏观上来说,它是一种教育思想,是指导我们教学的一种观念,是一条教学原则。

第二,从中观上来说,它是一种教育科学,是一种教学方法论。所谓方法论,就是关于方法的基本性质、结构、类型、作用以及合理性标准等内容的理论系统。点拨教学法就是这样一种理论系统。

第三,从微观上来说,它是一种教学方法。教学方法有广、狭二义:广义的教学方法,涵盖了教材的组织处理、教学过程与步骤的设计安排、具体教学方法的运用等,即我们通常所说的"教法",它不是指某一种单一的方法和技巧。点拨法,就是指教学过程的组织与安排,以及用来进行"点拨"的各种教学方法的灵活运用。狭义的教学方法则是指各种具体的、单一的教学方法,如讲读法、讲述法、谈话法、提问法等。在点拨教学中我称它为点拨之"术",即用来进行点拨的具体技巧和方法。我所说的"点拨教学法"涵盖了广、狭二义。

因此,我提出的"点拨教学法"具有较宽泛的含义,它既是一种教学方法,也是一个教学过程,又是一种教学方法论,更是一种教学思想。这就是我对点拨教学的理解。

根据上述界定,结合我个人的教学实践,我对点拨教学法的要义用10句话,40个字,从5个方面作如下概括:

[①] 本文选自《课程·教材·教法》1997年第12期,第25—29页。

（1）依纲据本，因材施教。这是实施点拨教学的基本依据。即教师要依照教学大纲的要求，根据课本提供的教学内容，针对教材特点和学生的实际需要，灵活运用不同的教学方法和方式，点拨和引导学生主动地进行学习。

（2）相机诱导，适时点拨。这是实施点拨教学的最重要要求，也是点拨教学的精髓。它要求教师以学生为主体，充分发挥教师的主导作用，从教材的特点和学生的实际出发，抓住机遇，给予引导，针对需要，及时点拨。

（3）点其要害，拨其迷障。这是实施点拨教学的主要内容。它要求教师在教学中抓住重点，突出难点，通过点拨，拨开迷惘，排除故障，化难为易，拨疑为悟，豁然开朗。

（4）画龙点睛，举一反三。这是实施点拨教学的主要方法。教师在教学中要针对疑难，有的放矢，巧施点拨，片言居要，点石成金，举隅推导，闻一知十。

（5）提高效率，发展能力。这是实施点拨教学的主要宗旨，也是点拨教学的根本目的和必然结果。实行点拨教学，教师一定要着眼全局，高屋建瓴，精心组织和驾驭教材，改革传统教法，突破难关，主攻要塞，力忌全面讲授，全盘灌输；学生要成为活动主体，积极思维，主动学习，强化训练，发展智力，学以致用。这样，就能达到提高教学效率，发展学生能力的目的。这是真正实施点拨教学的必然归宿。

点拨教学要达到上述要求，较之传统的常规教学，它必须努力实现以下三个转变。

一是从教师讲堂到学生学堂的转变。这主要是指：(1)由教师满堂灌转变为学生主动学；(2)由陈旧的填鸭式转变为现代的启发式；(3)由以教师为中心转变到以学生为主体。点拨教学主张在教学活动中充分发挥双主体的作用，即从"教"来说，教师是主体，学生是客体，教材是媒体；从"学"来说，学生是主体，教材是客体，教师是媒体。因为教的主体是教师，所以要求充分发挥主导作用；因为学的主体是学生，所以要求充分发挥主动性。点拨教学就是师与生、教与学两个积极性和双边活动的有机统一。

二是从僵化程式到灵活点拨的转变。这主要是指：(1)由教学八股（指刻板的从作者介绍到时代背景、词语解释、段落大意、中心思想、写作特点一整套机械统一的模式）转变为因材施教，灵活多变；(2)由面面俱到、巨细无遗转变为当点则点、当拨则拨；(3)由单向交流转变为多向交流。点拨教学的信息交流方式，既不同于串讲法的单向交流，也有别于导读法的双向交流，它要求实现教师与学生、学生与学生之间的多向交流，即实现师生之间的相互点拨和彼此辐射，这是一种辐射性的立体的多向交流。

三是从只重学会到注重会学的转变。这主要是指：(1)由只注重教法转变为同时注重学法；(2)由只注重学会知识（往往是死记硬背）转变为更注重培养能力（强调掌握方法和灵活运用与发展创造）；(3)由只注重手把手教转变为注重引导放手学。点拨教学特别注重引导学生把知识转化为能力，要求在"吸收—消化—运用"的三个阶段都应随时实施点拨，以达到培养创造型人才的目的。

因此，我认为，点拨教学是在现代教育科学思想理论的指导下，贯彻启发式教学原则，灵活地综合运用各种具体教学方法的一种现代化和科学化的教学法。说它是一种"现代化"的教学法，是因为它在总结吸收前人创建的理论与实践经验的基础上有了新的发展与提高，已经注入了新时代的活水；说它是一种"科学化"的教学法，是因为它把教育学、心理学、生理学的理论血液融入了自己的生命之躯，使自己充满了生机与活力。因此，有关专家认为它是"一种先进的教学方法论"[2]。

二、关于点拨教学法的操作

十多年来,不断有老师向我提出这个问题:点拨教学的模式是什么,我们怎样操作?对这个问题,我总是回答:"点拨有'法'而无'模式'。点拨之'法',求其灵活、实用、高效而已矣!"[3]现在我就这个问题具体谈点个人的看法。

首先说"模式"。什么叫"模式"?查《现代汉语词典》,它的解释是:"某种事物的标准形式或使人可以照着做的标准样式。"从点拨教学来说,实施点拨的方式方法可以多种多样,很难说哪一种就是"标准形式"或"标准样式",而其他的都不是。那么,教学究竟有没有"模式"?我认为,模式,当然是有的。美国的乔伊斯和威尔于1972年就出版过一本名叫《教学模式》的书,1979年美国的埃金、考切克、哈德又出版了一本也是研究教学模式的书,名叫《课堂教学策略——课堂信息处理模式》。但是,这些书中所提出的模式,都是从整个教学的发展进程来讨论的,而不是指某一种教学方法,如提问法、讲述法等。例如,萨奇曼模式是:展示问题——假设和收集资料——结论。奥苏贝尔模式是:提出先行组织者(指一种起组织作用的陈述,起着把学习材料与学习者的认知结构联系起来的作用)——逐步分化——综合贯通[4]。由此我们可以看出,他们研究的教学模式主要指的是教学形式,即课的类型与结构,而不是指某种教学方法。因此,我觉得,教学模式是有的,关键在于我们如何去理解它。我所说的点拨教学"无模式",就是因为点拨教学法是一种教学方法,它不应该形成一种僵化的模式。我所指的"模式"就是指那种一定要严格规定多少阶、多少步的固定不变的标准模型或标准样板。这种"模式"对点拨教学来说是不存在的。一般来说,所谓模式,它是人们在长期的实践活动中建立起来的,大家约定的一种标准形式或样式,它一旦形成,就相当严格,既不能出其左,也不能出其右,人们只能按"标准"照套、照搬,不能越雷池一步。这样的教学模式,就其实质来说,就相当于自然科学中的模型。如果我们在实施点拨教学时,只能照着这个模型去复制,教学岂不成了千篇一律、千人一面、千部一腔,还有什么生机和活力?面对不同的教材和不同的学生,还有不同的教学情境,都只能套用一种模式,复制一个模型,还能谈得上什么"因材施教",又如何去发挥教师的"教"和学生的"学"的主动性与创造性?因此,从这个意义上来说,要求点拨教学提供具体的"模式",则有害而无利。因为教学过程是多侧面的多层次的过程,是千姿百态、变化多端的,超越特定教学条件形成唯一万能的教学模型或模式,这是难以办到的,而且也没有这个必要,它只会把点拨教学引向死胡同。语文教学是一种科学,又是一种艺术。作为科学,它要遵循认识规律,有一定的运动规则;作为艺术,它又充满灵性,生动活泼而富有变化。我反对点拨教学的模式化。但是,我们是唯物主义者,要讲辩证法,点拨教学作为一种教学活动过程,从认识论上讲,它是一个运动和发展的过程,这种运动和发展又是有规律的,而作为过程,也是有它的阶段、程序和规则的。如果把点拨教学这个认识运动的发展规律和教学活动过程的发展阶段概括起来,称之为"模式",那这个"模式"是存在的,但它是广义的,它同那种固定不变的"模型"或"标准样式"不能相提并论。我们承认教学有模式,但这种模式不是僵化的"模型",也不是固定不变的程序,而是指教学活动发展过程中的带有规律性的认识运动及其发展进程。我们知道,原始时期的模式是示范、模仿、练习;有了书本之后,就是讲、听、读、记、练;近代大教育家夸美纽斯则定为观察、记忆、理解、练习;到乌申斯基,又发展为诱导、感知、巩固、运用、检查[5]。我们从这些教学模式的表述中可以看出,它们只不过是根据认识过程,结合教学特点而概括拟定的教学活动的大体思路和规范。至于一本书的教学,安排多少环节,制定多少步骤,采取什么方法,运用什么方式,并没有提出统一的要求,作机械性的规定。我们现在有些老师总是希望点拨教学也能提供一个多少阶、多少步的统一"模式",以便于操作。这种愿望是好的,但实际上难以办到,作为一种教学法,特别是点拨法,我很难提供这样一种标准化的"模式"。我认为也没有必要这样做。如果这样做了,既会捆住教师教学的手脚,也会扼杀学生学习的创造性,这于教和学都不利。我说过,同一篇课文,甲班可以这样点拨,乙班可以那样点拨;同一种点拨方法,你可以那样用,我可以这样用;同样实施点拨教学,教现代文甲文可以分两阶四步,而乙文则需要三阶五步,教文言文却又不一样了,怎么非得用同一模式不可呢?课文难易不同,学生实际有差异,我们不可能用同一模式来实施点拨,这是显而易见的。因此,我说:点拨有"法"而无"模式"。

其次谈"操作"。既然点拨无模式,那又怎么去操作呢?我说,点拨虽无模式,但它有"法",有"法"就可以操作。我这里所说的"法"有两重含义:一是指教学的方法;二是指教学的规律与法则。下面分别作点解释和说明。

点拨教学当然是有教学方法的,而且也可以多种多样,不拘一格。既然是方法,就可以运用,而运用也就是在操作。点拨法无论从广义上讲,还是从狭义上讲,都是可以操作的,例如,广义的点拨,可以从教材的组织、教学过程的安排、教学方法的运用上来实施,这些都是可以操作的;狭义的点拨,是指教师运用各种方法来对学生既点且拨,这些方法都是很具体的,如提问法、诵读法、比较法、推导法等,这些方法也都是很容易操作的。

点拨教学有"法"的另一重含义是说点拨教学作为一种教学活动,它是师生的一种认识运动,这种运动是有其运动规则和发展过程的,它们概括起来,上升到理论的高度,也就近似于规律和法则。作为规律和法则,既是可以认识和掌握的,也是可以运用的;既然能运用,当然也可以操作。根据前面对点拨教学法的界定和我们实施点拨教学的实践经验,我觉得实施点拨教学的实践过程,大致上是按照教学活动中的认识运动的发展进程进行运作,其具体的发展进程大致如下:

(1) 吃透两头(把握教材特点,了解学生实际),摸清障碍(理出知识难点与重点,摸准学生的心理与思维障碍);

(2) 认清方向(明确教学目标,把握主攻方向),选准突破口(选定攻关要塞,找到实施点拨的"引爆点",准备好"引爆剂");

(3) 相机诱导(寻找契机,进行引导),适时点拨(抓紧机遇,及时点拨);

(4) 讨论交流,理解消化(启发讨论,组织交流,加深理解,消化吸收);

(5) 双向反馈,总结提高(师生交流,反馈信息,点拨归纳,深化提高);

(6) 迁移训练,举一反三(消化巩固,练习迁移,学以致用,发展能力)。

这是实施点拨教学的全过程,共分六步,大致可以概括为三个阶段:一是准备阶段,包括(1)、(2)两步,主要是教师备课,钻研教材,了解学生,搞好教学设计,准备实施点拨。二是实施阶段,包括(3)、(4)、(5)三步,主要是在教师的引导下组织学生自学,在自学过程中教师相机诱导,适时点拨,帮助学生消化教材,掌握知识,培养能力,这是点拨教学的主要阶段。三是发展阶段,即第(6)步,这是在前几步基础上的延伸与发展,主要是用"举一反三"的点拨方式,引导学生进行迁移练习,以拓展知识,发展能力,达到"闻一知十"的目的。这三个阶段构成一个完整的点拨教学过程。如果硬要说"模式",那就是广义上的"模式";如果套用人们常说的几阶几步的话,那就算它是三阶六步吧。但是,我个人还是主张把它说成是实施点拨教学的一般发展过程或操作体系,而不必说成是"模式",以免产生误解。至于实施点拨教学的具体方式方法,则完全可以百花齐放、八仙过海各显神通,无须有什么固定的一成不变的"模式"。这也正是点拨教学法不同于那些规定有多少阶、多少步的固定教学模式的地方。从点拨教学的上述实施发展过程来看,它本身就是一个操作的过程,并不难操作。如果我们再缩小范围,单从课堂阅读教学的点拨实施过程来看,我个人的实践经验大致上可以作如下概括。

(1) 导入性点拨。通过某种点拨,引导学生主动快速地自读全文,把握基本信息,了解中心内容,这是初读、概览——整体感知,即第一步点拨。

(2) 研究性点拨。通过多种点拨,引导学生分段仔细阅读课文,对课文内容条分缕析,分项研究,整理归类,这是细读、分析——全面理解,即第二步点拨。

(3) 鉴赏性点拨。通过多种点拨,引导学生精读某些重点句段,深入探究它的内容特点和艺术特色,欣赏它的写作技巧与语言艺术,这是精读、赏析——重点钻研,即第三步点拨。

(4) 反馈性点拨。通过某种点拨,引导学生快速复读课文,回答问题,反馈信息,并就课文内容进行归纳小结,这是复读、总结——巩固提高,即第四步点拨。

(5) 迁移性点拨。通过某种点拨,引导学生举一反三,完成某种迁移练习,使知识转化为能力,这是学以致用——发展能力,即第五步点拨。

同理,在作文教学中,也可以在不同的教学环节中,在写作教学的各个不同阶段,精心设计,巧施各种不同的点拨。如审题阶段的抽换点拨、立意阶段的对比点拨、选材阶段的比较点拨、构思阶段的逆向思维点拨、表达阶段的推敲点拨、修改阶段的删补点拨、批改阶段的评语点拨、讲评阶段的示范激励点拨等,都是我们实施点拨的大好时机和有效途径,具体的点拨方法可以多种多样,不需要也不可能运用统一的点拨模式。上述所有的点拨,显然都是很容易操作的,因为点拨是方法而非模式。如果硬要把它说成模式,这也只是广义的,主要是指教学活动的一般发展进程而不是指具体的教学方法。点拨,不需要也不可能有一个放之四海而皆准、人人都得套用的模式。这就是我的看法。

注释:

[1] 柳斌.中国著名特级教师教学思想录·中学语文卷[M].南京:江苏教育出版社,1996:757.

[2] 倪三好.一种先进的教学方法论——蔡澄清点拨教学思想探微[J].语文教学通讯,1993(10).

[3] 蔡澄清."点拨"碎语[J].语文教学通讯,1993(12).

[4] 董远骞.略谈中国教学流派[J].课程·教材·教法,1997(3).

[5] 王策三.教学论稿[M].北京:人民教育出版社,1985.

从"基本式教学法"到"语文导读法"[①]

钱梦龙

一、"基本式"的由来

"基本式教学法"是我在 70 年代末到 80 年代初探索、尝试的一种语文教学方法。所谓"基本式",即由"自读式"、"教读式"、"练习式"构成的基本教学形式。"自读式"以有计划地培养学生独立阅读能力为目标;"教读式"就是"教"学生"读",重在指点阅读门径、传授读书方法,多与"自读"配合操作;"练习式"则在自读和教读以后进行,带有复习的性质。我为什么把它们称作"基本式"?因为它们不是固定不变的程式,是"基本"有"式",允许"变式"。"常中有变,变中守常",这就是我对"基本式"的基本认识。

"基本式"的核心是"自读式"。教读和练习都是服务于学生自读的辅翼。基本式教学法的终极目标,就是叶圣陶先生所说的"学生自能读书,待老师教"。

我为什么特别重视培养学生的自读能力?这跟我自己的"学历"有关。

我是一个自学者。我的学历直到退休都没有"达标"。然而,我却拥有另一种也许同样重要的"学历"——自学的经历。我的自学起步很早。当我还是一名初中一年级学生时,就开始读课外书,虽然没有什么系统,但拉拉杂杂居然也读了不少。初中毕业以后,失学的不幸反而更加激起了我读书求知的欲望。后来由于一个偶然的机会,我成了一名中学语文教师,先教初中,1956 年后开始教高中,居然都胜任了。我靠的就是自学。我从个人的经验中逐渐认识到,自学者固然有其"先天不足"的劣势,但他们一般都比较有毅力,面对困难和挫折,常能调动自己的潜力去克服;正因为无所师承和依傍,所以他们常能独立思考,也就较少为成说所囿,或为门户之见所束缚。因此,凡自学而成才者,个性都很鲜明,与具有正规学历者相比,自有其独具的优势。我虽然离"成才"尚远,然而长期自学的体验使我确信自学对于人的个性发展乃至人生道路的选择,其影响恐怕比人们想象的还要深远得多。诚如外国谚语所说的:

播种行为,就收获习惯;

播种习惯,就收获性格;

播种性格,就收获命运。

正是基于个人的这些肤浅的认识,我在成为语文教师以后,教学上就瞄准了一个目标——教会学生自学。当时之所以选定这个目标,其实一半的原因也是出于无奈:我没有受过师范教育,初当教师时根本不知教学法为何物,但又不想误人子弟,于是只能从自己学习语文的经验中寻找教好语文的办法。我的想法挺简单也很幼稚:自学既然能使我胜任中学

[①] 本文选自《南京师范大学文学院学报》1999 年第 1 期,第 11—15 页。

语文教学,肯定也能使我的学生取得优良的成绩。回想我当时上的课,由于着重于学生的自学,所以与一般的语文课颇有些不同:没有老师的滔滔讲授,没有鸦雀无声的课堂纪律,学生可以随便站起来发表意见,也可以交头接耳、窃窃私语。这样的课,在当时看来,确实有点"不入流"。但学生学得倒也不觉乏味,教学效果还算差强人意。1956年,我写出了一篇不大像样的教学总结《语文教学必须打破常规》,居然被指定在嘉定县优秀教师大会上宣读。当然,那时我的知识和理论准备都嫌不足,我的"打破常规"的教学只能是一种粗浅的尝试,当然也不可能总结出什么有深度的东西来;加上1957年以后连续不断的挫折,我在教学上虽然没有放弃自己的追求,也多少学习了一些理论,但从总体看,仍然处在局部经验的"原始积累"阶段。

"文革"以后,我开始对自己多年来采用的教学方法进行全面的总结,并力图从中揭示出某种规律。"基本式教学法"的提出,就是这次努力的一个初步结果。1980年我在《中学语文教学》杂志发表介绍"基本式"的文章,不少同行对"自读"、"教读"的提法表示欣赏。叶苍岑先生主编的《语文教学通论》也把"基本式教学法"作为创造性教学法之一种给予肯定,但同时也指出了它的局限:"自然,这种基本式,也还是传统方法的继承,不过作了些科学化、理论化的探讨。"(见《语文教学通论》,第193页,北京教育出版社,1984年版)其实,基本式教学法的局限,倒不在于它对传统方法的继承(任何创新的语文教学法都不可能也不应该割断与传统的联系),而在于它仅仅是一种操作系统,它的根本弱点恰恰在于"科学化、理论化探讨"的不足。

我朦胧地意识到,我就要有一次认识的飞跃。它就在眼前,只等待某种触媒的催化。

二、"三主"实验引出的理论思考

想不到一次极简单的实验,会成为我认识飞跃的催化剂。这次实验,用现在"教育科研"的眼光来看,它也许过于"低级",但从实验引出的理论思考,却是值得重视的。(我至今仍然坚持一个观点:在教育研究中,实证的研究方法固然重要,但在广泛涉及人的文化、精神、情感领域的语文学科的研究中,恐怕还要更多地借助于思辨的方法。)

实验确实再简单不过:在条件相等的两个班级中,分别用不同的方法教同一篇课文——《一件小事》,以观察其不同的效果。

实验班,采用由学生自读、思考、质疑、讨论,老师只作重点指导的教法。先由学生自读,要求按课文后"思考和练习"所提示的几个方面理解课文,并提出疑难问题。然后由老师把问题综合起来,集中到同学提出的一个问题上:"文章里的'我'是不是一个自私的剥削者?"不少学生认为,"我"穿的是"皮袍",出门要坐"黄包车",身上又有很多钱(铜元),老女人摔倒后"我"又表现出种种自私的心理,因此认为"我"是"剥削者"无疑(这符合那个年代学生的认识水平);但也有不少学生持不同的意见。我意识到,这个问题不仅是理解课文的难点所在,而且是一个"牵一发而动全身"的关键问题,而学生中存在两种对立的意见又有利于激发学生争论的热情。于是我要求学生带着这个问题进一步细读课文,尽可能从文章里找出可以支持自己观点的根据,准备在课堂上针对不同意见进行辩论。辩论激起了学生深入钻研课文的兴趣,对课文的深入钻研又提高了辩论的质量。最后,学生取得了共识:"我"是一个有爱国心和正义感,又能时时"榨了苦痛"解剖自己并向劳动人民学习的知识分子。在整个讨论过程中,教师不作"权威性发言",只在学生争论不决的时候,提出一些启发性的问题供学生思考。如对"我"抓出一大把铜元的行为,有的学生说这只是有钱人怜悯穷人的一种"施舍",有的学生则认为这是"我"被车夫的精神所感动而作出的反应。我不置可否,只是提示争论的双方注意不要孤立地评价"我"的某一行动,而要把课文前后联系起来思考,无论持何种意见都要以课文为依据。学生经过进一步阅读、讨论,得到了以下结论:从上文看,"我"因为"生计关系","不得不一早在路上走",可见"我"也为生计所迫,并非"有钱人";口袋里装的是很沉的"铜元",恰恰说明"我"并不有钱;而抓出铜元的时候,"我"是"没有思索"的,因为当时车夫越来越高大的身影已经"榨出了我皮袍下面藏着的'小'",可见这是"我"的心灵受到强烈震撼以后情不自禁作出的一种反应。从下文看,"我"又为这一大把铜元而深深自责:"这一大把铜元又是什么意思?奖他么?我还能裁判车夫么?"这又表明"我"自感没有权利"裁判"一个在精神上比自己高大的劳动者而深感内疚,可见"我"对车夫的感情是"崇敬"而不是"怜悯"。讨论结束,布置学生以《谈谈〈一件小事〉中的"我"》为题写一篇作文。整个教学过程包括作文在内共用了四课时。

对照班:完全由教师讲授。文章的背景、作者介绍、段落层次、中心思想、写作特点,全由教师讲给学生听。我力求语言生动,讲深讲透,让学生听得"津津有味"。学生在听讲过程中都作了必要的记录;有些教学内容则完全由教师抄给学生,如新词解释、中心思想、段落大意等。讲完以后布置学生做课文后的练习题,在课内完成,由于教师事前作了详细的指导,因此答案的正确率极高。整个教学过程也用了四课时。

实验的结果:经过一个学期再加一个寒假的"搁置"和"冷却处理",到第二学期开学时用"突然袭击"的方式对两班学生同时进行检测,检测题就以课文后的练习题为主,另外还补充了几道小题目。检测的结果是发人深思的:没有做过这些练习题的实验班学生的成绩,竟超过了曾经做过这些练习题的对照班学生。前者的优秀答案(85分以上)率为70.6%,而后者仅为38.4%,尤其在对课文内容记忆的准确程度以及理解的深度上,实验班远远超过了对照班。

这次对比实验引出了哪些思考呢?

1. 提高语文教学效率的决定因素,不是教师的"讲深讲透",也不在于教师对学生的练习作过细的指导

长期以来,人们(尤其是那些不太了解教学规律的学生家长)总认为教师的讲课愈是"深"、"透",对学生的指导愈具体,学生就会学得愈好。可是实验的结果跟这种想法正好相反。《语文学习》杂志登载过一些学生发表的意见,倒是深中肯綮,值得重视。他们说:"老师,您授课时讲得太多了,太清楚了(着重号是我加的,下同);而留给我们思考的又太少了。您是否想过:这样一味地把知识往我们头脑里灌,我们会因'积食'而'消化不良'吗?"(新疆某中学高一学生)"老师,您的心太好,布置了作业常常再提示一番,甚至把答案告诉大家。这样做能培养我们独立分析、解决问题的能力吗?……希望您放心让我们自己钻研、完成作业,做错了再评讲、指导。"(上海市南汇县某中学初二学生)这真有点不可思议:教师讲授课文"太清楚"、教师的"心太好",有时会走向愿望的反面,而看似"粗枝大叶"留有"空白"的教法在一定的条件下反而会取得理想的效果。教学中这种辩证法往往跟人们的常识开玩笑。这是什么道理呢?原来学生的学习过程虽然是个特殊的认识过程,但无论这个过程如何特殊,学生总是认识的主体,他们的认识活动只能通过他们自己的实践和感知,在他们的头脑里进行,旁人可以给予帮助,但无法代劳。对照班学习《一件小事》,完全听老师讲解,实质上是以老师认识的结果取代了学生自己的认识过程。学生似乎都"懂"了,但因为自己的大脑没有真正开动,当时就印入不深;时隔一个多学期,遗忘是势所必然的。实验班之所以学得

较好,根本原因就在于学生真正做了认识的主体,整个教学过程都是在学生独立思考、相互争论中完成的,这样,学生不但学得印象深刻,经久不忘(争论是记忆的"强化剂"),而且在加深理解课文的同时又锻炼了语言和思维能力,还培养了独立的精神和自信心,这对学生"发展"的影响,更不是那种"讲书"式的教学所能相提并论的。

由此可见,组织教学过程必须以学生为认识的主体(同时又必然是发展的主体)。这是我们考虑问题的出发点,也是提高教学质量的决定因素。

2. 关键在于教师如何发挥主导作用

如果我们确认学生的主体地位,那么如何看待教师的主导作用呢?实验告诉我们:问题不在于要不要教师的主导作用,而在于教师如何发挥主导作用。实验班和对照班由于教师表现其主导作用的方式不同而教学效果悬殊,足见教师"主导"的方式对学生的学习效率具有举足轻重的影响。实验班的学生为什么学得较好?因为教师在整个教学过程中都致力于"导",而不是"灌"或"牵"。导者,因势利导也。学生自读课文后提出了不少问题,其中"'我'是不是一个自私的剥削者"这个问题,集中表现出学生思维的走"势";于是教师就以这个问题为突破口,把学生"导"入一个细读课文、互相争辩的情境,始终顺乎其势,不灌不牵,教师的主动性充分调动了学生的主动性,教学自然取得了比较理想的效果。而对照班则由教师包办一切,不管学生思维的走势如何,非得按教师"讲书"的思路走不可。这样,教师的主动性完全遏制了学生的主动性,"主导"实际上成了教师"主宰"一切;"主导"的关键在于"导",教师在主宰一切的教学中,其实已经放弃了应有的主导作用。

由此可见,我们在确认"学生为主体"的同时,还必须确认"教师为主导"。"主体"和"主导"相辅相成,是教学成功的必要条件。

3. 只有把学生组织到一个"训练"过程中去,才能完全实现学生主体地位和教师主导作用的和谐统一

什么叫"训练"?"训",指教师的教导、指导;"练",指学生在教师的指导下为获得某种特长或技能而进行的操作实践。"训练"这个概念本身就隐含着师生双向活动的内涵。因此,教学中要真正实现学生主体地位和教师主导作用的和谐统一,除了"训练"以外,我们找不到比它更合适的教学形态。试比较两个班级不同的教学过程,对照班完全由教师讲授,有"训"而无"练",学生的主要活动方式是听和记,信息传递是单向的,虽然也完成了一定的作业,但由于教师指导过细,学生思维活动的余地很狭窄,整个教学结构是平面化的。实验班则在教师的指导和组织下,学生经过自读、质疑、思考、争论、作文等一系列操作实践而获取知识,学生的思维是活跃的,信息传递是多向的,教学呈现多面的主体化结构。训练与不训练的效果悬殊,是不言而喻的。对语文教学来说,训练之所以重要,还因为培养学生掌握语文工具的能力,除了训练别无他途。叶圣陶先生说:"学生须能读书,须能作文,故特设语文课以训练之。"训练正是语文教学实现其培养目标的基本途径。

由此可见,按"学生为主体,教师为主导"的思想组织教学过程,师生的双向活动必然带有训练的性质,而且这种带有训练性质的师生活动必然贯穿于教学全过程,成为"主线"。于是就有了"三主"——"学生为主体,教师为主导,训练为主线"的命题。从教学认识论的角度看,这一命题较好地反映了教学认识过程中诸认识要素间的实际关系:教学认识过程作为一个特殊的认识过程,其特殊性主要表现在认识过程的有指导性,即教学认识是学生在教师的指导下进行的一种认识活动。也就是说,教学过程中认识的主体学生和认识的客体课程内

容之间还介入了一个起主导作用的"中介因素"——教师,从而构成了一种三边认知关系;而在语文学科中,教师培养学生认识客体的过程,又是通过"训练"这种师生双向活动的方式实现的。其关系如下图所示:

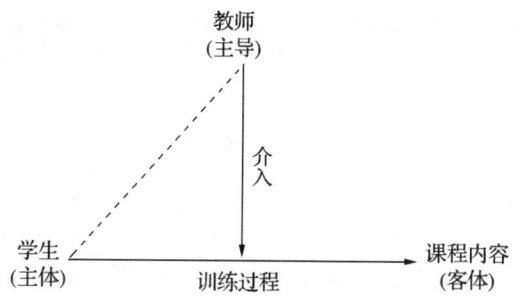

三、"三主"+"基本式"=语文导读法

"三主"思想形成后,再回看"基本式",便如一道理性之光射进暗房,把一切都照亮了。"自读"和"教读"的结合,不正是"学生为主体,教师为主导"的思想在教学操作层面上的体现吗?而"基本式"的整个操作过程,不就是一个"以训练为主线"的师生合作过程吗?

于是,一个完整的构思渐次在意念中呈现出清晰的轮廓:"三主"是"基本式"的理论导向;"基本式"则是"三主"理论在操作层面上的体现和贯彻的保证。我把这种教学法命名为"语文导读法"。为什么用"导读"来命名?导,指教师的指导、引导、因势利导,也就是充分发挥教师的主导作用;读,指学生的阅读实践,也就是充分体现学生的主体地位。"导"和"读"的统一,揭示了教学过程中教师和学生既彼此合作又互相制约的双边关系。

1989年出版的《心理学大词典》(朱智贤主编,北京师范大学出版社)把"语文导读法"作为条目收录。这部词典是在全国第三次教育科学规划会议上确定的国家级重点科研项目,"语文导读法"能够成为其中的一个条目,标志着教育理论界对它的认同。下面是该条目的部分释文:

语文导读法(method of orally reading Chinese user guidance)是中国中学语文特级教师钱梦龙探索、总结的一种颇有成效的语文教学法;一种引导学生真正学得主动,在学习过程中积极思考,从而锻炼自学能力的新型教学法。它既不同于以注入知识为主的教学法,又与以谈话提问为主的教学法异其志趣……

《心理学大词典》因其专业范围所限,释文主要是从阅读心理的角度说明语文导读法的特点的。如果把范围扩大些看,可以从四个方面指出其特点:(1)教学的人道化方面——学生的独立人格受到尊重,重视师生情感的交流;(2)教学的民主化方面——强调学生的参与,教学过程成为师生合作的过程;(3)教学的科学化方面——教学成为一个有规律、可控制的流程,重视导读要领的可操作性;(4)教学的艺术化方面——强调教师"导"的艺术是学生实现其主体地位的重要条件,使导读过程富于启发性和趣味性。

叶圣陶先生的名言"教,是为了最终达到不需要教",语文教师在写文章和谈话时都乐意引用,但究竟怎样的"教"才能真正达到"不需要教"的境界,似乎还没有一条切实可行的"路"。"语文导读法"正是为了铺设一条达到"不教之境"的路;它的终极目标是:使学生最终摆脱对教师的依赖,成为不仅在学习上能够自主,而且在观念、意志乃至整个人格上都能够真正自立自强的人。

民族的科学的大众的语文教育观①
——叶圣陶语文教育观探析

任苏民

纵观语文教育改革的一系列问题、一系列纷争,无不与对语文教育的根本认识即语文教育观密切相关。没有正确的语文教育观,就会导致语文教育改革理论上和实践上的模糊、偏执、摇摆、徘徊甚至倒退。那么,什么是正确的语文教育观呢?我国杰出的语文教育家叶圣陶先生的语文教育观为我们提供了宝贵的借鉴。

叶圣陶先生在他70多年的语文教育实践与研究中,立足于我国现代社会生活和汉语文的发展,着眼于培养普通公民和提高民族素质,深刻地把握祖国语文特点及学习规律,积极吸取西方先进教育的科学成果,坚持对传统语文教育进行辩证的扬弃和不断的革新,总结丰富的实践经验,形成了一种代表我国现代语文教育发展方向的民族的科学的大众的语文教育理论——叶圣陶语文教育思想,这一思想的核心便是叶圣陶语文教育观。

叶圣陶语文教育观,包含了叶圣陶先生对语文的本质、语文教育的目的和价值以及语文教育中一系列基本关系的总的看法。

探析叶圣陶语文教育观,不能不首先考查他对传统语文教育的深刻反思。1942年,叶圣陶先生在《认识国文教学》这篇著名论文中总结自己多年的思考,指出:"一般人就以为国文教学只需继承从前的传统好了,无须乎另起炉灶。这种认识极不正确,从此出发,就一切都错。旧式教育是守着古典主义的:读古人的书籍,意在把书中内容装进头脑里去,不问它对于现实生活适合不适合,有用处没有用处;学古人的文章,意在把那一套程式和腔调模仿到家,不问它对于抒发心情相配不相配,有效果没有效果。旧式教育又是守着利禄主义的:读书作文的目标在取得功名,起码要能得'食廪',飞黄腾达起来做官做府,当然更好;至于发展个人生活上必要的知能,使个人终身受用不尽,同时使社会间接蒙受有利的影响,这一套,旧式教育根本就不管。因此,旧式教育可以养成记诵很广博的'活书橱',可以养成学舌很巧妙的'人形鹦鹉',可以养成或大或小的官吏以及靠教读为生的'儒学生员';可是不能养成善于运用国文这一种工具来应付生活的普通公民。"传统语文教育源远流长,在很大程度上集中并交织了整个传统教育的精华与糟粕。作为传统语文教育中逐渐占据主导地位的消极面的旧式教育,脱离现实生活,排斥人民大众,把语文蜕变为强迫人记诵、模仿陈旧的古书内容和僵死的程式腔调,把语文教育目的异化为让少数人应付考试取得功名。这种教育虽然产生于封闭、专制的封建社会,但并没有随着封建社会的崩溃而消失。正是顺应我国社会以及汉语文的变迁,针对旧式教育的弊端,叶圣陶先生提出了他的具有根本革新意义的语文教育观。

---

① 本文选自《教育研究》1999年第8期,第69—74页。

一、语文是什么?

叶圣陶先生认为,语文是现代中国人社会生活实践必需的工具。"语就是口头语言,文就是书面语言。""语言是一种工具,就个人说,是想心思的工具,是表达思想的工具;就人与人之间说,是交际和交流思想的工具。"在现代中国,语文作为"交换经验思想情感的工具",是人人生活上"实实在在的必需"。"尽量运用语言文字并不是生活上一种奢侈的要求,实在是现代公民所必须具有的一种生活的能力。"

现代化建设时代,我国科学技术迅速发展,经济和社会生活日益知识化,对公民的科学文化水平提出很高的要求;同时人际交往包括思想、情感、知识、信息的交流,在社会实践中占有越来越重要的位置,对人的生存和发展起着决定性作用。叶圣陶先生进一步指出:"语文是工具,自然科学方面的天文、地理、生物、数、理、化,社会科学方面的文、史、哲、经,学习、表达和交流都要使用这个工具。""语文是人与人交流和交际的必不可缺的工具。不善于使用这个工具,就无法工作和生活,甚至可以说就不能做人。"

叶圣陶先生的论述,彻底破除了旧式教育的语文性质观,科学地阐明了作为现代教育的语文的本质。特别值得注意的有几点:

一是他不仅仅从抽象的语言学定义出发,而是历史地具体地以具有现代生命力的汉语文(包括口头语言和书面语言)为对象,从人民大众的角度,从我国现实社会生活来考察语文的本质的。

二是在他看来,语文作为现代中国人社会生活实践必需的最重要的交际工具和思维工具,不仅负载传统文化,更是学习、传播、创新现代科学文化和实现人的生存、发展的基本手段。

三是他强调"语文是人与人交流和交际的必不可缺的工具",这是语文区别于其他文化载体和文化成果的本质特点,语文的所有社会功能都是在人们使用语文这个工具的现实交流和交际中、在语文交往实践中实现的。

二、语文教育的目的和价值是什么?

叶圣陶先生认为,语文教育的根本目的和价值是"养成善于运用国文这一种工具来应付生活的普通公民"。这一观点,既是基于对语文本质的科学认识,又体现了对现代教育目的和价值的深切把握。现代教育的目的和价值在于,适应现代社会的要求,把每一个人培养成为健全的公民,推动社会进步和人的发展。而在现代中国,语文已成为每个国民生活必需的工具,"善于运用国文这一种工具来应付生活",是"做人"的基本条件,是健全的公民必备的基本素质。因此,从养成健全的现代中国"普通公民"着眼,使全体受教育者学会"善于运用国文这一种工具来应付生活",在这过程中发展听说读写知能,"养成阅读书籍的习惯,培植欣赏文学的能力,训练写作文章的技能",同时提高相关的其他素质,就必然成为现代语文教育的目的追求和价值选择。这是现代教育整体目标与语文学科独特功能的有机结合。

以"养成善于运用国文这一种工具来应付生活的普通公民"为目的和价值,就意味着语文教育不是脱离现实生活的记诵、模仿之学,而是切合生活实际的"真知"、"真能"培养;不是教人一时应试,而是使人"终身受用"。以"养成善于运用国文这一种工具来应付生活的普通公民"为目的和价值,就意味着语文教育要由培养极少数官吏及"儒生学员"的贵族化教育,根本地转变为面向全体国民特别是广大劳动者的大众化教育。这才是真正现代意义上的科学、民主的中华民族语文教育。

随着我国社会的发展，尤其是进入现代化建设时代，叶圣陶先生又从新的高度进一步阐述了语文教育的目的和价值。他指出，语文教育也正是为提高全民族素质，推进我国社会现代化，建设中华民族现代物质文明和精神文明奠定文化根基。"要做到个个学生善于使用（语文）这个工具（说多数学生善于使用这个工具还不够），语文教学才算对极大地提高整个中华民族的科学文化水平尽了分内的责任，才算对实现四个现代化尽了分内的责任。"

叶圣陶先生关于语文本质和语文教育目的、价值的根本观点，决定了他对语文教育中一系列基本关系的看法；而他对语文教育中一系列基本关系的阐述，又使他的这些根本观点得以展开和丰富、深化。

首先，是语文教育本身存在的诸种关系。

其一，白话与文言。自"五四"开始，白话逐渐取代文言成为我国人民大众普遍使用的现代书面语言。作为"五四"新文化运动的战士，叶圣陶先生积极促进汉语文的这一历史性变迁，大力推行白话文教育。他在当时热情倡导小学作文"直书口说"，"小学国文教材宜纯用语体"。后又提出中学以白话文教学为主，"中学生实在没有写作文言的必要"。其理由，一是"作为一般人的表情达意的工具，文言已经逐渐让位给语体，而且这个转变不久即将完成。因此，现代的青年若是还有学习文言的需要，那就只是因为有时候要阅读文言的书籍：或是为了理解过去的历史，或是为了欣赏过去的文学。写作文言的能力决不会再是一般人所必须具备的了"。二是用"现代的活的语言"白话文为教材，可以克服专事翻译讲解和勉强记忆的旧弊，与生活相联系，与大众相亲近，"惟事训练情思"，"更使练习语言"，达到解放、发展受教育者思想情感和语文能力的目的，并能适应现代人广泛多样的学习特别是科学学习的需要，提高语文教学效率。

叶圣陶先生在强调进行白话文教育的同时，并没有否定学习文言文的必要性。他说："中国人虽然需要现代化，但是中国人的现代化，得先知道自己才成；而要知道自己还得借径于文言或古书。"事实上，文言文不仅是传统文化的载体，在现今一定的范围内（如我国内地与港、澳、台地区以至海外华人之间）还起着某些书面交际和文化沟通的作用，"现代的活的语言"白话文的发展也需要继承古代书面语言文言文中富有生命力的语言精华。但是，跟古典主义、国粹主义根本不同，首先，应当着眼于"中国人的现代化"的需要来看待文言文教学；其次，面向全体国民的基础教育阶段的文言文教学限于阅读，比较系统的教学应当从中学甚至可以从高中开始，教材"应该选取那些切要的、浅易的、易于消化的"，至于古文的专习，"那是大学本国文学系的事情"；最后，文言文阅读教学目标主要在于培养阅读文言文的基本能力，包括批判地接受文化遗产和辨识文言跟白话同异的能力，实现这一目标，仍然要以现代思想和现代语言教育为依凭。

其二，语文与文学。把语文等同于文学是传统语文教育也是传统文化的一个缺陷。这一缺陷"五四"以后仍有所存在。正是针对这种情况，叶圣陶先生提出了一个顺应新的时代要求革新我国语文教育的基本观念，就是："国文的含义与文学不同，它比文学宽广得多，所以教学国文并不等于教学文学。"具体地说，"国文所包括的范围很宽广，文学只是其中一个较小的范围，文学之外，同样包括在国文的大范围里头的还有非文学的文章，就是普通文。这包括书信、宣言、报告书、说明书等应用文，以及平正地写状一件东西载录一件事情的记叙文,条畅地阐明一个原理发挥一个意思的论说文"。对语文的含义和范围之所以作如此规定,最根本的是因为,科技发达、事务繁纷的现代社会,在实际工作和生活中,人们不仅需要用文学,更普遍更经常地需要用非文学的普通文来作交际工具和思维工具,来作科学文化知识和各种信息的载体。"中学生要应付生活,阅读与写作的训练就不能不在文学之外,同时以这种普通文为对象"。这是客观生活的逻辑使然。再从语文学习的一般规律和现代大众教育的目标取向来看,"学习图画,先要描写耳目手足的石膏像,叫做基本练习。学习阅读与写作,从普通文入手,意思正相同。普通文易于剖析、理解,也易于仿效,从此立定基本,才可以进一步弄文学"。古今专习文学,"少数人有了很深的造诣,多数人只落得一辈子读不通写不好,这不是现代教育所许可的。从现代教育的观点说,人人要作基本练习,而且必须练习得到家。说明白点,就是对于普通文字的阅读与写作,人人要得到应得的成绩,绝不容有一个人读不通写不好"。

作为文学家兼教育家,叶圣陶先生从来都没有轻视文学的教育价值。他很早就指出:"教育方面,宜将儿童所固有文艺家的宇宙观善为保留,一方固须使其获得实际生活所需要的知识,一方更须以艺术的陶冶培养其直觉、感情和想象。"在这方面,文学教育具有特殊功能。以后,他又强调要使中学生了解固有文化和现代人生,就得教他们读文学。"一个高中学生,他受普通教育到了最高阶段,无论他将来的专门是文是法是理是工是商是农,对于本国文学有一种欣赏的训练,实在是必需的,否则……他将不成其为受教育的中国人。"当然,他认为,语文教育理应把文学教育作为重要组成部分,但语文教育毕竟不等于文学教育。就中学语文教学而言,在初中阶段,虽然也读文学,但是阅读与写作的训练应该偏重在基本方面,以普通文为主要对象。到了高中阶段,文学的比重较大,但是基本训练仍旧不可忽略。理由很简单,高中学生与初中学生一样,他们所要阅读的不纯是文学,他们所要写作的并非文学,并且,唯有对于基本训练锲而不舍,熟而成习,接触文学才会左右逢源,头头是道。中小学语文教学中的文学教育,基本的目标应该是文学作品的阅读欣赏训练,借以使每个学生受到生动形象的祖国文化、时代精神教育,养成现代中国人需要具备的文学及其他有关素养。文学创作不宜作为一般要求。把文学作品阅读"教成文学课","从课文中概括出若干文学概念文学术语而空讲之",更是与此无干。

其三,阅读与写作和读、写与听、说。"从前语文教学只有两件事,一个叫读,一个叫写。实际上读还不大注重,只注重写","读书只是为写文章作准备,能写文章才可以去参加科举考试"。叶圣陶先生认为,现代语文教育必须克服这种片面性。在现代社会,作为公民生活和工作必要的本领,阅读和写作同等重要并各有其目的。"阅读自有它的目的,主要在真正地理解所读的东西,从而得到启发,受到教育,获得间接经验",最根本的是养成阅读能力和习惯,这也是一种获取知识和精神养料的基本能力,终身学习的重要条件。阅读和写作又是密切联系的。从这方面来说,"阅读是写作的基础","教师教得好,学生读得好,才写得好"。

现代语文教育不仅要重视读、写,还要重视听、说,这也是叶圣陶先生的一个基本观点。"五四"以来,他一贯主张将听说训练列为语文教育的重要内容。1949年,经他提议,语文学科名称由原来的"国文"、"国语"统一变更为"语文","表明口头语言和书面语言都要在这门功课里学习","此学科听、说、读、写宜并重",在我国语文教育史上具有里程碑意义。进入现代化建设时代,他又强调和发展了这一观点。他认为,在语文教育中,"听、说、读、写四项缺一不可,学生都得学好。这是生活的需要、工作的需要,也是参加祖国四个现代化建设的需要"。同时,听、说、读、写之间又是相互联系、相互协同、相互转化的。随着现代化、信息化的发展,读和写都已经不像从前那样,在日益频繁、灵活多变的实际交际过程中越来越与听和说相互依赖、协同活动,不断进行着语言信息的转换加工和交流。"读就是用眼睛来听,写就是用笔来说;反过来,听就是读,用耳朵来读,说就是写,用嘴巴来写。所以现在的语文教学,要把听、说、读、写这四个字连起来。""在现在的时代,听、说、读、写非连起来不可了!"80年代伊始,以电子计算机为基础的现代信息技术刚在我国兴起,叶圣陶先生就极其敏锐而富有远见地提出了"语言与信息的处理——语言要跟计算机联系起来"的课题,并且指出汉语文的听、说、读、写训练都要适应未来信息化的趋势,提高到新的水平。

其四,知识与能力、习惯。这里还涉及知与行、学与用、教与学等关系。知识与能力、习惯的关系在各科教育中普遍存在,而对语文教育来说更具有特殊意义。叶圣陶先生认为,语文教育的目的和价值是培养善于运用语文这一工具来应付生活的现代中国公民,这就决定了它是一门注重语文在生活中的实际运用,注重养成受教育者运用语文的能力和习惯的学科。"学习语文目的在运用,就要养成运用语文的好习惯。""教育的本旨原来如此,养成能力,养成习惯,使学生终身以之。"他一向不赞成脱离语文的实际运用来谈语文知识,把受教育者运用语文能力和习惯的养成看作是知识传授。他说:"我不大赞成'语文知识'这个说法。把语法、逻辑、修辞之类称作知识,好像只要讲得出来就行,容易忽略实际运用。现在大家既然用惯了'知识'这个词,那么就得把这个词的意义扩大,把能力也包括在内。要让学生把知识化为自己的血肉,在生活中能够随时运用,教学的目的才算达到了。""写作系技能,不宜视作知识,宜于实践中练习,自悟其理法,不能空讲知识。或以为多讲知识即有裨于写作能力之长进,殊为不切实际之想。"他的看法不但着眼于语文学科的目的、特性,还吸取了我国古代语文教育提倡实践练习、自悟自得的符合汉语文能力、习惯养成规律的科学成分。

当然,对于切合实用的有助于养成受教育者运用语文能力和习惯的语文知识,尤其是阅读、写作和听说的方法,叶圣陶先生从不反对让受教育者学习,而且还指出了其必要性:"所谓训练,当然不只是教学生拿起书来读,提起笔来写,就算了事。……必须讲求方法。怎样阅读才可以明白通晓,摄其精英,怎样写作才可以清楚畅达,表其情意,都得让学生们心知其故。""培养能力的事必须继续不断地做去,又必须随时改善学习方法,提高学习效率,才会成功。"否认理性的作用,不重视方法的指导,"只教学生读、读、读,作、作、作","在暗中摸索",这恰恰是传统语文教育不科学、低效率的一面。但他同时认为,"阅读和写作的知识,必须化为技能,养成习惯。""不讲究方法固然根本不对,而讲究方法,只到懂得为止,也还是没有用处。必须使一切方法化为自身的习惯,那才算贯彻了学习国文的本旨。"运用语文的好习惯是受教育者将语文知识(方法)内化为自己运用语文的能力并达到纯熟、自然的境地而形成的可以终身受用的行为方式。"养成好习惯必须实践","必须经过反复的历练"。因此,还是要"多读多写"。通过以教材为"例子",联系现实生活,课内课外结合,科学有序地"多读多写",来"练基本功",来"积累"活的语文材料和运用语文的经验,来培养敏捷的语感,来学会举一而反三,才能真正使知识(方法)化为能力并形成习惯。

注重知识的运用和内化,注重受教育者本身能力和习惯的养成,注重实践,必然要更强调发挥受教育者的主体作用,引导他们主动学习、运用语文,学会"自能"听说读写。叶圣陶先生指出:"国文课是教师与学生的共同工作。可是主体究竟是学生。"教师"务必启发学生的能动性,引导他们尽可能自己去探索"。"在课堂里教语文,最终目的在达到'不需要教'",

使学生"自能读书,不待老师讲;自能作文,不待老师改。老师之训练必作到此两点,乃为教学之成功"。这是我国古代语文教学优秀传统与当代先进教学理论的融合,也是叶圣陶教育思想精髓的体现。

其次,是语文教育同与之伴随的其他教育的关系。

其一,文与道。文与道的关系是历来讨论得最多而往往容易陷入误区的问题。对这个问题,叶圣陶先生一直认为,在语文教育中,"道"与"文"是相互依存、不可分割的。"语言是思想的直接现实",人们进行思维活动,不能离开语言这个工具。就一篇文章说,思想内容和语言形式是不可分割的。读一篇文章,理解它的内容和理解它的语言文字是紧紧联系在一起的。写一篇文章,正确地反映客观事物和准确地运用语言文字也是分不开的。因此,"学习语文,这两方面都要正确对待"。他的科学的语文本质观始终是把这种文道的辩证统一作为题中应有之义的;而他在阐述文道的辩证统一时又总是从他的科学的语文本质观出发的。

叶圣陶先生一贯十分重视语文教育中的"道"。他把"立诚最为贵"作为听说读写的原则,指出:"此语自'修辞立其诚'来,无非'言之有物''言之由衷'之意。而品德修养,实际锻炼,亦复包蕴在内。""说或写似技能而非技能,实际是其人的表现"。"文当然要作的,但是要紧的在乎做人。"需要注意的是,他所说的"道",不仅指政治思想,而且包含道德修养、学会做人的丰富内容。而这些又自然同"文"、同人们的听说读写实践联系在一起。这是对我国优秀文化教育传统的继承和发扬。不但如此,他还将对事物真理的探求和情感个性的陶冶列入"道"的范畴:"作文之形式为文字,其内容实不出思想情感两端。以言思想,则积理必富而为文始佳……宜令学者随时随地探求事物之精蕴。且必经己之思考而得答案。然后陈事说理方能确切而畅达。以言情感,则因人而异,岂能强求其同。……而于平日训练能注意学生个性,因势利导而陶冶之,收效自必更巨。"他并指出:"就内容方面说,我们注重心理的建设。"主张从文化心理、情感、人格、精神的潜移默化和建构来理解语文教育中的"道",反对把"道"简单化、表面化、狭窄化、庸俗化。这更是深入拓展了"道"的现代科学与人文含义。

另一方面,叶圣陶先生又不断地告诫人们不要忘记语文教育的目的任务,不要脱离"文"空讲"道"。我国古代强调"文以载道",就有偏重思想内容忽视语文工具和运用语文的能力,而又把思想内容限于灌输儒家道统的消极一面。"五四"以来直至新中国成立之后,这种倾向在不同时期以不同的形式一再地表现出来。正是针对这种倾向,他指出:"国文教学除了技术的训练而外,更需含有教育的意义。……不过重视内容,假如超过了相当的限度,以为国文教学的目标只在灌输固有道德,激发抗战意识,等等,而竟忘了语文教学特有的任务,那就很有可议之处了。""国文教学自有它独当其任的任,那就是阅读与写作的训练。学生眼前要阅读,要写作,至于将来,一辈子要阅读,要写作。这种技术的训练,他科教学是不负责任的,全在国文教学的肩膀上。"而思想道德教育,必须有关各种学科都注重这方面,学科以外的一切训练也注重这方面,然后有实效可言。国文诚然是这方面的有关学科,却不是独当其任的唯一学科。为了讲求"育人"的实效,语文教育中的"道"应当掌握适当的"度",决不能冲击、取代语文学科特有的任务,并且要与"文"有机结合于语文教学之中。叶圣陶先生指出:"我认为对语文教学来说,只要把文章讲透了,也就是'文'与'道'兼顾了。那么怎样才算把文章讲透了呢?所谓讲透,就是让学生充分领会和消化文章的内容,变成他们自身的东西,化为他们生活中的一部分。"在语文教学中,一定要靠讲明语言的运用和作者的思路来讲内容。"不脱离文篇之思路发展与语言运用,不放开文篇另外说一番道理,学生即当于思想品德方面有所感受,于读法写法方面有所长进。"这样,才能真正充分而有效地发挥语文教育在全面提高国民素质中的重要基础作用。

其二,语言与思维。在现代语文教育史上,最早具体阐明语文教育中语言训练与思维训练辩证关系的,是叶圣陶先生。他在1919年1月1日发表于《新潮》创刊号上的《对于小学作文教授之意见》一文中提出,作文教学必须注意训练学生的思维,激发学生的情感。不久,他更明确地指出:"须认定国文是发展儿童的心灵的学科。……学童所以需要国文,和我们所以教学童以国文,一方面在磨炼情思,进于丰妙;他方面又在练习表出情思的方法,不致有把捉不住之苦。这两方面,前者为泉源,为根本,所以从事开浚和栽培,最为切要。"并在1923年他撰写的新学制《初级中学国语课程纲要》中把"使学生有自由发展思想的能力"列为首项目标。另一方面,在这期间,他又论述了语言训练对发展思维的重要性,指出要培养儿童的思维、情感,就"要使他们能利用适当的工具来表于外","所谓适当的工具,当然语言独占重要"。投身"五四"思想解放、语文变迁的大潮,吸取心理学的有关科学成果,使叶圣陶先生一开始就突破形式主义的语文教育观,把发展受教育者的思维特别是创造性思维作为现代语文教育的重要内在目的与尺度,并同语言训练紧密结合起来,赋予了语言训练新的生命。

以后,叶圣陶先生又坚持和发展了自己的观点。他强调,语文教育,"在基本训练中,最重要的还是思维的训练。不要只顾到语言文字方面,忽略了思维的训练。各门功课都和思维的训练有关,特别是语文课是着重训练思维的"。与此同时,他又认为,在语文教育中,思维训练不能脱离语言训练孤立进行。"训练思想,就学校课程方面说,是各科共同的任务;可是把思想语言文字三项一贯训练,却是国文的专责。"这是由语文学科的特性决定的,也是由思维与语言有机统一、相互影响的辩证关系决定的。人的运用语文能力的发展取决于其思维能力;反过来,人的思维能力的发展又受其运用语文能力的制约。"把思想语言文字三项一贯训练",使之相辅相成,收到运用语文能力和思维能力相互促进、共同发展的良效,让其真正做到"善于运用国文这一种工具来应付生活",正是语文教育应有的独特功能,也是语文教育本来的目的追求。

以上是对叶圣陶语文教育观的粗浅探析。笔者深深感到,认真、系统地研究并继承这份珍贵的思想遗产,对于推动语文教育改革健康发展,发挥好语文教育在国民素质教育和创新人才培养中的重要基础作用,具有重要的现实意义。

注释:

[1] 叶圣陶.叶圣陶语文教育论集[M].北京:教育科学出版社,1980.

[2] 叶圣陶.叶圣陶集:第13、14、15、16卷[M].南京:江苏教育出版社,1992.

[3] 叶圣陶.叶圣陶答教师的100封信[M].北京:开明出版社,1989.

谈素质教育背景下的语文课堂教学改革

于 漪

全面推进素质教育的根本宗旨是提高国民素质。素质教育的重点主要是两方面：一是实践，我们培养的人不能只会动口，不会动手，虽然奥林匹克奖我们得了那么多，但是我们的动手能力还不怎么行。二是创新，如果我们永远跟在人家后面走，就永远都不能超越。既不能超越自我，也不能超越他人。教育说到底就是培养人，培养怎样的人是个大问题，一定要认真研究。所以，要在全面推行素质教育的背景下来看我们的语文教学，其实也不仅是语文教学，各学科的课堂教学确实都必须认真改革。

知识经济社会，是以知识的生产、交换、分配、使用和消费为特点的一种新的经济类型的社会。这样的社会最重要的生产力不是我们原来工业社会的石油、机器。知识经济社会最重要的生产力是知识，而教育是生产知识的生产力。理论形态的知识，怎么能够转化成现实的生产力呢？这就需要教育。要求教育为人的发展提供四个支柱。第一个就是学会学习，就是具有理解力、分析力、知识系统化的能力、创新能力等。对我们中小学基础教育来讲怎么样让孩子学会学习、学会求知，是非常重要的，因为我们任何一名好的教师不可能在课堂上把今后孩子所需要的知识本领全部教给他，但是他学会学习、学会求知，就可以一辈子受用。要教会他们怎么阅读、怎么分析、怎么辨别。第二个是学会做事，学会做事就要有首创精神，要有合作精神。第三个就是要学会共同参与，现在很多科研都要共同参与，再也不是那个小生产的时候，个人去发明创造，现在很多都是跨学科的，因此在课堂里就要培养合作精神、参与精神。现在根本不可能某一个人去搞一个高科技的东西。第四个就是学会生存、学会发展，个人的潜能是怎样的，个性就是怎样的。我认为到现在为止最好的教学大纲就是目前供试验用的高中语文新教学大纲，新中国成立以来第一次提出要发展个性，这是要有胆量的，是很不容易的。我们教育的很大问题是一个模式，而人不是一个模式的，人有个性、特点。我想钱钟书这样一个学问贯通中西的大学者是考不取现在的大学的，数学28分，但是我们要几百年才出这么一个大学者呀，不得了。所以要发展学生的个性，发展他们的聪明才智，因此课堂教学必须改革。

最重要的就是要更新教育观念。我教学几十年，在课堂上站了几十年。长期以来教学中有三多三少困扰我的思想。第一是眼前的学生看得多，将来建设者的要求考虑得少。第二是知识看得多，能力看得不够。实际上成才的不一定是99分和100分的学生，而是综合能力很强、思维敏捷的学生。第三就是分数看得多，实际才干看得不够。孩子有很多才华，有时候在它萌芽的时候就把它压制掉了。长期以来这三多三少困扰了我们的思想，因此目光短浅，其结果是重术轻人，只看到具体的技能技巧，而没有看到完整的要培养的人。21世纪我们国家要在世界上立于不败之地，其他的因素很多，但最重要的就是拼人，谁的人素质

---

① 本文选自《课程·教材·教法》2000年第2期，第21—26页。

高,谁就能立于不败之地。这一点很多人还没有认识到,实际上培养怎样的人是非常重要的。我从80年代开始就试图破这个三多三少,就是要"目中有人"。我在1978年上海教育出版社召开的座谈会上,曾经写了一篇文章《既教文,又教人》,后来刘国正同志给我写了封信,肯定我这篇文章,说我切中时弊。切中时弊,就是能够在那样的情况下看到问题。我们的教育始终是培养人的,千万不能重术轻人。现在的状况是淡化人,人似乎是虚拟的,是概念化的,实际上培养人是要放在特定的历史条件和特定的社会环境下来认识的。我们现在需要的是基础扎实、思维敏捷、应变能力很强、有创新精神的人,而不是培养书呆子。然而,大量的题海战术让学生真的没有时间读书,单说语文水平不好我们是很冤的。第一,我觉得现在要确定语文教学的地位,这一点非常重要。这是要争的,不争就没有。听说上海新一轮课程改革行动纲领高中语文无必修课,我是不能接受的。70年代末福建会议上我曾就这个问题发表过意见,我说初中三年过不了关的。当时有个思潮叫三年过关,因此有的中学校长就说,这下语文课不要排了,只要排数学、物理、外语。我不知道是嘉峪关还是山海关,因为我教了那么多年高中了,到高中有些孩子语文还不过关,这是一个大问题。初中的孩子跟高中的孩子完全是两码事,初中是孩子,是少年,他对认读、对问题的理解、对事物的认识,跟十七八岁的高中生完全是两码事。我想语文在中学素质教育中的地位要确定,它到底有没有作用,我觉得这是一个比较大的问题。第二,我觉得观念要改变,要认识现代社会对我们的需求。我们不能关起门来教学,因为语文是最开放的学科,应该放在社会生活这样一个大环境当中来培养学生的语文能力,所以最重要的就是要更新教育观念。现代教育观念是建立在对现代社会认识的基础上的,如果不认识现代社会,就不可能对培养目标有清醒的认识。我在教课的时候有八个字,"教在今天,想到明天"。教育事业是未来的事业,是为未来培养人的,因此要以对明日建设者的要求来指导和确定今日的教育教学方法。要根据需求来工作,用明日的建设者是怎样的这个要求来促进今日的教育教学工作。实际上对这个问题的认识世界上都很清醒。如日本就提出要培养21世纪世界通用的日本人。美国为了培养21世纪的美国人,投入了大量的资金,90年代初期就进行了调查研究,研究21世纪美国就业的人需要怎样的本领,同时对美国教育的现状进行了调研。最后美国劳工部对21世纪美国就业者提出必须具备五大能力、三大基础——能力基础、思维基础、素质基础。能力基础就是有较高的读、写、算、听、说的能力。他山之石,可以攻玉。如果只把语文看作是技能技巧就是小看它了,它是民族文化的根,它对外是屏障,对内是黏合剂。秦始皇统一我国的文字功劳极大。因为统一了文字,我们几千年的文化才流传下来,我们才能够享受祖先创造的中华文明。因此不能把语文只看成技能技巧,应该完整地看到语文的全部,看到它深刻的内涵。不管从现实状况还是从国外来讲,我们确实要更新教育观念。第三个问题就是课堂上怎么办,现在课堂上学生大量的时间是在做作业,无穷无尽的每日一练,根本没有时间读写。有限的课堂无论如何要进行改革,课堂是我们最后一块阵地。

我想素质教育背景下的语文课堂教学有四点可以考虑。

一、出发点要转换好

长期以来教师都是从教出发,现在要转化到从学生的学出发。我们的教是为了学生的学,教会学生会学语文。课堂不是教师演讲的地方,而是学生学的地方,教师引导、点拨,让学生作学习的主人,一定要让学生读教材,再好的教材读不进去也是没用的。读,要思考,自己说,自己写。因此课堂是在教师的指导点拨下,学生的用武之地,千万不能越俎代庖。我们现在大量的教师在做演员,特别是公开课。过去叫满堂灌,其实我们这些人都是被灌出来的。过去的教师不讲究方法,但是他们有学问,我们很佩服。现在方法五花八门,但我总觉得方法无论如何是第二位的。教师有真才实学就能点拨,就能点在点子上,点在要害处,否则就是乱点。一直在打外围战,学生忙得要死,攻都攻不进去,所以我觉得教师不能做演员。我们现在的教学是平时上课满堂灌,公开课满堂问,热闹非凡,说完了也就没有了,或者是满堂灌加上满堂问。我总认为教课不能教在课堂上,教在课堂上就会随着声波的消失而消逝殆尽,课要教到学生心中。教过不等于教会,教过所有的教师都可以做到,教会非常不容易。我谈的都是教训。所以我讲第一个是转换出发点,一定要从学生的学出发,让学生做学习的主人。教师做教练,做学生脑力劳动的指导员。

二、课堂结构要改变,要优化课堂教学结构

从单向型的课堂结构转换成网络型的结构。单向型往往是教师讲,学生听,或者是学生问,教师答,是单向型的直线交流。这样只是有一部分学生在听,其他都是陪客。我们是要教会所有的学生,要让他们在原有的基础上有明显的提高,要把所有的学生组织到课堂教学中来,所以课堂教学要网络设计,像太阳辐射一样。这样的好处是各个层面照顾到,也就是教师的"教"作用于所有的学生,而所有学生的"学"都应该反馈到教师的"教"这方面来。学生跟学生相互作用,也就是说是一个共同探求真理的伙伴关系,共同寻求知识和真理,共同寻找解决问题的方法。这样的好处是所有的同学都组织到课堂教学中来。教师总体上是超过学生的,但是在某一点上并非如此,完全可以起到教学相长的作用。我觉得课堂教学辐射的网络设计是非常重要的。有一次在上课的时候课上到一半,一个女孩子站起来,她说茅盾先生讲白杨树怎么好怎么好,白杨树是不成材的,楠木是贵重的,我这个初中生人微言轻,你可能不相信。她拿出一本屠格涅夫的《猎人笔记》,跟你较量。她说,屠格涅夫讲,白杨树叶子硬得像金属,枝条也不美。听后我表扬了她,谢谢她用课外的读物来印证,是动脑筋的表现。然后我讲,这是用象征的手法讲的,景随情移,客观的景物是随作者主观的情而改变的。有一个男孩子立刻站起来说,"别的我还想得通,有一个句子想不通,'白杨树算不得树中的好女子','是树中的伟丈夫',说它'伟岸,正直,朴质,严肃,也不缺乏温和'。严肃是使人敬而远之的,温和的人是使人容易亲近的,在一个形象身上又温和又严肃,是不是茅盾先生说话说矛盾了"。这孩子胆子很大,敢提出问题。一石激起千层浪,大家七嘴八舌,课堂气氛非常活跃。我一般表态是不可以的,但是有的时候可以统一。我脑子里突然跳出一个句子,《论语·述而》里写道,有人问孔子是怎样的人,回答说:"温而厉",温和而很严厉;"威而不猛",很威严但是不凶猛,不像张飞、李逵那样;"恭而安",既恭且安。讨论问题,教学相长,师生的关系亲密无间,非常和谐,使得教学研究向纵深发展。因此,我教了几十年,也是向学生学了几十年。有些学生的思维非常活跃,有的问题我们想也不敢想。我刚刚教初一的时候,教《纪念白求恩》,下课有一个男孩子对我说,白求恩是一个伟大的人,我很感动,但我觉得作者对他不尊重。他说我们普通人死了,可以用"死",而作为一个伟大的人不远万里来到中国,为了中国人民这样牺牲在战场上,作者却用"对于他的死,我是很悲痛的"。他觉得"死"只能平常的人用。学生年龄小,不懂得毛主席的语言风格,这且不去讨论。我说你觉得应该怎样用,他说:依我来看,应该这样用,"对他的逝世我是很悲痛的",这样对他就很庄重了,或

者是"对他的以身殉职,我是很悲痛的"。这样的孩子怎么学不好语文呢?

三、要拓展创造思维的空间

课堂上语言训练和思维训练是同时进行的,一个不会思考的人,怎么学得好?读也是有口无心,说也是词不达意,因此课堂里一定要拓展创造思维的空间,给学生发展的天地。教语文是一种享受。中外古今那么多佳作我们学了,使我们认识社会、认识人生、体味自然,有无穷无尽的乐趣。人不是站在平地上,而是不断地在登山,无限风光在险峰。所以我说课堂上一定要有拓展思维的天地。精华是千锤百炼留下来的,那么多诗词佳作至今仍在传诵。比如说范仲淹的《岳阳楼记》,登岳阳楼的文人骚客太多了,诗词也很多,那么这篇为什么能流传千古?"先天下之忧而忧,后天下之乐而乐",这种思想境界就超越了他同时代人的水平。这就是精华、精髓,人类思维的结晶、智慧的结晶,因此流传千古。我想这种精华无论如何是不能丢的。不可否认,我们的传统教育有很多弊端,比如说重结论轻过程。教育就是一个过程,就是教师培养学生成长、成人、成才。"三成",只有茁壮成长他才能成人,成人到一定程度就能成才。还有就是重记忆、轻创造。记忆是需要的,死记硬背不对,但积累非常重要,否则的话腹中空空,腹中空空怎么写得出文章来呢?文化人和野蛮人有两大区别,北大一位哲学家讲,人和禽兽有两大区别,一是人能够用工具生产、劳动,第二是人有语言文字。能读书写书是人跟禽兽的最大区别。因此我们要积累,但是不能轻创造。知识当然要有,但是能力非常重要,千万不可忽视。从静态的维度来看,知识是人类社会实践经验的总结;从动态的维度来看,知识更是认识的过程,是探求知识形成的过程。因此我们在培养学生求知的时候,千万不能忘记探究、发现、探讨这个知识是怎么来的。有些知识已经有了定论,比如说力学,牛顿的经典力学。许许多多的物理学家都认为物理的大厦全都盖好了,今后就是怎么装修了。但是有人认为天上晴空万里还有两朵乌云,用牛顿的定理不能够解决,因此拉开了近代物理学的序幕,这就是探究。所以探究的过程无论如何是不能忘的。比如,三角形三内角之和等于180°,在球面体上,三角之和就不等于180°,它可以大于180°,可以小于180°。所以从静态来看,知识是认识事物的结果,但是从动态来看,它是认识事物的过程,意义更大。因此教学中这一点也是非常重要的,就是要拓展学生创造思维的空间。

课堂教学中,有两个方面是必须重视的,一个方面是要把语言训练和思维训练放在同等重要的位置,教语文就是要让学生正确理解和运用祖国的语言文字,要培养读写听说的能力,但是我们不能十年寒窗苦,就读一本书。学生要读那么多书,因此思维训练显得非常重要,教师要把学生的思维调动起来,也就是说学生学习不仅用感觉器官,也要用思维器官。孟子讲心之官则思,心的功能就是思考。学生不会思考问题就学不好。我在教学当中有个体会,越是学习好的学生越是问题多,学习不怎么样的学生,你问他有问题吗,他总说没有,他认为都懂了,实际上并没有懂。要让学生能够发现问题、分析问题,从而寻求解决问题的方法和途径。所以在教课当中要启发学生发现问题,这个能力是培养的,学生发现问题不是那么容易的,我是捧着人教社的教材,要学生先从教材当中发现问题。怎么发现呢?要三看:看课文,看注释、提示,看后面的思考问题。教材的前前后后都要看,看了以后想一想哪些懂了,哪些没懂,还有哪些问题,然后要查,查工具书、查资料,三看一想一查。这样学生能从最简单的字词入手,然后到篇章,段落前前后后怎么样,到写作方法、写作特点,最后再跟生活这个根联系,跟他的课外阅读相联系。这样问题就很多,有时学生能够问出一二十个问题,而且非常有质量。因此要给学生思维的空间,一定要让学生有发现问题的能力,因为我们的语文教材是宝藏、是宝库。我们教的只是千分之一、万分之一,根据教学要求,不可能把其中所有闪亮的东西都挖掘出来。所以一定要让学生有宝藏意识,学语文是来探宝的,要动脑筋去探求才能获得珍宝。有的时候一个很简单的句子,学生有一点想法教师要立刻把它抓住。高中教材里的《林黛玉进贾府》,王熙凤的出场当然是天下妙句了,她的语言表现也是非常精彩的。语文学习最怕浮光掠影,眼睛一扫,其实什么也没学到。要让他学到,他就要看懂。对王熙凤的语言描写哪怕是一个句子都是很精彩的。她看到林黛玉,说"天下真有这样标致的人物,我今儿才算见了!"这个学生当然是看得懂的,用现在的话讲是新闻炒作、吹捧。接下来说"况且这通身的气派,竟不像老祖宗的外孙女儿,竟是个嫡亲的孙女"。学生问,王熙凤貌美如月,怎么讲话疙疙瘩瘩的,用两个"竟"干什么?不像个外孙女,倒像个亲孙女,不痛快吗?有的学生讲你捧林黛玉就够了,为什么还要讲外孙女、嫡亲的孙女?学生对封建社会外亲、嫡亲的区别不太懂,因此要启发学生思考句子的妙处,让他有思维的空间。比如说,这样一个吹捧、赞赏,绝不是一般的阿谀,这种吹捧是不留痕迹的,是"高品位"的。王熙凤工于心计,她是不是只要捧林黛玉呢?她主要对老祖宗,老祖宗怎么个捧法,这个很有讲究,因为老祖宗讲过她最喜欢她这个女儿,女儿的女儿就是这个外孙女,因此她捧的是老祖宗。但是旁边的邢夫人、王夫人、迎春姐妹怎么办?要皆大欢喜,这样就显出了她语言的功力,因此她讲"竟不像老祖宗的外孙女儿","竟是个嫡亲的孙女"这样的话,又像又不像,邢夫人、王夫人、老祖宗皆大欢喜。中国语言文字的表现力、魅力真是世界上少有的。这样,在探究的过程中学生就理解了语言的魅力,就看懂了。

第二个方面是一定要留给学生创造思维的空间,留出空间让他想象。因为诗情画意一定要想象,想象时脑子里意境就出来了,内情和外景交融的时候意境就出来了。要拓展创造思维的空间,想象是不能够忘的。学生要思接千载,视通万里,这是很重要的,因为课堂是有限的,有限的课堂就好像画在框里一样,要开拓无限的想象空间。想象是创造思维最重要的东西,想象是一种酶,它能够活化知识。脑子里要有具体的图景。比如地球,所谓的纬线、经线、赤道,实际上地球上都没有,这是好多学者搞出来的理论框架,如果没有创造思维,就没有这个理论框架。有了这个理论框架学起来就方便了。又比如,我在教《变色龙》的时候,听课的人很多,教到快结束的时候,一名学生突然站起来说:"老师,你教错了。"我觉得好像没有错,更不知道错在什么地方,于是就请她上讲台来讲。这名学生语文成绩差,考文言文不及格,但是她胆子大,什么听课、录像,旁若无人,我觉得这很好,经常鼓励她。她慢慢就悟到点子上了。她说,这个变色龙是沙俄的警官,你对他的理解还不够。我在教这篇时,因为初中的孩子小,会对多变的现象感兴趣,狗的主人是将军,狗就变成娇贵的狗,如果不是将军家的就变成野狗。根据这个现象我画了一条波浪,表示多变。我说这多变的现象是由不变的本质决定的,我又画了一条直线,不变的本质,这个不变的本质就是趋炎附势。于是她说:"你想,现在这个警官已经知道这条狗是将军哥哥家的,他巴结拍马的心情就更急切了,你用这种等距离的波峰波谷怎么能够表达呢?这时他的心跳得更快了,频率更高了,就该是这个样子。"她做了一个波峰突然升高的样子。她讲得非常好。我说,对呀。其他学生讲:老师,你怎么没有想到?我在备课的时候,根据学生的实际,只想到了现象和本质的关系,单向思维,实际上要多向思维。在现象变化的过程中,他也在变,从这一点来讲,学生思维的严密性超过了我。我让学生上来改我的板书,用红笔修改我的错处,大家都很高兴,学生最高兴的就是老师挂黑板。我老老实实,因为教育就是老老实实嘛,我告诉学生我确实没有想到现象在变的过程当中也是变化的,应该是多向思维的,这样一改学生就满意了。师生是平等的,求知不存在尊严,谁讲得对,就听谁的,服从真理,这就叫伙伴关系,这就叫合作关系,这就叫和谐发展。把学生发动起来,思想高度集中,就能够爆发出智慧的火花。教师要善于把一个人的火花变成大家的。这样,对课文研究就深入了,就水涨船高了。课外也应该是大大的一块。过去星期六下午我没课,时间都给学生,这个星期看灯展,下个星期看画展。假如我没有时间,就叫我的徒弟带学生去游览。我的特级教师津贴全部给学生买书。有的学生看《静静的顿河》,写了很多页笔记,对人物进行评论。学生可以写出对《傅雷家书》不同的看法,提各种各样的问题。

我觉得教课就要胸中有书,教材如出自己之口、自己之心,这样才能够运用自如。最不好就是参考书搬家,我们那时候没有参考书,所以很好,必须自己读懂,不读懂上课就没法讲话。现在参考书太多了。我觉得人教社新编高中语文课本的参考书比较好,教学参考书就应该只给提供资料,青菜、萝卜,自己去组合。有的可以只给起个头,其余由教师自己去找,这样才能够培养青年教师。我认为一套好教材不仅能培养学生,还能培养教师。我这个教师就是教材培养出来的。我是老老实实钻研教材的。另外,就是要目中有人,时时刻刻不要忘记我们的使命是教育人。怎么教,方法多得很。如教鲁迅的《一件小事》,半个世纪前的小资产阶级知识分子跟我们现在的区别很大,你要把他教得让学生理解,就要把教材和学生的距离缩短。车夫扶老夫人进巡警所,我看到车夫的背影很高大,他越走越远,越来越大,写作者心灵的震动。学生要理解这种心灵的震动太难了。于是我说,这个时候车夫的形象是非常高大的,你打个比方看,高大到什么程度。学生讲,像高山一样,像青松一样,像高山上的青松一样。我都没有表态。学生又说,都不像。我说,是呀,任何一种修辞手法都有它的局限性。鲁迅先生在这里就没有用一个比喻来讲车夫是怎样高大的。车夫越走越远越高大,你们想想,这就好像是电影镜头一样,连续转动的,我们的视觉形象是越近越大,越远越小,而这里,是一反视觉形象,越走越大,越远越大,用连续转动的镜头表示心灵的震动,去仰视,高山仰止。因此我想再精彩的语言都要经过教师的思维和学生的思维才能从中吸取营养。因此,课堂要留给学生充分的思维空间和时间,跟学生一起探究知识的形成与结论。这样,学生就会越学越聪明。这样教学就成功了。

四、搞好课堂教学改革,最重要的是教师自身

我22岁复旦大学毕业,站课堂,站了几十年。最乱的班级,最乱的年级,最乱的教研组,乱得不堪的学校,我都带好了,还担负许多社会工作,写许多文章,我真累。前两年重病我到医院里话都不能说,筷子都拿不起来,我才体会到四个字的分量:心力交瘁。我要把乱年级带好,六点钟集合,五点五十分我就站到操场上,要学生做到的我自己先做到,教师应该是学生的榜样。我们这所学校要求教师一身正气,为人师表,我这个校长坦坦荡荡,没有不可告人的事情。我时常觉得对不起学生,尽管备课很认真,但上完了就觉得这个地方有毛病,那个地方有毛病。因此我想到大文学家罗曼·罗兰讲的:累累的创伤,是生命给你最好的东西,因为它标志着前进的一步。教了一辈子课,不断地看到自己的创伤和缺陷,正因为看到了不足、缺陷和创伤,因此战战兢兢,感到自己要努力学习,这样才对得起学生。什么叫敬业,就是认认真真,恭恭敬敬。学生是我们的后代、国家的希望,我们要对他们恭恭敬敬、认

认真真,稍有疏忽就是大问题,因此,不仅要尽力,而且要尽心。我一天只睡四五个小时的觉,我曾经想过等我退休了别的什么都不干,就睡觉,实际上是做不到的,等年龄大了,就睡不着了。我爱人对我很有意见,他说,我没有别的爱好,只想看看山水。我说,等我退休了一定去。现在年龄都大了,玩不成了。但是我觉得心里很充实。做教师站在课堂上就是生命在闪光,非常愉快。不能因为语文难教就觉得苦,如果你只感到苦怎么能教得好呢?它是苦中有乐,那种对情感的熏陶,对语言文字的品味,你会觉得乐在其中。当然要花工夫,不花时间、不花工夫哪有乐呀?我觉得再好的大纲、教材,还是要教师创造性的劳动才能够教好。德国有一位教育家说过,教师要找到最强的刺激,从事教学要有活泼泼的生命力,就要找到最强的刺激。这个刺激就是自我教育。不断的自我教育、自我学习,就能够不断地提高本领。打铁要靠本身硬,要把学生锤炼成才,自己先要锤炼成才,把学生教好了,自己也就成长了。基础教育不像研究生教育那么辉煌,不像发明创造那么名满天下,但是基础教育是对人从事基本建设,基本建设时期是长知识、长文化、长身体的时候,陪伴人一辈子,我们的基础教育虽不辉煌,但是"齐鲁青未了"绵延一片。我们的中小学生有两亿多,比欧洲加北美加日本还要多。生命是有限的,但是教师的生命是在别人身上延续的。我的写的能力就是我的语文老师教出来的。我的逻辑思维来自数学老师,他逻辑思维的严密使我刻骨铭心。所以说,我老师的生命在我身上延续,我的生命在我的学生身上延续。人是要老的,这是自然规律,但是事业是常青的。我想教育不仅是太阳底下最光辉的事业,而且是太阳底下永恒的事业,社会要进步就离不开教育。将来是终生教育,但青少年仍然离不开学校教育,因此,教育是永恒的事业。教师的价值在学生身上体现。教师是用自己的肩膀把孩子抬上去,学生的成长是对教师最大的安慰,因此我觉得我没有什么遗憾的,很忙很累但生命非常充实。教育教学非常艰难,但是,不艰难要我们教师干什么呢?正因为难度大更要迎难而上,刻苦再刻苦,创造再创造。我们的国家总会成为顶尖的世界级国家。我们这么一个大国,有人说世界知名的教育家一个孔子,一个陶行知,如果真是这样,实在是太少了。我们的教师要立大志,艰苦奋斗,成为我们中国自己的有中国特色的真正的语文专家。长江后浪推前浪,年轻教师要快快成长,不要辜负国家对你们的期望。

循故求新　激浊扬清
——再论"新语文教育"

韩　军

1. "新语文教育"的提出

"新语文"三个字是学者任不寐先生在1999年为编教材而提出的,但他并没有进行系统的论述阐发。

我提出并系统论述的是五个字:"新语文教育"。2000年第17期《语文教学通讯》发表了我的《"新语文教育"论纲》。

1997年开始的语文教育大讨论,到2000年已持续3年,社会上和学术界发表了大量文章,我写此文(还有《中国语文教育的十大关系》)的初衷就是以期对语文教育大讨论进行总结,尝试对未来21世纪的中国语文教育进行理论上的勾画。

今天,"新语文教育"已被中国中小学幼儿教师奖励基金会、中国学习学会、中国教育学会等列入"当代中国著名教学流派",专著《韩军与新语文教育》已经正式出版。

2. "新语文教育"的精神实质

何谓"新语文教育"？它指的是八九十年前的"五四新文化精神",就是"人性、真实、自由、多元","五四"思潮,就是一股"人文"思潮。"人文"的本义与真义就是"人性、真实、自由、多元"。

为何提"五四新文化精神"？

"五四"后,尤其20世纪30年代后开始的所谓"现当代中国语文教育",却一步一步把"五四"所倡导的"人性、真实、自由、多元"丢失殆尽。从那时到20世纪末,中国语文教育虚假多了、禁锢多了、共性多了、花样多了;相应地,真实少了、自由少了、个性少了、实际进展少了。

这应当是对"现当代中国语文教育"的一个"基本判断",这也正是20世纪末中国语文教育引起广泛批评的一个基本原因、基本背景。

对"人性、真实、自由、多元"的"人文精神"的呼唤,是我一以贯之的思想。1999年我在《中国青年报》"冰点"专栏发表《反对"伪圣化"》,实际是从反面倡导"人性、真实、自由、多元"的"人文精神"。"伪圣化",简单说,就是"虚伪、言不由衷、说假话、假崇高","伪圣化"的实质就是"精神专制主义""精神禁锢"。

3. "新语文教育"与复归传统

其实,"新语文教育"在具体教学方法上还主张回归另一个更加久远的传统:中国传统语文教育。"新语文教育"认为,"传统"的往往是"新"的,"新"往往是"传统"的螺旋式上升,是

---

① 本文选自《中学语文》2004年第13期。

"否定之否定"后的复归。

今日,人人言说"创新"。然而,"创新"背后隐藏着"浮躁"。因此,"新语文教育"坚持认为,当下中国语文教育最根本和迫切的问题,不是所谓"创新",而恰恰是应当"回归传统"、"守住传统"、"整理传统"。对传统进行"否定之否定",往往是最深刻的!

创新,须是在尊重、整理传统成果基础上的"整合",须是在尊重母语教育固有特点基础上的"求真",须是在讲求实效基础上的"务实"。不是"另起炉灶"。

"新语文教育"以为,传统语文教育在具体教学方法上大体解决了60%以上的问题,而"五四"后期,尤其20世纪30年代之后至20世纪末的所谓"现当代中国语文教育",在具体的教学方法上,并没有解决10%的问题。这是又一个"基本估计"。这不是"厚古薄今",恰是"实事求是"。今天,如果把这60%全推倒、否定,或者心目中没有60%,"另起炉灶",那么,"炉灶"只能是建立在"沙滩"上。

我对"五四"后尤其20世纪30年代后期肇始的"现当代中国语文教育",一直保持一种警醒,却珍视着有千年历史的中国传统语文教育。

4."新语文教育"的"三原则"

我们回归传统语文教育,不是它的"精神实质",而是它的"教学方法"。

千年的中国传统语文教育,"精神实质"上,是灭绝人性的,是"非人文"的,与真正的"人文精神"背道而驰,与"人性、真实、自由、多元"相悖。它的"学圣贤书、敬圣贤君、做驯顺奴、说伪善话、写八股文"的那一套,其精神实质是"禁锢生命个性"、"压抑精神自由"。在这一点上,"现当代中国语文教育"与其极为相似。

"新语文教育"回归的是它的"教学方法"。具体来说,是三个原则:

第一,"举三反一"原则。是在强调回归传统语文教育的"重视积累"的传统。语文教育必须强调积累,言语能力的形成是积累"三"("多"的意思),才能在学生自身言语能力与素养上反刍"一",形成"一",我把它叫作"举三反一"。"熟读唐诗三百首,不会写诗也会吟","读书破万卷,下笔如有神",传统语文教育就是重视"积累"。"现当代中国语文教育"却不倡或少倡积累,而多倡或只倡分析,试图析透"一",即"讲深讲透"极少量的几篇课文,一学期最多30篇,一学年最多60篇,三年最多180篇,让学生在言语素养与能力上反刍"三",试图"以少胜多"。我把"现当代语文教育"的大思路叫作"举一反三"。这是典型的本末倒置。并非不要"举一反三",而是用"举三反一"去补正"举一反三"。"举三反一"为主,"举一反三"为辅。"举三反一"思想是对"举一反三"思想的发展。"现当代中国语文教育"之所以"少慢差费",就是偏执于"举一反三"。越强调"举一",越必然走向"分析",走向"深、透、细";越强调"举三",就越走向"积累",走向"博览"和不求"甚"(深、细、透)解。

第二,"着力于言语"的原则。是在强调回归传统语文教育的"在言语上下苦功"的传统。语文教育毕竟是"言语"教育,紧紧扭住"言语"这个"抓手",进行"讨究"、"鉴赏"、"体悟",这是语文教育学科的生命所在。语文不能架空文本,脱离文本;上语文课,必须上出"语文味",必须"紧贴文本地面行走""在言语的丛林和字里行间穿行"。传统语文教育,是极其重视字词句的斟酌、推敲、鉴赏的,斟酌、推敲、鉴赏在传统语文教育中有着辉煌的历史。

"新语文教育"这样理解"精神"与"言语"的关系:着意于"精神",着力于"言语",得益于"素养"。这里的"精神",就是"人性、真实、自由、多元"的真正的人文精神。

第三,"吟诵与讨究结合"原则。是在强调回归传统语文教育的"在诵读中求体悟"的传统。汉语是一种音乐性很强的语言,而且是一种感悟性强、规范性弱的"非法制化"的语言,所以特别应当通过吟诵来体悟。"吟诵与讨究结合"来自尊敬的叶圣陶先生,他在20世纪40年代说过:"吟诵就是心、眼、口、耳并用的一种学习方法,……现在国文教学,在内容与理法的讨究方面比以前注意得多了;可是学生吟诵的工夫太少,多数学生只是看看而已。这是偏向了一面,丢开了一面。唯有不忽略讨究,也不忽略吟诵,那才全面不偏。吟诵的时候,亲切地体会,不知不觉之间,内容与理法化而为读者自己的东西,这是可贵的一种境界,学习语文学科,必须到这种境界,才会终身受用不尽。"我一直强调语文教育其实十分简单、素朴,无非就是"吟诵吟诵,再讨究讨究;讨究讨究,再吟诵吟诵",如此必有大效。

简单地说,"新语文教育"就是"人性、真实、自由、多元"的精神实质,加上"举三反一、言语核心、吟诵与讨究"的"教学方法"。两个传统相加,就是"新语文教育"。

5. "新语文教育"的"文就是道"

几十年来,语文教育界一直在围绕着"文"、"道"关系争论不休。一会儿强调重视"文",一会儿强调重视"道",一会儿又强调所谓"文道合一"。这是对"文"、"道"关系理解的肤浅。

我以为,不是"文以载道",其实"文"本身就是"道"。

一个民族的语言文字,就深深凝固了那个国家民族的文化精神。中国的象形文字、西方的表音文字,都深深积淀着本民族的文化精神内涵。学习一个民族的语言文字,无形中就学习了那个国家民族的文化精神,就不可避免地接受语言文字本身所负载的文化的熏陶。

我在1993年的《限制科学主义,张扬人文精神》一文中就提出"文就是道"。我不赞成脱离言语文本的所谓"道"的教育和"道"的阐发。从语文教育的本质来说,"语言文字"本身就是"道","言语"本身就是"道"。中文是象形字,西文是拼音文字,就显现着东西方的不同的"道"。"道",不可能脱离文本、脱离言语而纯粹存在。《诗经》拙朴自在,《离骚》绚烂诡谲,《史记》开阖跌宕,唐诗雍容华贵,宋词典丽雅致,《红楼梦》奇幻丰美,等等,都是与"语言文字"一同体现的"道"。《背影》的文字素淡静默,才那般地感人至深;《孔乙己》机智地剪裁、摹刻世态人心,才那般地让人惊心动魄,……这些,不都是与语言文字一道体现的"道"吗?难道"道"(也就是常说的课文思想内容)能脱离语言文字本身而"纯粹存在"吗?

让学生欣赏并学会汉语语言文字如上那样的特色,种种的"文采风流",就是语文教育中最大的"道",就是语文教育不同于任何其他学科的最大的"道",就是语文教育存在的必要性。

"新语文教育"提"文就是道",比提"文以载道""文道结合"更加深刻,更鲜明地体现"语文教育"的学科特性,更给广大语文教师以深刻的启迪。其他课,都可以"文以载道""文道合一",而唯有"语文课"才是"文就是道"。抓住"言语"就是语文教育最大的"道"。

"文就是道"的思想,是对过去的"文以载道""文道结合"语文教育思想的深化与发展。提"文就是道",可以从根本上杜绝语文教师脱离文本、脱离语言文字的"文"、"道"两张皮的教学倾向。

6. "人文""人文精神"真义不是"思想教育"

我在《限制科学主义,张扬人文精神》中第一次提出"人文性是语文教育的基本属性"。开始于20世纪90年代的中国语文教育的改革大潮,实际就是一股"人文精神"复归的浪潮。

然而,我深感忧虑的是,当今语文教育界,许多人对"人文""人文精神"的理解,却是扭曲的!在中国特定的语境中,语文教育界的许多人有意或无意(众多的人是无意)地把"人文"错解成了"政治、思想、情感、人格、课文内容"等的"教育与熏陶"的含义。

"人文",其本义与真义,"人"就是"人的"的意思,"文"即"纹",即"印迹"。"人文"就是"人的印迹""人的特性""人的属性、自身特点"的意思。也可以说,"人文"就是"人性"的意思。而"人文精神"就是"人性精神""人道主义"的意思。

只有结合"人文"的对立概念,才能正确认识"人文"和"人文精神"。"人文"的对立概念,是"神文"。"神文"即"神纹","神的印迹""神的特性""神性"的意思。"人文"与"神文"截然对立,"人性"与"神性"根本悖谬。

"人文""人性",本质上极力地指向"真实、自由、多元"和"解放、宽松";"神文""神性",本质上极力地指向"虚假、约束、共性、专制、一元"和"捆绑、禁锢"。

20世纪,中国语文教育中,"人文""人性"与"神文""神性",哪些少了,哪些多了?回答是,"人文""人性"即"人性、真实、自由、多元"少了,而"神文""神性"即"虚假、约束、共性、一元"多了。"解放""宽松"少了,"捆绑""禁锢"多了,师生的"人性"心灵不能自由飞翔。我所反对的"伪圣化",实际就是"神文"。

如今,许多的人有意无意间把"人文""人文精神"的本义与真义错解成"政治、思想、情感、人格、课文内容"等的"教育与熏陶",就是把"人文""人文精神"混同或等同于"神文""神性"。混同的危险就在于,可能使"神文"回归。

几十年来,现当代中国语文教育中的"神文",一直穿戴着"思想教育、情感熏陶、人格培育、政治教化"的华丽外衣,实质施行的是"以共性压制个性、以虚假压制真实、以统一压制自由、以神圣压制世俗",是一种"压抑人性解放""压制自我心灵"的"精神专制"的潮流,是一股力图把"语文课"在一定程度上异化为"政治课"的潮流。说透了,是一种用"人文"包裹的"伪人文"。"神文"就是"伪人文",就是"伪圣化"。

"神文"(即"伪人文")当道,可能消解甚至扭曲"人文""人文精神"的"人性、真实、自由、多元"的本义与真义,可能会把开始于20世纪90年代的中国语文教育的基于"人性"改革的"人文精神"大潮,逆转为"神文",招回"死魂灵",可能冲击"文就是道"的语文教育观念。有的语文教师,之所以担心并忧虑"人文",其实担忧的是"伪人文",他们担心此种所谓的"人文"会泯灭语文教育的特性,会让语文教育承担更多的负担。如上辨析了"人文"的真伪之后,相信更多的老师肯定是赞同真正的"人文"的。

"人文""人文精神"指向"人性、真实、自由、多元",而"思想教育、情感熏陶、人格培育、政治教化"(即"神文"、"神性")却指向"虚假、约束、共性"。

因此,语文教育界对"人文""人文精神"本义与真义的错解,不可小觑:的确有人换汤不换药,口头喊的是"人文""人文精神",内心理解的、教材与课堂上实行的,却是几十年不变的所谓"神文教化""思想政治教育"等极"左"的、精神专制的"非语文"的实质。这,有可能使浩浩荡荡的语文教育改革的"人文精神""精神解放""人性解放"的宏涛巨澜逆转,使师生的自由、个性、多元的精神走向共性、统一、压抑,还可能把语文教育"泛化",使语文教育失去自身,承担语文教育本来不应承担的负担。严格说,这股"伪人文",倡导的统统不是真正的"语文教育",而不过是"思想政治教育"。

中学语文教学几个问题的探讨

王世堪　章　熊

教学无定法,但是有基本规律。和其他学科相比,语文教学具有更大的灵活性,它往往因教材而异、因教师而异、因学生而异。那种力图把语文教学束缚在一个固定模式中的做法是不能奏效的,因为它脱离了语文教学的实际;那种认为语文教学变化莫测而不可捉摸的看法也是不恰当的,因为这会导致忽视对语文教学规律的研究。语文教学改革涉及的问题很多,本文想仅就其中几个问题提出我们的看法,和大家共同探讨。

一、语文教材的综合性与基本训练单一化的矛盾——语文教学中的"分"与"合"

没有抽象便没有科学。科学的抽象意味着在研究对象中排除一切与本质无关的、偶然的因素。例如物理课上讲炮弹射程的抛物线运动,必须把空气阻力、风向、风速等因素排除,才能弄清其原理。这种抽象是人类认识世界的重要方法。科学的体系需要抽象,安排教学体系也需要抽象。如果没有这样的"提纯",各种因素错综复杂,学生势必眼花缭乱,不知所措。这种情况,在各学科的基本训练方面尤为突出。

理科教学是这样进行的,语文则不然。这是许多学生感到理科好学而语文不易捉摸的重要原因。

语文是综合性极强的学科。每一篇课文,无论多么短,却都是麻雀虽小,五脏俱全,是一个完整的综合体。这种综合性是语文教学的特色,也是我们无法回避的问题。许多教材有文学性,我们不能把它分割得支离破碎而违背形象思维的特征。拿论说文来说,我们也不能把一个观点、一个论证体系任意阉割,管窥蠡测而破坏其完整性。但是另一方面,语文教学必须进行许多专门训练,每项训练都要循序渐进而有自己的系统,这是语文教学科学化的一项重要内容。这样,语文教材的综合性与基本训练单一化、系统化的要求就产生了矛盾。这是教师在处理教材时一个很大的难题。

语文教学中的这样一个矛盾,给我们提出了两个需要进一步研究的课题。

第一,怎样使用教材。在这种情况下,应该允许教师有权在教材处理上只突出一点而不及其余。甚至应该允许教师绕开一些枝节的、非主要的难点而不顾。(这种例子在教学中是很多的。)可是这样做,教师就很容易受到非难:这一点很重要,为什么不讲?那一点学生可能不懂,应该讲清楚。总之,是教材分析缺乏"完整性"。

所谓"完整性",应该以学生的理解为准则:(1)学生所接受的知识、概念应该是科学的、全面的,而不是片面的、不完整的。而知识、概念的完整与否又不能以一堂课或一篇课文为衡量标准,它应该从教师训练计划的整体方案来考察。(2)学生对课文的理解应该是完整的,而不是支离破碎的。这一点非常重要,否则,学生得到的就可能是一个片面的,甚至歪曲

---

① 本文选自《北京师范大学学报(人文社会科学版)》1979年第5期,第70—74页。

了的印象。但是要做到这一点,也不等于需要教师把每一点都讲到。语言是社会现象,一个人从牙牙学语开始,就在社会的语言环境中学习语言。任何一个学生,无论多么用功,他的语言能力绝不是全靠老师"教"给他的;任何一篇课文,只要学生认识其中大部分的字和词,总不会毫不理解。语文教学的社会性这一特点决定了学生学习语文时绝不是"从零开始"。教师应该善于判断学生对教材的理解程度,选好"起步点",找出教材与目的之间最简便的捷径。只有这样,才能做到教学中的"少而精"。

一个有经验的教师永远是使用教材而不是为教材所用。他根据自己的训练计划和教材特点,制订方案,以教材为舟楫,从容地驶向目的地。

出现这种指责的原因在于:我们的评课,往往是评教师"讲"课,而不是观察学生如何学习;是看教师表演,而不是研究教学。

第二,也是更重要的,是语文教材的编排体系问题。

综合性是语文教材的特点,训练目的单一化是学生认识规律的要求。要解决这个矛盾,就涉及语文教学的"分"与"合"。

综合是"合"。语言与思想是不可分割的,就语言来说,词和句、句与句群、句群和篇章也是不可分割的。离开了整体,就不可能对局部形成准确的判断。语文教材应该使学生广泛地接触和正确地理解各种社会现象,从而形成科学的、辩证唯物主义和历史唯物主义的世界观以及活跃的思维能力;语文的教材应该使学生广泛地接触各种语言现象,为丰富和发展学生的语言打下坚实的基础。学生应该大量地、广泛地阅读,这种阅读材料从内容到形式都带有综合性。

"分"基于对客观规律更深入的认识。科学的分类是"分"。在语文教学中,它指的是对学生读、写实践过程加以分析、解剖,给以有针对性的训练。没有局部也就没有整体,不对各个局部进行详细的考察,对整体的认识也只能是浮光掠影,一知半解。读和写能力的提高各有自己循序渐进的规律,因此这种指导也应该由浅入深,由低级而高级,形成自己科学的富于实践性的教学体系。这种体系与前面大量阅读的编排体例不同,应该单独做出安排。

我们可以从我国戏曲演员的培养中获得启示。孩子们不是一坐科就去排戏,而是先要练唱、念、做、打等基本功。老艺术家盖叫天经过多少艰苦的基本训练,练就瓷实的腰腿和娴熟的武打技艺,登台演戏,或武松打虎,或石秀探庄,才能把人物刻画得惟妙惟肖、栩栩如生。

我们还可以从运动员的训练中获得启示。篮球运动员要做多少分解动作的基础练习?传球、运球、投篮、突破、防守……每一项都包括许多单项的专门训练。有了这些功夫,才谈得到战术配套,才谈得到配合。

那么,语文教材是不是可以编成两套呢?一套以名家名篇的大量阅读为主,一套以读写的科学训练为体系,使之各得其所。这就是"两套教材"的设想。

其次,语文的基本训练应当有"分"有"合"。既要有整篇的、综合性的读写练习,又要有单项的"分解动作"的练习。这种专项练习,1955年的汉语课本和1963年的语文课本都做过一些有益的尝试。因为各种缘故,这些试验中断了,是很可惜的。搞这类训练,应该对学生的读和写、语言和思维等方面分别进行考查和分析,找出专题,结合学生实际,编出训练程序,设计出练习形式。这种训练大都带有片断、局部性质,小型多样,目标集中,由浅入深,循序渐进。到一定的时候,又可做程度不同的综合练习。大型、中型、小型相结合,综合与专项相辅相成,这就好像给读写训练搭了许多级"台阶"。

在研究、编排这种分解性专项练习时,必然出现语言各分支学科间互相渗透、互相融合的现象。语法学、修辞学、逻辑学、辞章学,作为一门学科,各有其不同的研究对象,各有自己的体系,但在实际运用中,在指导学生提高读写能力的过程中,它们又是相互为用、相互结合的。编制专项性练习,必然要打破它们之间的界限。这就为我们的语言研究提出了一系列新的课题。编制各种专项性练习是"分",在练习中出现的各学科之间的渗透是"合"。这是另一种意义上的"分"中有"合"。

多年来,我们的语文课本和教法研究大多是只注意综合而不注意分解的。我们的传统方法是讲文章,多读多写,一篇一篇地讲,一篇一篇地读,一篇一篇地写,积以时日,功效自见。这是一种行之有效而效率不高的方法。这种方法依靠耳濡目染、潜移默化,也能积累大量语言材料,培养良好的语言习惯和敏锐的语感,这是符合学习语文的规律的。然而笼统地提出多读多写,只谈了一个"多"而不去研究数量和质量的辩证关系,不研究读什么、如何读,不研究写到底包括哪些因素,不去研究如何编排和组织训练体系,缺乏科学的、细密的研究,这正反映了我国教育科学的落后状态。而且,古人不学数理化,在科学技术迅速发展的今天,各门学科的内容不断增多、加深,学生已经感到应接不暇,语文教学若不解决科学训练问题,若不能提高效率,则将无以自立。要解决科学训练问题,就要进一步探讨语文教学的"分"与"合"。

二、知识的无限性与课堂教学时间有限性的矛盾——教会学生读书与思考

对每一门学科来说,知识都是无限的,但语文课又自有其特点。一个学生,只要识了一定数量的字,就能自己读书。事实上,每一个学生课外阅读的数量都远远超过语文课本的容量。课外学习的内容和范围都是无限的,课堂教学的时数却是有限的,如何以这有限来指导无限,就为语文教学法的研究提出了问题。

如上所述,社会性是语文教学的一个基本特征。由学前到学龄、由小学到中学,随着年龄的增长,参加社会生活的日益广泛,一个人的语言能力也就不断发展。他参加各种谈话,听广播,看电影,观剧,读书报……都是在运用语言的实践中学习语言。不能指望语文的课堂教学能够解答学生在课外遇到的一切问题,也没有哪一种语文教材能够包罗万象——容纳学生所需要的一切语文知识。因此,语文的课堂教学应该成为学生在社会生活中学习语言的典型示范,使他们获得启示,从而提高学习语文的自觉性,而不是仅仅为了理解这一篇课文。对于语文教学,教材只不过是一批例子,一批经过精心选择的范例。语文课本的编选,各种练习的设计,都必须有一个明确的指导思想,那就是让学生举一反三,学会独立地读和写。从这个意义上说,语文教学不是"教"而是"引",语文课上也不能仅仅是"讲"和"听",而应该是学生在教师指导下的读写实践,在实践中学会读书和思考。

培养读书和思考能力,要从指导学生自己认真阅读教科书开始。要指导学生读书,又要从最简单、最基本的能力培养起,首先要养成良好的读书习惯。

要让学生自己查字典,指导学生学会读注释。教师要启发指导,又要创造条件,就是说,要营造一种环境,使学生非得自己去翻字典、看注释不可,否则就混不下去。现在,我们常常忽视这些"细小"的,然而却是十分重要的方面。老师宁可把注音解义都写在黑板上,也不去要求学生翻字典;宁可按注释自己来"讲"课文,也不去指导学生看注释。似乎不讲就不足以说明是在上课。学生中小学读了十年书,许多人却连这些最起码的本领也没有。这种情况

实在应该改变。

还要教会学生一定的读书方法。圈点批注是我国传统的、有效的读书方式。徐特立同志提倡"不动笔墨不读书",指导学生读书时圈点批注,能训练学生读书时注意力集中,边读边思索。此外,把读书时的感想、认识、意见用简约的文字记下来,也是一种写作上的训练。我国传统的读书方式还有写读书札记,反复诵读、吟哦等,这些方式都值得我们进一步探讨。

然而,最重要的,也是最困难的,就是培养学生发现问题和运用已有的知识去解决问题的能力。读书能力带有综合性,其中有一些是语文教师应该着意培养的技能,例如怎样根据上下文和词素来推断一个生词的近似义,如何在文章的例证和分析中掌握要点(包括中心句的概念),要教会学生纵览全文读出文章的脉络层次,还要教他们善于由注释提供的材料领会文章何由而发,领会作者意图,等等。这些,对于学生正确地理解和思索都是必不可少的。在此基础上,教师还要善于引导学生注意发现问题,而且敢于质疑问难。

让学生学会读书与思考,教师少讲点,学生多想点,这是对语文教师提出的更高的要求,是为了更好地发挥教师的主导作用。为此,我们就需要进一步研究学生学习一篇课文的认识运动和基本程序。

学生学习一篇课文是一次复杂的认识运动。尽管不同的课文、不同的学生,这种认识过程会有差异,但大体上会有一些基本的、共同的程序,这就是:

粗读一遍,得其大概→逐步深入,掌握重点→联系背景,理解实质→经过总结,鸟瞰全局(有时还要结合实际,进行推理、联想)→进一步在词章上有所得。

这样的归纳未必精当,但它大体上反映了学生在学习课文时认识不断深化的思维运动。这一认识运动的过程体现着语文课的特色,反映了思想和语言的密切联系:语言训练以思想训练为指导,思想训练要落实到语言训练上。

如果我们对这一程序进一步加以仔细的剖析,就会发现两点:

第一,这样一个过程可以分为两个阶段。从粗知大概到掌握实质、鸟瞰全局,是一个在理解上由浅入深的连贯性很强的完整过程;由内容而词章,是属于不同范畴的另一次飞跃。

这后一次飞跃恰恰是当前语文教学的薄弱环节,也是语文教学科学化的重要课题。许多同志是努力引导学生在词章方面进行探讨的,一些有经验的教师更是善于把内容的分析和词章的探讨有机地结合起来,细致深入,精辟独到,有声有色。但是这种分析都是受一篇篇课文的支配,随教材而转移的。它们是零碎的、不系统的。迄今为止,还没有形成按照学生认识规律编排的、科学而又系统的序列。

这种序列不是烦琐的知识的罗列,而是按照学生读写能力发展的不同阶段,对各种语言现象给以富于启示性的归纳。这是一项十分艰巨的任务。它的艰巨性在于我们不仅要在词章学方面进行探讨,还要研究学生语言与思维的发展过程,组成训练程序。词章的表现是千变万化的,我们不能企求在语文教学中包罗一切,只能而且必须在无限丰富而多样的表现形式中找出基本格式和规律,才能帮助学生举一反三,培养独立吸收的能力;学生的认识又是螺旋式上升的,我们既不能直线突进,又要避免机械地重复,减少时间的浪费,提高教学效率。这两方面的研究,目前都还是一片空白。

第二,这是一个复杂的认识运动,自始至终充满着矛盾。教师只有善于把矛盾引进教室,展开矛盾,才能调动学生的积极性、主动性、创造性,课堂才能生动活泼。

要展开矛盾,就必须突破目前语文教学中常见的程式化的八股格式。我们解剖学生学习一篇课文的基本程序,正是为了摒弃那种僵化的固定格式。前面讲过,学生对一篇新的教材是不可能全然毫不理解的。理解有深有浅,语文教师的任务就是准确地判断学生已经理解的程度,掌握学生认识深化所遇到的矛盾,给以恰到好处的"点拨",引出矛盾,启发积极思维。为了避免教学中千篇一律,从头讲起,不厌其烦地重复学生已经理解的内容,我们就有必要观察和分析学生学习课文这一认识运动的基本程序,为我们的判断与选择提供依据。

展开矛盾,首先要把握矛盾。在课堂教学中,学生学习中的矛盾总是表现在两个方面:一是学生与教材之间,二是学生与学生之间。教师启发学生积极思维的艺术,除了深入理解教材,把握教材的关键之外,还在于善于利用学生认识上的差异。学生程度不齐,认识水平参差,人们常常觉得难办。事实上,学生间的差异是永远存在的,除了程度过于悬殊者外,学生中的这种差别又为我们启发学生的积极思维提供了条件,有经验的教师则善于利用这些差异来引发学生认识上的矛盾运动。上等生之所以是上等生,就是因为他们迅速地走完了中等生和下等生还没走完的认识过程。下等生之所以是下等生,就是因为他积下一大堆认识上的矛盾没有解决。在组织教学时,我们可以注意观察、研究中等生存在的问题是什么,看看上等生是不是已经解决了,他们是否能够使问题深化,他们在解决这个问题时有什么体会可供借鉴。同时还要看看中等生提出的问题,能否对下等生有些启示。这是就一般情况来说的,在具体教学过程中,在某一课的学习中,各类学生的情况又会有不同的变化。组织课堂教学的奥秘全在于教师要准确地了解各类学生的理解能力和心理特征,善于提出恰当的问题来引导学生的思索、讨论和争辩。这样,在教师的引导下(提示、补正、归纳……),学生之间互相启发、补充、辩驳,就大有助于提高各类学生的思考能力。

矛盾,表现为问题。课堂教学中的问题不外来自两个方面:一是学生自己提出的,二是教师用以启发引导学生的。学生提出的问题有的来自中等或中等以下的学生,这类问题一般可以由学生自己解决。有的问题可以有很大的启发性,这类问题往往是很难预料的。争取课堂主动权的关键是教师准备的问题,这类问题带有深化性质,如果准备得好,往往成为分析和理解教材的枢纽,一棋下定,全盘皆活。这类问题,难度应该以上等生为标准,同时又使大部分学生能答出百分之七八十为原则。

根据我们的体会,教师准备问题、设计练习、测验考试,最好都以此为准。低于这个标准,说明内容或题目过于容易;高于这个标准,说明内容或题目过难。过于容易,则索然无味;过难,则高不可攀。这两者都不利于启发学生积极思考。有一定难度,但有一部分学生能够答出,大部分学生可以理解,这才便于把矛盾引入课堂,学生印象也才深刻。

教学应该突出重点,解决难点,而教学的艺术又在于给学生留下适当的难点,引出矛盾。可惜许多教师(包括我们自己)却经常自觉不自觉地掩盖了矛盾。

这样,在不断展开矛盾、解决矛盾的过程中,读读、议议、讲讲、练练就构成了语文教学的基本形式,构成了课堂教学中教师与学生的双边活动。在这一活动中,教师的任务是引导思路,指导要点,教给方法,讲解知识,释难答疑,典型示范,典型纠正,评价分析,总结概括……绝不是简单地"讲"。学生的任务是熟读深思,温故知新,举一反三,讲述论辩,批注评点,质疑问难……绝不是简单地"听"。语文教学活动的这种多样性,再加上教师的个人特色(语文教学决不可以泯没这种个人特色),就使得我们的教学不可能拘于一格、定于一法。语文教学的科学化与风格的多样化并不矛盾。正是在众美纷呈、不拘一格的教学实践中,才大大丰富了我们的认识,加深了我们对语文教学科学规律的理解。

这是一个未经充分开垦的广阔天地,有许多依稀可辨的途径引起献身语文教学事业的同志们的深思和探讨。根据不同同志的不同探索方向,目前的语文课堂教学大致可以归纳为三大类型,即讲授型、自学与讨论型、练习型。

根据各种不同情况,这三种类型的运用又是千变万化的。一个有经验的教师,决不使自己局限于某一类型,他运用各种不同的手段来应付各种不同的问题;而不同的教师又可以有自己的专长,他可以对某一种教法有独到的研究,从而形成自己的教学特色。这三种类型的教学又各有自己有待进一步研究的课题。一般地说,讲授型历史比较悠久,它积累了大量的经验,同时也暴露了自己某些有待克服的弱点;自学与讨论型引起了不少同志的兴趣,他们为之大声疾呼,并且进行了一定的试验,但也有一些问题有待进一步研究;有计划地利用练习形式进行系统的训练刚刚引起了一些同志的注意,至于训练的内容及其内在的规律性则还没有得到充分的认识。对于课堂教学的形式,我们主张百花齐放。我们不赞成轻易地肯定哪一种或否定哪一种。问题可以争论,流派应该并存,正如乒乓球的打法和风格一样,各种流派之间可以互相渗透、促进,然而它只是发展而决不泯除各自的特色。我们提出自己的看法供大家讨论,并且向广大奋斗在第一线的同志们学习,一起实践。

阅读经典：提高学生语文素养的必由之路[①]

倪文锦

一

《全日制义务教育语文课程标准(实验稿)》指出："语文课程应致力于学生语文素养的形成与发展。语文素养是学生学好其他课程的基础,也是学生全面发展和终身发展的基础。""九年义务教育阶段的语文课程,必须使全体学生获得基本的语文素养。"《普通高中语文课程标准(实验)》则进一步指出："高中语文课程应进一步提高学生的语文素养,使学生具有较强的语文应用能力和一定的审美能力、探究能力,形成良好的思想道德素质和科学文化素质,为终身学习和有个性的发展奠定基础。"并把"全面提高学生的语文素养,充分发挥语文课程的育人功能"列作课程基本理念的第一条。把语文素养从"立人"的高度加以强调,这在以往的有关语文课程的文件中是没有的,其意义是长远的,影响是深刻的。

"语文素养"的含义,简而言之即对语文有长久的修养和训练。这是一个复合性概念,尽管它的内涵和构成要素十分丰富,但提高学生的语文素养,都离不开把语言文字包含的文化素养转化为学生的文化素养。当前,不管是实验区还是非实验区的教师都在积极探索提高学生语文素养的方法和途径,形势是可喜的。但是我们必须看到,作为发展和提高学生语文素养的重要环节,当前的阅读教学正潜伏着危机:在当代这样一个电话逐渐代替私人书信、电视日益代替读书看报的社会里,人们慢慢地觉得,阅读似乎已经没有什么必要了。人们对阅读的重要性开始怀疑,尤其对经典阅读的重视程度正在急剧下降,"阅读危机"其实离我们并不遥远。而语文高考的阅读内容,由于受时间的限制,大多是"速成式"的"短平快",与经典相去甚远,这更加速了这种危机的到来,同时,它对平时阅读教学所产生的负面影响,也正日益加深着这种危机。对此,我们必须引起高度的警惕,并保持清醒的认识。

二

有一种文化现象值得注意:只要一提起意大利的民族文化,人们就会很自然地联想到但丁的《神曲》、达·芬奇的绘画;提起俄罗斯的民族文化,人们就会想到普希金的诗歌、托尔斯泰的小说;提起日耳曼的民族文化,人们就会想到歌德、海涅的诗歌、剧作和贝多芬的音乐。由此可见,无论东方还是西方,世界各民族都有自己独具特色的文化,都有一批能经受得起时间考验、长久不衰的经典。丢掉民族的优秀文化遗产,不仅是民族自身的悲哀,也是人类文化的损失。同理,语文课程要全面提高学生的语文素养,其内容在与时俱进,加强时代性,满足社会实际需要(实用)的同时,必须加强其经典性,提高课程的文化含量。

[①] 本文选自《课程·教材·教法》2004年第12期,第36—40页。

作为民族共同语的教育,当前我们的语文课程尤其需要弘扬中华民族优秀文化(包括革命传统文化),也就是需要大力加强对民族优秀文化的理解和吸收、创造和发展。这是因为,在当今世界,语言都是民族的语言,文字都是民族的文字,任何一个民族的语言文字都不仅仅是一个符号系统或交际工具。一方面,语言文字本身可以反映一个民族认识客观世界的思维方式;另一方面,民族文化也依附于语言文字得以继承和发展。所以民族文化就蕴涵于民族的语言文字之中,任何一个民族的语言文字都是其深厚的民族精神的积淀。它直接与民族感情相联系,构成了维系民族成员的心理纽带,是民族生命的重要组成部分。当然,中华民族文化是一个丰富博大的有机整体,既包括汉民族的文化,也包括各少数民族的文化;既包括悠久的古代文化,也包括近代和现代文化;而且弘扬民族文化也不排斥外来的优秀文化,因为任何一个开放的民族,它的文化发展都离不开学习和吸收世界其他国家和民族的优秀文化成果。

在语文学科,民族文化主要表现为民族的文字文化和语言文化。语言文化,内涵非常复杂,大致说来,就是指以语言文字为载体的精神遗产,具体表现为两种类别,即文学和典籍。因此,提高学生的语文素养,非常关键的一点就是加强文学和典籍方面的修养,这是把语言文字包含的文化素养转化为学生的文化素养的必由之路。但问题又在于人的文学方面的修养和典籍方面的修养是内隐的,不像人的言语交际能力,是外化的、对象化的,可以通过一个外在的表现来进行评价。也正是由于不易检测评价的原因,文学方面修养和典籍方面修养的培养在实际的语文教学中长期不受重视。而旧有的应试教育体系和语文考试模式,更为"不考就不教不学"的功利主义不断滋长和蔓延推波助澜,它的直接负面作用就是导致学生少读经典,甚至不读经典。这对语文教育来说,真是致命的一击。

2003年,教育部颁布了《普通高中语文课程标准(实验)》,在选修课的五个系列中,就安排有"文化论著研读"的专门系列。课程标准进一步提出,"应指导学生通过阅读论著、调查和梳理材料,增强文化意识,学习探究文化问题的方法,提高认识和分析文化现象的能力,吸收优秀文化的营养,参与先进文化的传播"。这对提高学生的语文素养来说,无疑是个标本兼治的有力举措。

三

事实上,国外的母语教育,尤其是发达国家的母语教育,都非常重视经典的阅读,并在课程标准等正式文件中作出了明确规定,这是提高个人的语文素养和民族的语文素质的必由之路。下面试举数例。

(一)英国

根据《英国国家课程·英语》规定,"在第三和第四阶段(相当于初中和高中)的课程中,学生应阅读以下作品":

(1)莎士比亚的两部戏剧。

(2)主要剧作家的戏剧,如克里斯托弗·马娄、J. B. 普里斯特雷、萧伯纳、R. B. 要利敦的作品。

(3)1900年以前出版的两部由主要作家写的小说,从以下作者中选取:简·奥斯汀、夏洛蒂·勃朗特、艾米利·勃朗特、约翰·班扬、威尔基·考林斯、费尔丁、伊丽莎白·盖斯凯尔、托马斯·哈代、亨利·詹姆斯、马丽·协莱、罗伯特·路易斯·史蒂文森、乔纳森·斯威福特、安东尼·脱洛勒普、H.G.威尔斯。

(4) 两部在1900年后出版的,由主要作家写的高质量并且是在评论界已享有盛名的作品,如威廉姆·戈尔丁、格林翰姆·格林、詹姆士·乔伊斯、D.H.劳伦斯。

(5) 1900年前出版的由四位主要诗人写的高质量作品。

(6) 1900年后出版的,在评论界享有盛誉的四位诗人的高质量作品[1]。

(二) 德国

德国的完全中学包括5—13年级。其中,5—6年级具有初中的预备性质,7—9年级是初中学习的主体阶段,10年级起承上启下的作用:既是对初中阶段的总结与提高,又是对学生是否符合高中要求的"审查"。以德国巴符州语文教学大纲为例,可以了解德国5—10年级学生按规定应学习的作家作品(摘译;作品篇目从略)。

(1) 5—6年级。诗歌:布莱希特、布施、克劳迪乌斯、艾兴多夫、冯塔纳、歌德等16名作家。小说:比克塞尔、施托姆等8名作家。青少年读物:格斯泰克尔、杰克·伦敦、马克·吐温等。童话:格林童话、世界童话。

(2) 7—8年级。诗歌:布莱希特、艾兴多夫、冯塔纳、歌德、海涅、克斯特纳、图霍尔斯基等20名诗人。小说:布莱希特、凯勒、S.伦茨、施托姆、S.茨威格等11名作家。青少年读物:狄更斯、杰克·伦敦等7名作家。其他:短篇小说、名人轶事、童话传说、戏剧和广播剧(H.萨克斯、柴可夫、法伦廷、席勒等14名作家)。

(3) 9—10年级。诗歌:布莱希特、G.艾希、艾兴多夫、歌德、格拉斯、黑塞、海姆、霍夫曼斯塔尔、席勒等26名作家。小说:艾兴多夫、凯勒、克莱斯特、席勒、施托姆、安德施、贝克、伯尔、迪伦马特、法拉达、黑塞、S.伦茨、托马斯·曼、雷马克、S.茨威格等38名德国作家;巴尔扎克、格格尔、普希金等12名外国作家。其他:博尔希特、布莱希特、迪伦马特、弗里施、歌德、豪普特曼、图霍尔斯基、莱辛、G.艾希等21名作家[2]。

(三) 法国

法国《高级中学语文教学大纲》高中阶段第一年的"作品清单"如下:

(1) 16世纪和17世纪作家。蒙田:作品节选;帕斯卡:作品节选;高乃依:《滑稽的幻灭》《西娜》;莫里哀:《妇女学校》《伪君子》;拉辛:《布里塔尼克斯》《贝雷尼克》。

(2) 19世纪小说通读。巴尔扎克:《欧也妮·葛朗台》《黑交易》;夏多布里昂:《阿塔拉》;福楼拜:《包法利夫人》;戈梯埃:《幻想故事》;雨果:《死囚末日》《巴黎圣母院》;莫泊桑:《她的一生》《漂亮朋友》;梅里美:《卡门》;内伐尔:《西尔维》;纳第埃:《小故事》;斯汤达:《红与黑》《意大利编年史》;维尼:《斯太罗》;左拉:《小酒店》《萌芽》。

(3) 诗歌:学习16、19、20世纪的诗歌。

(4) 20世纪作品。阿努伊:《无行李的旅行者》《昂提高纳》;科克托:《地狱的机器》;科莱特:《西朵》;杜拉斯:《阻挡太平洋的堤岸》;法朗士:《克兰克比伊》《诸神渴了》;纪德:《田园交响乐》;纪尧诺:《丘陵》《世界之歌》《报酬》;纪鲁杜:《特洛伊战争将不会发生》;格拉克:《森林中的阳台》;尤内斯库:《犀牛》;马尔罗:《征服者》《皇家大道》;马丹杜加:《诊断》《蒂博》第四卷;莫里亚克:《特莱丝·德盖鲁》;蒙特尔朗:《斗兽者》;佩雷克:《东西》;罗伯·格利耶:

《橡皮》;罗曼·罗兰:《凡尔登序幕》;圣埃克絮贝里:《人类的地球》;萨罗特:《童年》;西穆南:《费修的哥哥》;絮佩维利埃:《大海的孩子》;维尔科尔:《大海的沉默》。

高中阶段第二年的阅读清单如下:

(1) 继续学习16、17世纪作家的作品。

(2) 主要学习18、19世纪作家的作品。博马舍:《费加罗的婚礼》;狄德罗:《宿命论者雅克》《拉摩的侄儿》;马里伏:《奴隶岛》《爱情与巧合的游戏》;孟德斯鸠:《波斯信札》;普莱伏:《马农·莱斯库》;卢梭:《忏悔录》《孤独漫步者的遐想》;圣·西门:《回忆录》;伏尔泰:《哲学信札》《天真汉》;巴尔扎克:《驴皮记》《朗杰侯爵夫人》《高老头》;巴贝:《魔鬼》;波德莱尔:《恶之花》《散文小诗》;夏多布里昂:《墓外回忆录》;福楼拜:《撒朗波》《情感教育》;雨果:《沉思集》;米舍莱:《人民》;缪塞:《方塔西奥》《爱情玩笑开不得》;斯汤达:《巴马修道院》;魏尔伦:《土星诗集》《优雅的节日》;左拉:《娜娜》《奶罐》。

(3) 20世纪作家的作品。阿波里耐尔:《酒精集》《书法字》;阿拉贡:《欧雷利安》《未完成的小说》;贝尔那诺斯:《刨子新传》;贝克特:《等待戈多》《残局》;布托:《改变》;加缪:《婚礼》《加里古拉》《鼠疫》;克罗岱尔:《认识东方》《给玛丽的告示》;艾吕亚尔:《最后的爱情诗》;米肖:《别处》;普鲁斯特:《在斯万家那边》;萨特:《墙壁》《禁闭》;塔提厄:《屋内戏剧》;尤瑟纳尔:《致命一击》《亚德里安回忆录》》[3]。

(四) 美国

美国虽然没有法定统一的全国性的课程标准,但由国家权威机构颁布的文件,也带有"标准"的性质。例如,1984年8月20日,在美国国家人文科学促进委员会主席的主持下,来自全国的400多名教授、作家、史学家和新闻记者等文化界的领导人参加了一项民意调查。据调查结果,列出了以下的重要著作作为美国中学生"必读"的书籍:

莎士比亚:《麦克白》《哈姆雷特》等;美国历史文献:《独立宣言》《美国宪法》;林肯:《葛底斯堡演说》等;马克·吐温:《哈克贝里·芬历险记》;《圣经》;荷马:史诗《奥德赛》《伊里亚特》;狄更斯:《远大前程》《双城记》;柏拉图:《理想国》;斯坦培克:《愤怒的葡萄》;霍桑:《红字》;索福克勒斯:《俄狄浦斯王》;梅威尔:《墨比·狄克》;奥威尔:《1984》;索洛:《沃尔顿》;弗洛斯特:《诗歌》;惠特曼:《草叶集》;菲兹杰拉德:《伟大的盖茨比》;乔叟:《坎特伯雷故事集》;马克思、恩格斯:《共产党宣言》;亚里士多德:《政治学》;狄勒里:诗作;陀思妥耶夫斯基:《罪与罚》;福克纳:各种著作;赛林格:《麦田守望者》;德·道克威尔:《美国的民主》;奥斯丁:《傲慢与偏见》;爱默生:诗文;马基维利:《王子》;弥尔顿:《失乐园》;托尔斯泰:《战争与和平》;维吉尔:《伊尼德》[4]。

值得一提的是,美利坚合众国教育部颁布的中学生必读书目有21部,其中美国6部(《独立宣言》《哈克贝里·芬历险记》《麦田守望者》《草叶集》《愤怒的葡萄》《红字》)、英国5部(《麦克白》《哈姆雷特》《失乐园》《傲慢与偏见》《坎特伯雷故事集》)、俄国2部(《战争与和平》《罪与罚》)、法国1部(《论美国的民主》)、德国1部(《共产党宣言》)、古希腊4部(《奥德赛》《伊利亚特》《政治学》《理想国》)、古罗马1部(《埃涅阿斯记》),还有1部是《圣经》[5]。它们几乎全在1984年所列的30多部著作之中。

他山之石,可以攻玉。对上述例子,之所以不厌其详地加以摘录,目的是为了唤起我们的注意、思考和重视。这些国家的语文课程标准等文件所列的作家作品,无不以自己国家或民族历史上的文化经典为主,并注意吸收其他一些国家和民族不同时期的文化精华作为语文课程的核心内容。其价值自然不在实用,而在文化的接触、熏陶和传承,也即为了提高学生的文化素养。当然,这些作家作品不可能只依靠封闭的课堂教学才能得以学完。

四

经典之所以为经典,是由于它以独特的无与伦比的方式触及、思考和表达人类生存的基本问题,其深度和广度为后世难以超越,对人类具有永久的魅力。它能经受时间的考验而历久弥新。正是从这个意义上说,经典是没有时间性的,它永远不会过时。

当然,经典并不等于真理,学习经典,并不在于保证它的真理性或实用性,而在于它是人类精神文明的结晶和体现。正像一些学者所指出的那样:人类文明的特点在于它的延续性,人类文明需要沿袭和继承。没有传统的文明不成其为文明,没有经典的文化也不成其为文化。因此,传统的毁灭就是文明的毁灭,经典的丢失就是文化的丢失。

经典是文化之母。文化的继承和发展,只能从阅读经典开始。我国自现代以来,对语文教育规定"经典"作品问题做过较深入思考的,可能要数朱自清了。当时朱先生是从文言作品学习的角度来思考这一问题的。与当时多数人非议古文教学的意见不同,作为新派人物,朱自清十分强调文言作品的学习:"我可还主张中学生应该诵读相当分量的文言文,特别是所谓古文,乃至古书。这是古典的训练,文化的教育。一个受教育的中国人,至少必得经过古典的训练,才成其为受教育的中国人。"[6] 在《经典常谈》的序言中,朱自清特别强调:"在中等以上的教育里,经典训练应该是一个必要的项目。经典训练的价值不在实用,而在文化。"

当前,在创新教育的口号下,经典常常被误认为阻碍创新的"老古董"而得不到重视。其实,经典与创新并不矛盾。没有深厚文化底蕴的人是不会有什么真正的、有价值的创新的;拒绝阅读经典的人也根本谈不上有什么文化底蕴。很难设想,一个对唐诗宋词极少涉猎的人会成为大诗人、大词家,而任何真正的创造者,总会善于在传统经典中吸收充足的养料作为创新的源泉。

时下,"外语热"以及铺天盖地的"双语教学"也是妨碍经典阅读的外部因素之一。笔者无意对"双语教学"和"外语热"发表评论,只是借用作家王蒙的话指出:"从根本上说,母语是进修外语的基础,外语是学好母语精通母语的不可或缺的参照。"[7] 我们要清醒地认识和正确地处理这两者的关系。一个缺乏母语文化底蕴的人,他的外语绝不会有多深的造诣。众所周知,在近现代的中国,大概没有多少人的外语比辜鸿铭、林语堂和钱钟书更好,同时他们的汉语文修养也都令很多人望尘莫及。

从我国语文教育的实际看,以前很长一个时期,我们的语文教学大纲缺少对阅读经典的引导和规定(由于观念的局限,一些经典也大多限于所谓"适合教学"的短篇)。世纪之交调整修订的语文教学大纲和新世纪颁布的语文课程标准对课内外读物实行推荐,在为提高学生的语文素养方面已经迈出了切实的一步(当然,对经典的范围仍可以讨论),但从教学实践看,由于旧有的观念,特别是应试教育的观念在今天并未得到彻底根除,因此如何具体落实仍是一个问题。但无论如何,坚冰已经打破,航道已经畅通。国内外正反两方面的经验证明:不管学习何种母语,要全面提高学生的语文素养,都离不开阅读经典,任何一个国家和民族的学生都概莫能外。

注释：

[1] 柳士镇,洪宗礼.中外母语课程标准译编[Z].南京:江苏教育出版社,2000:261.
[2] 柳士镇,洪宗礼.中外母语课程标准译编[Z].南京:江苏教育出版社,2000:151.
[3] 柳士镇,洪宗礼.中外母语课程标准译编[Z].南京:江苏教育出版社,2000:191-196.
[4] 倪文锦,欧阳汝颖.语文教育展望[M].上海:华东师范大学出版社,2002:220.
[5] 石翔.美国中学生必读书(导读本)[Z].北京:社会科学文献出版社,2001.
[6] 蔡富清.朱自清选集(第二卷)[Z].石家庄:河北教育出版社,1989:3.
[7] 王蒙.汉字与中国文化[N].文汇报,2004-9-21.

语法教学与语感培养

蔡 伟 张先亮

本文所说的语法教学特指中小学的语法教学。自20世纪50年代暂拟汉语教学语法系统产生以来,中学语法教学走过了半个世纪,在这不长也不短的时间里,语法教学经历了由鼎盛到衰弱的历史。究其原因,虽方方面面,但语文教育理念的变化不能不说是非常重要的。当代语文教学走过了一条艰难曲折的探索之路,出现了三次大的理论嬗变:政治中心说——知识中心说——人文中心说。

人文中心说强调语文的人文精神,认为"语言不单单是工具,更是人的生命活动、精神活动"。"语言能力应当是言语能力,读、写、听、说的能力无不都是言语能力,而言语能力总是和人的认识、情感不可分割地交融在一起,而决不仅仅是语言工具的操作技术问题。"[1]与人文性相配套的是"语感中心说",主张语文学科以提高语感素质为中心,通过感悟、熏陶和语感的培养,使学生在潜移默化的过程中提高语文水平,陶冶道德情操,培养审美情趣。这种理论是对"知识中心说"特别注重语法知识训练的反叛,同样是一种矫枉过正。但由于语感确实体现了个体言语发展的重要性,加之语法教学的效果问题长期以来没有得到解决,所以语感中心说理论一提出就受到人们的重视,并被越来越多的人所接受,尤其在中学语文教学界,新语文课程标准甚至将"培养语感"列入了课程的基本理念中。

应该说"语感中心说"的提出有其较坚实的理论基础,具有积极的时代意义,但我们也认为,把语感与语法对立起来的观点是不妥的,或者说是错误的。在这一理论的提出和发展过程中,在我们的理论界和教育界,把语感与语法对立起来的观点和做法确实实存在着,而且还非常严重,似乎两者是水火不相容的。要讲语感培养就不能讲语法教学,甚至要"掐断语法的脖子",取消语法教学。这种做法同样有悖于语文教育规律,最终会走上语言玄学的弯路。其实,语感不是仅仅靠感悟、熏陶这么简单容易就能获得,虽然一个从未上过学的人也能形成一定的语感,但那是在模仿他人的言语行为的基础上形成的,而他人的言语行为中,就包含一些隐性的语法规律的运用。一个人要想获得更为深刻更为丰富的语感,就需要有一个更复杂的训练过程,在这个过程中理性的语法教学无疑是有积极的意义和作用的。

一、语法教学与语感培养的关系

要说清语法教学与语感培养的关系并非一件易事,别的不提,单就语感的概念,其"官司"尚未打清。语感的提出已有七八十年的历史,但究竟语感是什么,就好像语文是什么一样,至今众说纷纭,没有一个定论。但无论说语感是"人们对语言符号的感觉,即对语言的声音、意义、习惯、色彩、风格、情调等各方面特点的锐敏感觉和正确判断"[2],还是"人们在长期的语言实践中培养起来的对语言文字的感受能力"[3],也无论是"对遵循或背离某一语言的

---

① 本文选自《语言文字应用》2005年第3期,第116—123页。

既定用法(如形式上或习惯用语上)的敏感性",或是"对于语言文字的心理反应。如对田园一语,诗人所感在其闲适情趣,园艺家所感则在其实际效用"[4],都表明它与语法存在着密切的关系。具体而言,语法教学与语感培养存在着三方面的关系:

(一)两者互为因果

语法教学不是凭空生成的,而是从言语中总结出来的,其众多的规律不过是言语的一种抽象和概括,言语是教学语法之母。而言语与语感的关系,有学者认为,言语依存于语感,是凭语感而生成的[5]。如果这个说法能够成立,那么也可以说教学语法生成于语感。但是,这种生成不是线性的,而是一种互相纠结、互为因果的立体关系。即语感的成长也要以语法为土壤。因为,语感也不过是对大家都要遵守的某些规矩的尊重和效仿。打个比方,这种关系类似于铁轨与火车,火车必须运行于铁轨之上,才能快捷地到达目的地,而铁轨又必须为火车铺设,离开了火车,则铁轨失去了其存在的意义。总之,教学语法需要一定的语感支撑,语感则需要依据一定的语言法则才能形成;蕴含着一定言语规律的语感有助于提高语法教学的质量,而从语言现象与规律中总结出来的语法,又须为个体(学生)的语感养成服务;教学语法离开了语感,容易变得抽象空洞,语感离开了教学语法,容易变得玄虚缥缈,就难以在语文教学中发挥应有的作用,这也正是目前语感论在基础语文教学实践中处境尴尬的原因所在。反之,如果教师在开展语法教学时,仅仅停留在知识灌输的层面,那么,教学语法就不能成为学生手中有用的武器,这也正是大家觉得语法无用、应当淡化的理由。

(二)共同关注言语形式

如前所述,教学语法是对具体言语的抽象和概括,它把言语形式作为自己的主要研究对象,而很少涉及言语内容,这是很正常的,例如,对语法规则来说,"天下乌鸦一般黑"和"天下乌鸦一般白"都是正确的言语形式,而且结构完全相同,也没有什么质的区分,但如果言语形式换一下,变成"乌鸦黑一般天下"或"乌鸦天下白一般"之类,语法就要出来加以匡正。语感则稍微复杂一些,因为从某种意义上来说,语感似乎与言语内容的联系更密切一些,尽管"天下乌鸦一般白"的言语形式和"天下乌鸦一般黑"相同,却会引起语感的强烈反应,因为对语感来说,还有一个真假之分、是非之别、优劣之辨。但令人惊诧的是,在语感研究者的眼里,语感对言语形式的关注却常常超过对言语内容的关注。王尚文教授(2000)根据语言学家的研究提出一个著名的观点:比之言语内容,言语形式是更本质、更关键、更重要的东西[6]。其实,道理很简单,因为直接的浅显的言语内容常常具有质的规定性,只要言语形式是一种常态组配,大家都能听懂。但是,同样的言语内容,一旦言语形式变形(我们称之为艺术组配),情形就大不相同,如果缺乏对必要的言语规则的了解和把握,就不一定能够正确地感悟。举一个较为极端的例子,杜甫的名句"香稻啄余鹦鹉粒,碧梧栖老凤凰枝",如果不是对古代诗词的语言规律具有深刻的了解,是无论如何都不能理解的。反之,如果我们把它改为"鹦鹉啄余香稻粒,凤凰栖碧梧老枝",多数人都能心领神会。于是,语言学家们毫不犹豫地将言语形式作为重点对象来研究。如此,语感与教学语法就不免你中有我、我中有你。

(三)境感的语法性

不少语言学家认为,语感实际上属于语用学的一个分支,或者说是语用学的核心,因此,语感研究也是把境感作为一个重点来处理的,甚至认为语感和境感是浑然一体的。何谓境感?通俗地说就是对言语环境的感知领悟,或者说"是语境在言语主体感觉层面上的投影、反射"[7]。由于境感的不同,同一言语(相同的内容和形式)会使不同的人产生迥然不同的理解。而语法一般不关心言语环境,它所研究的对象是处于一种固定的、通用的、不带任何情感与氛围的抽象之境中,只要言语形式相同,就会产生相同的语法解释。尽管如此,境感的作用又与语法密切相关。语法水平高的人,其境感更加丰富而正确,反之则单调而容易出错。也就是说,境感也具有某种语法性。例如有几副著名的对联:

今年真好晦气全无财帛进门。

养猪大如山老鼠只只瘟,酿酒缸缸好做醋滴滴酸。

如果没有基本的语法知识,对这两副对联就难以进行不同的句读,无论处在何种语境,都产生不了应有的境感,对联的幽默性和嘲讽性也就荡然无存。由于境感的语法性,决定了语用学离不开教学语法的辅助,同样,语感也离不开语言的基本知识,包括语音知识、词汇知识、语法知识等。一个没有在头脑中形成基本的语法体系的人,是不可能有完整可靠的境感的,他的语感也必定是混乱不堪的。

遗憾的是,为数不少的人没有认识到语法为基、语感为用这种相辅相成的关系,把语法与语感割裂甚至对立起来。有的强调要淡化甚至取消语法,他们认为,汉语语法对培养语感及读写能力没有作用,没有谁是先学好语法再学习语言的,作家不是先学好语法再写出作品的,曹雪芹没学过语法却写出了《红楼梦》……[8]也有的反对将语感作为语文教学的核心任务之一,认为"语感只是一种渗透理性的形象思维能力和直觉思维能力,不能包含整个语言能力",因此,"语感教学也不应该成为语文教学中的主要矛盾,作为语文教学的突破口"[9]。"将其作为'核心目标'和'学科的性质和任务',则多多少少有些偏激,至少也是将语文架空了"[10]。我们认为,教学语法不仅仅是抽象之理,语感也不是神秘之物,两者之间有交叉,有相容,有对应,不可或缺;但比较而言,语法是武器、是手段,语感是目标、是方向。语法教学必须为语感培养服务,这样才能使两者各得其所、相得益彰。

二、语法教学对语感养成具有积极的作用

在语感培养或养成过程中,语法教学有着积极的不容忽视的功能,具体而言,主要有:

(一)语法教学能够提高口语表达的严谨性

语感,体现于文本的阅读与口头交际。语法对文本阅读的影响众所周知,但语法对口头交际的影响却经常被人忽略。因此,本节将着重从语法提高口语的严谨性出发,来说明语法教学应以语感培养为旨归的道理。

一方面,一般人写文章,都会讲究字斟句酌,从而将文章的语病降到最低点,保证文章的流畅性、可读性;另一方面,阅读者也有足够的时间对文章进行推敲,容易发现其中的语病,导致读者对文本信任感的降低,有时候,书面语中的表达问题会严重影响读者的理解,歧义句就是典型的例子。但在口头交际中,很多人的表达常常是语病连连,因为人们在口头交际时,大脑中的语言容错能力特别大,一般情况下,交际双方都能以自己头脑中已有的语法结构加以认同和修正,从而赋予话语正确的意义,最大程度地避免语言交际中的误解。例如,虽然你说的是"茶壶太低嘴儿",别人却按照"茶壶嘴儿太低"来理解,而你要表达的也正好是

这个意思,相互沟通没有问题[11]。

但是,相互沟通没问题并不意味着它就合乎语言规律,就可以在生活中合法地存在。毕竟,口语体现了一个人的文化素养,特别是公众人物,如果"出口成错"则会贻笑天下。例如,布什在白宫举行的记者会上,经常会出现一些语病,虽然"不会妨碍布什跟美国民众的沟通和让民众理解他的意思"(白宫顾问马塔琳语),却使得华盛顿记者忍俊不禁,美国媒体传为笑话。而且,大脑容错能力再大,也有个度的问题,超出了一定的度,大脑也就无能为力了。因此,从小培养学生口语的合语法性,可加强学生口头表达的严谨性,提高学生的社会交际效能。

(二)语法教学可以增强语言的敏感性

如前所述,学术界对语感的含义还没有一个统一的认识。根据我们的理解,本文定义为:语感是一种语文修养,是一种语言感受力,是对语言文字的形式及其隐含义的一种灵敏而深刻的感觉。如果这个定义成立,我们就可得出:语法教学能够增强语言的敏感性,因为一个人头脑中的语法体系是否完整严谨,直接决定着他的语言敏感性。调查表明,语法水平低的人,在阅读活动中不但容易误读,而且难以发现话语中的隐含意义。特别是一些结构复杂的语句,如果不作一点语法分析,是难以理解的,更别提直觉感悟了。例如"亲友们同事们对立面们都说都什么也没说你这么年轻你这么大岁数你这么结实你这么衰弱哪能会有哪能没有病去!"[12]再如"在涌积着多项思维不断迭起超逾极限范畴的感性爆炸之潜在意识涌动着的内在欲念中,绕开怪圈缠绕的差落,我寻觅到单项流程中美之分解的繁复飘游离子在主体深层闪烁着一丝不可名状的光泽"[13],如果不作一定的语法分析,简直就像天方夜谭,使你云里雾里不知所云。

另一方面,如果一个人具有较高的语法修养,能够熟练而自如地运用语法知识去解决疑难语句,其语言的敏感程度就会随之提高。"一个养成语法思维习惯、语法功底较好的人,对一个用语的结构特点及是否规范等能很快作出判断,而一般人未必能够这样。比如:对一个有隐性语病的用语,有语法思维习惯的人能很快察觉其语病,而一般人可能反应迟钝甚至浑然不觉;对一个结构复杂的句子,有语法思维习惯的人能自觉地从结构关系入手,抓住要点,对其进行感知领悟,而没有语法思维习惯的人可能对其无从入手。"[14]

(三)语法教学促进语言表达的流畅性

一个人说话写文章是否流畅,很大程度上取决于其思维是否连贯快速,但是,一个具有较强思维能力的人,不一定能够进行自然流畅的语言表达,因为这还涉及一个人对语言法则的把握。有的人一说话便前言不搭后语,一读书便破句连连,但从整体看他的思维并不混乱,他对文本的理解也基本正确,重要的原因是在他的头脑中还没有形成基本的语法体系,甚至连最一般的规律都没有掌握。反之,有的学生可能对一些疑难的句段不能马上理解,但是凭借其扎实的语法功底,再结合话语的语境,也能猜个十之八九;碰上一些长句子,也不会停连不当,弄得狼狈不堪。例如,初中语文课本中收录了安徒生的《卖火柴的小女孩》,文中有一个长句"女孩觉得自己好像坐在一个装着闪亮的铜脚、铜把手的大火炉前面",多数学生到了顿号处才停顿换气,结果搞乱了语法关系,读了破句。有的学生则作了如下处理:"女孩觉得∨自己好像坐在一个装着闪亮的铜脚、铜把手的大火炉前面"。这样的处理,既使听者的思维活动能够跟得上,又不破坏语法结构,即没有人为地把"铜脚、铜把手的大火炉"这个偏正短语给拆散,达到了正确朗读的优美效果。

正因为语法对语感的形成有如此大的作用,因而有人干脆提出了语法感的问题,并把它作为语感的重要组成部分来处理。吕叔湘先生就是其中的代表,他指出:"人们常说'语感',这是个总的名称。里边包括语义感,就是对一个词的意义和色彩的敏感。包括语法感,就是对一种语法现象是正常还是特殊、几种语法格式之间的相同相异等的敏感。当然也包括语音感,有的人学话总是学不像,就是因为对语音不敏感"[15]。这种看法也许有值得商榷的地方,但是将语法与语感结合在一起分析研究,有利于语文教学达到低耗高效的目标。

三、如何使语法教学服务于语感的培养

既然语法教学对语感培养有多方面的积极作用,我们就应积极主动地去探索,以便更好地发挥教学语法的功能。

(一)加强语法教学的生活化

语法教学脱离实践,远离生活是其存在的主要问题之一,由于语法教学缺少生活化,导致语法教学的刻板僵化,学生除了在头脑中堆砌一些名词术语,很少能感受到语法带来的便利。因此,要使语法服务于语感培养,使语法教学促进学生的语感发展,提高学生的语言感受能力,就必须使语法教学走出学究的小圈子,面向广阔的现代生活,使语法来自生活,用之生活。使学生能在生活的历练中,提高语言修养,增强语言的敏感性。所谓语法教学生活化,由三方面内容组成:

1. 语料的生活化

语法教学离不开语料的选择,人们一般都会考虑从经典作品中选择可供语法分析用的语料,这样做的好处是使语法教学具有典型性,使语法的要点能够较好地落实其中。但是,如果经典作品的语言过于做作,甚至佶屈聱牙,反而容易造成消极影响。因此,除了从经典作品中寻找典型例子外,语法教学还必须从现实生活中去寻找他们最为熟悉又最易忽视的语料。比如 2004 年 11 月 6 日中央电视台举行"十大活力城市"颁奖晚会,专家对获得活力城市之一的浙江省温州市的评价中有一句"敢为人先,无中生有"。按照词典解释,"无中生有"是凭空捏造,是贬义词,这里却是贬词褒用,形象地揭示出温州人那种敢作敢为、勇于创造、敢为人先的气概和壮举。

2. 过程的生活化

多数语法教学总是以教师的灌输为主要特征,经常是教师讲,学生听,最多在黑板上做一些词句的分析练习。这种极为程式化的教学过程,不可能使学生真正培养语感,提高语言表达与感受的能力。这就意味着,教师在进行语法教学时,应当将生活的情景引入课堂,使学生在一种仿真模拟的环境中,逐步培养起敏锐的语感能力。比如有位教师在教学"名词性短语"时,设计了这样一个情景:当老师解释什么叫"偏正式名词短语"时突然神情紧张,言语讷口,显得手足无措地翻找什么,并自语道:"不好,刚才准备好的一份报纸忘记带来了。"课代表立即举手要帮老师去拿,可当她走到教室门口,却踌躇却步回来望着老师,似乎在问:"到哪里去拿?拿哪份报纸?"这时有一位听课的老师跑出去,当他满头大汗拿来一叠报纸放在讲台时,教室里齐声爆出开怀大笑。因为这是语文教师为了让大家记住什么叫"偏正式名

词短语"而故意设下的"圈套",是有意疏漏了"报纸"前面应加的"在哪里"、"什么时间"、"什么性质"的修饰限制性定语,把偏正式名词短语的概念与生活情景联系起来,让学生在语言的实际交往中真切领悟到名词中心语前面附加成分的重要作用,在充满生活的过程中学到了知识、培养了语感[16]。

3. 结果的生活化

语法教学的结果,不应该以学生掌握多少语法条目为依据,而是要以学生能否在实践中自如运用为标准,学生在阅读与交流的生活中,能够在不经意中运用一些语法手段,快速感知并把握语言,这是语法教学所应追求的。这一追求归结到一点,就是学生最终获得语感能力的发展。

(二) 重视语法教学的动态性

中小学语法教学中,一直存在着两大派别:静态与动态。

所谓静态语法教学是指语法教学仅仅停留在语法知识的层面,对语言结构作静态的分析,而没有进入交际活动。一般的教学流程是:教师先板书一个概念,然后分析概念的内涵,再举出有关这个概念的一些或正或反或对或错的书面例子。因此,静态的语法教学特别重视对语言现象从各个角度进行归类,形成诸多类别,以便于分析传输。例如有人就将中学语法整理出 32 个知识点,包括词类 12 个、短语 6 个、句子 14 个[17]。这种静态教学的好处是条理清楚、思路清晰、容易识记,但其致命弱点是脱离现实,缺少实用价值,学生即使掌握了一大堆的名词术语,即使能在语法考试中获得好成绩,但他们的语感水平没有得到提高,不能在交际实践中获得有效的帮助。

所谓动态的语法教学是指语法教学不但注意到一般概念的分析理解,帮助学生从理论上进行把握,而且更注重将教学引入交际活动中,对语言现象(结构、规律、语言环境等)进行动态的分析。动态的语法教学没有固定的程式,但教师普遍重视教学情景的设计,注意教学活动的安排,强调将语法教学与听说读写结合起来。具体地说,动态的语法教学主要有:

1. 通过对话进行语法教学

对话理论在中小学语文教学中已得到普遍的运用,对话教学活动不仅仅在于培养学生的听说能力,也不仅仅为了激发学生的兴趣,更重要的是对话本身是一种语文实践活动,通过对话,学生能够学以致用,掌握并巩固有效的语文成分。

2. 通过电媒进行语法教学

电化教学、多媒体教学是现代技术运用于学校教学的重要标志,通过电化教学与多媒体教学,使抽象的语法知识有可能变成具象的教学元素,使学生的关注点从语言概念、结构、类型、格式转移到语言的语境、语用、深层含义上来,即从形式语法的掌握转换到言语经验的积累。另一方面,电化教学与多媒体教学也使语法知识的教学显得更为灵活,即使形式语法也不会被其死板的形式所束缚,反而能够促进语感的养成与发展。

3. 通过读写进行语法教学

在目前的教育制度与教学形式下,读写成为中小学语文教学中最为重要的实践活动,学生的语感主要通过读写来培养。因此,如果将语法与听说读写结合起来,突出语法在读写中的运用,是语法服务于语感的重要途径。首先,通过语法,可以帮助学生在朗读中正确停连,使朗读更为流畅,学生越读越顺,也就意味着语感能力越来越强。其次,通过语法,帮助学生发现习作中一些隐蔽性较大的语病,使语言更精致、更正确。

4. 结合语修进行语法教学

在语文特别是语言教学中,语、修、逻本来就是三位一体的,只不过各自分工有所差别而已,一般来说语法负责通不通的问题,修辞负责美不美的问题,逻辑负责对不对的问题。而语感的优劣,也常在这三个方面体现出来。有的学生能够判断出语言结构中的正误,却分析不出语言的合语境程度,有的能够分辨出语言是否符合生活实际,却体会不出语言中的美丑。因此,将语法教学与修辞、逻辑教学结合起来,学生的言语水平才能获得真正提高。

(三) 提高语法学习的效能感

效能是指事物所蕴藏的有利的作用。"效能感"原是一个心理学术语,全称为"自我效能感"。班杜拉认为,人对自己的行为除了结果期待外,还有效能期待,"自我效能感"就是人们对自己是否能够成功地从事某一成就行为的主观判断。

这里借用心理学概念,提出语法学习的效能感,主要是从学生的角度来说的,它包含两方面意思:一是指学生对自己在学习活动中能否切实掌握语法知识的能力判断;二是指学生对自己在实际交往中能否成功地运用语法知识,从而使自己的语言变得更有魅力的认识与期待。调查证明,语法学习效能感强的学生,其语法水平和语感能力及语文成绩明显高出其他学生。要提高学生语法学习的效能感,应注意以下三个方面。

1. 让学生自己来总结概念

传统的语法教学,总是由教师来总结语言现象的规律,解释概念含义,虽然这种以教师讲解为主的教学方法可以节省教学时间,但学生的学习是被动的、机械的,不但增加了学生的学业负担,而且也不易记住、不易活用。要提高学生语法学习的效能感,就必须改变这种以教师为中心的教学方法,把学习的主动权交还给学生。老师可以给学生一些语言现象,帮助学生确立钻研课题,让学生自己去寻找资料,发现问题,探索奥秘,总结规律,最后在教师的帮助下,形成正确的观点。这种教学方法,不但使学生对语法的基本知识理解得深刻、记忆得牢固,而且,学生能够在探索中强化思维能力和语言交际能力,获得一定的成果,从而提高语法学习的效能感。

2. 让学生自己来编写例句

以前教师怕增加学生负担,都是自己去找或编写语法例句,这些例子往往斧凿痕迹较浓,离学生的语言实际较远,学生不太感兴趣。结果,教师良好的愿望没有收到预期的效果,反而养成了学生的依赖心理,同时也增加了学生对语法学习的厌倦感。让学生自己去寻找编写例句,表面上看是增加了学生的负担,但实际上,学生在寻找或编写的过程中,进一步加深了对语法的理解,巩固了已有的知识。因为是学生自己的例子,学生对学习会更觉有趣;而且,编写例句又是一个高级的表达过程,一种有效的语言练习。比如语序不同,会引起结构或意义、语用的不同,我们可以引导学生从语言实际中找例子,如:

不怕死　死不怕　怕不死
不怕辣　辣不怕　怕不辣
死读书　读死书　书读死

这种结构在实际语言生活中很多,很有趣,对训练学生有关语序方面的语感很有作用。

3. 结合文本内容教学语法

传统的语文教学经常将知识点尤其是语法知识单列出来讲解,结果文本归文本,知识归知识,老死不相往来。这导致了学生学习耗时增加,而效率低下。叶圣陶说,课本无非是个例子,对于语法来说,它同样是最为典范的例子。如果结合文本来讲解语法,可以使学生的阅读与训练更有针对性,此时,学生不再单纯地为语法而学语法,语法服务于文本的阅读,服务于语感能力的提高,学以致用、立竿见影也就不是一句空话了。

注释:

[1] 王尚文.语感论[M].上海:上海教育出版社,2000.
[2] 严光文.朗读中的停连与语法和语感[J].成都师专学报,1994(2).
[3] 郭庆杰.语感漫谈[J].濮阳教育学院学报,1997(2).
[4] 大辞典编纂委员会.大辞典[Z].台北:三民书局,1985.
[5] 王尚文.语感论[M].上海:上海教育出版社,2000.
[6] 王尚文.语感论[M].上海:上海教育出版社,2000.
[7] 王尚文.语感论[M].上海:上海教育出版社,2000.
[8] 邓木辉.对语法教学的几点思考[J].中学语文教学,2002(6).
[9] 焦明海.浅谈语感及其在语文教学中的地位[J].吉安师专学报,1996(2).
[10] 徐永进.语感语法都需要[J].中学语文教学,2002(7).
[11] 晏懋思."车上太多人"不合语法——关于语感和语法的对话[J].贵州文史丛刊,1994(2).
[12] 王蒙.来劲.小说选刊,1987(4).
[13] 陶毅.语言学二题[J].淮南师专学报,1998(2).
[14] 邓木辉.对语法教学的几点思考[J].中学语文教学,2002(6).
[15] 吕叔湘.论语文教学[M].济南:山东教育出版社,1987.
[16] 成玲.创设语境 训练语感[J].南京师专·教院学报,1994(2).
[17] 庄文中.中学语法教学的新思路——谈谈中学语法教学实施意见(试用)[J].课程·教材·教法,1995(4).

提高文体素养:语文教学的当务之急

黄 伟

何谓文体素养?它是人们在阅读和写作中,对不同文体形式的自觉观照、适切体验和正确认知,是人们经由阅读和写作实践、历练、感悟而获得的对不同类型文体结构形式和语言表达方式的把握。文体素养由文体意识和文体能力构成:文体意识是通过大量的阅读和写作实践而在头脑中形成的关于不同文类的知识结构或文章图式;文体能力是指在阅读和写作时能够在文体意识的引领下对文章作品进行适切的评判、体验和再创,简言之,是指根据文体的不同特点进行适度解读的能力和根据文体要求而得体写作的能力。到目前为止,在对语文素养的关注与讨论中,文体素养尚未被涉及;在语文教学实践中,对文体素养的培育更是有意淡化或刻意回避。缺失文体素养培育,是语文教学的结构性缺损,由此必将导致学生语文素养的结构性缺损。

我们知道,文体是指文章作品在结构形式和语言表达上所呈现的具体样式或类别。它是客观存在的"抽象的具体",是人们对文章作品内在规律、特质的一种认识和总结。读者有了一定的文体素养,就能根据阅读的目的与需要选择相应的文本;阅读不同的文本,也能摆正阅读姿态,选择适当的读解方法,达成适度而有效的解读,否则,阅读理解时常错位以致误读。作者有了一定的文体素养,则可以根据写作的目的、要求、对象选择恰当的体裁形式来组织内容、安排结构,用妥帖的语体表达思想、情感或意图,否则,必将文不得体而无所适用。同时,有了文体素养,就能够将阅读的积淀和写作的体悟进行交流会通,使阅读和写作产生相互浸润、相互启发的作用。

一、重视文体素养的价值

不同的文体有不同的教学价值,也有不同的教学方法和教学目标。反过来说,教学目标的确立和教学方法的选择,也受到文体的制约,因为不同的文体有不同的目的、功能和语体特点。正因为如此,在阅读教学中,我们通常把"文学文体"和"普通文体"分开,普通文体分为记叙文、议论文、说明文和实用文。记叙文是指那些以记人、叙事、写景、状物为主要内容的文章,主要有消息、通讯、报告文学以及记人、记事、写景的散文等;议论文是指那些用来讲明道理、阐明观点的文章,主要有短论、杂文、文艺评论、学术论文等;说明文是指那些解说事物性状和事理的文章,主要有说明书、解说词、科普说明文等;实用文是指机关单位和人们在日常工作、生活中用来处理事务的具有惯用格式的文章,可分为一般实用文和公文两类。这种分类立足于文章的内部结构、表达主旨、表达方式与语体特点。在文章结构上,记叙文注重缘由、过程和结果;议论文注重论点、论据和论证的严密统一;说明文讲究条理明晰,说明事物注重时空顺序,说明事理注重逻辑关系;实用文的开头、正文、结尾有一定的格式。在表

---

① 本文选自《语文建设》2009年第1期,第9—12页。

达主旨上,记叙文追求用具体生动的形象感染读者,议论文用概念、判断、推理、论证说服读者,说明文是把说明对象明白无误地介绍给读者,实用文是把交际或事务的目的、要求传达给读者。在表达方式和语体特点上,记叙文、议论文、说明文、应用文对叙述、议论、抒情、说明的表达方式各有侧重,对陈述句、描写句、抒情句等句式的选择各有特色。有时,文章的标题也能体现出不同的文体特征。如文学作品常常用一个词或短语作为标题,而消息、通讯报道常常用一个句子作为标题,标题本身就揭示了文章的主要内容。正是文体的多样性和独特性,赋予了我们语文教育丰富多彩而各有侧重的教育内容与形式,如文学作品便于进行情感和美感教育,记叙文便于进行社会、人生教育,说明文有利于培养学生清晰、严密的思维和准确表达的能力,议论文有助于培养学生逻辑思辨、析理说理的能力等。

从写作角度说,文体素养更是写作必备的素养。首先,文体规范为作者感知生活、重组生活(写作从某种角度说是对生活的重组)提供了一种独特的视角和言说方式。作者不管写什么文章,首先要考虑的是用什么文体,尽管有些作品的文体特征具有模糊性,但这只是写作者对文体的熟练驾驭而使相邻文体相互渗透的结果,并不是没有文体或不要文体。通常情形下,文体之间是有界线的,只能互相借鉴,相互为用,而不能相互混淆,如报告文学与小说、通讯与散文,等等。当选择写作某一文体,你就必然受到这一文体的规范,它规范着对材料的选择、处理、结构,也制约着用何种言说方式和思维方式。在写作练习阶段,"文体感"不仅是对写作的规约,也是对写作章法的指导。当前学生中的虚假作文,不仅源于学生生活与写作的脱节,也源于学生对写实文体与虚构文体的界限认识不清,那些写成"四不像"的作文更是因文体素养缺失而孕育出的怪胎。其次,文体制约着主题的表现方法和修辞手法。如同我们从阅读中感受到的那样,不同体裁的文章,有不同的表现方法和修辞特点。一篇优秀的文章,表现方法是丰富多彩的,多种方法综合运用,但是每篇文章的表现方法是受文体制约的,比如,小品文以作者"独白"为主,戏剧以人物"对白"为主,即使同为描写,小说、散文中的描写与议论文、说明文中的描写也各有差异。修辞手法的运用,也因文体不同而受到限制或张扬,移情、夸张手法在通讯报道中运用就要有所克制,而到文学作品中就可在作者笔下尽情发挥;所谓"开门见山、卒章显志",也只宜运用在议论文体、新闻报道中,而运用在记叙性散文中就显得浅白直露且有说教之嫌。学生作文单调趋同的通病,一个重要原因是不分文体的表现方法和修辞手法的混用、滥用,而这又与文体教学不力关系极大。第三,文体规定着写作的语体。大量的阅读,可以帮助我们养成语感,由语感入手可以养成文体感,而写作则可由文体的范式来规范语体的表现,这可能是由语到文再由文到语的一条学习门径。没有文体,语体就没有家园;没有语体,文体就失去根基。写作时,我们在确立文体后,最重要的问题就是运用恰当的语体来表现。小说有小说的语体,散文有散文的语体,新闻报道有新闻报道的语体。文章形式的区别,最根本的是语体的区别,混淆语体是学生作文的一大顽疾。翻开学生作文,无论写什么文体,仍如朱自清当年批评的那样,"到处滥用文学的感情和用语"。小品文式的记叙文、抒情性的议论文已成为学生写作的时髦追求。一读这类作文,总给人怪怪的感觉。写作教学中文体意识的缺失,不仅扭曲了学生的语体表达,而且已经到了习非成是、以怪为美的地步。

二、淡化文体的反思

文体的重要性不言而喻,因文体素养的缺失而带来的诸多弊病也越来越突出,但这一问题尚未得到足够的重视，相反，近年来，文体几乎被逐出语文教学园地。在新课程理念的倡导下，新编语文教科书中，"文体"已经淡出。在语文教学实践中，阅读教学不再关注文体，成为无文体阅读；写作指导和写作实践不再分辨文体，成为无文体写作。在阅读教学中，不论学习什么样的文章作品，一股脑儿都是"整体感知"、"问题探究"、"情感体验"，而写作，则文体不限，自由发挥。文体一旦从语文教学中逐出，给语文教学带来的伤害可能是致命的，给学生语文素养带来的缺损将是结构性的。不仅如此，中考高考为了充分发挥学生的写作潜能和特长，标举"文体不限"的大旗，这在客观上导致学生对文体的忽视。尽管有识之士一再呼吁"不限文体不是不要文体"，但事实上，学生作文中文体模糊、语体失当的现象非但没有受到制约，有时反而受到张扬，从中考高考的高分卷和满分卷中可以看出，那些莫名其妙的、非驴非马的"文体"，那些煽情和矫情的文字，正在被视为"富有人文内涵"而受到青睐。

如果说学生中的作文文体问题源自教学理念、教学实践对文体的轻视和误导，那么，当前教学理念、教学实践对文体的轻视和误导则有它的历史原因和现实原因。

自20世纪50年代以来，语文教学大体走的是一条文体训练的道路，阅读和写作训练遵循的是"记叙文——说明文——议论文"的由简单到复杂的循环往复和螺旋上升的训练路径。但效果并不尽如人意，甚至带来诸多问题，由此导致人们生发出排斥文体训练的心理和淡化文体的愿望。但是，问题不在于进行了文体训练，而是文体训练的路子不对：对于文章作品的分析，我们一直注重的是作品中的观点、立场和主题思想，而不能从文本体裁层面去对结构、技法、语言等作艺术上的深入分析和全息透视（当前的阅读教学并未跳出以"主题"为中心的圈子，只不过将"主题分析"换成"整体感悟"而已）。简言之，传统的文体训练的问题症结是狭隘化和机械化。用传统的文本训练的狭隘化和机械化所带来的弊端来指责文本训练，是有失公允的。文体训练的窄化和僵化所带来的问题表明，对于文体教学还有许多事情要做，还有诸多问题要探讨。自20世纪中叶到21世纪初，语文教学的基本理论是沿袭苏联的文学原理，长期以来，既没有博采众长，及时接纳国外文章学、文艺学最新的优秀的理论成果，也没有发掘和继承我国博大精深的传统的文体学精华。长期以来，本土的文艺学、文章学、文体学研究严重滞后，语文教学更是等而下之。我们应该客观地承认，我们的语文教师文体知识相当陈旧，非常薄弱，远远跟不上当代文体发展的要求和语文教学的需要。语文教学历史的教训和当前的困境恰恰表明了文体教学需要加强，而不是削弱；以往文体教学简单化、机械化的做法恰恰说明了文体教学需要改革、丰富、发展和创新，而不是简单粗暴地削弱和取消。在文体教学上曾经没有做好，就干脆淡化，甚至粗暴取消，是不能深入研究问题、认真对待问题的虚无主义态度。要切实加强文体教学，使之富有成效，既有待于文体研究的发展，更有待于语文教师对文体知识的学习、研修和运用。

"文体不限"是"淡化文体"理念在写作领域的具体化。毋庸置疑，倡导"文体不限"，是对学生作文通病进行诊治的一种努力，给学生发挥个性特长留有较大的余地，赋予学生作文创新更大的空间。但是，这一理念正在误导作文教学和学生的写作实践，已经给学生的写作造成混乱，带来危害。我们从作文教学实践中得知，一旦"不限文体"，学生的写作大体趋向于"个人情感化"的写作，即"叙事＋感悟"或"掠影＋抒情"的"准小品文"之类，这样的作文训练导向，试图以"言为心声"的真情写作来抗拒以往"假、大、空"的官样文章，但却有意无意地引导学生把目光闭锁在"小我情感"的圈子中，在自我心绪中自艾、自怜和自恋，这无助于学生作文能力的全面训练，无益于学生人文素养的全面提高，反而会导致作文新的程式化、雷同化、狭隘化和低矮化。之所以良好的愿望带来了严峻的问题,主要是因为从"淡化文体"到"文体不限"的理念隐含着对作文价值取向的片面认识和对作文教学问题的错误归因。

我们知道,写作教学的价值至少有二:一是对于学生内在发展的价值,即提高学生的思维品质,升华德性情操,养育情感美感,简言之,培养学生正确的思维方法、情感态度与价值观;二是对于学生外在的价值,即培养学生在社会生活中的语言表达能力,通过写作学会根据生活中的交际需要进行得体的文字表达。当前的写作理念往往只重其一而忽略其二,只关注写作的"真情实感"、"有感而发"的个人抒怀,而忽视了写作教学应对社会之需的能力操练。如果真的对学生未来负责,训练学生适应社会、服务社会、谋生实用的写作能力就是写作教学的第一要务。笔者毫不怀疑人文涵养对于基础教育阶段学生的价值,也无意轻视作文教学对于发展人的主体性、培育学生个性的人文价值,但说到底,作文(包括文学创作)是服务社会的工具,是谋生的手段,因而作文教学绝不仅仅是"真情实感"问题,最为重要的是主动适应社会发展的需要,训练学生写作的基本技能。如果作文教学仅仅钟情于小感悟式的"私语"写作,那么充其量是在心灵的后花园种上几株盆景,可供自我欣赏,投放社会却并无大用,最终结果只能是顾影自怜。如果更多地为学生未来着想,我们就不得不加强各种文体的基本训练,否则,我们就有可能培养一批徒具丰富的人文情感的生活"乞丐"。

在"淡化文体"论者看来,加强文体训练,抑制了学生作文的创新精神和创新思维的发挥与发展,导致了学生作文的千篇一律。把学生作文的创新问题归咎于文体训练是"棒打红娘",错怪了对象。作文的千篇一律不是由文体带来的,也不是淡化文体就可以解决的,这一问题非常复杂,但根本的问题是文化多元和思想自由与解放的问题,回首五四运动到改革开放再到当代的百年历程,这个答案不难找到。加强文体训练,提高文体素养,可以帮助学生从入格走向创新,而且在具有扎实基本功前提下的创新才是理性的、可靠的。凡是对文体进行创新和发展的大家,无不具有极高的文体素养,对多种文体写作驾轻就熟,绝不是没有文体制约的天马行空,随意涂鸦。

当然,文体在不断发展、变化、创生,有些文体间的界线也在模糊,文体之间的融通性、渗透性也越来越强,与此相应,对于文体的研究也在不断深入。文体的发展和文体研究的深入,既给语文教学带来了新问题,引发了新挑战,也给语文教学注入活力,带来了生机。我们的态度应是积极应对,吐故纳新,而不是关起门来或放火烧掉。

本章附录

[1] 刘国正.我的语文工具观[J].课程·教材·教法,1996(7).

[2] 张定远.吕叔湘的语文教学效率观[J].课程·教材·教法,1998(8).

[3] 时雁行.启发式教学方法的浅探和初试[J].北京师范大学学报,1981(1).

[4] 张富.关于改革语文课堂教学结构的研究[J].课程·教材·教法,1986(5).

[5] 张孝纯,张国生.一条广阔的语文教改之路[J].中国教育学刊,1992(2).

[6] 魏书生.探索语文教学管理科学化的途径[J].课程·教材·教法,1994(12).

[7] 欧阳代娜.21世纪中学语文教学改革的构想[J].课程·教材·教法,1998(1).

[8] 林炜彤.我对两次教改的回顾与思考[J].南京师范大学学报,1999(1).

[9] 洪宗礼.我的语文教育观[J].全球教育展望,2008(1).

[10] 陈金明.语文教学发展学生智力的问题[J].中国教育学会通讯,1980(2).

[11] 童庆炳.语文教学与审美教育[J].北京师范大学学报(社科版),1993(5).

[12] 张希林.语文教育系统初探[J].新疆师大学报(哲学社会科学版),1996(4).

[13] 周正逵.把语文教学从标准化考试的束缚下解放出来[J].课程·教材·教法,1999(3).

[14] 庄文中.论中学语文学科中的文学教育[J].课程·教材·教法,1999(5).

[15] 刘洪涛.中学语文中的外国文学问题[J].北京师范大学学报(人文社会科学版),2001(1).

[16] 朱丹.当代中学语文教学方法流派评述[J].南通师院学报(人文社会科学版),2001(4).

[17] 刘大为.语言知识、语言能力与语文教学[J].全球教育展望,2003(9).

[18] 王云峰.语文教学模式的建构、解构与重构[J].语文建设,2005(1).

[19] 张海洲.近三十年语体教学研究综述[J].内蒙古师范大学学报(教科版),2007(6).

第十章 语文教学相关理论研究

- 语文与科学技术（黎汉鸿）
- 还学生以语文学习的沃土（吴代德）
- 关于语文与艺术关系的读书笔记（范廷宇）
- 语文课程与其他课程的整合——语文活动、形体训练综合课《一棵树》教学设计及评点（石晓云 孙慧敏 江平）
- 反思语文课程与其他课程的沟通和整合（禹旭红）
- 关于『将流行歌曲引入中学语文课程』的思考（毛芳都）
- 民俗文化在语文教材中的教育价值（薛晓蓉）

语文与科学技术

黎汉鸿

1920年底,列宁对专业技术学校教育作了一些批示。其中有一条纲领引人注目。列宁写道:"在所有的专业技术学校里扩大普通学科的范围",要编制"共产主义、通史、革命史、1917年革命史、地理、文学、其他"的教学大纲。列宁还特别用括号在旁边写了一句话:"如果这样的大纲还没有的话,卢那察尔斯基(当时的人民教育委员,即教育部长)应当受处分。"专业技术学校是学习科学技术的,为什么除了学习专业技术课外,还要开设包括文学课在内的普通学科呢?而且如果不开设这些普通学科,就要处分教育部长,为什么问题这样严重呢?从列宁的批示中,我们可以看出,包括文学课在内的普通学科同专业技术课关系密切。关于政治、历史、地理知识和数理化等自然科学课的关系不在本文论述的范围之内,本文只就语文对学习和研究自然科学的作用谈谈自己的粗浅看法,以期引起对语文教学的重视,大力提高语文教学质量,也算是对"四人帮"之流散布的语文无用论的批驳。

一、语文课能增强学生的理解能力

学习数理化等自然科学课,在智力发展上必须有一定的基础,要具有一定的理解能力。要发展一个人的理解能力,有多方面的因素,但语文课却担负着"开蒙"的任务。这是因为语文课的主要任务是教会学生掌握语言文字这个工具。那么,语言文字对发展学生的理解力有什么作用呢?首先,是语言能促进思维能力的发展。恩格斯对这曾作了很好的解说:"正如语言的逐渐发展必然是和听觉器官的相应完善化同时进行一样,脑髓的发展也完全是和所有感觉器官的完善化同时进行的。"(《自然辩证法》)恩格斯的话指出了语言的发展促进听觉器官的完善化,听觉器官等感觉器官的完善化又促进了脑髓的发展。脑髓是人们进行思维的物质基础,脑髓发展了,思维能力是会相应发展的。这样,语言的发展同人的思维能力的发展就有密切的关系了。一个人的思维能力是从说话和识字开始的。中国旧时的"蒙馆",小孩子入学,首先用相当的时间认识大量的字,然后再读其他书。这个识字阶段就叫"开蒙"。现在小学是语文算术同时教,但算术课也是先教小孩认识一些数目字,再教算数。可见认识一定数量的字,就打下了思维的基础,使进一步学习有了可能。其次,语言能增进学生的知识。文字是记录语言的符号,教会学生掌握一定数量的文字,就使学生掌握了一定数量的词语。词语反映社会生活和科学技术的成就。社会和科学越发达,词语就越丰富。如果一个人掌握了较丰富的词语,就表明他具有较丰富的社会和科学知识。理解能力是建立在思维能力和知识的基础上的。思维能力健全,知识多,理解力就强;反之,就弱。有了较强的理解能力,学习自然科学就有了一定的基础,就比较容易入门。所以,语文课是打开科学大门的一把钥匙。以学数学来说,数学是高度抽象的科学,没有掌握相当数量的词语特别

---

① 本文选自《广西民族学院学报》1979年第1期,第12—17页,有删改。

是反映抽象概念的一些词语,是学不了的。有一个学前儿童,懂得了加减运算,有人问他:"你同姐姐分果果,姐姐得十个,你得五个,你姐姐比你多得几个了?"这是一条简单的减法题,如果问他十减五得多少,他是完全可以答出来的,但现在换成应用题,他就答不出来了。原因是这个儿童不懂得"比"是什么意思,后来向他讲明"比"的意思,他就答得出来了。我自己也有这样的经验。初中时,刚学代数,有一次测验,老师出了一道题,不算难,但为简练起见,这道题是用文言文写的。当时,我们还没有学过文言文,所以,好些同学连这道题的题意也不懂,更说不上演算了。而我平时爱看《东周列国志》《三国演义》等用文言文写的古典小说,懂得一些文言文,所以,很容易就理解了题意,演算出来。

事实上,语文学好了,对学好数理化是有帮助的。在中学里,往往有这种情况,一些语文成绩较好的学生,数理化的成绩也较好。我们可以拿 1978 年南宁市理工科十名成绩最好的学生来看看:

分科 数目 姓名	政治	语文	数学	物理	化学	总分
×××	85	84	86	92	91	438
×××	80	73	76	100	99	428
×××	82	70.5	80	95	98	426
×××	85	54	88	94	93.5	415
×××	79	77.5	66	94	97	414
×××	63	76	82.5	90	97.5	409
×××	86	64.5	79	80	97.5	407
×××	71	68.5	77	89	99	405
×××	71	82.5	62	89.5	99	404
×××	79	58	80	92	94	403

这十名考生的数理化成绩是较好的。其中,语文成绩 70 分以上的有六人,60 分以上的两人,不及格的两人。语文成绩好的和较好的是多数,差的是少数。从这个现象中,难道不可以说语文和数理化是互相影响和互相促进的吗?特别在一些全面发展的学生身上表现得更为明显,如上表前三名考生那样。

很多卓越的科学家也是文理互相促进,全面发展的。如我国古代著名的天文学家张衡,也是一个著名的文学家,他写的《两京赋》传颂于世,流传至今。俄罗斯伟大的科学家罗蒙诺索夫同时又是一个诗人,是俄文文法的创立者。我国又红又专的地质学家李四光的语文修养也较高,他写的科学论文文句精严,逻辑严密,饱含激情和形象。他能写很好的诗,还能写很出色的文章,在抗日战争时期,他就给《广西日报》写过若干篇不署名的社论。像这样的例子还可以举出很多。

由此可见,语文修养是一个人的智力基础之一。有没有这个基础是大不一样的。正如毛主席所指出的:"如果学生一切课都学好了,但不能看书作文,那他们出校后的发展仍然是有限的。如果一切课学了许多,但不算很多也不算很精,但学会了看书作文,那他们出校后的发展就有了一种常常用得着的基础工具了"。附带说一下,这里的看书作文的能力,不只是看本国书籍,用本国语文写作的能力,还应该包括用外国语文看书作文的能力。没有用外语看书作文的能力,对科学技术的学习研究更是会受到极大的限制。要学好外文,本国语文也是必不可少的基础。因外语不属于自然科学,故和语文的关系就不再赘述了。

二、语文课能培养学生的逻辑思维能力

自然科学,特别是数学,具有严密的逻辑性。学习和研究自然科学,也就需要有严密的逻辑思维能力,这就要使学生学点逻辑。在中学里不专门开设逻辑课,学生学逻辑,主要通过语文课来学。现在的中学语文课本里有逻辑知识的短文,讲授逻辑学的知识。但更主要的是通过对课文的分析讲授进行逻辑知识的教学。论说文有严密的逻辑性,能直接培养学生的逻辑思维能力不用说了。就是在语文课的字、词、句、文章结构的教学中也体现了鲜明的逻辑性。以词语来说,一个词语经常就是一个概念,词义分辨不清,往往造成概念的混乱,违反了逻辑。如:"这个车间还恢复建立了干部巡回检查制,定期到各班组检查制度落实情况。"这句话在逻辑上是自相矛盾的,主要原因是分不清"恢复"和"建立"两个词在词义上的差别。如果一种制度过去已经有,中间有一个时期没有实行,现在又重新实行,就用"恢复";如果一种制度过去没有,现在才有,就叫"建立"。如果把"恢复"和"建立"连用,就使人搞不清干部巡回检查制度是过去已有的还是现在才有的。我们再来谈谈句子。往往一个句子就是一个判断。判断要正确,既要符合客观事实,又要符合语法。如"贵宾所到之处,都受到群众的热烈欢迎"这句话,主语是处(地方),处(地方)受到欢迎,显然是不合逻辑。这个逻辑错误就出在语法上,主语和谓语搭配不当。在研究分析文艺作品的篇章结构的时候,同样,可以进行逻辑教学。文艺作品主要是形象思维,但形象思维也要受逻辑思维规律的支配,不能胡思乱想,如电影《十五贯》有这样一个情节:娄阿鼠赌输了钱,窜到尤葫芦家去,想偷点东西做赌本,一进到尤葫芦家,见肉案上放着一把切肉刀,娄阿鼠拿起来正想偷,酒醉睡在床上的尤葫芦打了一个呼噜,吓得娄阿鼠赶快把刀放下。肉案上放着一把切肉刀这个情节安排,是符合尤葫芦的身份和性格的。尤葫芦是开肉铺的,自然有切肉刀,但尤葫芦在收市后不把肉刀拭干净放好,而是随便扔在肉案上,又是同他好酒贪杯、糊涂随便的性格符合的。所以,作家安排这个情节时是遵守了逻辑上的同一律和不矛盾律的。在分析作品的结构时经常会讲到伏笔和照应,娄阿鼠拿了一下切肉刀又放下这个情节就是伏笔,后来娄阿鼠拿这把切肉刀杀死尤葫芦就是照应。如果前面不安排娄阿鼠拿一下切肉刀这个伏笔,后来娄阿鼠拿起这把刀杀死尤葫芦,在结构上就不细密,缺乏根据;如果前面安排了娄阿鼠拿一下切肉刀,后面又不加以照应,即娄阿鼠不是用这把切肉刀,而是用别的东西杀死尤葫芦,这样,前面这个情节就是多余的,没有作用。作家在安排情节结构时,前有伏笔,后有照应,是符合理由充足律的。

一些西方的资产阶级语言学者说中国的语言是描绘性的,不严密,不科学,这完全是帝国主义分子的一派胡言,是为侵略、压迫和奴役中华民族制造理论根据。过去,我们在语文教学中对逻辑知识的教学重视也不够。今后,我们要从提高整个中华民族的科学文化水平,发展我国的科学事业着眼,有计划地在语文课的教学中加强逻辑知识的教学。

三、语文课能发展学生的幻想能力

郭沫若同志说:"科学也需要创造,需要幻想;有幻想才能发展科学。"郭沫若同志的话指

出了幻想对科学技术发展的重大意义。事实上,历史上很多科学技术上的发明创造,常常是从幻想开始的。1969年7月16日,美国把两名宇宙航行员首次送上了月亮。令人感兴趣的是这艘宇宙飞船是以希腊神话中文艺之神阿波罗的名字来命名的。人类登月球本来是文艺作品的幻想,我国古来就有嫦娥奔月的神话。这个人类美丽的幻想今天由科学来实现了。文艺幻想和科学技术是如此巧妙地结合起来。

文艺作品的大胆幻想莫过于神话了。但神话并不脱离现实,它是人创造出来的,反映了人的一定的思想活动。马克思说过,神话是"在想象里并借助想象以征服自然力,支配自然力,赋予自然力以形体"(《政治经济学批判》)。我国古代的神话如后羿射九日、嫦娥奔月、夸父追日、愚公移山等不正是反映了我国古代劳动人民征服自然力、支配自然力的英雄气概和伟大的创造力吗?神话的这种精神力量能够激励和鼓舞人们大胆闯进科学技术的禁区,探索大自然的奥秘,促进科学技术的发展,伟大的天文学家哥白尼创立太阳系学说就是一个例子。哥白尼生长在中世纪的欧洲,适逢"文艺复兴"时代。"文艺复兴"时代是需要巨人和产生巨人的时代,艺术、哲学、科学等领域都有了巨大的突破和发展。"文艺复兴"并不局限在文艺,但却是首先从文艺领域开始的。恩格斯说:"拜占庭灭亡时抢救出来的手抄本,罗马废墟中发掘出来的古代雕像,在惊讶的西方面前展示了一个新世界——希腊的古代;意大利出现了前所未见的艺术繁荣。"(《自然辩证法》)一花引来万花开,艺术的繁荣带来了科学的发展。古希腊文化那种积极进取、突破传统束缚的思想,开启了伟大的"文艺复兴"时代,而古代希腊文化的主要源泉就是希腊神话。恩格斯说:"荷马的史诗以及全部神话——这就是希腊人由野蛮时代带入文明时代的主要遗产。"(《家庭、私有制和国家的起源》)希腊神话中的神和英雄是力量与美的象征。希腊神话给古代希腊的艺术、哲学、科学以极其巨大而深刻的影响。哥白尼同"文艺复兴"时代的其他巨人一样,如饥似渴地阅读古希腊的哲学著作,从古希腊的哲学著作中吸取唯物主义思想和突破传统束缚的精神力量。他经过长期的观测计算,大胆地否定了长期在天文学领域里占统治地位并受到宗教支持的地球中心说,提出了新的宇宙结构体系的假说。这个假说,开始时哥白尼自己也说是近乎荒唐的。但正是这个近乎荒唐的幻想奠定了他创立太阳系学说的基础,吸引了他长期不屈不挠地研究,经过几十年的努力,终于写出了《天体运行论》这本巨著,创立了太阳系学说,开始了自然科学的伟大革命。从哥白尼创立太阳系学说的过程可以看出,他的思想渊源可以追溯到古希腊神话,神话的大胆幻想启发了哥白尼的大胆幻想,这个大胆幻想又鼓舞和引导哥白尼创立太阳系学说。可以说,突破传统束缚和离经叛道的幻想是哥白尼创立太阳系学说的巨大鼓舞力量之一。

上面说明了文艺幻想和科学的关系,现在再回到语文和科学这个本题来。文艺作品在语文课中占有相当的分量,而且学生在课外阅读中也大量阅读文艺作品。文艺作品里的诗歌和神话传说充满大胆的幻想不用说了,其他如小说、戏剧等也有幻想。文艺作品要虚构,要虚构就得有丰富的想象力,而想象是包含有幻想的成分的。文艺作品的浪漫主义就是幻想。所以,语文课在培养和发展学生健康、积极、优美和丰富的幻想能力方面可以说是一个特长。而幻想能力是发展科学技术所需要的,是科学工作者应该具有的。郭沫若同志说:"科学工作者同志们,请你们不要把幻想让诗人独占了。《嫦娥奔月》《龙宫探宝》《封神演义》上的许多幻想,通过科学,今天大都变成了现实。"当前,培养大批具有既实事求是,又"异想天开"的独特风格的科学工作者,是发展我国科学技术事业的根本任务之一。语文课为实现这个根本任务,是可以而且应该作出自己的贡献的。

还学生以语文学习的沃土

吴代德

生活是学生学习语文的沃土。因为语文源于生活,而且用于生活、服务于生活。如果离开生活来谈语文学习,其语文学习就失去了它生长、发育的沃土。

美国教育家华特·B·科勒涅斯说:"语文学习的外延和生活的外延相等。"这一论述不仅论述了语文学习内容容纳了整个生活,而且表明了语文学习对生活的依赖性。

我国著名大语文教育的倡导者张孝纯先生提出:"语文与生活同在,凡有人类生活的地方都有语文,都有语文实践与语文学习。"他认为,社会生活是语文的源泉,也是语文能力形成的土壤。他设计了"一体两翼"整体教学结构模式。"一体",就是以课堂教学为主体;"两翼"就是以课外阅读为重心的有计划、有组织的多种多样的语文课外活动;学校语言环境、家庭语言环境、社会语言环境等的利用。这一模式从实践上总结了语文与社会生活的辩证关系。

著名语言学家刘国正说:"要使学习语文同生活紧密联系起来,把教学搞得生动活泼。这生活,包括学生自己的生活、家庭、学校、社会的生活。语言产生于生活,并为生活服务,脱离了生活,就变成毫无生气的空壳,语文教学也要同生活相联系,脱离了生活,就变得呆板枯燥。"

有识之士的种种论述,雄辩地论证了语文学习与生活的关系、语文教学与生活的关系,并确切地把生活视为学生语文学习的沃土,把生活视为教师进行语文教学的沃土。

然而,近些年来的语文教学不少现象却与以上论点相悖。

(一)学生直接生活范围狭小,学生失去了直接感受生活并从生活中学习和运用语言的机遇

片面追求升学率的压力,由社会的方方面面压向学校。学校为了片面追求升学率,达到"质标",也采取了若干"过硬"措施,其中包括对教师"升学率"、"合格率"高低的评价与奖惩。因此,过度地延长学生在校学习的时间,无休止地补课。从小学五、六年级,到初中各年级,把课开到第七节、第八节,甚至第九节,从早到晚都在学校读书啊,读书啊。天蒙蒙亮,学生便提着沉重的书包踏进校门,天朦胧黑时,学生才疲倦地提着书包离开学校,晚上还有大量的作业。连寒假、暑假也至少削减了一半时间。学生在什么时间、用什么方式去感受社会生活呢?尽管社会生活如花似锦,然而学生每日只对着"四角的天空",面对被电灯"漂白的墙壁"。生活在哪里?在妈妈温暖的怀抱里?可是从六岁起,他们便是在妈妈严厉的目光下,"奔命"似地完成教师的超量作业。在活泼的校园里?可校园里的目光更严厉,连下课的十分钟都有值日行政站岗,不准迈出教学楼半步!在繁花似锦的社会里?学生每日踏着朦胧

---

① 本文选自《郴州师专学报(综合版)》1997年第2期,第76—77页。

的晨光而出,踏着朦胧的月色而归,"来也匆匆","去也匆匆"。在学生心目中的社会生活岂不"朦胧"也哉?因此作文时,他们只靠作文丛书范文中的那点"借鉴"材料,凭空臆造,完成教师规定的字数和篇章。哪里是什么生活感受!难怪有些学生一到课堂作文时,就瞪眼望着天花板发呆,他们叹气道:"老师,我真不知写什么!"

语文教师们想要组织学生投入生活,但哪有时间?哪有空间?每天七至八节课排得满满的,你能侵犯其他学科的"领地"吗?

(二)学生间接生活的空间缩小,间接感受生活的活动受限,他们的知识视野只"凝聚"于课本

50、60年代我们上学时,学生可以利用课外时间,阅读大量的课外读物。我就是在初中阶段把不少著名的中外著作阅读的。但现在的学生也真可怜,他们根本无时间去阅读课外读物。

有些学校有图书室、阅览室,可是学生何时能步入?有些学校的图书室、阅览室是为了应付检查的,长期不向学生开放,即使开放,学生既无时间,也无精力去阅读那些课外读物。放假时,有些学生偷偷从书摊借来一些武打、言情小说阅读,家长和老师一发现,轻则斥责,重则处分,学生更不能踏入这阅读的"禁区"。

电视中有些节目知识面较广,可以拓宽学生的视野,例如"正大综艺"栏目。但放映这些节目时,学生要么还在补课的课堂,要么还在埋头完成教师布置的作业。即使有暇看看电视,他们也想轻松轻松,听听那些流行歌曲,或者看情节紧张的电视剧,但这一切又要遭到家长的训斥。所以说,学生间接接触生活、感受生活、学习生活知识的空间受限了、缩小了。

(三)考试题目限制了学生发挥应用语文的能力,诱使学生重知识论证,轻能力

目前的语文考题,标准化试题比重较大,有些学生平时学习不努力,考试时寄希望于舞弊,结果,有些平时语文能力较强的学生,其考分还没有差生那么高。语文教学水平高的教师所教的班往往其语文成绩还低于其他班,这本是教育评价不公的现象,诱使教师在语文教学中,不敢重视语文能力的训练,而只把注意力放在抓一些呆板的语文基础知识的识记上。生动的语文课变成了枯燥无味的猜题、做题课,考试这根指挥棒扭曲了"语文教学"的真正含义。

基于以上情况,本人认为目前的语文教学面临着严重的危机。不解决这种现状,语文教学将坠入呆板、枯燥的形式主义的深渊。为此,我以从事语文教学三十五周年的教师的身份,向社会呼吁:还学生以语文学习的沃土,开拓语文学习的广阔空间,这是语文教学本身的需要,也是提高全民族语文素质的需要!

如何解决这一问题?我认为要从以下几个方面入手:

(1)努力克服片面追求升学率的倾向,改革语文考试制度和命题方法,制定科学的、合理的、公正的语文教学质量评价标准,把语文教师身上的精神枷锁彻底粉碎,使语文教学从单纯的应试教育中摆脱出来,逐步形成大语文教育的社会氛围,以提高语文素质为语文教学的终极目标。

(2)语文教师要树立大语文教育风,实行在教学大纲指导下,以课堂教学为中心的开放

式语文教学。

开放式语文教学包括如下内容：

a. 在语文课堂教学中，其教学内容尽可能广泛地联系社会生活，教育学生运用语文知识去认识世界，认识和体验社会生活；用丰富的社会知识，充实语文教学内容。

b. 开展广泛的课外阅读活动，指导学生阅读中外古今名著，从名著中了解古今中外的社会生活，从名著中学习语言大师们用语文知识去解释、描绘社会生活的方法，领会社会生活的真谛。

c. 充分利用现代化教学手段，用电影、电视、幻灯、图片、录像等教学手段，开拓学生的认知视野，拓宽学习语言的园地。

d. 用带出去、请进来和走马观花、下马观花的方法，组织学生参加社会实践活动，使学生直接接触社会，直接感受社会生活，直接在社会生活中学习和运用语言。假期、节日、双休日，让学生尽可能多地回归自然、回归社会。让他们做做家务，帮助父母做力所能及的劳动，亲自从事工、农、商等方面的劳动。

（3）教师要深入生活、投身于社会实践，在社会生活实践中一方面认识社会，得到广泛的社会知识；另一方面了解社会生活对语文教师的要求和希望，从而不断改进语文教学方法。语文与生活同在，凡有人类生活的地方都有语文，都有语文实践与语文学习。社会生活是语文的源泉，是学生语文能力形成的土壤。我们要努力创造条件，还学生以语文学习的沃土。只有我们把语文教学与社会生活密切地结合起来，我们的语文教学效率才能提高，学生的语文能力才能真正提高，学生的语文素质才能提高，语文教学的质量才能真正提高。

所以，我呼吁：还学生以语文学习的沃土！

关于语文与艺术关系的读书笔记[①]

范廷宇

(一)何谓语文？何谓艺术？语文与艺术是个什么样的关系？

先说语文。语文是一切科学文化的基础，是从事各项工作最基本的工具。语文，通常的说法是包括语言和文学两个方面。语言是人类最重要的交际工具。它同思维有密切的联系，是思维的工具，是思想的直接现实。语言就汉语来说，分古代汉语和现代汉语。文学，就中国文学来说，分古典文学和现代文学、当代文学。中国文学源远流长，从古代神话到诗经、楚辞、汉赋、唐诗、宋词、元曲、明清小说，其内容之博大、艺术之精湛，在世界文学宝库中可以说屈指可数，堪称一绝。

再说艺术。艺术在社会之进步上，是处于情操之立场而协助的角色，它是通过塑造形象具体地反映社会生活、表现作者思想感情的一种社会意识形态。德国格罗塞在《艺术的起源》一书中说："艺术，通常分为静的艺术和动的艺术两大类。它们之间的差别，腓赫纳曾下过很精确的定义：'前一类的艺术是经过静态去求快感的，另一类的艺术是经过动态或转变的形式去求快感的；所以在前者是借着静物的变形或结合起来完成艺术家的目的，而后者是用身体的运动和时间的变迁来完成艺术家的目的。'我们要从静的艺术，通常所谓的造型艺术和形象艺术来开始研究。形象艺术最原始的形式，恐怕不是独立的雕刻而是装饰，而装饰的最初运用，却是在人体上，我们所以要研究原始的人体装饰。然而，就是最野蛮的部落，也并不以装饰身体为满足，他们还装饰他们的用具和武器，所以我们先研究器具的装潢。第三我们要慎重地研究纯粹的绘画和雕刻的原始作品或者说要研究那种有独立意义的绘画和雕刻，而不是那种为着装饰目的的装潢艺术的产品。舞蹈，我们可以看作是活动的雕刻，是从静的艺术进到动的艺术之间的一个过渡。舞蹈在原始民族中间有着特殊的而且较深的基本意义，是文化民族中间所没有的，所以研究舞蹈艺术，比研究其他的艺术更能加深我们对艺术的社会价值的知识。在文化的较低阶段中，舞蹈时常和唱歌联在一起，因此我们也要研究到诗歌，我们必须能够洞悉并且能够估计诗歌的原始形式，至少是诗歌的基本特性。最后我们也得研究原始的音乐。"格罗塞的这段话，既表明了艺术的分类观点，又指出了诗(可扩展到整个语文领域)与各门艺术之关联。

也有学者从表现的手段和方式之别而把艺术划分为表演艺术(音乐、舞蹈)、造型艺术(绘画、雕塑)、语言艺术(文学)和综合艺术(戏剧、电影、电视，包括部队文化工作)；或者分为时间艺术(音乐)、空间艺术(绘画、雕塑)和综合艺术(戏剧、电影)；另一些学者则将艺术分成两大类，即以情感——表现为主，如音乐、舞蹈、建筑、装饰等；以认识——再现为主，如绘画、

[①] 本文选自《解放军艺术学院学报》1999年第4期，第46—53页。

雕塑、小说、戏剧、电影等。表现性艺术的主要特征，是情感与现实的联系，它不像再现艺术那样具有直接性和明确性，往往通过对作用于人的事物的评价即认知活动的"折射"而产生。因此形成了表现艺术内容缺乏明确的认知性，而呈现多义性和宽泛性的特点，以致它所表现的"真情"，不像再现艺术所描绘的"真象"那样，用明确的语言予以表达，或通过"虚象"的描绘，用隐喻、暗示、象征的表达方式去呈现；也不像再现艺术那样，理性认识不仅积淀于审美情感和意象之中，还进而把情理融合的艺术真实"物化"在作品之中；对于表现性艺术来说，情理融合的艺术真实，只对表现情感进行艺术真实的想象，以表现感情见长。以音乐为例，音乐家总是以特定的音响作为物质手段，以具有个性、特色的情调为中介，去表现对现实生活的丰富复杂的情感。由于物理的音响和人的心理情感之间有其必然联系的一定桥梁和对应关系，因而人们从特定音响的变化，包括旋律、音调、节奏、音色和力度等的变化，就可以作大体相同的情感反应，体味其中的喜怒哀乐。如果乐曲离开标题、歌曲离开歌词的提示，就很难理解音乐准确的指事性和说理性，因而也较难掌握情感的幽深含意。这正是音乐表达感情的所长和局限。因此，凡是谙熟音乐特征和规律的人，是不会提出音乐内容的具体性和明确性的，而是在欣赏和体味中获得一种美的享受和启迪。

如果把对艺术的审美经验看成一种健身锻炼，图画和交响曲则可看成我们在锻炼理智肌肉时所用的杠铃与吊袋。艺术使我们生存下来，克服困难的能力也得到增强。它循循诱导着剩余的能量，而使之不再盲目地发泄。它使科学家的目光更为敏锐，使商人更为精明能干，使教师之教学相长相得益彰，而且也使少年犯罪率降低。艺术曾长期地被嘲讽为罪孽深重的有闲阶级的无聊消遣，而现在已被推崇为对人类普遍有益的一种工具。

科学的目的是知识，而审美的目的则是满足。绘画与音乐，以及观看绘画或倾听音乐都不需要唤起情绪，毋宁说需要使人得到满足，得到审美的满足。艺术所关心的是情绪的刺激，它是现实的一种苍白的补充，审美经验是一种抚慰。据说，悲剧的效果是使我们冲刷掉受到抑制和埋藏在深处的否定性情绪，或者说，是注射一定剂量的疫苗使实际打击所造成的伤害消失或减弱。这样，艺术也就不仅是调理性的，而且是治疗性的，它既可以补充美好的现实，又可以防卫丑陋的现实。剧院和博物馆的功能也就是公共保健科的一些附属科室。

（二）艺术源于生活

语文与各个门类的艺术息息相关，语文与我们的生活密不可分，并且是军艺师生的求生武器。先容许我举几个通俗的例子：例一，绍兴，古来就有参谋人才——师爷。他们的语言运用能力很强，常借一字而作大文章。有一年，江苏湖口发现一具浮尸，地方官照例要向官府呈报"阳澄湖口发现浮尸"。这件事被住在湖口岸的老百姓知道了，大家都不满意。因为官府知道是这里出的人命案，就要验尸追查，不但不吉利，而且还可能节外生枝。于是老百姓不远千里找寻师爷请教。师爷叫人把呈报单的"口"字当中加上一竖，改成"阳澄湖中发现浮尸"。偌大的湖中发现浮尸也就与当地老百姓不生关系了。

例二，有一个横行乡里的恶霸在行凶时，被勇敢的农妇砍死，官府要求呈一份书面材料以定罪，县里的师爷知道此事后，对农妇的除恶行为钦佩不已，于是就在案卷材料中将"用柴刀劈死"改成"甩柴刀劈死"，这样犯罪情节的性质就变了，使这位农妇免于抵命。

例三，人称诗书画三绝的郑板桥，为官清廉，反遭免职，戴罪还乡。一夜正听雨苦读，一窃贼入室欲行窃。板桥耳目具明，心想此等人既是为生计所迫，当以良言劝退，于是吟诗一首:"细雨濛濛夜沉沉,梁上君子进我门。腹内诗书存千卷,床头金银无半文。"小偷一听,心中一惊,退到庭院,板桥再上诗一首:"出门休惊黄犀犬,越墙莫损兰花盆。天寒不及披衣送,趁着月色赶豪门。"仅仅小诗两首,幽默地劝走了窃贼,可见诗歌的妙用。

大学都开设有大学语文课,无论你是学何种专业的,都必须学好这一门共同的基础课。语言是一只承载人类到达彼岸的船,我们就是船的舵手。"一代过去,一代来临,大地却永远长存。"(海明威)文学正是历史发展的载体。在描绘人和社会现实、表达思想感情的具体性和明确性方面,各门艺术对语文有一定的依赖性;反之,各门艺术也会给予语文以影响。今天,我们之所以费心讨论这个话题,是因为我们担负着教育之重任。中国有句古话:"苟日新,日日新,又日新。"(《盘铭》)作为军队艺术院校的师生,我们肩负着将来文化创新之责任,自我的文化修养与学识之提高,实乃当务之急。

(三)语文与美术的关系

就中国的情况而言,抒发人类情感最早的是诗、乐、舞,但"诗不能尽",于是,"溢而为书,变而为画"。而今,绘画、雕塑等艺术门类,其形象创造及其表现手段,显然又与小说、戏剧、诗歌等文学样式不尽相同。由于绘画用线条、色彩、形体描绘现实世界,是一种空间艺术,因此它在形象的具体可感、栩栩如生方面,自有其特长之处。绘画艺术的特殊规律决定了它擅长显示,即画家可以把一个人的姿态、表情和神态描绘到非常细腻、逼真、惟妙惟肖的程度,但是这并不等于说仅有描绘的或是模仿的能力就可以从事美术工作,莱辛在《拉奥孔》里曾作过很有见地的分析:

"既然绘画用来模仿的媒介符号和诗所用的确实完全不同,这就是说,绘画用空间中的形体和颜色,而诗却用在时间中发出的声音;既然符号无可争辩地应该和符号所代表的事物互相协调,那么,在空间中并列的符号就只宜于表现那些全体或部分本来也是在空间中并列的事物,而时间中先后承续的符号也就只宜于表现那些全部或部分本来也是在时间中先后承续的事物。

全体或部分在空间中并列的事物叫做'物体'。因此,物体连同它们的可以眼见的属性是绘画所特有的题材。

全部或部分在时间中先后承续的事物一般叫做'动作'(或译为"情节")。因此,动作是诗所特有的题材。但是一切物体不仅在空间中存在,而且也在时间中存在。物体也持续,在它持续期内的每一顷刻都可以现出不同的样子,并且和其他事物发生不同的关系。"

绘画为了扬其所长,避其所短,往往从文学(诗)那里受益。于是画家有时就把文学当成绘画内容的一部分,使主旨明确,意境易于理解。如中国画,常常点染一些诗句,与画境和谐地结合。中国画的诗、书、画三位一体,首先就要求创作者对诗文有深厚的功底,其次是书法水平,最后才是绘画能力本身。古代画家大多是中国语言文学的大师。因为语文能力是审美体验的必备手段,绘画者自身的创作受到他本人理解艺术对象的能力的制约。如宋代画院,以画取工,指定一句诗为画题,指令天下的画家以诗作画。有一题曰"深山埋古寺",其当选的杰作描述的是一个和尚在山涧中挑水,以挑水暗示埋没在深山里的古寺。又有一例,以"踏花归去马蹄香"的诗句为题取试画工,这个画题的关键要体现"香"字,而"香"不能凭视觉看出,只能凭嗅觉闻到,照理说绘画表现这样的题材是很难的,但有一位画家克尽其妙,他的画作上描绘了数只蝴蝶飞逐马后,香字之境自然流露出来。又如徐悲鸿的国画《逆风》,画几只小麻雀在逆风中飞行,风本是无形、无色、看不见的,但画家通过芦苇在风势之下顺风而倒的动势,间接表现出风势。这种画完全以诗句为主而画为宾,画全依题款增色。中国古代的画家,大都是文人学士,其画称为文人画,中国画与文学的关系之深,于此可见。所以有人说中国画皆是"文学的绘画"。

再就中国画看,画石、画竹是绘画本领内的艺术,可说是造型美的特殊的表现。但中国的画石、画竹,也不能说与文学全无关系,石与竹的画上都题诗,以赞美石的灵秀、竹的清节,则题材的取石与竹,也无不含有意义的美。梅兰竹菊在中国画中称为"四君子"。可知道这种自然美的描写,虽是专讲笔墨的造型美,但在取材上也含着文学的分子,不过分量稀少而已。石与四君子,似属中国画的基本练习。除了这种基本练习而外,中国画大都多量地含着文学的分子。最通俗的画,例如岁寒三友图(松竹梅)、富贵图(牡丹)、三星图(福禄寿)、天官图、八骏图、八仙图都是意义与技术并重的绘画。山水似属自然风景的描写,但中国的山水画也常与文学相关联,例如"兰亭修禊图""归去来图",还像在为王羲之、陶渊明的文章作插图。最古的中国画,如顾恺之的"女史箴图",也是张华文章的插图。

西方绘画也如此,如法国普桑的名画《阿尔卡迪亚的牧人》,画面上一座古墓,三个过路的牧羊人正在墓前打量着墓碑;旁边站着一个象征幸福之神的妇女,她的手轻柔地搭在那个年轻牧人的肩上,和颜悦色地望着他们,充满着爱怜。年老的牧人正在仔细辨认墓碑上写的"我曾经住在阿尔卡迪亚"的铭文,这是古老的希腊传说中的一个幸福乐土。画中这位妇女的神情动作与墓碑铭文寓意的结合,对意境的表达起了画龙点睛的作用,同时也反映了作者追求世外桃源的"理想"。

画家还常常自觉不自觉地将某一特定的事物和某种思想情感建立一定的类比的关系,运用象征、暗示或寓意等手法,表达绘画语言难以表达的内容。如八大山人所绘画的鱼鸟,均为"白眼向天",深寄着画家的亡国之痛;又如吕德雕塑《马赛曲》里带翼的妇女,则象征自由、正义、胜利之神。

看到中国画的山水图卷,容易使人联想"关山万叠""云树千重"等诗文中语。中国画所描写的想象的世界,换言之,就是诗的境地。中国画家作画常用诗的看法,形成诗画交流的状态。从艺术的本质上着想,文学的工具是言语,诗是时间性的、立体的,绘画的工具是形色,画是空间性的、平面的。作诗用画的看法,便是用时间性的工具来表现空间性的境地,用立体的工具表现平面的境地,如李白的"山从人面起,云旁马头生"等合远近法的诗句,便是其实例。反之,"作画时用作诗的看法",便是用空间性的工具来表现时间性的境地,用平面的工具来表现立体的境地。绘画本身也是诗画交流的艺术。

中国画中一切不近事实的畸形的表现,都是由于作画时用诗的看法而来的。诗中的美人,眉如柳(举例而言,在中国长期的历史中,音乐的实践曾为各个时期的诗歌写作规定了多种多样的形式),语言如云,口如樱桃,脸如莲花,画中的美人也这般描写。诗中屋宇"曲径通幽"、"庭院深深",画中的屋宇也是如此,不理会远近法的规则。诗中的山"群山万壑""蓬山万重",水有"黄河九曲""长江万里",画中描绘的也一样,不论世间是否有这等风景。中国画与诗的关系还远不止此,自古以来的中国名画,取文学之题材者多,如仇英的名作,就是取《西厢记》的插图。文学中有画趣,画面中有诗趣。

凡美术专家,对于技术有深造的人,大概喜看"纯粹的绘画"。但在普通人,所谓业余或者美术爱好者,即对于诸般艺术皆有兴味而不深造的人,看"文学的绘画"较有兴味。在一切艺术中,文学是最易大众化的艺术。因为文学的表现工具是言语,言语是人人天天用惯的东西,无须从头开始,入门的初步是现成的。绘画与音乐都没有这么便当。纯粹由音表现的纯音乐,能懂的人很少;在音乐中混入文词的歌曲,能懂的人就较多。同理,纯粹由形状、色彩中混入文学意味的所谓文学的绘画,能懂的人也较多。故为大众艺术计,在艺术中掺入文学意味,亦是利于普及的一种方法。

(四)语文与音乐的关系

音乐能够震动人类心灵的全部,据说当宗教改革时代,许多人都唱得煽起对于新信仰的热忱来,不少敌视路得(宗教改革领袖)之名的人都被那简单而动人的新教的赞美诗所感动而皈依了他的教义。又如有些斯拉夫民族的最初的改变宗教,是受臧兴教会圣曲的影响。凡此种种,都说明音乐对人们的生活有广泛而深刻的效力,也就是说,我们的生活离不开音乐这一艺术。

而对于音乐这种以旋律、节奏、和声抒发思想情感的时间艺术来说,其听觉形象不同于绘画、雕塑的视觉形象,更不同于文学语言形象的描绘性。这种听觉形象在表达情绪、抒发感情方面,是别的艺术难以比拟的;其内容的不明确性,又常常使它在形象的创造上,不得不借助文学的渗透。比如一些音乐大师的作品往往取材于文学名著,像门德尔松的《仲夏夜之梦》序曲取材于莎士比亚的戏剧,德彪西的前奏曲《牧神之午后》取材于马拉美的诗歌,都使这些音乐名作浸润着文学的内在精神。后来出现的标题音乐,也是为了引导听众的联想与想象,以加强音乐形象的明确性。有时,音乐家们还在作品中直接加入文学的内容,如贝多芬著名的第九交响乐章,配上席勒《欢乐颂》的合唱,就充分表达了他迫切需要表达的思想感情。

音乐形式的发展曾促使文学形式的发展。音乐和文学的共同发展,又造成了音韵科学的建立、进展。诗人们的案头常放着诗韵,戏曲歌唱家们的家里常保存着曲韵,不少有关戏曲唱法的论著,都有相当的篇幅联系曲韵进行分析、讨论。这就说明了音韵学之为有用,之为艺术实践中所不可缺少。其内容可列表式如下:

$$\text{语言}\begin{cases}\text{音韵三音素}\begin{cases}\text{声}\\\text{韵}\\\text{调}\end{cases}\begin{cases}\text{咬字}\\\text{旋律}\\\text{节奏}\end{cases}\text{为表达的内容服务}\\\text{句读}\end{cases}$$

从历史上看语言和音乐的关系,我们的祖先很早就认为语言是音乐的根据,是有一定的道理的。《乐记》中说:"诗,言其志也;歌,咏其声也;舞,动其容也。三者皆本于心,然后乐器从之。"从这里可见,用语言表达思想感情,首先就有了诗;接着才依次又有了歌曲(声乐)、舞蹈和器乐。《虞书》中说:"诗言志,好个咏言,声依咏,律和声。"用近代语言予以解释,大意是:诗是用语言表达思想感情,歌曲是美化加工了的语言;器乐的声音伴随着歌声而发出;乐律使声音保持谐和的关系。语言形式的变迁,引起了历史上诗歌形式的发展,反之亦然。春秋时的《诗经》、战国时的《楚辞》、汉代的乐府、唐宋的诗词、宋元以来的曲牌,名著辈出,其间形式的演变,都同语言的变迁和音乐的发展分不开。

语言与音乐的具体关系,至少有三个方面:

(1)语言字调的高低升降影响着音乐旋律的高低升降。语言的句读影响着音乐的节奏。

(2)语言所用的音影响着音乐上的音阶形式。昆曲中南曲用五声音阶,北曲用七声音阶。这种差异的存在,并非偶然,显然是与生活中的方言有关。

(3)语言的风格影响着音乐的风格。明清两代曾有好些人对南、北曲风格的特点做了肯定的比较,所论大同小异,南曲偏于柔婉,北曲偏于刚劲,这一点比较南、北曲调旋律的进行可见之。

语言与音乐的关系十分复杂,因为我国地域广阔,各地方言殊异,生腔也随之不同,故全国存在着无数的歌曲、说唱和戏曲种类。就是同一区域的音乐,可能有几种不同的语言体系在对音乐同时起着作用。例如,在江浙一带,有的乐种如越剧,是与平仄系统有关;有的乐种如昆曲,是与阴阳上去的四声系统有关。一地的语言和音乐,既有地方特色,也有因与别地交流而受到的影响。例如,昆曲的音乐既吸收了北方语言,也保留着一部分南方的方言因素;其歌音的高低升降近乎北音,而其白口的高低断连又近乎南音。在读音上也有南北混用的情形。长期在北方发展的京剧,它用的尖音是保留了南音的声母;它所谓的"上口字",如"旧""知""势"等字,均唱为机微韵,则有闽、浙的方言因素。所以说,声韵学知识对我们音乐工作者而言是必备的。一方面,在声乐上使发音准确;另一方面,有利于作曲者配写曲调。

音乐震撼力之泉源不仅仅是音符、旋律,其与音乐创作者的语文表达力密切相关。这一能力的提高,来源于各方面知识的储备。梅纽因从小就养成广泛的爱好,他喜欢骑马、游泳、拍照、看书,他"深入研究历史文献,找寻新材料,把旧的东西复活起来",对中国的哲学家老子的思想极有兴趣,还可以自由地引述老子的见解。

(五)语文与舞蹈的关系

舞蹈在人类历史的早期是各种巫术和宗教祭典的主要组成部分,那时的舞蹈家同时又是能够传达神旨的控制文化的社会贵族。而今天,舞蹈已发展为一门美感化了的人体姿态抽象展示的过程艺术。李泽厚曾阐释说:"舞蹈以身体动作过程来展示心灵、表达感情,一方面源自日常生活中情感动作、体貌姿态的表情语言的集中、发展;另一方面又来自对培育身体力量和精神品质的操演锻炼动作的概括、提炼。这两者从不同的方面都规定了舞蹈动作所具有的高度概括、宽泛的表现性质。它们都鲜明然而却概括地展示着作为主体的人所拥有的潜在的巨大精神能力和情感体验,而不是十分具体地再现出某个特定场合、情境下的具有确凿认识内容的情感、心灵。"那么这"巨大的精神能力和情感体验"的泉源何在呢?一是生活的自身体验,更进一步就是自身文化修养的滋补,而这就必然与语文的根基成正比了。有些舞蹈包含情节,表现一定的矛盾冲突。舞剧就是舞蹈和戏剧情节相结合的一种舞蹈形式,其对文学水平要求更高,因为舞剧的题材往往从文学名著与历史事件中改编而来。

(六)语文与戏剧的关系

戏剧综合了表演、导演、文学、音乐、绘画、舞蹈等艺术,形成一个以表演为中心、拥有多种表现手段的综合艺术,演员的语言和动作成了戏剧文学,表演的环境成了舞台美术,音乐成为渲染环境和人物感情的舞台音响。在人类的历史演进历程中,戏剧是人类精神文化生活中的重要组成部分。因为,戏剧包含着丰富而深刻的揭示人生命运的、道德和审美的诸多内容。而戏剧的基本要素——故事情节的矛盾冲突的特有展示方式,又能有机地引发观众欲知下回分解的贪婪欲望和兴趣。也就是说,当具有较强舞台意识和表演创造才能的演员,通过富有深刻意蕴的道白与丰富生动的体姿语言,把具有强烈悬念的故事情节在舞台上当众直观地表演出来时,能强有力地把欣赏者吸引、抓住,进而让其充分体验到丰富多样的生活命运、感情风云、闲情逸致等多彩的人间万象,并经过观者个体的感情作用,最终获得纯粹精神文化生活的满足。所以戏剧一度成为人类文化生活中不可缺少的部分,成为人类寄托和抒发自己的抱负、牢骚和理想的场地。戏剧,既是诗情化的高雅艺术,又是饱含人生命运悬念的表演的程式化艺术。

戏剧和其他艺术一样,比文学更真切。在众多的姐妹艺术中,戏剧的优越之处又在于:它不像静态的绘画那样只有朦胧的感情倾向,也不像动态的音乐那样只有朦胧的认识因素。作为既在时间又在空间展开的戏剧,它既有绘画的那种明确性,在感情方面又和音乐相仿,能引起人的感情逐渐地、有规律地提高并达到非常激越的境地。戏剧在这一点上也是优于音乐的。文学也能把感情和认识高度结合起来,但不如戏剧那么集中和强烈,也就缺乏戏剧那种认识的尖锐性和迫切性。但文学是戏剧表演的基础,所谓"离合悲欢演往事,愚贤忠俊认当场"。首先剧本的创作离不开文学的功底,其次演员的语言离不开语文的技能。高尔基说:"除了文学的才能外,戏剧还要求有造成愿望和意图的冲突的巨大本领,要求有不能反驳的逻辑来迅速解决这些冲突的本领。"这也就肯定了文学乃戏剧之基本。无论戏剧创作,还是戏剧表演,语文能力对戏剧艺术工作者都有一种浸润作用。

(七)语文与文学的关系

因为文学的材料是由语言构成的,所以欣赏、研究文学作品必有语言的基础。著名语言学家吕叔湘教授讲过一个故事:有一个法国画家,叫德卡,是一个印象派画家。这位画家,除画画之外,还喜欢作两首诗,而且写诗的热情极高。有一天,他作诗,那诗句就是出不来。他就去找他的朋友,一个诗人,叫马拉梅,他是一个有名的诗人。德卡把欲写诗而不成的急情告之于他,"我有很多诗不能把它写出来,怎么回事呢?"马拉梅对他说:"老兄呀,诗这个东西,是拿语言把它写出来的,用文字把它写出来的,不是思想写出来哦,思想没法写,要写就得用语言。"所以,文学作品是用语言作媒介,用语言把它写出来的。现在的文艺评论都是强调生活,说一个作家要有生活,这话不错,但仅有生活是不够的,要把生活转化成文学作品,还要一种媒介的帮助,就像我们吃东西,需要借助一种酶才可以消化。故把生活转变成作品要通过语言,作家是最明此理不过了。

有人很会说话,很会写文章,可以说是语言修养功夫好,也就是驾驭语言的能力强。语言这东西,可以说既简单,又复杂。简单,因为七八岁的儿童已经初步掌握;复杂,因为可能几十年还掌握不好。语言修养可以分为理解和表达两方面。语言的复杂是由于它的抽象性和多义性,这是它本身固有,是去不掉的。因为客观事物非常复杂,变化无穷,而语音有限,语汇有限,语法手段有限。以有限反映无穷,必然具有抽象性和多义性。例如"书"这个词,可以指一本具体的书,可以指一本内容相同而版本不同的书,可以指不同形式的书。说"教书",这个"书"意义又扩大了,教音乐、体育也是教书。汉语字、词的正确理解是不易的,只能还原到实际语境中,才能具体分析,而后理解。而这些仅用一本字典、辞书是不可能解决问题的,必须多读、多记、多写。

英国的皮特·科德在《应用语言学导论》一书中说:"大多数话语确实都有认知的成分,但这并不等于说,语言的功能就只是表达那种成分而已。所有的语言都有一种表态成分,即与说话者的意图有关的那种表态成分,说话者正是靠这种成分表达其心理状态、活动和讲话的原因。"这就是说,语言除表示理性意义外,往往还表达发话人的态度和感情,它反映时代的风貌和发话人的心理状态。语言表达到位,对文学创作、研究都是受益之事。同时,良好的言语交际心理可以确保交际双方在充满融洽和谐的气氛中进行,是提高交际效果的重要保证。

现在来谈谈学习语文的过程。使用语文是一种技能,跟游泳、打乒乓球等没什么区别,不过语文活动的机制比游泳、打球的活动更加复杂罢了。任何技能都必需具备两个特点:一是正确,二是熟练。不正确就不能获得所要求达到的效果,不成其为技能。不熟练,也就是说,有时候正确,有时候不正确,或者正确,可是反应太慢,落后于时机,那也不成其为技能。从某种意义上说,语言以及一切技能都是一种习惯。凡是习惯都是通过多次反复的实践养成的。观察儿童学说话的过程,完全能够证明这个论断。儿童学说话从模仿开始,先是模仿不佳,语音不准,字句颠倒,然后经过大人的校正,一步一步实践,最后达到"习惯成自然"的境地。习惯的特点就是不自觉。语文的使用是一种技能、一种习惯,只有通过正确的模仿和反复的实践才能养成。这里最关键的是我们在思想上要引起高度的重视。

总而言之,语文与其他各门艺术之间的联系最为广泛,各种艺术都包含着语文的因素,而且文学作品是多种艺术的基础,如舞剧、戏剧、电影都要以文学剧本为基础。文学作品还为其他各种艺术提供了题材,我国的古典文学名著如《红楼梦》《水浒传》《西游记》等作品,都为戏剧、舞蹈、美术等多种艺术提供了题材,欧洲的古典文学名著如《罗密欧与朱丽叶》《唐·吉诃德》等作品,都在舞蹈上获得巨大成功。有些艺术品的产生,往往是文学与其他艺术形式相结合的结果,如音乐中的歌曲,标题音乐,美术中的连环画、插图,无不如此。

(八)探讨语文与艺术的关系,必然要涉及艺术家的修养

托尔斯泰认为艺术感染的深浅取决于下列三个条件:(1)所传达的感情具有多大的独立性;(2)这种感情的传达有多么清晰;(3)艺术家的真挚程度如何,即艺术家自己体验他所传达的那种感情的力量如何。艺术家要达到上述三点要求,艺术修养的培育与积累是必备的一步。人生修养、素质修养、学识修养,可以说涵盖了艺术修养的全部内容。

首先是人生修养。艺术家的人生修养,也称为人的"品性修养"。艺术家不论在社会结构和人类群体分层中如何具有特殊的身份和价值,但他首先是一位鲜活个体"人"的角色,是一个在一定社会中正常的、促进社会良性运作的人。在中国画论中,有"画品即人品"的论述,所说"人品既已高矣,气韵不得不高,气韵既已高矣,生动不得不至,所谓神之又神,而能精焉"。明代画家文征明自题其仿米芾画风的山水云:"人品不高,用墨无法。"在文征明看来,从绘画的最高审美要求气韵生动,以至用笔用墨,都和人品的高低直接相关,仿米芾的山水用墨不成功,因为自己的人品没有米芾高。齐白石说得更明白:"古之艺术所传,因传其人,或高人或名士隐逸,未闻举止卑下之人,虽有一艺而能久远者。"李苦禅也认为"必先有人格,方有画格"。而且他自己的实践也如此,了解李苦禅的人都知道,他是一个正直之士,气节与人格不凡,日本统治北平期间,他在日本宪兵队的严刑下,

始终一身浩然正气。

其次是素质修养。一个人之所以是艺术家,而不是工程师或军事家,就是因为他具有艺术专业深厚的专门化修养。艺术修养指艺术家经过长期锻炼和培养在各专业领域里展现出的艺术水平高低与完善程度。艺术修养的获得,只有靠艺术家自身的主观努力。艺术家对各自门类专业知识的掌握与精通,对其学科所知的深度与广度,是其素质修养的体现,如若缺乏,则将陷入"皮之不存,毛将焉附"的不良无本境地。例如,中国花鸟画家的艺术修养,首要的就是应具有对中国花鸟艺术的创造精神品性、诸多规律的专门化学习和灵活的把握运用。换句话说,既要懂得中国绘画特有的笔墨造型规律,又要体悟中国花鸟画独有的美学意蕴精神和内在的艺术魅力。可见,具体艺术专业门类的素质修养,一是独立进行创作的才能,再就是独有的审美或反审美感受与判断的艺术感知力、表达力。

罗丹说:"如果没有体积、比例、色彩的学问,没有灵敏的手,最强烈的感情也是瘫痪的。"艺术家必须掌握牢固的基本功。晋代著名书法家王羲之就是凭着"临池学书,池水为墨"的功夫,写字才"入木三分",下笔如神。所谓"梅花香自苦寒来"、"夏练三伏"、"冬练三九"、"凡操千曲,而后晓声,观千剑而后识器"、"读书破万卷,下笔如有神"、"久必有悟,悟后才长了巧"等都是些受用的箴言。对于专业学习,还要注意现代性与科学性。在绘画方面,绘画材料的改变,会引起绘画效果的变化,画家需了解时代的行情。在音乐方面,由于十二平均律的运用、和声体系的建立以及曲式学、对位法、管弦乐配器法等技术理论的进步,扩大和丰富了音乐的表现手段,使现代作曲家的表现能力大大超过前代。现代科学对音乐的物质技术及表现手段产生巨大的影响,使音乐更加动听,音色更加纯正、明澈。

第三是学识修养。文化水平决定作家的创作水平。人类的艺术创造行为是要"表现出心情和灵魂的深度,而这种心情和灵魂的深度却不是一望而知的,而是要靠艺术家的沉浸到外在和内在世界里去深入探索,才能认识到。所以还是要通过学习,艺术家才能认识到这种内容,才能获得他运思所凭借的材料和内容"(黑格尔)。艺术发展史上所有有名的艺术家,没有一位不是大学问家;没有一个具有较高艺术见解力和艺术创造力的艺术家,是学识浅薄之人。如中国画家吴冠中,既是画家,又是作家。还有意大利画家达·芬奇,他的代表作《最后的晚餐》《蒙娜丽莎》举世闻名,其实他在军事、天文、地理、生物学等方面,也有不少贡献。黑格尔就曾讲过:"艺术方面的博学所需要的不仅是渊博的历史知识,而且是很专门的知识,因为艺术作品的个性与特殊情境相联系,要有专门知识,才能了解它,阐明它。"不仅如此,艺术家的学养还包括社会生活中广博的知识。以音乐为例,有一位音乐家语重心长地说过:"年轻的音乐家应当更深入地熟悉各个不同时代的音乐,我甚至可以这样说,有的人应当每天少练一时琴,而把它拿来研究音乐史以及那个时代的相关艺术。他应当经常参观博物馆,应当研究当时的哲学家们的思想及作曲家的哲学思想,所有这一切都有助于他们深入他们所演奏的作品,他们进行再创造的作品,使之更完美、深刻。"拉威尔虽然从小就学音乐,但他所受的正规的音乐教育不多,他一直引以为憾。他常常对一些跟他学习的学生的母亲说:"最重要的是,让他继续学习,要有渊博的知识和学问,一个音乐家不应该只是一个音乐匠而已!"海菲滋说:"尽管我把我的生命献给了音乐,尽管我非常热爱音乐,可我还是认为音乐不是生命中唯一的东西。假如我全部的生活就是听音乐,想音乐,演奏音乐,那实在太可怕了!世界上还有那么多的事情需要去学习去欣赏。我感到我对其他事情知道得越多,学习得越多,我就越是能成为一位更好的艺术家。"

音乐工作者的创作积累也离不开学养的递增。比如当我们欣赏《春江花月夜》的丝竹乐时,怎样才能充分体味从"江楼钟鼓"到"渔舟唱晚"再到"欸乃归舟"和"尾声"的完整意境,并通过联想而进入再创造呢?这不仅需要类似的生活体验,还需要丰富的中外古乐曲及诗、画的艺术积累;否则,你就感受不到这组著名的丝竹乐,也是一组音响诗、一组音响山水画,或者就是一组绝妙的旋律化了的唐宋词。从《春江花月夜》的典雅旋律中,不是隐隐约约地透露出从屈原的诗篇到晏殊的词作所共有的"叹时序之代谢"与"好景之不常驻"的惆怅和淡淡的哀愁吗?屈原深情叹息:"日月忽其不掩兮,春与秋其代序;惟草木之零落兮,恐美人之迟暮。"晏殊的惆怅更是丝丝入弦:"春去秋来,往事知何处?燕子归飞兰泣露,光景千留不住。酒阑人散草草,闲阶独倚梧桐。记得去年今日,依前黄叶西风。"所有这些,不正好与《春江花月夜》的弦外之音心曲相通吗?因此,要幽深感受这首古丝竹乐所表达的"为君持酒劝斜阳,且向花间留晚照"的思绪,能离开古诗词的艺术素养和经验吗?同样,这曲绝妙化了的唐诗,又使我们联想到唐代著名画家李训的《江帆楼阁图》,以及五代顾闳中的《韩熙载夜宴图》这些名画所传达的意境,对理解《春江花月夜》所传达的意境,恰好是唤起我们联想的一种重要的补充。总而言之,学养中的感性信息储备至关重要。

一个艺术家的成长——不管是独奏家或独唱家,单单是声音、技巧,或是音乐才能,无论他多么优异,这总是很不够的。钢琴家尼可拉也夫说过:"为了从一个学生成长锻炼为范围广阔而艺术成就卓越者,必须具备多方面的因素的结合。仅仅天才,实在太可怜了。除了天才,更需要智慧,高远的见解,艰巨的劳动和多方面艺术修养的润育,如果缺少其中之一,或有而不足,那么最后虽有成就,也不丰满。"

加强文学修养,对艺术家具有重要意义。它有助于艺术家通过文学作品间接了解和感受各种社会生活,熟悉各种人物的思想感情,培育高尚的道德情操和对美的感受,以从中得到启发。德国音乐家贝多芬在少年时代就自修古文,阅读历史文献和文艺名著。十六岁时,他已熟知荷马等历史学者和诗人作家的著作。从遗物中发现他在《莎士比亚全集》的书页上写满了批语,他十分喜爱莱辛的作品,崇拜席勒、歌德。通过学习名著,不仅增长了贝多芬的见识,还提高了他对美的鉴赏力,培养了他的艺术趣味,丰富了他的乐思。

各门艺术和有关专业知识的学习,对艺术家从事艺术活动大有助益。只有在广博知识的基础上,才能在专业上达到精深的造诣。舒曼指出:"有教养的音乐家能够从拉斐尔的圣母像得到不少启发。同样,美术家也可以从莫扎特的交响曲获益不浅。不仅如此,对于雕塑家来说,每个演员都是静止不动的塑像,而对于演员来说,雕塑家的作品何尝不是活跃的人物。在一个美术家的心目中,诗歌却变成了图画,而音乐家则善于把图画用声音体现出来。"各门艺术间的相互影响、借鉴和结合,在艺术史上是不乏其例的。梅兰芳曾向青年演员指出:"不论演员或剧作者都必需努力开扩自己的眼界。除了多看多学多读,还可以在戏剧范围之外,去接触各种艺术品和大自然的美景,来多方面培养自己的艺术水平,才不至因孤陋寡闻而不辨精、粗、美、恶,在工作中形成保守和粗暴。"梅兰芳在戏剧改革中,颇得其他门类艺术的帮助。他曾学画于齐白石,从《九歌图》《天女散花图》中得到启发,设计出《天女散花图》歌舞的服饰及舞姿;从顾恺之的《洛神》的歌舞,体现了曹植《洛神赋》的意境。正由于他能博采众家之长,广收各门艺术之优,并融会贯通,才能独辟蹊径,自成一家。再举一例,意大利著名演员吉娜·劳洛勃丽吉达,以卓越的表演才能塑造了许多性格鲜明的银幕形象,尤其是饰演平民姑娘(如《巴黎圣母院》中的艾丝美拉达),具有浓郁的生活气息。她之所以获得世界影坛的盛誉,是和她多才多艺,对艺术有较深造诣分不开的。她学习舞蹈,舞姿优美,技艺娴熟;她学习绘画,曾以卖画为生;她是一位摄影艺术家,曾举办过多次影展;她是音乐天才,歌唱水平为人称道;她还做过制片人兼导演。在1971年拍完最后一部影片时,她又以自己的经历和生活为素材,从事小说创作。

艺术家还应具有广泛的生活知识。如被誉为活武松的京剧表演艺术家盖叫天,他热爱生活,不乏生活情趣。他爱看鹰的翱翔、马的飞奔、烟的袅绕……他还从饲养的动物身上设计出英武动人的舞台身段。

峰高无坦途,艺精无止境。祝福军艺学子个个都能自觉地沐浴语文的雨露,迅速成长为丰饶而润泽的艺术之花!

语文课程与其他课程的整合[①]
——语文活动、形体训练综合课《一棵树》教学设计及评点

执教:杭州大关小学　石晓云(语文教师)　孙慧敏(形体教师)
评点:杭州师范学院江平

一、教材选择

每一次选择语文活动、形体训练综合课的教材内容,总是让我们大费脑筋,因为所选择的材料既要体现语言文字的美,又要具有形体的表现力。经过仔细认真的挑选,我们最终选择了我国著名儿童文学作家金波爷爷的一首儿童诗——《一棵树》,并作了些细微的改动。内容如下:

一棵树

一棵树,站在土地上。
它是一支绿色的画笔,用它高高的树梢在一角蓝天涂抹着春天的颜色。
它举着一片片绿叶,用生命的旗帜,招呼着春风、白云和掠过的小鸟。
然而,它只是一棵树。
它在等待着更多的树。
一棵树,站在土地上……

A:语文教师石晓云,B:形体教师孙慧敏

二、教材分析(略)

三、班级学生情况分析(略)

四、教学目标

认知:1. 有感情地朗读诗歌。2. 理解诗中的重点词:涂抹、掠过。
技能:1. 巩固已学的基本形体动作。2. 灵活运用形体动作表现诗歌内容。
情感:1. 体验一棵树孤独的情感。2. 运用发散性思维和形体动作内化诗歌内涵。
3. 形成环保意识。
　　上限目标:运用发散性思维和形体动作内化诗歌内涵。
　　下限目标:有感情地朗读、理解诗歌,体验一棵树孤独的情感,形成环保意识。

[①] 本文选自《语文建设》2003年第3期,第15—20页。

五、教学准备

学生的个案分析、录音磁带、教材纸。

六、教学过程（见下表）

教学环节	个别化教学活动	设计意图
一、引入 （师生在音乐声中一起迈着舞步进入教室，席地而坐。） 师A：同学们，这节课我和孙老师又要和大家一起学习了。你们想看节目吗？ 生：（热烈地、异口同声地）想！ 师生合作表演：配乐诗歌形体组合。师A在后排学生中朗诵诗歌，师B面向学生在台前形体表演。 生：（全神贯注地欣赏着，目光不时地在两位教师间来回移动。表演结束后，都情不自禁地报以热烈的掌声。）		在欢快悠扬的音乐声中，带领学生迈着舞步进入形体训练，席地而坐。由语文和形体教师共同创造了一个新颖独特、情知交融、令人心驰神往的快乐情景。 师师合作，激发了学生的兴趣，并为学生展现了合作的示范。教师将自己置于与学生共同学习的平等地位，创设民主、融洽、合作、愉快的人际环境。
二、揭题 师A：同学们，咱们刚才的表演还没有取名呢，你们能取个合适的名字吗？ 生1：一棵孤独的树！ 生2：大树之歌！ 生3：小树谣！ …… 师A：同学们取的名字真好！刚才我们表演的这首诗的作者是大家熟悉的金波老爷爷，他给诗取的题目叫《一棵树》。但是，如果他听了刚才同学们取的名字，一定会选择你们取的诗名。这样吧，大家待会儿学诗就请你改成自己刚才取的名儿，好吗？ 生：（听了教师的话，有的孩子纷纷握紧拳头，嘴里轻轻喊了一声"耶"，相互做表示胜利的动作。）	师B关注徐雨星，坐在她的旁边和她一起思考，鼓励她发言。师A则指名让她发表见解，同学们对她的发言均报以掌声。	教学中同时关注学生的个性发展，培养学生形成独特、自信的性格。通过"自己为诗歌取名字"这个环节，充分发挥学生的创造性，尊重学生的自主体验。
三、学习诗歌 1. 初读 师A：现在开始，每位同学都有3分钟的自由学习时间，你能在3分钟里把诗歌读通读顺吗？请你选择自己最喜欢的方式练读。 生：（自己读、自由组合读；站着读、坐着读、趴着读。） 师A：（教室里巡回指导） 2. 再读 师A：你愿意为大家读一读这首诗吗？（正音指导）	师B重点关注丁浩、金文琪、胡张根、徐雨星，进行朗读指导。	"目标是激发动机的诱因和调节行为的标准"。课始，教师向学生清清楚楚地展示学习目标、时间、方式、要求；学生以学习主人的姿态，满怀激情地奔向明确具体的教学目标。目标设计具有可操作性、可检测性。

（续表）

教学环节	个别化教学活动	设计意图
生：(有的个别读，有的小组齐读，还有的找伙伴合作读。) 师B：(和其余学生一起参与评价) 3．汇报和质疑 师A：你读懂了什么？诗中还有什么疑问不能解决的？ 丁巍：我不懂"树梢"、"旗帜"、"掠过"这些词。 师A：你有那么多词语不理解呀！ 生：(还未等老师说完，许多学生自接站起来回答了。) 生1：我来告诉你，"旗帜"就是旗的意思，比如说国旗、队旗等就是旗帜。 生2："树梢"就是树枝的前端。(伸出双臂)你们看，如果这是树枝的话，那么我的手的部位就是树梢了。 (台下的老师报以掌声) 生3：(跑到丁巍面前)我来教你什么是"掠过"。你来演大树，我演小鸟。(演示)像这样轻快地擦过就是"掠过"。 师A：丁巍，那么多同学帮助了你，现在你的问题得到解决了吗？ 丁巍：都懂了！ 师A：如果没有疑问了，大家可以说说对这首诗的理解吗？ 生1：我读懂了这首诗，是写一棵树长大的过程的。 生2：我认为这棵树刚开始时是很快乐的，它还和春风、白云、小鸟打招呼，还用自己的树梢画画。可是到了后来，它的朋友一个个都消失了，只留下它一个，它很孤独。 生3：老师，我想它原先是生活在一个大树林里的。可是后来树木都被人们砍伐光，就只剩下这一棵小树了。 生4：这首诗前一句和最后一句是一样的，只是标点符号不一样。最后这个省略号，说明故事没有结束，可能这棵树还有话说，可能故事的结果会改变。 师A：你们的见解实在是高明啊！金波爷爷的诗你们都读懂了，你们是他的"最佳小读者"。 4．朗读、形体训练组合练习 (1)练习 师A：诗歌大家都理解了，那你们除了读，还想怎样表现它？ 生：(笑着指师B)还可以用形体动作。 师A：这样吧，大家自己找一个角落，边读诗歌边用形体动作表现表现。	师A指名戴立洲读。 师B关注王奕飞和丁巍，指导发现问题。 这个环节中，对同学进行个别化教学的已不再是两位教师，而是那些"乐于助人"的同学们了。 教师B关注金文琪、王奕飞。 给发言精彩的小朋友发"最佳小读者证"。	两位教师分工明确，一位组织教学，另一位关注对个别学生的指导。 培养学生发现问题的能力。 "教师"的角色在课堂中并不需要演足"40分钟"，有些学生的问题完全可以放手让其他同学来做小老师。自主地学、自主地教，学习效果会事半功倍。 学生以形体课上的肢体语言帮助理解诗歌，说明已经能巧妙地结合两门学科的知识点了。 教师的主导作用，不仅体现在能让学生提出问题，还体现在要让学生自己来分析、解决问题，充分调动学生学习的主动性、积极性，让学生的思维碰撞出绚丽的智慧火花。 新颖的评价手段能再一次调动学生学习的积极性。

(续表)

教学环节	个别化教学活动	设计意图
（2）交流 师B：同学们刚才练得很认真。有的小朋友都已经把诗歌背出来了，我们就请这些会背诗的、动作也已想好了的同学上台表演。 师A：我加入台下的同学吧，我们给他们配诗，好吗？ （台上形体展示；台下诗歌朗诵。） 5. 以形体动作激发再想象 师B：小树的朋友们上哪儿去了？ 生：被有些人砍伐光了。 师B：这棵小树多孤单呀！谁能上台表现表现小树孤单的样子？（指导学生将面部表情和肢体语言结合。） 生：（单凯迪的表演十分生动形象，面部表情也很丰富，使得在场的所有人为他喝彩。）	师A、师B重点关注黄俊超、戴立洲的形体表演。 优生示范：关注杨忆雯、高凌飞、王娅男、吴晓文。 指名单凯迪上台表演。	有机结合形体动作，帮助理解诗歌内容。分层进行个别化教学。 个别化教学的辅导对象不仅是学困生，还包括那些尖子生。在这个环节，教师为优等生创设表演的舞台。 只有学生对诗歌的内心体验深刻了，他才真正从面部表情和肢体语言入手，从"表演"到"表现"，反映诗歌内涵。
四、表演 师B：看了同学们的表演，我忽然有灵感了。同学们，我们来编一个小小的舞台剧好不好？ 生：（跳起来）好！ 师A：太好了，那我自告奋勇地来当导演。整个故事是这样的：树林里，鸟妈妈带着小鸟们幸福地生活着。可是有一天，树林里来了许多不速之客，把大树都砍伐光了，只留下一棵孤单的小树，它多么希望有人来陪伴它呀！有一天，一队红领巾来到了树林，在它的周围种下了很多小树苗，小树再也不孤单了。鸟妈妈带着孩子们回到树林，林子里又恢复了生机。 （挑选演员，角色有小树、大树、小鸟、鸟妈妈、红领巾。诗歌朗诵在表演前半部，由大家一起朗诵，师生同台表演。）	角色自己挑选。	形体和诗歌的组合，让每个学生参与到艺术创造活动中来，尽力将《一棵树》表演得动人心弦，富有艺术感染力，将教学提高到艺术的境界。 挑选最适合自己的角色，尊重学生的个人意愿。
五、小结 师A：（表演完了）大家都累了吧？赶紧坐下来休息休息吧！ （学生们随意地坐在地板上休息。） 师A：谁来说说自己刚才表演的感受？ 生1：这棵树后来一点也不孤单了，它有了那么多朋友。 生2：我演的是小鸟，我刚才躲在大树怀里睡觉，真舒服。 生3：我演红领巾，当我把一棵棵小树种下去时，我的心里真高兴。 师B：我也说说。我是鸟妈妈，我觉得能够和我的孩子生活在绿色的树林里真是太幸福了。 师A：我是导演，我觉得今天大家的表演太成功了，我为我们感到骄傲和自豪。		打破以往"课后不结"的呆板，将学生对自己表演的切身感受作为小结，不仅是形式的创新，更是对学生心灵感悟的再次升华。 教师自始至终指导、参与整个活动，并与同学们一起分享学习与生活的快乐。

访谈录

江平:石老师,你们这份教学设计无论内容、形式,还是表述方式,都很有特色,尤其在"语文课与其他课程相结合"方面亮点熠熠。您当初为什么会设计这么一节语文活动和形体训练相结合的综合课?

石晓云:首先,这是由学校的办学特色决定的。1999年,我们大关小学进行了小班化教学的实践,学校在课程设置等方面进行了较大规模的调整,在保证小班学生上完国家规定的必修课程的基础上,根据学校的艺术教育特色和教学资源,从动静搭配、长短课结合等原则出发,增设了英语、书法、电脑、形体训练等课程。一年级的新生一进校门就开始了专业的形体训练。经过3年的训练,这些学生基本具备了扎实的形体素质和艺术修养。这也是《一棵树》这堂综合课得以实现的前提。

其次,这也是师师、师生之间不断磨合的结果。经过三年的教学实践,这批小班的学生无论在语文学习的情感方面,还是在形体的艺术表现力方面都有了长足的进步。尤其可贵的是,他们能够非常大胆地在课堂中真实地表达自己对语文文本的感悟和对艺术的体验。我和孙慧敏老师交流后,都产生了这样的想法:既然学生对语文活动课和形体课都非常感兴趣,那么能否通过这两门学科的综合,并结合教师间的合作、师生间的合作来为学生提供一个感受美、体验生命情感的课堂空间?因此,语文活动课和形体训练相结合的综合课设想初步形成。

最后,这更是新课标影响的结果。新课标的颁布为我们设计的综合课提供了坚实的理论依据。新课标指出:"综合性学习主要体现为语文知识的综合运用、听说读写能力的整体发展、语文课程与其他课程的沟通、书本学习与实践活动的紧密结合","提倡跨领域学习,与其他课程相结合"。如果说,当初我们产生设计综合课的想法还只是一种不自觉行为,心中还不太有底的话,那么经过认真学习后,我们的信心就更充足,设计过程也明显地转为更自觉的行动了。

江平:正如您刚才所说的那样,新课标的确提倡跨领域学习,提倡语文课程与其他课程的沟通。要使两种不同的学科有所通连乃至融合,就得找到它们的结合点,使两者合成一体。语文与形体训练分属不同的学科,您如何在一节课中将这两门学科融合在一起呢?

石晓云:要使不同学科很好地融合,首先必须要找到它们两者的最佳载体,教学内容的选择是第一步,合适的教学内容为融合构建了框架。以《一棵树》这节课为例,我们在选择教材时,考虑到教材既要体现语言文字的内涵美,又要具有形体的表现力。金波的儿童诗《一棵树》沟通了语文与形体学科之间的联系,融教育性、知识性、创造性和艺术性于一体,集学习、创造、表演和体验于一身,使整节课优化综合,相互渗透,浑然一体。

其次是教学目标的融合。对于综合课来说,教学目标必须体现全面性,这是融合的灵魂。综合课的教学目标不能由两个教师各自制定,而应由双方通盘考虑,全面分析教材和学生实际后共同制定,这样才能在整堂课中体现统一的教学思想。在融合中还要注意将教学价值取向转移到学生全面发展上来,把认知、技能、情感、态度等纳入目标范畴,使学生生动、活泼、主动地学习。

最后,教学方式的融合主要是指两位教师在整堂课中配合默契地完成教学。要转变"综合课上20+20=40(分钟),两位教师平均使用上下半节课"的错误观念,让两位教师每人都在40分钟的时间里充分发挥自己的教学资源,让课堂效率提高到"40+40=80(分钟)"。以《一棵树》为例,在各个教学环节中,两位教师既有分工又有合作,充分发挥了集体教学和个别辅导相结合的优势。

江平：这是一节语文的综合性学习课，这节课应该姓"语"。您在课中如何体现它的语文特点的？

石晓云：我们试图从三个方面体现语文的特点。

首先，在理论设计上体现语文特点。我们的设计意图就是想以"一棵树"的形体表演为突破口，强化用形体艺术表演造型来帮助学生深刻理解诗歌的诗句和意蕴。其次，教材文本本身体现语文特点。这首诗歌虽然短小，但它本身的韵律美和意境美是其他文本无法比拟的。学生在朗读背诵中不知不觉地会被诗歌本身的语言和意境所吸引。第三，学生自主学习的过程体现了语文特点。整首诗的学习完全让学生自主进行。从开始的让学生取合适的诗名，到自由选择方式充分朗读，然后到多种形式的汇报读，再到对诗句中不理解的词语质疑、解疑，最后到学生自由抒发对诗歌的独特理解和表达表演后的体验与感受，整个过程都鲜明地体现了语文的特色。

案例分析

石老师和孙老师共同设计和实施的这节课，融语文活动与形体训练为一体，是将新课程的理念落实到课程设计和课堂教学活动中的一次有益探索。它向我们表明：语文课程的天地非常广阔，新课程的语文教学大有作为。这节课落实的新课程的新理念有：

1. 课程资源开发的新观念

课程资源包括教材、学校、学生家庭和社会生活中一切有助于学生发展的各种资源。我们可以把课程资源分为校内、校外两大类。《一棵树》的课程设计，以金波先生的儿童诗《一棵树》为核心，涉及对传统课程的深度挖掘、对新型课程的引进，以及对课程类型的重组，属于校内课程资源的开发。两种类型课程的结合、两位老师的配合、师生之间的合作，表明课程资源得到了合理配合与充分利用。

2. 课程管理体系的新思路

为保障和促进不同地区、学校、学生对课程的需求，新课程实行国家、地方和学校三级课程管理体系（其比例分别为78％、12％和10％）。学校应根据当地社会、经济发展的具体情况，结合本校的传统和优势、学生的兴趣和需要，在认真扎实地执行国家及地方课程的同时，开发或选用适合本校的课程。石老师她们依托所在学校重视美育、强调艺术教育的特色，将学生非常感兴趣的形体训练引入语文课程，进一步充实了语文课程，拓宽了校本课程。这就为学校办学要有特色，校本课程的开设要独具匠心，做出了一份样本，也为新课程中国家、地方和学校三级课程管理体系建设与运作提供了一个例子。

3. 综合性学习

新课标在识字与写字、阅读、习作、口语交际这四个教学内容之后，新增了"综合性学习"这一内容。《一棵树》的教学过程中，从开始"引入"的"配乐诗歌形体组合"，到"学习诗歌"的"初读、再读"，以及"朗读、形体训练组合练习"，再到"表演"的"小小舞台剧"，都将言语实践与形体训练设计在一起，使学生在言语感受与形体体验的综合性学习中，对诗歌语言美与形体的肢体美有所感受与体验，而且是综合性地感受与体验。

反思语文课程与其他课程的沟通和整合

禹旭红

一、课改理念：语文课程需要与其他课程沟通和整合

《全日制义务教育语文课程标准（实验稿）》（以下简称《语文标准》）在"课程的基本理念"里提出语文课程"应拓宽语文学习和应用的领域，注重跨学科的学习和现代科技手段的运用，使学生在不同内容和方法的相互交叉、渗透和整合中开阔视野，提高学习效率，初步获得现代社会所需要的语文实践能力"[1]。在"教学建议"中提出语文"综合性学习主要体现为语文知识的综合运用、听说读写能力的整体发展、语文课程与其他课程的沟通、书本学习与实践活动的紧密结合"，"提倡跨领域学习，与其他课程相结合"[2]。其中多次提及语文课程应"注重跨学科的学习"，要"与其他课程相结合（沟通）"，旨在打破长期以来由于种种原因而造成的我国传统语文教学相对封闭的状态，真正实现"语文的外延与生活的外延相等"。"从课程改革的发展趋势来说，基础教育学科之间呈现出整合的趋势"，而决定学科内容取舍的"关键性因素在于是否有利于学生的发展"，"这些因素促使学科之间进行整合"。又"因为语文学科是综合性学科"，"在内容上是语言、文字、逻辑、修辞、文学等多种内容的综合，也是文、史、哲、数、理、化等社会科学和自然科学各个方面知识的综合"，所以，"语文综合性学习提倡跨领域学习，注重学科间、课内外以及学校和社会的紧密结合"[3]。可见，无论是从此次语文课程改革的价值取向，还是从学生学习语文的过程和方法来说，语文课程都需要与其他课程沟通和整合。但是，目前最关键的问题是，在沟通和整合中，语文课程是否只有输出的义务，而无受到反哺的权利？语文课程在沟通和整合中能否获益？这是我们必须进行认真思考和回答的。

二、传统观念：语文课程是学好其他课程的基础

1963年6月颁布的《全日制中学语文教学大纲（草案）》明确指出："语文是学好各门知识和从事各种工作的基本工具。"2001年7月颁布的《全日制义务教育语文课程标准（实验稿）》也提出："语文课程应致力于学生语文素养的形成与发展。语文素养是学生学好其他课程的基础，也是学生全面发展和终身发展的基础。"由此，我们可以比较清楚地看出语文大纲和语文标准制定者的意图：语文课程与其他课程的关系密切；语文课程是学好其他课程的基础。此外，我们似乎还读出了这样的意味：语文课程是基础教育阶段学生所学全部课程中最基础也是最重要的核心课程；学好语文课程，是学好其他所有课程的前提和基础。从中我们依稀觉察到语文课程与其他课程的已有沟通是单向的，而不是双向互动的。叶圣陶先生也

---

① 本文选自《教学与管理》2008年第15期，第46—47页。

说过:"语文是工具,自然科学方面的天文、地理、生物、数、理、化,社会科学方面的文、史、哲、经,学习、表达都要使用这个工具。"从实际情况来看,也的确是语文课程学不好,其他课程的学习肯定会受损失;语文课程学得好,其他课程的学习一定会受益。但是,在语文课程与其他课程的沟通中,语文课程有没有获益?该不该获益?能不能获益?怎样才能获益?

三、默认方式:语文课程与其他课程的沟通是单向的

长期以来,语文课程是学好其他课程的基础和工具的定论羁绊了我们的思维向度,直接影响了语文课程与其他课程的双向互动。

其实,语文教育界并非没有注意到这种现象,只是没有引起大家的足够重视而已。《语文标准》研制组组长巢宗祺教授曾经指出:"语文课程要加强综合性,沟通与其他学科的联系,沟通与生活的联系,在语文课程中学到其他方面的知识和方法;在其他课程、其他场合也可以学到语文,拓宽学语文用语文的天地。"[4]然而,不知何故,课改后的语文课堂在高扬人文教育的旗帜下,有不少语文教师把目光聚焦在各个文本的写作对象上,把语文课直接上成历史课、地理课、生物课、环保课等。语文课程与其他课程的单向沟通观念直接导致了语文课程在教学实践层面出现了偏差。

遗憾的是,人们已经习惯了这种单向的给予式的课程沟通方式,却忽略了语文课程在与其他课程的沟通中应该享有的受到反哺的权益。诚然,语文课程是学好其他课程的基础,语文课程也应该为学好其他课程提供慷慨无私的帮助,这是语文课程的责任,也是语文课程的骄傲。但是,正像其他任何一门学科的发展需要广泛地吸纳其他学科的知识和方法一样,语文学科的建设也需要从其他学科那里汲取知识营养,获得方法启迪,唯有这样,语文学科才有可能不断地丰满、茁壮起来。特别是目前语文课程在与其他课程的沟通中,不仅需要给予式的沟通,更需要拿来式的沟通。给予式的沟通,是语文课程的义务;拿来式的沟通,则是语文课程的权利。语文课程在与其他课程的沟通中,只有"运用脑髓,放出眼光,自己来拿","广泛地吸收相关学科的成果",才有可能构建起独立的当代语文学的知识结构与理论体系[5]。

四、与时俱进:让语文课程在与其他课程的双向沟通中主动获益

那么,语文课程在与其他课程的沟通中,能不能获益?如何获益呢?换言之,在其他课程、其他场合中,怎样才能学到语文,拓宽学语文用语文的天地呢?其实,当我们从单向的纯粹给予式的课程沟通思维模式豁然开朗为双向的既慷慨给予又智慧拿来的互动式的课程沟通思维模式后,语文课程在与其他课程的沟通中能否获益、怎样获益等问题便可以迎刃而解了。下面试举几例加以说明。

比如,在学习化学等课程的过程中,难免会遇到一些在语文课堂上或者日常生活中不接触或者很少接触的陌生字词。这时候,他们一定会想方设法先去认识这些生字新词,为他们的进一步学习扫除障碍。于是,在化学等课程的学习中,也自觉不自觉地培养了学生独立识字的能力。又比如学生在化学课上学习元素周期表时,就会遇到先要会读锶、铍、铯、铑、钡、锇、碲、氖、氩、氡、氙等元素名称的情况。仅此即知,语文课程在与其他课程的沟通中,其他课程对其的反哺作用是十分明显的。

再如,中学历史教材上经常有一些关于历史事件的简要记述,叙述虽然简单,但是时间、

地点、人物、起因、经过、结果和意义都交代得清清楚楚,要言不烦。只要语文教师稍作点拨,引导得当,学生认真学习历史事件的过程,又何尝不是在潜移默化地学习记叙文中叙事文的写法呢?包括叙事语言和结构,甚至包括顺叙、倒叙、插叙、平叙等叙述顺序的学习。可见,语文课程在与其他课程的沟通和整合中,不仅其他课程能够从中获益,而且语文课程也能够受益匪浅。其实,课程之间的沟通与整合,也是符合学生的认知规律的。

又如,在学习数学和物理等课程的过程中,同样也可以融会贯通地学用语文。无论是数学教材,还是物理教材,书中都会有一些证明题。在证明的过程中,往往是驱遣已经学过的知识、公理、定理、原理和方法,逻辑严密地步步推演,直至完成证明为止。试想,倘若把证明过程中的数学或物理符号替换成汉字来表述的话,那不就是一篇篇语言简洁、推理缜密、论证充分、有条不紊、典型规范的议论文吗?如果语文教师在日常教学中指导到位,让学生养之有素的话,学生在学习数学和物理等课程的过程中,完全可以收到一箭双雕、一石二鸟的学习效果。也就是说,让学生在一个学习过程中,既学习了数学或物理,又在潜移默化中学习了语文。实际上,不少课程的学习方法、思维路径都有相通之处,这是语文课程能够与其他课程沟通与整合的基础之一。此外,数学教材上还有一些证明题是采用了反证的方法来证明的。认真研究其反证的过程,其实与语文课上所学的驳论文的某些写法颇有相似之处,仔细推敲其反证的方法,对于学习驳论文的写法也很有启迪意义。这些情况再次说明,语文课程在与其他课程的沟通中,不单单只会给予,而且能够享有被反哺和回报的权利。事实说明,语文课程与其他课程的沟通是双向互动式的,而非单向给予式的。

像这样通过其他课程反哺语文课程的做法还有很多,这里不再一一赘述。实践证明,在语文课程与其他课程的沟通中,语文课程不仅能够为其他课程的学习提供便利和帮助,而且语文课程自身也应该能够从沟通和整合中获益。问题的关键在于语文教师要教会学生融会贯通地综合学习语文课程的思维方法。

注释:

[1] 中华人民共和国教育部.全日制义务教育语文课程标准(实验稿)[S].北京:北京师范大学出版社,2001.

[2] 中华人民共和国教育部.全日制义务教育语文课程标准(实验稿)[S].北京:北京师范大学出版社,2001.

[3] 郑国民.新世纪语文课程改革研究[M].北京:北京师范大学出版社,2003.

[4] 语文课程标准研制组.全日制义务教育语文课程标准解读[M].武汉:湖北教育出版社,2002.

[5] 刘淼.当代语文学学科体系的建构[J].语文建设,2005(3).

关于"将流行歌曲引入中学语文课程"的思考[①]

毛芳都

一、流行歌曲:"遇见你是最美丽的意外"

随着全球经济一体化和文化多元时代的真正到来以及电视网络报刊等媒体的日益发达,日韩剧、卡通漫画、通俗小说、流行歌曲等流行文化如洪水般涌进中学校园。传统文化正遭受空前的冷落。流行文化却以其娱乐、消遣、时尚、鲜活等特点深受中学生的热捧,而流行歌曲以其廉价(几乎是免费)、便捷等消费上的特点更是备受学生的宠爱。如今,中学生中没读过中国古典四大名著的,已经不在少数;而如果哪个不会哼唱一两首周杰伦、李宇春歌曲的,恐怕就要被同学讥笑。戴 MP3 行走、听音乐入眠已经成为校园时尚。毫无疑问,欣赏流行歌曲已成为当今中学生课余生活的主要内容。

流行歌曲作为中学校园里最强势的流行文化,与语文课程相遇自然不可避免。

流行歌曲的歌词作为学生课余频繁接触的文本,对学生的语文学习起着潜移默化的作用,已成为中学生耳熟能详的主要话语符号。一些优秀的歌词所蕴含的人文资源和语言珍品是语文学习的宝贵资源。如 2000 年高考满分作文《问世间情为何物》,作者大胆引用台湾歌星姜育恒演唱的《梅花三弄》主题曲的精美歌词,塑造了新型的四大美女形象,诠释了"情"字的丰富含义,使文章既有时代气息,又有古典韵律之美。2001 年高考优秀作文《一句话,一辈子》,题目引自周华健《朋友》的歌词,赞美了朋友之间的"一诺千金"式的诚信的可贵。

作为一名高中语文教师,本人在批阅学生的作文时,常常能在字里行间发现流行歌曲的影子。比如一次以亲情为话题的作文,不少学生就引用了周杰伦的歌曲《爷爷泡的茶》和《听妈妈的话》。流行歌词中的倒装、移用、省略等语法修辞现象也深深地影响着中学生的书面表达。

流行歌曲的娱乐性和商业性也深深影响着青少年的情感、态度和价值观。流行歌曲被喻为"当代青少年的心理魔杖",它所表达的思想情感,所渗透的人生观、价值观、爱情观等,必然会影响中学生的思想,改造着他们的精神世界。这必将在更深更高的层次上影响语文课程。

不可否认,流行歌曲正日益扩充着语文学习的外延,正深深地渗入中学语文课程的方方面面。

作为一名中学语文教师,面对流行歌曲,我想用孙燕姿的歌词说,"遇见你是最美丽的意外"。

---

① 本文选自《大众文艺(教育理论)》2009 年第 15 期,第 166—167 页。

二、流行歌曲：一个有待开掘的语文课程资源富矿

"诗"和"歌"自古同源。"诗"具有"歌"的韵律感和节奏感，"歌"具有"诗"的形象性和抒情性。音乐性是流行歌曲的首要特性，但流行歌曲的歌词作为"离谱可赏"的文本，又具有一定的文学性。流行歌词通常用形象化的和抒情色彩浓郁的语言反映生活、抒发情感，优秀的流行歌词就是优秀的诗歌文学。

虽然流行歌词中有不少是语言糟粕，但也不乏精品。大陆的乔羽、陈小奇，香港的黄霑、林夕，台湾的罗大佑、李宗盛、方文山……这些当代著名流行乐词人的作品就具有较高的文学价值。优秀的流行歌词的语言或清新活泼、质朴通俗，或华丽精巧、诗意盎然，是语文学习难得的文本素材。《常回家看看》之所以人听人爱，除了主题打动人外，恐怕和通俗亲切的语言特点有关。"找点空间，找点时间/领着孩子，常回家看看"，语言清新自然，尽显艺术魅力。"狼牙月/伊人憔悴/我举杯/饮尽了风雪/是谁打翻前世柜/惹尘埃是非"、"繁华如三千东流水/我只取一瓢/爱了解/只恋你化身的蝶/你发如雪/凄美了离别/我焚香感动了谁"，周杰伦的《发如雪》歌词用典精巧，语言华美形象，充满诗情画意。

优秀的流行歌曲的词作往往是意象丰富而典型、意境优美而深远，很有欣赏价值。不少流行歌曲和古典诗词有密切的关联，具有古典诗词的意蕴和美感。诸如邓丽君的《在水一方》、毛宁的《涛声依旧》、周杰伦的《东风破》等。

流行歌曲中丰富的修辞手法和鲜活的语法现象也是不可多得的语言学习范本。琼瑶用"梦的衣裳"比喻爱情的温馨美好，梁雁翎用"像雾像雨又像风"唱出爱情的扑朔迷离，齐秦则用"玻璃心"形容爱的脆弱易碎。"悲伤着你的悲伤"、"你那弯弯的忧伤，穿透了我的胸膛"、"雨下整夜我的爱溢出就像雨水"……活用、移用、倒装等语法例子都可在学生熟悉的歌词中信手拈来。

比兴、借景抒情、重章叠唱等表现手法在流行歌曲中的运用更是普遍。流行歌曲的音韵之美就更不必说了，诗歌教学中的音韵问题完全可以联系流行歌曲。

流行歌曲中包含的思想情感和审美价值已深深地影响着当代中学生。在语文教学实践中适当结合学生喜闻乐见的流行歌曲，一定有助于语文教学中德育和美育的渗透。流行歌曲中不乏爱国、励志、亲情、友情等题材。就拿周杰伦的歌曲来说，《蜗牛》激励你坚定信念，朝你的梦想"一步一步往上爬"；《听妈妈的话》唱道："还是听妈妈的话吧，晚点再恋爱吧"，教你怎样看待早恋，"想快快长大，才能保护她"，教育孩子爱父母；《龙拳》《本草纲目》《青花瓷》等作品中传达出的中华传统文化和古典韵味，足以吸引年青的一代去热爱祖国的灿烂文化。

新课程积极倡导研究性学习、综合性学习和活动课程。语文教学必须充分利用生活中的课程资源，优化语文生态环境，跳出课堂的狭小圈子，让学生在生活的广阔天地里学习语文。流行歌曲是当今中学生课余生活中的课程资源，是有待开掘的语文课程资源富矿。

充分开发和利用流行歌曲这个课程资源，也有利于教学模式的革新，可以变单一的封闭的课堂接受式教学模式为互动的开放的学生自主的教学模式，让学生在丰富的语文实践活动中学习语文。

流行歌曲可以作为隐性的课程资源辅助语文教学，也可以被开发成显性的课程资源，直接引入课堂教学，甚至直接引入教材体系。

三、流行歌曲:"可以安心地牵她的手"

流行歌曲从 20 世纪 80 年代在中国大陆生根发芽起,就受到中学生的狂热喜爱,对当时的学校教育来说,的确是恐慌和尴尬。然而时隔二十多年,社会环境和人们的思想观念发生了很大的变化,无论是东方还是西方,无论是学者还是普通百姓,人们的思想越来越开放,对流行的东西的态度也越来越包容。语文教育已不再固守精英文化和主流文化的阵地,而是开始网开一面地包容流行歌曲这种备受学生喜爱的大众文化。学校课程首先是传播经典文化的,但如果我们把流行文化与学校课程对立起来,则会错失一大笔优秀的文化资源。流行文化是花果枝叶,肤浅却鲜活;学校课程是主干根本,深厚却平实,只有当两者有机结合时,语文之树才会根深叶茂、枝繁花盛。

其实,早在 20 世纪 90 年代初,就有一线的语文教师主动将流行歌曲引进课堂。近年来,在新课改背景下,一些地方已有将流行歌曲编入教材的尝试。如 2004 年 7 月,粤教版高中语文新教材必修二诗歌单元就选入了《弯弯的月亮》《长江之歌》《我们拥有一个名字叫中国》等流行歌曲。近年来的一些语文试题也和流行歌曲有所关联,如上海的高考作文题《我想握住你的手》,某省市甚至出现默写周杰伦的《青花瓷》中某一句歌词的试题,2009 年浙江高考作文以流行歌曲《绿叶对根的情谊》为命题素材,而北京高考则直接以《我有一双隐形的翅膀》为题。

流行歌曲中有丰富的语文课程资源,语文教学是否要接纳流行歌曲恐怕已不是一个需要讨论的问题,套用苏芮的歌词来说,"可以安心地牵她的手"。需要进一步研究的是流行歌曲中到底有哪些语文课程资源,该怎样引入中学语文课程。

注释:

[1] 普通高中语文课程标准(实验)[S].北京:人民教育出版社,2004.
[2] 黄会林.当代中国大众文化研究[M].北京:北京师范大学出版社,1998.
[3] 刘良华.校本教学研究[M].成都:四川教育出版社,2003.
[4] 程永润.普通高中语文校本课程开发及实施研究[D].上海:华东师范大学,2006.
[5] 韩雪屏,王相文,王松泉.语文课程教学资源[M].北京:高等教育出版社,2007.

民俗文化在语文教材中的教育价值

薛晓蓉

"民族文化的 DNA,存在于民俗、民间文化之中。"(陈勤建)此语道出的正是民俗文化在整个民族文化中的核心价值。在民众创造的所有文化中,民俗文化与生活的关系最为密切,甚至它本身就是生活的一部分。我们各阶段的语文教材是生活感悟的精华,它将生活中的体验、认识、理解浓缩成一篇篇美文展现在学生面前,可以启迪他们留意生活、珍惜生活、创造生活。语文的生活化特性使它关注生活的方方面面,而民俗生活化的特性使它成了语文教材中承担教育作用不可缺少的组成部分,它更是教育和培养学生热爱本民族文化最好的素材。通过对语文教学中民俗文化内容的学习,既可以让学生接受已经与生活融为一体的民俗文化的教育和熏陶作用,引导他们对生活的深切关注和思考,养成审视历史和现实的睿智及洞察力,培养他们在生活中传承民族文化的意识;也可以使教师的讲解深入化、有趣化、开放化,真正实现教育与生活的融合目标。

一、了解民俗文化有助于传承蕴涵其中的优秀文化

中国社会历经几千年的发展,民族凝聚力长久不衰,文化源远流长,积淀了深厚的民俗文化。为了让学生从学习中感受到这一过程,语文教材选入的多数文章就不同程度地反映了一定时代一定地区的某种民俗文化事象,这集中表现在中国古典诗文篇目中。笼统地看,《诗经》中的《氓》《关雎》《静女》等作品涉及我国上古时代先民的婚恋、婚俗文化;屈原的《离骚》体现的是楚文化的浸润;汉乐府诗歌《孔雀东南飞》中出现了以床、榻等当时的物质生活用具进行描写的民俗和七夕节等节日民俗内容;陶渊明的《桃花源记》《归园田居》《饮酒》等涉及古代的酒文化。具体地看,只是一种类型的民俗事象的描写也很多,如岁时节日民俗就在教材中大量出现:王维的《九月九日忆山东兄弟》《古诗十九首·迢迢牵牛星》与秦观的《鹊桥仙》都描写了七夕节日的民俗事象。

二、学习民俗文化有助于培养学生的民族精神

民族精神是民族大多数成员价值观念、思维方式和行为准则的总和,它是一个国家或民族的强有力的精神支柱,是这个民族文化传统孕育的结果,它集中体现了一个民族在一定自然环境和社会、历史条件下建构自己生活的独特方式,反映了一个民族的性格和风貌。中华民族的民族精神是在中国长期的社会实践中形成的、为大多数人民认同和追求的、对民族进步与社会发展具有积极作用的基本思想和基本观念。在当前国际接轨、外来文化以其新奇性吸引中国众多年轻一代的新形势下,我们可以利用民俗文化贴近生活的特点,通过语文学习对学生进行民族文化教育。学生通过学习可以增强他们对于民族传统文化的记忆,从而

---

① 本文选自《教育理论与实践》2009 年第 7 期,第 45—46 页。

更加尊重和热爱自己的民族文化,同时可培养学生爱护和传承民族文化的意识。

三、学习民俗文化有助于学生语文知识素养的提升

民俗文化是人类几千年的生活总结,在漫长的历史长河中,民众用自己的智慧创造生活、改造生活,总结出许多有价值的知识。掌握一些民俗知识,可以帮助学生解读课文,养成"大语文"观念,最终提升他们的语文知识素养。

(一)借助民俗文化素材解读课文语文

教材作为社会文化的一部分,反映了不同时期、不同社会、不同民族、不同区域的民俗文化特点。在语文教学中,有意识地挖掘作品中关于民俗描写内容的作用,就能深层次地理解作品的意蕴,从而帮助学生解读整个文学作品。

例如对《社戏》的学习。社戏是当地自古以来沿袭下来的戏曲民俗事象,是农民们为了祭祀而演的年规戏,它甚至连像样的舞台都没有,但在孩子们的眼里它却是很美的。社戏究竟"美"在何处?在这里,教师可利用民俗知识引导学生跳到"社戏"之外,去关注看戏前后所表现出来的平桥村村民淳朴热情的民风之美、江南水乡特有的景物之美、乡间生活的快乐和自由之美、乡人和谐亲密的关系之美以及人们勤劳能干、珍爱劳动成果的朴实之美。这些美的民俗景象给平常的社戏镀上了金色的光泽,令作者难以忘记,令读者神往,继而引发学生内心对自己童年的美好回忆,也调动了学生的"人生经验通感",从而使学生将自己和作者进行感情交融,进而深刻理解文章的主题。

(二)利用民俗文化资源,进行语文研究性学习,使学生从课内走向课外,培养起"大语文"观念

新的语文教育观念认为要培养学生的语文探究能力。而植根于课文的学习来培养语文探究能力,会提升学生今后的学习品质,使他一生受益。就教材中涉及的民俗文化知识,我们可以尝试以专题的形式进行研究性学习。民俗文化博大精深,以专题形式学习有利于学生系统地了解和掌握文化知识。比如国家调整法定节假日的目的,我们就可以用专题进行研究。在异彩纷呈的民俗文化节日中,选择我国的四大节日进行目标导向的专题性研究学习,可使学生明白民族传统节日作为广大民众极为重要的日常生活方式的组成部分,它们在家庭生活、人际关系、社会生活中发挥着重要的作用和功能。经过千百年的积淀,这些节日悠远和丰富的内涵已经成为民族历史的记忆、民族情感的寄托,是人们无尽的欢乐和永恒的向往,其核心功能在于认识自然、亲近自然、协调与自然的关系,促进家庭和睦、民族团结、社会和谐,培养人们的美好情操、发扬乐观向上的进取精神。同时,研究性学习方式的采用,既可以使学生养成善于思考、勤于思考、乐于思考的学习习惯,更可以培养他们的探究能力。

四、学习民俗文化有利于学生文明习惯的养成

今天的社会,多元价值观念并存,个人主义、享乐主义以及西方文化中所谓的"平等"、"公平"等思想充斥在人格还不够健全的青少年周围,而选择民俗文化中体现好思想、好观念、好道德、好规范的内容让学生进行深入学习,不失为一条对学生进行品德、审美教育的行之有效的途径。

在语文课外内容的选择上,我们可以倾向于选择有利于学生良好素养养成方面的民俗文化内容和一些有教育意义的民间故事,利用生活情境教育学生,使他们养成良好的品行,真正实现语文教书育人的目的;还可以利用节日民俗文化重人伦、重亲情、重礼仪、重和谐的特点进行思想教育。农历九月九日,为中国传统的重阳节。古代庆祝重阳节的民俗活动多彩浪漫,一般包括出游赏景、登高远眺、观赏菊花、遍插茱萸、吃重阳糕、饮菊花酒等活动。九九重阳,因为与"久久"谐音,九在数字中又是最大数,有长久长寿的含意,所以在现代重阳节又被赋予了新的含义,定为老人节。对这些活动的描述在语文学习内容中随处可见,我们可以选择适当的时间,进行专题学习,对学生进行尊老爱幼品行的教育。

综上所述,充分认识民俗文化在语文教学中的重要价值,恰到好处地利用它达到我们教育、培养学生的目的是极为重要的。

后 记

语文学科,在中小学教育阶段是基础学科、主干学科,在全球化的语境中变得更加重要,也更受重视。但不可否认,问题也是最为盘根错节,病灶也最为复杂多样。好在我们语文教育理论工作者和教学实践者从未懈怠对它的研究、探讨和摸索,为此,我们或许可以自豪地说,语文课程与教学研究成果浩瀚丰硕。但令人遗憾的是,这些成果并没得到很好的尊重和充分的利用。也许正因为如此,在一定程度上,使得我们后续研究或有重复而不自知,或已有研究的厚实基础但新的研究却从零开始。

厚古而不薄今,守正才能开新。本着这样的良善愿望,我们选编了《语文课程与教学研究·中学卷(1979—2009)》,期望通过这一努力,为研究者和后学者做一点梳理工作,提供一点学习和研究的资料,使我们的语文课程与教学研究及其实践能在前人肩膀上立高望远。由于编选的论文涉及 30 年,时间跨度较大、内容范围宽繁,未及与作者一一沟通并征求意见。在此,谨致谢意和歉意。

最后需要说明的是,《语文课程与教学研究·中学卷(1979—2009)》得以顺利付梓面世,要感谢南京师范大学出版社于丽丽女士,这厚重的卷帙里有于丽丽编辑的智慧和汗水。这本《语文课程与教学研究·中学卷(1979—2009)》编选工作除了主编、副主编劳动之外,直接参与编选工作的人员还有:李莹、常影、侯玉莹、焦强磊、梁敏、张凤国、谢森。

所有的论文作者,无论认识的或不认识的,我都要感谢你们;所有参与编辑工作的朋友,不止道声谢意,而且心存感激。

黄伟谨识

2016 年 7 月于南京师范大学随园